Gabriele Naderer / Eva Balzer (Hrsg.)

Qualitative Marktforschung in Theorie und Praxis

Gabriele Naderer
Eva Balzer (Hrsg.)

Qualitative Marktforschung in Theorie und Praxis

Grundlagen – Methoden – Anwendungen

2., überarbeitete Auflage

Bibliografische Information der Deutschen Nationalbibliothek
Die Deutsche Nationalbibliothek verzeichnet diese Publikation in der
Deutschen Nationalbibliografie; detaillierte bibliografische Daten sind im Internet über
<http://dnb.d-nb.de> abrufbar.

Gabriele Naderer ist Professorin im Studiengang Markt- und Kommunikationsforschung
an der Hochschule Pforzheim mit Schwerpunkt qualitative und psychologische Marktforschung.

Eva Balzer arbeitet selbstständig als qualitative Marktforscherin.

1. Auflage 2007
2. Auflage 2011

Alle Rechte vorbehalten
© Gabler Verlag | Springer Fachmedien Wiesbaden GmbH 2011

Lektorat: Barbara Roscher | Jutta Hinrichsen

Gabler Verlag ist eine Marke von Springer Fachmedien.
Springer Fachmedien ist Teil der Fachverlagsgruppe Springer Science+Business Media.
www.gabler.de

Das Werk einschließlich aller seiner Teile ist urheberrechtlich geschützt. Jede Verwertung außerhalb der engen Grenzen des Urheberrechtsgesetzes ist ohne Zustimmung des Verlags unzulässig und strafbar. Das gilt insbesondere für Vervielfältigungen, Übersetzungen, Mikroverfilmungen und die Einspeicherung und Verarbeitung in elektronischen Systemen.

Die Wiedergabe von Gebrauchsnamen, Handelsnamen, Warenbezeichnungen usw. in diesem Werk berechtigt auch ohne besondere Kennzeichnung nicht zu der Annahme, dass solche Namen im Sinne der Warenzeichen- und Markenschutz-Gesetzgebung als frei zu betrachten wären und daher von jedermann benutzt werden dürften.

Umschlaggestaltung: KünkelLopka Medienentwicklung, Heidelberg
Druck und buchbinderische Verarbeitung: Ten Brink, Meppel
Gedruckt auf säurefreiem und chlorfrei gebleichtem Papier
Printed in in the Netherlands

ISBN 978-3-8349-2925-9

Geleitwort

Zur zweiten Auflage

Schön ist es, ein Vorwort zu einem Buch zu schreiben. Aber schöner noch ist das Vorwort zu einer zweiten Auflage. Die halten Sie nun in Händen, und das ist das Schönste überhaupt. Denn wie mit Büchern ist es auch mit vielen Produkten, die in den Regalen sterben: Nur, was wirklich gut ist, behauptet sich und bleibt. Dieses Buch ist daher zweifelsfrei wirklich gut – die Herausgeberinnen haben mit viel Sachverstand offensichtlich etwas geschaffen, das auf überdauerndes und breites Interesse und viel Akzeptanz gestoßen ist. Und der Sog der beständigen weiteren Nachfrage bestätigt das alles ganz eindrucksvoll. Und fast möchte man sagen, dass die Inhalte in der Gegenwart noch mehr an Wert gewonnen haben. Müssen wir uns nicht immer häufiger mit Anmerkungen auseinandersetzen, dass Marktforschung (z. B. im Internet) ganz leicht sei und praktisch von jedermann/frau betrieben werden könne? Dass durch ein simples Surfen in den verschiedenen Social Media uns die Consumer Insights nur so in den Schoß fallen würden? Da braucht es der dringlichen Erinnerung (und Beweisführung), dass ein qualitativer Dialog mit Menschen bestimmte qualitative Voraussetzungen erfüllen muss, um Qualität in der Erkenntnis zu garantieren. Hier leistet das Buch heute wahrscheinlich noch mehr als zum Zeitpunkt der Veröffentlichung der ersten Auflage. Jedenfalls würde ich es mir wünschen, dass die Leser wieder etwas mehr Erdung erfahren, wenn es darum geht, Marktforschung in ihrem Kern als Instanz eines qualitativen Verstehens wirklich zu begreifen. Ansonsten gilt natürlich uneingeschränkt alles, was ich im Vorwort zur ersten Auflage gesagt habe – hinzu kommt natürlich noch mein Glückwunsch an die Herausgeberinnen und den Verlag zur zweiten Auflage. Die nächste sollte nicht lange auf sich warten lassen.

Zur ersten Auflage

Als mich die beiden Herausgeberinnen dieses Bandes vor geraumer Zeit baten, die Moderation von zwei BVM-Veranstaltungen im Frühjahr 2005 mit dem Titel „Qualitative Marktforschung: State of the Art und Ausblick" zu übernehmen, konnte man ihnen eine gewisse Bereitschaft zum Risiko nicht absprechen. Nicht allein, weil ich immer noch kein BVM-Mitglied bin – viel unbestimmter war der Ausgang der Veranstaltungen vor dem Hintergrund, dass es sich bei mir in keiner Weise um einen qualitativ geprägten Marktforscher handelt(e).

Nichtsdestotrotz: Die beiden Termine waren für alle Beteiligten ein Gewinn, denn ansonsten könnte man sich weder das ultimativ positive Feedback der Teilnehmer erklären noch das (dadurch verstärkte) messianische Sendungsbewusstsein der Herausgeberinnen, die Inhalte der Tagung weiterzuverfolgen und qualitative Marktforschung nun einem breiteren Publikum in Form dieses Buches zugänglich zu machen.

Auch mit mir selbst war Bemerkenswertes geschehen, wurde ich doch nachfolgend in der Presse mit meiner abschließenden Bewertung zitiert, nach der es sich bei der qualitativen Marktforschung um „einen Nibelungenschatz" handele, der „schleunigst und kollektiv gehoben werden" müsse. So kann's gehen. Obwohl ich seit langer Zeit bestens mit Weichspülern und Weißmachern vertraut bin, war es mir mit dieser Schlussfolgerung mehr als ernst.

Die Vielfalt der methodischen Ansätze, der erarbeiteten Inhalte, der interpretatorischen Linienführung, der Forscherpersönlichkeiten – all das zeichnet das Bild einer qualitativen Marktforschung in Deutschland, die beeindruckt. Uns wurde ermöglicht, quasi mental um den Konsumenten „herumzugehen", ihn aus unterschiedlichsten Blickwinkeln zu betrachten und zu erfahren, und daher Facetten zu entdecken, die uns bislang noch unbekannt waren. Und so bildete sich aus diesen neuen Erfahrungen auch ein neues, umfassenderes Verständnis unseres Urteilsgegenstands.

Klar wurde auch, dass qualitative Marktforschung nicht geeignet ist für den Typus des „Fliegenbeinzählers", der sich hinter dem Gitter einer Excel-Tabelle am sichersten fühlt. Sie ist auch nichts für solche, die glauben, die Unbestimmtheit und Komplexität unserer heutigen Wirklichkeit dadurch bewältigen zu können, indem man sie (die Welt und sich selbst) in ein standardisiertes Denkkorsett zwängt.

Ich danke Frau Balzer und Frau Naderer für ihr großes Engagement bei der Realisierung dieses Projekts. Wie ich aus eigener Erfahrung weiß, macht man so etwas nicht mal eben zwischen Tagesschau und Wetterkarte. Daher wünsche ich mir für die beiden ganz viele Leser und eine positive Resonanz.

Und ich wünsche Ihnen, dem geneigten Leser, dass auch Sie jetzt Lust verspüren, sich rasch an der kollektiven Hebung des „Nibelungenschatzes" zu beteiligen. Dieses Buch führt Sie möglicherweise dorthin, wo der Schatz liegt. Wem es dann noch gelingt, an der richtigen Stelle tief hinabzutauchen, der wird den Schatz tatsächlich heben. Wer sich nicht traut und nur an der Oberfläche bleibt, geht leider leer aus.

Prof. Dr. Hans-Willi Schroiff

Corporate Vice President Global Market Research, Henkel AG & Co. KGaA

Vorwort

Dieses nun in der zweiten Auflage vorliegende Buch ist, sowohl in seiner Entstehung als auch bezogen auf seine Zielsetzung, Teil eines Prozesses, der zur Entwicklung der qualitativen Marktforschung in Deutschland beitragen will.

Die qualitative Marktforschung ist ein kleiner, aber florierender und etablierter Bestandteil der Marktforschungsbranche. Wer mehr über sie herausfinden will, wird jedoch feststellen, dass in der qualitativen Marktforschung die Tradition der mündlichen Überlieferung überwiegt und es nur wenig Literatur gibt, die sich mit ihren theoretischen Grundlagen auseinandersetzt. Zwar gibt es eine relativ umfangreiche deutschsprachige Literatur über Bereiche wie Marketing, Marktforschung allgemein oder auch zum Thema Markenführung. Auch existieren Beiträge in Fachzeitschriften, die in erster Linie methodische *Anwendungs*fragen qualitativer Marktforschung thematisieren. Insgesamt fehlt es der qualitativen Marktforschung aber an einer eigenständigen und den kompletten Forschungsbereich sowie seine theoretischen Fundamente abdeckenden deutschsprachigen Standardliteratur.

Wer sich der qualitativen Marktforschung als Wirtschaftszweig nähert, macht eine weitere interessante Beobachtung: Die qualitative Marktforschung ist eine eher intransparente sowie intern wenig vernetzte Branche. In der Summe hat beides – das Fehlen einer theoretischen Standardliteratur sowie die wenig entwickelte Vernetzung unter qualitativen Marktforschern – dazu geführt, dass die qualitative Marktforschung eine eigene Identität bisher nur in Ansätzen entwickeln konnte.

Es waren diese Beobachtungen sowie die Erkenntnis, dass beides miteinander in Beziehung steht, die uns, die beiden Herausgeberinnen dieses Buches, zusammengebracht und dazu animiert haben, etwas zu tun. Dieses „Tun" begann damit, dass wir im Jahr 2005 gemeinsam die erste ausschließlich der qualitativen Marktforschung gewidmete Fachtagung des Berufsverbands Deutscher Markt- und Sozialforscher (BVM e. V.) initiierten und konzipierten. Die Resonanz war so positiv, dass wir daraufhin den BVM-Arbeitskreis Qualitative Marktforschung (AKQua) gründeten (vgl. www.bvm.org). Bis heute arbeitet im AKQua eine steigende Zahl qualitativer Marktforscher mit dem Ziel zusammen, die Interessen all derer, die mit qualitativer Marktforschung verbunden sind, zu formulieren, zu bündeln, zur Diskussion zu stellen, zu vernetzen und zu vertreten.

Als ein weiterer Schritt in Richtung einer „Selbstschließung" der qualitativen Marktforschung in Deutschland ist auch dieses Fachbuch zu verstehen. Es will nicht nur Schlaglichter auf einige ausgewählte Bereiche werfen, sondern umfassende Einblicke in alle relevanten Bereiche der qualitativen Marktforschung ermöglichen. Zudem will es eine Brücke schlagen zwischen Theorie und Praxis qualitativer Marktforschung: Es will sich sowohl auf theoretische Grundlagen der Forschung besinnen als auch konkrete und klare Praxisbezüge herstellen.

Dieser ganzheitliche Anspruch zieht sich wie ein roter Faden durch das Buch. Es will Theoriedefizite abbauen, ohne dabei den konkreten Praxisbezug außer Acht zu lassen. Alle Autoren haben sich darum bemüht, der Einbindung von Theorie *und* Praxis die notwendige Aufmerksamkeit zu widmen. In dieser Balance richtet sich das Fachbuch sowohl an Marktforschungspraktiker als auch an Wissenschaftler und Studierende.

Teil A dieses Fachbuchs umreißt die aktuelle Situation und nimmt eine Standortbestimmung aus unterschiedlichen Perspektiven vor. In Zeiten großer Umbrüche muss sich die qualitative Marktforschung neuen Herausforderungen stellen. Diesem Thema wurde daher in der zweiten Auflage ein eigener Beitrag gewidmet („Standortbestimmung einer Branche im Umbruch"). Zudem wurde dieser Teil um eine empirische Analyse des „Images der qualitativen Marktforschung" im Selbst- und Fremdbild ergänzt. In Teil B werden die wissenschaftlichen Disziplinen vorgestellt, die die qualitative Marktforschung theoretisch beeinflusst und geprägt haben. Teil C konzentriert sich auf die Auseinandersetzung mit dem Methodenrepertoire, das der qualitativen Marktforschung heute zur Verfügung steht. Hier wird mit dem neuen Beitrag „Implizite Methoden" der intensiven Diskussion um implizite Entscheidungprozesse der Konsumenten Rechnung getragen. Der Beitrag „Qualitative Beobachtungsverfahren" wurde vollständig aktualisiert. Obwohl auch die ersten beiden Teile des Buches bereits klare Praxisbezüge herstellen, werden in den folgenden zwei Teilen D und E Anwendungen und Branchen vorgestellt, in denen qualitative Methoden häufig und typischerweise zum Einsatz kommen. Teil F widmet sich dem internationalen Parkett.

Wir hoffen, dass auch die zweite Auflage dieses Buches dazu beiträgt, der qualitativen Marktforschung zu einer stärker auf theorieorientierten Diskussionen fußenden Existenz zu verhelfen. Die schon jetzt breite Akzeptanz der qualitativen Marktforschung lässt erahnen, welchen Stellenwert sie einnehmen könnte, wenn sie – sich ihrer eigenen Stärken bewusst – ihr „Aschenputtel-Dasein" ablegt und sich in ihrer wahren Schönheit präsentiert.

Wir bedanken uns bei allen Autoren für die kooperative, kollegiale und geduldige Zusammenarbeit. Sie hatten es nicht immer leicht mit uns, zugleich aber hoffen wir, dass auch sie durch die intensiven Diskussionen zu den verschiedenen Themen inspiriert und motiviert wurden, so wie es bei uns der Fall war. Wir bedanken uns auch bei unseren Familien, die die zusätzliche Belastung mitgetragen und somit auch für die zweite Auflage als „Geburtshelfer" fungiert haben.

März 2011
Gabriele Naderer, Eva Balzer

Inhaltsverzeichnis

Teil A: Qualitative Marktforschung - Einführung und Überblick

Eva Balzer, Gabriele Naderer
Standortbestimmung einer Branche im Umbruch 3

Brigitte Holzhauer, Gabriele Naderer
Das Image der qualitativen Marktforschung 13

Gabriele Naderer
Standortbestimmung aus theoretischer Perspektive 25

Eva Balzer
Standortbestimmung aus historischer Perspektive 41

Teil B: Wissenschaftliche Disziplinen und theoretische Grundlagen

Gert Gutjahr
Psychodynamik: Wirkung unbewusster Prozesse 69

Jens Lönneker
Morphologie: Die Wirkung von Qualitäten – Gestalten im Wandel 83

Marina Klusendick
Kognitionspsychologie: Einblicke in mentale Prozesse 111

Thomas Kühn, Kay-Volker Koschel
Soziologie: Forschen im gesellschaftlichen Kontext 127

Petra Mathews, Edeltraud Kaltenbach
Ethnographie: Auf den Spuren des täglichen Verhaltens 147

Claudia Puchta, Olaf Rüsing
Linguistik: Über das „Wie" im Diskurs 163

Christine Woesler de Panafieu
Semiologie: Die Bedeutung der Zeichen erkennen 177

Teil C: Forschungsprozess und Methodenkonzepte

Gerhard Kleining
Der qualitative Forschungsprozess 197

Margrit Schreier
Qualitative Stichprobenkonzepte 241

Günter Mey, Katja Mruck
Qualitative Interviews 257

Renate Blank
Gruppendiskussionsverfahren 289

Karsten Müller, Julia David, Tammo Straatmann
Qualitative Beobachtungsverfahren 313

Rolf Kirchmair
Indirekte psychologische Methoden 345

Gert Gutjahr, Gabriele Naderer
Implizite Methoden 367

Timo Gnambs, Bernad Batinic
Qualitative Online-Forschung 385

Gabriele Naderer
Auswertung & Analyse qualitativer Daten 405

Teil D: Anwendungsfelder

Helmut Schlicksupp, Natacha Dagneaud, Christine Garnier-Coester
Innovationsforschung: Produktinnovation durch Kreativität 437

Dieter Pflaum
Kommunalforschung: Ein noch unentdecktes Forschungsfeld 459

Franz Liebel
Motivforschung: Eine kognitionspsychologische Perspektive 473

Henry Kreikenbom, Maxi Stapelfeld
Politikforschung: Steigende Nachfrage in Zeiten gesellschaftlichen Wandels 491

Gábor M. Hahn
Usability-Forschung: Nutzerfreundlichkeit – eine methodische Herausforderung ... 505

Jörg Maas
Werbewirkungsforschung: Diagnose komplexer Wirkungszusammenhänge 519

Maryse Mappes, Manfred Zerzer
Zielgruppe Kinder: Verstehen der kindlichen Wahrnehmungs-
und Denkstrukturen 537

Stephan Polomski
Zielgruppe Mitarbeiter: Unternehmenserfolg durch Motivation 553

Pero Mićić
Zukunftsmanagement: Mythos und Wirklichkeit 575

Teil E: Branchenspezifische Anforderungen

Uta Spiegel
Die Automobilbranche: Mit dem Kunden im Fokus Produktinnovationen
entwickeln 591

Werner Kaiser
Fast Moving Consumer Goods: Zwischen Artefakt und Consumer Insight 605

Florian Bauer, Verena Kanther
Die Dienstleistungsbranche: Nicht greifbare Prozesse verstehen 617

Jutta Rietschel
Der Handel: Kundenforschung und Shopper Insights 631

Anja Schweitzer, Michael Siewert
Der Pharmamarkt: Forschen in Extremen 645

Teil F: Internationale qualitative Marktforschung

Richard Gehling
Theoretische Forschungsperspektive: global vs. lokal 657

Alexandra Miller
Praktische Durchführung: zentral vs. dezentral 669

Stichwortverzeichnis 685

Personenregister 689

Die Herausgeberinnen

Balzer, Eva

Politik- und Sprachwissenschaftlerin, lebt in Frankfurt und arbeitet selbständig als qualitative Markt- und Sozialforscherin. Sie gründete 2005 den BVM-Arbeitskreis Qualitative Markt- und Sozialforschung (AKQua), für den sie bis 2009 als Ansprechpartnerin fungierte.

Naderer, Prof. Gabriele

Psychologin, Professorin im Studiengang Markt- und Kommunikationsforschung an der Hochschule Pforzheim mit Schwerpunkt qualitative und psychologische Marktforschung, langjährige Referentin der BVM-Seminare zu Themen qualitativer Marktforschung, Gesellschafterin des Instituts für Marktpsychologie (IFM Mannheim). Sie ist Mitbegründerin des BVM-Arbeitskreises Qualitative Markt- und Sozialforschung (AKQua).

Autorenverzeichnis

Balzer, Eva

Politik- und Sprachwissenschaftlerin, lebt in Frankfurt und arbeitet selbständig als qualitative Markt- und Sozialforscherin. Sie gründete 2005 den BVM-Arbeitskreis Qualitative Markt- und Sozialforschung (AKQua), für den sie bis 2009 als Ansprechpartnerin fungierte.

Batinic, Prof. Dr. Bernad

Psychologe, Professor am Institut für Pädagogik und Psychologie der Universität Linz in Österreich, Gründungsmitglied der Deutschen Gesellschaft für Online-Forschung, Gesellschafter der Globalpark GmbH, Forschungsschwerpunkte: eLearning, Diffusion von Innovationen, Markt- und Medienpsychologie.

Bauer, Dr. Florian

Psychologe und Wirtschaftswissenschaftler, im Vorstand der Vocatus AG in München, Lehrbeauftragter im Themenfeld Marktforschung der TU Darmstadt, des BVM e. V. sowie der Bayerischen Akademie für Werbung und Marketing, Vorsitzender des Fachbeirats des BVM.

Blank, Renate

Psychologin, Geschäftsführerin des ipsa-Instituts (Institut für psychologische Strukturanalysen), qualitative Markt- und Sozialforschung, Forschungsinteresse/-schwerpunkte: AdHoc-Marketingforschung (Markenmythos/-kernstudien), Markt-/Werbetests (Konzept-, Produkt- und Packungstests), Wirtschaftsforschung (Image- und Markenwertstudien), Sozialforschung (Jugendforschung, Mitarbeiterbefragungen, Evaluationen).

Dagneaud, Natacha

Politik- und Sozialwissenschaftlerin, Executive MBA, seit 1992 mit Kreativitätstechniken und Innovationsforschung vertraut, Gründerin und Leiterin von Séissmo, einem qualitativ und international ausgerichteten Institut für Markt- und Sozialforschung mit den Schwerpunkten Grundlagen- und Innovationsforschung (needstates, white spaces) und Co-Creation (Ideengenerierung mit Visual Translation).

David, Julia

Psychologin mit Schwerpunkt Markt-, Werbe- und Konsumentenpsychologie, als Projektleiterin internationale Marktforschung beim Spiegel Institut Mannheim im Bereich qualitativer Marktforschung, Neu- und Weiterentwicklung qualitativer Methoden, Anthropotechnik, Usability-Forschung und Brand Management tätig.

Christine Garnier-Coester

Magister Artium in deutscher Literatur und Kulturanthropologie, Ausbildung im Creative Problem Solving von Buffalo, Universitätsabschluss in angewandter Kreativität, als Scientific Director beim qualitativen Marktforschungsinstitut Séissmo für die Entwicklung neuer Forschungsmethoden sowie für interne und externe Trainings verantwortlich.

Gehling, Richard

Psychologe und Soziologe, als Bereichsleiter bei TNS Infratest in Hamburg verantwortlich für qualitative Forschung mit den Schwerpunkten konzeptionelle Innovationsforschung, Konzeption und Durchführung internationaler Studien, gelegentliche Lehraufträge an der Universität Hamburg und der FH Osnabrück.

Gnambs, Timo

Psychologe, wissenschaftlicher Mitarbeiter am Institut für Pädagogik und Psychologie der Universität Linz in Österreich, Forschungsschwerpunkte: Internetbasierte Datenerhebung und psychologische Diagnostik, Diffusion von Innovationen.

Gutjahr, Prof. Dr. Gert

Psychologe, Geschäftsführer und Gesellschafter des Institut für Marktpsychologie (IFM MANNHEIM), Inhaber der Beratungsgesellschaft brandsboard®. Forschungsschwerpunkte: Markenwirkung, -führung, -controlling und -kommunikation sowie tiefenpsychologische Analyse des Konsumentenverhaltens.

Hahn, Gábor M.

Soziologe, Leiter der qualitativen Forschung von Harris Interactive Deutschland, spezialisierte sich in seinem Studium auf Stratifikationsforschung, Milieuanalysen, Urbanität und Methodologie.

Holzhauer, Dr. Brigitte

Psychologin, selbständige Marktforscherin und Consultant (Holzhauerei) mit den Schwerpunkten qualitative Markt- und Sozialforschung, Zielgruppen, Trends und Innovationen; Dozentin an der Deutschen Universität für Weiterbildung; Ansprechpartnerin für den Arbeitskreis Qualitative Marktforschung (AKQua).

Kaiser, Werner

Kaufmann, ehemals Leiter der nationalen und internationalen Marktforschung der Tchibo GmbH, zuvor als Marktforscher bei Dr. Oetker und als Marktforschungsleiter bei der Monheim AG tätig.

Kaltenbach, Edeltraud

Diplom-Kauffrau mit den Schwerpunkten Marketing, Marktforschung und Wirtschaftspsychologie, betreute als Director Qualitative Forschung u. a. bei Maritz Research in Hamburg zahlreiche Kunden und Projekte für unterschiedlichste Branchen und ist seit Juli 2009 Geschäftsführerin bei MM-Eye.

Kanther, Dr. Verena

Betriebswirtin, Senior Projektleiterin bei der Vocatus AG in München und spezialisiert auf Zufriedenheitsbefragungen, Entscheidungs- und Preisstudien sowie Website-Evaluationen für Unternehmen im Dienstleistungsbereich.

Kirchmair, Rolf

Psychologe, war 20 Jahre Geschäftsführer des Ernest Dichter Instituts, gründete 1999 das Institut T.E.A.M. (Team für effiziente angewandte Marktpsychologie) und 2005 das Institut „Seniorresearch". Er ist Mitglied im BVM-Aufnahmegremium und im BVM-Arbeitskreis Qualitative Markt- und Sozialforschung (AKQua).

Kleining, Prof. Dr. Gerhard

Emeritierter Professor der Fakultät für Wirtschafts- und Sozialwissenschaften, Universität Hamburg. Lehre und Forschung in Allgemeiner Soziologie mit Schwerpunkt Gesellschaftstheorie und qualitative Methoden, zuvor langjähriger Leiter der Marktforschung eines Konsumgüter-Herstellers, heute freiberufliche Tätigkeit.

Klusendick, Marina

Psychologin, Geschäftsführerin und Mitinhaberin der comperis GmbH, Institut für psychologische Marktforschung in Stuttgart, Forschungsschwerpunkt: qualitative Forschungsprojekte auf nationaler und internationaler Ebene auf Basis kognitionspsychologischer Ansätze, langjähriges Vorstandsmitglied im BVM e. V.

Koschel, Kay-Volker

Sozialwissenschaftler, Marketing- und Kommunikationswirt sowie Groß- und Außenhandelskaufmann, als Department Manager bei Ipsos Qualitative in Hamburg mit den Forschungsschwerpunkten Service- und Kommunikationsforschung, Werbe- und B2B-Forschung, Produktneuentwicklung sowie Trend- und Innovationsforschung tätig.

Kreikenbom, Dr. Henry

Philosoph, seit 2003 Geschäftsführer der aproxima Gesellschaft für Markt- und Sozialforschung Weimar mbH, zuvor Projektleiter für die „Kommission für die Erforschung des sozialen und politischen Wandels in den Neuen Bundesländern" (KSPW), Forschungsschwerpunkte: Wahl- und politische Einstellungsforschung, Evaluation wirtschaftpolitischer Prozesse, Handicapgruppenforschung.

Kühn, Dr. phil. Thomas

Psychologe, Senior Lecturer (Universitätslektor) für Sozial- und Wirtschaftspsychologie an der Universität Bremen sowie freiberuflicher Marktforscher, Berater und Trainer als Leiter von k-rc. Mitglied im BVM-Arbeitskreis Qualitative Markt und Sozialforschung (AKQua).

Liebel, Franz

Psychologe, Geschäftsführender Gesellschafter und Forschungsleiter des Compagnon Marktforschungsinstituts in Stuttgart, Forschungsschwerpunkte: Motivations- und Zielgruppenanalysen, Markenkern- und Positionierungsanalysen. Er ist Leiter der BVM-Regionalgruppe Baden-Württemberg und Dozent für Markt- und Werbepsychologie an der VWA Stuttgart sowie an der Hochschule Ravensburg-Weingarten.

Lönneker, Jens

Psychologe, Geschäftsführer des rheingold Institutes für qualitative Markt- und Medienanalysen in Köln, befasst sich schwerpunktmäßig mit nationalen und internationalen tiefenpsychologischen Marktforschungsprojekten – von Grundlagenforschung und Produktentwicklung bis hin zur Überprüfung von Werbemaßnahmen. Weitere Forschungsschwerpunkte sind Jugendkultur, Medien und Sponsoring. Er hat Lehraufträge an der Universität der Künste in Berlin und ist Gastreferent an der Universität St. Gallen.

Maas, Dr. Jörg

Buchhändler-Ausbildung, Wirtschafts- und Sozialwissenschaftler, Promotion in Organisationspsychologie, von 1995 bis 2008 in der qualitativen Institutsmarktforschung tätig, seit 2008 Leitung des Bildungsgangs „Fachangestellte/r für Markt- und Sozialforschung (FAMS)" am Joseph-DuMont-Berufskolleg in Köln, daneben Fachlehrer an der Rheinischen FH Köln für die Gebiete Marktforschung und Medienökonomie.

Mappes, Maryse

Betriebswirtin mit Schwerpunkt Markt- und Kommunikationsforschung, als Teamleiterin bei K&A BrandResearch® in Röthenbach für die Kinder- und Jugendmarktforschung verantwortlich und überwiegend für Kunden aus der Konsumgüter- und Medienbranche tätig.

Mathews, Petra

Betriebswirtin und Kulturwissenschaftlerin mit den Schwerpunkten Betriebswirtschaft, Marketing, Kommunikation und Tourismus Management, als Senior Research Executive bei Maritz Research in Hamburg für die qualitative Forschung in den Schwerpunktbranchen Pharma, Freizeit und Tourismus sowie Versicherungen/Krankenkassen verantwortlich, Mitglied im BVM-Arbeitskreis Qualitative Markt- und Sozialforschung (AKQua).

Mey, Prof. Dr. Günter

Psychologe, Professor für Entwicklungspsychologie und Qualitative Methoden an der Hochschule Magdeburg-Stendal; Direktor des Instituts für Qualitative Forschung in der Internationalen Akademie der Freien Universität Berlin; Mit-Herausgeber der internationalen Open-Access-Zeitschrift „Forum Qualitative Sozialforschung / Forum: Qualitative Social Research" (FQS), Organisator des jährlichen „Berliner Methodentreffens Qualitative Forschung". Schwerpunkte: Qualitative Forschung, Biografie und Identitätsforschung, Kulturpsychologie, Open Access, Wissenschaftskommunikation.

Mićić, Dr. Pero

Wirtschaftswissenschaftler und Future Researcher, Vorstand der FutureManagementGroup AG in Eltville, Autor mehrerer Bücher zum Thema Zukunftsmanagement, Berater großer und mittlerer Unternehmen, Lehrtätigkeit an renommierten Universitäten und Managementakademien, Gründungsmitglied der Association of Professional Futurists in den USA und Vorsitzender des Advisory Boards der European Futurists Conference in Luzern.

Miller, Alexandra

Psychologin mit Schwerpunkt Markt- und Werbepsychologie, als Head of Qualitative Research bei Millward Brown Germany verantwortlich für die Konzeption und Durchführung nationaler und internationaler Studien.

Mruck, Dr. Katja

Psychologin, Direktorin des Instituts für Qualitative Forschung in der Internationalen Akademie und Leiterin des Arbeitsbereichs „E-Publishing/Open Access" im Center für Digitale Systeme der FU Berlin, Geschäftsführende Herausgeberin der Open-Access-Zeitschrift „Forum Qualitative Sozialforschung / Forum: Qualitative Social Research" (FQS), Schwerpunkte: Qualitative Forschung, elektronisches Publizieren, Open Access, netzbasierte Forschung.

Müller, Prof. Dr. Karsten

Psychologe, Juniorprofessur für Wirtschaftspsychologie an der Universität Mannheim, Forschungs- und Tätigkeitsschwerpunkte im Bereich von Methoden der Wirtschaftspsychologie, interkultureller Wirtschaftspsychologie, Shadowing, Employer Branding, Survey-Feedback-Verfahren, Change Management und organisationsbezogenen Einstellungen.

Naderer, Prof. Gabriele

Psychologin, Professorin im Studiengang Markt- und Kommunikationsforschung an der Hochschule Pforzheim mit Schwerpunkt qualitative und psychologische Marktforschung, langjährige Referentin der BVM-Seminare zu Themen qualitativer Marktforschung, Gesellschafterin des Instituts für Marktpsychologie (IFM Mannheim). Sie ist Mitbegründerin des BVM-Arbeitskreises Qualitative Markt- und Sozialforschung (AKQua).

Pflaum, Prof. Dieter

Volkswirt, Professor an der Hochschule in Pforzheim, Studiengang Marketing-Kommunikation, Mitglied im Gemeinderat der Stadt Pforzheim, durchgeführte Lehraufträge an den Universitäten in Nanking (China), Hanoi (Vietnam) und Osijek (Kroatien), zahlreiche Buch- und Zeitschriftenveröffentlichungen in den Bereichen Werbung, Verkaufsförderung und Public Relations.

Polomski, Stephan

Magister Artium in Kunstgeschichte und Sprachwissenschaften sowie Master of Arts in Kommunikationsmanagement, Spezialist für Employer Branding und Organisationsentwicklung, Personalleiter der XTRONIC GmbH und Mitherausgeber des Internetblogs TheCareGuys.com. Arbeitsschwerpunkte: Führungskräfte-Entwicklung, -Coaching und -Training; Change Management und Facilitation sowie Branding und Kommunikation.

Puchta, Prof. Dr. Claudia

Psychologin, Professorin für Marktforschung und qualitative Methoden an der Universität Lüneburg mit dem Forschungsschwerpunkt pragmatische Umsetzung konversations- und diskursanalytischer Erkenntnisse. Gründerin des Hamburger Marktforschungsinstitut Rich Harvest.

Rietschel, Jutta

Psychologin, als geschäftsführende Gesellschafterin des Instituts für Marktpsychologie (IFM MANNHEIM) verantwortlich für die Kooperation mit Handelsunternehmen, die marktpsychologische Forschung im Handel und die Weiterentwicklung der Methoden der Kaufverhaltensforschung.

Rüsing, Olaf

Wirtschaftspsychologe, Promovend an der Stiftung Universität Hildesheim zum Thema „Bildproduktion und -konsumption in Supervisionen und Gruppendiskussionen". Er betreibt das Hamburger Marktforschungsinstitut Rich Harvest.

Schreier, Prof. Dr. Margrit

Psychologin, Professorin für empirische Methoden in den Sozial- und Geisteswissenschaften an der Jacobs University Bremen, Forschungsschwerpunkte: qualitative Methoden und Methodologie, Medienpsychologie, Gesundheitsforschung.

Schweitzer, Anja

Volkswirtin mit den Schwerpunkten Wirtschafts- und Sozialpsychologie. Viele Jahre Erfahrung in leitenden Positionen der Markt- und Gesundheitsforschung. Sie leitet im IGES Institut für Infrastruktur und Gesundheit den Bereich der Marktforschung.

Siewert, Michael

Wirtschaftsgeograph und Morphologischer Markt- und Medienforscher. Über zehn Jahre Projektleitungen in der Gesundheits- und Versorgungsforschung bei der I+G Gesundheitsforschung (Nürnberg), der psychonomics AG und dem IGES Institut. Derzeit Geschäftsführer von medpirica, einem spezialisierten Institut zur Gesundheits- und Versorgungsforschung.

Spiegel, Uta

Sprach- und Kommunikationswissenschaftlerin, richtete gemeinsam mit ihrem Bruder das Institut ihres Vaters Bernt Spiegel auf Automobilmarktforschung und -Beratung in den Bereichen der Marktpsychologie und Anthropotechnik neu aus und ist heute geschäftsführende Gesellschafterin des Spiegel Instituts Mannheim. Methodische Schwerpunkte liegen in der Marktpsychologie, insbesondere der strategischen Markenführung und in der kundenintegrierten Produktentwicklung. Sie ist als Gastreferentin für unterschiedliche Hochschulen und Seminaranbieter aktiv.

Stapelfeld, Dr. Maxi

Soziologin, Mitarbeiterin in der Landesentwicklungsgesellschaft Thüringen im Bereich Personal- und Fachkräftemanagement. Leitung von und Mitarbeit in sozialwissenschaftlichen Forschungs- und Modellprojekten mit Fokus auf regionale Arbeits- und Bildungsmarktforschung sowie Lebenslanges Lernen aus demographischer Perspektive, Erwachsenenbildung, qualitative Sozialforschung und Evaluation.

Straatmann, Tammo

Psychologe, wissenschaftlicher Mitarbeiter der Juniorprofessur für Wirtschaftspsychologie an der Universität Mannheim, aktuelle Forschungsinteressen und Tätigkeitsschwerpunkte liegen im Bereich der Gestaltung und Umsetzung von Survey-Feedback-Verfahren, Kundenzufriedenheit, interkulturelle Wirtschaftspsychologie, transformative Konsumentenforschung ,sowie der Begleitung und Steuerung von Organisationsentwicklungsprozessen

Woesler de Panafieu, Dr. Christine

Soziologin mit Lehraufträgen an deutschen Universitäten, wechselte in die Beratung mit den Schwerpunkten zukunftsorientierte Trendforschung, strategisches Marketing und Innovationsstrategien, heute Geschäftsführerin des internationalen Beratungsinstituts Cosight in Paris.

Zerzer, Manfred

Psychologe mit Schwerpunkt Motivforschung, Verhaltens- und Entwicklungspsychologie, vormals als Geschäftsführer der K&A BrandResearch AG verantwortlich für den gesamten qualitativen Forschungsbereich, heute Geschäftsführender Gesellschafter der PsychoLogik Marktforschung GmbH in Nürnberg, Forschungsschwerpunkte: FMCG, Handel, Getränke, Pharma/OTC und Technik.

Teil A:

Qualitative Marktforschung –

Einführung und Überblick

Eva Balzer, Gabriele Naderer

Standortbestimmung einer Branche im Umbruch
Die qualitative Marktforschungsbranche steht vor neuen Herausforderungen

1 Einführung 5
2 Erfolgsfaktoren für die Zukunft der qualitativen Marktforschung 6
   2.1 Wissenschaftstheoretische Verankerung 6
   2.2 Methodenentwicklung und -evaluation 7
   2.3 Nähe zur akademischen Forschung 9
   2.4 Fachliche Qualifikation 10
3 Fazit 10

1 Einführung

Die Marktforschungsbranche befindet sich in einer historisch bedeutenden Umbruchphase: In Zeiten rasanter technologischer Entwicklungen und damit einhergehenden, sich verändernden Kommunikationsstrukturen der Verbraucher sieht sie sich mit neuen Herausforderungen konfrontiert. Soziale Netzwerke erhalten wachsende Bedeutung, große Datenmengen stehen scheinbar zur freien Verfügung im Netz und bedürfen nicht mehr der Erhebung durch den Marktforscher. Die Fachwelt reflektiert diese Veränderungen in zahlreichen Publikationen und Kongressen.

So setzt sich der Berufsverband Deutscher Markt- und Sozialforscher BVM e. V. intensiv mit der „Zukunft der Marktforschung" auseinander (BVM inbrief von August und von Dezember 2010 sowie Themenschwerpunkt des BVM-Kongresses 2011). Auch die internationale Marktforschungsorganisation ESOMAR analysiert die Stärken und Schwächen sowie die Chancen und Risiken für die Marktforschungsbranche (im ESOMAR Industry Report 2010) und thematisierte das sich verändernde Gesicht der Marktforschung in seinem Jahreskongress 2010 (Odyssey 2010: The Changing Face of Market Research). Die „Metamorphose der Marktforschung schreitet voran" (Bechtel 2010, S. 8).

Lange Zeit wurde eine kritische Reflexion gefordert, und somit ist es begrüßenswert, dass diese nunmehr stattfindet, wenn auch nicht intrinsisch motiviert, sondern als Reaktion auf aktuelle Marktentwicklungen.

Wie sich die Marktforschungsbranche den neuen Herausforderungen stellt bzw. wie sie sich strategisch positioniert, wird wesentlich über ihre zukünftige Bedeutung entscheiden. Verschiedene Szenarien werden hier diskutiert: von der Reduktion der Marktforschung zum Datenlieferanten[1] über die Betonung von Innovationen[2] bis hin zum beratenden Strategen, für den die Marktforschung nur eine Teilleistung ist (u. a. Moran 2010). Die Forderung nach Innovationen sowie die Diskussion über die Abgrenzung oder die Annäherung von Marktforschung und Marketing wurden zwar auch in der Vergangenheit immer wieder aufgegriffen. Neu hingegen ist die befürchtete Substitution der Erhebung durch frei im Social Web verfügbare Daten.

Nicht nur die Marktforschungsbranche im Allgemeinen, sondern auch die qualitative Marktforschung im Besonderen muss sich diesen Herausforderungen stellen und die Diskussion über die zukünftige Ausrichtung der Branche aktiv führen. Auch hier herrscht teilweise Besorgnis ob der eigenen Zukunftsfähigkeit. So schreibt Joanna

---

[1] Köhler und Blumtritt sprechen von einem „Ende der Modelle" und sehen die „theoriefreie Marktforschung" als „möglich" an. Damit wird „Forschung tendenziell ... zur Datenbackrecherche" und der künftige Marktforscher „muss agieren wie ein Hacker, der Schnittstellen, Daten und IT-Infrastrukturen kreativ nutzt" (Köhler/Blumtritt 2010).

[2] Schubert argumentiert, dass die Marktforschung nur dann zukunftsfähig sei, „wenn sie konsequent auf Innovationen setzt" (Schubert 2010, S. 10)

Eva Balzer, Gabriele Naderer

Chrzanowska: „Welcome to the Brave New World where qualitative insights are obtainable by anybody, anywhere, and qualitative researchers will become redundant." (Chrzanowska 2010, S. 5).

Die Debatte zeigt, dass qualitative Marktforschung häufig fälschlicherweise auf die offene Erhebung von qualitativen Daten reduziert wird. Schlimmstenfalls wird ihr dabei auch noch Strukturlosigkeit unterstellt. Umso wichtiger ist es, ein umfassendes theoretisches Verständnis des qualitativen Forschungsansatzes zu entwickeln.

2 Erfolgsfaktoren für die Zukunft der qualitativen Marktforschung

Bereits in der Erstauflage dieses Buches setzten sich die Herausgeberinnen mit der Frage der strategischen Positionierung qualitativer Marktforschung auseinander. Geschah dies damals jedoch noch eher implizit, so soll dies nunmehr – motiviert durch die aktuelle Diskussion – explizit erfolgen.

Aus unserer Sicht müssen die folgenden Voraussetzungen erfüllt sein, damit in Zukunft eine selbstbewusste strategische Positionierung der qualitativen Marktforschung möglich ist:

- Wissenschaftstheoretische Verankerung
- Methodenentwicklung und -evaluation
- Nähe zur akademischen Forschung
- Fachliche Qualifikation

Im Folgenden wird argumentiert, dass nicht ökonomische Strategien und eine noch weitere Entfernung von den theoretischen Grundlagen zum Erfolg führen, sondern gerade die Rückbesinnung auf wissenschaftlich fundierte empirische Forschung Chancen für die Zukunft birgt.

2.1 Wissenschaftstheoretische Verankerung

Zwar sind die Methoden der qualitativen Marktforschung wissenschaftlich verankert, eine kritische wissenschaftstheoretische Reflexion der Stichprobenkonzepte, Erhebungsinstrumente und Analyseverfahren findet jedoch in den Verhandlungen zwischen Auftraggebern und Instituten häufig zu wenig Beachtung. Nicht selten werden sie aufgrund persönlicher Vorlieben aus einem Kanon von als relevant geltenden Methoden – einem mehr oder weniger habitualisierten Entscheidungsprozess folgend – ausgewählt. Wissenschaftstheoretische Argumente sind dabei nur zweitrangig oder finden gar keine Berücksichtigung. Im Vordergrund steht das „Machen", nicht die Frage des „Wie" und „Warum" (→ Beitrag „Das Image der qualitativen Marktforschung" von Brigitte Holzhauer und Gabriele Naderer).

Die Güte qualitativer Marktforschung – wie im Übrigen jedweder empirischer Forschung – steht und fällt mit der Entwicklung eines wissenschaftlich fundierten Untersuchungsansatzes. Stichprobenkonzepte, Erhebungsmethoden und Auswertungsansätze sind dabei keineswegs beliebig austauschbar. Vielmehr hat die Angemessenheit der ausgewählten Methode auf die jeweilige Zielsetzung und den jeweiligen Untersuchungsgegenstand erhebliche Konsequenzen für die Güte der Ergebnisse. Beispielsweise kann die Validität der Ergebnisse einer Gruppendiskussion erheblich eingeschränkt sein, wenn in dieser Sachverhalte untersucht werden, die in der Alltagsrealität nur intra-individuell erlebt werden. Tatsächlich werden Gruppendiskussionen nicht selten in Forschungsfragen eingesetzt, für die andere Erhebungsmethoden geeigneter gewesen wären (→ Beitrag „Gruppendiskussionsverfahren" von Renate Blank). Auch die Frage, ob die Auswertung einer „freien Interpretation" oder einem systematischen Auswertungskonzept wie bspw. der „qualitativen Inhaltsanalyse" folgt, entscheidet maßgeblich über die Qualität der Ergebnisse.

Nur die wissenschaftliche Fundierung der Konzeption von Untersuchungsansätzen verdeutlicht Auftraggebern die besondere Expertise des qualitativen Marktforschers. Gelingt es nicht, Auftraggeber für wissenschaftstheoretische Grundlagen zu sensibilisieren, besteht die Gefahr, dass die Notwendigkeit fachlicher Kompetenz infrage gestellt wird und der Eindruck entsteht, qualitative Marktforschung sei auch von „Laien" durchführbar. Bechtel glaubt bereits zu beobachten, dass Unternehmen Marktforschung „verstärkt auf eigene Faust" und „ohne professionelle Dienstleister" durchführen (Bechtel 2010, S. 10). Im Übrigen wäre der Kostendruck im Kontext der Wissenschaftlichkeit angebotener Untersuchungskonzepte sicher geringer.

Die Strategie muss also sein, die Wissenschaftlichkeit qualitativer Forschung wieder verstärkt herauszustellen, um den Mehrwert, der sich aus fachlich fundierter Durchführung qualitativer Marktforschung ergibt, zu verdeutlichen. Wissenschaftstheoretische Fundierung ist kein Luxus, auf den man verzichten kann.

2.2 Methodenentwicklung und -evaluation

Symptomatisch für den pragmatischen und nur bedingt wissenschaftstheoretisch reflektierten Einsatz von Methoden ist, dass die eingesetzten Methoden keiner systematischen Evaluation unterzogen werden. Sicherlich war die Methode der Gruppendiskussion in ihren Anfängen selbst Forschungsgegenstand (→ Beitrag „Gruppendiskussionsverfahren" von Renate Blank), es mangelt jedoch – und zwar nicht nur bzgl. der

Gruppendiskussion – an aktuellen und kontinuierlich durchgeführten Methodentests bzw. Methodenevaluationen.

Gerade aufgrund des sich verändernden Konsumentenverhaltens kann nicht davon ausgegangen werden, dass die Prozesse, die in Gruppendiskussionen, qualitativen Interviews oder auch bei qualitativen Beobachtungen ablaufen, sich nicht ebenfalls verändern und damit keiner regelmäßigen Evaluation unterzogen werden müssten.

Während sich in anderen Bereichen wie bspw. der Mediaforschung Arbeitskreise etabliert haben (z. B. AGF Arbeitsgemeinschaft Fernsehforschung), die sich u. a. auch der Methodenevaluation widmen, fehlen solche Strukturen derzeit in der qualitativen Marktforschung.

Neben der regelmäßigen Methodenevaluation sind Methodenentwicklungen vonnöten, um den sich verändernden Marktstrukturen und dem sich verändernden Konsumentenverhalten auch in Zukunft gerecht zu werden.

Beispielhaft ist die aktuelle Entwicklung der qualitativen Online-Marktforschung. Die dort geführte Debatte konzentriert sich auf Fragen der Forschungsökonomie sowie möglicher Konsequenzen für die Marktforschungsbranche. Eine kritische Diskussion und Evaluation auf Basis wissenschaftstheoretischer Gütekriterien ist jedoch kaum zu beobachten. So gelten „Geschwindigkeit" und „Kostenvorteile" laut Online Research Barometer 2010 als wesentliche Vorteile der Online-Methodik (Bechtel 2010, S. 10). Die Entwicklung und Evaluation angemessener Methodenkonzepte – insbesondere für die Stichprobenziehung – wird dabei vernachlässigt.

Des Weiteren hat etwa die neurophysiologische Grundlagenforschung zu völlig neuen Erkenntnissen über Konsumentenverhalten und Entscheidungsprozesse geführt, was sich in dem zunehmenden Interesse an impliziten Methoden manifestiert (→ *Beitrag „Implizite Verfahren" von Gert Gutjahr und Gabriele Naderer*). Auch die neuartige Datenstruktur, die sich aus qualitativen Online-Erhebungsmethoden wie z. B. dem Web-Monitoring, ergibt, konfrontiert die qualitative Marktforschung mit der Herausforderung, angemessene Auswertungsansätze für diese Datenmenge und -qualität zu entwickeln.

Nicht zuletzt existiert derzeit keine einheitliche Taxonomie für die in der qualitativen Marktforschung eingesetzten Methoden. Unter Exploration, qualitativem Interview, Tiefeninterview oder Kreativworkshop, Expertenworkshop, Miniworkshop sind die unterschiedlichsten Leistungen vorstellbar (→ *Beitrag „Das Image der qualitativen Marktforschung" von Brigitte Holzhauer und Gabriele Naderer*). Um allgemeingültige Aussagen über die zu erwartenden Leistungen wie auch über die Befunde aus Evaluationsstudien treffen zu können, ist hier deutlich mehr Transparenz zu fordern. Eine einheitliche Taxonomie im Markt durchzusetzen, mag nur bedingt realisierbar sein, aber zumindest detaillierte Methodenbeschreibungen sollten vorliegen.

Gerade in einer Zeit, in der sich die Marktforschungsbranche der Herausforderung stellen muss, nicht von Beratern oder anderen Dienstleistern bis hin zu den Auftraggebern selbst substituiert zu werden, wäre es eine erfolgversprechende Strategie, gezielt neue, innovative Methoden zu entwickeln und diese auch systematisch und wissenschaftlich fundiert zu evaluieren. Es müssten instituts- und unternehmensübergreifende Strukturen geschaffen werden, innerhalb derer sich hoch qualifizierte und gleichzeitig unabhängige Forscher mit der Evaluation von Methoden und Einsatzbereichen beschäftigen, diese weiterentwickeln und ein einheitliches Klassifikationsschema schaffen.

2.3 Nähe zur akademischen Forschung

Im Gegensatz zur bislang noch sehr pragmatisch orientierten Branche der qualitativen Marktforschung findet im akademischen Umfeld eine intensive und differenzierte Auseinandersetzung mit dem qualitativen Forschungsprozess und dem qualitativen Methodenspektrum statt (vgl. z. B. das seit sechs Jahren jährlich stattfindende Berliner Methodentreffen, siehe dazu www.qualitative-forschung.de/methodentreffen, und die Online-Zeitschrift Forum Qualitative Sozialforschung unter www.qualitative-research.net).

Anstatt die im akademischen Umfeld entwickelten Methoden einfach weitgehend pragmatisch einzusetzen, sollte deren Anwendung über den intensiven Austausch mit dem akademischen Umfeld kritisch reflektiert werden.

Dass dies bislang noch wenig stattgefunden hat, liegt an Widerständen auf beiden Seiten. Kühn spricht von einer „tiefen Kluft" zwischen der akademischen Sozialforschung und der Marktforschung (Kühn 2004, S. 3). Die Widerstände der Sozialwissenschaften zeichnen sich durch eine stark wirtschaftskritische Haltung aus (vgl. Kritzmöller 2004, Kap 3.1) während bei Praktikern starke Vorbehalte gegenüber den „unbrauchbaren Theoretikern" bestehen (ebd., Kap. 3.2).

Dabei würden beide Seiten von einem Austausch zweifelsfrei profitieren: Anwendungsorientierte qualitative Marktforschung sieht sich aufgrund des sich verändernden Konsumentenverhaltens und der sich verändernden Marktstrukturen immer wieder vor neue methodische Herausforderungen gestellt, die Anregungen für die Suche nach neuen wissenschaftlichen Untersuchungskonzepten geben könnten. Diese könnten wiederum die qualitative Marktforschung bereichern. Somit könnten sich akademische Sozialforschung und angewandte Marktforschung hervorragend gegenseitig befruchten.[3]

---

3 Aktuell mangelt es beispielsweise – wie in Kap. 2.2 bereits erwähnt – an wissenschaftlich fundierten Stichprobenkonzepten für die qualitative Online-Marktforschung.

2.4 Fachliche Qualifikation

Zur qualitativen Marktforschung, das zeigen zahlreiche Erhebungen, kommt man in der Regel „wie die Jungfrau zum Kinde" (zu Biographieverläufen qualitativer Marktforscher vgl. AKQua 2008). Das Quereinsteigertum dominiert. Eine akademische Ausbildung zum Marktforscher wird zurzeit lediglich an wenigen Hochschulen angeboten. Obwohl die Aus- und Weiterbildungsangebote in den letzten Jahren zugenommen haben, mangelt es weiterhin an systematischen Aus- und Weiterbildungsstrukturen innerhalb der qualitativen Marktforschung. Die Weitergabe von Methoden- und Analysewissen erfolgt zumeist in personalisierter Form. Es dominiert die mündliche Tradition, die zu zahlreichen Schattierungen und Unsauberkeiten führt und vor allen Dingen der Vereinzelung und Isolierung der Akteure innerhalb sowie der Heterogenität der Branche insgesamt Vorschub leistet.

Um sich gegenüber Wettbewerbern aus marktforschungsfernen Dienstleistungsbranchen strategisch zu positionieren, ist es notwendig, die fachliche Kompetenz der Marktforscher stärker zu profilieren. Dazu wird es einerseits erforderlich sein, das Berufsbild des qualitativen Marktforschers klar zu umreißen. Andererseits müssen Standards für Aus- und Weiterbildung festgelegt werden, die eine angemessene Würdigung der fachlichen Kompetenz qualitativer Marktforscher erlauben.

Eine wissenschaftlich fundierte Ausbildung hebt nicht nur die Qualität der qualitativen Forschung und die Einhaltung allgemeingültiger Standards (wie sie inzwischen bspw. vom AKQua entwickelt wurden, vgl. AKQua 2007), sondern stärkt auch das Selbstbewusstsein der qualitativen Marktforschungsbranche.

3 Fazit

Die qualitative Marktforschung steht vor wichtigen strategischen Entscheidungen. Wie die Weichen gestellt werden, wird bestimmen, ob sie sich in Zukunft tatsächlich, wie von manchen befürchtet, zum Handwerker, der nur noch Daten erhebt, reduzieren lässt, oder ob ihr Kompetenzbereich im Gegenteil sogar noch wachsen wird.

In der zunehmenden Kluft zwischen akademischer Forschung und Theorie auf der einen Seite und anwendungsorientierter Forschung und Praxis auf der anderen Seite sehen wir eher eine Gefahr als eine Chance. Nicht nur die Wertschätzung, sondern auch die Existenzberechtigung der qualitativen Marktforschung als eigenständiger Dienstleistung wird wesentlich davon abhängen, inwieweit es gelingt, die Notwendigkeit besonderer Expertise glaubwürdig zu kommunizieren.

Um der Befürchtung, durch Auftraggeber selbst oder durch Wettbewerber wie Beratungsunternehmen substituiert zu werden, wie sie in der aufgeregten Debatte um die qualitative Online-Marktforschung artikuliert wird, entgegenzuwirken, wird es in Zukunft noch wichtiger sein, sich durch Wissenschaftlichkeit und aktives Bemühen um mehr Transparenz abzugrenzen und zu profilieren.

Literaturverzeichnis

AKQua (2007): Standortbestimmung und Gütemerkmale qualitative Markt- und Sozialforschung. BVM Edition. Berlin.

AKQua (2008): Vom Suchen und Finden – Typische Biografieverläufe qualitativer Marktforscher. BVM Broschüre. Berlin.

Bechtel, Detlev (2010): Die Metamorphose schreitet voran. In: mediaspektrum, Sonderheft Marktforschung, Ausgabe 1, S. 8–11. Wiesbaden.

BVM inbrief (2010): Fokus: Zukunft der Marktforschung, August. Berlin.

BVM inbrief (2010): Fokus: BVM-Kongress 2011: Die Zukunft machen, Dezember. Berlin.

Chrzanowska, Joanna (2010): „Challenging definitions of qual", In: AQR Inbrief, March/April, S. 5.

ESOMAR (2010): A SWOT-Analysis of the industry. In: Global Market Research – ESOMAR Industry Report. Amsterdam, S. 41–50.

Köhler, Benedikt / Blumtritt, Jörg (2010): Zehn Thesen zur Zukunft der Marktforschung. In: BVM Inbrief, August 2010, S. 4–5.

Kritzmöller, Monika (2004): Theoria cum praxi? Über die (Un-?) Vereinbarkeit wissenschaftlicher und ökonomischer Anforderungen. In: Forum Qualitative Sozialforschung, 5(2), Art. 32, [27 Absätze]. www.qualitative-research.net/fqs-texte/2-04/2-04 kritzmoeller-d.htm. Zugriff: 10.01.2011.

Kühn, Thomas (2004): Das vernachlässigte Potenzial qualitativer Marktforschung. In: Forum Qualitative Sozialforschung, 5(2), Art. 33, [81 Absätze]. www.qualitative-research.net/fqs-texte/2-04/2-04kuehn-d.htm. Zugriff: 10.01.2011.

Moran, Robert (2010): Der strategischen Beratung gehört die Zukunft. In: BVM inbrief Dezember-Ausgabe, S. 4–7.

Schubert, Andreas (2010): Die Marktforschung wird zukünftig anders arbeiten müssen. In: planung & analyse, 3, S. 10.

Brigitte Holzhauer, Gabriele Naderer

Das Image der qualitativen Marktforschung
Ergebnisse einer qualitativen Untersuchung

1 Einführung 15
2 Methodisches Vorgehen 16
3 Ergebnisse zum Image der qualitativen Marktforschung 17
    3.1 In den Zielen vereint? 17
    3.2 Fokusgruppen und sonst gar nichts? 18
    3.3 Die qualitative Analyse – eine Blackbox? 19
    3.4 Qualifiziertes Expertenwissen oder eine Frage der emotionalen Intelligenz? 20
    3.5 Qualitative Marktforschung – eine weibliche Persönlichkeit? 21
4 Fazit 22

1 Einführung

„Das Image ist die Realität" – so oder so ähnlich lernen es qualitative Marktforscher, wenn sie Imageanalysen durchführen. Wie man weiß, liegt die Hauptaufgabe einer Imageanalyse zunächst in der Diagnose des bestehenden Images in all seinen rationalen und emotionalen Facetten, um darauf aufbauend Strategien für Verbesserungen zu entwickeln.

Trotz des Stellenwerts, den Imageanalysen im Alltag von qualitativen Marktforschern einnehmen, liegen fundierte Informationen über das Image der qualitativen Marktforschung selbst kaum vor. Es sind eher plakative Assoziationen wie „tiefer", „näher", „breiter", „offener", die Imagekomponenten der qualitativen Marktforschung umschreiben. Seltener werden zentrale wissenschaftstheoretische Grundannahmen thematisiert (→ Beitrag *„Standortbestimmung aus theoretischer Perspektive" von Gabriele Naderer*), die die qualitative Marktforschung kennzeichnen und wesentlich zu einer leichteren Entscheidungsfindung zwischen qualitativen und quantitativen Forschungskonzepten beitragen könnten.

Auch über Struktur, Verbreitung und Selbstverständnis dieses Forschungszweiges in Deutschland liegen so gut wie keine Informationen vor. Balzer (2007, S. 7) beklagt dies und regt an, hier für mehr Transparenz zu sorgen. Qualitative Marktforscher sind keine homogene Gruppe. Das Berufsfeld der qualitativen Marktforschung ist vielfältig und durchlässig: Von der Festanstellung bis zur freien Mitarbeit, vom Spezialisten bis zum Universalisten, vom Premium- bis zum Basic-Angebot sind viele Abstufungen vorhanden. So unterschiedlich der berufliche Kontext ist, so unterschiedlich dürften Selbstverständnis und Selbstbild der qualitativen Forscher sein.

Der Frage, wie qualitative Forscher sich selbst sehen, steht die Frage nach dem Fremdbild gegenüber. Wie sehen andere die qualitative Marktforschung und die Menschen, die diese Forschung durchführen? Wie ist vor allem der Blickwinkel von betrieblichen Marktforschern, Marketingmanagern, Produktmanagern etc., die als Auftraggeber agieren und/oder die Leistung der qualitativen Marktforscher bewerten und deren Resultate verwerten?

Der Arbeitskreis qualitative Markt- und Sozialforschung im BVM (AKQua) hat sich zum Ziel gesetzt, zu mehr Transparenz über die Branche der qualitativen Marktforschung beizutragen. Mit der Studie „Vom Suchen und Finden – Typische Biografieverläufe qualitativer Marktforscher" (vgl. Güntzel/Liebers 2008) hat der AKQua bereits den beruflichen Werdegang qualitativer Marktforscher beleuchtet. Das Ergebnis zeugt von der hohen Motivation der qualitativen Marktforscher für den von ihnen gewählten Beruf, aber auch von den Schwierigkeiten, die sie beim Versuch, sich für diesen Beruf zu qualifizieren, durchlaufen mussten.

Brigitte Holzhauer, Gabriele Naderer

In der in diesem Artikel beschriebenen Studie hat sich der AKQua erneut entschlossen, die Branche der qualitativen Marktforschung mit genuin qualitativen Forschungsmethoden zu untersuchen. Gemeinsam mit Studierenden des Studiengangs Markt- und Kommunikationsforschung der Hochschule Pforzheim und mit Unterstützung von zahlreichen Sponsoren (siehe Anhang), ging man den Fragen nach, welche Vorstellungen das Selbst- und Fremdbild der qualitativen Marktforschung prägen und wie diese auf die Beziehungsstrukturen zwischen qualitativen Marktforschern und Auftraggebern einwirken.

Ein genaueres Wissen über die hinter dem alltäglichen Umgang liegenden Strukturen und Motive und die gegenseitigen Erwartungen hilft, über den Tellerrand der eigenen Profession zu blicken und Handlungsspielräume zu erweitern. „Selbst-Wissen" ist die Grundvoraussetzung für eine bewusste strategische Gestaltung der eigenen Entwicklung.

2 Methodisches Vorgehen

In 30 ausführlichen qualitativen Interviews hinterfragten die Studierenden die Selbst- und Fremdvorstellungen von ausgewählten Vertretern qualitativer Marktforscher sowie Auftraggeber. Vorab hatten die befragten Personen ihr persönliches Bild von der qualitativen Marktforschung in „Kreativbüchern" expressiv visualisiert und kommentiert. Die Erhebung kreiste um die folgenden Themen:

- Wahrnehmung der qualitativen **Marktforschung** im Selbst- und Fremdbild: Definitionen, Methoden, Anforderungen, Stärken und Schwächen;
- Wahrnehmung der qualitativen **Marktforscher** im Selbstbild und Fremdbild: berufliche Motivationen, Charakteristika und Projektionen;
- Wahrnehmung des **Beziehungsgeflechts der Akteure**, die am qualitativen Forschungsprozess beteiligt sind;
- **Trends und Entwicklungen** im Bereich der qualitativen Marktforschung.

Die Befragten, 17 Frauen und 13 Männer im Alter von 26 bis 60 Jahren, repräsentieren mit einer Berufserfahrung zwischen 2 und 35 Jahren sowohl die junge Nachwuchsgeneration als auch die „alte Garde".

Zum „Selbstbild" wurden rein qualitativ bzw. qualitativ und quantitativ tätige Marktforscher befragt, unter ihnen Institutsmarktforscher, freiberufliche Marktforscher sowie Marktforscher in Werbeagenturen, Unternehmensberatungen und Verlagen, in

Positionen wie Geschäftsführer, Strategische Planer, Junior & Senior Consultants sowie Junior & Senior Researcher.

Zur Analyse des „Fremdbildes" besuchten die Studierenden Auftraggeber qualitativer Marktforschung: Projektmanager Marktforschung, Consumer Insight Manager, Produktmanager und Brandmanager aus der Automobil-, Finanzdienstleistungs- und Pharmabranche sowie von Konsumgüterherstellern.

3 Ergebnisse zum Image der qualitativen Marktforschung

3.1 In den Zielen vereint?

In den Zielen, die sie mit qualitativer Marktforschung verfolgen, sind sich Selbst- und Fremdbild absolut einig. Sicher trägt dies am meisten zur wachsenden Akzeptanz und Wertschätzung der qualitativen Marktforschung bei. Die Auftraggeber haben erkannt, wie wichtig die Nähe zum Verbraucher ist, ihn zu verstehen, Ursachen, Zusammenhänge und Wirkweisen, die sein Verhalten erklären, zu identifizieren, von „Consumer Insights" zu lernen.

Selbst- und Fremdbild stimmen darin überein, dass die größte Stärke qualitativer Markforschung in der besonderen Qualität des durch sie erzielten Erkenntnisgewinns liegt. Durch die intensive Nähe und das tiefe Verständnis werden Ursachen aufgedeckt und Zusammenhänge identifiziert. In einer Art gemeinsamem Lernprozess zwischen Forscher und Zielgruppe können hypothetische Erklärungsmodelle entwickelt werden, die das Verhalten der Zielgruppe nicht nur beschreiben und erklären, sondern auch erlauben, dieses vorherzusagen. Dass auf diese Weise generierte Hypothesen nicht zuletzt einer quantitativen Überprüfung bedürfen, auch darin sind sich Selbst- und Fremdbild einig.

Dieser Übereinstimmung „im Großen" stehen allerdings „im Kleinen" verschiedene Stereotype und Diskrepanzen im Selbstbild und Fremdbild der qualitativen Marktforschung gegenüber, die zu typischen Missverständnissen zwischen Auftraggeber und Auftragnehmer beitragen mit der Folge, dass das Potenzial der qualitativen Marktforschung oft nicht voll ausgeschöpft wird.

3.2 Fokusgruppen und sonst gar nichts?

Das Bild der qualitativen Marktforschung wird in erster Linie von den Erhebungsmethoden geprägt. Alle anderen Forschungsschritte wie z. B. die Analyse oder die Stichprobenauswahl treten im Vergleich dazu in den Hintergrund.

Dies ist nicht verwunderlich, da sich in den qualitativen Erhebungsmethoden die Vorteile am offensichtlichsten zeigen: Sie sind lebens- und praxisnah; sie bieten zumeist die Möglichkeit, die Konsumenten „live" zu erleben, und ihr Informationsgehalt erschließt sich (so glauben viele zumindest) spontan und intuitiv.

Viewing Facilities in Teststudios, Online-Übertragungen, Video- und Audioaufzeichnungen von Gruppendiskussionen, Tiefeninterviews und Beobachtungen führen dazu, dass die Erhebungsphase bei qualitativer Forschung meist von großer Transparenz geprägt ist. Dem Auftraggeber stehen umfassende Möglichkeiten zur Verfügung, die Erhebung zu beobachten, zu kontrollieren und Einfluss zu nehmen. Die Qualität der (beobachteten) Erhebung dominiert damit auf Auftraggeberseite die Beurteilung der wahrgenommenen Gesamtqualität.

Am stärksten werden Fokusgruppen bzw. Gruppendiskussionen mit der qualitativen Marktforschung assoziiert. Wie auch Schauss (2008, S. 22) hervorhebt, sind Gruppendiskussionen der erfolgreiche Klassiker im Werkzeugkasten des qualitativen Marktforschers; zumindest scheinen sie bei den Auftraggebern zu den beliebtesten qualitativen Erhebungsmethoden zu zählen.

Insbesondere aus Sicht der Auftraggeber (Fremdbild) ist die Gruppendiskussion **die** Methode der qualitativen Forschung, die nahezu universell einsetzbar ist und als Standard gilt. Etwas desillusionierend ist dies für die qualitativen Marktforscher (Selbstbild), die selbst über ein breites qualitatives Methodenreservoir verfügen. Sie bedauern, dass viele Auftraggeber immer noch bevorzugt Gruppendiskussionen einfordern und andere qualitative Erhebungsmethoden wie die verschiedenen Formen qualitativer Interviews, ethnografische Beobachtungen, Kreativworkshops u. v. m. nur begrenzt nutzen. Nicht zuletzt orientiert sich die Wahl der Erhebungsmethode oftmals an von persönlichen Präferenzen geprägten weichen Kriterien.

Je vertrauter Auftraggeber (Fremdbild) mit einer Erhebungsmethode sind – gerade mit Gruppendiskussionen sind sie in der Regel am besten vertraut –, desto eher sind sie bereit, diese einzusetzen. Fragen nach der Eignung für den jeweiligen Untersuchungsgegenstand (z. B. die Frage, ob wir in der Realität tatsächlich gemeinsam mit anderen über Attraktivität und Akzeptanz von Werbemitteln oder Neuprodukten nachdenken) oder für die Zielgruppe (z. B. der Eloquenz von Versuchspersonen) werden hintangestellt.

3.3 Die qualitative Analyse - eine Blackbox?

Während die qualitative Erhebung durch ein hohes Maß an Transparenz ausgezeichnet ist, trifft aus Sicht des Fremdbilds für die Auswertung das Gegenteil zu. Die analytischen Methoden, mit denen qualitative Forscher die Befunde aufbereiten und zu ihren Schlussfolgerungen gelangen, bleiben für viele Auftraggeber eher undurchsichtig.

Entweder man vertraut mehr oder weniger „blind" der Auswertungskompetenz des qualitativen Marktforschers oder fürchtet dessen Subjektivität. Eine fachliche Auseinandersetzung darüber findet kaum statt. Auch wenn für die Analyse qualitativer Daten anerkannte wissenschaftliche Methoden eingesetzt werden, wird dieser anspruchsvolle und aufwendige Prozess den Auftraggebern nicht offensiv kommuniziert, sondern bleibt weitgehend intransparent. Ob frei interpretiert oder systematisch qualitativ inhaltsanalytisch ausgewertet wird (→ *Beitrag „Auswertung & Analyse von qualitativen Daten" von Gabriele Naderer*), was einen großen Teil der anfallenden Kosten erklärt, wird kaum diskutiert.

Woher stammen diese Schwierigkeiten mit der qualitativen Analyse? Zum einen trägt dazu bei, dass die sozialwissenschaftlichen Methoden zur Analyse qualitativer Daten sehr komplex sind und sich einer leichten Zugänglichkeit entziehen. Seien es die qualitative Inhaltsanalyse nach Mayring, die Grounded Theorie oder die Objektive Hermeneutik (vgl. Lamnek 1995), all diese wissenschaftlich anerkannten Methoden erfordern im Selbstbild viel Geduld und Anstrengung im Verstehen und Erlernen ihrer Prinzipien.

Hinzu kommt, dass die qualitative Forschung und insbesondere die qualitative Analyse im akademischen Umfeld nach wie vor wenig Beachtung finden. Immer noch orientiert sich die akademische Forschung in vielen (aber nicht allen) Hochschulen weitgehend am Leitbild der quantitativen Forschung und ihrer wissenschaftstheoretischen Prämissen. Dies ändert sich an den Hochschulen nur langsam, wie auch Gerhard Kleining (2007, S. 197) vermerkt: „Auch die akademische Lehre scheint dem jetzt zu folgen, in den Sozialwissenschaften, besonders in der Soziologie, rascher als in den Wirtschaftswissenschaften und der Psychologie." Die diesbezügliche Abstinenz vieler Hochschulen hat auch zur Folge, dass die notwendigen Fähigkeiten und Fertigkeiten der qualitativen Analyse (im Gegensatz etwa zur Statistik) nicht ausreichend vermittelt werden. So entstehen vor allem im Fremdbild Unsicherheiten im Hinblick auf die Wissenschaftlichkeit qualitativer Analysemethoden.

Schließlich ist offensichtlich, dass es eine Lücke gibt zwischen den Erfordernissen der elaborierten und zeitaufwendigen wissenschaftlichen Verfahren und den meist engen Zeitbudgets von Marktforschungsstudien. Diese Lücke wird gefüllt, indem Forscher und Institute ihre individuellen Umgangsweisen mit der Analyse bis hin zu proprietären Methoden entwickeln.

Im Selbstbild genießt der Auswertungsprozess größten Respekt. Er wird nie zur Routine. Selbst nach langjähriger Erfahrung stellt dieser immer wieder eine Herausforderung dar. In der Wahrnehmung etlicher qualitativer Marktforscher ist nicht nur die Erhebung, sondern die Analyse das Herzstück ihrer Arbeit. Bei ihrer Bewältigung spielen neben wissenschaftlichen Techniken auch Wissen, Erfahrung und Intuition des Forschers eine nicht unbedeutende Rolle. Die Unterschätzung und auch mangelnde Wertschätzung dieser Leistung durch das Fremdbild wird dabei immer wieder als Frustration in der alltäglichen Arbeit erlebt.

Wenn die Auftraggeber etwa den Verlauf einer Gruppendiskussion live verfolgen und die Ergebnisse zu kennen glauben, dann ist ihnen der Sinn einer aufwendigen Analyse oft schwer zu vermitteln. Das Lesen zwischen den Zeilen, die Extraktion des Gemeinten im Gesagten, die nicht bewussten und nicht rationalen Kommunikationselemente, die sich oft erst in der genauen Analyse entschlüsseln lassen, gehen dann oftmals verloren. Wenn nur der „face value" der Äußerungen von Konsumenten Beachtung findet, dann nimmt man sich viele Möglichkeiten, die Befunde in ihrer Tiefe auszuloten.

Im Fremdbild hingegen fühlt man sich dabei mit Methoden-„Mystifizierungen" konfrontiert, die eher verwirren und verunsichern als zur Offenheit zwischen Auftraggeber und Auftragnehmer beitragen. Vor allem die Analyseprozesse werden dabei mit Nebel umhüllt. Nach Meinung von Auftraggebern mystifizieren qualitative Marktforscher ihre Methoden, um ein Alleinstellungsmerkmal zu haben. Sie erhöhen damit aber gleichzeitig die Intransparenz.

Im Falle der qualitativen Forschung wird also die Transparenz der Erhebung über- und die Intransparenz der Analyse unterschätzt. Dies hat weitgehende Auswirkungen auf Image und Berufsbild der qualitativen Marktforscher.

3.4 Qualifiziertes Expertenwissen oder eine Frage der emotionalen Intelligenz?

Selbst- und Fremdbild stimmen überein, dass fachliches Können notwendig, aber nicht hinreichend ist, um die Tür zum Inneren des Konsumenten zu öffnen. Vielmehr ist auch emotionale Intelligenz gefordert. Qualitative Marktforscher sind nach ihrem professionellen Selbstverständnis unvoreingenommen, offen, empathisch und tolerant. Auftraggeber erwarten, dass qualitative Marktforscher sich auf eine Augenhöhe mit Konsumenten begeben. Selbst verstehen sich qualitative Marktorscher vor allem als multikommunikative Persönlichkeiten, die nicht nur mit den Konsumenten auf Augenhöhe stehen müssen, sondern vor allem auch mit dem Auftraggeber. Besondere Kommunikationsfähigkeit ist hier im kompletten Forschungsprozess gefordert, vom Briefing bis zur Präsentation der Ergebnisse.

Die hohe Bedeutung von Kommunikationsstärke und emotionaler Intelligenz darf aber nicht darüber hinwegtäuschen, dass ein guter qualitativer Marktforscher noch über wesentlich mehr Kompetenzen verfügen muss, um ein Forschungsprojekt erfolgreich zu bewältigen.

Bei der Branchenerhebung des BVM (2009) wurde eine repräsentative Stichprobe von über 1.000 Markt- und Sozialforschern, die in Betrieben, Instituten oder selbstständig arbeiten, danach gefragt, welche Fähigkeiten und Fertigkeiten für einen Markt- und Sozialforscher wichtig sind.

Die vergleichende Analyse zeigt, dass qualitativ arbeitende Markt- und Sozialforscher fast durchweg höhere Anforderungen an sich gestellt sehen:

- Nicht überraschend sind die Diskrepanzen zwischen qualitativen und quantitativen Forschern bei emotionaler Intelligenz, Kommunikationsstärke sowie Offenheit und Neugierde am größten;
- aber auch analytische Fähigkeiten und strategisches Denken, Kreativität, Lernbereitschaft und Auffassungsgabe, Ausdauer und Belastbarkeit sowie selbstbewusstes Auftreten haben bei qualitativen Forschern eine höhere Bedeutung;
- an quantitative Marktforscher richten sich dagegen höhere Anforderungen bezüglich der Kenntnisse von Statistik und der theoretischen Grundlagen von Empirie und Analyse sowie hinsichtlich Genauigkeit und Sorgfalt.

Ein qualitativer Marktforscher muss also nicht nur ein multikommunikativer Mensch sein, sondern darüber hinaus eine facettenreiche Persönlichkeit, die gleichermaßen über hohe analytische und strategische Kompetenzen, eine offene und fluide Intelligenz sowie emotionale und kommunikative Fähigkeiten verfügt.

3.5 Qualitative Marktforschung - eine weibliche Persönlichkeit?

Sowohl im Fremd- als auch im Selbstbild findet sich bei der Abgrenzung zwischen qualitativer und quantitativer Marktforschung eine starke Analogie zu Geschlechterstereotypen: Qualitative Marktforschung ist weiblich, quantitative Marktforschung ist männlich. „Der" quantitative Marktforscher kann gut mit Zahlen umgehen, denkt analytisch, handelt rational. Seine Aussagen und Empfehlungen basieren auf harten Fakten. „Die" qualitative Marktforscherin ist einfühlsam, kreativ und visionär.

Quantitative und qualitative Marktforschung sind also mit starken Geschlechterstereotypen assoziiert, die sowohl fördernde als auch hemmende Auswirkungen haben. Entsprechend diesen Klischees präsentiert sich qualitative Marktforschung als empathisch und sympathisch, aber auch ein wenig realitätsfremd. Quantitative Marktforschung präsentiert sich dagegen männlich distanziert, aber auch sehr sachlich und rational.

Auftraggeber projizieren in den qualitativen Marktforscher oft den liebenswerten, sympathischen Chaoten, der, obwohl oder weil er manchmal etwas „abgehoben" ist, in der Lage ist, neue Horizonte zu öffnen. Im Fremdbild unterstellt man ihm einen gewissen Hang dazu, vom eigentlichen Erkenntnisziel abzuschweifen und „alles besser wissen zu wollen". Tatsächlich befriedigt der qualitative Marktforscher im Selbstbild eine natürliche Neugier. Er hört aber auch selbstkritisch in sich hinein, reflektiert eigene Einstellungen und Erfahrungen kritisch im Kontext der Untersuchungsfragen.

Eine Reduktion qualitativer Marktforschungskompetenz auf typisch „weibliche" Fähigkeiten verstellt den Blick auf die Chancen qualitativer Marktforschung. Zwar haben bei qualitativen Marktforschern kommunikative und emotionale Fähigkeiten zweifellos eine wichtige Bedeutung, aber erst die Verbindung mit methodischer Kompetenz, fachlichen Kenntnissen und analytischer Klarheit macht die Stärke der qualitativen Marktforschung aus.

Auch wenn das Bild vom qualitativen und quantitativen Marktforscher immer noch stereotyp scheint, so stimmt man doch im Selbst- und Fremdbild darin überein, dass sich die beiden ideal ergänzen. Durch quantitative Studien aufgeworfene Fragen werden qualitativ beantwortet und umgekehrt.

4 Fazit

Qualitative Marktforschung – charakterisiert durch Defizite? Dies dürfte langsam der Vergangenheit angehören! Die Beurteilung qualitativer Forschung an der Messlatte quantitativer Kriterien („Ist denn das überhaupt repräsentativ") hat einer eigenständigeren und differenzierteren Wahrnehmung der qualitativen Forschung Platz gemacht.

Eine der größten Schwächen der qualitativen Marktforschung liegt allerdings nach wie vor in der Intransparenz – vor allem im Fremdbild. Diffus scheint immer noch die Verwendung von Begriffen, zweifelhaft die Zuverlässigkeit kleiner Fallzahlen, besonders rätselhaft der Auswertungsprozess. Die wahrgenommenen „Mystifizierungen" qualitativer Methoden sind dabei Fluch und Segen zugleich. Im selben Maße, wie sie faszinieren, verunsichern sie auch. Statt sich hinter Mythen zu verstecken, wird die qualitative Marktforschung gerade durch eine konsequente Entmystifizierung an Vertrauen gewinnen.

Eine Chance besteht daher in einem selbstbewussten, offensiven Umgang mit bereits formulierten, eigenständigen Gütemaßstäben für qualitative Markt- und Sozialforschung (vgl. BVM 2007). Statt defensiv vermeintliche Schwachpunkte zu verteidigen oder den eigenen Ansatz durch Mystifizierungen zu überhöhen, wird die qualitative Marktforschung durch ihre Fähigkeit zum tiefen Erkenntnisgewinn und zur zielorientierter Problemlösung überzeugen. Denn es gibt nichts zu verstecken, sondern es gilt, die Stärken klar und deutlich zu kommunizieren.

Die Wahrnehmung qualitativer Marktforschung bewegt sich im Spannungsfeld zwischen einer nahezu unbegrenzten Transparenz bei der Erhebung und einer nahezu völligen Intransparenz bei der Analyse. Dies geht im Fremdbild mit einer hohen Gewichtung der Erhebung und einer geringen Wertschätzung der Analyse bei der Qualitätsbeurteilung einher. Damit liegt die qualitative Forschung v. a. in der Fremdwahrnehmung spiegelbildlich zur quantitativen Forschung, bei der die Erhebungsqualität allenfalls stichprobenartig kontrolliert werden kann, das hohe Maß der Standardisierung die Auswertung dagegen sehr transparent und nachvollziehbar macht.

Die Überschätzung der Erhebung korrespondiert mit einer Überschätzung als typisch „weiblich" geltender Kompetenzen wie bspw. Empathie. Dies birgt die Gefahr, dass als typisch „männlich" geltende und für die Wertschätzung qualitativer Forschungskonzepte ebenso wichtige Kompetenzen wie Fachwissen, theoretische Fundierung oder analytische Klarheit unzureichend wahrgenommen werden.

Tatsächlich müssen qualitative Marktforscher sowohl „männliche" als auch „weibliche" Stärken in sich vereinen. Diese Mischung ist die eigentliche Stärke qualitativer Marktforschung.

Literaturverzeichnis

Balzer, Eva (2007): Standortbestimmung aus praktischer Perspektive. In: Naderer, Gabriele / Balzer, Eva (Hrsg.): Qualitative Marktforschung in Theorie und Praxis. 1. Auflage. Wiesbaden, S. 3–14.

BVM EDITION (2007): Standortbestimmung und Gütemerkmale qualitativer Markt- und Sozialforschung. BVM Berufsverband Deutscher Markt- und Sozialforscher e.V. (Hrsg.). Berlin.

BVM (2009): Branchenerhebung. BVM Berufsverband Deutscher Markt- und Sozialforscher e.V. Berlin.

Güntzel, Stefanie / Liebers, Christine (2008): Vom Suchen und Finden – Typische Biografieverläufe qualitativer Marktforscher. Arbeitskreis Qualitative Markt- und Sozialforschung (AKQua) im BVM Berufsverband Deutscher Markt- und Sozialforscher e.V. Hamburg.

Kleining, Gerhard (2007): Der qualitative Forschungsprozess. In: Naderer, Gabriele / Balzer, Eva (Hrsg.): Qualitative Marktforschung in Theorie und Praxis. 1. Auflage. Wiesbaden, S. 189–226.

Lamnek, Siegfried (1995): Qualitative Sozialforschung. Band 1 – Methodologie, Band 2 – Methoden und Techniken. 3. Auflage. München,Weinheim.

Naderer, Gabriele (2007): Auswertung und Analyse qualitativer Daten. In: Naderer, Gabriele / Balzer, Eva (Hrsg.): Qualitative Marktforschung in Theorie und Praxis. 1. Auflage. Wiesbaden, S. 363–381.

Schauss, Oliver (2008): Mehr Nähe – mehr Breite – mehr Tiefe. Der qualitative Methoden-Mix – wie man durch gezielte Kombination von methodischen Ansätzen kundenoptimale Ergebnisse erzielt. In: Planung & Analyse, 3/08, S. 22–25.

Schreier, Margit (2007): Qualitative Stichprobenkonzepte. In: Naderer, Gabriele / Balzer, Eva (Hrsg.): Qualitative Marktforschung in Theorie und Praxis. 1. Auflage. Wiesbaden, S. 231–245.

Wir bedanken uns ganz herzlich bei dem engagierten studentischen Team: Biljana Golubovic, Patrick Hütter, Linda Löffler, Bettina Schmid, Béatrice Schüsser und Stefanie Werner. Außerdem danken wir den Mitgliedern der Arbeitsgruppe „Studie" von AKQua: Eva Balzer, Anke Göbel, Brigitte Holzhauer, Beate Illg, Sindy Krambeer und Gabriele Laurich.

Besonderer Dank gilt auch den Sponsoren der Studie: AnswerS Pharmaceutical Marketing Research & Consulting, aproxima – Agentur für Markt- und Sozialforschung, BVM, Barbara Nellessen – ergo network, Holzhauerei, IFM Mannheim, market easy, phaydon research + consulting, psychonomics, RSG Marketing Research, Siegfried Vögele Institut.

Gabriele Naderer

Standortbestimmung aus theoretischer Perspektive

1 Einführung 27
2 Theoretische Standortbestimmung 28
    2.1 Begriffsbestimmung 28
    2.2 Das Verhältnis zu akademischen Forschungsdisziplinen 28
    2.3 Die konstituierenden Merkmale 30
3 Theorie und Praxis 32
    3.1 Einsatz in komplexen Forschungsprozessen 33
    3.2 Aufgaben- und Kompetenzfelder 33
    3.3 Stichprobendesign 34
    3.4 Erhebungsphase 35
    3.5 Auswertung und Analyse 35
4 Gütekriterien und Forschungsethik 36
5 Fazit 38

1 Einführung

Lange wurde die qualitative Marktforschung geradezu stiefmütterlich behandelt. Sowohl bei der Festlegung von Qualitätsstandards (BVM 1999) als auch bei der Beobachtung von Marktentwicklungen (ESOMAR 2009) findet die qualitative Marktforschung keine oder nur geringe explizite Beachtung. Eine mögliche Ursache mag in dem unzureichenden Bestreben liegen, qualitative Marktforschungsansätze theoretisch zu fundieren. Während in der akademischen Forschung eine ausführliche Diskussion theoretischer Grundlagen stattfindet, scheint sich dies in der qualitativen Marktforschungspraxis nur langsam zu etablieren.

Die sich daraus ergebende Diskrepanz zwischen den in der Praxis vorherrschenden stereotypen Denkmustern (im Folgenden kursiv) und dem theoretischen Anspruch soll im Folgenden beispielhaft aufgezeigt werden:

Qualitative Marktforschung ist gleichzusetzen mit psychologischer (oder auch soziologischer oder ethnographischer) Forschung. Tatsächlich ist die qualitative Marktforschung jedoch ein **interdisziplinärer** empirischer Forschungsansatz.

Die qualitative Marktforschung ist charakterisiert durch offene Erhebungsmethoden, kleine Stichproben sowie den Verzicht auf numerische Aussagen. Hier werden augenfällige Charakteristika qualitativer Marktforschung benannt, ohne die zugrundeliegende **theoretische Fundierung** zu reflektieren.

Qualitative Marktforschung hat ausschließlich Vorstudiencharakter. Tatsächlich kann sie in **vielen Phasen** komplexer **Marktforschungsprozesse** einen entscheidenden Beitrag zum Erkenntnisgewinn leisten, beispielsweise auch, wenn es darum geht, quantitative Ergebnisse zu erklären und zu verstehen.

Qualitative Marktforschung ist an denselben Gütekriterien zu messen wie quantitative Marktforschung. Um qualitative Marktforschungsansätze angemessen zu bewerten, müssen diese **Gütekriterien** jedoch neu definiert und interpretiert werden.

Um den „Nibelungenschatz der qualitativen Marktforschung" (Hans-Willi Schroiff zit. n. Balzer 2005, S. 11) nicht nur heben zu können, sondern ihn überhaupt erst als solchen erkennbar werden zu lassen, bedarf es also zunächst einer theoretischen Standortbestimmung. Nur sie erlaubt, die Leistungsfähigkeit und die wahren Potenziale qualitativer Marktforschung aufzuzeigen. Erst wenn die Zielsetzungen der qualitativen Marktforschung offensiv formuliert werden, die qualitative Marktforschung sich von ihrer defensiven Verteidigungshaltung gegenüber quantitativen Forschungsansätzen befreit, kann die qualitative Marktforschung einer kritischen Würdigung unterzogen werden, die ihr wirklich gerecht wird.

Gabriele Naderer

2 Theoretische Standortbestimmung

Beim Versuch einer theoretischen Standortbestimmung soll bewusst auf die Abgrenzung qualitativer und quantitativer Forschungsansätze verzichtet werden. Die kontroverse Diskussion qualitativer und quantitativer Forschungsansätze prägt zwar maßgeblich die Historie der Marktforschung (→ Beitrag *„Standortbestimmung aus historischer Perspektive" von Eva Balzer*), ist aber wenig fruchtbar für eine selbstbestimmte Verortung qualitativer Marktforschungsansätze. Darüber hinaus verbreitet sich in zunehmendem Maße das Bewusstsein, dass gerade die Kombination qualitativer und quantitativer Forschungsansätze zu einem umfassenden und erschöpfenden Erkenntnisgewinn beiträgt.

2.1 Begriffsbestimmung

Rein lexikalisch ist die Bezeichnung „qualitativ" nicht wirklich geeignet, um eine eindeutige theoretische Standortbestimmung zu erlauben. Die lexikalische Bedeutung des Begriffs „qualitativ" bringt nicht mehr, aber auch nicht weniger als eine besondere Eignung oder Befähigung zum Ausdruck. Folgen wir diesem lexikalischen Verständnis, dürften auch quantitative Forschungsansätze den Anspruch auf dieses Adjektiv erheben. Der statistisch gebildete Leser wird sich zu Recht fragen, warum statistische Analysemethoden in diesem Sinne nicht auch „qualitativ" sein sollten.

Vor einer weiterführenden theoretischen Standortbestimmung müssen wir uns daher darauf einigen, dass „qualitative Marktforschung" als feststehender Begriff nicht nur für einen Forschungsansatz mit einer besonderen Eignung oder Befähigung steht, sondern mehr ist als die Summe aus „qualitativ" und „Marktforschung", nämlich ein Forschungsansatz mit eigenen theoretischen Wurzeln, Wertvorstellungen und Zielsetzungen.

2.2 Das Verhältnis zu akademischen Forschungsdisziplinen

Entgegen einer häufig vertretenen Meinung ist die qualitative Marktforschung nicht gleichzusetzen mit psychologischer, soziologischer oder ethnographischer Forschung, auch nicht mit anderen sozial- und geisteswissenschaftlichen Grundlagendisziplinen. Psychologie, Soziologie oder Ethnographie konstituieren sich nicht über qualitative Forschungsmethoden, sondern vielmehr über die Untersuchungsgegenstände, mit denen sie sich beschäftigen. Zur Erforschung dieser Untersuchungsgegenstände setzen sie je nach Forschungsziel qualitative oder quantitative Methoden ein.

Besonders häufig wird die psychologische Forschung der qualitativen Forschung gleichgestellt. Nicht zuletzt mag dies darin begründet sein, dass sich qualitative Marktforschung häufig mit Untersuchungsgegenständen der Psychologie befasst. So definiert Salcher in seinem Buch, das bezeichnenderweise den Titel „Psychologische Marktforschung" trägt, die psychologische Marktforschung wie folgt: „[...] bemüht sich die psychologische Marktforschung sehr intensiv um die Analyse von Motiven und Bedürfnissen [...] der Analyse von subjektiven Meinungen, Vorstellungen und Stereotypen [...]" (Salcher 1995, S. 6). Implizit wird dabei die psychologische Marktforschung mit der qualitativen Marktforschung gleichgesetzt. Zwar werden zur Erforschung der von Salcher genannten psychologischen Konstrukte häufig qualitative Methodenkonzepte eingesetzt. Ebenso hat der Versuch, sich diesen Untersuchungsgegenständen mit validen Untersuchungsmethoden anzunähern, die Entwicklung einer Reihe von qualitativen Methodenkonzepten vorangetrieben, z. B. das „Tiefeninterview" oder „projektive" Befragungstechniken. Die Tatsache, dass qualitative Marktforschung häufig psychologische Konstrukte erforscht und sich auf Methodenkonzepte stützt, die in der psychologischen Grundlagenforschung Anwendung finden, lässt jedoch nicht den Umkehrschluss zu, qualitative Marktforschung sei gleichzusetzen mit psychologischer Forschung.

Ähnliches lässt sich auch für andere Grundlagendisziplinen feststellen. So schenkt die qualitative Marktforschung beispielsweise in Gruppendiskussionen soziologisch relevanten Gruppenphänomenen besonderes Augenmerk und bedient sich ethnographischer Methoden wie der teilnehmenden Beobachtung. Es wäre aber nicht angemessen, sie deshalb mit soziologischer oder ethnographischer Forschung gleichzusetzen. Umgekehrt ist weder soziologische noch ethnographische Forschung zwingend qualitativ.

Ein Blick auf wichtige Veröffentlichungen, die sich mit qualitativen Forschungsansätzen auseinandersetzen, belegt, dass in der akademischen Forschung, v. a. in der Soziologie, die Trennung zwischen Forschungsdisziplin und empirischem Forschungsansatz strenger vollzogen wird. Während eher praxisorientierte Veröffentlichungen wie „Psychologische Marktforschung" (Salcher 1995) oder „Psychologische Marketingforschung" (Schub von Bossiazky 1992) die Forschungsdisziplin in den Fokus stellen, konzentrieren sich bekannte, eher akademisch geprägte Veröffentlichungen auf den empirischen Forschungsansatz: „Qualitative Forschung" (Brüsemeister 2008), „Qualitative Marktforschung: Konzepte – Methoden –Analysen" (Buber/Holzmüller 2009), „Qualitativ-empirische Sozialforschung" (Garz/Kraimer 1991), „Handbuch Qualitativer Sozialforschung – Grundlagen, Konzepte, Methoden und Anwendungen" (Flick et al. 1991), „Qualitative Forschung. Theorie, Methoden, Anwendung in Psychologie und Sozialwissenschaften" (Flick 1995), „Qualitative Sozialforschung. Eine Einführung" (Flick 2002), „Qualitative Forschung. Ein Handbuch" (Flick et al. 2005, 1. Auflage 2000), „Qualitative Sozialforschung" (Lamnek 2005).

Als eine Ursache für die unscharfe Verortung der qualitativen Marktforschung kann also die mangelnde Trennung zwischen Forschungsgegenstand und Forschungsansatz identifiziert werden. Die qualitative Marktforschung ist nicht durch ihr besonderes Interesse an spezifischen Forschungsgegenständen charakterisiert, sondern vielmehr dadurch, dass sie ausschließlich qualitative Daten erhebt und analysiert (→ Beitrag *„Der qualitative Forschungsprozess" von Gerhard Kleining*)

2.3 Die konstituierenden Merkmale

Gabriela Kepper hat in ihrer Dissertation „Qualitative Marktforschung: Methoden, Einsatzmöglichkeiten und Beurteilungskriterien" (Kepper 1994) bereits einen Meilenstein für die theoretische Standortbestimmung der qualitativen Marktforschung gesetzt. Als konstituierende Merkmale identifiziert sie die Offenheit, die Kommunikativität und die Typisierung: „Offenheit bezieht sich dabei vor allem auf die möglichst geringe Prädeterminiertheit von Forscher und Untersuchungskonzeption [...]. Typisierung umfasst den Anspruch qualitativer Marktforschung, charakteristische oder eben ‚typisierende' Inhalte in Bezug auf die Problemstellung herauszufiltern [...]. Kommunikativität qualitativer Marktforschung ist Ausdruck einer konsequenten Ausrichtung der Untersuchung und ihrer Methoden an den Auskunftspersonen und deren kommunikativen Fähigkeiten [...]" (Kepper 1994, S. 22). Zu Recht werden diese Merkmale von Gabriela Kepper konsequent über alle Phasen des Untersuchungsprozesses hinweg durchdekliniert, wobei sie ihnen in den verschiedenen Phasen des Forschungsprozesses eine unterschiedliche Bedeutung zuspricht (Kepper 1994, S. 21ff.).

Zwar wird hier ein wesentlicher Grundstein für die theoretische Standortbestimmung gelegt, dennoch bleibt das Bild unvollständig. Deshalb sollen die genannten konstituierenden Merkmale im Folgenden vertiefender diskutiert und um weitere konstituierende Merkmale ergänzt werden: Im Wesentlichen sind dies neben Offenheit, Kommunikativität und Typisierung die Reflexivität, die Kontextualisierung, die Prozessorientierung und die theoriebildende Rekonstruktion.

Offenheit steht für weit mehr als offenes Fragen, bzw. die Bereitschaft, nicht vorgegebene Antworten zuzulassen. Sie charakterisiert auch die Designphase und die Auswertungsphase, also den kompletten Forschungsprozess. Das Merkmal der Offenheit steht für einen besonderen forschungsethischen Anspruch. Indem die qualitative Marktforschung nach Offenheit strebt, folgt sie einem humanistischen Menschenbild, das in einem offenen, empathischen, nicht-direktiven Forschungszugang seinen Ausdruck findet. Sie befreit sich von subjektiven Denkmustern und strebt nach absoluter Offenheit gegenüber dem zu erforschenden Objekt. Praktisch bedeutet dies, dass beispielsweise auch die Stichprobenstruktur, die Struktur eines Themenleitfadens oder die Systematik und Ordnung der qualitativen Daten in der Auswertungsphase immer wieder kritisch reflektiert, hinterfragt und bei Bedarf auch angepasst werden können.

Auch eine Clusteranalyse oder eine Faktorenanalyse lässt dem Statistiker Raum für eine nicht prädeterminierte Interpretation. Allerdings stellt qualitative Forschung höhere Ansprüche an die Interpretationsleistung des Forschers. Brüsemeister schreibt dazu: „Sozialforschungen nehmen weitaus mehr Interpretationen von Daten vor, als es bei Interpretationen der Fall ist, die entstehen, wollte man Daten nur ordnen. In der Soziologie gibt es keine Forschungsmethode, die Daten [...] nur sammeln wollte. Die eigentliche Sozialforschung beginnt vielmehr erst jenseits einer bloßen Neuordnung von Daten [...]" (Brüsemeister 2008, S. 18).

In engem Zusammenhang zur Offenheit steht der **kommunikative** Charakter qualitativer Forschung: Nur wenn der Forschende versucht, die zu erforschenden Personen bedingungslos und unvoreingenommen verstehen zu wollen, eigene Vorstellungen und subjektive Meinungen konsequent ausblendet, kann er Offenheit erzielen. Lamnek stellt fest: „Dazu passt die Einsicht des qualitativen Ansatzes, dass Forschung als Kommunikation zu denken ist, v. a. als Kommunikation und Interaktion zwischen Forscher und zu Erforschendem" (Lamnek 2005, S. 22). Er geht sogar so weit, zu viel Distanz des Forschers explizit zu kritisieren: „Durch die Standardisierung der Erhebungsmethoden glaubt mancher Forscher, dass er sich nicht in das Untersuchungsfeld begeben muss" (Lamnek 2005, S. 17). Ähnlich wie die Offenheit konstituiert auch die Kommunikativität den kompletten Forschungsprozess (vgl. Kepper 1994, S. 21ff.). Nicht nur die enge und intensive Kommunikation zwischen Forscher und befragten Personen, sondern auch die enge Kommunikation zwischen Auftraggeber und Institut und v. a. auch die intensive Kommunikation zwischen den am Forschungsprozess Beteiligten in der Auswertungsphase tragen wesentlich zu einem insgesamt offenen Charakter qualitativer Forschung bei. Und schließlich garantiert Kommunikativität Objektivität und Validität der Ergebnisse (vgl. Kapitel 4).

Offenheit und die Wahrung eines objektiven Kommunikationsstils setzen wiederum **Reflexivität** voraus: „Diese Grundprinzipien [Kommunikation, Offenheit und Reflexivität] implizieren zugleich Kompetenzbereiche für Interviewende: Interviewende müssen sich klar darüber sein, dass sie Kommunikationspartner sind, sie müssen eine Haltung der Offenheit entwickeln und nach der Maxime der Offenheit das Interview steuern. Sie müssen die Fähigkeit zu einer Distanz im Sinne einer Zurückstellung eigener Deutungen und schließlich Reflexionsfähigkeit erwerben" (Helfferich 2009, S. 24). Reflexivität fordert nicht nur vom Interviewenden, sondern von allen am Forschungsprozess beteiligten Personen in allen Phasen des Forschungsprozesses die Fähigkeit zur Selbstbeobachtung und zur kritischen Reflexion des eigenen Handelns.

Ein weiteres, bereits von Kepper (1994) identifiziertes Merkmal ist die **Typisierung**. Aufgrund der konnotativen Nähe zu Typologien soll im Folgenden allerdings der Begriff **Individualität** Verwendung finden. In der qualitativen Forschung stehen intraindividuelle Beobachtungen und Aussagen, die einzelne zu erforschende Personen oder Gruppen charakterisieren, vor der inter-individuellen Vergleichbarkeit und Bestätigung. Wenn Phänomene nur im Einzelfall beobachtet werden, verlieren sie dadurch nicht an Bedeutung. Vielmehr wird der Versuch unternommen, solche einmaligen Phänomene im intra-individuellen Kontext einer Person oder einer Gruppe und im kontrastiven, inter-individuellen Vergleich zu anderen Personen oder Gruppen zu verstehen. Flick drückt dies so aus: „Vielmehr nutzt sie [die qualitative Forschung] das Fremde oder von der Norm Abweichende und das Unerwartete als Erkenntnisquelle und Spiegel, der in seiner Reflexion das Unbekannte im Bekannten und Bekanntes im Unbekannten als Differenz wahrnehmbar macht [...]" (Flick et al. 2005, S. 13). Nicht nur was sich im Querschnitt über verschiedene Personen hinweg bestätigt, dient also dem Erkenntnisgewinn, sondern gerade auch, was intra-individuell von diesem Querschnitt abweicht.

Ein wichtiges konstituierendes Merkmal qualitativer Marktforschung ist die **Kontextualisierung**. Die qualitative Marktforschung will in die Alltagswelt der Konsumenten eintauchen, den handelnden Menschen quasi von innen heraus verstehen (vgl. Flick et al. 2005, S. 14). Ein offenes, umfassendes Verständnis intra-individueller Phänomene verlangt die Einnahme unterschiedlicher Perspektiven bzw. die Berücksichtigung verschiedener Kontextebenen. So ist nicht nur die verbale Beschreibung eines Phänomens – z. B. einer Meinung, einer Erzählung, einer Erfahrung oder einer Gefühlsäußerung – von Bedeutung, sondern auch die Frage, bei welcher Person, mit welcher persönlichen Vorgeschichte, in welcher Situation ein Phänomen beobachtet wird. Scheinbar identische Phänomene können in unterschiedlichen Kontexten höchst unterschiedliche Interpretationen erfahren.

Qualitative Marktforschung versucht also, beobachtete Phänomene als Konsequenz komplexer individueller **Entstehungsprozesse** in spezifischen Kontexten zu verstehen. Sie interessiert sich nicht nur statisch für das zu einem bestimmten Zeitpunkt beobachtete Phänomen. Sie versucht vielmehr, dessen Entstehungsprozess – also Voraussetzungen, Ursachen, notwendige Rahmenbedingungen – zu identifizieren, zu verstehen und zu erklären (vgl. Flick et al. 2005, S. 20).

Wenn es gelingt, den Entstehungsprozess beobachteter Phänomene zu beschreiben, zu verstehen und zu erklären, dann kann qualitative Marktforschung letztendlich dem anspruchsvollsten Ziel gerecht werden: der **theoriebildenden Rekonstruktion**. Das heißt, am Ende des Forschungsprozesses steht der Versuch, die beobachteten Phänomene durch das Generieren von Hypothesen über mögliche Ursachen und Wirkfaktoren sowie Zusammenhänge vorherzusagen. Es werden also induktiv Theorien oder Erklärungsmodelle entwickelt, aufgrund derer man in der Rekonstruktion das erneute Auftreten des beobachteten Phänomens erwarten würde.

3 Theorie und Praxis

Die theoretische Standortbestimmung soll dazu beitragen, das enorme Erkenntnispotenzial qualitativer Marktforschung aufzuzeigen. Dass dieses Potenzial derzeit häufig noch unausgeschöpft bleibt, liegt in der mangelnden Konsequenz bei der praktischen Umsetzung.

3.1 Einsatz in komplexen Forschungsprozessen

In der Marktforschungspraxis werden qualitative Forschungsansätze häufig für sogenannte Vorstudien eingesetzt: Tatsächlich haben qualitative Forschungsansätze eine herausragende Bedeutung, wenn es darum geht, valide Indikatoren und Operationalisierungen für spätere quantitative Hauptstudien zu entwickeln (beispielsweise wenn es um die Identifikation relevanter und adäquater Imagedimensionen geht). Leider werden sie aber auch bewusst als schneller Vorcheck missbraucht (beispielsweise wenn es um eine schnelle Identifikation von Tops oder Flops aus einer Reihe verschiedener Konzepte geht, im schlimmsten Fall als „Quick-&-Dirty-Studien" bekannt).

Vergegenwärtigt man sich die Zielsetzungen, denen sich qualitative Marktforschung verschrieben hat, wird deutlich, dass sie ihren spezifischen Mehrwert keinesfalls nur in Vorstudien entfaltet: Aufgrund ihres theoriebildenden Charakters eignen sich qualitative Forschungsansätze sehr gut für Grundlagenstudien, die danach streben, Erklärungsmodelle für im Markt beobachtete Phänomene zu entwickeln. Darüber hinaus können sie zur Erklärung quantitativer Befunde beitragen und Ursachen aufdecken, v. a. dann, wenn quantitative Daten eher Fragen aufwerfen als diese beantworten, beispielsweise wenn sich die Kundenzufriedenheitswerte in einem Kundenzufriedenheitsmonitor negativ verändern.

Insofern erweitern qualitative Forschungsansätze das Erkenntnispotenzial auch dann enorm, wenn sie quantitative Forschung begleiten (Kombination qualitativer und quantitativer Forschung) oder als Folgestudie eingesetzt werden.

3.2 Aufgaben- und Kompetenzfelder

Die Frage, ob ein qualitativer oder quantitativer Forschungsansatz gewählt werden soll, orientiert sich in der Praxis nicht selten an spezifischen Untersuchungsgegenständen, besonderen Aufgaben- oder Kompetenzfeldern, die man der qualitativen Forschung zuschreibt. Kepper benennt als besondere Aufgabenfelder qualitativer Marktforschung Strukturierungsaufgaben, qualitative Prognose, Ideengenerierung, Grobauswahl von Alternativen und Ursachenforschung (Kepper 1994, S. 133ff.). Salcher, stärker am Untersuchungsgegenstand orientiert, sieht ihre Kompetenzfelder v. a. im Bereich der Image-Analyse, der Motivforschung oder der psychologischen Werbeforschung (Salcher 1995, S. 127ff.). Sicher gibt es eine Reihe von Anwendungsfeldern, v. a. solche, in denen es psychologische, soziologische oder ethnographische Phänomene zu verstehen gilt, die häufiger auf qualitative Forschungsansätze zurückgreifen. Daraus darf aber nicht der Umkehrschluss gezogen werden, dass sich qualitative Marktforschung ausschließlich über Anwendungsfelder definiert. Weniger der Untersuchungsgegenstand (vgl. Kapitel 2.2) als die Frage nach dem spezifischen Forschungsziel in einer bestimmten Phase des Forschungsprozesses (vgl. Kapitel 3.1) sollten über den Einsatz qualitativer Forschung entscheiden.

3.3 Stichprobendesign

Wie eingangs erwähnt, liegt eine Ursache für die mangelnde Ausschöpfung qualitativer Forschungspotenziale in deren Reduktion auf die Erhebungsphase. Nur wenn die sie konstituierenden Merkmale alle Phasen des Forschungsprozesses charakterisieren, d. h., alle Phasen des Forschungsprozesses einer kritischen theoretischen Überprüfung unterzogen werden, kann das Potenzial voll und ganz ausgeschöpft werden. Daher soll zunächst das Stichprobendesign einer kurzen theoretischen Diskussion unterzogen werden.

Entgegen landläufiger Meinung erfolgt die Auswahl der Probanden im qualitativen Forschungsprozess nicht nach dem Kriterium der Minimierung der Stichprobengröße, auch wenn die Stichproben tatsächlich – zumindest absolut betrachtet – im Vergleich zu quantitativen Studien häufig eher klein ausfallen. Lamnek stellt fest: „Eine prinzipielle und methodologische Ablehnung hoher Fallzahlen ist in der qualitativen Sozialforschung nur dann gegeben, wenn man dem einzelnen Forschungsobjekt, d. h. dem Subjekt, nicht mehr gerecht werden kann und die methodologischen Kriterien verletzt werden" (Lamnek 2005, S. 3).

Generell ergibt sich die erforderliche Fallzahl eher aus den erkenntnistheoretischen Zielen. In Ermangelung prädeterminierter Hypothesen und gerade aufgrund des offenen Erkenntnischarakters qualitativer Forschung sind auch die Merkmale, die einer repräsentativen Stichprobenziehung zugrunde zu legen wären, oft nicht bekannt. So folgt die Festlegung der „Quoten", also der Merkmale, die auf die auszuwählenden Zielpersonen zutreffen sollen, eher theoretischen Vorüberlegungen. Es gilt, solche Merkmale zu identifizieren, die aufgrund theoretischer Vorüberlegungen ein Maximum an Erkenntnisgewinn versprechen. Besonders deutlich wird die qualitative Forschungsphilosophie am Beispiel der Grounded Theory (vgl. Glaser/Strauss 1967). Das von Glaser und Strauss entwickelte Konzept des theoretischen Samplings entwickelt eine Stichprobe quasi im Forschungsprozess. Die Ergebnisse erster Erhebungen werden unmittelbar analysiert. Aus diesen Zwischenergebnissen leitet sich in einem kommunikativen Prozess der am Forschungsprozess beteiligten Personen das weitere Stichprobendesign ab. Dabei folgt die Stichprobenbildung dem Gedanken der Individualität, indem auch solche Fälle weiterverfolgt werden (z. B. durch gezielte Suche vergleichbarer Fälle), die sich in der ersten Erhebungsphase als Einzelfälle erweisen

Standortbestimmung aus theoretischer Perspektive

und sich noch nicht bestätigen lassen. Die Suche nach bestätigenden Fällen („Confirmatory Sampling", vgl. Quinn Patton 2002) folgt dem Bestreben nach Rekonstruktion einzelner Fälle auf Basis der zwischenzeitlich entwickelten Hypothesen und Modelle (→ *Beitrag „Qualitative Stichprobenkonzepte" von Margrit Schreier*).

Insofern kann die Stichprobenbildung ein mehrstufiger Prozess sein, in dem die für die Stichprobe relevanten Merkmale immer wieder adaptiert werden. Die sich aus dieser offenen Herangehensweise an die Stichprobenbildung ergebende logische Konsequenz ist streng genommen, dass Umfang und Struktur einer Stichprobe im qualitativen Forschungsprozess zu Beginn noch nicht endgültig festgelegt sind. Auch wenn dies in der Praxis nur bedingt realisierbar ist, sollten Auftraggeber und forschendes Institut doch zumindest bereit sein, das Stichprobendesign in einem offenen kommunikativen Prozess immer wieder kritisch zu hinterfragen und bei Bedarf zu adaptieren. Unter Umständen kann dies sogar zu einer Reduzierung einer ursprünglich geplanten Fallzahl und damit zu einer Kostenersparnis, auf jeden Fall aber zu einem tieferen und umfassenderen Erkenntnisgewinn beitragen.

3.4 Erhebungsphase

Die Erhebungsphase ist die Phase, in der die konstituierenden Merkmale qualitativer Forschung die konsequenteste Umsetzung in die Praxis erfahren. Die klassischen qualitativen Erhebungsmethoden wie z. B. Gruppendiskussion und qualitatives Interview sind durch ein hohes Maß an Offenheit und Kommunikativität charakterisiert, zumindest dann, wenn sie die methodischen Anforderungen an qualitative Methodenkonzepte erfüllen. In „Gruppenbefragungen", die keine offene Diskussion zulassen, oder in qualitativen Interviews, die eine Liste offener Fragen abarbeiten, werden diese jedoch nicht selten ad absurdum geführt.

Bei richtiger Durchführung sind Gruppendiskussionen und qualitative Interviews von einer Atmosphäre besonderer Offenheit geprägt, sodass jedes Gespräch oder jede Diskussion einen sehr individuellen Verlauf nehmen kann. Noch während des Erhebungsprozesses werden seitens des Interviewers oder Moderators erste Hypothesen generiert und durch Hinterfragen, Spiegeln und andere Fragetechniken bereits einem ersten Rekonstruktionsprozess im individuellen Kontext unterzogen. Gut ausgebildete Interviewer und Moderatoren sind dabei in der Lage, ihr eigenes Handeln bewusst zu reflektieren.

3.5 Auswertung und Analyse

Während die theoretischen Anforderungen an qualitative Forschung in der Erhebungsphase noch am ehesten erfüllt werden, trifft dies auf die Auswertungs- und

Analysephase häufig weniger zu. Aufgrund der mangelnden Transparenz, die gerade diese Phase des qualitativen Forschungsprozesses in der Praxis charakterisiert, ist nur schwer zu beurteilen, inwieweit die Auswertung tatsächlich einem offenen, kommunikativen, Individualität vor Vergleichbarkeit stellenden Prozess mit dem Ziel der Rekonstruktion folgt (→ Beitrag „Auswertung & Analyse" von Gabriele Naderer). Indirekt lässt sich dies aber aus der Art und Weise der Ergebnisdarstellung erschließen: Eine umfassende deskriptive Sammlung von relevanten Themenfeldern lässt zumindest auf Offenheit schließen, beispielsweise die Sammlung und Beschreibung möglicher Motive und Hemmnisse bei der Verwendung eines neuen Produkts. Das Potenzial qualitativer Forschungsansätze wird jedoch nur dann umfassend ausgeschöpft, wenn die Ergebnisse auch erlauben, die zuvor beschriebenen Phänomene zu verstehen und zu rekonstruieren, d. h., wenn es gelungen ist, Erklärungsmodelle zu entwickeln. Die Darstellung der Ergebnisse beschränkt sich in diesem Fall nicht nur auf die Sammlung und Beschreibung der Motive und Hemmnisse, sondern analysiert auch, welche Zusammenhänge oder Konflikte zwischen einzelnen Motiven bestehen, erklärt, warum welche Motive oder Hemmnisse bei manchen Individuen auftreten und bei anderen nicht und unter welchen kontextuellen Bedingungen sich Motive aktualisieren oder Hemmnisse abbauen lassen.

Die Darstellung und Berichtslegung kann extrem variieren. Unabhängig davon, ob die Ergebnisse sich auf eine rein verbale Beschreibung der gesammelten Inhalte beschränken oder versuchen, komplexe Zusammenhänge und Erklärungsmodelle zu veranschaulichen, immer sollten die Ergebnisse sehr gut dokumentiert werden. Nur ein hohes Maß an Transparenz schafft Vertrauen in die „Qualität" der qualitativen Marktforschung.

4 Gütekriterien und Forschungsethik

Wenn qualitative Marktforschung noch nicht die Wertschätzung erfährt, die ihr gebührt, dann v. a. auch deshalb, weil sie immer noch an für die *quantitative* Forschung entwickelten Gütekriterien gemessen wird. Nur die offensive Forderung nach einer Neudefinition gängiger Gütekriterien im Kontext qualitativer Forschungsansätze erlaubt eine für die qualitative Marktforschung angemessene Bewertung ihrer Güte (vgl. Lamnek 2005, S. 142ff.; Mruck/Mey 2000; Mayring 2002, S. 140ff.). Die klassischen Gütekriterien Objektivität, Reliabilität, Validität und Repräsentativität müssen dabei in zweierlei Hinsicht einer kritischen Prüfung unterzogen werden: Erstens im Hinblick auf ihre grundsätzliche Relevanz im qualitativen Forschungskontext und zweitens im Hinblick auf ihre Umsetzung in messbare Prüfkriterien.

Objektivität, d. h. die Forderung nach Unabhängigkeit der Ergebnisse von den am Forschungsprozess beteiligten Personen, ist ohne Zweifel auch eine Forderung, die im qualitativen Forschungskontext gestellt werden muss. In der quantitativen Forschung wird sie quasi durch ein Höchstmaß an Standardisierung erkauft: „Trotz aller methodischen Kontrollen lässt sich [jedoch] nicht vermeiden, dass die Forschung und ihre Ergebnisse von Interessen, sozialen und kulturellen Hintergründen der Beteiligten mitbestimmt werden" (Flick 2002, S. 15). Indem die qualitative Forschung die bewusste Erfassung des untersuchungsrelevanten Kontextes fordert, erlaubt sie hingegen die Objektivierung der Ergebnisse, ohne den Erkenntnisgewinn durch ein hohes Maß an methodischer Rigidität einzuengen.

Ebenfalls sowohl im quantitativen als auch im qualitativen Forschungskontext zu fordern ist die **Validität**, d. h. die Forderung, den im Forschungskontext definierten Untersuchungsgegenstand auch wirklich zu erfassen. Die Validität von Untersuchungsergebnissen ist ohne qualitative Forschungskonzepte kaum realisierbar. Auch wenn keine qualitativen Ad-hoc-Vorstudien durchgeführt werden, basieren valide Operationalisierungen doch zumindest auf offenen, wachen Alltagsbeobachtungen oder auf sekundär zur Verfügung stehenden Informationen. Für qualitative Daten selbst stellt sich bei konsequenter Umsetzung des konstituierenden Merkmals Offenheit im Erhebungs- und Analyseprozess die Frage der Validität nicht. Sie ist vielmehr das immanente Resultat des qualitativen Vorgehens. Validität wird im qualitativen Forschungsprozess erzielt durch den Verzicht auf Operationalisierungen, die Gegenstandsangemessenheit der Methode und das Verständnis der Probanden als Experten für ihr eigenes Tun und Handeln. Nicht zuletzt garantiert der kommunikative Charakter qualitativer Forschungsprozesse die Validität der Ergebnisse (vgl. dazu „konsensuelle" und „kommunikative Validierung" in Mruck/Mey 2000, Abs. 32).

Grundsätzlich sollten auch qualitative Studien bei wiederholter, unabhängiger Durchführung zuverlässig bzw. **reliabel** zu denselben Befunden führen. Bei kritischer Betrachtung ist diese Forderung jedoch auch bei quantitativen Forschungsansätzen nur bedingt aufrechtzuerhalten, nämlich nur dann, wenn die Rahmenbedingungen absolut identisch bleiben. Wenn aber veränderte Kontexte zu einem veränderten Meinungsbild führen, können keinesfalls dieselben Ergebnisse erwartet werden. Qualitative Forschungsansätze fordern daher nicht die zuverlässige Reproduktion bzw. Wiederholbarkeit der Ergebnisse, sondern vielmehr die Erklärung ihres Entstehungsprozesses im jeweiligen Kontext. Reliabilität wird in der qualitativen Forschung erzielt durch ein hohes Maß an Genauigkeit bei der Datenerfassung, Dichte und Komplexität in den Daten, Detailtreue, Transparenz und Nachvollziehbarkeit durch relevante Kontextinformationen (vgl. Lamnek 2005, S. 166ff.; Mayring 2002, S. 141f.).

Die Forderung nach statistischer **Repräsentativität** ist im qualitativen Forschungsprozess nicht angemessen (vgl. Lamnek 2005, S. 185ff.). Dieser ist ja gerade durch die Unkenntnis relevanter Merkmale in der Grundgesamtheit bzw. durch den Versuch, solche zu identifizieren, gekennzeichnet. Deshalb fordern qualitative Forscher eine völlig andere Definition. Sie sprechen von „inhaltlicher" oder „psychologischer Repräsentanz" der relevanten Merkmale im Kontext theoretischer Vorüberlegungen. Die

Auswahl der Probanden erfolgt also nicht zufällig, sondern bewusst an theoretischen Vorüberlegungen ausgerichtet. Gesucht werden für ein zu erklärendes Phänomen typische, charakteristische Fälle. Nach Dammer und Szymkowiak erlaubt solche „funktional-psychologische Repräsentativität", alle Wirkmechanismen, die das Handeln von Konsumenten in Märkten bestimmen, zu identifizieren (vgl. Dammer/Szymkowiak 2008, S. 31).

Neben der Erfüllung theoretischer Gütekriterien sollte sich die qualitative Marktforschung auch unter **forschungsethischen Gesichtspunkten** bewerten lassen. Gerade das sie kennzeichnende humanistische Menschenbild stellt forschungsethisch eine ihrer besonderen Stärken dar: Die konstituierenden Merkmale qualitativer Marktforschung repräsentieren eine bestimmte Werthaltung des Forschers. In dem Bestreben nach Offenheit, Kommunikativität und Kontextualisierung wird das zu erforschende Individuum den Interessen des Forschers vorangestellt. Somit ist die qualitative Forschung geprägt von einem spezifischen Selbstbild des Forschers. Gute qualitative Forschung leistet, wer in der Lage ist, sich selbst zurückzunehmen, wirklich und echt zuzuhören, sich um ein empathisches Verständnis seines Gegenübers zu bemühen, für ihn Katalysator und Begleiter in einem selbstreflektierenden Prozess zu sein, nicht, wer sich im Forschungsprozess als aktiv steuernde Kraft versteht.

5 Fazit

Soll der „Nibelungenschatz der qualitativen Marktforschung" (Hans-Willi Schroiff zitiert in Balzer 2005, S. 11) vollständig gehoben werden, muss sich die qualitative Marktforschung wieder intensiver ihrer theoretischen Wurzeln bewusst werden. Die sie konstituierenden Merkmale wie Offenheit, Kommunikativität, Individualität, Reflexivität, Kontextualisierung, Prozesscharakter und Rekonstruktion müssen in allen Phasen des Forschungsprozesses, auch bei der Entwicklung des Stichprobendesigns und in der Auswertungsphase, nicht nur in der Erhebungsphase, konsequente Anwendung finden. Das sich daraus ergebende Leistungspotenzial muss offensiv herausgestellt werden. Vor allem muss sich die qualitative Marktforschung von stereotypischen Denkmustern befreien: Sie darf sich nicht – in defensiver Abgrenzung zur quantitativen Marktforschung – reduzieren lassen auf offenes Fragen in kleinen Stichproben.

Literaturverzeichnis

Balzer, Eva (2005): BVM-Fachtagung „Qualitative Marktforschung: State of the Art und Ausblick" – ein großer Erfolg. BVM inbrief, April-Ausgabe.

Buber, Renate / Holzmüller, Hartmut H. (2009): Qualitative Marktforschung: Konzepte – Methoden – Analysen. Wiesbaden.

Brüsemeister, Thomas (2008): Qualitative Forschung. Ein Überblick. 2. überarbeitete Auflage. Wiesbaden.

BVM (1999): Standards zur Qualitätssicherung in der Markt- und Sozialforschung. Oktober-Ausgabe.

Dammer, Ingo / Szymkowiak, Frank (2008): Gruppendiskussionen in der Marktforschung. Köln.

ESOMAR (2009): Global Market Research – ESOMAR Industry Report.

Flick, Uwe / von Kardorff, Ernst / Keupp, Heiner / von Rosenstiel, Lutz / Wolff, Stephan (Hrsg.) (1991): Handbuch Qualitativer Sozialforschung. Grundlagen, Konzepte, Methoden und Anwendungen. München.

Flick, Uwe (1995): Qualitative Forschung. Theorie, Methoden, Anwendung in Psychologie und Sozialwissenschaften. Reinbek bei Hamburg.

Flick, Uwe (2002): Qualitative Sozialforschung. Eine Einführung. 2. Auflage. Reinbek bei Hamburg.

Flick, Uwe / von Kardoff, Ernst / Steinke, Ines (2005): Qualitative Forschung. Ein Handbuch. 4. Auflage. Reinbek bei Hamburg.

Garz, Detlef / Kraimer, Klaus (1991): Qualitativ-empirische Sozialforschung. Konzepte, Methoden, Analysen. Opladen.

Glaser, Barney G. / Strauss, Anselm L. (1967): The Discovery of Grounded Theory. Strategies for Qualitative Research. Chicago.

Helfferich, Cornelia (2009): Die Qualität qualitativer Daten. Manual für die Durchführung qualitativer Interviews. 3. überarbeitete Auflage. Leverkusen.

Kepper, Gabriela (1994): Qualitative Marktforschung: Methoden, Einsatzmöglichkeiten und Beurteilungskriterien. Wiesbaden.

Lamnek, Siegfried (2005): Qualitative Sozialforschung. 4. Auflage. Basel.

Mayring, Philipp (2002): Einführung in die qualitative Sozialforschung. 5. überarbeitete Auflage. Weinheim, Basel.

Mruck, Katja / Mey, Günter (2000): Qualitative Sozialforschung in Deutschland. In: Forum Qualitative Sozialforschung, 1(1), [54 Absätze]. www.qualitative-research.net/fqs.texte/1-00/1-00mruckmey-d.htm. Zugriff: 08.01.2011.

Quinn Patton, Michael (2002): Qualitative Evaluation and Research Methods. 3. Auflage. Newbury Park.

Salcher, Ernst F. (1995): Psychologische Marktforschung. 2. Auflage. Berlin, New York.

Schub von Bossiazky, Gerhard (1992): Psychologische Marketingforschung. München.

Eva Balzer

Standortbestimmung aus historischer Perspektive

1 Einführung 43
2 Das Verhältnis der Marktforscher zur Theorie 44
    2.1 Die akademischen Wurzeln der Marktforschung 44
    2.2 Die langsame Abkehr der Marktforscher von der Theorie 46
    2.3 Gründe für den Theorieverlust 48
3 Die Dichotomie qualitativer und quantitativer Marktforschung 51
    3.1 Die Ursprünge der Dichotomie 52
    3.2 Von den Anfängen qualitativen Forschens bis 1945 53
    3.3 Qualitative Marktforschung ohne Identität 55
    3.4 Qualitative Marktforschung tritt erstmalig auf den Plan: Motivforschung 56
    3.5 Geburtswehen einer Identität 58
    3.6 Entwicklung der „Geschwister" vom Motivforschungsstreit bis heute 59
4 Fazit 62

Standortbestimmung aus historischer Perspektive

1 Einführung

Als ich mit der Recherche für diesen Artikel begann, stellte ich schnell fest, dass die Marktforschungsbranche kein sonderlich großes Interesse an ihrer eigenen Entwicklungsgeschichte zu haben scheint. Außer Clodwig Kapferers „Geschichte der deutschen Marktforschung" (1994) und einigen Aufsätzen (z. B. Schröter 2004) gibt es keine aktuelle Literatur, die sich explizit mit der Geschichte der Marktforschung auseinandersetzt. Auch die früher noch vereinzelt anzutreffende Beschäftigung mit Aspekten der Marktforschungshistorie ist heute nahezu völlig eingeschlafen. Selbst runde Jahrestage von deutschen Marktforschungsverbänden hatten nur selten eine systematische und inhaltliche Rückschau zur Folge. Es erscheint somit gerechtfertigt, von einem mangelnden Geschichtsbewusstsein, in gewisser Weise sogar von einer **Geschichtslosigkeit** der deutschen Marktforschung zu sprechen.[1]

Dies ist insofern zu bedauern, als dass Geschichtslosigkeit immer einhergeht mit einem eher unbewussten Umgang mit Gegenwart und Zukunft. Anders formuliert: Wer keine Vergangenheit hat, ist letztlich auch nicht imstande, seine Zukunft bewusst zu gestalten. Unter Marktforschern wurde dieses Manko schon früher identifiziert. So beklagte Wolfgang Schäfer im Jahre 1998, dass Methoden gern als neu angeboten würden, die in Wirklichkeit aber schon sehr alt seien. Das Rad würde gern neu erfunden, anstatt Wissen zu akkumulieren und darauf aufzubauen. So formulierte er treffend: „Die Markt-, Meinungs- und Sozialforschung gehört zu jenen, die ein sehr kurzes Gedächtnis haben" (Schäfer 1998, S. 8).

Dieser Beitrag will weder eine chronologische noch eine umfassende Darstellung der Entwicklungsgeschichte qualitativer Marktforschung liefern. Vielmehr geht es darum, entscheidende Aspekte dieser Geschichte vorzustellen und dadurch die Entwicklung als Ganzes verständlich zu machen. Bei einer solchen Annäherung an die Geschichte der qualitativen Marktforschung in Deutschland fällt schnell auf, dass sie in verschiedenen Kontexten bzw. Spannungsfeldern existiert und von diesen entscheidend geprägt wird.

Das **erste Spannungsfeld** beschreibt das Verhältnis der Marktforschungspraktiker zur akademischen Welt bzw. deren Theoriebezug. Schon der Begriff „Markt-Forschung" deutet darauf hin, dass hier zwei Welten zu einer neuen Einheit zusammengeführt werden: die Welt des Marktes, der Wirtschaft, der Praxis und die Welt der Wissenschaft, der Forschung, der Theorie. Dieses Spannungsfeld stellt die Rahmenbedingungen für die Entwicklung aller Marktforschungsmethoden dar und soll daher methodenübergreifend diskutiert werden.

---

[1] Angesichts der Begrenztheit vorrätiger adäquater Literatur führte ich zusätzlich Interviews mit erfahrenen Marktforschern. Mein herzlicher Dank für Auskunftsbereitschaft, Engagement, Zeit und Geduld geht an die Herren Gert Gutjahr, Gerhard Kleining, Christoph Melchers, Horst Nowak, Rudolf Sommer und Bernt Spiegel.

Eva Balzer

Das **zweite Spannungsfeld** beschreibt das Verhältnis zwischen qualitativen und quantitativen Forschungsmethoden. Qualitative Marktforschung tat sich schwer, eine eigene unabhängige und allgemeingültige Identität zu entwickeln. Lange Zeit führte sie ein Dasein im Schatten der „großen Schwester", der quantitativen Marktforschung, und definierte sich in erster Linie über eine Abgrenzung. Bis heute wartet sie auf ihre endgültige inhaltliche und definitorische Selbstvergewisserung und ihre darauf gestützte Emanzipation.

2 Das Verhältnis der Marktforscher zur Theorie

Die gegenwärtige Welt der deutschen Marktforscher zeichnet sich durch ein überaus ambivalentes Verhältnis zur Theorie aus. Man kann von einem akuten Theoriedefizit sprechen. In der historischen Betrachtung soll nun nachvollzogen werden, wie sich die deutsche Marktforschung im Spannungsfeld zwischen Theorie und Praxis entwickelt hat. Dabei ist es wichtig, zunächst die Entwicklung der gesamten Marktforschung zu betrachten, ohne nach Methoden zu differenzieren. Dies geschieht zum einen, da die heute gängige Unterscheidung zwischen quantitativer und qualitativer Forschung früher so nicht existierte. Zum anderen stellt das heutige Theoriedefizit kein ausschließliches Merkmal qualitativer Marktforschung dar. Die historische Betrachtung macht jedoch deutlich, dass das ursprünglich enge Verhältnis der Praktiker zur Theorie sich im Lauf der Zeit erheblich lockerte und zunehmend ambivalent wurde. Das heute festzustellende Theoriedefizit ist somit kein „Geburtsfehler" der Marktforschung, sondern das Ergebnis eines langen Prozesses.

2.1 Die akademischen Wurzeln der Marktforschung

Die Marktforschung hat ihre historischen Wurzeln im **universitären Umfeld.** In den 1920er Jahren waren es zuerst Akademiker, die sich wissenschaftlich mit den Märkten auseinandersetzten. So beschäftigte sich Wilhelm Vershofen (1878–1960) mit der Marktbeobachtung und -analyse aus einem akademischen Blickwinkel. 1919 hatte er das „Institut für Wirtschaftsbeobachtung der deutschen Fertigware" (IfW) in Bamberg gegründet und es 1923 nach Nürnberg an die damalige Handelshochschule (die heutige Wirtschafts- und Sozialwissenschaftliche Fakultät der Friedrich-Alexander-Universität Erlangen-Nürnberg) überführt, wo er im selben Jahr Professor wurde. Hier wur-

Standortbestimmung aus historischer Perspektive

de erstmals in Deutschland das Fach „Marktforschung" gelehrt (vgl. Bergler 1960, S. 74). Der Beruf des „Marktforschers" trat erstmals 1925 an jenem IfW auf (vgl. Kapferer 1994, S. 17).

Das IfW realisierte neben der akademischen Ausbildung von Studierenden auch Studien für Unternehmen. Da das Auftragsvolumen aus der Wirtschaft über die Jahre beständig wuchs und im Rahmen des IfW nicht mehr zu bewältigen war, wurde 1934 die „Gesellschaft für Konsumforschung" (GfK) gegründet, die somit das älteste deutsche Marktforschungsinstitut ist. Auch das heutige Institut „TNS Infratest" wurde 1947 als „Institut zur Erforschung der Wirkung publizistischer Mittel" an der Universität München gegründet. Die akademischen Wurzeln der Marktforschung kann man bis heute auch an der in der Branche gängigen Bezeichnung „Institut" erkennen.

In den Anfängen der deutschen Marktforschung war es somit gang und gäbe, dass viele Marktforscher Intellektuelle und Praktiker in **Personalunion** waren und sich zugleich wissenschaftlichen wie auch praktischen Tätigkeiten widmeten. Viele Karrieren wanderten zwischen akademischen Posten und Beschäftigungen in der Wirtschaft oder verfolgten sie sogar parallel. So lernte z. B. Gerhard Kleining das Handwerk des Marktforschers für Reemtsma in den USA, bevor er Jahre später eine Lehrtätigkeit am Institut für Soziologie an der Universität Hamburg aufnahm (vgl. Witt 2004).

Die Marktforscher waren vom Anfang des 20. Jahrhunderts bis in die 1950er und 1960er Jahre hinein vom Selbstverständnis wie auch von der Ausbildung her primär **Intellektuelle,** die entschieden hatten, ihr Wissen in der wirtschaftsnahen Praxis anzuwenden. Sie standen auf einem breiten geistigen Fundament und interessierten sich für die politischen und sozialen Belange ihrer Zeit. Ganz frühe Beispiele dafür sind der bereits genannte Wilhelm Vershofen, der Germanistik, Anglistik, Kunstgeschichte, Rechtswissenschaft sowie Volkswirtschaft studierte und in Philosophie promovierte. Zu nennen ist hier ebenfalls Paul Felix Lazarsfeld (1901–1976), der viele entscheidende theoretische Grundlagen sowohl für die qualitative als auch für die quantitative Methodik legte. Er studierte Physik, promovierte in Mathematik, arbeitete später als Assistent von Karl und Charlotte Bühler am Psychologischen Institut der Universität Wien und lehrte nach seiner Emigration als Professor für Soziologie an der Columbia University in New York. Bernt Spiegel (geb. 1926), der Begründer eines der ersten Marktforschungsinstitute in Deutschland nach 1945, von dem der Begriff „Marktpsychologie" stammt, ist mit seinem Studium der Physik und Physiologie und seiner Promotion in der Psychologie ebenfalls einer dieser Generalisten. Marktforscher fühlten sich auch persönlich eng mit dem Wissenschaftsapparat verbunden: So berichtet Gert Gutjahr, dass es in den 1950er Jahren durchaus nicht unüblich war, bei methodischen Problemen in der Praxis den eigenen ehemaligen Professor an der Universität zu konsultieren. Es ist also festzuhalten, dass in den Anfängen der deutschen Marktforschung – auch noch in den 1950er und 1960er Jahren – das Verhältnis der Praktiker zur Theorie nicht nur ernst genommen wurde, die Einheit von Theorie und Praxis wurde auch persönlich gelebt.

Eva Balzer

2.2 Die langsame Abkehr der Marktforscher von der Theorie

Seit den frühen 1970er Jahren ist festzustellen, dass sich das bis dato noch recht enge und fruchtbare Verhältnis zwischen Theorie und Praxis, zwischen Marktforschungspraktikern und der akademischen Welt, zunehmend problematischer gestaltete. Dieses inhaltliche „Auseinanderdriften" war geprägt von mitunter heftigen Konflikten zwischen Praktikern auf der einen und den „Theoretikern" auf der anderen Seite. Diese Konflikte führten jedoch nicht zu „Lösungen", sondern mündeten in eine zunehmende Entfremdung zwischen der Marktforschungspraxis und der akademischen Forschung.

Für die schon immer stärker praxisorientierte Marktforschung verlor der Theoriebezug sowie generell die Rolle der theoriegestützten Auseinandersetzung langsam an Bedeutung. Dies zeigte sich daran, dass innerhalb der Marktforschungswelt über ein „Theoriedefizit" diskutiert wurde, sowohl in Publikationen wie auch auf Kongressen des Berufsverbands Deutscher Markt- und Sozialforscher e. V. (BVM). So forderte Reinhold Bergler Anfang der 1970er Jahre, die Marktforschung müsse das „Defizit an explizit formulierten theoretischen Bezugssystemen" (Bergler 1973, S. 3) überwinden und dürfe „nicht nur ‚Anwendungstechnik' sein" (Bergler 1973, S. 5). Ernst Braunschweig thematisierte diesen Umstand so: „Trotz der volkswirtschaftlich bedeutenden Rolle […] ist es in den etwa 30 Jahren bundesdeutscher Marktforschung auf Umfrage-Basis nicht zur Durchsetzung des abendländischen Prinzips gekommen, dass die Praxis von der Theorie geleitet werden soll" (Braunschweig 1978, S. 6). Und Hannelore Ketelsen-Sontag stellt in ihrer Untersuchung in den 1980er Jahren über die deutschen Marktforschungsinstitute ebenfalls fest: „Theorien spielen insgesamt bei der Konzeptionalisierung und Durchführung von Marktforschungsuntersuchungen eine sehr untergeordnete Rolle. Die Marktforschung wird methodenorientiert durchgeführt" (Ketelsen-Sontag 1988, S. 229f.).

Die Debatte über das „Theoriedefizit" veränderte jedoch mit der Zeit ihren Charakter. Was anfänglich als Mangeldiskussion geführt wurde, wechselte die Vorzeichen. Es mehrten sich Stimmen, die das Fehlen intensiver theoretischer Verortung nicht als Mangel verstanden, sondern eine solche für nicht notwendig erachteten. Den „Theoretikern" wurde vorgeworfen, sie hätten zur Marktforschungspraxis keinen relevanten Beitrag beizusteuern. Der Vorwurf fehlender Praxisrelevanz an die Adresse der „Theoretiker" entwickelte sich zu einem Dauerthema. Die bislang zu starke Bezugnahme auf Theorien sei sogar problematisch gewesen, da sie die Marktforschung in der Wirtschaftswelt in eine eher abstrakt formulierende und theoretisch vernebelte Ecke geschoben hätte. Marktforschung würde angesehen als „Spielecke für verträumte, versonnene Analytiker" (Ulrich Lachmann zitiert nach Blücher 1982a, S. 5). Dies löste 1982 eine große Diskussion aus, die auch als „Erschütterung", „Explosion" oder „Big

Standortbestimmung aus historischer Perspektive

Bang der Marketingforschung" bezeichnet wurde (Blücher 1982b, S. 4). Die Tonalität der Auseinandersetzung wurde härter, rauer und auch unversöhnlicher.

In den kommenden Jahren gerieten die Verfechter eines stärkeren Theoriebezugs in der Marktforschungsdiskussion in die Defensive. Ein Beispiel für den schleichenden Verlust des Theoriebezugs stellt die Entwicklung der seit 1978 existierenden BVM-Publikation „marktforschungs-report" dar. Während sie anfangs immer wieder auch theoretische Artikel beinhaltete, die teilweise zu kontroversen Debatten, gerade auch explizit zum Theoriedefizit, führten, beschränkte sich die Publikation seit Anfang der 1990er Jahre immer mehr auf Kurzmitteilungen, die Nennung von Geburtstagen etc. Die sinkende inhaltliche Relevanz der Publikation spiegelte sich anschließend in einer Diskussion über die zu hohen Produktionskosten wider, die zu einer weiteren Entwertung des Reports führte. So war es letztlich nicht überraschend, dass die Publikation 1993 eingestellt wurde. Insgesamt kann konstatiert werden, dass die von verschiedenen spezialisierten Printmedien getragene Diskussionskultur innerhalb der Branche degenerierte. Von den vielen anderen inhaltlich ausgerichteten Publikationen der deutschen Marktforschung[2] ist heute lediglich „Planung & Analyse" übrig geblieben, hinzugekommen ist nur die Zeitschrift „Research & Results", die seit 2004 erscheint. Dieses Publikationssterben ist durchaus auch als Ausdruck des langsam schwindenden Bedürfnisses zu verstehen, sich inhaltlich, theoretisch und institutsübergreifend mit der eigenen Arbeit auseinanderzusetzen und diese Auseinandersetzung zu verschriftlichen. Diese Tendenz, die im Übrigen in vielen Bereichen beobachtet werden kann und kein ausschließliches Phänomen in der Marktforschung ist, zeigt sich auch daran, dass seit einigen Jahren auch die inhaltlichen Vorträge auf den jährlichen BVM-Kongressen nicht mehr in ausformulierter Form, sondern nur noch als Powerpoint-Chart-Präsentationen den Teilnehmern zugänglich gemacht werden. Diese stark auf Visualisierung abzielende Art der Inhaltsaufbereitung kann zuweilen durchaus hilfreich sein, ist jedoch für die Diskussion und Weiterentwicklung von Theorie i. d. R. nicht geeignet, da sie nicht die vollständige Darstellung und Analyse komplexer Zusammenhänge, sondern deren reduzierende und übersichtliche „Abbildung" zum Ziel hat.

Mit den Publikationen starb auch die Debatte insgesamt – nicht, weil sie zu einer abschließenden inhaltlichen Klärung geführt hatte, sondern weil die Kombattanten immer weniger die Notwendigkeit sahen, eine Lösung herbeizuführen. Dieser Prozess ging nahezu unbemerkt vonstatten, was auch erklärt, warum die Tatsache, dass diese Debatte überhaupt existierte und als wichtig erachtet wurde, heute in Vergessenheit geraten ist. Anfang der 1980er Jahre artikulierte Henning Haase diese Entwicklung

---

[2] „Die deutsche Fertigware" (1933–1938), Nachfolger: „Markt und Verbrauch" (1939–1942), „GFM-Mitteilungen" (1955–1974), „Der Marktforscher" (1957–1977), „Marktwirtschaft und Verbrauch: Schriftenreihe der Gesellschaft für Konsum-, Markt- und Absatzforschung e. V." (1957–1968), „BVM Vorträge zur Marktforschung" (1965–1975), „Interview & Analyse" (1974–1983), Nachfolger: „Planung & Analyse" (seit 1984), „Schriftenreihe des BVM" (Kongressdokumentationen) (1979–2001).

überaus deutlich: „Ein Überblick von, sagen wir, 30 Jahren Marktforschung erinnert an einen Satz, der General McArthur zugeschrieben wird. Er meinte, alte Generale sterben niemals, sie verschwinden nur langsam. Das mag man für unsere Fragestellung dahingehend interpretieren, theoretische Ansätze in der Marktforschung werden selten oder gar niemals soweit getestet, dass man irgendwann einmal zu dem Ergebnis käme, sie seien ‚gestorben', weil sie falsch sind, oder sie sollten weiterleben und als Baustein in einer umfassenden Theorie beibehalten werden. Was man beobachtet, ist vielmehr ein modisches Kommen dieses Ansatzes und ein allmähliches Verschwinden jenes Ansatzes, nicht weil er falsch wäre, sondern weil das Interesse sich anderen theoretischen Modernismen zuwendet. Es gab Boomjahre der Imagetheorien, dann euphorische Wellen von Entwicklungsansätzen, typologische Modellvorstellungen, gestaltpsychologische Ansätze, psychoanalytische, psychophysiologische etc. in einem bunten Wechsel, die irgendwann im Unverbindlichen als ehemals netter Versuch in Vergessenheit geraten. Es fällt schwer, darin zukunftsweisende systematische Aufbauarbeit an einem Theoriegebäude zu erkennen" (Haase 1981, S. 5).

Die Abkehr von theoretischer Fundierung erreicht heute mit der offensiven Rechtfertigung des qualitativen Marktforschers als sogenanntem „Bricoleur" ihren bisherigen Höhepunkt. Dieser eklektizistische Ansatz erhebt die völlig ohne konsequenten Rückbezug auf eine konkrete wissenschaftliche Theorie auskommende Verwendung unterschiedlichster „Tools" in einem je nach Art des Untersuchungsgegenstandes neu zu gestaltenden „Methoden-Mix" zu einer vertretbaren Vorgehensweise. Catterall beschreibt diesen „Ansatz" überaus plastisch: „Qualitative researchers employ a postmodern approach to theory; they beg and borrow, cut and paste or mix and match from whatever theories help them to make sense of their data and generate insights that can inform marketing strategies and tactics" (Catterall 2001, S. 287).

2.3 Gründe für den Theorieverlust

Veränderungen in der Wirtschaft begünstigten diesen Rückgang von theoretischen Auseinandersetzungen innerhalb der Marktforschung. In den Jahren des Wirtschaftswunders standen Marktforschern vergleichsweise weite Forschungsfelder und auch große Forschungsbudgets zur Verfügung. Sie agierten in dynamischen und nicht gesättigten Märkten, was ihnen ermöglichte, innovativ und unabhängig zu forschen. So berichtet Kleining aus seiner Zeit bei Reemtsma: „Damals hatte ich […] große Freiheit, zu erforschen, was mir interessant und wichtig erschien, eben auch Grundlagen. Ich habe bis zu 120 Untersuchungen im Jahr angelegt" (Witt 2004, Absatz 114). Das Ende des Nachkriegsbooms und die aufziehende Wirtschaftskrise der 1960er Jahre beendete diese Phase recht freien, anspruchsvollen und über konkrete Produkte hinausgehenden Forschens und führte zu einer stärkeren Anbindung der Marktforschung an sich verändernde Unternehmenskulturen und -strategien. Mehr als zuvor hatte Marktforschung nun direkte Marktvorteile und unmittelbare Benefits zu generieren. Der **konkrete Praxisnutzen** rückte immer stärker in den Fokus, was wiederum die ohnehin bereits in der Marktforschung um sich greifenden Widerstände gegen intensive theoretische Auseinandersetzungen weiter verstärkte. Die Veränderungen des Marktforschungskontextes beeinflussten die Entwicklung der Marktforschung in erheblichem Maße: Sie büßte ihre Freiräume, die ihr eine breite und tief gehende Auslegung ihres Forschungsauftrags sowie langfristiges strategiegeleitetes Forschen ermöglichte, ein und erhielt nunmehr den Auftrag, kurzfristig umsetzbare „Ergebnisse" für unmittelbare und konkrete Probleme zu liefern. Diese neue Ausgangslage ließ für theoretischen Tiefgang wenig Raum.

Die sich zunächst nur als engere Anbindung an Unternehmensstrategien darstellende Veränderung der Position der Marktforschung kam in der Realität einem **Bedeutungsverlust** gleich: Marktforschung verlor ihre ursprüngliche Funktion der langfristigen Strategieentwicklung zugunsten der Zulieferung von marketingrelevanten „Insights" für die kurzfristige Produktplanung und Umsatzoptimierung. Die Marktforschungsbranche registrierte und thematisierte diesen Bedeutungsverlust durchaus. So sprach Elisabeth Noelle-Neumann Anfang der 1970er Jahre davon, dass Marktforschung ein „heruntergewirtschafteter Begriff" sei sowie der Beruf des Marktforschers als „verfemt" angesehen werde, der in den wenigen Jahrzehnten seiner Existenz (nach dem Ende des Zweiten Weltkriegs) eher an Selbstbewusstsein verloren als gewonnen habe (Noelle-Neumann 1973, S. 1). Noch deutlicher formuliert diesen Bedeutungsverlust Rudolf Sommer: Während in den 1950er Jahren die Marktforschung noch direkt dem Vorstand unterstellt gewesen sei, fungierten Marktforscher heute zumeist nur noch als „Erfüllungsgehilfen des Marketings" (Rudolf Sommer im Gespräch mit Eva Balzer am 21.03.2006). Die überaus paradoxe Entwicklung, dass die Marktforschung in dem Maße an Relevanz verliert, in dem sie sich an die Zielvorstellungen der sie beauftragenden Unternehmen anpasst und sich zur „Erfüllungsgehilfin des Marketing" degradieren lässt, wurde kaum wahrgenommen, im Gegenteil: Die Annäherung an das Marketing gilt vielfach als Zukunftsweg der Marktforschung.

Der Verlust an Theorie-Interesse und die sich immer stärker ausprägende Fokussierung auf den unmittelbaren praktischen Nutzen der Marktforschung für das sie beauftragende Unternehmen schlug sich auch in dem enger werdenden Horizont der Marktforschung selbst nieder. Der Theoriebezug symbolisierte nicht nur die ideengeschichtliche Verzahnung der Marktforschung mit anderen Geisteswissenschaften, sondern bedeutete in der Forschungspraxis auch, dass die Erforschung des Marktes im gesellschaftlichen Kontext gesehen wurde. Für Rolf Berth war es 1959 noch selbstverständlich, „dass man das Marktgeschehen nur im Zusammenhang mit allen anderen gesellschaftlich-politischen Erscheinungen begreifen kann" (Berth 1959, S. 195). Auch Gerhard Schmidtchen vertrat 1973 die Auffassung, dass der Marktforscher „auf der Grenze des Unternehmens [steht], sein Blick ist diagnostisch auf die Gesellschaft gerichtet. [...] Er kann sich als wissenschafts-, forschungs- und neuerungsorientiertes Mitglied dieser Gesellschaft kaum aus dem gesamten Kommunikationszusammen-

Eva Balzer

hang lösen und parochial nur in der Unternehmung leben" (Schmidtchen 1973, S. 12). Diese für lange Zeit innerhalb der Marktforschung akzeptierte, zumindest aber breit und engagiert diskutierte Sichtweise ist ebenfalls im Zuge des Diskurssterbens immer stärker in Vergessenheit geraten. Der schwindende Theoriebezug geht zeitlich einher mit dem **sinkenden Gesellschaftsbezug der Marktforschung**, was sich in der Forderung nach unmittelbarem Nutzen von Marktforschung sowie in der sinkenden Anzahl breit angelegter Grundlagenstudien ausdrückt. Dass diese fortschreitende Reduktion der Marktforschung es ihren Protagonisten erschwerte, sich und ihre Disziplin eigenständig zu positionieren und Anerkennung zu finden, sollte nicht überraschen. Vor diesem Hintergrund stellt sich die aktuelle, gelegentlich aufblitzende Diskussion innerhalb der Branche darüber, dass Marktforscher stärker die Beraterrolle besetzen und ihren Praxisbezug betonen sollten, in einem etwas anderen Lichte dar. Ob eine Entwicklung in diese Richtung die Entwicklung des marktforscherischen Selbstbewusstseins tatsächlich befördert, kann (und sollte) durchaus kontrovers diskutiert werden.

Doch nicht nur die Praktiker entfremdeten sich von der Theorie; umgekehrt waren es auch die **Theoretiker, die sich von der Praxis entfernten**. Insbesondere innerhalb der Gesellschaftswissenschaften sank Ende der 1960er / Anfang der 1970er die Bereitschaft, sich mit den Praktikern der Marktforschung auseinanderzusetzen. Ursächlich hierfür waren das veränderte Selbstverständnis und die sich selbst zugeschriebene neue Rolle der Gesellschaftswissenschaften in einer zu dieser Zeit sich politisierenden Gesellschaft. Diese „Politisierung" äußerte sich in dem Bestreben, aktiv auf die Gesellschaft einzuwirken mit dem Ziel, sie grundlegend verändern zu wollen. Es war insofern nicht verwunderlich, dass diese stark links und antikapitalistisch geprägten Akademiker mit der schnöden kapitalistischen Praxis nichts zu tun haben wollten (→ *Beitrag „Soziologie" von Thomas Kühn und Kay-Volker Koschel)*. Die Erforschung des Marktes mit dem Ziel des unternehmerischen Markterfolgs und einer steigenden Konsum- und Profitmaximierung widersprach dieser politischen Ausrichtung fundamental. So beschrieb es auch Ernst Braunschweig: „Sie [die privaten Institute für Markt- und Meinungsforschung nach 1945] werden allerdings von diesen [den Universitäten] im Zuge des linken Idealismus als kommerziell abgelehnt" (Braunschweig 1978, S. 6).

Zwischenfazit: Um die Situation der Marktforschung zu veranschaulichen, sei ein Bild aus der Geologie herangezogen: Überall dort, wo einzelne Kontinentalplatten der Erdkruste aufeinandertreffen oder auseinanderdriften, bleibt der Untergrund unruhig und unberechenbar. Im übertragenen Sinne hat sich die Marktforschung über einer solchen Bruchstelle positioniert. Sie versucht, die beiden „Welten" – die des Marktes sowie die der akademischen Wissenschaft – zu überspannen und in beiden gleichermaßen anerkannt zu sein. Diese beiden Welten leben jedoch alles andere als harmonisch nebeneinander her, im Gegenteil: Sie sind grundsätzlich verschieden, verfolgen unterschiedliche Ziele, haben unterschiedliche Zeitrechnungen und agieren auf Basis verschiedener Wertvorstellungen (vgl. Kühn 2004; Kritzmöller 2004). Dieser grundsätzliche Konflikt beeinflusst die Selbstverortung der Marktforschung in entscheidendem Maße: Gegenüber der Marktwelt betont sie ihre eigene Bedeutung für die Wirtschaft, während sie in der akademischen Welt ihre Wissenschaftlichkeit beweisen will. Dementsprechend hat die Marktforschung mit antagonistischen Kritiken zu kämpfen: Die Wirtschaft kritisiert wissenschaftliche Abstraktheit sowie unzureichende wirtschaftliche Verwertbarkeit, während die akademische Welt Marktnähe und mangelnde Wissenschaftlichkeit anprangert. Dass die Marktforschung immer versuchte, den Anforderungen beider Welten gerecht zu werden, spiegelt sich in ihrer Geschichte plastisch wider und erklärt, warum eine eigenständige Positionierung so schwer möglich war. Sie wurde zunehmend schwieriger, als insbesondere nach den Verwerfungen der späten 1960er und frühen 1970er Jahre die beiden „Kontinente" begannen, sich stärker voneinander wegzubewegen. Der Spagat, in dem sich die Marktforschung befand, wurde instabiler. Die Tatsache, dass Marktforschung in erster Linie Auftragsforschung war, führte dazu, dass sie ihren Schwerpunkt stärker in Richtung der Wirtschaftswelt verlagerte. Dies wiederum schwächte ihre Anerkennung in der akademischen Welt weiter und führte gleichzeitig dazu, dass ihre akademische Verwurzelung wie auch ihr wissenschaftlicher Bezug an Bedeutung verlor. Die wachsende Spannung wurde dadurch aufgelöst, dass sich die Marktforschung aus dem Spagat befreite und sich auf die Seite der Wirtschaft schlug. Diese Entwicklung ist insofern für die Marktforschung folgenschwer, als dass sie dadurch ihre gerade für die Wirtschaftswelt besondere Stellung als Grenzgängerin mit der Aufgabe, „der Marktpolitik des Unternehmers eine wissenschaftliche Grundlage zu geben" (Berth 1959, S. 191), einbüßte. Dieses ursprünglich die Marktforschung prägende Spannungsverhältnis zwischen der akademischen und der Wirtschaftswelt ist heute kaum noch spürbar.

3 Die Dichotomie qualitativer und quantitativer Marktforschung

Nachdem im vorherigen Abschnitt das die Entwicklung der Marktforschung prägende Spannungsverhältnis zwischen Theorie und Praxis nachvollzogen wurde, wird im folgenden Abschnitt das Augenmerk auf ein anders gelagertes Spannungsverhältnis gelegt, auf das zwischen qualitativen und quantitativen Marktforschungsmethoden. Die Entstehungs- und Entwicklungslinien dieser beiden methodischen Ansätze innerhalb der Marktforschung sind unabhängig voneinander nicht zu verstehen. Sie entwickelten sich dichotomisch, in Abgrenzung wie auch in Abhängigkeit zueinander, ähnlich einem Geschwisterpaar, in dem zwar jedes Individuum auf Autonomie pocht, seine Entwicklung aber dennoch nur im Zusammenhang und nicht ohne Berücksichtigung des jeweils anderen verstanden werden kann (→ *Kapitel 1.2 im Beitrag „Der qualitative Forschungsprozess" von Gerhard Kleining*).

Eva Balzer

3.1 Die Ursprünge der Dichotomie

Die Entwicklung des Geschwisterpaares „quantitativ" und „qualitativ" resultiert historisch aus der wissenschaftstheoretischen Entwicklung des späten 19. und frühen 20. Jahrhunderts (vgl. von Kardorff 1995, S. 5). Grundlage hierfür war die sich durchsetzende Unterscheidung in „naturwissenschaftliche" und „geisteswissenschaftliche" Disziplinen, deren klare Formulierung Wilhelm Dilthey (1833–1911) zugeschrieben wird. Das 19. Jahrhundert verzeichnete enorme Fortschritte, die Resultat der großen Erfolge und Durchbrüche der überaus dynamischen Naturwissenschaften waren. Die wissenschaftliche Disziplin der Philosophie und die sich von ihr abspaltenden Unterdisziplinen beklagten im Vergleich dazu an den Universitäten einen Bedeutungsverlust. Dilthey war vor diesem Hintergrund darum bemüht, die Geisteswissenschaften vor der zunehmenden Dominanz naturwissenschaftlicher Methoden zu bewahren und sie somit zugleich zu emanzipieren. Er argumentierte, die Geisteswissenschaften seien „ein selbständiges Ganzes, neben den Naturwissenschaften" (Kleining 1994, S. 97).

Diese Dualität zwischen Natur- und Geisteswissenschaften prägte fortan die Wissenschaftswelt auch insofern, als dass bestimmte Forschungsmethoden als den verschiedenen Wissenschaftsgattungen zuordenbar klassifiziert wurden. Während die Naturwissenschaften als experimentbasierte, messende und rationale Gewissheiten produzierende Wissenschaften galten, waren die Geisteswissenschaften eher dem Verstehen nicht unbedingt mess-, aber dennoch nachvollziehbarer Zusammenhänge gewidmet. Das Experiment als Beweis für eine These war eher naturwissenschaftlich, an „quantifizierbaren" und daher auf der Verlässlichkeit von Naturgesetzen hochrechenbaren Ergebnissen interessiert.

Dennoch fanden aufgrund der bereits zuvor bestehenden Dominanz naturwissenschaftlichen Denkens und Forschens auch in den verschiedenen geisteswissenschaftlichen Disziplinen als „naturwissenschaftlich" bzw. „positivistisch" geltende Methoden Anwendung. In gewisser Weise setzte sich also die Trennung natur- und geisteswissenschaftlichen Forschens – wenngleich nicht mehr in Bezug auf den Forschungs*inhalt*, sondern in Bezug auf die Forschungs*methodik* –, innerhalb der Geisteswissenschaften fort. Die Spannung zwischen dem eher naturwissenschaftlich geprägten, auf *Messung* und *Erklärung* ausgerichteten Forschen einerseits, und dem eher auf das *Interpretieren* und *Verstehen* (Hermeneutik) nicht unmittelbar ersichtlicher Zusammenhänge ausgerichteten Forschen andererseits reproduzierte sich und ließ klare Konfliktlinien innerhalb der geisteswissenschaftlichen Disziplinen entstehen.

Das so entstandene Gegensatzpaar von Forschungsmethoden – wir nennen sie heute „quantitativ" und „qualitativ" – definierte sich über die Festlegung, ab wann eine Erkenntnis als wissenschaftlich zu gelten habe: Den eher „naturwissenschaftliche" Methoden anwendenden Forschern galten nicht quantifizierbare Erkenntnisse als nicht wissenschaftlich. Die Gegenseite pochte ihrerseits auf den Wert ihrer Erkenntnisse und argumentierte, dass Quantifizierbarkeit allein nicht ausreiche, um Zusammenhänge tatsächlich zu verstehen. Es entstanden unversöhnlich sich gegenüberstehende Lager. Für die weitere Wissenschaftsentwicklung entscheidend und auch dramatisch war die Tatsache, dass sich innerhalb beider „Lager" diejenigen, die beide Methodenstränge als sich ergänzende Teile im Rahmen eines ganzheitlichen Forschungs- und Erkenntnisprozesses verstanden, nicht durchsetzten, sondern das Verhältnis zwischen beiden dadurch geprägt war, dass vielfach der jeweils andere Teil als unwissenschaftlich und nicht erkenntnisstiftend abgewertet wurde. Diese die Wissenschaftswelt bis heute prägende Polarität der verschiedenen methodischen Ansätze zur Erkenntnisgewinnung setzt sich in der Marktforschung als einer in den Geistes- und Sozialwissenschaften verwurzelten Disziplin eins zu eins fort. Die die Marktforschung bestimmenden Pole sind die quantitative sowie die qualitative Marktforschung.

3.2 Von den Anfängen qualitativen Forschens bis 1945

Die Verwendung qualitativer Methoden in der **wissenschaftlich-akademischen Forschung** hat eine lange Tradition. Zu den frühen klassischen empirischen Studien, die nicht ausschließlich qualitative, sondern auch quantitative Daten erhoben und analysierten, zählen die Untersuchung der „Lage der arbeitenden Klassen in England" von Friedrich Engels (1845/1970), Wilhelm Wundts „Völkerpsychologie" (1912), „The Polish Peasant in Europe and America" von William I. Thomas und Florian Znaniecki (1927) ebenso wie „Die Arbeitslosen von Marienthal" von Marie Jahoda, Paul Felix Lazarsfeld und Hans Zeisel (1933/1994). In diesen Studien ging es den Autoren nicht so sehr um „Methoden", sondern darum, auf möglichst umfassende Art und Weise den Untersuchungsgegenstand zu verstehen. So wurden bei der Marienthal-Studie neben statistischen und historischen Daten u. a. auch Fragebögen, Lebensgeschichten, Schulaufsätze sowie „Inventare der Mahlzeiten" ausgewertet. Die Verwendung qualitativer Methoden in diesen Studien erfolgte im Rahmen eines umfassenden Forschungsverständnisses, in dem nicht die methodische Trennung und Spezialisierung, sondern einzig das Entdecken des Untersuchungsgegenstands von Bedeutung war. „Wir sind alle Wege gegangen, die uns unserem Gegenstand näher bringen konnten" (Jahoda et al. 1994, S. 24). Forschungsmethoden wurden anhand konkreter Probleme und Fragestellungen ausgewählt, modifiziert oder sogar selbst entwickelt, um das gesteckte Ziel zu erreichen: „Wir konnten uns nicht damit begnügen, Verhaltens-Einheiten einfach zu ‚zählen'; unser Ehrgeiz war es, komplexe Erlebniswelten empirisch zu erfassen. Der oft behauptete Widerspruch zwischen ‚Statistik' und phänomenologischer Reichhaltigkeit war sozusagen von Anbeginn unserer Arbeiten ‚aufgehoben', weil gerade die Synthese der beiden Ansatzpunkte uns als die eigentliche Aufgabe erschien" (ebd., S. 14).

In der **Marktforschungspraxis,** also in der von Unternehmen beauftragten Erforschung des Marktes, spielten qualitativ orientierte Ansätze in Deutschland vor den

1950er Jahren jedoch so gut wie keine Rolle. Einzig der bereits erwähnte Wilhelm Vershofen forschte in Deutschland bereits in den 1920er und 1930er Jahren mit qualitativen Methoden. Es ist wenig bekannt, dass die GfK, die heute eher mit einer quantitativen Herangehensweise in Verbindung gebracht wird, qualitative Ursprünge hat. Der GfK-Gründer Vershofen war überzeugt von der Unzulänglichkeit des Arbeitens allein mit statistischem Material, und so forcierte er zur Erforschung der Kaufmotive das persönliche und freie Interview als Erhebungsmethode und wandte sich von der (aus den USA) importierten Fragebogentechnik mit geschlossenen Fragen ab (vgl. Bubik 1996, S. 95; Ivens 2003; Vershofen 1940; Goy 1937; Hülf 1937). So zitiert Bergler die „Vertraulichen Nachrichten der GfK" vom Juli 1944 wie folgt: „Es ist [...] durchaus amerikanisch, Fragestellungen, die auf eine Beantwortung mit Ja oder Nein zielen, schnell und in Menge zu bearbeiten. So arbeitet auch Gallup. Im Gegensatz dazu haben wir das Bestreben, stets zu erfahren: Warum Ja? Warum Nein?" (Bergler 1960, S. 71).[3]

Aufkommen und Etablierung des Faschismus in Deutschland bedeuteten für Gesellschaft, Wirtschaft und Wissenschaft eine Zäsur von nie da gewesenem Ausmaß. Aus der Perspektive von Wissenschaft und Forschung betrachtet, zerstörte die nationalsozialistische Diktatur mit ihrer ideologischen Gleichschaltungs- und Säuberungspolitik nicht nur die bestehenden Wissenschaftsapparate, sondern kappte auch deren Traditionen. Für die ohnehin junge und erst wenig entwickelte Disziplin der Marktforschung hatte diese Entwicklung einschneidende Konsequenzen in mehrfacher Hinsicht.

Erstens zerstörte der Faschismus die starke, theoretisch fundierte **intellektuelle** Tradition. Besonders davon betroffen waren die Geisteswissenschaften und darunter wiederum besonders die „jüdische" Tiefenpsychologie Freuds sowie die Gestaltpsychologie, aber auch die Soziologie und andere potenziell gesellschaftskritische Disziplinen. Viele Intellektuelle mussten das Land verlassen oder wurden umgebracht. So blieben von den 55 Fachvertretern der Soziologie an den deutschen Hochschulen nur 16 übrig (vgl. Kleining 1995, S. 332).

Zweitens herrschte ab Ende der 1920er Jahre Mangel- und spätestens in den frühen 1940er Jahren Kriegswirtschaft. Diese **ökonomisch** katastrophale Entwicklung beeinflusste auch die Marktforschung in entscheidendem Maße. Die Zentrierung auf die Wünsche und Bedürfnisse von Konsumenten war nur wenig entwickelt. Es gab wenige Konsumgüter, die man hätte erforschen und bewerben können. Zwar wurden auch in dieser Zeit Marktforschungsstudien im Auftrag von großen Markenartiklern durchgeführt, „geforscht" und „geworben" wurde aber verstärkt auch für „Kriegswichti-

---

[3] Im Gegensatz zu Lazarsfeld, der die *theoretischen* Grundlagen der qualitativen Methodik ebenso wie der Auswertung und Analyse von qualitativen Daten entwickelte (vgl. Barton/Lazarsfeld 1955; Lazarsfeld 1972, hier insbesondere Kapitel 8: The Art of Asking Why), liegt die Bedeutung von Vershofen aus heutiger Sicht in seiner frühen Kritik an der Unzulänglichkeit rein quantitativer Forschung sowie in seinem Versuch, qualitative Methoden aufzuwerten und in die Marktforschungspraxis zu integrieren.

ges", so z. B. im Auftrag von Joseph Goebbels' Reichsministerium für Volksaufklärung und Propaganda für die Kampagne „Feind hört mit".

Drittens hatte der Faschismus auch in **personeller** Hinsicht verheerende Folgen. Es liegt auf der Hand, dass sich die Werbebranche nicht entwickeln konnte, da 80 % der deutschen Werbefachleute 1943 zum Kriegsdienst eingezogen waren (vgl. Reinhardt 1993, S. 35).

3.3 Qualitative Marktforschung ohne Identität

Das Ende des Zweiten Weltkriegs stellte für die Marktforschung einen Neuanfang dar. Zwar waren in den 1950er Jahren die Begrifflichkeiten „quantitativ" und „qualitativ" bereits bekannt. So spricht Theodor W. Adorno 1951 in seiner Rede auf dem Weinheimer Kongress (dem ersten Treffen der Markt- und Sozialforscher nach dem Krieg) ganz selbstverständlich von der Aktualität des Verhältnisses „quantitativer und qualitativer Analyse für unsere Wissenschaft" (vgl. Institut zur Förderung öffentlicher Angelegenheiten 1952, S. 20; Franke/Scharioth 1990 sowie Sahner 2002). In den 1950er Jahren findet das Wortpaar „quantitativ" und „qualitativ" auch in der Marktforschungsliteratur gelegentlich Erwähnung, es ist jedoch weder inhaltlich definiert noch allgemein anerkannt. So unterschied Karl Christian Behrens, einer der prominenten Autoren von Büchern über Marktforschung zu jener Zeit, lieber zwischen demoskopischer („subjektbezogener") und ökoskopischer („objekt-(sach-)bezogener") Marktforschung, betonte aber zugleich, dass diese Bezeichnungen nicht allgemein eingeführt seien. Dabei sei ökoskopisch die „Analyse von wirtschaftlichen Sachgegebenheiten und Sachbeziehungen [...] in denen sich *wirtschaftliches* Verhalten niederschlägt", während demoskopisch „über die statistische[n] Erfassung von Sachverhältnissen hinaus auf das Verhalten der menschlichen Träger dieser Sachgegebenheiten zurückgreift". Diese Unterscheidung beruhte stark auf Disziplinen „rein ökonomisch" vs. „Sozialforschung" und ordnete die Methoden wie folgt zu: ökoskopische Marktforschung findet ihren Ausdruck „in Schaubildern, Zeitreihen, Regionalkartierungen, u. Ä.", während demoskopisch in Form von „persönlicher Befragung oder Beobachtung der Marktteilnehmer" geforscht wird (Behrens 1959, S. 12f.). In seinem Versuch, die sich entwickelnde Marktforschung systematisch zu erfassen, spielte für Behrens das Begriffspaar qualitativ – quantitativ offensichtlich nicht die entscheidende Rolle.

Das Begriffspaar war aber nicht nur nicht dominant, sondern auch noch grundlegend umstritten: So wehrte sich Elisabeth Noelle-Neumann explizit gegen die Bezeichnung „qualitativ", da man sie mit „Qualität" assoziieren würde. Sie schrieb: „Ob man es merkt oder nicht. Irgendwie [...] sind Werturteile im Spiel. Das eine, das qualitative, ist das bessere, kostbarere, und das andere ist offenbar das schlechtere, weniger gute – eben nur quantitativ" (Noelle-Neumann 1958, S. 194). Selbst 1978 wurden im „marktforschungs-report" noch andere Begrifflichkeiten für „qualitative" Forschung

Eva Balzer

verwendet. So wurde z. B. von „Marktforschung mit Mikro-Stichproben" und von „Mikromarkt- oder auch Motivforschung" gesprochen (Zeitschriftenumschau im marktforschungs-report 1978, S. 12). Die Dichotomie zwischen qualitativen und quantitativen Forschungsmethoden wurde also für lange Zeit nicht als das entscheidende und klar formulierte Spannungsfeld innerhalb der sich entwickelnden Marktforschung angesehen. Daher konnten auch die wissenschaftstheoretischen Konflikte diese Dichotomie nicht eindeutig reflektieren. Die Debatten entzündeten sich entlang anderer Trennlinien. Die erste wichtige Kontroverse rankte sich um die „Motivforschung".

3.4 Qualitative Marktforschung tritt erstmalig auf den Plan: Motivforschung

Bis in die 1950er Jahre hinein war das Erforschen menschlicher Verhaltensweisen und Entscheidungen in Deutschland stark auf die politische Sphäre konzentriert. Die größte Sorge der westlichen Alliierten galt der Demokratiefähigkeit der Deutschen. Daher lag einer der wichtigsten Forschungsschwerpunkte der ersten Nachkriegsjahre stark auf der **Meinungserhebung**. Zur Anwendung kamen die von den Amerikanern eingeführten Forschungsmethoden, die stark quantitativ geprägt und auf die Generierung repräsentativer Daten ausgerichtet waren.

Aber auch die **Marktforschung** etablierte sich mit Kriegsende aufs Neue. Bereits 1945 gründeten Julius E. Schwenzner und Prof. Kurt Bussmann in Hamburg die „Gesellschaft für Marktforschung" (GFM). Ebenfalls in Hamburg erfolgte 1946 die Gründung der „Sozietät Dr. Kapferer & Dr. Schmidt, Gesellschaft für Wirtschaftsanalyse und Markterkundung". Bereits im Jahre 1949 konstituierte sich in der Wirtschaftshochschule Nürnberg der „Arbeitskreis für betriebswirtschaftliche Markt- und Absatzforschung" (ab 1955 „Arbeitskreis Deutscher Markt- und Sozialforschungsinstitute e. V.", ADM). Federführend dabei waren Georg Bergler, Erich Schäfer, Jens H. Schmidt und Julius E. Schwenzner. Ebenfalls 1949 gründete Bernt Spiegel das „Institut für Werbepsychologie" (später „Institut für Marktpsychologie", IFM) in Mannheim. Was für die Meinungsforschung galt, traf auch für die Marktforschung zu: Beide waren zu dieser Zeit durch den Einsatz quantitativer Methoden geprägt.

Diese deutlich quantitative Ausrichtung der Marktforschung veränderte sich in den 1950er Jahren, als die in den USA durch Wiener Emigranten und Lazarsfeld-Schüler angewandte „**Motivforschung**" auch in Deutschland rezipiert wurde. Was bis dahin in den einschlägigen Fachzeitschriften unter dem Stichwort „Meinungs- und Marktforschung" zu finden war, tauchte spätestens ab Mitte der 1950er Jahre unter der Rubrik „Markt-, Meinungs- und Motivforschung" auf. Auch die Lexika spiegelten diese Veränderung wider: 1962 beschreibt der „Neue Brockhaus" die „Motivforschung" erstmals in einem eigenständigen Beitrag als „Zweig der Sozialpsychologie, insbesondere der Marktforschung, der die Gründe für das Marktverhalten der Verbraucher untersucht, um die Verbraucherwünsche festzustellen; oft mit Hilfe tiefen- und sozialpsychologischer Erkenntnisse" (vgl. Kapferer 1994, S. 31).

Als eigentlicher Begründer der Motivforschung kann Paul Felix Lazarsfeld angesehen werden (vgl. u. a. Wiswede 1962, S. 33), der bereits in den 1930er Jahren die theoretischen Grundlagen für die Motivforschung legte (vgl. Lazarsfeld 1972, insbesondere Kapitel 9: Progress and Fad in Motivation Research). Die Protagonisten der Motivforschung in den USA in den 1950er Jahren waren neben dem Lazarsfeld-Schüler Ernest Dichter mit seinem 1946 gegründeten „Motivational Institute" v. a. Herta Herzog, die, zuvor ebenfalls dem Kreis um die Bühlers und Lazarsfeld (mit dem sie auch kurzzeitig verheiratet war) zugehörig, nach ihrer Emigration die qualitative Forschung bei der Werbeagentur McCann-Erickson leitete, sowie die Anthropologen W. Lloyd Warner und Burleigh B. Gardner vom „Social Research Inc." in Chicago. Neben dessen deutschem Ableger, dem „Institut für Absatzpsychologie" (IfA), einer zunächst von Harriett Moore geleiteten Gruppe von deutschen, in den USA ausgebildeten Psychologen, gehörte die von Hans-Jürgen Ohde 1956 gegründete „GETAS Gesellschaft für angewandte Sozialpsychologie" zu den wichtigsten reinen Motivforschungsinstituten.

Mit der Motivforschung hielten psychologische Herangehensweisen und Kategorien zur Entdeckung und Beschreibung des Verbraucherverhaltens Einzug in die Marktforschung. Basis hierfür war die Erkenntnis, dass menschliches Verhalten – auch im Markt – nicht ausschließlich rational und bewusst gesteuert, sondern auch stark von emotionalen, irrationalen und unbewussten Motiven geleitet wird. Die Motivforschung verfolgte das Ziel, genau diese bislang unberücksichtigten Motive sichtbar und verständlich zu machen. Sie bediente sich dabei Methoden der psychologischen Praxis wie z. B. dem Tiefeninterview oder den aus der Psychologie abgeleiteten indirekten Fragetechniken – Methoden, die wesentliche Bestandteile dessen sind, was heute „qualitative Marktforschung" ausmacht. Insofern kann die Motivforschung als die erste prominente Gestalt qualitativer Marktforschung bezeichnet werden.

Dass diese stark psychologisch orientiert war, ist ein Grund dafür, dass qualitative Marktforschung häufig mit „psychologischer Forschung" gleichgesetzt wurde, obwohl psychologische Ansätze auch in der quantitativen Forschung eine gewichtige Rolle spielen. Dass dieses Missverständnis bis heute überdauert hat, ist damit zu erklären, dass die Psychologie in der Tat eine Leitdisziplin der qualitativen Marktforschung darstellt. Diese Dominanz der Psychologie beschreibt auch Ketelsen-Sontag: „Die psychologischen und sozialpsychologischen Theorien dominieren eindeutig vor den soziologisch ausgerichtete Theorien. Die Vertreter der Psychologie haben sich speziell in der Bundesrepublik um die Weiterentwicklung und Überprüfung der Theorien im Bereich der Verbraucher- und Marktforschung bemüht…" (vgl. Ketelsen-Sontag 1988, S. 44f.). Insofern unterscheidet sich die qualitative Marktforschungspraxis von der akademischen Forschung, in der „eine Vorreiterschaft der Soziologie unverkennbar" ist (vgl. Mruck/Mey 2005, S. 15).

Eva Balzer

3.5 Geburtswehen einer Identität

1956 löste in den USA das Erscheinen des Bestsellers „The Hidden Persuaders" von Vance Packard, in dem u. a. die manipulative Stoßrichtung der Motivforschung aufs Korn genommen wurde, eine heftige Debatte aus, die spätestens mit der deutschen Übersetzung („Die geheimen Verführer") 1957 auch nach Deutschland herüberschwappte. Diese in ihren Anfängen stark unsachlich, emotional und unversöhnlich geführte Debatte (vgl. dazu Schreiber 1958; Heuer 1958; Worpitz 1958) kann als erster und bis heute einziger offener Methodenstreit zwischen qualitativer und quantitativer Marktforschung bezeichnet werden. Dieser Streit gilt auch als die Geburtsstunde der heute noch bekannten Begriffe „Nasenzähler" und „Tiefenheinis" bzw. „Tiefenboys", mit denen sich die verschiedenen Lager gegenseitig titulierten. Diese Bezeichnungen brachten die emotionale Heftigkeit dieses Konflikts sowie die antagonistischen Positionen zum Ausdruck, die auch Wiswede dokumentiert: „Die Auseinandersetzung zwischen Marktforschung und ‚Motivforschung', zwischen qualitativer und quantitativer Methodik und zwischen deutscher und amerikanischer Motivforschung scheint sich [...] von der wissenschaftlich-sachlichen auf eine ideologisch-polemische Ebene zu verlagern" (Wiswede 1962, S. 34).

Rückblickend betrachtet ist dieser „Methodenstreit" für die weitere Entwicklung des Verhältnisses zwischen qualitativen und quantitativen Methoden so wichtig wie bezeichnend. Wichtig, weil der Konflikt die Motivforscher in eine Situation brachte, in der sie gezwungen waren, ihre Theorie und ihre Methoden gegenüber Anfeindungen zu definieren und als valide zu verteidigen. Der Konflikt war jedoch insofern auch bezeichnend, als sich letztendlich zeigte, dass es der Motivforschung trotz heftiger Gegenwehr nicht gelang, qualitative Marktforschung insgesamt als eigenständige, in der Wirtschaftswelt ernst genommene und wissenschaftlich fundierte Forschungsdisziplin mit eigenen, spezifischen Gütekriterien zu etablieren. Es wurde also qualitativ geforscht, ohne aber abschließend das Wesen dieser Disziplin klar umrissen zu haben.

Aus heutiger Sicht ist es erstaunlich, wie wenig Klarheit selbst unter qualitativen Forschern in den 1950er Jahren ob der Gütekriterien des eigenen Forschens existierte. So hielt es Helmut Haese in einem Artikel mit dem bezeichnenden Titel „Nasenzähler-Dämmerung" für notwendig zu betonen, die Ergebnisse qualitativer Forschung seien nicht repräsentativer Natur: „Dr. [Ernest] Dichter räumt selbst ein, dass die Bestätigung oder Widerlegung der Hypothesen auf Grund von 200 bis 250 Einzelfällen [...] noch immer nicht die gleiche Vielfalt und numerische Zuverlässigkeit bietet wie eine Befragung von 2.000 oder 5.000 Personen" (Haese 1958, S. 20). Das Problem der mangelnden Identität qualitativer Forschung hatten nicht nur die Marktforscher in der Praxis, sondern auch die Sozialforscher in der akademischen Welt. So argumentierte auch Diedrich Osmer, der zwar nicht als Vertreter der gesellschaftskritischen Frankfurter Schule angesehen werden kann, auch wenn er für sie arbeitete, auf dem Weinheimer Kongress in Bezug auf die Methode des „Gruppenexperiments", dass die

Nichtquantifizierbarkeit der Ergebnisse ein Nachteil sei. In seiner ersten Studie (über die politischen Einstellungen der Deutschen) nach seiner Wiedererrichtung nach 1945 hatte das Frankfurter Institut für Sozialforschung nicht weniger als 136 Sitzungen mit Gruppen mit je 10 bis 15 Teilnehmern durchgeführt (insgesamt mit etwa 1.800 Versuchspersonen). Obschon dies aus heutiger Sicht für eine qualitativ ausgerichtete Studie hohe Teilnehmerzahlen sind, galten sie aufgrund der ungeklärten Frage der „Repräsentativität" qualitativer Forschungsergebnisse noch als zu niedrig. Osmer schrieb: „Der Haupteinwand, der sich erheben lässt, scheint jedoch zu sein, dass es unmöglich ist, mit einer derartigen Untersuchung wirklich repräsentative Ergebnisse zu erhalten" (Osmer 1952, S. 170).

Osmer brachte zwar die durchaus positive Vision zum Ausdruck, die unversöhnlichen Fronten zwischen den Vertretern quantitativer und qualitativer Forschung aufzulösen, dies aber nicht auf Basis klar definierter unterschiedlicher Aufgaben der beiden Forschungszweige, sondern aufgrund wechselseitiger Durchdringung. Er ging davon aus, dass dieses überaus breit angelegte Gruppenexperiment zu dieser Verschmelzung einen Beitrag geleistet habe. Anstatt aber qualitative Forschung charakterisierende *qualitative* Gütekriterien zu entwickeln, wurden qualitativer Forschung quantitative Gütekriterien zugrunde gelegt, was einer klareren Identitätsbildung qualitativer Forschung zuwiderlief (zu Gütekriterien qualitativer Marktforschung → *Kapitel 4 im Beitrag „Standortbestimmung aus theoretischer Perspektive" von Gabriele Naderer*).

Insofern blieb auch dieser Methodenstreit um die Motivforschung als potenziell identitätsstiftender Konflikt entlang der qualitativ-quantitativen Dichotomie letztlich unausgefochten. Zwar brach sich erstmals das Bedürfnis Bahn, qualitative Methoden nicht nur in Abgrenzung und Verschmähung der „Nasenzähler", sondern eigenständig zu definieren, es blieb aber unbefriedigt. Da Motivforscher sich nicht als „qualitative" Marktforscher verstanden, sondern ihre Identität in erster Linie auf den psychologischen Forschungsmethoden basierten, war auch das „qualitative" Forschen nicht der Kern der Debatte. Insofern konzentrierte sich die Debatte auf die Kritik am manipulativen Potenzial von Psychologie in der Werbung.

3.6 Entwicklung der „Geschwister" vom Motivforschungsstreit bis heute

Der Methodenstreit über die Motivforschung der späten 1950er und frühen 1960er Jahre brachte zwar keine endgültige theoretische Klärung, aber nach ihm etablierten sich die Begriffe „quantitativ" und „qualitativ" als zumindest grob umrissene Begrifflichkeiten innerhalb der Marktforschung. Die Zeit der heftigen theoriegeleiteten Kontroversen ging zu Ende, und die Marktforschung wandte sich der Praxis zu. Man diskutierte nicht mehr viel und kontrovers über qualitative Methoden, man wandte sie an. Qualitative Forschungsansätze, wenngleich auch immer noch nicht unumstritten und ein Nischendasein fristend, wurden im Laufe der 1960er Jahre zu etablierten Bestandteilen des Methodenportfolios der Marktforschung. Es war ihre zunehmend anerkannte praktische Nützlichkeit, aus der die qualitative Marktforschung trotz aller theoretischen Zweifel Bestätigung und auch ein langsam wachsendes Selbstbewusstsein zog. Wiswede beschreibt diese Entwicklung bereits 1962 am Beispiel der Motivforschung; sie ist aber auch auf die Entwicklung von qualitativer Marktforschung insgesamt zutreffend: „Nicht der Grad ihrer Wissenschaftlichkeit, sondern der ihrer Problemadäquanz dient als Beurteilungsmaßstab. Die praktische Nützlichkeit in einer bestimmten Situation, nicht die Allgemeingültigkeit ihrer Funde, qualifiziert eine Motivuntersuchung" (Wiswede 1962, S. 85–86).

Zur weiteren Stabilisierung und Festigung der Identität qualitativer Marktforschung trug die in der akademischen Welt, insbesondere in den Sozialwissenschaften, zu beobachtende Hinwendung zu qualitativen Forschungsmethoden bei. Mit der von Mayring so bezeichneten „qualitativen Wende" (Mayring 2002, S. 9) setzte in den 1970er Jahren an den Universitäten eine Phase ein, in der die praktischen Erfolge qualitativen Forschens zunehmend zur Kenntnis genommen und qualitative Methoden insgesamt zum Gegenstand theoretisierender Diskussionen und langsam auch entsprechender Literatur wurden.[4] In diesem Kontext entwickelten sich auch neue, explizit qualitativ ausgerichtete eigenständige Schulen und Ansätze, wie etwa die „objektive Hermeneutik" (vgl. Oevermann et al. 1979).

Dieser Aufschwung in der Auseinandersetzung mit qualitativer Methodik in den Geistes- und Sozialwissenschaften einiger Universitäten ermöglichte der qualitativen Marktforschung zumindest einen gewissen, wenngleich begrenzten Rückbezug auf akademische Debatten. Endlich als Gegenstand ernsthafter wissenschaftstheoretischer Diskurse anerkannt, wuchs auch in der traditionell eher praktisch ausgerichteten Marktforschung das Bedürfnis, sich wieder stärker mit der (Weiter-)Entwicklung eines eigenen Theoriegerüsts auseinanderzusetzen. Abzulesen war dies an einer Reihe von Artikeln in der Marktforschungszeitschrift „Interview & Analyse" (später „Planung & Analyse"), die sich – zwar immer noch ein wenig zaghaft, aber doch explizit – mit der Positionierung qualitativer Methoden auseinandersetzten. Noch immer allerdings offenbarte sich große Unsicherheit und Unklarheit bezüglich der Definition von „qualitativ" als eigenständigem Forschungsstrang. So leiteten Harald P. Vogel und Theo M. M. Verhallen den Begriff „qualitative Forschung" von der „Messung von Qualitäten" in „ein- und mehrdimensionalen Skalen" ab (Vogel/Verhallen 1983a, S. 146), was wiederum eine mangelnde Unabhängigkeit von quantitativen „messenden" Techniken suggerierte. Die inhaltliche Klärung dieses Missverständnisses kam jedoch nicht aus der Marktforschungspraxis. Es waren akademische Sozialwissenschaftler – in jener Publikation konkret die Soziologen Siegfried Lamnek von der Katholischen Universi-

---

[4] Vgl. hierzu u. a. Lamnek 1988 als eine der ersten akademischen Auseinandersetzungen mit qualitativer Sozialforschung.

Standortbestimmung aus historischer Perspektive

tät Eichstätt sowie Walter Kiefl, die sich mit eigenen Beiträgen zu Wort meldeten und klärend eingriffen. Lamnek und Kiefl verfolgten in ihrem Beitrag das Ziel, das „einseitige Verständnis" zu akzentuieren, und trugen wesentlich dazu bei, den „wesentlich andersartige[n] Ansatzpunkt qualitativer Forschungsmethoden" herauszuarbeiten (Lamnek/Kiefl 1984, S. 474).

Letztlich trug die „qualitative Wende" in der akademischen Welt dazu bei, dass sich in den 1980er Jahren innerhalb der qualitativen Marktforschung eine gewisse, wenngleich begrenzte Diskussionskultur entwickelte, in der sich mit der Theoretisierung des eigenen praktischen Forschens auseinandergesetzt wurde. Ausdruck dieses gefestigten und langsam steigenden Stellenwerts qualitativer Marktforschung war nicht zuletzt auch die Anwendung der Morphologischen Psychologie als eigenständiger Ansatz innerhalb der qualitativen Marktforschung ab der zweiten Hälfte der 1980er Jahre: 1985 wurde das Marktforschungsinstitut „IFM Wirkungen und Strategien" und 1987 das rheingold-Institut gegründet. Beide folgen einem morphologischen Forschungsansatz (→ *Beitrag „Morphologie" von Jens Lönneker*).

Aber selbst Ende der 1980er Jahre war – trotz aller Bemühungen und aller Anerkennung ihrer Praktikabilität – die Identität qualitativer Methoden nicht weitläufig etabliert. Nicht zu Unrecht brach Henning Haase, Psychologe an der Goethe-Universität in Frankfurt, 1989 in seinem P&A-Beitrag „Renaissance der qualitativen Marktforschung?" eine Lanze für die Akzeptanz qualitativer Methoden und wandte sich gegen die bislang dominierende Sichtweise, qualitative Marktforschung sei der „kleine Bruder" der quantitativen Forschung, der „traditionell zwar geduldet, im Übrigen aber mit wenig schmeichelhaften Attributen der Vorläufigkeit, Fragwürdigkeit oder Unzuverlässigkeit belegt" wurde (Haase 1989, S. 14). Zudem forderte er die qualitative Marktforschung explizit auf, sich aus diesem Schatten- und Nischendasein zu befreien: „Es wäre nun an der Zeit, eine systematische Darstellung der qualitativen Methoden in Angriff zu nehmen. Wir halten das für eminent wichtig" (ebd., S. 21).

Heute, fast 20 Jahre nach dieser Veröffentlichung, muss konstatiert werden, dass dem Aufruf Haases kein Marktforschungspraktiker gefolgt ist. Es gibt zwar Literatur aus der Marktforschungspraxis zu Themen wie „Marktpsychologie" sowie einzelne Aufsätze in Fachzeitschriften; an das Gesamtgebilde qualitativer Marktforschung wagte sich jedoch lediglich Gabriela Kepper. Dass ihre hervorragende Dissertation „Qualitative Marktforschung" (1. Auflage aus dem Jahr 1994) heute als Grundlagenwerk und Geheimtipp der Branche gilt (und noch dazu vergriffen ist), zeigt einmal mehr, dass es nicht die Marktforschungspraktiker waren, die ihren eigenen Forschungsbereich bislang erforschten und kartografierten.

Zusammenfassend ist festzustellen, dass die qualitative Marktforschung bis zum heutigen Tag nicht zu einer wirklichen Emanzipation gefunden hat, sondern sich sowohl in der Theorie als auch in der Praxis mit ihrer zwar anerkannten, aber sich dennoch auch weiterhin in einer Nische abspielenden Existenz mit begrenztem Anspruch arrangiert hat. Die hieraus entstehende inhaltlich-theoretische Stagnation kann in einer

Eva Balzer

„Kultur des Sich-Arrangierens mit dem Status quo" nicht überwunden werden, zur Weiterentwicklung wäre es vonnöten, die eigene Situation und Identität transzendieren zu *wollen*. Ein Entdecker, der sagt, es gäbe nichts mehr zu entdecken, hüllt eine Decke des Schweigens über Unentdecktes.

4 Fazit

Betrachtet man rückblickend die Entwicklungsgeschichte der qualitativen Marktforschung mit der ihr eigenen und in diesem Beitrag dargelegten weitgehenden Geschichts-, Theorie- und Bewusstlosigkeit, so ist es eigentlich erstaunlich, wie weit sie es bis heute gebracht hat: Sie hat sich zu einer zumindest geduldeten, wenn nicht gar anerkannten und durchaus wachsenden Branche entwickelt, die gute Zukunftsaussichten hat. Wie wäre wohl der heutige Stellenwert der qualitativen Marktforschung, wenn sie ihre Entwicklung weniger geschichts-, weniger theorie- und auch weniger bewusstlos, mithin also aktiver vorangetrieben und die ihr offenstehenden Potenziale zielgerichteter ausgeschöpft hätte?

Das Hauptproblem, mit dem qualitative Marktforschung heute konfrontiert ist, besteht darin, dass die offene, d. h. auch kritische Forschung zur bloßen unverbindlichen Deskription verkommt, anstatt das Ziel der „Entdeckung" zu verfolgen. Daher hat die qualitative Marktforschung ihren *eigentlichen* Trumpf bis zum heutigen Tage nicht ausgespielt und verharrt weiterhin in der (deshalb auch selbst verschuldeten und selbst kreierten) Rolle der „kleinen Schwester" der großen und dominanten quantitativen Marktforschung. Um sich aus dieser Rolle zu emanzipieren, muss sie sich von einigen lieb gewonnenen Vorstellungen und Annahmen verabschieden und anfangen, sich als wissenschaftliche Forschungsdisziplin mit Praxisbezug ernst zu nehmen. Diskurse über Theorien und Methoden sowie über das Zusammenspiel von Theorie und Praxis, eine Vernetzung der Forscher untereinander, eine aktive Streitkultur sowie eine Auseinandersetzung mit der eigenen Geschichte und der eigenen Gegenwart können sicherlich dazu beitragen, die künftige Rolle aktiv zu gestalten und die eigene Entwicklung selbst – und nicht nur in Abhängigkeit zur jeweiligen Auftragslage – zu formen.

Gerade in der qualitativen Marktforschung, die sich dem Entdecken, dem Sichtbarmachen verborgener Zusammenhänge und der Kontextualität verschrieben hat, gehört der Blick über den Tellerrand der konkreten Marketingbedürfnisse zu den grundlegenden Tätigkeiten eines nach Innovationen strebenden Forschers. Nur dieses vernetzte und disziplinenübergreifende Denken und Forschen kann die qualitative Marktforschung selbst sowie ihre Methoden und Instrumente weiterentwickeln.

Gelingt dies, kann sich Forschung insgesamt in einen Zustand erheben, in dem sie sich nicht über die Separierung verschiedener Methoden definiert, sondern vielmehr alle vorrätigen relevanten Methoden einsetzt, um ihren Forschungsgegenstand umfassend zu erkennen. Die großen Entdecker und Erforscher unserer Welt waren nicht entweder Seefahrer oder „Landratten". Ihr Entdeckerdrang ließ sie vielmehr all das tun, was notwendig und geboten war, um sich dem Untersuchungsgegenstand zu nähern. Nicht die Zielsetzung wurde der Methode untergeordnet, sondern die Methode bestimmte sich über das Ziel. Forschung heute braucht nicht nur das Selbstbewusstsein, sondern auch eine große Freiheit in der Wahl ihrer Methoden, um zu neuen Ufern aufzubrechen. In einem sich so verstehenden Forschungsprozess stehen das Hinterfragen des Bekannten sowie die Entdeckung des Unbekannten im Zentrum. In der heutigen Marktforschung ist diese Gewichtung zugunsten des explorativen Moments jedoch viel zu selten anzutreffen. Es liegt bei den qualitativen Marktforschern selbst, diese Gewichtung zu verändern.

Literaturverzeichnis

Barton, Allen H. / Lazarsfeld, Paul F. (1955): Some Functions of Qualitative Analysis in Social Research. In: Adorno, Theodor W. / Dirks, Walter: Sociologica. Aufsätze für Max Horkheimer. Band 1. Frankfurt/Main, S. 321–361.

Behrens, Karl Christian (1959): Marktforschung. Wiesbaden.

Bergler, Georg (1960): Die Entwicklung der Verbrauchsforschung in Deutschland und die Gesellschaft für Konsumforschung bis zum Jahre 1945. Kallmünz.

Bergler, Reinhold (1973): Marktforschung zwischen Theorie und Methodologie. BVM Vorträge zur Marktforschung. Band 26. Hamburg.

Berth, Rolf (1959): Marktforschung zwischen Zahl und Psyche. Eine Analyse der befragenden Marktbeobachtung in Westdeutschland. Stuttgart

Blücher Viggo G. (1982a): Volker Trommsdorffs Theorien im Lichte der Praktiker. In: marktforschungs-report, 7/8, S. 4–11.

Blücher, Viggo G. (1982b): Volker Trommsdorffs provokante Thesen zur Marktforschungs-Theorie. In: marktforschungs-report, 11/12, S. 4–12.

Braunschweig, Ernst (1978): Anmerkungen zur Entwicklung der deutschen Marktforschung. In: marktforschungs-report, 5, S. 6.

Bubik, Roland (1996): Geschichte der Marketing-Theorie. Historische Einführung in die Marketing-Lehre. Frankfurt/Main.

Catterall, Miriam (2001): Focus Groups in Market Research. Theory, Method and Practice. PhD Dissertation, University of Ulster.

Engels, Friedrich (1845/1970): Die Lage der arbeitenden Klasse in England. In: Marx, Karl / Engels, Friedrich: Werke. Band 2. Berlin. S. 225–506.

Franke, Dieter / Scharioth, Joachim (Hrsg.) (1990): 40 Jahre Markt- und Sozialforschung in der Bundesrepublik Deutschland. Eine Standortbestimmung. München.

Goy, Gerhard (1937): Zur Methode der qualitativen Verbrauchsforschung. In: Die deutsche Fertigware, 7, S. 123–129.

Haase, Henning (1981): Forschung und „Marktforschung". In: marktforschungsreport, 1/2, S. 3–6.

Haase, Henning (1989): Renaissance der qualitativen Marktforschung? In: Planung & Analyse, 1, S. 14–22.

Haese, Helmut (1958): Nasenzähler-Dämmerung. In: Werbe-Rundschau, 27, S. 20–26.

Heuer, Gerd F. (1958): Motivforschung – ein wichtiges Teilgebiet der Marktforschung. In: Die Anzeige, 4, S. 290–293.

Hülf, Ludwig (1937): Qualitative Verbrauchsforschung. Möglichkeiten und Probleme. In: Die deutsche Fertigware, 2, S. 36–43.

Institut zur Förderung öffentlicher Angelegenheiten (1952): Empirische Sozialforschung: Meinungs- und Marktforschung. Methoden und Probleme. Frankfurt/Main.

Ivens, Björn Sven (2003): Wilhelm Vershofen: Professor der Absatzwirtschaft? Ein Rückblick zu seinem 125. Geburtstag. Arbeitspapier Nr. 108. Lehrstuhl für Marketing an der Universität Erlangen-Nürnberg.

Jahoda, Marie / Lazarsfeld, Paul F. / Zeisel, Hans (1933/1994): Die Arbeitslosen von Marienthal. 11. Auflage. Frankfurt/Main.

Kapferer, Clodwig (1994): Zur Geschichte der deutschen Marktforschung. Hamburg.

von Kardorff, Ernst (1995): Qualitative Sozialforschung. Versuch einer Standortbestimmung. In: Flick, Uwe / von Kardorff, Ernst / Keupp, Heiner / von Rosenstiel, Lutz / Wolff, Stephan: Handbuch Qualitative Sozialforschung. Grundlagen, Konzepte, Methoden und Anwendungen. 2. Auflage. Weinheim.

Kepper, Gabriela (1996): Qualitative Marktforschung: Methoden, Einsatzmöglichkeiten und Beurteilungskriterien. 2., überarbeitete Auflage. Wiesbaden.

Ketelsen-Sontag, Hannelore (1988): Empirische Sozialforschung im Marketing. Theorie und Praxis in der Marktforschung. Spardorf.

Kleining, Gerhard (1994): Qualitativ-heuristische Sozialforschung. Schriften zu Theorie und Praxis. Hamburg.

Kleining, Gerhard (1995): Lehrbuch entdeckende Sozialforschung. Band 1: Von der Hermeneutik zur qualitativen Heuristik. Weinheim.

Kritzmöller, Monika (2004): Theoria cum praxi? Über die (Un-?) Vereinbarkeit wissenschaftlicher und ökonomischer Anforderungen. In: Forum Qualitative Sozialforschung, 5(2), Art. 32, [27 Absätze]. www.qualitative-research.net/fqs-texte/2-04/2-04 kritzmoeller-d.htm. Zugriff: 18.08.2010.

Kühn, Thomas (2004): Das vernachlässigte Potenzial qualitativer Marktforschung. In: Forum Qualitative Sozialforschung, 5(2), Art. 33, [81 Absätze]. www.qualitative-research.net/fqs-texte/2-04/2-04kuehn-d.htm. Zugriff: 18.08.2010.

Lamnek, Siegfried (1988): Qualitative Sozialforschung. Weinheim.

Lamnek, Siegfried / Kiefl, Walter (1984): Qualitative Methoden in der Marktforschung. In: Planung & Analyse, 11/12, S. 474–480.

Lazarsfeld, Paul F. (1972): Qualitative Analysis. Historical and Critical Essays. Boston.

Mayring, Philipp (2002): Einführung in die qualitative Sozialforschung. Eine Anleitung zu qualitativem Denken. 5. Auflage. Weinheim, Basel.

Mruck, Katja / Mey, Günter (2005): Qualitative Forschung: Zur Einführung in einen prosperierenden Wissenschaftszweig. In: Mey, Günter / Mruck, Katja (Hrsg.): Sonderheft des Zentrums für Historische Sozialforschung: Qualitative Sozialforschung – Methodologische Reflexionen und disziplinäre Anwendungen, 30(1), S. 5–27.

Noelle-Neumann, Elisabeth (1958): Spekulative oder exakte Marktforschung. Über den Stand der methodischen Entwicklung. In: Die Anzeige, 3, S. 194–200.

Noelle-Neumann, Elisabeth (1973): Zukunftsanforderungen an die Marktforschung oder Nachdenken über die Marktforscher. BVM Vorträge zur Marktforschung. Band 25. Hamburg.

Oevermann, Ulrich / Allert, Tilman / Konau, Elisabeth / Krambeck, Jürgen (1979): Die Methodologie einer „objektiven Hermeneutik" und ihre allgemeine forschungslogische Bedeutung in den Sozialwissenschaften. In: Soeffner, Hans-Georg (Hrsg.): Interpretative Verfahren in den Sozial- und Textwissenschaften. Stuttgart, S. 352–434.

Osmer, Diedrich (1952): Das Gruppenexperiment des Instituts für Sozialforschung. In: Institut zur Förderung öffentlicher Angelegenheiten: Empirische Sozialforschung: Meinungs- und Marktforschung. Methoden und Probleme. Frankfurt/Main, S. 162–171.

Reinhardt, Dirk (1993): Von der Reklame zum Marketing. Geschichte der Wirtschaftswerbung in Deutschland. Berlin.

Sahner, Heinz (2002): Fünfzig Jahre nach Weinheim. Empirische Markt- und Sozialforschung gestern, heute, morgen. Wissenschaftliche Jahrestagung der Arbeitsgemeinschaft Sozialwissenschaftlicher Institute e. V. (ASI) vom 25.–26. Oktober 2001 in Weinheim. Baden-Baden.

Schäfer, Wolfgang (1998): Schwierigkeiten der Umfrageforschung in den Fünfziger Jahren in Deutschland: Erinnerungen und Beobachtungen. In: ZUMA-Nachrichten, 43, S. 8–35.

Schmidtchen, Gerhard (1973): Marktforschung und Gesellschaft. BVM Vorträge zur Marktforschung. Band 19. Hamburg.

Schreiber, Klaus (1958): Zum Methoden-Streit in der Marktforschung. In: Die Anzeige, 27, S. 13–18.

Schröter, Harm G. (2004): Zur Geschichte der Marktforschung in Europa im 20. Jahrhundert. In: Walter, Rolf (Hrsg.): Geschichte des Konsums. Erträge der 20. Arbeitstagung der Gesellschaft für Sozial- und Wirtschaftsgeschichte, 23.–26. April 2003 in Greifswald. Vierteljahrschrift für Sozial- und Wirtschaftsgeschichte (VSWG). Beihefte. Band 175. Stuttgart, S. 319–341.

Thomas, William I. / Znaniecki, Florian (1927): The Polish Peasant in Europe and America. Band 1 und 2. New York.

Vershofen, Wilhelm (1940): Handbuch der Verbrauchsforschung. 2 Bände (Grundlegung und Gesamtauswertung). Berlin.

Vogel, Harald P. / Verhallen, Theo M. M. (1983a): Qualitative Forschungsmethoden. 1. Teil. In: Interview & Analyse, 4, S. 146–151.

Vogel, Harald P. / Verhallen, Theo M. M. (1983b): Qualitative Forschungsmethoden. 2. Teil. In: Interview & Analyse, 5, S. 224–227.

Wiswede, Günter (1962): Motivforschung. Eine Analyse ihrer Erkenntnisgrenzen. Schriftenreihe der GfK: Marktwirtschaft und Verbrauch. Band 18. Nürnberg.

Witt, Harald (2004): Von der kommerziellen Marktforschung zur akademischen Lehre – eine ungewöhnliche Karriere. Gerhard Kleining im Interview mit Harald Witt. In: Forum Qualitative Sozialforschung, 5(3), Art. 40, [248 Absätze]. www.qualitative-research.net/fqs-texte/3-04/04-3-40-d.htm. Zugriff: 18.08.2010.

Worpitz, Hans G. (1958): Das Verhältnis von Marktforschung und Motivforschung als betriebliche Funktionen. In: Die Anzeige, 4, S. 286–288.

Wundt, Wilhelm (1912): Elemente der Völkerpsychologie: Grundlinien einer psychologischen Entwicklungsgeschichte der Menschheit. Leipzig.

Zeitschriftenumschau o. A. (1978). In: marktforschungs-report, 10, S. 12.

Teil B:

Wissenschaftliche Disziplinen und theoretische Grundlagen

Gert Gutjahr

Psychodynamik
Wirkung unbewusster Prozesse

1 Einführung 71
2 Der tiefenpsychologische Ansatz der Freudianer 72
3 Exkurs: Neurowissenschaftliche Erkenntnisse 73
4 Der Ansatz der Mythologie nach Jung 74
5 Der Paradigmenwechsel 76
6 Der neue psychodynamische Ansatz in der Marktforschung 77
7 Fazit 79

1 Einführung

Psychodynamische Ansätze in der qualitativen Marktforschung folgen tiefenpsychologischen Erkenntnissen und bauen letztlich alle auf Arbeiten von Freud und seinen Schülern auf. Allerdings haben Freud und seine Schüler niemals einen unmittelbaren Beitrag zum Verständnis des Konsumentenverhaltens geliefert. Ihr Interesse galt ausschließlich dem Seelenheil ihrer Patienten.

Frühere Versuche, diese tiefenpsychologischen Erkenntnisse auf das Konsumentenverhalten anzuwenden, begannen in Deutschland mit Feller, der 1932 seine „Psycho-Dynamik der Reklame" veröffentlichte. Ihm folgte 1955 von Holzschuher, der seine Veröffentlichung „Praktische Psychologie. Die Primitivperson im Menschen" betitelte. 1961 erschien in den USA die „Strategie im Reich der Wünsche" von Dichter, die ihm den Ruf einbrachte, Vater der Motivforschung zu sein. Diese Anwendungen erscheinen aus heutiger Sicht oft kurzschlüssig, und die Erfolge blieben dürftig oder zweifelhaft. All jene Motivforscher postulierten, dass der Marketingerfolg darauf beruhe, verdrängten Triebregungen zum Ausleben zu verhelfen. Dazu müssten Hemmungen abgebaut und Widerstände umgangen werden. Vor allem gehe es darum, das kontrollierende Bewusstsein auszutricksen, so ihr Credo. Die praktischen Umsetzungen bestanden in erfolglosen Versuchen, mit subliminaler, d. h. unterschwelliger Werbung direkt das Unterbewusstsein zu erreichen oder mit Bildsymbolen als der Sprache des Unbewussten den Konsumenten zu verführen.

Packard setzte 1955 mit seinem Bestseller „Die geheimen Verführer" – so der Titel der späteren deutschen Übersetzung – den „Tiefenheinis", wie er die Motivforscher nannte, ein Denkmal und rief eine Legende ins Leben, die auch die Popularität von Ernest Dichter begründete. Legendär sind die Schilderungen von angeblich erfolgreicher subliminaler Popcorn-Werbung im Kino; Experimente, die so vermutlich niemals erfolgreich stattgefunden haben. Legendär ist auch die Schilderung des angeblich erfolgreichen Einsatzes von Traumsymbolen. Zeppeline und Zigarren sollten als Phallussymbole unbewusst verführerisch wirksam gewesen sein. Kaum vorstellbar aber, dass Zigarrenraucher, die sich solchen Verdächtigungen ausgesetzt sahen, die so beworbenen Produkte auch tatsächlich bevorzugten (vgl. Brand 1978).

Neuere tiefenpsychologische Ansätze liefern da eher eine marketingrelevante Deutung: Davidoff-Zigarren können in der Hand und im Mund von schlichten Zigarrenrauchern zur weltmännischen Geste werden, die ihnen den imaginären Zutritt zu einer Welt eröffnet, in der Winston Churchill, Fidel Castro und Gerhard Schröder ihre Auftritte inszenierten. Sie erlauben unserer schöpferischen Fantasie und unseren Tagträumen, das zu erleben, was unserem bewussten Leben vorenthalten bleibt. Die Konsumenten partizipieren an einer illusionären Wirklichkeit, die dem der Realität fliehenden Ich eine Zuflucht bietet, auf die die heutigen Menschen immer weniger verzichten können (vgl. Fromm 2001).

Gert Gutjahr

2 Der tiefenpsychologische Ansatz der Freudianer

Die heutigen psychodynamischen Forschungsansätze entstammen also nicht der Freud'schen Tiefenpsychologie, sondern der allgemeinen Tiefenpsychologie, deren Ziel es war, nicht nur die Neurosen der Patienten, sondern auch das alltägliche Seelenleben der Menschen zu erklären. Freud hat dazu verständlicherweise nur einen geringen Beitrag geleistet. Er war so sehr auf seine Trieblehre fixiert und auf die Idee, dass das Unbewusste als Mülleimer der Seele fungiert, in dem alle verbotenen – meist sexuellen – und deshalb verdrängten Triebwünsche entsorgt werden, dass er auch alltägliche, gewissermaßen normale Fehlleistungen unserer Psyche, wie z. B. Vergessen oder Versprechen, als Symptome für die Psychopathologie im Alltagsleben deutete. Freuds Interesse galt hauptsächlich dem Unbewussten und den dort zu bewältigenden Konflikten zwischen den Instanzen „Es" und „Über-Ich". Die wesentlichen Funktionen des Unterbewusstseins sah Freud in der Verdrängung, der Kompensation und der Projektion; Funktionen, die alle dazu dienen, die unerwünschten Triebansprüche vom Bewusstsein fernzuhalten (vgl. Freud 1923).

In Träumen drängen die unbewussten Inhalte ins Bewusstsein, allerdings in der verschlüsselten Form der bildhaften Traumsymbole. Dazu das folgende Traumbeispiel: Ein junger Wissenschaftler träumt immer wieder den folgenden Traum: Er fliegt, indem er mit den Armen die Bewegungen fliegender Vögel nachahmt. Mühelos hebt er von der Erde ab und steigt euphorisch und lustbetont in die Höhe. Jäh wird sein Flug aber unterbrochen, als er die undurchdringlichen Baumkronen hochstämmiger Bäume erreicht. Er gerät in Panik und wacht schweißgebadet auf. Die Anamnese ergibt Folgendes: Der junge Mann arbeitet fleißig und zielstrebig an seiner Habilitation. Dieser Arbeit ordnet er seine gesamte Lebensführung unter; er verzichtet auf Urlaub und sämtliche Freizeitvergnügungen. Eine Freundin und sexuelle Kontakte hat er seit Beginn seiner wissenschaftlichen Arbeit nicht mehr. Hin und wieder zweifelt er daran, ob er seine hochgesteckten Ziele erreichen kann und verstärkt deshalb seine Anstrengungen. So weit der Traum. Freuds Theorie führt zu der Annahme, dass die seelische Belastung die Libido des jungen Mannes erheblich beeinträchtigt. Daraus folgt unbewusst die Angst, die Fähigkeit zu ungestörter Sexualität zu verlieren, was sich psychosomatisch in Erektionsstörungen manifestieren könnte. Der Traum drückt das im Bild des anfänglichen lustvollen Fliegens aus (Erektion) und durch die Panik, die der Abbruch des Fluges und der mögliche Absturz auslösen (Erektionsstörung).

Für C. G. Jung hat derselbe Traum eine andere, nämlich eine archetypische Bedeutung. Die Traumsymbolik des Fluges kann unmöglich einer verdrängten persönlichen Erfahrung des jungen Mannes entspringen. Es muss sich also um kollektives Unterbewusstsein handeln. In diesem kollektiven Unterbewusstsein sind alle existenziellen Lebenserfahrungen der Menschheit als Deutungsmuster archetypisch konserviert.

Menschen verarbeiten ihre persönlichen Erlebnisse also immer wieder auf dieselbe Art und Weise, nämlich durch Rückgriff auf die archetypischen Deutungsmuster. Die Fantasie zu fliegen entstand vor Tausenden von Jahren in Verbindung mit dem Wunsch, hehre Ziele zu erreichen, erfolgreicher und mutiger zu sein als andere Menschen (vgl. Jung 1996). Im Ikarus-Mythos hat diese archetypische Vorstellung ihren Niederschlag gefunden. Ikarus stürzt ab, weil er den Ratschlag missachtete, sich nicht der Sonne zu nähern. Der Traum warnt also unseren jungen Mann davor, sich keine unerreichbaren Ziele zu setzen. Das Unterbewusstsein erweist sich so durch Nutzung kollektiver Erfahrungen der bewussten Vernunft überlegen.

Für Freud und Jung erfüllen die unbewussten Inhalte – gleichgültig wie sie in unser Bewusstsein treten – als bildhafte Traumsymbole, als intuitive Wahrnehmungen oder Gefühle wie Sympathie, Aversion, Ekel etc. verschiedene Funktionen. Das Unbewusste bei Freud ist das Verdrängte, also Affekte, Triebregungen, Wünsche, die vom Bewusstsein fernzuhalten sind, weil sie stören, irritieren oder ängstigen. Das Unbewusste bei Jung ist die Summe unserer Erfahrungen, die nur implizit helfen, Entscheidungen zu treffen und Bedeutungsmuster für die Bewertung neuer Situationen oder Reaktionsmuster für unser Verhalten bieten. Erst wenn solche Deutungs- und Reaktionsmuster nicht auffindbar sind, setzt unser explizites System den bewussten Verstand ein. C. G. Jung hat somit gedanklich vorweggenommen, was sich in den letzten Jahren durch neuro

psychologische Forschungen empirisch erwiesen hat (vgl. Roth 2001; Jung 1985, 1996, 1997). Die von C. G. Jung beeinflusste allgemeine Tiefenpsychologie führt in der marktpsychologischen Forschung und Praxis deshalb zu anderen Hypothesen und Erklärungsversuchen. Davon später mehr.

Spärlich blieben auch die methodischen Fortschritte jener Motivforscher wie Dichter, Feller oder von Holzschuher, die sich auf die Lehre Freuds beriefen und seine Theorie des Unbewussten in der Marktforschungspraxis anzuwenden suchten. Es dominierte die Empfehlung von projektiven Fragen im Rahmen von sogenannten Tiefeninterviews oder – wie von Dichter (1961) vorgeschlagen – die Anwendung der damals gängigen Methoden der psychologischen Diagnostik, wie z. B. Psychodrama oder der thematische Apperzeptionstest (TAT).

3 Exkurs: Neurowissenschaftliche Erkenntnisse

Die moderne Tiefenpsychologie wird heute auch von neuen neurowissenschaftlichen Erkenntnissen gestützt. Diese Erkenntnisse weisen Folgendes nach:

Gert Gutjahr

- Nur der Kortex ist bewusstseinsfähig. Alle subkortikalen Zentren sind nicht bewusstseinsfähig.
- Der Kortex ist aber nicht der Produzent von Bewusstsein. Ohne die Einwirkung z. B. der limbischen Zentren, die ihrerseits unbewusst arbeiten, könnte im Kortex kein Bewusstsein entstehen.
- Bewusstsein wird nur aktiviert, wenn wir mit Geschehnissen konfrontiert werden, die hinreichend neu und hinreichend wichtig sind (explizites System). Diese Klassifizierung in wichtig/unwichtig und bekannt/neu geschieht unbewusst durch einen sehr schnellen Zugriff auf die verschiedenen Gedächtnisarten, die zu diesem Zeitpunkt ebenfalls unbewusst sind.
- Was wichtig und bekannt ist, führt zur Aktivierung von Verarbeitungsinstanzen, die sich bereits früher mit diesen Geschehnissen befasst und Brain Scripts gebildet haben (implizites System).
- Wann immer ein Ereignis als wichtig und bekannt eingestuft wurde, erfolgt eine Reaktion schnell und zielsicher, automatisch und fehlerfrei, allerdings auch immer wieder in derselben Weise. Die Reaktion selbst ist mit dem Gefühl hoher Zufriedenheit verknüpft (vgl. Roth 2002).

Das solchermaßen geförderte neuerliche Interesse an tiefenpsychologischen Erklärungen hat auch zur Thematisierung der analytischen Tiefenpsychologie von C. G. Jung geführt, der, lange bevor entsprechende hirnphysiologische Belege vorlagen, in seiner Typologie von den getrennten Hirnfunktionen Denken und Fühlen gesprochen hatte (vgl. Jung 1985, 1996, 1997). Die Zuordnung zur linken oder rechten Hirnhemisphäre und die Lokalisierung von subkortikalen Reizverarbeitungs- und Speicherzentren erfolgten aber erst später durch die hirnphysiologische Forschung.

4 Der Ansatz der Mythologie nach Jung

C. G. Jung, bestätigt durch neuropsychologische Erkenntnisse, hielt den größten Teil unserer unbewusst gespeicherten Erfahrungen für nicht direkt zugänglich. Sie wirken entweder implizit oder sie erscheinen in Traumsymbolen und in Mythen, die der Interpretation oder Deutung bedürfen. Deswegen wurde in Weiterführung der Erforschung des Unbewussten durch C. G. Jung die Mythenforschung weiterentwickelt (vgl. Bischof 1996).

Im Magazin Focus (Nr. 51 aus dem Jahre 2004) erschien eine kurze Bildstory mit der Überschrift „Aschenputtel und der Prinz". Wir erfuhren darin, dass die Kronprinzen von Dänemark, Spanien und Holland im Jahre 2004 bürgerliche Frauen geheiratet

Psychodynamik

hatten. Diese Story hat die folgende Vorgeschichte: Als der norwegische Kronprinz vor ein paar Jahren bekannt gab, dass er die bürgerliche Mette-Marit heiraten wolle – eine alleinerziehende junge Mutter – empörte sich der Hochadel weltweit. Wir bürgerlichen Zeitungsleser und Fernsehzuschauer nahmen die Nachricht eher unberührt auf und wunderten uns vielleicht ein wenig über die globale hochadelige Entrüstung. Als dann später tatsächlich diese Märchenhochzeit stattfand, schlugen die Empörung des Hochadels und das geringe Involvement der bürgerlichen Nachrichtenempfänger weltweit in herzliche Anteilnahme, Freude und tiefe Rührung um: Millionen weinten während der Fernsehübertragung der Hochzeit. Das Happy End dieser Geschichte befriedigte alle zutiefst. Wie war das möglich, was war zwischen Empörung und Happy End geschehen? Nun, das Brautpaar war zuvor mit der Lebensgeschichte Mette-Marits an die Öffentlichkeit getreten. Die Medien erzählten daraufhin die Geschichte einer jungen Frau, der das Leben übel mitgespielt hatte und die ohne eigene Schuld ins Unglück geraten war. Nur die Liebe und der Großmut eines Königssohns konnten das traurige Schicksal zu einem Happy End wenden. Es ist dies ein Aschenputtel-Märchen, das auch heute noch den Zuhörern jedweden Alters die Tränen der Rührung in die Augen treibt.

Und auch dieses Aschenputtel-Märchen hat eine Vorgeschichte, nämlich die Entstehung eines Archetyps vor Tausenden von Jahren. Archetypen bezeichnet C. G. Jung als Grundmuster instinktiven Verhaltens. Sie entstanden zu einer Zeit, als das Bewusstsein noch nicht dachte, sondern lediglich wahrnahm. Als ererbte Möglichkeit, sich bestimmte Vorstellungen zu bilden, werden sie lebendig und treten als Fantasien oder als Traumbilder in unser Bewusstsein. Dort verleihen sie Inhalten des Bewusstseins fest umrissene Formen, indem sie diese deuten und emotional bewerten. Archetypen sind kollektive unbewusste Inhalte, die niemals bewusst waren und nicht persönlichen Erfahrungen entspringen. Die Bilder, mit denen sie in unser Bewusstsein treten, können dagegen durchaus persönlicher Natur sein. Archetypen sind also nicht inhaltlich, sondern nur formal vorbestimmt. Der Aschenputtel-Archetyp oder, wie man auch sagen kann, der Aschenputtel-Mythos, bewahrt zwei Urgedanken, nämlich erstens, dass hilfsbedürftige Frauen gerne mächtige Männer heiraten, was evolutionär durchaus von Vorteil sein kann. Hinzu tritt zweitens die Idee, dass die Partner, die von außerhalb des eigenen Geschlechts stammen, eine genetische Bereicherung des Erbguts ermöglichen. Diese beiden Urgedanken, C. G. Jung spricht auch von Motiven, begründen das Script für den Archetypus und für die Dramaturgie der Aschenputtel-Geschichte. Der Begriff Script entstammt der Theaterwissenschaft, und von Brain Scripts ist die Rede, weil Grund zu der Annahme besteht, dass solche Scripts anthropologische Konstanten des Erlebens, Abbildens, Verarbeitens, Deutens, Verhaltens darstellen und als Muster im Gehirn gespeichert sind. Die Brain Scripts enthalten alle existenziellen Lebenserfahrungen oder Schlüsselerlebnisse der Menschen, wie Bruderzwist (bei Kain und Abel), Neid und Eifersucht (bei Schneewittchen), Erwachsenwerden (bei Dornröschen und Rotkäppchen), um nur ein paar Beispiele zu nennen. Diese Scripts liefern die Leitmotive für unsere unbewussten Sehnsüchte, Hoffnungen und

Ängste (vgl. Jung 1985, 1997). Durch dieses Beispiel erfahren wir, wie bewusste und unbewusste Inhalte kooperieren, wenn man sich von der Freud'schen These verabschiedet, dass die unbewussten Inhalte hauptsächlich verdrängte oder unerlaubte sexuelle Triebwünsche sind, die unser Seelenheil bedrohen.

5 Der Paradigmenwechsel

In den letzten Jahren hat ein Paradigmenwechsel in der Tiefenpsychologie und in ihrer praktischen Anwendung stattgefunden. Die allgemeine Tiefenpsychologie geht heute davon aus, dass unbewusste Inhalte als Deutungsmuster fungieren, die unserem Bewusstsein Orientierungshilfen bieten. Unbewusste und bewusste Inhalte ergänzen sich in unserem sich selbst organisierenden und selbst regulierenden psychischen System (implizites und explizites System). Orientierungshilfen benötigen wir dann, wenn unser Bewusstseinsinhalt und unser Verstand zu keiner Erklärung mehr fähig sind. Ein Naturwissenschaftler, der in einer Diskussion über die grüne Gentechnik vor ihren Gefahren und unüberschaubaren Risiken warnen wollte, sagte am Ende seiner ihm selbst nicht ausreichend überzeugend scheinenden wissenschaftlichen Argumente, dass die Natur eines Tages zurückschlagen werde. Ein Rückgriff auf den bekannten Frankenstein-Mythos. Der Einfluss des impliziten und expliziten Systems verändert sich im Laufe unseres Lebens. Bis zum Ende der Pubertät dominiert das implizite System. Danach vertrauen wir mehr der Vernunft, bis wir erkennen, dass unserem Bewusstsein hierfür fast niemals ausreichende Informationen zur Verfügung stehen. Derselbe Prozess der Kompensation unseres intelligenten, aber unvollkommenen Bewusstseins lässt sich auch beispielhaft an unserem Verhalten nach dem Höhepunkt oder der Beendigung unserer beruflichen Karriere aufzeigen. Zunächst, mit Beginn von Erwachsenenzeit und Berufsleben, widmen wir uns hauptsächlich der Entwicklung unseres Bewusstseins. Der Erwerb von Kenntnissen und die Förderung unserer Leistungsfähigkeit bestimmen unsere Persönlichkeit. Emotionen und Intuition bleiben auf der Strecke, sinken ins Unterbewusste. Wir begeben uns danach im durchschnittlichen Alter von 50 Jahren wieder auf die Sinnsuche, holen Nicht-Erlebtes und Vermisstes nach, führen unsere Persönlichkeit zur endgültigen Reife, oder wir verfallen in todbringende Resignation. Es folgen systematische Veränderungen unseres Konsumverhaltens wie z. B. die veränderte Bedeutung von Kultmarken. Mit Damasio (1997) beginnt die systematische Erforschung des impliziten Systems, Neuromarketing und Neuroökonomie entstehen mit dem Einsatz von Kernspintomographen (vgl. Deppe et al. 2002).

6 Der neue psychodynamische Ansatz in der Marktforschung

Unser Unterbewusstsein hat sich unseres Konsumverhaltens bemächtigt, weil Produkte und Dienstleistungen die vielfältigsten Möglichkeiten bieten, unser symbolisches Leben zu gestalten. Fast jeder Konsumartikel taugt für unsere alltäglichen Beschwörungsrituale. Und der Bedarf wächst ständig. Wir wollen keine maschinell produzierten Weingläser aus Pressglas, sondern mundgeblasene, authentische Werke, deren Herstellung ebenso im alchemistischen Dunkel bleibt wie die Gewinnung von Glas selbst. Nur so – glauben wir – können Gläser beim Anstoßen jenen Klang erzeugen, der den Trinkgenossen dank magischen Zaubers zum freundschaftlichen Verbündeten macht – so will es unser Unterbewusstsein.

Kultmarken lassen Verbraucher an besondere Wirkungen glauben, die nicht vom bewussten Marken- und Produktimage abgeleitet werden können. Kultmarken werden wegen ihrer magischen Potenz begehrt. Mit einer Harley-Davidson beispielsweise erlebt der Motorradfahrer auch mit 50 Jahren endlich den Traum von Freiheit und Abenteuer, und sie ermöglicht ihm so seinen ganz persönlichen, beflügelnden Ausritt. Louis Vuitton und Hermes bieten nicht nur modische Accessoires, sondern die Gewissheit, Anerkennung und Status zu gewinnen. Das Meisterstück von Mont Blanc macht aus jedem Unterschriftsgekritzel ein bedeutsames Zeichen, das Entscheidungen und Urteile besiegelt und dem Schreiber ein wenig Unsterblichkeit verleiht. Red Bull ist eine Kultmarke der Jugendszene, Red Bull verleiht Flügel, als magischer Zaubertrank (Motiv 1) und als Ikarus-Mythos (Motiv 2), die beide symbolisch die Steigerung von Mut und Selbstbewusstsein versprechen und die Perspektivlosigkeit vieler junger Menschen zu kompensieren suchen.

Warum finden Frauen die Zigarettenmarke Marlboro so sympathisch? Marlboro ist eine weltweit erfolgreiche Marke, deren Image im komplexen Symbol des Cowboys emotional fest verankert ist. Die Marke hat sich die Westernlegenden zunutze gemacht, die mit global wirksamen Brain Scripts Sehnsüchte, Tugenden, Normen und Werte, Stimmungen und Gefühle thematisieren. Die manifeste bewusstseinsgegenwärtige Story ist die von reitenden, raufenden, saufenden Cowboys, von schießwütigen Revolverhelden und harten Sheriffs, daher das Image „Männerzigarette". Die latente Story dahinter aber konserviert die altbekannten Motive der Heldenmythen: Die Marke symbolisiert unterbewusst oder bewusst erlebbar den Sieg des Guten über das Böse, den Sieg der Schwachen über die Mächtigen, den Mut der Unterdrückten, die Sehnsucht nach Gerechtigkeit, Ordnung und einem geregelten Leben, den Schutz vor Chaos und Orientierungslosigkeit. Die Helden, seien es Cowboys, Ranger oder Sheriffs sind mutig, loyal, aufrichtig, ehrlich, treu, bescheiden, beschützend, fürsorglich, verantwortungsvoll, stets höflich gegenüber Frauen und kommen mit diesen Eigenschaften dem Profil des idealen Ehemannes sehr nahe. Also nicht das vordergründige Image „Männerzigarette", sondern die dahinter verborgene unbewusste psychologische Markensubstanz ist die Ursache für die Markensympathie.

Ähnlich erfolgreich war die Camel-Werbung „Ich gehe meilenweit für eine Camel-Filter". Symbol war der Held mit dem Loch in der Schuhsohle, richtig gedeutet vom Brain Script aller Nikotinabhängigen, die nachts im Regen zum nächsten Zigarettenautomaten laufen. Der Süchtige wird zum Helden, die Marke Camel lieferte die Absolution. Der Beginn des Rauchens fällt bei Jungen und Mädchen übrigens gerade in die Entwicklungsphase, in der Heldenfantasien eine große Rolle spielen. Sicherlich eine günstige Bedingung für den Erfolg der beiden Helden-Marken.

Brain Scripts beruhen nicht nur auf alten Mythen und Märchen, auch Alltagsgeschichten von heute können immer wieder zu Legenden werden. Wenn viele Verbraucher dieselbe Geschichte erleben, so ist dies wieder eine anthropologische Konstante des Erlebens und Ausgangspunkt eines unbewussten Brain Scripts. Die moderne Tiefenpsychologie mit ihrem neuen psychodynamischen Forschungsansatz sucht die Deutungsmuster, die unseren emotionalen Bewertungen zugrunde liegen. Eine besondere Bedeutung besitzt die archetypische Betrachtungsweise nicht nur bei der Markenführung und Markenkommunikation, sondern auch bei der Produktentwicklung und Produktgestaltung (vgl. Gladbach 1994). Es existieren unbewusst gelernte Produktmuster, die unabhängig von den individuellen Erlebnissen einzelner Konsumenten gespeichert werden. Als typische Formen der Gestaltwahrnehmung beeinflussen sie die Wahrnehmung und Bewertung neuer Produktgestaltungen und das Ausmaß der Produktakzeptanz. Hier zeigt sich die Beziehung der Archetypenlehre zur psychologischen Gestalttheorie.

Dazu die folgenden Beispiele:

- In der Produktgattung Elektrorasierer existieren zwei verschiedene, gegenseitig nur schwer substituierbare archetypische Grundformen: Der Philips-Rasierer, der in kreisenden Bewegungen über die zu rasierende Hautfläche geführt wird, repräsentiert die Urgestalt des Bimssteins, mit dem schon in frühester Zeit Hautverunreinigungen beseitigt und Akne behandelt wurden.

- Der Braun-Rasierer, der in geraden Auf-und-abwärts-Bewegungen über die zu rasierende Hautfläche geführt werden muss, entspricht der Urgestalt des Schabers, mit dem Haut- und Haarteile nicht abgerieben, sondern abgeschabt werden.

Beide archetypischen Rasierformen substituieren sich nur schwer: Konsumenten, die vom Philips-Rasierer zum Braun-Rasierer wechselten und ihre alte Verhaltensroutine – kreisende Bewegungen – auf die Rasur mit dem Braun-Rasierer übertrugen, erlitten öfter Hautverletzungen, sodass sie zur Philips-Rasur zurückkehrten. Konsumenten, die von der Braun-Rasur zur Philips-Rasur wechselten, zeigten sich öfter mit der Rasierleistung des neuen Rasierers unzufrieden, da nur die kreisende Bewegung des Philips-Rasierers eine ordentliche Rasierleistung erbrachte.

Erfolglos blieben auch die Digitaluhren bei der Gattung Armbanduhren. Hier dominieren nach wie vor die Uhren mit Analoganzeige, die die Urgestalt der Sonnenuhren repräsentiert. In beiden Fällen bewegt sich eine stabförmige Anzeige über ein kreisförmiges Zifferblatt und liefert so die gewünschte Zeitraum-Information, die ohne Nachdenken mit einem meist nur flüchtigen Blick auf die Uhr gewonnen wird.

Archetypische Urformen haben später häufig Differenzierungen erfahren. Eine archetypische Flaschenform ist erkennbar am runden Corpus und dem sich nach oben verjüngenden schlanken Flaschenhals, der die einfache Verschließbarkeit z. B. durch einen Korken gestattet. Dieser Archetypus hat in der Neuzeit erhebliche Differenzierungen erfahren: Mittlerweile gibt es die typische Champagnerflasche oder die typische Cognacflasche, Flaschenformen, die den darin abgefüllten französischen Produkten oder Getränken eine besondere Akzeptanz garantieren.

7 Fazit

Der Versuch, die Freud'sche Tiefenpsychologie in der Marketingforschung anzuwenden, erlebte in Deutschland nur eine kurze Phase bis etwa zu Beginn der 70er Jahre. Darauf folgte zunächst die Sozialpsychologie mit ihren kognitiven Theorien (→ *Beitrag „Kognitionspsychologie" von Marina Klusendick*). Eine besondere Rolle spielte die Einstellungstheorie und die damit verbundene Vorurteilsforschung, die sich mit stereotypen Vorstellungen und im Bereich des Marketings mit den Image-Vorstellungen der Konsumenten beschäftigte. Die dadurch möglichen Erklärungsansätze des Konsumentenverhaltens und hauptsächlich die Prognosen für das zukünftige Verhalten erfüllten später aber nicht alle Erwartungen. So ergab sich in den 90er Jahren eine Rückbesinnung auf die weiterentwickelte Tiefenpsychologie. Sie begegnet uns seitdem im Rahmen der morphologischen Psychologie und der Archetypenlehre von C. G. Jung.

Die neuesten Entwicklungen stellen die Verbindung zur Neurophysiologie her. Die Magnetresonanztomographie hat nachgewiesen, dass nur der Kortex bewusstseinsfähig ist, die entscheidenden Aktivitäten, z. B. bei der Markenwahl, aber in den subkortikalen Hirnteilen getroffen werden, dem Sitz des Unterbewusstseins also. So gelang auch der Nachweis von neuronalen Speichermechanismen, die sehr wohl Bestandteil erblicher Hirnstrukturen sein können.

Was ist das Wesentliche an diesen neuen psychodynamischen Erklärungsansätzen?

1. Zunächst sind zwei grundlegende **allgemeine Erkenntnisse** zu nennen:
   - Im alltäglichen Leben, also auch bei Konsumentenentscheidungen, strebt unser selbstregulierendes psychisches System nach kortikaler Entlastung. Das erreichen

wir dadurch, dass möglichst viele Verhaltensweisen mit möglichst geringer Bewusstseinsbeteiligung als automatisierte Verhaltensroutinen ablaufen (implizit).

- Ereignisse, die nicht mit solchen Routinen zu bewältigen sind, weil sie als unbekannt oder neu und wichtig erlebt werden, führen zuerst zur Aktivierung von unbewussten subkortikalen Speicher- und Verarbeitungsinstanzen. Dort werden Deutungsmuster, die in Form von Brain Scripts gespeichert sind, als Orientierungs- und Entscheidungshilfen aufgesucht. Sind keine passenden Deutungsmuster vorhanden, wird der Verstand eingeschaltet (explizit).

2. Für das **Marketing** ergeben sich die folgenden Konsequenzen:

- Jedes neue Produkt, jede neue Dienstleistung, jede neue Marke, jede neue Einkaufssituation, jede neue Werbung, alle Konsumereignisse, die uns involvieren, werden – bevor wir uns verstandesmäßig mit ihnen befassen – mit unbewussten Deutungsmustern verarbeitet. So wird – bevor uns dies bewusst wird – bestimmt, ob wir uns dafür oder dagegen entscheiden, ob uns eine Sache sympathisch ist oder nicht. Unser Verstand hat hierauf keinen Einfluss. Implizite Entscheidungen beruhen auf unbewussten Brain Scripts bzw. Deutungs- und Reaktionsmustern.

- Zur Erklärung der Konsumentenentscheidung kann im Einzelfall ein individuell erworbenes Deutungsmuster dienen. Aber für das Marketing sind natürlich hauptsächlich die kollektiven Deutungsmuster von Bedeutung. Sind solche kollektiven unbewussten Deutungsmuster global wirksam, d. h. kulturell unabhängig, so sprechen wir von Archetypen im Sinne von C. G. Jung.

- Sind solche kollektiven Deutungsmuster kulturell begrenzt, also zielgruppenspezifisch wirksam, so handelt es sich um Modifikationen der vererbten globalen Archetypen; solche erworbenen Deutungsmuster können immer wieder neu entstehen. Der Westernmythos z. B. ist eine solche kulturspezifische Modifikation des globalen Heldenmythos.

Diese Deutungsmuster sind nicht bewusstseinsfähig und vom Konsumenten nicht verbal beschreibbar, weil nicht zuvor bewusst erlebt. Nicht bewusstseinsfähige unbewusste Inhalte sind nur in bildhaften Symbolen – der Sprache unseres Unterbewusstseins – erkennbar. Das Verständnis dieser Symbolsprache erwerben wir durch Mythen und Träume. Da diese Bildsymbole universal sind, ist ihre Deutung nicht von Äußerungen des betroffenen Konsumenten abhängig, sondern kann auch von speziell ausgebildeten Psychologen vollzogen werden. Die durch Bildsymbole ausgedrückten unbewussten Inhalte sind Gefühle und Sehnsüchte, Motive und Wertungen. Sofern sie unser Konsumentenverhalten bestimmen, sind sie Erkundungsziel der neuen psychodynamischen Forschung.

3. Für die **qualitative Marktforschung** ergeben sich die folgenden Konsequenzen:

- Da die neurophysiologischen Methoden, wie die funktionelle Magnetresonanztomographie, nur für die Grundlagenforschung geeignet sind, müssen psychologische Methoden entwickelt werden, die es möglich machen, die Arbeitsweise des impliziten Systems zu erkunden. Die Magnetresonanztomographie kann zu deren Validierung eingesetzt werden.

- Neue Methoden zielen darauf ab, jene in der neurophysiologischen Grundlagenforschung entdeckten Reaktionen des Unterbewusstseins in der alltäglichen Marketingforschung zu reproduzieren. Dabei geht es natürlich weniger um den Nachweis der neurophysiologischen Reaktion allein, sondern um die explorative oder assoziative Erkundung der damit verbundenen psychologischen Inhalte, wie etwa unterschiedliche Emotionen, Präferenzen, Sympathie und Akzeptanz. Von Bedeutung ist dabei auch die Integration apparativer Methoden in das qualitativ-psychologische Experiment (→ *Beitrag „Implizite Methoden" von Gert Gutjahr und Gabriele Naderer*).

Literaturverzeichnis

Bischof, Norbert (1996): Das Kraftfeld der Mythen. München.

Brand, Horst W. (1978): Die Legende von den geheimen Verführern. Weinheim.

Damasio, Antonio R. (1997): Descartes' Irrtum. New York.

Deppe, Michael / Kenning, Peter / Plassmann, Hilke (2002): Die Entdeckung der kortikalen Entlastung. Neuroökonomische Forschungsberichte der Westfälischen Wilhelms-Universität Münster.

Dichter, Ernest (1961): Strategie im Reich der Wünsche. München.

Feller, Fritz M. (1932): Psycho-Dynamik der Reklame. Bern.

Freud, Sigmund (1923): Das Ich und das Es. Leipzig, Wien, Zürich.

Fromm, Erich (2001): Märchen, Mythen, Träume. 17. Auflage. Hamburg.

Gladbach, Martina (1994): Archetypen von Produkten. Beiträge zum Produkt-Marketing von Udo Koppelmann. Band 24. Köln.

von Holzschuher, Ludwig (1955): Praktische Psychologie. Die Primitivperson im Menschen. Essen.

Jung, Carl G. (1985): Das symbolische Leben. In: Jung Carl G.: Gesammelte Werke, Sonderausgabe. Band 18, 1+2. Olten/Freiburg.

Jung, Carl G. (1996): Traum und Traumdeutung. 7. Auflage. München.

Jung, Carl G. (1997): Archetypen. 7. Auflage. München

Packard, Vance (1957): Die geheimen Verführer. Düsseldorf.

Roth, Gerhard (2001): Fühlen, Denken, Handeln. Wie das Gehirn unser Verhalten steuert. München.

Jens Lönneker

Morphologie
Die Wirkung von Qualitäten – Gestalten im Wandel

1 Einführung 85
2 Ursprung und theoretische Wurzeln 86
    2.1 Ganzheitspsychologie und F. Sander 86
    2.2 W. Dilthey und die Phänomenologie 87
    2.3 S. Freud und die Psychoanalyse 87
    2.4 „Morphologische Schriften" von J. W. Goethe 89
3 Die Grundlage: Die Morphologische Psychologie von W. Salber 89
    3.1 Entwicklung eigenständiger Konzeptionen 89
    3.2 Handlungseinheiten 90
    3.3 Wirkungseinheiten 94
4 Morphologische Markt- und Medienforschung 95
    4.1 Die Pionierarbeiten 95
    4.2 Erweiterung durch die kulturpsychologische Perspektive 96
5 Methodisches Vorgehen 99
    5.1 Methode und Verfahren 99
    5.2 Morphologische Methode 99
    5.3 Präferierte Verfahren 100
    5.4 Analysetechniken 101
    5.5 Sample 101
    5.6 Anwendungsbereiche 102
6 Fallbeispiel Gerolsteiner Naturell: Von der qualitativen Analyse bis zur Entwicklung von Produkt und Kommunikation 103
7 Fazit 108

1 Einführung

Die morphologische Markt- und Medienforschung ist zum einen das Resultat einer jahrelangen, beharrlichen Suche nach einem wissenschaftlichen Konzept, mit dem sich die Qualitäten komplexer psychologischer Wirkungszusammenhänge erfassen und analysieren lassen. Der Motor für die Suche war die Unzufriedenheit mit bestehenden Forschungskonzepten, die sich oft allein auf Teilaspekte des Seelenlebens konzentrierten oder aber die qualitative und ganzheitliche Eigenart psychischer Phänomene nicht genügend zu berücksichtigen schienen.

Die Entwicklung der morphologischen Markt- und Medienforschung wurde zum anderen aber auch dadurch vorangetrieben, dass die Märkte immer stärker von qualitativen, psychologischen Einflussgrößen geprägt werden. Dies zwingt die Marktteilnehmer dazu, sich mit psychologischen Wirkungszusammenhängen zu beschäftigen, wenn sie erfolgreich Marketing und Kommunikation betreiben wollen. Und dies führt auch zu einer verstärkten Nachfrage nach Forschungskonzepten, die die Eigenart psychologischer Wirkungszusammenhänge erfassen und analysieren können.

Wie ein roter Faden zieht sich angefangen von den Wurzeln bis hin zu den neuesten Forschungsideen der morphologischen Forschung eine Kompromisslosigkeit bei der Suche nach Konzeptionen und Methoden durch, die der Psycho-Logik des Erlebens und Verhaltens gerecht werden. Diese Kompromisslosigkeit drückt sich z. B. aus in der Entwicklung eines eigenständigen wissenschaftstheoretischen Fundaments, in eigenständigen Forschungskonzepten und im Einsatz von qualitativen Verfahren, die die Eigentümlichkeit seelischer Phänomene so genau wie möglich erfassen sollen.

Leitlinie für die folgende Ausarbeitung ist die „geschichtliche" Entwicklung der Morphologischen Psychologie bis zur morphologischen Markt- und Medienforschung. Die Komplexität dieser Forschungsrichtung wird auf diese Weise leichter zugänglich und damit hoffentlich auch besser verständlich.

Dabei entspricht die folgende Ausarbeitung bewusst nicht dem klassischen Ideal einer strikten Trennung von Theorie und empirischen Befunden. Denn die Morphologische Psychologie folgt hier einem anderen Vorgehen – dem **Prinzip des Austauschs.** Theoretische Konzeption und empirische Befunde werden immer wieder in Austausch gebracht, um den Erkenntnisprozess im Bereich der Psychologie weiterzutreiben (vgl. Salber 1969a, S. 120). Die Darstellung zur Theorie wird daher immer dort kurz über Beispiele aus der Empirie konkretisiert, wo es das Verständnis fördern kann.

Jens Lönneker

2 Ursprung und theoretische Wurzeln

Die Morphologische Psychologie hat unter ihrem Dach verschiedene Lehrauffassungen und Schulen in eine neue Synthese gebracht. Prägend für die Morphologische Psychologie sind v. a.:

- Ganzheitspsychologie und F. Sander
- W. Dilthey und die Phänomenologie
- S. Freud und die Psychoanalyse
- „Morphologische Schriften" von J. W. Goethe

2.1 Ganzheitspsychologie und F. Sander

Die akademischen Wurzeln der Morphologischen Psychologie reichen letztlich bis zum Gründervater der deutschen Psychologie, Wilhelm Wundt, zurück. Dessen Nachfolger am Leipziger Lehrstuhl, Felix Krueger, und einer seiner letzten Assistenten, Friedrich Sander, waren maßgeblich an der Weiterentwicklung zur Schule der Ganzheitspsychologie beteiligt (vgl. Sander/Volkelt 1962). Salber, der Vater der Morphologischen Psychologie, war wiederum während der Tätigkeit Sanders in Bonn dort wissenschaftlicher Assistent. Nach seiner späteren Berufung zum Direktor des Psychologischen Instituts II in Köln leitete er dieses Institut 30 Jahre lang.

Die Ganzheitspsychologie[1] hat die Morphologische Psychologie darin beeinflusst, auf eine eigenständige psychologische Theoriebildung zu drängen. Die Forschungsarbeiten von Christian von Ehrenfels zu „Gestaltqualitäten" (vgl. von Ehrenfels 1890), aber auch weitergehende Studien der ganzheitspsychologischen Schule konnten zeigen, dass die Phänomene der Psychologie gestalthaft und ganzheitlich organisiert sind. Da das Ganze bei psychischen Phänomenen mehr als die Summe seiner Teile darstellt, erschien eine Orientierung an klassischen naturwissenschaftlichen Konzepten nicht sinnvoll. Denn diese gehen grundsätzlich davon aus, dass sich ein Ganzes aus der Summe seiner Teile oder Elemente zusammensetzt. Die Forschungserkenntnisse der Ganzheitspsychologie legten damit die Suche nach einer eigenständigen wissenschaftstheoretischen Fundierung psychologischer Forschung nahe. Die Ganzheitlichkeit von menschlichem Erleben und Verhalten ist aus ihrer Sicht eine spezifische Eigenart des Gegenstands der Psychologie und „verlangt" eigene, angemessene

---

[1] Aufbauend auf Erkenntnissen der Gestaltpsychologie und sich zugleich von ihnen abgrenzend wurde von der ganzheitspsychologischen Schule betont, dass psychische Phänomene nicht immer in durchgliederten Gestalten, aber immer ganzheitlich organisiert sind (vgl. Undeutsch 1953).

Methoden und theoretische Grundlagen. Der Versuch einer eigenständigen wissenschaftlichen Fundierung wurde denn auch von Wilhelm Salber in seiner Habilitationsarbeit „Der Psychische Gegenstand" unternommen (vgl. Salber 1957/1986). Aus der Perspektive des Wunsches nach einer für die Psychologie eigenständigen Konzeption kann man die Arbeit zum psychischen Gegenstand auch als wichtige Vorarbeit für die Entwicklung der Morphologischen Psychologie betrachten.

2.2 W. Dilthey und die Phänomenologie

Wichtige Anregungen für ein neues psychologisches Konzept fand die Morphologische Psychologie bei Wilhelm Diltheys „Ideen über eine beschreibende und zergliedernde Psychologie" (vgl. Dilthey 1894/1924). Dilthey entwickelte eine wissenschaftstheoretische Grundlage für ein qualitatives methodisches Vorgehen jenseits der naturwissenschaftlichen Vorbilder. Psychische Phänomene können nach diesem Ansatz erlebt und durch die Rekonstruktion ihres Entstehens auch in ihrem Sinn verstanden werden. In der Morphologischen Psychologie wie in der morphologischen Markt- und Medienforschung stehen die psychologische Beschreibung und die Rekonstruktion der untersuchten Phänomene im Zentrum des methodischen Vorgehens. So wird z. B. jedes psychologische Tiefeninterview einer psychologischen Beschreibung und Rekonstruktion unterzogen. Diltheys Lehre gab zudem wichtige Impulse für die Entwicklung der philosophischen Richtung der Phänomenologie. Die Werke ihrer Vertreter, genannt seien hier v. a. Husserl und Heidegger, haben die wissenschaftstheoretische Fundierung der Morphologischen Psychologie ebenfalls beeinflusst. Der phänomenologische Einfluss zeigt sich im hohen methodischen Stellenwert, den die qualitative Beschreibung innerhalb der Morphologischen Psychologie einnimmt. Sie zeigt sich aber auch in der Grundauffassung, dass „Seelisches sich versteht". Damit ist gemeint, dass es Forschern aufgrund ihres eigenen Seelenlebens grundsätzlich möglich ist, psychische Phänomene über eine Rekonstruktion nachzuempfinden und zu verstehen. In einem weiteren Sinne bedeutet dies zudem, dass die menschliche Psyche selbstbezüglich ist und seelische Momente aufeinander reagieren und Bezug nehmen.

2.3 S. Freud und die Psychoanalyse

Die Forschungsarbeit von Sigmund Freud stellte einen weiteren Fundus dar, um sich für ein neues, eigenständiges psychologisches Konzept inspirieren zu lassen. Denn Freud setzte sich intensiv mit der Komplexität psychischer Phänomene bei all seinen Arbeiten auseinander (vgl. Freud 1942/1952). Empirisch gewonnene Erkenntnisse nutzte Freud immer wieder zur Weiterentwicklung seiner psychoanalytischen Theorie. Die Morphologische Psychologie fand hier ein Theoriegerüst, mit dem sie eigene Entwicklungen immer wieder in Austausch bringen und „übersetzen" konnte. Salber beschäftigte sich im Anschluss an seine grundlegenden Arbeiten zur Morphologischen Psychologie explizit in einem dreibändigen Werk mit den „Entwicklungen der Psychologie Sigmund Freuds" (vgl. Salber 1987).

Die Psychoanalyse hat die Morphologische Psychologie darin bestärkt, auch da von sinnhaften Gestalten auszugehen, wo die Phänomene zunächst keinen Sinn zu ergeben scheinen – wie etwa beim Traum oder bei Phobien. Die Annahme einer Sinndetermination unterstützt auch die morphologische Markt- und Medienforschung, wenn sie Phänomenen im Konsumentenverhalten nachgeht, die vordergründig keinen Sinn ergeben: Warum kündigen etwa Versicherte eine Kraftfahrzeugversicherung mit dem Argument, sie sei zu teuer, um dann zu einem noch teureren Anbieter zu wechseln? Wieso wird eine Werbefigur wie der Marlboro-Cowboy häufig abgelehnt, obwohl die Marke seit dem Einsatz dieser Werbung großen Markterfolg hat?

Auch in der Morphologischen Psychologie wird angenommen, dass unbewusste oder vorbewusste Dimensionen das Verhalten und Erleben beeinflussen. Sie geht zudem wie die Psychoanalyse davon aus, dass es „Gründe" dafür geben muss, dass die relevanten psychologischen Hintergründe nicht bewusst werden sollen. Inhaltlich ist damit auch die Relevanz von unheimlichen, abgründigen seelischen Regungen im ganz normalen Alltag ein Moment, das die Psychoanalyse der morphologischen Markt- und Medienforschung beigesteuert hat. Derartige unbewusste Einflüsse können z. B. auch dazu führen, dass Werbemaßnahmen unbewusst das Gegenteil von dem kommunizieren, was intendiert ist (vgl. Urlings 2000).

Wichtiger aber erscheint noch das systematische Vordenken der Psychoanalyse. Menschliches Erleben und Verhalten ist nach Auffassung der Psychoanalyse nicht eindimensional gestaltet, sondern Ausdruck verschiedenster seelischer Regungen. Es ist immer durch mehrere Einflüsse determiniert und in diesem Sinne überdeterminiert. In der Morphologischen Psychologie findet dies Einfluss in der Vorstellung von „Gegensatzeinheiten", die seelische Phänomene kennzeichnen (vgl. Fitzek 1994). Danach müssen seelische Phänomene methodisch auf verschiedene heterogene psychologische Dimensionen untersucht werden, die zusammen dennoch eine Einheit entwickeln.

Für die Markt- und Medienforschung bedeutet dies, dass grundsätzlich von verschiedenen Dimensionen ausgegangen wird, die das Verhalten und Erleben im Umgang mit Produkten und Medien, Marken und Werbung prägen. Und es heißt, dass es von besonderer Bedeutung ist, darauf zu achten, nach welchen Bedingungen diese verschiedenen Dimensionen zusammenwirken.

2.4 „Morphologische Schriften" von J. W. Goethe

Schließlich sind die „Morphologischen Schriften" von J. W. Goethe (vgl. Goethe 1932), in denen er sich mit der Entwicklung von Organismen beschäftigt, grundlegend für die Namensgebung „Morphologie". Nach Salber suchte Goethe in seinen „Morphologischen Schriften", „das Wesen des Organismus und der Organisation wirklich zu begreifen" (vgl. Salber 1965, S. 25). Goethe entwickelte dafür einen Ansatz, der einerseits von konkreten Gestalten ausgeht. Diese Gestalten waren aber andererseits ständig Gegenstand von Weiterentwicklungen und Metamorphosen. Gestaltung und Verwandlung erfolgten nicht beliebig, sondern folgten einem ganzheitlichen Prinzip und Bauplan (bei Goethe „Urphänomen"). Damit stellten die „Morphologischen Schriften" von Goethe einen prinzipiellen Ansatz bereit, der sich für ein neues psychologisches Konzept verwenden ließ: Gestalten und ihre Entwicklungen konnten darin ebenso systematisiert werden wie Erkenntnisse zu ganzheitlichen Phänomenen. Die Polarität von Gestalt und Verwandlung erlaubt es auch, tiefenpsychologische Erkenntnisse in ein und demselben Konzept aufzugreifen.

Gestalt und Verwandlung sind zwei Grundprinzipien, die bis heute in der Auffassung der Morphologischen Psychologie die „Gegensatzeinheiten" seelischen Geschehens prägen. Für die morphologische Markt- und Medienforschung bietet dieser prinzipielle Ansatz eine analytische Leitlinie: Wofür steht die Gestalt z. B. eines Marlboro-Cowboys? Welche Metamorphosen muss er durchmachen, um in den Entwicklungen der Zeit weiterhin akzeptiert zu werden? Welche bewussten und unbewussten Wirkungen sind mit ihm verbunden? Wie können ihn Metamorphosen weiterentwickeln? Welche Submarken kann er nicht bewerben, weil er an Grenzen seiner Entwicklungsmöglichkeiten stößt?

3 Die Grundlage: Die Morphologische Psychologie von W. Salber

3.1 Entwicklung eigenständiger Konzeptionen

Am Anfang der Entwicklung einer Morphologischen Psychologie steht die Arbeit von Wilhelm Salber zum „psychischen Gegenstand" (vgl. Salber 1957/1986). In ihr stellt er die wissenschaftstheoretische Plattform für eine eigenständige Herangehensweise der Psychologie bereit. Salber zeigt darin auf, dass eine Anlehnung an theoretische und methodische Konzeptionen anderer Wissenschaften für die Psychologie Nachteile hat, weil sie den Eigentümlichkeiten des Gegenstands der Psychologie – menschliches

Jens Lönneker

Erleben und Verhalten – nicht optimal angemessen sind. Die gestalthafte, ganzheitliche, auf Entwicklung drängende Struktur seelischer Phänomene erforderte es, auch in Theorie und Methode auf ihre Besonderheiten einzugehen. Salber blieb nicht bei dieser wissenschaftstheoretischen Analyse stehen, sondern entwickelte im Verlauf der folgenden Jahre u. a. zwei neue Konzeptionen für eine eigenständige Gegenstandsbildung der Psychologie, die für die morphologische Markt- und Medienforschung von entscheidender Bedeutung sind:

- Handlungseinheiten
- Wirkungseinheiten

Salber strebte immer danach, Erkenntnisse der Morphologischen Psychologie-Forschung wieder in Austausch mit seinen wissenschaftstheoretischen Überlegungen zu bringen. Er machte dieses Vorgehen zu einem methodischen Prinzip. Das **Prinzip des Austauschs** soll bewirken, dass theoretische und methodische Grundlagen nicht als unveränderlich und gesetzt verstanden werden, sondern dass sie sich wie das menschliche Erleben und Verhalten auch weiterentwickeln. Theorie und Methodik müssen menschlichem Erleben und Verhalten immer wieder neu angemessen werden. Das heißt, sie müssen mit ihm in Austausch kommen, um weiterentwickelt und verbessert werden zu können.

3.2 Handlungseinheiten

Die Veröffentlichung „Morphologie des seelischen Geschehens" von Wilhelm Salber im Jahre 1965 ist das erste und grundlegende Werk der Morphologischen Psychologie. In seinem Mittelpunkt steht die Handlungseinheit (vgl. Salber 1965), d. h. der Ablauf und das Nacheinander im menschlichen Erleben und Verhalten. Wie gelingt es überhaupt, zusammenhängende Handlungen auszubilden? Wie kommt dieses Nacheinander aus psychologischer Perspektive überhaupt zustande? Was hält es zusammen? Wie können wir in unserem Erleben und Verhalten über eine gewisse Zeit eine Einheit entwickeln? Damit war eine erste systematisierende Grundfragestellung gefunden, der sich eine Morphologische Psychologie widmen konnte. Wie ist ein einheitliches und zusammenhängendes Nacheinander im menschlichen Erleben möglich oder morphologischer formuliert: Wie geht Seelisches aus Seelischem hervor?

Eine dezidierte psychologische Beschreibung und Analyse von Verlaufsgestalten ist so aufwendig, dass meist eine zeitliche Eingrenzung auf „Stundenwelten" bei Untersuchungen mit diesem Konzept vorgenommen wurde. Studien zum Erleben von Filmen (vgl. Blothner 2003) oder alltagspsychologische Themen – wie etwa das Straßenbahnfahren, der Vorgang des morgendlichen Aufstehens – wurden mit diesem Konzept angegangen.

Morphologie

Das Konzept der Handlungseinheit stellt die Plattform bereit, nach der auch heute Rezeptionsprozesse z. B. von Werbemaßnahmen oder die Wahrnehmung von Gebindegestaltungen in der morphologischen Markt- und Medienforschung untersucht werden können. Salber untersuchte die Bedingungen, nach denen sich derartige Handlungseinheiten entwickeln. Dabei zeigten sich Muster, die von Salber in eine Systematisierung gebracht wurden, die durch das Zusammenspiel von sechs verschiedenen Bedingungen geprägt ist:

- Handlungseinheit
- Einübung
- Metamorphose der Bedeutungen
- Historisierung
- Organisation
- Verfassung

Die Bedingungen und ihr Zusammenwirken sollen hier prototypisch in einen Austausch mit dem empirisch untersuchten Beispiel des Limonadetrinkens gebracht und daran erläutert werden: Mit dem Trinken von Limonaden ist häufig der Wunsch verbunden, eine spröde, trockene, graue, oft angestrengte Grundstimmung im Alltag etwas bunter, freudvoller, angenehmer, lockerer zu gestalten. Ausgangspunkt von Handlungseinheiten, in die das Limonadetrinken eingebunden ist, ist somit der Wunsch nach einer Veränderung. Das eigene Umfeld soll sich in der Wahrnehmung und in seiner Bedeutung ändern – hier in seiner Grundqualität lustiger und lustvoller werden. Man möchte an ein und derselben Welt wieder bunte, freudvolle Seiten entdecken und erleben. Solche Umgestaltungs- und Veränderungswünsche finden sich immer wieder bei Handlungseinheiten, egal ob es sich um das Limonadetrinken, Putzen, Joggen oder Einkaufen handelt. In der Morphologischen Psychologie werden diese Veränderungen als **Metamorphose der Bedeutungen** bezeichnet. Bedeutungsmetamorphosen sind eine zentrale Bedingung dafür, dass sich eine Handlungseinheit ausbilden kann.

Dabei wird das Limonadetrinken zum Bestandteil eines Einübungsprozesses, in dem versucht wird, einen Umschwung im Erleben zu erreichen. Die bislang ausgeübten Tätigkeiten werden oft weitgehend gestoppt, und es wird versucht, eine andere, angenehmere Perspektive auf die Umwelt zu entwickeln. Die gewünschte Veränderung der Stimmungslage erfordert es, dass sich der Limonadentrinker dabei auch auf diesen Prozess der **Einübung** einlässt. Die Limonade mit ihren sinnlichen Qualitäten wird zum Werkzeug des Prozesses. Der Limonadentrinker muss die Limonade nicht nur trinken, sondern sich dabei zugleich auch von ihren sinnlichen Qualitäten (süßer Geschmack, Kohlensäure, Farbe, Temperatur der Flüssigkeit) verführen lassen. Nur dann heben sich Subjekt-Objekt-Differenzierungen im Trinkmoment auf. Nur dann wird eine Art orale Geschmacksexplosion erlebt, die den Trinker für einen Moment selbst

Jens Lönneker

Limonade werden lässt und ihn darüber aus dem als grau und spröde erlebten Alltag herausreißt. Der Prozess der Einübung ist eine weitere Bedingung, die zur Ausbildung von Handlungseinheiten erforderlich ist.

Weitere Bedingungen der Handlungseinheiten sind Historisierung und Organisation. Mit **Historisierung** wird gefasst, dass jede Handlungseinheit eine eigene Dramaturgie und Geschichte entwickelt, die Entwicklungsmöglichkeiten „zulässt" oder „aussortiert". Das Limonadetrinken ist ausgerichtet auf „Kicks" im Erleben – von den süßen Geschmackssensationen des Getränks bis zum Beißen der Kohlensäure. Limonadenwerbung stellt daher auch meist „Fun", verrückte, begeisternde Begebenheiten, heraus, um das Limonadetrinken und seine Kicks zu dramatisieren. Vernünftige, rationale Bedeutungsmomente können beim Limonadetrinken dagegen weniger Raum entfalten. Durch die Historisierungstendenzen bekommen die Handlungseinheiten eine spezifische Ausrichtung und Gestalt. In der Bedingung **Organisation** wird demgegenüber gefasst, dass sich diese Dramaturgie spezifischer Muster bedient. Die Limonadentrinker entwickeln so meist typische Rituale und Formen, in denen sie trinken. Bereits der erste Schluck beim Trinkvorgang soll die Geschmackssensation erreichen und wird daher oft so lange fortgesetzt, bis es aufgrund der Kohlensäure anfängt, in den Augen und im Hals zu „beißen". Eine gute psychologische Organisation des Limonadetrinkens setzt zudem eine kühle Getränketemperatur, eine attraktive Färbung der Limonade, Accessoires wie Eiswürfel, Strohhalme ein, um den Limonadenkick zu erzielen. Auch ein besonderes Flaschendesign kann die Aura des Trinkens und damit die Kickwirkung psychologisch verbessern. In die Organisation der Handlungseinheit werden zudem Tendenzen einbezogen, die psychologisch zum Limonadetrinken im Widerspruch stehen: Limonaden gelten nicht gerade als wertvolle Bestandteile der Ernährung. Sie werden aber „vernünftiger", wenn sie einen geringen Kaloriengehalt, eine wertvolle Mineralwasserbasis oder den Zusatz von Vitaminen ausweisen. Indem diese „vernünftigen" Aspekte beim Limonadetrinken einbezogen werden, legitimieren sie letztlich den Limonadenspaß. Die Organisation der Handlungseinheiten ist in diesem Sinne immer überdeterminiert: Verschiedenste, z. T. gegenläufige seelische Regungen werden in einer Gestaltung zusammengebracht.

Mit der Bedingung **Verfassung** wird aufgezeigt, dass Handlungseinheiten immer eine spezifische psychologische Rahmung etablieren. Beim Limonadetrinken wird eine bunte Sensations- und Kickverfassung angestrebt, beim Putzen ein Feldzugszenario, beim Radiohören häufig eine Vertonung des Monotonen. Die Verfassung übt dabei einen Formzwang auf das Geschehen aus. Durch ihn wird definiert, was hilft und was eine Störung der Handlungseinheit ist bzw. welche seelischen Regungen keinen Raum erhalten. So passen zurückhaltende, leise Töne nicht zum Limonadetrinken und werden hier als Zeichen von schwacher Wirkung eingestuft. Auch der Putzfeldzug verlangt starke Auftritte und Unterstützung, wie sie ein General oder ein Meister Proper zu versprechen scheinen. Die Vertonung monotoner Tätigkeiten im Alltag, wie sie das Radiohören leisten kann, wird dagegen durch allzu laute oder Konzentration erfordernde Beiträge gestört. Hier ist eher ein munteres Plätschern gefragt.

Und schließlich wird die Ausbildung einer **Handlungseinheit** selbst als eine Bedingung für ein zusammenhängendes Nacheinander von seelischem Erleben und Verhalten gesehen. Die anderen Bedingungen stehen im Dienst der Handlungseinheit, unterstützen ihre Bildung und Erhaltung. Erst in der Form einer Handlungseinheit entsteht aber der psychologische Zusammenhang. Beim Limonadetrinken geht es beispielsweise um eine gewünschte Aufhellung und Auflockerung des Erlebens, die durch die Limonadenkicks unterstützt werden soll. Die Auflockerung des Erlebens wird zu einer Maxime, durch die sich hier die Handlungseinheit ausbildet. Paradoxerweise sind das Ende und die Ablösung der Handlungseinheit damit im Kern bereits angelegt: Die Auflockerung lässt sich nicht unendlich betreiben. Im Gegenteil – die psychologische Wirkung der Limonadenkicks wird im Verlauf des Konsums zunehmend schwächer und kippt letztlich um in eine Art seelische „Verklebung". Denn die Auflockerung braucht den Kontrast zum Sperrigen und Spröden. Sie ist nicht dauerhaft „selbsttragend". Als angenehm wird der Limonadenkonsum daher nur dann erfahren, wenn er nicht „in sich selbst" stecken und kleben bleibt, sondern in die Verfassung einer anderen Handlungseinheit überführt. Erst darin erfüllt sich sein psychologischer „Sinn".

Diese sechs Bedingungen von Abläufen des menschlichen Erlebens und Verhaltens werden als seelische Regungen aufgefasst, die sich zugleich ergänzen und im Gegensatz zueinander stehen können. Es sind Gegensatzeinheiten. In der Morphologischen Psychologie werden die sechs Bedingungen als eine mögliche Systematisierung verstanden, die eine sinnvolle Beschreibung und Analyse von Abläufen des menschlichen Erlebens und Verhaltens ermöglicht. Denkbar sind nach ihrer Auffassung auch Systematisierungen, die mit weniger oder auch mehr Dimensionen operieren. Die sechs Dimensionen erweisen sich jedoch im Austausch mit der Phänomenwelt unterschiedlicher Untersuchungsgegenstände als ein Ansatz, der in der Lage ist, den analytischen Prozess weiterzuführen.

Dabei sind die sechs Dimensionen nicht als Entitäten wie etwa Triebe konstruiert. Sie unterliegen der Forderung nach einem Austausch mit den untersuchten Phänomenen. Dieser Forderung wird nach Auffassung der Morphologischen Psychologie bei empirischen Arbeiten erst dann entsprochen, wenn die spezifische Ausprägung einer Dimension in den Phänomenen der Untersuchung beschrieben werden kann: Einübungsprozesse verlaufen beim Biertrinken anders als bei der Zeitungslektüre. Die morphologische Forschung verlangt daher eine eigenständige, spezifische Bezeichnung der Dimensionen für den jeweiligen Untersuchungsgegenstand. Die Ablaufbedingungen des seelischen Geschehens müssen somit für jeden Kontext immer wieder geprüft, neu gefunden und in ihrer spezifischen Ausprägung benannt werden. Die herausgestellten Dimensionen behalten auf diese Weise einen beschreibenden Charakter und werden nicht zu externen „Homunkuli", die auf psychische Prozesse „von außen" einwirken. Die Dimensionen bleiben den psychischen Prozessen immanent und entwickeln durch diese Immanenz größtmögliche Nähe und Exaktheit für Beschreibung und Analyse der Phänomene. Der morphologische Ansatz unterscheidet sich dadurch wesentlich von Trieb- oder Motivmodellen, die letztlich von Ursache-

Jens Lönneker

Instanzen für psychische Prozesse ausgehen, die „jenseits" der beobachteten Prozesse selbst liegen.

3.3 Wirkungseinheiten

Die zweite Gegenstandsbildung der Morphologischen Psychologie baut grundsätzlich auf den konzeptionellen Überlegungen auf, die zur Entwicklung der Handlungseinheiten geführt haben. Sie unterscheidet sich aber in einem entscheidenden Punkt von den Handlungseinheiten: Die Phänomenwelt wird nicht mehr auf ihre Ablaufregeln hin untersucht, sondern auf ihre **grundsätzliche Architektur.** Das heißt, dass die Gestalten des seelischen Geschehens nicht mehr über die Sukzession ihres Entstehens und Entwickelns erschlossen werden, sondern indem ihr **Wirkungsgefüge** untersucht wird. Wie ist die Morphologie von psychologischen Wirkungseinheiten (vgl. Salber 1969a)? Das ist die Frage, die bei dieser Gegenstandsbildung im Mittelpunkt des Forschungsinteresses steht.

Ziel der Wirkungseinheiten war es, der Psychologie neue Gebiete und Perspektiven zu erschließen, die für sie bisher nur schwer zugänglich waren. Salber nennt explizit Kontexte wie Erziehung und Werbung als Felder, für die eine Gegenstandsbildung wie die Wirkungseinheiten von Nutzen sein kann: „Wir tun so, als ob ein Werbefeldzug, ein Unterrichtsplan oder ein bestimmter Lebensstil seelisch Kopf und Leib, Arm und Bein, Hand und Fuß gewinnen könne und dabei seelische Probleme löse. Wir gehen von der Hypothese aus, Wirkungsprozesse ließen sich in Gestalten und Entwicklungen einbeziehen, die wie Lebewesen funktionieren" (Salber 1969a, S. 30). Mit dem Konzept der Wirkungseinheiten hat die Morphologische Psychologie sich auch der Beschränkung auf Stundenwelten in ihrer alltagspsychologischen Forschung entledigt. Sie wurde freier für die Analyse der Phänomenwelten in zeitlich größeren Zusammenhängen. Dies eröffnete ihr neue Perspektiven auf bereits erforschten Gebieten – aber auch ganz neue Forschungsfelder. Der Umgang mit PCs wurde beispielsweise als Handlungseinheit in seinen Abläufen und den sich dabei entwickelnden Verstehensproblemen untersucht, aber auch als Wirkungseinheit hinsichtlich der Verheißungen und Enttäuschungen, die der Computerumgang mit sich bringt.

Die Entwicklung des Konzepts der Wirkungseinheiten war die entscheidende Voraussetzung für eine Anwendung der Morphologischen Psychologie im Bereich der Markt- und Medienforschung. Das Konzept wird heute in der morphologischen Markt- und Medienforschung bei der Kultur- und Grundlagenforschung, aber auch bei Studien zur Verwendungs- und Nutzungsmotivation oder zu Imageanalysen eingesetzt.

Auch für die Wirkungseinheiten stellt Salber wiederum sechs Bedingungen heraus, die ihre Entwicklung und Gestaltung generell kennzeichnen. Diese Bedingungen haben Entsprechungen zu den sechs Bedingungen der Handlungseinheiten, sind aber in ihrem Profil und ihren Bezeichnungen nicht mehr auf seelische Abläufe, sondern auf die Architektur seelischer Einheiten ausgelegt.

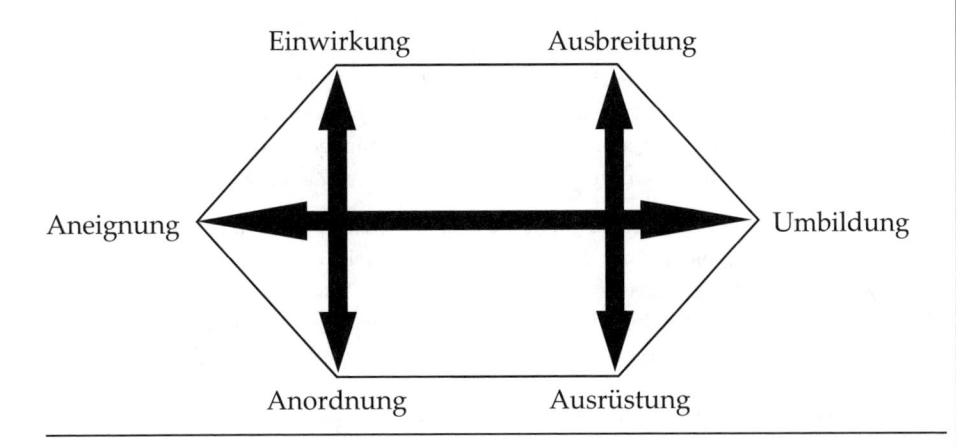

Abbildung 3-1: Dimensionen der Wirkungseinheiten[2]

```
              Einwirkung     Ausbreitung
                   ↑              ↑
                   │              │
Aneignung ←────────┼──────────────┼────────→ Umbildung
                   │              │
                   ↓              ↓
              Anordnung      Ausrüstung
```

4 Morphologische Markt- und Medienforschung

4.1 Die Pionierarbeiten

Bereits die universitäre Forschung der Morphologischen Psychologie widmete sich im Rahmen ihre alltagspsychologischen Aktivitäten immer wieder auch Themenstellungen, die der Markt- und Medienforschung zugerechnet werden. Mehrfach wird von Salber zudem auf Ernest Dichter und seine Überlegungen zur Motivforschung eingegangen (vgl. Salber 1969a). Zudem wurden Diplomarbeiten im Bereich Markt- und Medienforschung vergeben und z. T. als Buch veröffentlicht wie etwa Axel Dahms Arbeit zu McDonalds (vgl. Dahm 1995). Das Terrain für einen intensiveren Einsatz der Morphologischen Psychologie im Bereich der Markt- und Medienforschung wurde somit in Ansätzen bereits durch die akademische Forschung vorbereitet.

---

[2] Die Arbeit mit dem Konzept der Wirkungseinheiten wird später am Fallbeispiel „Launch von Gerolsteiner Naturell" ausführlicher dargestellt.

Jens Lönneker

Christoph Melchers, ein früherer Mitarbeiter Salbers, war der Erste, der eine dauerhafte, professionelle Anwendung der Morphologischen Psychologie im Bereich der Markt- und Medienforschung anstrebte. Als Leiter eines von der Universität unabhängigen Marktforschungsinstituts – heute ifm Wirkungen + Strategien – arbeitete er an Transformationen der morphologischen Konzepte im Bereich der Markt- und Medienforschung. Melchers nutzte hierfür in erster Linie das Konzept der Wirkungseinheiten. Er orientierte sich im Weiteren dabei an Kategorien, die im Marketing relevant sind. Da im Marketing grundsätzlich zwischen Produkt, Image und Kommunikation differenziert wird, bezeichnete Melchers seinen Untersuchungsgegenstand als Produkt-Wirkungseinheit (PWE), wenn er die Motivation für den Umgang mit Produkten erforschte. Eine Bild-Wirkungseinheit (BWE) wurde dagegen untersucht, wenn das Markenimage im Zentrum der Studie stand (vgl. Melchers/Ziems 2001).

Für die Kommunikationsforschung entwickelte Melchers ein Konzept, das auch als „Scherenanalyse" bezeichnet wird. Im Vordergrund steht dabei eher der Ablauf des Rezeptionsprozesses – etwa bei Werbemaßnahmen. Der Ansatz steht in dieser Hinsicht den Handlungseinheiten nahe. Melchers konnte für die Entwicklung dieses Konzepts auf seine große Erfahrung aus Forschungen zur Filmpsychologie zurückgreifen. Nach diesen Analysen ist der Rezeptionsprozess von Filmen, die erfolgreich beeinflussen, wie ein dialektisches Dialogmuster aufgebaut. Der Film bzw. die Werbung stellt aus der Perspektive der Rezipienten „Behauptungen" auf, die seelisch attraktiv sind, die zugleich aber auch auf ihre Kehrseiten ausgelotet werden. Gegenargumente etablieren sich im Erleben, die durch die filmische Szenerie wieder gekontert werden müssen, um am Ende einen vermittelnden Ausgleich zwischen lockenden und abschreckenden Regungen erzielen zu können. Eine Werbemaßnahme ist danach psychologisch erst dann erfolgreich, wenn das umworbene Sujet für einen gelungenen und vermittelnden Ausgleich steht (vgl. Melchers/Ziems 2001).

4.2 Erweiterung durch die kulturpsychologische Perspektive

Zunächst zusammen mit Melchers unter dem Dach derselben IFM-Forschungsgruppe, später aber von ihr getrennt, entwickelte sich eine zweite „Schule" der morphologischen Markt- und Medienforschung: Unter dem Dach des rheingold-Instituts fand sich ein Team von Morphologen, das zum einen ein großes Interesse an der kulturpsychologischen Bedeutung von Markenprodukten und Werbemaßnahmen entwickelte und das zum anderen die Adaption des morphologischen Konzepts für die Markt- und Medienforschung weiter auszubauen suchte. Bereits in den ersten Arbeiten wurde von diesem Team dargelegt, dass Marken in der heutigen Kultur für mehr als „funktionale" und „emotionale Benefits" rund um ein Produktsegment stehen. Sie offerieren vielmehr ein programmatisches Angebot, welches den Alltag psychologisch besser gestalten hilft (vgl. Grünewald 1991, 2004). Mit Marken werden Lücken gestopft und neu gestaltet, die durch den Bedeutungsverlust von programmatischen Instanzen wie Staat, Kirche, Schule entstehen. Damit wurde der Ansatz der Wirkungseinheiten in seiner Anwendung erweitert: Die Wirkungseinheit der Produktverwendung wurde versucht, immer auch in einen Kontext zum Zeitgeist, i. S. der kulturpsychologischen Entwicklungen, zu setzen. Die Marketingkategorien Produkt, Marke und Kommunikation wurden durch die kulturpsychologische Perspektive erweitert und ergänzt (vgl. Lönneker 1993, 1997). Eine besondere Rolle spielt diese kulturpsychologische Perspektive zudem in der morphologischen Medienforschung und der Evaluation von Medienformaten (vgl. Imdahl/Lönneker 2005). Als eine Kulmination dieser Forschungsrichtung lässt sich die Arbeit von Stephan Grünewald mit dem Titel „Deutschland auf der Couch" betrachten (vgl. Grünewald 2006). Grünewalds Arbeit ist zugleich eine Zusammenfassung einer fast 20-jährigen Forschungstätigkeit des rheingold-Instituts und eine Psychoanalyse von Zustand und Entwicklung der Kultur in Deutschland. In der Ausarbeitung von Grünewald wird diese Schule der morphologischen Markt- und Medienforschung deutlich. Er zeigt auf, wie Entwicklungen in den Märkten und Medien von übergreifenden kulturpsychologischen Entwicklungen beeinflusst werden, aber auch, wie diese wiederum Einfluss auf die kulturellen Rahmenbedingungen nehmen.

Verfassungsmarketing

Die rheingold-Forschung arbeitete zudem daran, die theoretische Konzeption der Morphologischen Psychologie im Austausch mit den Erkenntnissen aus der Markt- und Medienforschung weiterzuentwickeln: Sie entwickelte dafür das Konzept des Verfassungsmarketings (vgl. Lönneker 2004). Selbst dann, wenn die untersuchten Produkte die grundsätzlichen Motivbedingungen einer Wirkungseinheit erfüllen, sind es oft Verfassungen, die darüber entscheiden, wann welches Produktangebot letztlich vom Konsumenten angenommen wird. So wird herausgestellt, dass die Tafelschokoladen sowohl von Ritter als auch von Milka grundsätzlich die relevanten Konsummotive der Wirkungseinheit Schokoladen ansprechen. Die Marktdaten weisen denn auch eine hohe Parallelverwendung aus. Aus klassischer Marketingperspektive bedeutet dies, dass die beiden Markenprodukte nicht trennscharf positioniert sind. Dennoch differenzieren sie sich psychologisch erheblich, weil sie gänzlich unterschiedliche Konsumverfassungen ansprechen. Während Ritter-Schokoladen eher aktivierende Verfassungen ausgestalten helfen, unterstützen Milka-Schokoladen eher narzisstisch-genießerische Momente.

Die Marken sind also psychologisch durch die Konsumverfassungen deutlich trennschärfer positioniert als es eine alleinige Betrachtung des Produktbereichs zunächst nahelegt. Als eigentliche Wettbewerber zeigt das Verfassungsmarketing dagegen bereichsfremde Produktangebote auf, die die jeweiligen Konsumverfassungen ebenfalls gut unterstützen können: Schokoriegel, Mini-Salamis, belegte Brötchen konkurrieren mit Ritter-Schokoladen bei aktivierenden Verfassungen und Pralinés, kleine Kuchen, Schokopuddings mit Milka-Schokoladen bei narzisstisch-genießerischen Verfassungen. Das Konzept des Verfassungsmarketings richtet somit die morphologische Gegenstandsbildung in der Markt- und Medienforschung noch präziser an den tatsächlichen, psychologisch geprägten Konsumentensegmentierungen aus.

Die zunehmende Bedeutung von Verfassungen wird zudem als Ausdruck kulturpsychologischer Veränderungen verstanden. Die Konsumenten legen sich heute nicht mehr unbedingt auf eine Marke fest. Sie nutzen die multi-optionale Angebotslandschaft. Im Konzept des Verfassungsmarketings wird somit der Grundgedanke der Wirkungseinheiten mit einem Bild vom Menschen in der heutigen multi-optionalen Konsumwelt verknüpft. Dessen Konsumverhalten löst sich auf vielen Feldern von (ziel-)gruppenorientierten Verhaltensmustern (vgl. Dahlem/Lönneker 2005). Befreit von vielen Normen und Zwängen vergangener Jahrzehnte können und wollen Menschen heute viele verschiedene seelische Verfassungen ausleben und dabei von Produkten, Medien (Schütz 2002), Marken und Werbemaßnahmen möglichst „verfassungsgemäß" unterstützt werden. Bereits die Verpackungen sollen diese Verfassungen deutlich machen und unterstützen (vgl. Karopka et al. 2004).

Evaluation von Werbemaßnahmen: Cover und Impact Story

Auch die Evaluation von Werbemaßnahmen erfordete eine Adaption und Weiterentwicklung der Morphologischen Psychologie. Die Analyse des Rezeptionsablaufs nach dem Konzept der Handlungseinheiten wird z. B. Werbeformaten nicht gerecht, die ihre Wirkung über ganzheitliche Stimmungen und nicht im Nacheinander erzielen. Die Analyse erfolgreicher Werbeformate zeigte, dass sie mit einer offensichtlichen Darstellung operieren, meist aber auch über einen Subtext verfügen, der nicht bewusst zugänglich ist (vgl. Imdahl 2006). So wird die Marlboro-Werbung i. d. R. mit Freiheit und Abenteuer sowie dem Marlboro-Cowboy assoziiert. Die genauere Analyse macht aber deutlich, dass die Marlboro-Geschichten eigentlich von Law and Order erzählen. Ausbrechende, freiheitliche Momente sind am Ende zugeritten, eingefangen und eingezäunt. Während die offizielle Botschaft also Freiheit und Abenteuer vermittelt, kommuniziert der Subtext die Sicherheit von Ruhe und Ordnung. Imdahl hat die Erkenntnisse in ein morphologisches Analysekonzept für Werbemaßnahmen umgesetzt. In diesem Konzept wird die offensichtliche Cover Story herausgearbeitet und geprüft, ob und welche Impact Story im Subtext vermittelt wird. Die Befunde werden dann wieder in Beziehung zu Verfassungen, Marken und deren kulturpsychologischer Bedeutung gesetzt.

5 Methodisches Vorgehen

5.1 Methode und Verfahren

In der Morphologischen Psychologie wird grundsätzlich zwischen Methode und Verfahren differenziert. Verfahren sind Erhebungsinstrumente wie etwa Beobachtung, Beschreibung, Interview und Experiment, die grundsätzlich in den Dienst von verschiedenen methodischen Ansätzen gestellt werden können. Methoden sind wiederum in Umsatz gebrachte theoretische Konzepte.

Diese Differenzierungen sind nach Ansicht der Morphologischen Psychologie von Bedeutung, weil Wahl und Einsatzweise der Verfahren bereits vom theoretischen Konzept geprägt sind. Die Verfahren erheben demnach nicht „neutral" Phänomene, die dann vor dem Hintergrund der theoretischen Ansätze analysiert und interpretiert werden. Vielmehr werden sie bereits methodisch von Gegenstandsbildungen durchdrungen: Ein Neurologe beschreibt dieselbe Symptomatik eines Patienten anders als ein Psychologe. Beide benutzen aber das Verfahren der Beschreibung.

Nicht jedes Verfahren ist zudem in der Lage, den methodischen Anforderungen jeder Gegenstandsbildung zu genügen. Die Standardisierung von Antworten in einem Fragebogen hat z. B. häufig den Effekt, dass sie die Komplexität und Vielschichtigkeit von Erleben und Verhalten ausgrenzt. Diese Komplexität und Vielschichtigkeit ist jedoch für den Ansatz der Morphologischen Psychologie von großer Bedeutung.

5.2 Morphologische Methode

Generell wird die Methode der Morphologischen Psychologie als „Einblicknahme – Rekonstruktion – Verstehen" umschrieben (vgl. Grüne/Lönneker 1993). Die eingesetzten Verfahren müssen dabei in der Lage sein, die Phänomenwelten auf Grundannahmen der Morphologischen Psychologie zu prüfen. Hierfür werden vier Grundmerkmale herausgestellt, die ein methodisches Vorgehen erfassen können muss:

- Das Seelische ist eine Struktur in Bewegung und keine starre Motivansammlung.
- In dieser Struktur ist stets vieles zugleich wirksam; es gibt im Seelischen keine rein monokausalen Zusammenhänge.
- In sich widersprüchliche Phänomene sind keine Einzelbefunde oder „Rechenfehler", sie sind determinierendes Moment von Erleben und Verhalten überhaupt.
- Die Phänomene des menschlichen Erlebens und Verhaltens sind „kunstvolle" Produktionen, deren Sinn sich erst durch weitere analytische Bearbeitung erhellt.

5.3 Präferierte Verfahren

Die vier genannten Grundmerkmale für die Phänomenerhebung können in erster Linie von qualitativen Erhebungsinstrumenten erfüllt werden. Dementsprechend werden bei morphologischen Untersuchungen bevorzugt qualitative Erhebungsverfahren eingesetzt. Vor diesem Hintergrund ist die Morphologische Psychologie in erster Linie als ein qualitativer Forschungsansatz bekannt geworden. Grundsätzlich besteht aber keine Festlegung der morphologischen Forschung auf qualitative Verfahren. Experimentelle Settings wie etwa Blickverlaufsaufzeichnungen oder tachistoskopische Untersuchungen sowie quantitative Folgeuntersuchungen zur Bestimmung der Häufigkeit von Verhaltensformen wurden auch mit dem morphologischen Forschungsansatz durchgeführt. Die am häufigsten eingesetzten Verfahren sind:

- das morphologische Tiefeninterview
- die morphologische Gruppendiskussion
- die morphologische Beschreibung
- die morphologische Beobachtung

In der Morphologischen Psychologie wird bei den eingesetzten Verfahren wieder das Prinzip des Austauschs – also bereits während der Erhebung – eingesetzt. Das heißt, dass die Analyse bereits während der Erhebung startet und zu Vertiefungen während der Phänomenerfassung führt. In diesem Sinne werden die Verfahren methodisch vom morphologischen Konzept durchdrungen und sind „lernende" Instrumente. Als Vorbereitung auf die Erhebung wird daher in aller Regel

- zum einen eine Erlebnisbeschreibung vorgenommen, um sich mit den eigenen „Vorurteilen" und dem Untersuchungsgegenstand vertraut zu machen,
- zum anderen ein thematischer Untersuchungsleitfaden erstellt, der die im Vorfeld der Untersuchung relevanten Fragen aufführt, dem Forscher aber Spielraum für Lerneffekte lässt.

Dieses Vorgehen stellt hohe Anforderungen an die Qualifikation der Forscher. Grüne/Lönneker haben dies in Umrissen für das morphologische Tiefeninterview dargestellt (vgl. Grüne/Lönneker 1993). Für das Instrument der Beschreibung wurde die erste grundlegende Arbeit von Wilhelm Salber (vgl. Salber 1969b) erbracht. Ingo Dammer und Frank Szymkowiak haben sich dagegen in ihrem Werk ausführlich mit dem Profil von Gruppendiskussionen beschäftigt, die mit dem morphologischen Ansatz durchgeführt werden (vgl. Dammer/Szymkowiak 1998).

5.4 Analysetechniken

Die Phänomene werden während und nach der Erhebung methodisch vor dem Hintergrund des morphologischen Konzepts analysiert. Die Grundforderung ist, dass jedes psychologische Tiefeninterview nach der Durchführung vom morphologischen Explorateur in einem sechs- bis achtstündigen Prozess analysiert wird. Einblicknahme, Rekonstruktion und Verstehen werden u. a. mithilfe folgender „Techniken" erzielt (vgl. Salber/Salber 2007):

- Infragestellen von Selbstverständlichem
- Aufbrechen von psychologischen Zurechtmachungen und Geschichten wie „Schmeckt mir besser", „Ist zu teuer"
- Sukzessivierung von Simultanem
- Sinnhypothesen – es wird geprüft, ob ein Sinn in scheinbar Unsinnigem und Zusammenhanglosem verborgen ist
- Herausarbeiten von Abgrenzungen und Ähnlichkeiten
- Aufspüren von Maßen und Regeln
- Analyse des Zusammenwirkens der relevanten psychologischen Dimensionen
- Suche nach der grundlegenden psychologischen Konstruktion

5.5 Sample

Das Befragungssample soll bei morphologischen Studien in Qualität und Größe die Wirkungsstruktur des Untersuchungsgegenstands erfassen können. Es wird eine strukturelle und keine quantitative Repräsentativität angestrebt. Das zentrale Kriterium für die strukturelle Repräsentativität ist die Frage, ob die Beobachtung und Exploration weiterer oder anderer Probanden einen relevanten Erkenntnismehrwert erzielt. Für jede Probandengruppe („Zelle") der Untersuchung, für die ein eigenständiger Befund vorliegen soll, ist erfahrungsgemäß die Exploration von mindestens acht bis zehn Befragten zu empfehlen.

Anschlussstudien können je nach Wunsch Häufigkeitsverteilungen von Verhaltensformen mithilfe größerer Stichproben und quantitativer Verfahren ermitteln. Es wird i. d. R. versucht, die Qualität der Stichprobe über quantitative Daten zur Stichprobe zu erzielen. Meist liegen dem Auftraggeber Marktdaten vor oder sie können über große Verlagsstudien generiert werden – etwa zu Produktverwendung, Alters- und Geschlechtsverteilung etc. Diese werden dann für den Aufbau des qualitativen Samples verwendet.

Jens Lönneker

5.6 Anwendungsbereiche

Bei der morphologischen Markt- und Medienforschung handelt es sich um einen universellen Ansatz, mit dem sich grundsätzlich jede Form menschlichen Erlebens und Verhaltens untersuchen lässt. Die Anwendungsbereiche sind daher auch vielfältig:

- Grundlagenforschung zur Nutzung und Verwendung von (Marken-)Produkten, Dienstleistungen, Medien
- (Konzept-)Entwicklung für Marketing- und Kommunikationsstrategien
- Markenkernanalysen, Imageanalysen
- Evaluation von Werbemaßnahmen
- Analyse kulturpsychologischer Einflüsse auf Produktbereiche/Marken
- internationale Kulturforschung/Cross-Culture-Forschung
- Trendforschung

Bei den oben genannten Anwendungsbereichen handelt es sich um übergreifende Forschungsschwerpunkte der morphologischen Markt- und Medienforschung. Weitere Themenfelder, zu denen z. T. umfangreich morphologisch geforscht wird, sind:

- Psychologie von Bevölkerungsgruppen (z. B. Frauen, Männer, Jugend, Senioren)
- Themenforschung (z. B. Mobilität, Aids-Prophylaxe)
- Filmforschung
- Analyse von Medienformaten (TV, Hörfunk, Publikumszeitschriften, Tageszeitungen, Internet)
- Sponsoringforschung
- Namensfindung, Logoentwicklung
- Wirkungsanalysen von (prominenten) Testimonials

Internationale Forschung: Gestalt und Verwandlung sind psychologische Grundprinzipien, die in doppelter Weise – deskriptiv und analytisch – auch einen Zugang und ein Verständnis zu anderen Kulturräumen ermöglichen. **Deskriptiv** lassen sich Gestalten und ihre Veränderungen als Phänomene in allen bislang untersuchten kulturellen Kontexten beobachten. Gestalt und Verwandlung scheinen universelle psychologische Grundprinzipien darzustellen, die durch die Unterschiede der Kulturen nicht beschränkt werden. Die kulturellen Unterscheide zeigen sich in der Ausprägung der Phänomene – z. B. in der Art und Weise, wie sich der Umgang mit Computern oder aber auch Schokolade in Ländern wie etwa China, Deutschland oder Frankreich wandelt und neu gestaltet. Die Kulturen können generell und/oder in ihrem jeweiligen

Morphologie

Entwicklungsstadium tendenziell verwandlungs- oder gestaltorientierter sein. Als Beispiel für Veränderungen in einer Kultur sei die Aufbruchstimmung in Deutschland 1989 nach dem Mauerfall angeführt und das Empfinden von Niedergeschlagenheit und Erstarrung in der Krise 15 Jahre später. **Analytisch** lassen sich Gestalt und Verwandlung zudem als universelle psychologische Analyseprinzipien nutzen, durch deren Perspektive sich andere Kulturräume erschließen lassen. Indem erfasst wird, wie sich Gestalten in den jeweiligen Kulturen grundsätzlich organisieren und verändern, eröffnet sich ein Verständnis für die Architektur unterschiedlicher Kulturräume bzw. von Teilbereichen wie den Umgang mit spezifischen Produkten, Dienstleistungen und Medien. Ein zunehmend größerer Anteil der morphologischen Markt- und Medienforschung wird vor diesem Hintergrund international durchgeführt. Die Forschungserfahrung umfasst dabei inzwischen die meisten von psychologischen Einflussgrößen geprägten Märkte in allen Erdteilen. Der Hauptforschungsschwerpunkt liegt in Europa und der westlich geprägten Welt.

6 Fallbeispiel Gerolsteiner Naturell: Von der qualitativen Analyse bis zur Entwicklung von Produkt und Kommunikation

Produkt-Launch

Dieses Fallbeispiel illustriert v. a. die Breite und die Ganzheitlichkeit des morphologischen Forschungsansatzes: Es ist grundsätzlich mit diesem Konzept möglich, den Prozess einer (Neu-)Produktentwicklung von der übergreifenden kulturpsychologischen Einordnung bis hin zur Produktwerbung forscherisch zu begleiten. Die Forschung kann sowohl den kompletten Prozess umfassen als auch auf Phasen beschränkt sein. Das Beispiel wurde ausgewählt, weil es typische Fragestellungen im qualitativen Marktforschungsalltag behandelt. Auch und gerade am vordergründig wenig spektakulären Produktbereich und den „normalen" Fragestellungen lässt sich das Leistungsspektrum der morphologischen Marktforschung illustrieren. Das Beispiel zeigt das Zusammenspiel verschiedener Wirkungseinheiten auf – vom kulturpsychologischen Hintergrund über den Mineralwasser-Konsum generell, das Image von Gerolsteiner bis zum Geschehen am Point of Sale –, welches am Ende für Erfolg und Misserfolg eines Launches entscheidend ist.

Jens Lönneker

Kulturpsychologischer Hintergrund/Relevanz

Das Unternehmen Gerolsteiner Brunnen GmbH & Co. ist traditionell ein Anbieter von kohlensäurehaltigem Mineralwasser. Zum Leidwesen des Unternehmens entwickelte sich aber gerade der Markt der kohlensäurefreien Mineralwässer zum am schnellsten wachsenden Segment im Produktbereich Mineralwasser. Die kohlensäurehaltigen Segmente entwickelten dagegen weniger Dynamik und waren z. T. sogar rückläufig. Im Markt der CO_2-freien Mineralwässer[3] hatte das Unternehmen Gerolsteiner Brunnen jedoch wenig Erfahrung. Zudem wurde er durch französische Mineralwässer geprägt, die in Tradition und Marktauftritt völlig anders agierten als deutsche Mineralwässer. Die zentrale Frage war daher: Ist es sinnvoll, mit einem eigenen Gerolsteiner-Produkt im CO_2-freien Segment aktiv zu werden, oder ist der Boom nur kurz und für einen Markteintritt nicht nachhaltig genug? Die morphologische Analyse ergab, dass der Erfolg des CO_2-freien Segments als nachhaltig einzustufen ist. Generell gewannen CO_2-freie Angebote sowohl psychologisch als auch im Marktvolumen an Relevanz, während CO_2-haltige Angebote im Markt der alkoholfreien Erfrischungsgetränke tendenziell an Marktbedeutung verloren. Was war der Hintergrund für diese Entwicklung? Psychologisch steht der CO_2-Gehalt eines Getränks u. a. für seine belebende Wirkung gegenüber „grauen" Alltagssituationen. Mit der Kohlensäure wird der Alltag etwas prickelnder, dynamischer, spritziger. Der Charakter des Alltags hatte sich aber in den Jahren zuvor im Empfinden von vielen Konsumenten gewandelt. Er wurde immer mehr als stressig denn als langweilig und grau erlebt. Der Alltag in der modernen, von vielen Optionen geprägten Welt bot somit für viele Verbraucher eher zu viel Belebung. Die belebende Wirkung der Kohlensäure war daher für sie störend. CO_2-freie Angebote waren dagegen attraktiv, weil sie „Stille" und „Ruhe" gegenüber dem Alltagsstress versprachen. Der moderne, „multi-optionale" Alltag war somit der Hintergrund für den Erfolg des CO_2-freien Segments. Daher war der Boom des Segments als nachhaltig einzustufen, denn es waren keine gesellschaftlichen Einflüsse zu erkennen, die auf eine Änderung der Alltaggestaltung drängten.

Verwendungsmotivation

Die morphologische Analyse der Trinkverfassungen bei Mineralwasser ergab einen zentralen Unterschied zwischen Verwendern, die grundsätzlich CO_2-freie Wässer präferieren, gegenüber denen, die CO_2-haltige bevorzugen: Konsumenten von CO_2-haltigen Mineralwässern trinken, wenn sie ein Durstgefühl empfinden. Dagegen glauben Konsumenten von CO_2-freien Mineralwässern, wenn sie Durst haben, dann ist es eigentlich schon zu spät. Letztere wollen idealtypisch permanent und in so großer Menge Mineralwasser zu sich nehmen, dass sich Durst gar nicht erst entwickeln kann.

---

[3] Konsumenten wie Marketingverantwortliche verwenden häufig CO_2, wenn sie von Kohlensäure sprechen. Diese Verwendung entspricht dem gängigen Sprachgebrauch – auch, wenn die korrekte Bezeichnung für Kohlensäure eigentlich H_2CO_3 ist. Der Textbeitrag folgt jedoch aus Gründen einer besseren Verständlichkeit dem gängigen Sprachgebrauch.

Verwender von CO$_2$-freien Mineralwässern haben somit zum Ziel, möglichst regelmäßig und ausreichend zu trinken. Sie deponieren ihr Mineralwasser daher überall – zu Hause, im Auto, im Büro, in der Handtasche etc. Es soll ein Zustand der „Dauerbefeuchtung" erzielt werden. Psychologisch ist das Mineralwasser zugleich „Schmiermittel und Kühlungsmittel" für den als stressig erlebten Alltag. Es soll dabei helfen, dass die Dinge im Alltag besser „flutschen" und zudem vor Überhitzung und Überlastung bei der Alltagsbewältigung schützen. Diese psychologische Bedeutung ist den Verwendern i. d. R. nicht in von allem Umfang bewusst. Mit „Dauerbefeuchtung" war eine Überschrift für die grundsätzliche Zielsetzung der Trinkverfassung von CO$_2$-freien Mineralwässern gefunden. Zugleich wurde deutlich, was die Verwender nicht wollten und sogar befürchteten: Durstgefühle und das damit verbundene klassische „rhythmische" Trinken von Mineralwässern. Die Analyse zeigte zudem, dass Mineralwasser für die CO$_2$-freien Verwender eine außerordentlich große psychologische Bedeutung hat. Es ist für sie eines ihrer wichtigsten Werkzeuge zur Alltagsbewältigung. Pointiert formuliert avanciert profanes Wasser in ihrem Empfinden zu einem „Lebenselixier". Ausstattung und Auftreten des CO$_2$-freien Gerolsteiner-Produkts mussten diesem anspruchsvollen psychologischen Profil entsprechen, wenn es Akzeptanz finden sollte.

Image/Markenkern

Der Marke Gerolsteiner wurde zwar grundsätzlich eine große Kompetenz für Mineralwasserprodukte attestiert. Die tiefer gehende Analyse zeigte aber auf, dass die Marke in erster Linie mit kohlensäurehaltigen, belebenden Mineralwässern assoziiert wurde. Jenseits des vordergründigen Wohlwollens war die Haltung der potenziellen Verwender vor der Einführung daher von Skepsis geprägt. Das Image der Marke Gerolsteiner war für die Einführung eines CO$_2$-freien Produkts daher nur bedingt hilfreich. Neben der untergründigen Skepsis wurde aber meist auch eine Neugierde auf ein solches Gerolsteiner-Produkt spürbar. Die Analyse ermittelte hierfür einen anderen Hintergrund: Gerolsteiner wurde oft als das erste renommierte deutsche Unternehmen gesehen, das mit den französischen Mineralwässern in Wettbewerb tritt. Man war neugierig und gespannt auf die „deutsche Antwort". Ein Teil der befragten potenziellen Konsumenten wartete geradezu auf ein deutsches Angebot. Für diese Gruppe war der Absender Gerolsteiner eine Hilfe. Das Gros der potenziellen Verwender sah gerade im französischen Background der französischen Mineralwässer ein psychologisch hilfreiches, distanzierendes Moment gegenüber dem stressigen deutschen Alltag. Für diese Gruppe stellte der Absender Gerolsteiner eher eine Hürde dar.

Produktausstattung/Produktplatzierung

Am Anfang standen die Fragen: Welches Gebinde? Wo soll das Produkt platziert werden? Welche Gebindegröße? Welche Flaschenfarbe? Runde oder eckige Flasche? Welche Riffelung? Wie soll es schmecken? Name der neuen Sorte? Die morphologische Analyse ergab bislang eine Prägung des Marktes durch das Erscheinungsbild der französischen Mineralwässer, ein hohes individuelles Trinkvolumen in diesem Segment und eine eher geringe unterstützende Wirkung durch die Marke Gerolsteiner. Vor diesem analytischen Hintergrund erschien es Erfolg versprechend, das neue Gerolsteiner-Produkt in einem großen, für dieses Segment typischen 1½-l-Gebinde anzubieten. Die Platzierung sollte neben den „Franzosen" erfolgen, da hier die höchste Wahrscheinlichkeit bestand, am Point of Sale (POS) von den potenziellen Interessenten positiv wahrgenommen zu werden. Dagegen passte die Abfüllung in klassischen Gerolsteiner-1-l-Gebinden und eine Platzierung im Gerolsteiner-Umfeld lange nicht so gut zum psychologischen Anforderungsprofil. Eine blaue Flascheneinfärbung und eine von Blautönen geprägte Etikettierung strahlte die für die „Dauerbefeuchtung" gewünschten Qualitäten Kompetenz, Stabilität und Gelassenheit am besten aus. Stabilität wird auch von einer viereckigen Flasche für dieses Segment besser vermittelt als durch runde Varianten. Gerolsteiner hatte aus produktionstechnischen Gründen leider in runden Gebinden abzufüllen. Die Riffelungsmuster der Flasche wurden daher so gestaltet, dass ein viereckiger Eindruck entsteht. Die sanfte Wellenform der Riffelung symbolisiert die Erwartungen an ein frisches, aber stilles Mineralwasser. Das psychologisch erwartete Geschmacksprofil war weicher und weniger intensiv und belebend als bei den kohlensäurehaltigen Gerolsteiner-Sorten. Der Test von diversen unterschiedlichen Sortennamen ergab, dass die Bezeichnung „Gerolsteiner Naturell" dem Anforderungsprofil am besten entsprach. Sie vermittelt ruhige Natürlichkeit und damit sowohl die faktischen Produkteigenschaften als auch die psychologische Wirkung, die von einer „Dauerbefeuchtung" erhofft wird.

Kommunikation

Die morphologische Analyse der Verwendungsmotivation ermöglichte eine Richtungsbestimmung für die Werbung: Die einem „Lebenselixier" vergleichbare Bedeutung des Produkts für die Verwender wurde zum Ausgangspunkt für die Werbung in TV-Spots und bei Printmotiven. Unter der Überschrift „So wichtig wie die Luft zum Atmen" wurde die gewünschte mögliche „Dauerbefeuchtung" mit Gerolsteiner Naturell über verschiedene typische Trinksituationen dargestellt.

Bilanz

Bereits acht Monate nach der Einführung war Gerolsteiner Naturell im Umsatz national die Top-4-Marke und im Stammgebiet Top 3. Über 70 % der Verbraucher attestieren der Marke Gerolsteiner Kompetenzen im Bereich mit und ohne CO_2.

Morphologie

Abbildung 6-1: Absatzentwicklung Mineralwassermarkt ohne CO_2 vs. Gerolsteiner Naturell (Quelle: ACNielsen 2003)

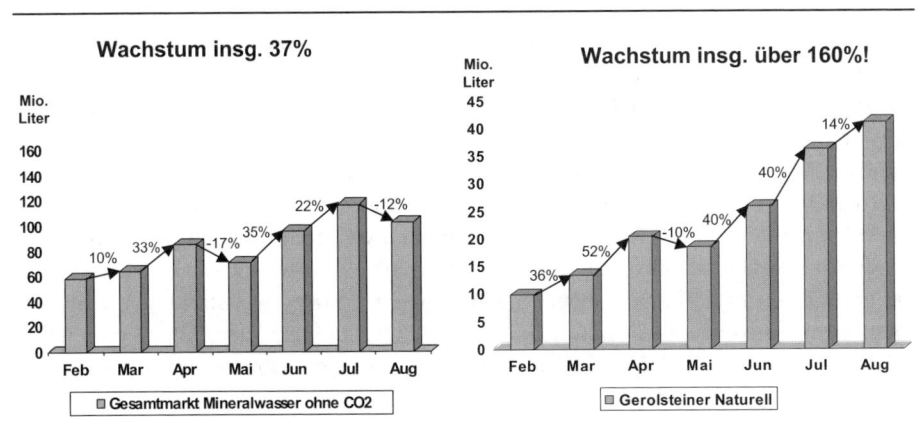

Wachstum insg. 37% | **Wachstum insg. über 160%!**

→ Gerolsteiner Naturell entwickelt sich proportional positiv gegenüber dem Gesamtmarkt Mineralwasser ohne CO_2!

Abbildung 6-2: Umsatzentwicklung Gerolsteiner Naturell vs. Top 3 Marken (Quelle: ACNielsen 2003)

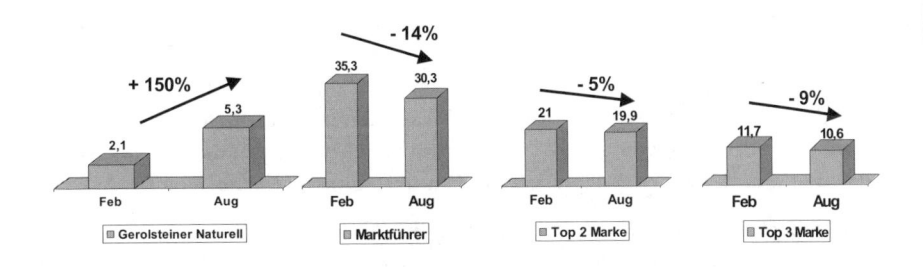

→ Bereits acht Monate nach Einführung ist Gerolsteiner Naturell national Top 4 Marke und macht den Key Playern Konkurrenz!

Jens Lönneker

7 Fazit

Die „Qualität" von menschlichem Erleben und Verhalten steht explizit im Fokus der morphologischen Markt- und Medienforschung. Ihr kommt in der Auffassung der Morphologischen Psychologie eine eigene Wirkung zu, die sich nicht oder nur sehr schwer mit auf Quantifizierung ausgerichteten Konzepten erfassen lässt. Die eigenständige Bedeutung von „Qualität" zeigt sich z. B. in den Gestaltgesetzen und der Ganzheitlichkeit menschlicher Wahrnehmung. Überdetermination bzw. Übersummativität sind weitere wichtige qualitative Merkmale. Diese Phänomene entziehen sich Quantifizierungen und an klassischen naturwissenschaftlichen Modellen orientierten Erklärungsansätzen. Sie erfordern vielmehr eigenständige qualitative Methoden und Konzepte. Fundierte qualitative Forschung ermittelt dabei Erkenntnisse, die ein quantitatives Vorgehen nicht erzielen kann. Qualitative Forschung lediglich als „Vorstudien" für quantitative Untersuchungen einzuordnen, wie es häufig noch gängige Praxis ist, verkennt daher die Erkenntnismöglichkeiten qualitativer Forschung.

Die Morphologische Psychologie stellt vielleicht das umfassendste und profundeste Konzept für die qualitative Forschung, das die Psychologie auf diesem Feld in jüngerer Zeit beigesteuert hat. Wesentliche Voraussetzung dafür war, dass – im Gegensatz zum akademischen Mainstream der Zeit – qualitative Forschungstätigkeit konsequent an einem Lehrstuhl betrieben wurde. Zudem gelang es der Universität Köln, mit Wilhelm Salber einen überaus produktiven und in seiner Wirkung auf Studenten charismatischen Psychologen für die Führung dieses Lehrstuhls zu gewinnen. Zur Relevanz in der qualitativen Markt- und Medienforschung hat weiterhin wesentlich beigetragen, dass die universitäre Forschungsarbeit zur Gründung privater Institute inspirierte. Diese von der Universität unabhängigen Institute wiederum entwickelten die akademischen Konzepte so weiter, dass die Erkenntnisse aus der morphologischen Forschung Anwendung in den unterschiedlichsten Kontexten von Märkten und Medien finden konnten. Als profund und umfassend lässt sich die Morphologische Psychologie deshalb beschreiben, weil sie seit inzwischen 50 Jahren konsequent an der Weiterentwicklung qualitativ-psychologischer Forschungstätigkeit arbeitet.

Mit dem morphologischen Konzept lassen sich in aller Regel die Beweggründe für das menschliche Verhalten und Erleben auch international bis in feinste Facetten ausleuchten. Denn psychologische Einflussgrößen haben heute grundsätzlich in allen entwickelten Märkten eine große Relevanz. Das Konzept greift auch in B2B-Märkten, die häufig nur vordergründig nach rein rationalen, ökonomischen Gesetzen funktionieren. Die gewonnen Erkenntnisse lassen sich breit für ganz unterschiedliche Aufgabenstellungen rund um die Gestaltung von Märkten und Medien nutzen.

Für die qualitative Markt- und Medienforschung insgesamt stellte der Ansatz bereit: wissenschaftstheoretische Grundlagen, eigenständige Gegenstandsbildungen, Arbeiten zu qualitativen Methoden und ein umfangreiches empirisches Know-how durch eine intensive Forschungstätigkeit auf unterschiedlichen Feldern. In akademischen und institutsbetriebenen Ausbildungseinrichtungen können Interessierte zudem ihre Auseinandersetzung mit qualitativer Forschung morphologischer Prägung vertiefen.

Literaturverzeichnis

Blothner, Dirk (2003): Das geheime Drehbuch des Lebens. Kino als Spiegel der menschlichen Seele. Bergisch Gladbach.

Dahlem, Stefan / Lönneker, Jens (2005): Das Markenprinzip in der Welt von Al(l)disierung und Hybridisierung. In: Hellmann, Kai-Uwe / Pichler, Rüdiger (Hrsg.): Ausweitung der Markenzone. Interdisziplinäre Zugänge zur Erforschung des Markenwesens. Wiesbaden, S. 56–77.

Dahm, Axel (1995): McDonald's: Die gepflegte Gier. Berlin.

Dammer, Ingo / Szymkowiak, Frank (1998): Die Gruppendiskussion in der Marktforschung. Opladen, Wiesbaden.

Dilthey, Wilhelm (1894/1924): Ideen über eine beschreibende und zergliedernde Psychologie. Gesammelte Schriften. Band V. Leipzig, S. 139–241.

von Ehrenfels, Christian (1890): Über Gestaltqualitäten. In: Vierteljahresschrift für wissenschaftliche Philosophie, S. 249–292.

Fitzek, Herbert (1994): Der Fall Morphologie. Bonn.

Freud, Sigmund (1942/1952): Gesammelte Werke. London.

Goethe, Johann Wolfgang (1932): Morphologische Schriften. Jena.

Grüne, Heinz / Lönneker, Jens (1993): Zum Mehrwert von Tiefeninterviews in der Marktforschung. In: Fitzek, Herbert / Schulte, Armin (Hrsg.): Wirklichkeit als Ereignis. Band 1. Bonn, S. 107–117.

Grünewald, Stephan (1991): Werbung und die Kultivierung des Alltags. In: Zwischenschritte, (10)1, S. 21–31.

Grünewald, Stephan (2004): Die Marke auf der Couch: Die morphologische Analyse von Markenpersönlichkeiten. In: Schimansky, Alexander: Der Wert der Marke. München, S. 562–583.

Grünewald, Stephan (2006): Deutschland auf der Couch. Frankfurt/Main.

Imdahl, Ines (2006): Wertvolle Werbung – Wie Werbung auf die großen Werte eingehen muss. In: rheingold Newsletter, 1, S. 1–2.

Imdahl, Ines / Lönneker, Jens (2005): Neue Wirkungsmuster in der Printwerbung. In: Dierks, Sven / Hallemann, Michael (Hrsg.): Die Bildsprache der Werbung – und wie sie wirkt. Werbewirkung/Werbeerfolg. Schriften des ICW. Band 2. Hamburg, S. 123–193.

Karopka, Hans-Joachim / Grünewald, Stephan / Kirschmeier, Thomas / Reiner, Thomas / Waldau, Christoph (2004): Verpackungen sprechen ihre eigene Sprache. In: Sonderdruck der Lebensmittelzeitung vom Oktober 2004. Frankfurt/Main, S. 1–15.

Lönneker, Jens (1993): Grenzen im Alltag. Zum Kulturproblem im internationalen Marketing. In: Fitzek, Herbert / Schulte, Armin (Hrsg.): Wirklichkeit als Ereignis. Band 2. Bonn, S. 429–436.

Lönneker, Jens (1997): Flirt mit dem Bösen. In: Zwischenschritte, 1, S. 4–12.

Lönneker, Jens (2004): Das Ende der Zielgruppen? Verfassungen prägen heute Konsumverhalten – nicht Personen oder Gruppen. In: Lohmann, Heinz / Wehkamp, Karl-Heinz / Seidel-Kwem, Brunhilde / Ludwig, Ute-Andrea / Finsterbusch, Jürgen (Hrsg.): Vision Gesundheit. Band 4: Medizin – Menschen – Marken – Marketing für die Gesundheitswirtschaft. Wegscheid, S. 110–114.

Melchers, Christoph / Ziems, Dirk (2001): Morphologische Marktpsychologie. Köln.

ACNielsen (2003): Handelspanel „Retail Measurement Services". Frankfurt/Main.

Salber, Wilhelm (1957): Über psychische Handlungseinheiten. In: Jahrbuch für Psychologie, Psychotherapie und medizinische Anthropologie, (4)1/2, Freiburg, S. 128–147.

Salber, Wilhelm (1957/1986): Der Psychische Gegenstand. Bonn.

Salber, Wilhelm (1965): Morphologie des seelischen Geschehens. Ratingen.

Salber, Wilhelm (1969a): Wirkungseinheiten. Kastellaun/Wuppertal.

Salber, Wilhelm (1969b): Strukturen der Verhaltens- und Erlebensbeschreibung. In: Enzyklopädie der geisteswissenschaftlichen Arbeitsmethoden. 7. Lieferung: Methoden der Psychologie und Pädagogik. München, S. 3–52.

Salber, Wilhelm (1987): Entwicklungen der Psychologie Sigmund Freuds. Bonn.

Salber, Wilhelm / Salber, Daniel (2007): Das All im Alltag. Köln.

Sander, Friedrich / Volkelt, Hans (1962): Ganzheitspsychologie. München.

Schütz, Michael (2002): Psychologische Time Slots. Rezeptions-Verfassungen als Tool für Programmplanung und Programmierung. In: Planung & Analyse, 5, S. 34–40.

Undeutsch, Udo (1953): Ganzheitspsychologie. In: Lexikon der Pädagogik. Band II. Bern, S. 498.

Urlings, Stephan (2000): Werbung im Bermuda-Dreieck. In: Planung & Analyse, 3, S. 28–30.

Marina Klusendick

Kognitionspsychologie
Einblicke in mentale Prozesse

1 Einführung 113
2 Historischer Abriss 113
3 Grundlagen der Kognitionspsychologie 114
    3.1 Definition von Kognitionspsychologie 114
    3.2 Das Menschenbild in der Kognitionspsychologie 115
    3.3 Wissenschaftstheoretische Grundlagen 116
    3.4 Angewandte Kognitionspsychologie 121
4 Praktische Relevanz für die qualitative Marktforschung 122
5 Fazit 124

1 Einführung

Mit dem Begriff Kognition bezeichnet man die mentalen Prozesse eines Menschen wie Aufmerksamkeit, Wahrnehmung, Denken, Erinnern, Verstehen und Problemlösen (vgl. Gerstenmaier 1995). Eine zentrale Annahme der Kognitionspsychologie geht davon aus, dass Menschen durch neue Informationen beeinflussbar sind, d. h., neue Informationen werden wahrgenommen, verarbeitet und bewertet. Das Ergebnis der Bewertung kann sich modifizierend auf Einstellungen, Wünsche und Absichten auswirken (vgl. Liebel 2005). Diese Erkenntnis ist für das Marketing höchst relevant, weil durch das Verstehen dieser Prozesse ein Zugang zu individuellen Entscheidungen und eine Einflussnahme ermöglicht werden. Die kognitiv orientierte Marktforschung macht sich dies auf zweierlei Art und Weise zunutze: Der qualitative Marktforscher deckt grundlegende Motive, Werte, Einstellungen und Emotionen und deren Zusammenhänge auf, der quantitative Marktforscher überprüft deren Ausprägung in der relevanten Zielgruppe. Daher beziehen sich Fragestellungen der kognitiv orientierten Marktforschung auf Untersuchungsgegenstände wie grundsätzliche Einstellungen, Entscheidungshierarchien und Handlungsmotive. Wenngleich die Kognitionsforschung sowohl in der qualitativen als auch in der quantitativen Marktforschung Fuß gefasst hat, wird sich dieser Artikel auf die kognitiven Prozesse und deren Relevanz für die qualitative Marktforschung konzentrieren.

2 Historischer Abriss

Die Kognitionspsychologie gehört zu den jüngeren naturwissenschaftlichen Disziplinen, deren Ursprünge sowohl in der Philosophie, Biologie als auch der Psychologie zu finden sind. Während im 19. Jahrhundert das menschliche Denken lediglich aus dem Blickwinkel der Philosophie betrachtet wurde, revolutionierte das 20. Jahrhundert mit der jungen Disziplin Psychologie „das Denken über das Denken". Die ersten Ansätze finden sich im Behaviorismus wieder, der im Wesentlichen mentale Konstrukte zur Erklärung von Verhalten heranzieht. Kritik wurde am Behaviorismus dahingehend geübt, dass dabei lediglich Wechselwirkungen zwischen Stimulus und Reaktion im Vordergrund stehen, das Gehirn selbst jedoch als eine nicht näher zu erklärende „Black Box" angesehen wird. Aufgrund dieser Kritik und neuerer Erkenntnisse aus der Informationstechnologie fand Mitte des 20. Jahrhunderts die sogenannte „kognitive Wende" statt. Aus dieser Wende ging eine neue Disziplin, die Kognitionspsychologie hervor, die sich im Gegensatz zum Behaviorismus nun mit dem nicht direkt beobachtbaren Geschehen im Organismus (Gehirn) beschäftigt und interdisziplinäre Erklärungsansätze zu mentalen Prozessen bietet. Diese Wende führte weg von der rein quantitativ orientierten Erfassung von Reiz-Reaktionsmustern hin zu qualitativen Ansätzen zur Erfassung bisher verdeckter Prozesse. Neuere experimentelle Methoden ermöglichten den Zugang zu verdeckten mentalen Prozessen, wodurch sowohl das Interesse an kognitiven Prozessen als auch das Interesse an qualitativen Methoden, die ein ganzheitliches Verständnis derselben erlauben, wuchs.

Abbildung 2-1: Interdisciplinary Cognitive (vgl. http://cognition.iig.uni-freiburg.de)

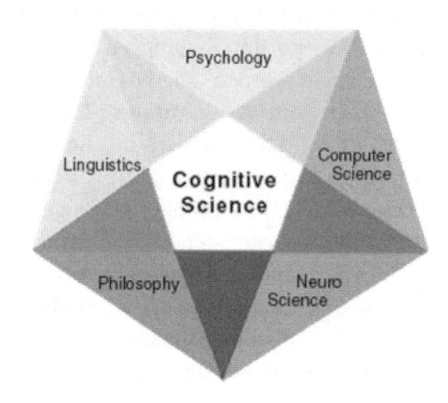

3 Grundlagen der Kognitionspsychologie

3.1 Definition von Kognitionspsychologie

Unter Kognition versteht man alle mentalen Prozesse der Informationsverarbeitung von der ersten Wahrnehmung eines Objekts bis hin zu seiner Integration in das eigene Denk- und Handlungsschema. Die Kognitionspsychologie beschäftigt sich in diesem Zusammenhang mit der Objekterkennung, der Steuerung der Aufmerksamkeit, der Aufnahme und Verarbeitung von Informationen sowie den Vorgängen bei der Problemlösung und Entscheidungsfindung. Die angewandte Kognitionspsychologie bezieht auch Erkenntnisse emotionaler und motivationaler Prozesse in ihrer Wechselwirkung zu kognitiven Prozessen mit ein, um den Menschen als ganzheitliches Wesen zu beschreiben und Einstellungsbildung als Grundlage von Verhalten zu erklären.

Abbildung 3-1: Die Hauptbereiche der Kognitionspsychologie
(vgl. www.teachsam.de/psy/psy_kog/psy_kog_1.htm)

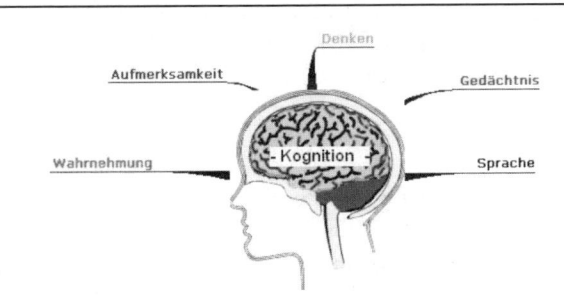

3.2 Das Menschenbild in der Kognitionspsychologie

In der Kognitionspsychologie wird der Mensch von Geburt an als aktiver Informationsverarbeiter betrachtet. Er stellt dabei ein lernendes System dar, dessen Entscheidungen auf der Grundlage individueller Erfahrungen, abgespeicherten Wissens und der Wahrnehmung externer Reize getroffen werden. Erziehung, Erfahrungen und Gruppennormen bilden die Basis für die Ausbildung individueller Werte, Lebensziele und Handlungsmotivatoren. Zur Einstellungsbildung wird jede neue Information (Werbung, Produktsignale, Ratschläge etc.) mit dem individuellen Wertesystem abgeglichen und bewertet sowie kontinuierlich in das eigene Informations- und Motivationsnetzwerk eingeordnet. Ziel des Menschen als lernendes System ist die Befriedigung von funktionalen, emotionalen und psychosozialen Bedürfnissen, die sich in abbildbaren Motivstrukturen manifestieren.

Aktive Informationsverarbeitung beinhaltet aus Sicht des Kognitionspsychologen die Möglichkeit einer Einstellungs- und damit Verhaltensänderung. Wahrgenommene und mit den eigenen Erfahrungen stimmige Informationen wirken bestätigend auf eigene Einstellungen und (Vor-)Urteile. Nicht stimmige Informationen führen zu kognitiven Dissonanzen und zur Neubewertung des Informationsbestands. Daher ist es aus Sicht kognitionspsychologisch orientierter Marktforscher möglich, Einfluss auf Kaufentscheidungen zu nehmen, d. h., manifestierte Einstellungen durch Informationen zu ändern (vgl. Festinger 1978).

Marina Klusendick

3.3 Wissenschaftstheoretische Grundlagen

Die wichtigsten theoretischen Konstrukte, die zur Erklärung kognitiver Prozesse herangezogen werden, stammen aus den Bereichen Wahrnehmungs- und Gedächtnisforschung sowie der Informationsverarbeitung.

Wahrnehmung

Wahrnehmung wird als Vorgang der Reizaufnahme durch die Sinneszellen, ihrer Verschlüsselung (Kodierung) und Weiterleitung in den Nervenbahnen und ihrer Entschlüsselung (Repräsentation) im Gehirn umschrieben. Ziel dieses Vorgangs ist es, aus Stimuli Informationen abzuleiten. Man definiert Wahrnehmung somit als „einen Informationsverarbeitungsprozess, durch den ein Individuum Kenntnis von sich selbst und seiner Umwelt erhält" (Kroeber-Riel et al. 2008). Um möglichst viele und verschiedene Informationen zu erhalten, stehen dem Körper verschiedene Sinne zur Verfügung, die jeweils bestimmte Reizmuster transportieren können:

- visuelle Wahrnehmung (Sehen)
- auditive Wahrnehmung (Gehör)
- haptische Wahrnehmung (Tastsinn)
- olfaktorische Wahrnehmung (Geruch)
- gustatorische Wahrnehmung (Geschmack)
- vestibuläre Wahrnehmung (Gleichgewichtssinn)

Bei der Informationsverarbeitung trifft ein Signal aus der externen Umgebung auf das betroffene Sinnesorgan. Die Informationen werden über die Sinnesrezeptoren in Nervenimpulse umgewandelt und über die Nerven an das Gehirn zur eigentlichen Verarbeitung der Information weitergeleitet. Die Informationen werden zunächst in viele verschiedene Einzelmerkmale zerlegt, um sie anschließend aufgrund verschiedener Gesetzmäßigkeiten wieder zu Strukturen zusammenzusetzen. Die daraus resultierenden bewussten Wahrnehmungsobjekte werden mit Gedächtnisinhalten (Erinnerungen, Erfahrungen) verglichen, um das Wahrgenommene zu identifizieren. Neue Informationen können mithilfe solcher Klassifikationen/Kategorienbildungen leichter in einen Kontext gebracht werden, um sie dann zu verarbeiten. Mit Aufnahme jeder neuen Information (z.B. neue Werbung, neues Produkt) wird das Abbild der Realität für zukünftige Wahrnehmungen erweitert, d. h., es tritt ein Lerneffekt ein (vgl. Gegenfurtner 2006).

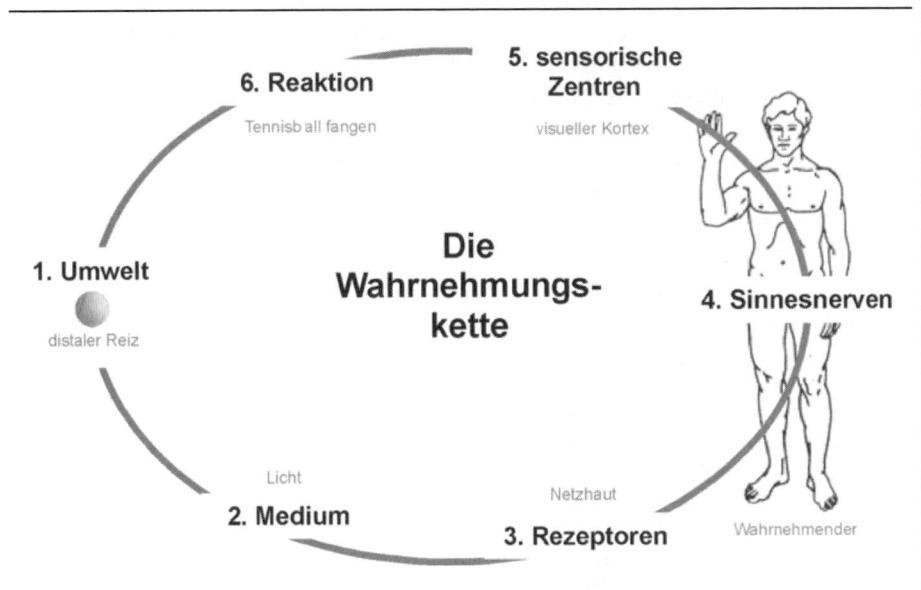

Abbildung 3-2: Die Wahrnehmungskette (vgl. www.wikipedia.de)

Die Wahrnehmungskette

1. Umwelt — distaler Reiz
2. Medium — Licht
3. Rezeptoren — Netzhaut
4. Sinnesnerven — Wahrnehmender
5. sensorische Zentren — visueller Kortex
6. Reaktion — Tennisball fangen

Objekte werden jedoch nicht für sich selbst wahrgenommen, sondern immer in Bezug auf ihren Kontext.

D/-\S O/-\R

T/-\E C/-\T

Bei den Wörtern DAS und OHR oder THE und CAT liefert der Kontext der Buchstaben die Informationen, die benötigt werden, um eine Deutung vornehmen zu können. Die Abhängigkeit eines Objekts von seinem Kontext wird v. a. dann deutlich, wenn Objekte aus ihrem gewohnten Kontext herausgerissen werden und in einen völlig neuen Kontext gesetzt werden (z. B. Crashtests mit Lebensmitteln in einer Automobil-Werbung). Für die Praxis heißt das, dass alle Untersuchungsgegenstände immer nur im Zusammenhang mit ihrem Kontext analysiert werden sollten. Gerade deshalb sollte in der qualitativen Forschung der Kontext sowohl in der Erhebungssituation als auch in der Analyse auf vielen Ebenen berücksichtigt werden, so müssen z. B. die Kontextbedingungen der Untersuchungssituation, die Reihenfolge der Präsentation von Stimuli und der Kontext, in dem Äußerungen getroffen werden, beachtet werden.

Alle auf den Menschen einströmenden Informationen erreichen zunächst das sensorische Gedächtnis, das eine große Kapazität besitzt, die Informationen aber nur sehr kurzzeitig (wenige hundert Millisekunden) speichern kann. Wird einer Information

Aufmerksamkeit geschenkt, gelangt sie ins Arbeitsgedächtnis (vgl. Abb. 3-3), welches jedoch nur eine begrenzte Verarbeitungskapazität besitzt, d. h., es muss bestimmte Informationen selektieren und nach subjektiven Relevanzkriterien sortieren. Diesen Prozess der Reduktion der Informationsflut durch Orientierung und Selektion nennt man selektive Wahrnehmung. Nur solche Informationen, die überhaupt wahrgenommen werden, können dem menschlichen Informationsverarbeitungsprozess zugeführt werden und letztendlich zu einer Einstellungs- und Handlungsänderung führen. Jeder an einem Markt agierende Anbieter verfolgt z. B. mithilfe von kommunikativen Maßnahmen das Ziel, sein Angebot bekannt zu machen und den Rezipienten zur Entscheidung für sein Angebot zu bewegen. Kommunikationsmittel, welche Merkmale aufweisen, die von der Norm abweichen (z. B. größere Verpackung als alle anderen, andere Farbgebung), haben größere Chancen, vom Konsumenten wahrgenommen, mit dem eigenen Wertesystem verglichen und ggf. in den individuellen Referenzrahmen aufgenommen zu werden.

Abbildung 3-3:   *Ablauf der Informationsspeicherung*

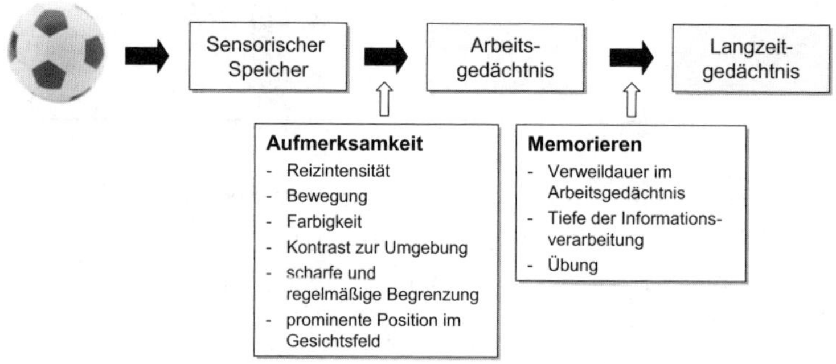

Aufmerksamkeit
- Reizintensität
- Bewegung
- Farbigkeit
- Kontrast zur Umgebung
- scharfe und regelmäßige Begrenzung
- prominente Position im Gesichtsfeld

Memorieren
- Verweildauer im Arbeitsgedächtnis
- Tiefe der Informationsverarbeitung
- Übung

Sensorischer Speicher → Arbeitsgedächtnis → Langzeitgedächtnis

Gedächtnis

Das charakteristische Merkmal des Gedächtnisses ist die Fähigkeit, Informationen aufzunehmen, sie zu behalten, zu ordnen und zu einem späteren Zeitpunkt wieder abzurufen. Je nach Dauer der Speicherung der Informationen unterscheidet man zwischen dem Arbeitsgedächtnis (früher: Kurzzeitgedächtnis) und dem Langzeitgedächtnis. Die Art der eintreffenden Informationen legt fest, in welchem Teil des Gedächtnisses diese gespeichert werden. Handelt es sich um Faktenwissen, wird es durch explizites Lernen im deklarativen Gedächtnis abgelegt (z. B. Weltwissen, Geschichte). Automatisierte Prozesse (z. B. Autofahren, Schwimmen), die ohne größeren kognitiven Aufwand ablaufen, werden durch implizites „Lernen" erworben und im prozeduralen Gedächtnis gespeichert. Das Arbeitsgedächtnis kann als Durchgangsstation vom sensorischen zum Langzeitgedächtnis betrachtet werden. Je gründlicher die Informationen im Arbeitsgedächtnis elaboriert werden, desto höher ist die Wahrscheinlichkeit, dass die Informationen ins Langzeitgedächtnis gelangen. Für das Langzeitgedächtnis können vier Prozesse unterschieden werden:

- lernen (enkodieren), d. h. speichern neuer Informationen
- behalten (konsolidieren) relevanter Informationen durch regelmäßigen Abruf
- erinnern (abrufen) von Gedächtnisinhalten
- vergessen durch den Zerfall von Gedächtnisspuren oder durch interferierende Informationen

Um Vergessen zu vermeiden und Informationen im Langzeitgedächtnis zu bewahren, ist Übung unumgänglich, d. h., der Gedächtnisinhalt (z. B. Werbebotschaft) muss häufig und in möglichst kurzen Abständen wiederholt werden. Die dadurch erreichte Aktivation des Gedächtnisinhalts bestimmt die Wahrscheinlichkeit und Häufigkeit des Zugriffs auf die Information. Je relevanter und emotional bedeutsamer die Information, desto stärker ist sie im Langzeitgedächtnis verankert.

Die Gedächtnisinhalte beeinflussen aktiv die Wahrnehmung neuer Informationen, welche mit gelernten Wissensinhalten abgeglichen und durch plausible Schlussfolgerungen ergänzt werden. Das heißt, eine kommunikative Maßnahme muss so neu bzw. andersartig gestaltet sein, dass sie den selektiven Wahrnehmungsfilter durchdringt, dabei jedoch gleichzeitig so vertraut, dass sie die gelernten Gedächtnisinhalte unterstützt und somit leichter abrufbar ist.

Informationsverarbeitung

Die Erkenntnisse der Informationsverarbeitung befassen sich im Wesentlichen mit der Organisation und Nutzung von Informationen (Wahrnehmungen) im Langzeitgedächtnis. Neurologische Untersuchungen zeigen, dass das Gehirn aus verschiedenen Bereichen besteht, die jeweils zur Kodierung und Dekodierung von Informationen ganz unterschiedliche Funktionen innehaben und die – je nach eingehender Information – für den Verarbeitungsprozess relevant werden. Während der Phasen der Wahrnehmung, Verarbeitung und Speicherung von Information werden synaptische Verbindungen zwischen Neuronen aktiviert, sodass die Kodierung von Informationen stattfinden kann. Die Empirie der Gedächtnisforschung konzentriert sich im Wesentlichen auf die Verarbeitung verbaler und visueller Informationen, die wesentliche Bestandteile jeglicher werblicher Kommunikation sind, wobei die Inhalte zum leichteren Abruf als „mentale Bilder" repräsentiert werden. Informationen werden demnach eher als Bilder kodiert, wobei nicht so sehr die faktischen Details der Information (Farbe, Form, Größe etc.) abgelegt werden, sondern das Ereignis wird in seinem Kontext individuell, d. h. gemäß eigener Interpretation gespeichert. Diese Annahme erklärt daher auch, warum ein und dieselbe Situation von zehn verschiedenen Zeugen unterschiedlich erinnert wird. „Nach der Verarbeitung einer sprachlichen Äußerung erinnern Menschen normalerweise nur ihre Bedeutung, nicht aber den exakten Wortlaut […]

Wenn Menschen ein Bild sehen, dann merken sie sich i. d. R. eine Interpretation seiner Bedeutung" (vgl. Anderson 2001, S. 142, 144).

Bei der Kodierung von Informationen gilt die Annahme, dass der Inhalt einer Information unabhängig vom ursprünglichen Wahrnehmungsgegenstand gespeichert wird und die wahrgenommenen Informationen und Signale in Kategorien kodiert werden (z. B. kategoriales Wissen: Zigaretten werden in kleinen, rechteckigen Faltschachteln angeboten; Wahrnehmung: Eine unbekannte Zigarettenmarke in einem anderen Land wird aufgrund des kategorialen Wissens zum Produkt, nämlich der Verpackungsart und Form, trotzdem erkannt). Diese Art der Wissenskategorisierung erlaubt somit enorme Einsparungen bei der Wissensrepräsentation, weil auf Detailwissen verzichtet werden kann. Umgekehrt heißt dies aber auch, dass nur typische Signale/ Kategoriekriterien vermittelt werden müssen, um ein konkretes Produkt zu kommunizieren (z. B. weist die Farbgebung Weiß-Blau auf Milchprodukte hin).

Die durch zahlreiche Wahrnehmungen, Erfahrungen und Erinnerungen gebildeten Kategorien sind im Gehirn hierarchisch in Netzwerken organisiert. Empirische Erkenntnisse legen einfache hierarchische Strukturen (semantische Netzwerke) nahe, die die Eigenschaften der Kategorien abbilden. Diese semantischen Netzwerke sind jedoch nicht in der Lage, das gesamte komplexe menschliche Wissen und dessen Verarbeitungsprozess zu erklären, weshalb man für die Kodierung und Repräsentation von gespeichertem Wissen zusätzlich die Existenz von Schemata und Scripten annimmt. Schemata kodieren das für eine Kategorie üblicherweise Zutreffende, lassen aber auch Ausnahmen zu, weil nur das Typische, aber nicht das immer Gültige kodiert wird (z. B. sind Zigaretten üblicherweise in Faltschachteln erhältlich; es gibt aber auch Marken in Softpacks, die als Zigaretten erkannt und kodiert werden). Schemata beziehen sich dabei mehr auf konkrete Objekte. Es werden jedoch nicht nur Objekte wahrgenommen, sondern auch Ereignisse. Deren schematische Kodierung erfolgt in Scripten, die sich auf die stereotypischen Handlungssequenzen immer wiederkehrender Situationen beziehen. Beide, sowohl Schemata als auch Scripte, bilden für den Menschen eine wichtige Grundlage zur schnellen und sinnhaften Wahrnehmung. Durch die Kodierung typischer Merkmale bzw. bevorzugter Abfolgen ist es uns möglich, fehlende Informationen in einer Wahrnehmung zu ergänzen oder falsche Informationen zu korrigieren und somit dem Wahrgenommenen einen für uns verständlichen Sinn zu geben. Diese Tatsachen sind damit aber auch gleichzeitig neuronale Erklärungen für Sinnestäuschungen.

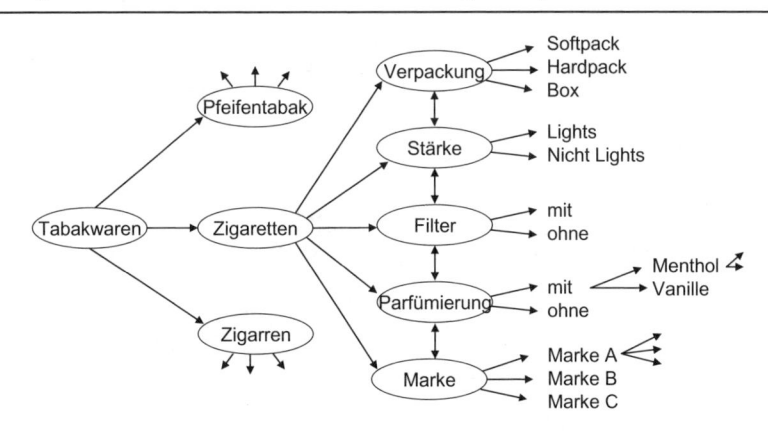

Abbildung 3-4: Hierarchisch strukturierte Kodierung von Informationen

3.4 Angewandte Kognitionspsychologie

Die Kognitionspsychologie wird in der Praxis herangezogen, um menschliche Entscheidungsprozesse und menschliches Verhalten bei der Problemlösung zu erklären. Dabei werden die oben dargestellten kognitionspsychologischen Theoreme mit Erkenntnissen aus der Motivations- und Emotionspsychologie verknüpft. Diese beiden psychologischen Bereiche werden im Folgenden nur kurz angerissen und nicht in der Tiefe beleuchtet.

Bei **Motiven** handelt es sich um überdauernde Persönlichkeitsmerkmale, die losgelöst von konkreten Lebenssituationen existieren und Beweggründe für konkretes Verhalten sind. Motive sind somit der „richtunggebende […] und antreibende […] Bestimmungsgrund des Handelns" (vgl. Dorsch 1994, S. 378). Davon zu unterscheiden ist die Motivation, die das erstrebenswerte Ergebnis einer Interaktion von Person und Situation darstellt (Motivaktivierung). **Emotionen** sind das Resultat einer kognitiven Bewertung eines Objekts. Für die menschliche Wahrnehmung sind Emotionen insofern wichtig, weil sie ein psychophysiologisches Erklärungsmodell für den von Objekten ausgelösten Erregungszustand bieten, der zu einer Handlung führen kann (S-O-R-Modell). Die Interaktion der drei Bereiche Kognition, Motivation und Emotion bildet die Grundlage für die menschliche Einstellungsbildung und daraus resultierend für das menschliche Verhalten. Alle vom Menschen wahrgenommenen Informationen werden unter Einwirkung emotionaler Grundstimmungen und motivationaler Ausrichtungen kognitiv bewertet und führen zu individuellen Lebenswelten, welche wiederum Einfluss auf sämtliche Entscheidungen bzw. Problemlösungen (Produktselektion, Markenwahl etc.) nehmen.

Marina Klusendick

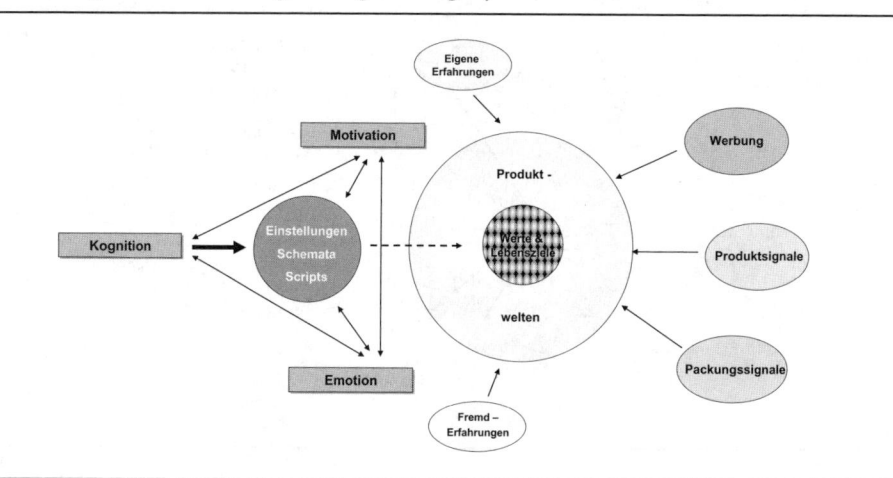

Abbildung 3-5: *Einstellungsbildung in Bezug auf Produktwelten*

Man stelle sich vor, ein Kunde steht vor einem Joghurtregal und betrachtet das Angebot. Er wird zunächst einmal die Packungen wahrnehmen und die davon ausgehenden Signale (Farbe, Form, Schrifttyp, Markenname etc.) und ihre Bedeutung (gesunde Farbe, klassische Schrift etc.) mit den eigenen Erfahrungen, Einstellungen und Wünschen abgleichen, um festzustellen, welches Produkt den eigenen Wertekriterien am besten entspricht. Dabei werden die Signale danach bewertet, was man mit dem Konsum des Joghurts erreichen möchte, z. B. kann die Aufschrift „fettarmer Joghurt" (Packungssignal) als eine Zwischenmahlzeit mit wenigen Kalorien gedeutet werden. Der Konsum dieses fettarmen Joghurts wird auch von den Bekannten im Fitnessstudio akzeptiert und führt insgesamt beim Konsumenten zu dem Gefühl, etwas Gutes für die eigene Gesundheit (Lebensziel) getan zu haben. Nur mithilfe von qualitativen kognitionspsychologischen Fragetechniken (Laddering, projektive Verfahren, Assoziationskettenbildung, gedankliche Rückführung) kann die Tiefe der Bedeutung von Signalen für den externen Betrachter erlebbar nachvollzogen werden (→ *Beitrag „Motivforschung" von Franz Liebel*).

4 Praktische Relevanz für die qualitative Marktforschung

In der qualitativen Marktforschung stehen nicht so sehr die individuellen Prozesse der Wahrnehmung, Beurteilung und Problemlösung von Menschen im Vordergrund, im

Kognitionspsychologie

Fokus des Interesses steht vielmehr das Verhalten definierter Zielgruppen in Bezug auf spezifische Untersuchungsgegenstände, um Voraussagen über die Wirkweise und den potenziellen Erfolg von Konzeptideen, Produkten und Werbung zu liefern. Die aus der Kognitionspsychologie abgeleiteten methodischen Ansätze finden in der Konzeptforschung, Produktforschung und Werbeforschung Einsatz und sind besonders geeignet, die Positionierung eines Produkts in seinem Wettbewerbsumfeld zu bestimmen, Marktlücken für Produkte und neue Produktideen aufzudecken, Motivatoren für und Hemmfaktoren gegen solche Produkte und Ideen zu eruieren und Optimierungspotenziale für Kommunikationsmaßnahmen zu generieren.

Qualitative Erhebungsmethoden eignen sich, um den individuellen Informationsverarbeitungsprozess in all seinen oben dargestellten Phasen in der „Black Box" Mensch nachempfinden zu können. Abhängig vom Forschungsziel und dem relevanten Prozessabschnitt bieten sich unterschiedliche methodische Ansätze an. Klassische Methoden der Wahrnehmungsanalyse können sowohl qualitativer als auch quantitativer Natur sein: Beobachtung (z. B. Leseverhaltensbeobachtung), Verfahren, die mit Reizunterbrechung arbeiten (z. B. tachistoskopische Tests) und Regaltests, während Gedächtnis- und Informationsverarbeitungsprozesse insbesondere mithilfe von Einzelgesprächen (Tiefeninterviews und/oder Explorationen) untersucht werden. Sowohl Explorationen als auch Tiefeninterviews sind leitfadengestützte Gespräche, bei denen der Gesprächsverlauf von den Reaktionen der Gesprächspartner abhängig ist. Während bei Explorationen jedoch das direkt Gesagte analysiert wird, konzentriert sich das Tiefeninterview darauf, tiefer liegende und den Befragten oftmals nicht bewusste Motivstrukturen aufzudecken und nachvollziehbar zu machen. Bei dieser Art des Interviews kommen neben der offenen Gesprächsführung spezielle Techniken zum Einsatz:

- **assoziative** Verfahren ⇒ Kontextanalysen
- klassische **Ladderingtechnik** ⇒ Erschließung der Wertewelt
- **projektive** Verfahren ⇒ Aktivierung unbewusster Motivstrukturen

Fragestellungen, die mithilfe des kognitionspsychologischen Ansatzes in der qualitativen Marktforschung beantwortet werden können, konzentrieren sich darauf, Grundlagen für weitergehende Marketingentscheidungen in der Produktplanung, Produktpositionierung und Produktvermarktung zu schaffen. Typische Beispiele hierfür sind:

- Welche Signale werden durch Werbung und Produktgestaltung gegeben und wie werden sie wahrgenommen?
- Wie finden sich Konsumenten im vielfältigen Angebot am Point of Sale (POS) zurecht?
- Wie müssen Kommunikationsmaßnahmen gestaltet sein, um Entscheidungsprozesse zu beeinflussen?

- Warum kaufen Konsumenten täglich Produkte, die sie eigentlich gar nicht brauchen?
- Warum wählen Konsumenten Markenprodukte, obwohl No-Name-Produkte den gleichen funktionalen Nutzen haben?
- Warum wählen bestimmte Konsumenten bestimmte Marken aus, aber nicht immer die gleichen Marken?

Voraussetzung für ein zielführendes Interview ist die Fachkompetenz des Interviewers und die sorgfältige Selektion der zu befragenden Stichprobe. Diese muss so selektiert werden, dass die Interviewpartner eine hohe Kreativität und Verbalisierungsfähigkeit aufweisen, um sicherzustellen, dass in der qualitativen Grundlagenstudie alle potenziell möglichen Facetten des Gedankenprozesses durch einen Einblick in die „Black Box" erhebbar sind.

Nur mithilfe der dargestellten qualitativen Techniken kognitiv orientierter Marktforschung ist es möglich, auf individueller Basis Gedanken, Motive, Werte, Erinnerungen und Problemlösungsprozesse nachvollziehbar zu machen und in eine ganzheitliche Analyse von zielgruppenrelevanten Entscheidungshierarchien zu übertragen. Dabei erhebt dieser Ansatz keinen Anspruch auf Repräsentativität, sondern auf eine vollständige Abbildung möglicher Gedankenprozesse. Die Erkenntnisse dieser kognitiv orientierten qualitativen Analyse können als Input für die Entwicklung quantitativer kognitiver Erhebungsinstrumentarien herangezogen werden, um die qualitativ gewonnenen Erkenntnisse auf einer zielgruppenrepräsentativen Basis darzustellen.

5 Fazit

Die neuen kognitionspsychologischen Ansätze geben Hoffnung, dass Informationsverarbeitungsprozesse und Entscheidungsprozesse abbildbar und nachvollziehbar und somit für das Marketing nutzbar werden. Die kognitiv orientierte qualitative Marktforschung hilft dem Marketingentscheider bei der erfolgreichen Markenführung, indem

- Zielgruppen verstehbar gemacht,
- unbesetzte Marktnischen in einer Produktkategorie aufgezeigt,
- neue Positionierungsmöglichkeiten eines Produktes eruiert,
- unerfüllte Bedürfnisse von Kunden und Konsumenten aufgedeckt, und
- bestehende Produkte für die Bedürfnisse der Zielgruppe angepasst werden.

Nicht zuletzt erlaubt dieser Ansatz durch die Tiefe seiner Erkenntnisse die geplanten Kommunikationsstrategien für den individuellen Informationsverarbeitungsprozess relevant zu machen. Natürlich liefert die kognitionspsychologisch orientierte Marktforschung keinen „gläsernen Konsumenten", aber sie trägt wesentlich dazu bei, dass die gesamte Welt des Produkt- oder Dienstleistungsbereichs im Kopf des Konsumenten besser verstehbar und dessen Kaufentscheidungen in den jeweils relevanten Bereichen besser nachvollziehbar werden.

Literaturverzeichnis

Anderson, John R. (2001): Kognitive Psychologie. 3. Auflage. Heidelberg, Berlin.

Dorsch, Friedrich (1994): Psychologisches Wörterbuch. 12. Auflage. Bern, Stuttgart, Wien.

Festinger, Leon (1978): Theorie der Kognitiven Dissonanz. Bern.

Gegenfurtner, Karl R. (2006): Gehirn & Wahrnehmung. 4. Auflage. Frankfurt/Main.

Gerstenmaier, Jochen (Hrsg.) (1995): Einführung in die Kognitionspsychologie. München, Basel.

Institut für Informatik und Gesellschaft der Albert-Ludwigs-Universität Freiburg (IIG): http://cognition.iig.uni-freiburg.de. Zugriff: 08.09.2010.

Kroeber-Riel, Werner / Weinberg, Peter / Gröppel-Klein, Andrea (2008): Konsumentenverhalten. 9. Auflage. München.

Liebel, Franz (2005): Vortrag bei der BVM-Fachtagung: Qualitative Marktforschung, Frankfurt/Main.

Solso, Robert L. (2005): Kognitive Psychologie. Berlin.

Sternberg, Robert J. (2006): Cognitive Psychology. 5. Auflage. Wadsworth.

Teach Sam: Lehren u. Lernen online. www.teachsam.de/psy/psy_kog/psy_kog_1.htm. Zugriff: 08.09.2010.

Wikipedia: Stichwort Wahrnehmung. www.wikipedia.de. Zugriff: 08.09.2010.

Thomas Kühn, Kay-Volker Koschel

Soziologie
Forschen im gesellschaftlichen Kontext

1	Einführung	129
2	Entwicklungslinien der Soziologie	131
3	Soziologie als Grundpfeiler der qualitativen Marktforschungspraxis	133
4	Perspektiven: ein stärkeres soziologisches Profil in der qualitativen Marktforschung	135
	4.1 Qualitative Marktforschung aus konsumsoziologischer Perspektive	136
	4.2 Biographische Marktforschung	138
5	Fazit	141

Soziologie

1 Einführung

In diesem Artikel möchten wir die Bedeutung der Soziologie für die qualitative Marktforschung beleuchten. Der Gegenstandsbereich der Soziologie ist sehr umfassend: Sie beschäftigt sich mit dem Zusammenleben und dem sozialen Handeln in Gesellschaften und Gemeinschaften. Trotzdem ist es gar nicht so einfach, die Soziologie als Triebkraft qualitativer Marktforschung auszumachen. Während sich schnell zahlreiche und miteinander im Wettstreit befindliche Ansätze finden lassen, die ihre eigene Vorgehensweise als „psychologisch" oder „ethnologisch" beschreiben, sucht man nach einer vergleichbaren Zahl „soziologischer" Ansätze oder gar nach *der* soziologischen Strömung in der qualitativen Marktforschung vergebens. Die Soziologie ist im Vergleich zu den Nachbarwissenschaften unauffällig und unsichtbar.

Doch die auf den ersten Blick unscheinbar erscheinende Rolle der Soziologie entspricht nicht ihrer wahren Bedeutung für die qualitative Marktforschung. Denn die Soziologie initiiert und beeinflusst Debatten um die weitere Entwicklung unserer Gesellschaft und prägt zentrale Begriffe, die im Rahmen dieser Diskussionen verwendet werden. Die Wichtigkeit und Präsenz soziologischer Kategorien lässt sich schnell verdeutlichen, wenn man sich einige Schlagwörter vor Augen führt, die gegenwärtig in aller Munde sind, etwa Individualisierung, Globalisierung, demographischer Wandel, Generationenkonflikt, Wertewandel etc. Alle diese Begriffe verweisen auf explizit soziologische Fragestellungen, ohne dass sie im allgemeinen Bewusstsein direkt mit Soziologie als Wissenschaft verknüpft werden.

Was hat das nun mit qualitativer Marktforschung zu tun? Kurz geantwortet: Die sich ändernden gesellschaftlichen Rahmenbedingungen nehmen unmittelbar Einfluss auf Konsumentenverhalten. Dieses bedarf im Zuge sowohl von Individualisierungs- und Globalisierungsprozessen als auch angesichts des demographischen Wandels immer komplexerer Erklärungen und Einsichten, die besonders gut mithilfe qualitativer Marktforschung zutage gefördert werden können (vgl. Kühn 2004b, 2005b)[1].

---

[1] So ist etwa angesichts niedriger Geburtenziffern, einem steigenden Anteil dauerhaft Kinderloser und einer rapide wachsenden Zahl biographisch später Übergänge in die Elternschaft (vgl. zusammenfassend z. B. Kühn 2004a) abzusehen, dass sich die gesellschaftliche Ausgangssituation in Deutschland innerhalb der kommenden Jahrzehnte deutlich verändern wird. Der Anteil älterer Mitbürger an der Gesamtbevölkerung wird erheblich steigen, der Bevölkerungsanteil mit Migrationshintergrund wächst, das Generationenverhältnis wird sich verändern und angesichts der veränderten Ausgangslage zwischen alten und jungen Mitbürgern werden Änderungen von Steuer- und Sozialsystemen zu einer Veränderung der finanziellen Ausgangssituation der gesamten Bevölkerung führen. Mit dieser gesellschaftlichen Veränderung ist zwangsläufig auch ein gewandelter Markt verbunden, der neue, unbekannte Ausgangsbedingungen beinhaltet – dies wiederum ist ein klassisches Terrain für qualitative Forschungsansätze.

Thomas Kühn, Kay-Volker Koschel

Heutzutage wird von neuen Verhaltensmustern bei Konsumenten gesprochen, die auf Veränderungen im sozialen Wertesystem hinweisen. Und auch bei der täglichen Arbeit in der qualitativen Forschung lassen sich immer wieder Anzeichen ausfindig machen, die belegen, dass es zu einer Pluralisierung und Polarisierung der Lebens- und Konsumstile gekommen ist. In der Marktforschung führt dieser multi-optionale, hybride Konsument dazu, dass Zielgruppen und Konsumentenprofile immer weiter verschwimmen und die etablierten soziodemographischen Zielgruppenmodelle (in deren Mittelpunkt Alter, Geschlecht und Einkommen stehen) häufig nicht mehr ausreichen: „Je näher die Marktforschung dem Verbraucher kommt, um sich optimal auf ihn einzustellen, desto mehr entzieht er sich" (Hellmann 2003, S. 120).

Als Folge dieser Entwicklung gewinnt die qualitative Marktforschung insgesamt an Bedeutung, deren Aufgabe eine Verbesserung des grundlegenden Verständnisses der Konsumenten durch die Herausarbeitung von Consumer Insights, d. h. in concreto Aufdeckung und Charakterisierung von Bedürfnissen, Gewohnheiten, Einstellungen, Motiven und Erwartungen. Grunddimensionen des forscherischen Handelns sind dabei Verstehen, Offenheit, Prozesslogik, Lebensnähe und Alltagsorientierung (Kühn 2005a). Qualitative Forschung ist besonders für tief greifende Analysen unter Berücksichtigung komplexer Ausgangsbedingungen geeignet. Sie bietet den großen Vorteil, durch ihre vergleichsweise flexible und offene Vorgehensweise auch komplexe Ausgangsbedingungen im Forschungsprozess zu erfassen. Dazu verhelfen auch ihre alltagsnahen Methoden, die dem Befragten Raum für eigene Schilderungen geben und ihn nicht zu Abstraktionen im Raster eines durch Forscher vorgegebenen Begriffsinventars zwingen. Die systematische und begründete Reduktion von Komplexität erfolgt im Rahmen der qualitativen Forschung erst in der Analyse (→ *Beitrag „Auswertung & Analyse von qualitativen Daten" von Gabriele Naderer*).

Es reicht aber nicht aus, ausschließlich die Verbraucher zu befragen und in der Analyse etwa detailscharf Likes und Dislikes zu unterscheiden. Um nicht nur aus dem Zusammenhang gerissene Momentaufnahmen zu vermitteln, sondern ein tiefer gehendes Verständnis zu gewinnen, sind Einsichten über gesellschaftliche Wandlungsprozesse, wie diese beschaffen sind und mit welchen Konsequenzen sie verbunden sind, vonnöten. Dies ist eine klassische Frage der Soziologie.

Im Unterschied zu den Wirtschaftswissenschaften geht die Soziologie nicht vom homo oeconomicus aus, der vernünftig Preise und Angebote vergleicht (vgl. z. B. Kritzmöller 2004), sondern untersucht, wie das menschliche Handeln von gesellschaftlichen Institutionen oder, allgemeiner formuliert, Rahmenbedingungen beeinflusst wird. Die Soziologie erkennt damit, dass unsere Identität und unser Wertesystem keine rein psychologischen Phänomene sind, sondern von unserer Einbettung in die Gesellschaft abhängen (vgl. Kühn/Koschel 2010). Große Schnittmengen zeigen sich mit ethnologischen Ansätzen, die ebenfalls großen Wert auf das Aufdecken von Handlungspraktiken, Ritualen und der Untersuchung von Kontexten legen. Allerdings ist der soziologische Untersuchungsrahmen besonders weit reichend und umfassend, indem etwa die Sozialstruktur der gesamten Gesellschaft, soziale Netzwerke und Verflechtungen verschiedener gesellschaftlicher Institutionen sowie lang andauernde gesellschaftliche Entwicklungen in den Blickpunkt von Untersuchungen gerückt werden.

Durch den Einbezug soziologischer Perspektiven kann also verhindert werden, dass die Betrachtungsweise zu eindimensional und ausschnitthaft ist. Wenn etwa im Rahmen bestimmter „psychologischer" Ansätze einzelne kognitive Leistungen untersucht werden, gerät die Komplexität menschlichen sozialen Handelns zu wenig in das Blickfeld. Auf den Punkt gebracht heißt das: Auch für das Verständnis zunächst einmal einfach oder banal erscheinender Fragestellungen wie etwa dem Auswahlprozess zwischen verschiedenen Tütensuppen ist das Wissen um gesellschaftliche Zusammenhänge und ablaufende Wandlungsprozesse wichtig, wenn nicht sogar unentbehrlich. In diesem Sinne gilt es, die Stellung der Soziologie in der qualitativen Marktforschung zu stärken und einem geradezu programmatisch erscheinenden Aufruf von Martin Hartmann zu folgen: Die Sozialwissenschaften „… sollten es als ihre Aufgabe ansehen, das Denken in Zusammenhängen zu verteidigen oder, wo es bereits abgestorben ist, wieder zu beleben" (Hartmann 2005, S. 37).

Als einen Schritt dazu soll mit diesem Artikel im Folgenden eine kurze Bestandsaufnahme soziologischer Einflüsse in der qualitativen Marktforschung gezeichnet und ein Ausblick auf bislang zu wenig genutzte soziologische Potenziale gewagt werden. Ganz im Sinne der geforderten Kontextualisierung von Forschung wird dem eine kurze Skizze der Entwicklungslinien von Soziologie vorangestellt.

2 Entwicklungslinien der Soziologie

Als eigenständige Wissenschaft ist die Soziologie am Ende des 19. Jahrhunderts entstanden. Als Gründungsväter der Soziologie gelten Emile Durkheim, Georg Simmel und Max Weber.

Für die qualitative Forschung ist insbesondere das Werk Max Webers von hohem Interesse, der das „Verstehen" ins Zentrum gesellschaftswissenschaftlicher Forschung rückte und den Begriff des sozialen Handelns prägte. Weber knüpft mit seinen für die Soziologie wegweisenden Abhandlungen an die Tradition hermeneutischer Philosophie an, die sich im 19. Jahrhundert mit den menschlichen Interpretationsleistungen auseinandersetzte. Wilhelm Dilthey gilt als ein zentraler Vertreter dieser Schule. Er unterschied deutlich zwischen Natur- und Geisteswissenschaften und benannte als zentrale geisteswissenschaftliche Methode die Hermeneutik, durch die der Sinn von kulturellen Phänomenen wie Texten und Kunstwerken durch Interpretation erschlossen werden solle (vgl. Münch 2002).

Thomas Kühn, Kay-Volker Koschel

Weber veröffentlichte 1904 die Studie „Die protestantische Ethik und der Geist des Kapitalismus", mit der er die Grundlagen für die verstehende Soziologie legte. Die Soziologie hat mit dem Begriff des Verstehens einen für die qualitative Forschung zentralen Begriff geprägt. Das Verstehen rückt die Rekonstruktion der Innenperspektive in den Vordergrund. In dieser Innenperspektive spiegeln sich gesellschaftliche Rahmenbedingungen, denn der Mensch handelt nicht vorwiegend instinktgebunden, sondern auf der Basis von Interpretationen von sich und der Umwelt. Deshalb geht es mithilfe des Verstehens um die Rekonstruktion subjektiver Sichtweisen und sozialer Deutungsmuster, um subjektive Sinnzuschreibungen gegenüber der Um- und Mitwelt.

Die Soziologie hat außerdem den Begriff des „sozialen Handelns" geprägt: Der Mensch lebt nicht alleine, sondern ist Mitglied mehrerer Gruppen. In seinem Handeln und Denken bezieht er sich auf andere. Handlungen sind daher als sozial aufzufassen, die eigene Meinungsbildung mit dem sozialen Kontext verbunden. In diesem Zusammenhang hat insbesondere der von Alfred Schütz geprägte „Lebenswelt"-Begriff eine bahnbrechende Bedeutung. „Lebenswelt" bezeichnet den Bereich unseres Alltagslebens, der uns vertraut ist und i. d. R. nicht hinterfragt wird. In unserer Lebenswelt sammeln wir spezifische Erfahrungen, auf deren Basis wir Sinn konstruieren. Unsere Weltdeutung fußt damit auf einem sozial vermittelten Erfahrungshintergrund, der die Grundlage für unser subjektives Relevanzsystem darstellt. Da unsere Lebenswelten sich in Abhängigkeit von sozialstruktureller und kultureller Verortung unterscheiden, eignet sich der von Schütz geschaffene Ansatz gut zum Vergleich verschiedener Sozialgruppen.

Der Beginn empirischer Sozialforschung und der Einbezug qualitativer Methoden, insbesondere auch der Entwicklung indirekter Fragemethoden und der Kombination verschiedener methodischer Perspektiven, ist eng an die wegweisende Studie „Die Arbeitslosen von Marienthal" gebunden, die 1933 von Marie Jahoda, Paul Felix Lazarsfeld und Hans Zeisel veröffentlicht wurde. In den USA ist insbesondere der symbolische Interaktionismus ein wichtiger Antreiber für die Weiterentwicklung qualitativ-empirischer Forschungsperspektiven. Die Theorie des symbolischen Interaktionismus wurde durch George Herbert Mead und Herbert Blumer ausgearbeitet. Dem symbolischen Interaktionismus zufolge besteht die spezifisch menschliche Fähigkeit darin, signifikante Symbole zu schaffen und zu verwenden. Der Mensch schafft sich eine symbolische Welt, deren Bedeutung im Rahmen sozialer Interaktionsprozesse entsteht. Schließlich gingen wichtige Impulse für die Entwicklung qualitativer Methoden in der Soziologie von der Grounded Theory aus. Begründet wurde sie 1967 in den USA durch Barney Glaser und Anselm Strauss. Die Grundforderung der Grounded Theory besteht darin, dass Theoriebildung in strikter Auseinandersetzung mit Daten erfolgen soll. Eine aus den Daten entwickelte gegenstandsorientierte Theorie basiert auf einigen Kernkategorien, deren Bezüge zueinander systematisch ausgearbeitet sind. Selten handelt es sich um eine formale Theorie auf hoher Abstraktionsebene, bevorzugt werden bereichsbezogene Theorien, um den historischen, zeitlichen oder räumlichen Kontext deutlich zu machen.

Soziologie

Nach der Studentenrevolte 1968 und im Zuge aufkeimender Kritik an der Eignung naturwissenschaftlicher Methoden gewannen qualitative Verfahren mit einer phänomenologischen Perspektive in den Sozialwissenschaften zunehmend an Bedeutung. Soziologie galt noch in den 1970er Jahren als Leitwissenschaft. In den USA entwickelte qualitative Ansätze wurden zunächst v. a. über die Arbeitsgruppe Bielefelder Soziologen in Deutschland verbreitet.

In den letzten Jahrzehnten entwickelten sich zahlreiche Teildisziplinen der Soziologie; insgesamt hat die Soziologie aber insbesondere gegenüber den rasant wachsenden Naturwissenschaften, aber auch gegenüber Wirtschaftswissenschaften und Psychologie an Ansehen und Aufmerksamkeit verloren. Systematisch wird Soziologie in den Medien immer weniger wahrgenommen und ausgewertet. Stattdessen ist die öffentliche Wahrnehmung der Soziologie mehr und mehr mit den Werken ausgewählter soziologischer Persönlichkeiten verbunden, denen es gelungen ist, sich auch in politischen Debatten einen Namen zu schaffen. Ein besonders eloquenter und auch für die Konsumforschung wichtiger Vertreter ist Pierre Bourdieu, der den sozialgruppenspezifischen „Habitus"-Begriff prägte und die Bedeutung des Unbewussten aus soziologischer Perspektive beleuchtete (vgl. z. B. Krais/Gebauer 2010).

3 Soziologie als Grundpfeiler der qualitativen Marktforschungspraxis

Dass die qualitative Marktforschung keineswegs losgelöst von der Soziologie durchgeführt wird, soll im Folgenden anhand der Phasen Stichprobenziehung, Feldforschung und Analyse verdeutlicht werden.

Da qualitative Forschung mit vergleichsweise kleinen Fallzahlen verbunden ist, hängt die Qualität der Ergebnisse in besonders starkem Maße von einer gelungenen und durchdachten Definition der **Stichprobe** und der damit verbundenen Rekrutierung von Untersuchungsteilnehmern ab. Dabei wird teilweise an Grundkategorien soziologischer Schichtungstheorien wie Klasse etc. angeknüpft. Um bei der Stichprobenbildung nicht nur auf vergleichsweise grobe Kategorien wie Einkommen angewiesen zu sein, wird darüber hinaus vielfach bereits bei der Rekrutierung versucht, soziale Gruppen auch aufgrund spezifischer Verhaltensmuster, Präferenzen und typischer Werte zu unterscheiden. Auch dafür wird auf soziologische Erkenntnisse zurückgegriffen.

In diesem Zusammenhang ist insbesondere auf die Unterscheidung nach verschiedenen Lebensstilen und Milieuzugehörigkeiten hinzuweisen. Milieuorientierte Ansätze gehen davon aus, dass es soziale Gruppen gibt, die „ein weitgehend kohärentes System ethischer und ästhetischer Grundhaltungen besitzen, die ähnliche Lebenswelten und Alltagsinteressen teilen, sodass sie – ohne sich dessen bewusst sein zu müssen – ein Lebensstilkollektiv oder ein Milieu bilden" (Diaz-Bone 2004, S. 3). Qualitative Marktforscher im Automobilsektor, aber auch in anderen Bereichen unterscheiden häufig bereits bei der Rekrutierung verschiedene Milieus oder grenzen die angesprochene Zielgruppe ein.

In der akademischen Soziologie erlangten insbesondere die milieubezogenen Ausarbeitungen von Gerhard Schulze (1992) und Michael Vester et al. (2001) Aufmerksamkeit. Am bekanntesten und von der größten Bedeutung in der Marktforschung sind jedoch die sogenannten „Sinus-Milieus", die nicht nur für Deutschland, sondern auch für andere Länder ausgearbeitet wurden und heute auch als Referenz für soziologische und politische Studien außerhalb der Marktforschung gelten. In der gegenwärtigen Milieu-Landkarte werden durch Sinus Sociovision zehn Milieus hinsichtlich der Dimensionen Grundorientierung und soziale Lage unterschieden.

Ob die Annahme konstanter Milieus und damit verbundener Wertehaltungen, die lebensbereichübergreifend unser Handeln prägen, allerdings noch zeitgemäß ist, ist ein in der Soziologie im Zusammenhang mit der Individualisierungsdebatte kontrovers diskutierter Punkt. Kritiker weisen darauf hin, dass das Handeln jedes Einzelnen starken Schwankungen im Zusammenhang mit Zeitgeist und gesellschaftlichen Entwicklungen unterworfen ist und dass auch das eigene Handeln keineswegs über verschiedene Lebensbereiche hinweg kontingent, sondern häufiger eher als ein Patchwork zu charakterisieren ist.

Bezüglich des „Wie" ist also noch kein allgemein anerkannter Königsweg gefunden worden, festzuhalten bleibt dennoch: Soziologische Erkenntnisse, insbesondere in der Soziologie entwickelte Schichtungsmodelle der Gesellschaft, bestimmen häufig, nach welchen Kriterien Befragte in der qualitativen Marktforschung ausgewählt werden, unabhängig ob die eigentliche Marktforschung in der Folge eher psychologisch, ethnologisch etc. ausgerichtet ist.

Auch wesentliche qualitative Erhebungsmethoden **(Feldforschung)** sind entscheidend von den Sozialwissenschaften geprägt worden. Die Gruppendiskussionen haben ihren Ursprung in den USA und wurden dort in den 1930er Jahren eingesetzt, um zu untersuchen, wie soziale Prozesse den Einzelnen beeinflussen (vgl. Lamnek 1998). In Deutschland wurden von Mitgliedern des berühmten Frankfurter Instituts für Sozialforschung in den 1950er Jahren sogenannte Gruppenexperimente mit einem soziologischen Fokus durchgeführt. Dem Forscherteam um Friedrich Pollock ging es darum, ideologisch geprägte gesellschaftliche Deutungsmuster aufzudecken.

Auch verschiedene qualitative Interviewverfahren mit unterschiedlichen Ausgestaltungen bezüglich des Ausmaßes an Offenheit und Vorstrukturiertheit bekamen entscheidende Impulse aus den Sozialwissenschaften, wo sie noch heute mit Abstand das meistgenutzte qualitative Element sind und ständig theoretisch weiterentwickelt werden. Als Beispiel sei auf das problemzentrierte Interview (Witzel 1982, 2000) verwiesen, das im Kontext der Lebenslaufforschung ausgearbeitet wurde.

Soziologie hat außerdem große Bedeutung bei den **Analysen** in der Marktforschungspraxis. Soziologische Erkenntnisse fließen oft als Hintergrundwissen in die Analysen ein, selbst bei psychologisch oder ethnologisch ausgerichteten Studien. Wenn etwa Stephan Grünewald (2004, S. 41) vom Rheingold-Institut feststellt: „Die Verbraucher sind verunsicherter, irritierter und zaghafter als in den 90er Jahren. Das Grund-Vertrauen in die Welt und die sie regulierenden Instanzen ist gestört", ist dies eine Beschreibung der gesamtgesellschaftlichen Situation und damit ein soziologisches Thema. Insbesondere die Konsumsoziologie widmet sich diesem systematisch.

Nachdem wir auf den ersten Blick keine soziologische Marktforschung erkennen konnten, halten wir nach einer eingehenderen Betrachtung als Zwischenfazit fest, dass die Soziologie einen Grundpfeiler für den gesamten (qualitativen) Marktforschungsbereich bildet aber eher im Hintergrund wirkt: Soziologie dient als gemeinsame Nährquelle für sich durch eigene Methoden und inhaltliche Schwerpunkte differenzierende Ansätze. Allerdings wird ihr Potenzial, durch diese wenig bewusste und explizite Nutzung soziologischer Ansätze oft nicht ausreichend ausgeschöpft. Deshalb sollen im folgenden Abschnitt Forschungsansätze und Perspektiven aufgezeigt werden, die das soziologische Profil qualitativer Marktforschung schärfen (könnten).

4 Perspektiven: ein stärkeres soziologisches Profil in der qualitativen Marktforschung

Im Folgenden werden zwei Ansätze qualitativer Marktforschung vorgestellt, die sich durch ein klares soziologisches Profil auszeichnen. Beide Ansätze haben zwar in den letzten Jahren an Bedeutung gewonnen, aber ihnen ist doch keineswegs das Maß an Aufmerksamkeit und Gewicht in der Marktforschung zuteil geworden, das sie u. E. gemäß ihrem Potenzial verdienen. Es handelt sich dabei um qualitative Marktforschung aus konsumsoziologischer Perspektive und um biographische Marktforschung. Konsumsoziologie und Biographieforschung sind keine voneinander abgegrenzten Felder, vielmehr sind durchaus Überschneidungen denkbar, also eine konsumsoziologische Marktforschung aus biographischer Perspektive. Da es sich aber in ihrer Geschichte und gegenwärtigen institutionellen Verankerung um zwei separate Bereiche handelt, werden sie im Folgenden kurz gesondert skizziert.

Thomas Kühn, Kay-Volker Koschel

4.1 Qualitative Marktforschung aus konsumsoziologischer Perspektive

Bei den jüngsten Entwicklungen in der Soziologie ist aus Marktforschungsperspektive insbesondere der Bedeutungsgewinn der Konsumsoziologie interessant (vgl. z. B. Rosenkranz/Schneider 2000; Hellmann 2003; Jäckel 2004; Deichsel 2004; Schrage 2009; Blättel-Mink/Hellmann 2010). 2002 wurde zu diesem Thema eine eigene Arbeitsgruppe in der Deutschen Gesellschaft für Soziologie gegründet. Untersucht wird die gesellschaftliche Funktion des Konsums, beispielsweise die Bedeutung von Marken für die Gesellschaft. Der Konsum wird zugleich als Herausforderung und Schlüsselelement zum Verständnis (post-)moderner Gesellschaften verstanden. Denn Konsum ist mit gesellschaftlich geprägten Sinnhorizonten verbunden. Durch die Analyse von typischen Konsumgewohnheiten lassen sich daher ebenso Rückschlüsse auf die Beschaffenheit von Gesellschaften ziehen, wie umgekehrt umfangreiches Hintergrundwissen über den Zustand der Gesellschaft das Handeln der Konsumenten verständlicher macht.

In den konsumsoziologischen Blick rückt etwa die Frage nach der Bedeutung von im Zuge gesellschaftlichen Wandels entstehenden neuen Phänomenen wie dem des Shoppings in großen Malls oder von Impulskäufen in Selbstbedienungsläden (vgl. Hellmann/Schrage 2005). Auch die Bedeutung von Marken in (post-)modernen Gesellschaften ist ein wichtiges Thema der Konsumsoziologie (vgl. z. B. Hellmann/Pichler 2005). Schließlich geht es der Konsumsoziologie darum, zu untersuchen, welche Bedeutung Konsumverhalten als ein Teil der eigenen Lebensführung für die Ausbildung einer eigenen sozialen Identität und gleichzeitigen Abgrenzung von anderen sozialen Gruppen besitzt (vgl. Kühn et al. 2008). Aus akademisch-soziologischer Sicht bieten sich hier interessante Anknüpfungspunkte für die soziale Ungleichheitsforschung, aus Marktforschersicht Einsichten in handlungsleitende Motive, die jenseits rationaler Begründungsmuster anzusiedeln sind. Die Konsumsoziologie könnte daher noch mehr die Funktion eines Scharniers übernehmen, das Soziologie und Marktforschung miteinander verknüpft, indem sie einen Rahmen bietet, Marktforschungspraxis und soziologische Diagnose- und Erklärungsmodelle aufeinander zu beziehen (vgl. Koschel 2008; Schrage/Friederici 2008 für eine Auseinandersetzung mit der Rolle der Marktforschung aus konsumsoziologischer Perspektive).

Qualitative Marktforschung aus konsumsoziologischer Perspektive betont die soziale Eingebundenheit von Verbrauchern/Kunden. Ihr geht es darum, nicht nur Momentaufnahmen von Vorlieben und Abneigungen zu zeichnen, sondern Präferenzen und Handeln von Konsumenten vor dem Hintergrund gesellschaftlicher Entwicklungen zu verstehen. Denn bereits, wenn man von „Konsumenten" spricht, betrachtet man menschliche Individuen in einer bestimmten gesellschaftlichen Rolle, die historisch entstanden ist und sich in einem laufenden Veränderungsprozess befindet. Qualitative Marktforschung aus konsumsoziologischer Perspektive betont daher den Wert einer intensiven und tiefgründigen Auseinandersetzung mit der Bedeutung des Konsums (vgl. auch Babic/Kühn 2008).

Zur Veranschaulichung unserer Überlegungen möchten wir im Folgenden kurz ein Beispiel eines konsumsoziologisch ausgerichteten qualitativen Marktforschungsprojektes schildern. Mit dem Ziel, zu einem grundlegenden Verständnis von „Luxus heute" zu gelangen, hat das Marktforschungsinstitut Ipsos im Jahr 2004 mit einer qualitativen Methodenkombination aus Einzelexplorationen, Gruppendiskussionen und Alltagsbeobachtungen das Alltagsverständnis von Luxus in Deutschland untersucht. Den Ausgangspunkt für diese Studie bildete der Befund eines sich in Deutschland entwickelnden, zunächst einmal widersprüchlich erscheinenden Konsumstils: Zeitgleich ist eine ansteigende Bedeutung von Billig- und Luxussegmenten zu beobachten – es kommt somit zunehmend zu einer Polarisierung des Konsums.

Die qualitative Studie verdeutlichte, dass es zu einem gesellschaftlichen Bedeutungswandel von Luxus gekommen ist. Luxus verkörpert heute in erster Linie nicht mehr ein soziales Statussymbol zur Distinktion, sondern übernimmt immer mehr die Funktion, das aufgrund sozialer Wandlungsprozesse zunehmend verunsicherte Individuum emotional zu stabilisieren. Gemeinsam hatten die individuellen Erklärungsversuche von Luxus, dass wahrer Luxus heute eher immateriell, selbstbezogen und am Hier-und-Jetzt orientiert ist. Mit Luxus verbinden die befragten Konsumenten in erster Linie Selbstverwöhnung, kompensatorische „Flucht aus dem harten Alltag", selbstbezogene Genusswerte und selbstbestimmte Eigenzeit. Nur noch sekundär werden die klassischen materiellen Statussymbole genannt (vgl. Koschel 2004, Koschel/Rademacher 2005). Interessanterweise gibt es auch kaum Unterschiede bei diesem Luxusverständnis zwischen finanziell mehr und weniger Privilegierten. Luxus ist somit im heutigen Alltagsverständnis nicht mehr etwas Exklusives für eine kleine privilegierte Bevölkerungsschicht, sondern wird in breiten Bevölkerungsschichten für besondere Lebenslagen angestrebt. Luxus wird zunehmend zu etwas, das einem selbst gut tut.

Und wie kommt der Normalbürger zum Luxuskonsum? Ergebnisse der Studie legen nahe, dass sich Luxus heutzutage „verdient" wird – z.B. durch das Einkaufen in Billigsegmenten. Denn der vielzitierte „hybride Konsument" ist sowohl „Schnäppchenjäger" und „Big Spender" zugleich. Er spart bei Aldi, Lidl oder Penny, kauft Basics bei H&M ein und investiert das Gesparte beim Luxusshopping, beim Besuch von Spitzenrestaurants oder den Wellness-Urlaub in erstklassigen Hotels. Mit diesem Befund wird dieser zunächst als widersprüchlich wahrgenommene Konsumstil verständlich, indem aufgezeigt wird, dass der Boom des Discount- und des Luxussegments zwei Seiten derselben Medaille sind, d.h. miteinander in einem logischen Zusammenhang stehen.

Indem Ergebnisse der qualitativen Marktforschung unter Verwendung konsumsoziologischer Theorien des sozialen Wandels gedeutet werden können, gewinnen Analysen an Tiefe und Prognosekraft. Denn damit wird die Verortung und Einordnung von „Ist-Befunden" in gesamtgesellschaftliche Prozesse möglich. Auch über das im Beispiel aufgezeigte Thema „Luxus" hinaus wird damit Konsumentenhandeln verständlich(er) gemacht.

4.2 Biographische Marktforschung

Die Biographie- und Lebenslaufforschung rückt die Dynamik der Entwicklung von Individuen in den Blickpunkt. Aus einer biographischen Perspektive sind alle Entscheidungen und Handlungen, die wir zu einem bestimmten Zeitpunkt treffen oder durchführen, nur als Momentaufnahme zu betrachten, die im Zusammenhang mit einer Entwicklung steht, die wir durchgemacht haben und weiter durchleben werden. Für die Forschung bedeutet dies, dass uns möglicherweise entscheidende Gesichtspunkte verborgen bleiben, wenn wir im Rahmen einer Querschnittsbetrachtung **nur zu einem** bestimmten Zeitpunkt nach Gründen, Motiven und Stimmungen fragen, die etwa mit einer Kaufentscheidung einhergehen. Aus biographischer Perspektive können wir dagegen das gegenwärtige Handeln vor dem Hintergrund einer individuellen Erfahrungsdynamik und einer spezifischen Antizipation der eigenen Zukunft einordnen.

Bei einer biographischen Herangehensweise bedarf es soziologischer Denkweisen und des Einbezugs soziologischen Wissens, da die eigene Entwicklung nicht losgelöst von sozialem Wandel und sozialer Einbettung gesehen werden kann. In der Wissenschaft hat sich in der Identitätsforschung in den letzten Jahrzehnten ein deutlicher Bedeutungszuwachs ergeben. Das zunächst von Erik H. Erikson formulierte psychologische und von sozialen Verläufen weitgehend abgekoppelte Konzept der altersspezifischen Entwicklungsaufgaben, das je nach Altersstufe bestimmte innere Konflikte und zentrale Themen benennt, wurde zunehmend durch soziologische Erkenntnisse relativiert. Zu groß sind heutzutage die Unterschiede innerhalb bestimmter Altersgruppen, zu heterogen die verschiedenen Lebensläufe. Stattdessen wird eine zunehmende Fragmentierung von Biographien in Patchwork- und sogenannte „Bastelbiographien" diskutiert, wobei allerdings das Ausmaß und die Allgemeingültigkeit dieses Trends unter Soziologen umstritten sind (vgl. z. B. Keupp et al. 1999).

Fest steht aber, dass unsere eigene individuelle Entwicklung zu einem großen Teil damit in Verbindung steht, in welchen sozialen Kontexten wir leben. Ein Studium im Kontext der 68er-Revolte ging mit anderen Handlungsentwürfen einher als ein Studium heutzutage. Und auch ein und dieselbe Person kann zu unterschiedlichen biographischen Zeitpunkten im Zusammenhang mit unterschiedlichen sozialen Rollen anders denken – eine Abiturientin etwa, die sich gerade ausgiebig mit den Idealen der französischen Revolution auseinandergesetzt hat, befindet sich in einem anderen „Wertekontext" als ca. 15 Jahre später im Amt einer Managerin eines privaten Unternehmens (vgl. Schmieder 1991).

Soziologie

Wenn man sich also mit biographischen Entwicklungen beschäftigt, müssen zumindest vier Kategorien berücksichtigt werden, von denen die letzten drei explizit soziologische sind:

- altersspezifische Reifung und Entwicklung
- sozialer Wandel und Zeitgeist
- Einbindung in soziale Rollenmuster und Institutionengefüge
- vollzogene Statuspassagen und biographische Übergänge, die unseren Erfahrungshintergrund und unsere Bewertungsschemata geprägt haben.

Eine biographische Perspektive gewinnt im Zuge von Globalisierungs- und Individualisierungsprozessen mehr und mehr an Bedeutung. Denn die eigene Lebensführung und damit verbundene Konsumgewohnheiten stehen immer weniger mit (sozial vererbten) Klassenzugehörigkeiten, sondern zunehmend mit individuellen biographischen Entscheidungen in Verbindung. Wenn etwa Kaufentscheidungen weniger an lebenslang tragende individuelle Wertestrukturen gebunden sind, sondern wechsel- und sprunghafter getroffen werden, bietet sich eine biographische Perspektive an, um dieses zunächst unvorhersehbar erscheinende Handeln verständlich zu machen und Licht ins Dunkel zu bringen.

Aus methodologischer Sicht sind besonders Einzelinterviews geeignet, um individuelle Wahrnehmungs- und Beurteilungsweisen ebenso detailliert zu erfassen wie biographische Passagen. Insbesondere problemzentrierte Interviews (Witzel 2000) sind in der Lage, zum einen den thematischen Bezug zu sichern, zum anderen aber den Befragten genügend Raum zu geben, im Interview ihren eigenen roten Faden stricken zu können. Wenn es darum geht, die Dynamik von Beurteilungsweisen zu erfassen, eignen sich Längsschnittstudien besonders, in denen dieselben Befragten zu verschiedenen Zeitpunkten befragt werden. Mithilfe von Längsschnittstudien lassen sich Umdeutungen und Entwicklungen analysieren. Aber auch in weniger aufwendigen Querschnittstudien lässt sich eine biographische Perspektive realisieren.

Im Rahmen der Auswertung ist es hilfreich, zunächst im Rahmen von Einzelfalldarstellungen wichtige biographische Passagen überblicksartig zusammenzufassen. Anknüpfend an Überlegungen von Witzel ist es dazu empfehlenswert, zunächst einmal verschiedene biographische Stationen chronologisch zu ordnen. In einem zweiten Schritt lässt sich die Dynamik mithilfe einer Unterscheidung zwischen Aspirationen (Welche Ziele, Motive, Bedürfnisse, Befürchtungen etc. waren für die biographische Veränderung ausschlaggebend?), Realisierung (Wie wurde die biographische Veränderung vollzogen? Wie kam es zur Entwicklung?) und Bilanz (Wie bewertet der Befragte die Entwicklung im Nachhinein?) rekonstruieren (vgl. Kühn/Witzel 2000).

Zur Veranschaulichung des Möglichkeitsspektrums einer soziologisch-biographischen Perspektive sollen einige exemplarische Fragestellungen aufgezeigt werden, welche Bedeutung Konsum und Entscheidungen im Marktumfeld für unsere Biographien übernehmen können – und wie man dieses Hintergrundwissen umgekehrt anwenden kann, um die für Unternehmen relevante Frage zu beantworten: Wie lassen sich Konsumentscheidungen aus einer biographischen Perspektive besser verstehen und begründet prognostizieren?

Damit verbunden sind verschiedene Teilfragestellungen, etwa:

- Im Rahmen unserer Biographie wandeln wir uns laufend und passen uns neuen Gegebenheiten an. Dabei verlaufen manche Wandlungsprozesse kontinuierlich und eher unauffällig, andere sprunghaft in mehreren Etappen, und teilweise kommt es zu Brüchen mit vorher gelebten/gedachten Formen, die von uns selbst, aber auch von anderen ausgehen können. Wie werden diese Prozesse durch Kaufentscheidungen begleitet? Gibt es bestimmte Produkte, die wir zum Ausdruck einer neuen Lebensphase kaufen und wenn ja, in welchen Situationen tritt dies besonders häufig auf, und welche Produkte werden bevorzugt?

- Im Zuge unserer biographischen Entwicklung wandeln wir uns im Zuge unterschiedlicher Handlungsfelder, wie etwa neuen Arbeitsplätzen, neuen familiären Rollen und damit verbundenen Herausforderungen getreu dem Motto von Wolf Biermann: „Nur, wer sich wandelt, bleibt sich treu." Gleichzeitig gibt es Orientierungs- und Handlungsweisen, die gleich bleiben und auf deren Konstanz wir großen Wert für die Festlegung unserer eigenen Identität legen. Wie setzen wir dieses Wechselspiel von Konstanz und Wandel im Konsum um? Gibt es bestimmte Produkte, Marken oder Markenfamilien, die wir trotz oder sogar gerade wegen einer großen Wechselhaftigkeit in vielen Lebenslagen dauerhaft kaufen, weil auch sie einen Teil unserer biographischen Identität ausmachen?

- Unsere im Biographieverlauf dynamische Identität definiert sich nicht nur über unsere berufliche Position, sondern auch über spezifische Interessen und Vorlieben, die wir entwickeln und die uns zugleich auszeichnen und sozial verorten, etwa eine besondere Vorliebe für spezielle Musik oder Weinsorten. In welchen biographischen Phasen und unter welchen Bedingungen entwickeln sich diese Präferenzen, und welche spezifische Bedeutung haben diese Produkte und Marken für unsere Identität in diesen Phasen?

- Wie reagieren wir mit unserem Konsumverhalten auf besonders spannungsreiche biographische Phasen, die durch kaum lösbare strukturell bedingte Konflikte und Ambivalenzen geprägt sind? Etwa die Unvereinbarkeit von einem Fulltime-Berufsleben mit einem Kinderwunsch? Oder Spannungen, die sich im Zuge von zunehmenden Mobilitätsanforderungen in Partnerschaften ergeben, die in der Familiensoziologie unter der Kategorie „Living-apart-together" definiert werden – also festen Partnerschaften ohne einen gemeinsamen Wohnsitz?

Wenn die Soziologie von Fragmentierung und Brüchigkeit der Biographien spricht und eine zunehmende generelle biographische Unsicherheit konstatiert, gibt es Bereiche, wo wir dies in unserem Konsum zu kompensieren versuchen?

5 Fazit

Auf den ersten Blick lässt sich eine soziologische qualitative Marktforschung nicht ausmachen. Soziologie scheint ein Mauerblümchendasein zu fristen. Bevor wir noch einmal die in den vorangegangenen Abschnitten zusammengetragenen Überlegungen zusammenfassen, die verdeutlichen, dass Soziologie entgegen diesem ersten Eindruck sehr wohl von großer Bedeutung für die qualitative Marktforschung ist, möchten wir an dieser Stelle kurz verdeutlichen, welche Gründe sich ausmachen lassen, dass die Soziologie gegenwärtig kaum im Mittelpunkt der marktforscherischen Aufmerksamkeit steht.

Erstens sind in Verbindung mit neoliberalen Denkströmungen und als Folge gesellschaftlicher Individualisierungsprozesse in der Öffentlichkeit zunehmend die Autonomie und die Eigenverantwortlichkeit von Individuen in den Blickpunkt geraten. Der Einzelne wird mehr und mehr als für sein Handeln verantwortlich gezeichnet und als seines eigenen Glückes Schmied begriffen. Individuelle Schicksale und Lebensläufe werden als Folge individueller Entscheidungen gezeichnet. Ohne durch die Leugnung individueller Handlungs- und Gestaltungsspielräume ins andere Extrem verfallen zu müssen, ist diese Deutungsweise allerdings auf der Basis vieler soziologischen Studien als ungerechtfertigt, einseitig und ideologisch verzerrt zu kritisieren. Eine derartige auf das Individuum gerichtete Perspektive verkennt die Bedeutung sozialer Faktoren, wie Herkunft, Gruppenzugehörigkeit und strukturell vorgegebene Chancenstrukturen ebenso wie die Bedeutung variabler kultureller Deutungsmuster. Das Gleiche gilt für den sich in den letzten Jahren abzeichnenden Trend, menschliches Handeln in den Zusammenhang mit naturwissenschaftlichen Erkenntnissen zu bringen, insbesondere mit den schnell wachsenden Gen- und Neurowissenschaften. Mit Martin Hartmann (2005, S. 35) ist einzuwenden, dass damit das menschliche Handeln fälschlicherweise „frei von sozialen Kontexten" gedeutet wird.

Dass es keine ausgewiesene „soziologische" qualitative Marktforschung gibt, liegt **zweitens** auch daran, dass die Kluft zwischen angewandter Marktforschungspraxis und akademischer Soziologie besonders groß ist. In der Folge gibt es zu wenig Kontakte zwischen Wissenschaft und Praxis. Monika Kritzmöller (2004) führt das auf den traditionell „wirtschaftskritischen" Bias von Sozialwissenschaften zurück. Kommerzielle Marktforschung wird in der Folge von den akademischen Soziologen häufig als nicht seriös genug, als oberflächlich, unkritisch, unmoralisch und unwissenschaftlich angesehen und deshalb – wenn überhaupt – nur mit „spitzen Fingern" angefasst. Die damit verbundene Gefahr, dass in der Folge die akademische Soziologie zunehmend um sich selbst kreist und ein mehr und mehr nach außen geschlossenes System von Themen und Kategorien produziert, hat in den letzten Jahren auch Selbstkritik hervorgerufen, etwa wenn Ulrich Beck (2005, S. 3) vom „Autismus der Wissenschaft" spricht. Die Kluft zwischen Theorie und Praxis liegt aber nicht nur in der Distanziertheit der Akademiker, sondern auch darin begründet, dass Erkenntnisse der akademischen Soziologie oft nicht systematisch in der Marktforschungspraxis berücksichtigt werden. Dies liegt v. a. in der Komplexität sozialwissenschaftlicher Forschung begründet. Damit verbunden ist ein hoher, in der Praxis oft nicht vorhandener oder abschreckend wirkender Zeitaufwand, „um sich durch mehrere hundert in wissenschaftlichem Duktus gehaltene Seiten zu kämpfen und dann in mühevoller interpretatorischer Leistung zu versuchen, das Gelesene auf seinen eigenen unternehmerischen Kontext anzuwenden" (Diaz-Bone 2004, S. 7).

Die vergleichsweise unscheinbare Position der Soziologie in der Marktforschung ist **drittens** eine Folge davon, dass in noch stärkerem Maße als beispielsweise für die Psychologie gilt, dass die Soziologie ein riesiges Sammelbecken für verschiedene Themen und Theorien ist. Allein in der Deutschen Gesellschaft für Soziologie gibt es über 30 voneinander abgegrenzte Sektionen. Somit gibt es nicht die eine soziologische Strömung, sondern viele verschiedene soziologische Ansätze, die sich zu einem weit verzweigten, kaum übersichtlichen Gesamtbild zusammenfügen. Das erschwert die öffentliche Wahrnehmung der Soziologie – und lässt sie u. E. zu Unrecht mehr und mehr als eine Fachrichtung unter „ferner liefen" erscheinen. Denn wir haben versucht, mit unserem Artikel aufzuzeigen, wie wichtig Soziologie für die qualitative Marktforschung bereits ist und künftig in noch expliziterer Art und Weise sein könnte. Insbesondere wenn man sich mit der historischen Entwicklung qualitativer Forschung beschäftigt und die in der Marktforschungspraxis verwendeten Herangehensweisen näher untersucht, stellt man fest, dass die Soziologie einen Grundpfeiler für alle qualitativen Marktforschungsströmungen bildet. Sie wirkt aber eher im Hintergrund und dient nicht der Profilbildung des jeweils verwendeten Ansatzes. Es lassen sich gleichwohl soziologische Strömungen und jüngere Entwicklungen identifizieren, die in der Zukunft zu einem stärkeren explizit soziologischen Profil qualitativer Marktforschung führen könnten. Erstens kann der wachsende Bereich der Konsumsoziologie eine Scharnierfunktion zwischen akademischer Soziologie und angewandter Marktforschung übernehmen. Zweitens gewinnen angesichts von Individualisierungs- und Globalisierungsprozessen biographische Perspektiven an Bedeutung, um Konsum und Markt zu verstehen.

Die Herausforderung für die Soziologie besteht darin, immer wieder deutlich zu machen, wie wichtig die Berücksichtigung komplexer Zusammenhänge ist. Wenn es soziologisch orientierten Marktforschern gelingt, diese Erkenntnis mehr in den Mittelpunkt zu rücken und zugleich mit eigenen Arbeiten aufzuzeigen, wie man die mit soziologischen Perspektiven stets verbundene Komplexität systematisch und zugleich nachvollziehbar reduzieren kann, wäre ein erster Schritt getan, die Soziologie wieder stärker in ihrer eigentlichen Bedeutung sichtbar werden zu lassen. Durch weitgehendes Schweigen zum Thema Konsum überlassen die Gesellschaftswissenschaften den Marketingwissenschaften, der Psychologie und der Ethnologie die Analyse, Deutung und Definitionsmacht von Konsum, Konsument und Konsumgesellschaft im 21. Jahrhundert. Es besteht die Hoffnung, dass dieser Trend sich im Zuge einer wachsenden Bedeutung der Konsumsoziologie und einer stärkeren Berücksichtigung soziologischer Erkenntnisse im Zuge der Marktforschungspraxis allmählich auflösen wird. Denn, um noch einmal mit Martin Hartmann (2005, S. 37) zu sprechen: „Das Soziale verpufft nicht, es verändert nur seine Gestalt. Diesen Gestaltwandel in allen seinen komplexen Verflechtungen kritisch zu begleiten, die ihn tragenden Mythen und Ideologien empirisch und theoretisch zu durchdringen – das bleibt Aufgabe einer selbstbewussten Sozialwissenschaft."

Literaturverzeichnis

Babic, Edvin / Kühn, Thomas (2008): Qualitative Marktforschung als Akteur in der Produktentwicklung. In: Schrage, Dominik / Friederici, Markus R. (Hrsg.): Zwischen Methodenpluralismus und Datenhandel. Zur Soziologie der kommerziellen Konsumforschung. Wiesbaden, S. 97–112.

Beck, Ulrich (2005): Europäisierung – Soziologie für das 21. Jahrhundert. In: Aus Politik und Zeitgeschichte, 34–35: Soziologie, S. 3–11.

Blättel-Mink, Birgit / Hellmann, Kai-Uwe (Hrsg.) (2010): Prosumer Revisited. Zur Aktualität einer Debatte. Wiesbaden.

Deichsel, Alexander (2004): Markensoziologie. Frankfurt/Main.

Diaz-Bone, Rainer (2004): Milieumodelle und Milieuinstrumente in der Marktforschung. In: Forum Qualitative Sozialforschung, 5(2), Art. 28, [26 Absätze]. www.qualitative-research.net/fqs-texte/2-04/2-04diazbone-d.htm. Zugriff: 29.09.2010.

Grünewald, Stephan (2004): Orientierung für den fassungslosen Verbraucher. In: Planung & Analyse, 3, S. 41–47.

Hartmann, Martin (2005): Das Unbehagen an der Gesellschaft. In: Aus Politik und Zeitgeschichte, 34–35: Soziologie, S. 31–37.

Hellmann, Kai-Uwe (2003): Soziologie der Marke. Frankfurt/Main.

Hellmann, Kai-Uwe / Pichler, Rüdiger (Hrsg.) (2005): Ausweitung der Markenzone. Interdisziplinäre Zugänge zur Erforschung des Markenwesens. Wiesbaden.

Hellmann, Kai-Uwe / Schrage, Dominik (Hrsg.) (2005): Das Management der Kunden. Studien zur Soziologie des Shopping. Wiesbaden.

Jäckel, Michael (2004): Einführung in die Konsumsoziologie. Wiesbaden.

Keupp, Heiner / Ahbe, Thomas / Gmür, Wolfgang / Höfer, Renate / Mitzscherlich, Beate / Kraus, Wolfgang / Straus, Florian (1999): Identitätskonstruktionen. Das Patchwork in der Spätmoderne. Reinbek.

Koschel, Kay-Volker (2004): Lass Dich inspirieren. In: Bestseller – Das Magazin von Horizont, 4, S. 22–25.

Koschel, Kay-Volker (2008): Zur Rolle der Marktforschung in der Konsumgesellschaft. In: Schrage, Dominik / Friederici, Markus R. (Hrsg.): Zwischen Methodenpluralismus und Datenhandel. Zur Soziologie der kommerziellen Konsumforschung. Wiesbaden, S. 29–52.

Koschel, Kay-Volker / Rademacher, Ute (2005): Der Reiz der wahren Werte. In: Bestseller – Das Magazin von Horizont, 6, S. 40–41.

Krais, Beate / Gebauer, Gunter (2010): Habitus. 3. unveränderte Auflage. Bielefeld.

Kritzmöller, Monika (2004): Theoria cum praxi? Über die (Un-?) Vereinbarkeit wissenschaftlicher und ökonomischer Anforderungen. In: Forum Qualitative Sozialforschung, 5(2), Art. 32, [27 Absätze]. www.qualitative-research.net/fqs-texte/2-04/2-04kritzmoeller-d.htm. Zugriff: 29.09.2010.

Kühn, Thomas (2004a): Berufsbiographie und Familiengründung. Biographiegestaltung junger Erwachsener nach Abschluss der Berufsausbildung. Wiesbaden.

Kühn, Thomas (2004b): Das vernachlässigte Potenzial qualitativer Marktforschung. In: Forum Qualitative Sozialforschung, 5(2), Art. 33, [81 Absätze]. www.qualitative-research.net/fqs-texte/2-04/2-04kuehn-d.htm. Zugriff: 29.09.2010.

Kühn, Thomas (2005a): Grundströmungen und Entwicklungslinien qualitativer Forschung. P&A Wissen (Sonderheft), Planung & Analyse. Frankfurt/Main.

Kühn, Thomas (2005b): Qualitative Forschung: ein Nibelungenschatz, den es zu bergen gilt. Tagungsbericht BVM-Fachtagung „Qualitative Marktforschung – State of the Art und Ausblick". In: Forum Qualitative Sozialforschung, 6(3), Art. 5, [34 Absätze]. www.qualitative-research.net/fqs-texte/3-05/05-3-5-d.htm. Zugriff: 29.09.2010.

Kühn, Thomas / Koschel, Kay-Volker / Barczewski, Jens (2008): Identität als Schlüssel zum Verständnis von Kunden und Marken. In: Planung & Analyse, 36 (3), S. 17–21.

Kühn, Thomas / Koschel, Kay-Volker (2010, im Druck): Die Bedeutung des Konsums für moderne Identitätskonstruktionen. Erscheint im Sammelband zum 34. Kongress der Deutschen Gesellschaft für Soziologie (DGS) im Jahr 2008 in Jena.

Kühn, Thomas / Witzel, Andreas (2000): Der Gebrauch einer Textdatenbank im Auswertungsprozess problemzentrierter Interviews. In: Forum Qualitative Sozialforschung, 1(3), [115 Absätze]. www.qualitative-research.net/fqs-texte/3-00/3-00kuehnwitzel-d.htm. Zugriff: 29.09.2010.

Lamnek, Siegfried (1998): Gruppendiskussion. Theorie und Praxis. Weinheim.

Münch, Richard (2002): Soziologische Theorie. Band 1: Grundlegung durch die Klassiker. Frankfurt/Main.

Rosenkranz, Doris / Schneider, Norbert F. (Hrsg.) (2000): Konsum. Soziologische, ökonomische und psychologische Perspektiven. Opladen.

Schmieder, Arnold (1991): Individuum und gesellschaftliches Leben. In: Kerber, Harald / Schmieder, Arnold (Hrsg.): Soziologie. Arbeitsfelder, Theorien, Ausbildung. Ein Grundkurs. Reinbek, S. 18–42.

Schrage, Dominik (2009): Die Verfügbarkeit der Dinge. Eine historische Soziologie des Konsums. Frankfurt am Main.

Schrage, Dominik / Friederici, Markus R. (Hrsg.) (2008): Zwischen Methodenpluralismus und Datenhandel. Zur Soziologie der kommerziellen Konsumforschung. Wiesbaden.

Schulze, Gerhard (1992): Die Erlebnisgesellschaft. Frankfurt/Main.

Vester, Michael / Oertzen, Peter von / Geiling, Heiko / Hermann, Thomas / Müller, Dagmar (2001): Soziale Milieus im gesellschaftlichen Strukturwandel. Frankfurt/Main.

Witzel, Andreas (1982): Verfahren der qualitativen Sozialforschung. Frankfurt/Main.

Witzel, Andreas (2000): Das problemzentrierte Interview. In: Forum Qualitative Sozialforschung, 1(1), [26 Absätze]. www.qualitative-research.net/fqs-texte/1-00/1-00witzel-d.htm. Zugriff: 29.09.2010.

Petra Mathews, Edeltraud Kaltenbach

Ethnographie
Auf den Spuren des täglichen Verhaltens

1 Einführung 149
2 Begriffe und ihre Einordnung 149
3 Geschichte und theoretische Wurzeln der ethnographischen Marktforschung 150
4 Ethnographische Marktforschung heute 153
    4.1   Der ethnographische Blick 153
    4.2   Der Beitrag ethnographischer Marktforschung für das Verständnis von Märkten 154
5 Paradigmen der ethnographischen Forschung 155
6 Beispiele für ethnographische Methoden 157
7 Fazit 159

1 Einführung

In diesem Artikel soll der Beitrag ethnographischer Forschung für die Entwicklung der qualitativen Marktforschung beschrieben werden. Trotz der langen Tradition der wissenschaftlichen Disziplin Ethnographie hat diese in der Marktforschung Europas erst in den letzten Jahren Einzug gehalten (vgl. Schmid/Kaufmann 2005, S. 32). Im Vergleich zu den traditionellen Formen der qualitativen Marktforschung (qualitative Interviews, Gruppendiskussionen etc.) ist die Ethnographie nach wie vor wenig verbreitet.

Gleichzeitig ist ein allgemein steigender Trend seitens der Unternehmen als Nachfrager von ethnographischer Marktforschung zu erkennen. Ethnographie ist in! Dies ist nicht nur ein hipper Trend, sondern auf handfeste Vorteile ethnographischer Ansätze gegenüber anderen Methoden der qualitativen Marktforschung zurückzuführen. Vorteile ergeben sich insbesondere vor dem Hintergrund, dass zunehmend eine umfassendere Beschreibung von Konsumentenwelten und den daraus resultierenden Bedürfnissen und Wünschen in Bezug auf Konsumgüter und Dienstleistungen erforderlich sind: Nur so können aktuellen Konsumentenanforderungen und Marktbedingungen ausreichend Rechnung getragen werden.

Selbst wenn ethnographische Marktforschung keine Allround-Lösung für jedes Marketingproblem ist, findet man hier ein Instrumentarium, um die Beziehung und Interaktion zwischen Produkt und Konsumenten in einen größeren Kontext zu stellen und in aller Tiefe zu verstehen – ein wichtiger Stellhebel für den Markterfolg.

2 Begriffe und ihre Einordnung

Wenn man sich mit ethnographischer Forschung beschäftigt, begegnet man unterschiedlichen, z. T. synonym verwendeten Begriffen, die hier genauer definiert und gegeneinander abgegrenzt werden sollen. Zum einen findet man die Anthropologie, die als eine Art Überbegriff i. S. der allgemeinen Wissenschaft vom Menschen zu verstehen ist. Im angelsächsischen Raum wird sie häufig als Cultural Anthropology (USA) und Social Anthropology (UK) synonym mit der Ethnologie bzw. Ethnographie verwendet. Während die Ethnologie als vergleichende Völkerkunde verstanden wird, handelt es sich bei der Ethnographie um die beschreibende Völkerkunde (von gr. *ethnos* [fremdes] Volk und *graphein* [be]schreiben (vgl. u. a. Beer/Fischer 2003, S. 16; Kohl 2000, S. 100).

Ethnologie und Ethnographie werden als System vielfältig miteinander verflochtener Disziplinen verstanden, in dem Geschichtswissenschaften und Sozialpsychologie ebenso ihren Platz haben können wie Kultursemiotik oder Ökonomie. Ziel ethnographischer Ansätze generell ist, ein holistisches Bild einer bestimmten Gruppe zu erhalten, das neben Verhaltensweisen auch kulturelle Hintergründe und Kontext sowie dessen Bedeutung innerhalb der Gruppe umfasst.

Im marktforscherischen Kontext macht sich die ethnographische Forschung in erster Linie Methoden der traditionellen Ethnographie als beschreibende Wissenschaft zunutze. In der englischsprachigen Literatur wird hier häufig auch von Observational Research gesprochen. Im Gegensatz zu psychologischen oder soziologischen Herangehensweisen dreht sich die Kernfrage der ethnographischen Marktforschung um das tief greifende Verständnis, wie Menschen mit Produkten und Dienstleistungen interagieren. Dabei beobachtet und hinterfragt sie das Konsumentenverhalten unter natürlichen Bedingungen (vgl. Abrams 2000, S. XIV).

3 Geschichte und theoretische Wurzeln der ethnographischen Marktforschung

„Aufzeichnungen über fremde Kulturen sind wohl immer schon gemacht worden, seit es die Schrift gab" (vgl. Kohl 2000, S. 101; Erickson/Murphy 1998, S. 11ff.). Entsprechende Arbeiten lassen sich demnach bis in die frühe Antike zurückverfolgen. Die ethnographische Marktforschung als Anwendungsdisziplin hat ihre Wurzeln in der ethnologischen Feldforschung. Ursprünglich dem Kolonialismus entspringend, entwickelte sich die Ethnographie von der Beobachtung und Beschreibung indigener Völker hin zur Untersuchung kulturell näher liegender Gruppen wie z. B. der Bevölkerung bestimmter Stadtteile oder Subkulturen. Der Fokus der Ethnographie weitete sich somit auf die eigene Gesellschaft aus, sodass wissenschaftliche Methoden der Ethnographie unter anderem auch der Marktforschung zugänglich gemacht werden konnten.

Der lange Weg dorthin wurde von vielen unterschiedlichen Personen geprägt, die ihre wissenschaftliche Heimat nicht nur in der Ethnologie und Ethnographie finden, sondern auch anderen Disziplinen zuzuordnen sind.[1] Insgesamt ist die Entwicklung der ethnographischen Marktforschung somit im Kontext der allgemeinen Entwicklung

---

[1] Hierbei ist zu berücksichtigen, dass an dieser Stelle keine umfassende Abbildung aller namhaften Vertreter der Ethnologie/Ethnographie oder anderer relevanter Wissenschaften möglich ist, sondern exemplarisch einige Personen ausgewählt wurden, deren Einfluss bis heute die ethnographische Marktforschung prägt.

Ethnographie

qualitativer Marktforschung zu sehen, die Einflüssen aus unterschiedlichen Richtungen unterlag.

Als allgemeiner Vorreiter und „Gründervater" (Beer/Fischer 2003, S. 45) der heutigen ethnographischen Forschung kann Franz Boas betrachtet werden. Bereits in den 1890er Jahren verbrachte er längere Forschungsaufenthalte bei indigenen Völkern. Seine später als „historischer Partikularismus" bezeichnete Perspektive brach mit der traditionellen Unterscheidung zwischen „entwickelten" und „nicht entwickelten" oder „primitiven" Völkern. Grundlage dieser Sichtweise war, dass jedem Volk eine auf seiner individuellen Geschichte fußende Kultur attestiert wurde. Da diese Kultur an sich einzigartig sei, müsse deren grobe Aufteilung je nach von außen wahrgenommenem Entwicklungsstand wissenschaftlich als inkorrekt bezeichnet werden – ein klarer Angriff auf die vorherrschenden Evolutionstheorien und vergleichenden ethnographischen Methoden der damaligen Zeit (vgl. Eriksen 2001, S. 14). Ab 1905 hatte er den ersten Lehrstuhl für Cultural Anthropology an der Universität von Columbia inne. Obwohl er keine verschriftlichten Theorien hinterließ, bildete er doch zahlreiche namhafte Vertreter dieses Fachs aus, u. a. Edward Sapir (vgl. Kapitel 4.1 – Sprache) oder Margret Mead (vgl. Beer/Fischer 2003, S. 45).

Margret Mead zählt zu den bekanntesten Schülern von Boas. Sie gilt als Vertreterin der Psychological Anthropology und verschrieb sich somit der Beziehung zwischen Kultur und Persönlichkeit und deren wechselseitiger Beeinflussung als Untersuchungsgegenstand. Bereits ihre frühen Arbeiten sorgten für Aufsehen: Mead entdeckte, dass unter jungen Mädchen in Samoa der natürliche, durch Rituale gestützte Umgang mit der erwachenden Sexualität zu einem „sorgloseren Erwachsenwerden" führte, als dies in westlichen Kulturen der Fall ist, wo dieses Thema eher verschwiegen oder verteufelt wurde – eine eindeutige Position zu einem natürlicheren und offeneren Umgang mit Sexualität in der eigenen Gesellschaft. Basierend auf diesen Erfahrungen blieb Mead ihr Leben lang eine wichtige Wortführerin für liberale Belange und Toleranz (vgl. Erickson/Murphy 1998, S. 79ff.; McGee/Warms 1996, S. 215ff.). Selbst wenn Meads Arbeiten später teilweise als oberflächlich oder ungenau bezeichnet wurden, zeigen sie doch das Potenzial ethnographischer Forschung, durch das Verständnis des anderen auch die eigene Kultur kritisch zu beleuchten und zu reflektieren (vgl. Eriksen 2001, S. 14).

Prominentester Vertreter ethnographischer Forschung ist Bronislaw Malinowski, der Anfang des 20. Jahrhunderts die „teilnehmende Beobachtung" als Methode salonfähig machte. Seine große Errungenschaft war die von Boas eingeleitete klare Abwendung von der sogenannten „Armchair- oder Schreibtischethnologie" (Kiepe 2004, S. 8; Kohl 2000, S. 113): Anstelle der Auswertung der durch Missionare, Reisende oder andere Personen erhobenen Daten aus zweiter Hand trat die sprichwörtliche „Feldforschung", d. h. die persönliche Anwesenheit des Forschers vor Ort. Hauptmerkmal war das Leben **mit** den Erforschten, was nicht nur das Wohnen über einen längeren Zeitraum innerhalb der Gesellschaft, sondern auch das Erlernen der Sprache mit einbezog.

Anders als bei Boas war für Malinowski jedoch weniger die Geschichte eines Volkes als das Hier und Jetzt von forscherischem Belang und untermauerte die Notwendigkeit der direkten Beobachtung gegenwärtigen Verhaltens vor dem Hintergrund der volkseigenen Kultur. Malinowski strebte ein emisches Verständnis an, d. h., die Kultur mit ihren zahlreichen sozialen Institutionen und deren Verbindungen untereinander von innen heraus zu begreifen (vgl. Eriksen 2001, S. 15; vgl. auch Schönhuth 2002, S. II).

In den 20er Jahren entstanden wichtige Impulse für die heutige ethnographische (Markt-)Forschung im Zuge der Etablierung der sogenannten Chicago School (u. a. Robert E. Park), deren Vertreter die Methode der teilnehmenden Beobachtung auf Randbereiche der eigenen Kultur und somit auf moderne Gesellschaften übertrugen (vgl. u. a. Coulon 1995, S. 6). Basierend auf dem symbolischen Interaktionismus Herbert Blumers wurde darüber hinaus die Wichtigkeit des direkten Kontakts mit dem Menschen in Alltagssituationen betont (vgl. Kühn 2005, S. 26), was wiederum die Notwendigkeit einer authentischen Umgebung während der Untersuchung stützte.

Auch Erving Goffman hatte wichtigen Einfluss: Er übertrug in seinen Arbeiten über Authentizität mit Hilfe seiner Theater-Metapher das Verhalten der Menschen auf unterschiedliche Bühnen, auf denen kontextbezogen unterschiedliche Rollen von Menschen eingenommen und gespielt werden („soziales Handeln als Schauspiel", Abels 1998, S. 157; vgl. auch Mariampolski 2001, S. 19). Aus dieser entlarvten „Schauspielerei" beobachteter Personen ergaben sich zusätzliche Ansprüche an den ethnographischen Forscher sowohl während der Feldarbeit als auch für die Analyse der erhobenen Daten.

Insgesamt ist im Zeitablauf eine klare Tendenz in Bezug auf die Wahrnehmung und das Verständnis der untersuchten Zielgruppe festzustellen: Durch das Näherrücken der Ethnographie an die eigene Gesellschaft und Einflüsse der Psychologie und Soziologie auf Untersuchungstechniken geht die Entwicklung mit einer grundsätzlichen Wandlung des hinter diesem Ansatz stehenden Menschenbildes einher. Während die Ethnographie der Kolonialzeit sich durch eine eher kulturzentristische und arrogante Perspektive gegenüber den „Wilden" oder „Primitiven" charakterisierte (vgl. u. a. Kiepe 2004, S. 8; Beer/Fischer 2003, S. 21ff.), hat sich das Forschungsobjekt im Laufe der Zeit zum Forschungssubjekt des mündigen Konsumenten gewandelt. Dieses Subjekt ist Lieferant wichtiger Insights: Seine Meinung und Einstellung sind unabdingbar, wenn es darum geht, relevante Entscheidungsgrundlagen für Forschung & Entwicklung und Marketing zu generieren. Qualitative Marktforschung generell und ethnographische Forschung im Speziellen sowie deren detaillierte Analyse sind hierfür wichtige Ansatzpunkte.

4 Ethnographische Marktforschung heute

4.1 Der ethnographische Blick

Mariampolski beschreibt drei Grundpfeiler der Ethnographie, die für die Marktforschung einen Quantensprung in Bezug auf das Verständnis von Zielgruppen darstellen: Kultur, Sprache und Kontext (vgl. Mariampolski 1999, S. 79ff.). Alle drei Bereiche beeinflussen einander und ermöglichen zusammengenommen eine sogenannte dichte Beschreibung.

Kultur: In der Ethnographie wird Kultur als strukturierendes Prinzip des Verhaltens einer Gruppe verstanden. Durch die Kultur wird Verhalten eine bestimmte Bedeutung beigemessen. (Beispiel: Während das Sockenwaschen im europäischen Raum in erster Linie hygienischen Zielen dient, ist die intensive Pflege im arabischen Raum eher religiös motiviert und steht in engem Zusammenhang mit dem Betreten heiliger Orte ohne Schuhe (vgl. Mariampolski 1999, S. 79). Kultur bietet den Nährboden für Identität innerhalb einer Gruppe, die durch wiederkehrendes Verhalten immer wieder neu definiert und bestärkt wird. Auch die Interaktion mit (Konsum-)Gegenständen ist somit nur vor dem kulturellen Hintergrund zu verstehen. McCracken geht sogar so weit, dass Konsumgüter als „vehicle of cultural meaning" zu interpretieren seien und auch nur so erfolgreich vermarktet werden könnten (vgl. McCracken 1990, S. 5).

Sprache: Edward Sapir ist bekannt für seine Arbeiten über Sprache und den Einfluss von Grammatik und Vokabular auf die Wahrnehmung der Welt (vgl. u. a. Eriksen 2001, S. 14). Die daraus entstandene Sapir-Whorf-Hypothese (Whorf 1956, zitiert nach Mariampolski 2001, S. 17; vgl. auch Moore 2004, S. 97ff.) besagt: „We do not really see something until we know what it is called." Das Beispiel „Schnee" ist nur eines von vielen, das diese These stützt: Während in gemäßigteren Klimazonen nur wenige Begriffe für Schnee zur Verfügung stehen, nutzen Eskimos eine ganze Begriffsbatterie, die eine wesentlich detailliertere Beschreibung des Gegenstandes Schnee erlaubt. Sprache ist also eine verbale Verkörperung von Kultur (vgl. Schau zitiert nach Sayre 2001, S. 22) und somit ein ethnographischer Untersuchungsgegenstand. Bereits Malinowski war bekannt dafür, dass er die Sprache der beobachteten Völker erlernte, um so der untersuchten Kultur noch näher zu kommen (vgl. u. a. Kiepe 2004, S. 6). Dennoch wissen Marktforscher gerade aus dem Umgang mit kreativeren Ansätzen und Fragestellungen, in denen Emotionen eine wichtige Rolle spielen, dass Sprache durchaus eine Barriere darstellen kann. Zum einen können Begriffe unterschiedlich belegt sein, zum anderen reicht Sprache häufig nicht aus, um relevante Aspekte zum Ausdruck zu bringen. Sprache unterliegt demnach grundsätzlich der Interpretation und stellt den Marktforscher vor die Herausforderung, das sprachlich Ausgedrückte vor dem Hintergrund individueller Werteinstellungen, Erwartungen und unterschiedlicher situativer Bedingungen zu betrachten, um die wahre Bedeutung des Gesagten zu erfassen.

Kontext: Um die Limitationen von Sprache zu umgehen, bedient die ethnographische Forschung sich des Mittels der (teilnehmenden) Beobachtung, die neben dem spezifisch zu untersuchenden Verhalten auch den Kontext erfasst. Kontext kann hierbei sehr weit gefasst sein und von situativen Bedingungen über aktuelle Stimmungen bis hin zu charakterlichen Eigenschaften, Kultur und Geschichte reichen. Während die traditionelle Ethnographie hier einen sehr hohen Anspruch an die Erfassung des kulturellen Gesamtkontextes stellt, um sich in Urteils- und Interpretationsvermögen nicht zu beschneiden, ist es in vielen Bereichen der Marktforschung, z. B. der Konsumgüterforschung, nicht grundsätzlich notwendig, sich den gesamten kulturellen Kosmos eines Konsumenten zu erschließen. Schmid/Kaufmann (2005) sprechen in diesem Zusammenhang von „fokussierter Ethnographie", d. h., dass die ethnographische Beobachtung (im Rahmen von Zeit- und Kostenrestriktionen für einzelne Projekte) lediglich auf die entscheidenden Situationen der Produktnutzung beschränkt wird. Zum relevanten Kontext gehört ebenso der Grad der Individualisierung von Märkten und daraus folgende Marketing-Implikationen, die im nächsten Kapitel näher betrachtet werden.

4.2 Der Beitrag ethnographischer Marktforschung für das Verständnis von Märkten

Tatsache ist, dass die Märkte sich vom Massen- über den Nischenmarkt zu differenzierten Märkten entwickelt haben und die Ansprüche der Konsumenten in Bezug auf individuelle Produktgestaltung und Kommunikation steigen. Direkte Kundenansprache auf einer möglichst persönlichen Ebene ist ein Muss. Trevaskis formuliert dies so: „… phrases like ‚customer closeness' and ‚connecting with the consumer' are common currency. […] Professionals […] now need to adapt to a reality where the relationship between customer and business is increasingly collaborative and conspirational" (Trevaskis 2000, S. 208).

Klassische qualitative Methoden wie insbesondere Gruppendiskussionen können unter diesen Bedingungen zu kurz greifen. Die Konsumenten werden nicht nur des Einflusses ihrer normalen Umgebung beraubt, sondern geben Erklärungen und Gründe für Verhalten lediglich aus der Erinnerung wieder. Daraus resultiert notwendigerweise eine Selektion durch den Teilnehmer, d. h. dass die ausgelassenen und/oder vergessenen Teile nicht Gegenstand einer forscherischen Analyse sein können. Genau hier setzen ethnographische Marktforschungsmethoden an.

Insbesondere wenn es um die Erforschung von Verhalten/Interaktion zwischen Konsumenten und Produkt geht, können über die direkte Beobachtung viel eher ein umfassendes Bild geschaffen und womöglich sogar verdeckte Bedürfnisse und Wünsche offenbart werden. Das gilt umso mehr, je habitualisierter und demnach weniger reflektiert Verhaltensweisen sind, was tendenziell mit größeren „Gedächtnislücken" einhergeht (z. B. tägliche Hausarbeit, fernsehen, E-Mails schreiben etc.). Die Insights ethnographischer Marktforschung hingegen können von der Entdeckung unerwarteter und/oder unbewusster Verhaltensmuster über das Finden neuer Produktnutzen bis hin zu Veränderungen von Lebensstilen reichen und bieten facettenreiche Ansatzpunkte für eine zielführende Marketingstrategie (vgl. Abrams 2000, S. XXII).

All dies zusammengenommen, ermöglicht die Anwendung ethnographischer Methoden in der Marktforschung ein tiefgründiges Verständnis der Konsumenten-Produkt-Beziehung. Das Verständnis eben dieser Beziehung ist Grundlage für die Ableitung erfolgversprechender Marketingstrategien.

5 Paradigmen der ethnographischen Forschung

Der wichtigste Grundsatz ethnographischer Marktforschung ist das sogenannte **„being there"**, d. h., die Zielgruppe wird in ihrem authentischen Umfeld beobachtet. Hierdurch unterscheidet sich die Ethnographie eindeutig von Formen des Experiments, wie sie etwa dem Behaviorismus eigen sind, indem zum einen die Testsituation während eines Experiments vermieden wird und zum anderen die Kommunikation mit dem Forscher nicht nur erlaubt, sondern sogar erwünscht ist. Vorteil einer bekannten und für den Teilnehmer vertrauten, authentischen Umgebung ist ein deutlich natürlicheres und freieres Verhalten im Vergleich zu Untersuchungen im Teststudio. Darüber hinaus können vollständige Prozesse abgebildet werden: Einerseits macht der Forscher sich unabhängig von der Interpretations- und Gedächtnisleistung des Teilnehmers. Andererseits hat er die Möglichkeit, neben der eigentlichen Nutzung eines Produktes oder einer Dienstleistung ebenso notwendige Vor- und Nachbereitungen (Aufbau des Bügelbretts, Verstauen des Staubsaugers nach dem Hausputz etc.) oder alltägliche Störfaktoren (Telefon, nörgelnde Kinder während des Einkaufens etc.) zu erfassen. Insgesamt wird im Vergleich zu anderen Marktforschungsansätzen mehr Zeit auf intensivere Art und Weise mit weniger Repräsentanten der Zielgruppe verbracht. So können Verwendungsgewohnheiten und Lebensstile identifiziert werden, die sonst nur schwer zu entdecken sind. „Being there" liefert somit einen Reichtum an Inspiration für strategische und taktische Marketingentscheidungen.

Die Besonderheiten ethnographischer Marktforschung ziehen sich durch den gesamten Pojektverlauf und beginnen bereits bei der **Auswahl des Samples** (vgl. u. a. Abrams 2000, S. 81ff.). Ethnographische Forschungsansätze mit ihren generell kleineren Samplegrößen bedürfen in besonderem Maße einer ausgeprägten Bereitschaft zur Mitarbeit seitens des Teilnehmers (Koepping zitiert nach Kiepe 2004, S. 23). Grad und Qualität dieser Mitarbeit können durchaus die Ergebnisse beeinflussen, die von situativen, physischen und psychischen Voraussetzungen abhängig sind.

Ein weiterer wichtiger Aspekt betrifft die **Rolle des Forschers**, die von der passiven sogenannten „Fly on the wall"-Position (Beobachtung des Abwaschprozesses als Außenstehender) über die aktive Teilnahme an einem Prozess (z. B. Besuch einer Bar mit Vertretern der Zielgruppe) bis hin zu tagelangem Miteinanderleben (z. B. gemeinsamer Wochenendausflug) reichen kann, je nachdem wie es die Forschungsfrage erfordert. Für alle Forscher, die die Privatsphäre eines Menschen berühren und somit in „fremdes Terrain" eindringen, gelten die folgenden Regeln der professionellen Zurückhaltung (vgl. Leon 2005, S. 129):

- Der Forscher muss in den vorgefundenen Kontext der Handlung komplett eintauchen, ohne das Verhalten der Teilnehmer zu beeinflussen. D. h., er muss sich so weit wie möglich dort integrieren, wo Menschen leben, arbeiten und mit Mitmenschen oder den sie umgebenden Gegenständen interagieren. Diese Situation liegt außerhalb des Einflussbereichs des Forschers – und dies gilt es zu akzeptieren.

- Der Forscher muss in jeder Hinsicht unvoreingenommen und frei von Hypothesen sein und die Untersuchung als offenen, entdeckenden Prozess verstehen, der durch die Handlung des Teilnehmers an sich strukturiert wird und nicht etwa durch einen vorab definierten Leitfaden. Nur Hinterfragen des direkt Erfahrenen ist erlaubt.

- Nicht der Forscher ist der Experte, sondern die teilnehmenden Individuen. Sie will der Forscher verstehen, von ihnen muss er lernen.

Wenn die Rolle des Forschers, Moderators oder Interviewers in der Marktforschung ohnehin eine eher zurückhaltende sein muss, so verlangt die Durchführung ethnographischer Marktforschungsmethoden absolute Neutralität gepaart mit der Gabe, sich in das zu untersuchende Umfeld so zu integrieren, dass man nicht als Störfaktor wahrgenommen wird. Ganz im Gegenteil: Es ist Aufgabe des Forschers, eine möglichst reale, authentische Atmosphäre zu schaffen, selbst wenn, wie in den allermeisten Fällen, eine Kamera und/oder technisches Personal zugegen sind – nicht immer eine leichte Aufgabe.

Die **Auswertung** erfordert wiederum ein sehr hohes Maß an analytischem Verständnis und Interpretationsvermögen seitens des Forschers. Begleitende Explorationen sind notwendig, wenn es darum geht, bestimmten Produkten und Aktivitäten die tatsächliche Bedeutung beizumessen und Auffälligkeiten zu hinterfragen. Es gilt, das Rohmaterial mit kulturellen und kontextbezogenen Aspekten zu verknüpfen und ein holistisches Bild einer Produkt-Konsumenten-Beziehung zu zeichnen. Somit ziehen sich die besonderen Anforderungen an ethnographische Marktforschung von der Rekrutierung bis zur abschließenden Analyse und stellen für den Marktforscher entsprechend zu berücksichtigende Herausforderungen dar.

6 Beispiele für ethnographische Methoden

Die marktforscherische Praxis bedient sich eines vielseitigen Instrumentariums, das teilweise über die von der klassischen Ethnographie definierten teilnehmenden Beobachtung hinausgeht und auch weniger partizipative Ansätze umfassen kann. Während einige Autoren hier eine klare Trennung ziehen (vgl. z. B. Schmid/Kaufmann 2005, S. 32; Erickson 2003), zeigt sich in der Praxis häufig die Tendenz, alle Methoden unter dem Begriff „ethnographische Marktforschung" zusammenzufassen, die in irgendeiner Form das authentische Umfeld der Untersuchungsteilnehmer mit einbeziehen und vor Ort stattfinden (vgl. u. a. ten Have 2004, S. 6). Teilweise kann so durchaus auch die Grenze zur Beobachtung überschritten werden, z. B. im Sinne von Videobeobachtung ohne Anwesenheit eines Forschers (vgl. u. a. Elliot 2003).

An dieser Stelle soll ein kurzer Überblick über mögliche ethnographische Methoden in der Marktforschung gegeben werden. Die Auswahl der geeignetsten Methode ist hierbei immer in Abhängigkeit der Aufgaben- bzw. Fragestellungen zu sehen. Im Folgenden werden wichtige Eckpfeiler ethnographischer Marktforschung exemplarisch herausgegriffen und kurz dargestellt:

Abbildung 6-1: Ethnographische Methoden

Live-ins (Direktes Miteinanderleben)
↓
Teilnehmende Beobachtung (Partizipation an klar definierten Abläufen)
↓
Video-Diarys (Videoaufzeichnungen mittels fest installierter Kameras)
↓
Diarys (Selbstbeobachtung mittels Tagebüchern)

Die unterschiedlichen Methoden differenzieren sich durch das Ausmaß, in dem der Forscher am Leben und Kosmos der Teilnehmer partizipiert.

Live-ins: Das direkte Miteinanderleben des Forschers im Haushalt oder im Lebensumfeld der Teilnehmer über mehrere Tage hinweg umschließt den gesamten kulturellen Kosmos der Teilnehmer und wird zumeist eingesetzt, wenn man eine bestimmte Zielgruppe in all ihren Facetten verstehen möchte.

Teilnehmende Beobachtung: Wenn der Fokus eher auf eine definierte Tätigkeit, wie Einkaufen (Accompanied Shopping), Staubsaugen, Autonutzung etc. ausgerichtet ist, entscheidet man sich zumeist für die teilnehmende Beobachtung. Der Forscher begleitet, beobachtet und hinterfragt gemeinsam mit der Zielperson die Tätigkeit, während sie stattfindet.

Video-Diarys: Fest installierte Kameras in den Haushalten zeichnen die relevanten Aktivitäten auf. Da das persönliche Miterleben seitens des Forschers fehlt, ist die Interaktion mit dem Teilnehmer nach Sichtung des Videomaterials umso wichtiger. Hier können Rückfragen gestellt und dem Teilnehmer bestimmte Sequenzen zwecks eingehender Besprechung vorgespielt werden. Vorteil dieser Methode ist, dass hier in optimaler Weise Interviewereinflüsse umgangen werden, da erfahrungsgemäß die Kameras nach einer gewissen Zeit vergessen werden (Voraussetzung: Feldzeit von mindestens vier bis fünf Tagen). Nachteil ist eventuell ein limitiertes Verständnis von Kontext, das diese Methode hauptsächlich auf die Untersuchung von Produkthandling einschränkt. Darüber hinaus geht diese Methode häufig mit einer Flut von Video-Rohmaterial einher, das erst im Nachhinein gesichtet und qualitativ ausgewertet werden kann – ein großer Arbeitsaufwand, an dessen Ende die Notwendigkeit eines nachträglichen Explorierens stehen kann (vgl. u. a. Griffith 2005).

Diarys: Bei dieser Methode beschreiben die Teilnehmer selbst ihren Tagesablauf, ihre Werte, Ansichten, Erwartungen. Zumeist werden diese Beschreibungen durch visuelles Material (Fotos oder selbst gedrehte Videoaufnahmen von wichtigen Aspekten im Leben der Teilnehmer, ihrer Lebensumstände, Hobbys etc.) ergänzt.

Die Übergänge zwischen den Methoden sind fließend. Häufig erweist sich auch die Kombination einzelner Methoden als zielführend, um der jeweiligen Forschungsaufgabe optimal zu entsprechen.

7 Fazit

Ethnographische Marktforschung erfreut sich wachsender Beliebtheit unter Marketingverantwortlichen. Grundlage für den Einsatz ethnographischer Forschung ist eine generelle Offenheit gegenüber innovativen Forschungsansätzen, die nicht selten durch tendenziell größere Budgets bestimmter Unternehmen unterstützt wird. Als treibende Kraft haben sich somit vielfach große Unternehmen z. B. aus dem Konsumgüter- oder Automobilbereich gezeigt, deren Produkte darüber hinaus besonders nah am Alltag der Konsumenten angesiedelt sind: Die direkte Teilnahme bei der Produktverwendung verspricht besonderen Mehrwert. Ein weiterer Treiber ist die weitgehende Ausschöpfung traditioneller qualitativer Methoden, die insbesondere im Rahmen homogener Produktangebote häufig keine ausreichenden Differenzierungsmöglichkeiten mehr bieten. Damit gilt ethnographische Marktforschung als besonders zielführendes Forschungsdesign, um Unternehmen als Grundlage für ein erfolgreiches Management bei hohen Marktanforderungen und extrem anspruchsvollen Konsumenten zu dienen.

Zentraler Vorteil ethnographischer Methoden in der Marktforschung ist die besondere Nähe zum Konsumenten: Das Produktverhalten des Individuums wird in seiner authentischen Umgebung untersucht. Auf diese Art und Weise kann Wissen über wesentlich realitätsnäheres Verhalten generiert werden, als dies im Zuge traditioneller qualitativer Marktforschungsmethoden in einem Teststudio geschehen kann. Besonderheiten und Auffälligkeiten können vollständig erfasst und Gegenstand der Analyse werden. Dies erweist sich insbesondere dann als hilfreich, wenn Produkte sehr eng in den Alltag eingebunden sind, und ist nahezu unübertroffen, wenn ein hoher Grad an Habitualisierung vorliegt. Häufig sind ethnographische Methoden hier die einzige Möglichkeit, detaillierte und tiefgründige Insights zu erzielen – und dies wird immer mehr erkannt und auch erwartet.

Dabei ist jedoch zu bedenken: Je nach gewählter ethnographischer Methode unterscheidet sich der Grad der Partizipation, was mit einem Trade-off in Bezug auf die Neutralität des Forschers auf der einen Seite und das Verständnis des Kontextes auf der anderen Seite einhergeht. Bei den häufiger gewählten und eher klassisch ethnographischen, hochpartizipativen Methoden handelt es sich um reaktive Verfahren, die potenziell eine Beeinflussung des Teilnehmerverhaltens bedingen. Nachfragen und Explorieren von Besonderheiten, obwohl wichtig und erwünscht, regen zur Reflexion an und verringern möglicherweise den Grad an Authentizität des Verhaltens.

Auf der anderen Seite gilt: Je niedriger der Grad der Partizipation, desto kleiner zwar der Forschereinfluss, desto geringer aber auch die Möglichkeit eines umfassenden Verständnisses von kontextbezogenen Aspekten einer Handlung. Dieser geringere Grad an Partizipation kann sich in der technischen Umsetzung begründen (Aufnahme von Verhalten ohne Anwesenheit des Forschers), aber auch Folge des definierten Forschungsdesigns sein: Im Gegensatz zur traditionellen Ethnographie, deren Forscher nicht nur Stunden und Tage, sondern Monate und Jahre bei der zu untersuchenden Gruppe verbringen, sind allein aus praktikablen und Kostengründen die Partizipationsmöglichkeiten eines Marktforschers limitiert. Je mehr man sich auf einen bestimmten Ausschnitt aus der Lebenswirklichkeit der Teilnehmer beschränkt, umso weniger wird die eigentliche Bedeutung durch fehlende Hinweise auf den jeweiligen Kontext dieser Tätigkeit direkt beobachtbar. Beispiele: Die Tochter, die die neue Bluse ein zweites Mal vor ihrem Vorstellungsgespräch bügelt, der Ehemann, der sich noch einmal kurz das Hemd glatt streicht, bevor er dem Besuch die Tür öffnet, etc. Diesen potenziellen Verlust von Verständnis des Kontextes gilt es dann durch komplementäre Methoden wie z. B. anschließende qualitative Interviews bestmöglich auszugleichen.

In diesem Zusammenhang ist auch die Frage der Subjektivität zu bedenken. Diese wird nie ganz ausgeschlossen werden können, „da Feldforschung zwangsläufig einen Feldforscher und somit Subjektivität und Persönlichkeit mit sich bringt" (Kiepe 2004, S. 24) oder, wie Abrams es formuliert: „Human actions and words are open to subjective interpretation" (Abrams 2000, S. 20). Auf der anderen Seite kann Subjektivität jedoch gerade für ethnographische Methoden eine wichtige zusätzliche Komponente des Verstehens beinhalten. Coulon vertritt in diesem Zusammenhang z. B. folgende These: „[...] the necessary objectification of practice takes into account the researcher's many interests. The researcher's subjectivity is appreciated and analyzed as a phenomenon that belongs naturally to the field under study" (Coulon 1995, S. 31). Insgesamt hängt die Verwertbarkeit der Ergebnisse somit in höchstem Maße von der Erfahrenheit des Forschers und seiner Sensibilität ab.

So spannend und zielführend ethnographische Marktforschung auch sein kann, so stößt sie doch auf natürliche Grenzen. Es wird immer sensible Lebensbereiche geben, die sich ethnographischen Ansätzen entziehen, z. B. wenn es um die Beobachtung von Verhalten im Bad, Schlaf- und Ankleidezimmer oder im Rahmen von Arzt-Patienten-Gesprächen geht. In bestimmten Situationen müssen wir Marktforscher eben doch „draußen bleiben".

Für viele Lebensbereiche stellen ethnographische Methoden jedoch eine Bereicherung für die Disziplin der qualitativen Marktforschung dar. Es sind Ansätze, die höchst anspruchsvoll in Bezug auf die Expertise des Forschers sind und eine schwierige Gratwanderung zwischen kindlichem Staunen während der Feldphase und hohen interpretativen Leistungen im Rahmen der Analyse erfordern. Ten Have formuliert dies folgendermaßen: „Doing ethnography is probably the most demanding way of performing qualitative research. It takes a lot of time, the capacity to interact with a variety of people, the management of an ambiguous role, and at times real physical discomfort [...]. But it also offers a whole range of very interesting possibilities and challenges. It is, in some ways, the royal way of doing qualitative research" (ten Have 2004, S. 7).

Literaturverzeichnis

Abels, Heinz (1998): Interaktion, Identität, Präsentation. Kleine Einführung in interpretative Theorien der Soziologie. Opladen.

Abrams, Bill (2000): The Observational Research Handbook: Understanding how Consumers Live with Your Product. Lincolnwood (Chicago).

Beer, Bettina / Fischer, Hans (Hrsg.) (2003): Ethnologie. Einführung und Überblick. 5. Auflage. Neufassung. Berlin.

Coulon, Alain (1995): Ethnomethodology. Qualitative Research Methods. Schriftenreihe, 36. London, Thousand Oaks, New Dehli.

Elliot, Nick Jankel (2003): The Joys of Ethnography. Library of the Association for Qualitative Research (AQR): www.aqr.org.uk. Zugriff: 18.08.2010.

Erickson, Ken (2003): The Perils of Ethnography. Library of the Association for Qualitative Research (AQR): www.aqr.org.uk. Zugriff: 18.08.2010.

Erickson, Paul A. / Murphy, Liam D. (1998): A History of Anthropological Theory. Peterborough.

Eriksen, Thomas Hylland (2001): Small Places, Large Issues. An Introduction to Social and Cultural Anthropology. 2. Auflage. London.

Griffith, John (2005): Respondents Ring Their Own Bells. Library of the Association for Qualitative Research (AQR): www.aqr.org.uk. Zugriff: 18.08.2010.

ten Have, Paul (2004): Understanding Qualitative Research and Ethnomethodology. London, Thousand Oaks, New Dehli.

Kiepe, Juliane (2004): Ästhetische Inszenierung in der Ethnographie. Bronislaw Malinowski im Spannungsfeld der Kulturen. Europäische Hochschulschriften, Reihe XIX Volkskunde/Ethnologie. Frankfurt/Main, Berlin, Bern, Brüssel, New York, Oxford, Wien.

Kohl, Karl-Heinz (2000): Ethnologie – die Wissenschaft vom kulturell Fremden. Eine Einführung. 2. erweiterte Auflage, München.

Kühn, Thomas (2005): Grundströmungen und Entwicklungslinien qualitativer Forschung. Planung & Analyse Wissen. Frankfurt/Main.

Leon, Nick (2005): The Invisible Ethnographer. Working With People, Real Life and Up Close. In: Esomar Publications, Esomar Congress 2005, S. 129–137.

Mariampolski, Hy (2001): Qualitative Market Research. A Comprehensive Guide. London, Thousand Oaks, New Dehli.

Mariampolski, Hy (1999): The Power of Ethnography. In: Journal of the Market Research Society, 41(1), S. 75–86.

McCracken, Grant (1990): Culture and Consumer Behaviour: An Anthropological Perspective. In: Journal of the Market Research Society, 32(1), S. 3–11.

McGee R. John / Warms, Richard L. (1996): Anthropological Theory. An Introductory History. Mountain View, London, Toronto.

Moore, Jerry D. (2004): Visions of Culture. An Introduction to Anthropological Theories and Theorists. 2. Auflage. Walnut Creek, Lanham, New York, Toronto, Oxford.

Sayre, Shay (2001): Qualitative Methods for Marketplace Research. London, Thousand Oaks, New Dehli.

Schmid, Sigrid / Kaufmann, René (2005): Fokussierte Ethnographie. Die Realität des Konsumenten im Visier. In: Planung & Analyse, 6, S. 32–34.

Schönhut, Michael (2002): Entwicklung, Partizipation und Ethnologie. Implikationen der Begegnung von ethnologischen und partizipativen Forschungsansätzen im Entwicklungskontext. Trier.

Trevaskis, Helen (2000): „You had to be there". Why Marketers are Increasingly Experiencing Consumers for Themselves and the Impact of this on the Role and Remit of Consumer Professionals. In: International Journal of Market Research, 42(2), S. 207–217.

Claudia Puchta, Olaf Rüsing

Linguistik
Über das „Wie" im Diskurs

1 Einführung 165
2 Linguistik und qualitative Marktforschung heute 167
3 Linguistische Formen der Textanalyse: Bereicherung der Auswertungspraxis 168
4 Linguistische Metaforschung: Optimierung der Durchführungspraxis 171
5 Fazit 174

1 Einführung

„Im Anfang war das Wort, und das Wort war bei Gott, und das Wort war Gott." So fängt im Neuen Testament das Evangelium nach Johannes an. Seit Jahrtausenden fasziniert das Phänomen Sprache. Fast ebenso lange durchdringen große Denker dieses Phänomen. Da fällt es schwer, Erkenntnisse zu finden, die nicht zu einem früheren Zeitpunkt schon einmal formuliert worden sind. Leichter fällt es hingegen zu zeigen, wie groß die Bedeutung der Sprache für die qualitative Marktforschung ist.

Um dem Interessenten aber zunächst im jahrhundertelang bestellten Feld der Linguistik Orientierung zu bieten, wird beherzt eine Bresche für ihn geschlagen und nach der bekannten Trias des Amerikaners Charles W. Morris (1938–1988) die Syntaxtheorie von der Semantik und die Semantik von der Pragmatik unterschieden. Alle diese drei grundlegenden linguistischen Disziplinen beschäftigen sich mit Zeichen sprachlicher und nichtsprachlicher Natur (zum Begriff des Zeichens → *Beitrag „Semiologie" von Christine Woesler de Panafieu*). Die **Syntaxtheorie** untersucht die Beziehung der Zeichen untereinander. Im Deutschen wird z. B. die Beziehung zwischen den einzelnen Wörtern u. a. mithilfe der Wortfolge angezeigt: In einem Satz wie „Der Mann trägt das Baby" steht das Subjekt an erster Stelle, das Objekt folgt dem Verb. Die Beziehung der Zeichen zu den Dingen, auf die sie verweisen, fällt in den Bereich der **Semantik;** hier geht es damit um die Bedeutung von Zeichen. Und die Beziehung der Zeichen zu den Zeichenverwendern fällt in den Gegenstandsbereich der **Pragmatik,** die damit den tatsächlichen Sprachgebrauch analysiert. Im Folgenden werden einige Vertreter dieser Disziplinen vorgestellt.

Der **Syntaxforscher** Noam Chomsky (geb. 1928) beschäftigte sich mit der seiner Meinung nach angeborenen Fähigkeit von Menschen, die formalen Prinzipien, die der Sprache zugrunde liegen, zu verstehen. Aufgrund dieser angeborenen Fähigkeit sind Kinder in der Lage, aus Sätzen, die sie von Erwachsenen gehört haben, die grammatikalischen Regeln abzuleiten und eigene Sätze zu produzieren. Sein Ziel war es, die Grammatik, mit der Menschen Sätze produzieren, zu destillieren sowie die Grammatik, die quasi zu ihrer genetischen kognitiven Ausstattung gehört, zu verstehen. Chomsky arbeitete insbesondere mit für seine Forschungszwecke idealisierten grammatikalischen Sätzen wie „Die Katze saß auf der Matte" und untersuchte, inwiefern sie **wahr** sind oder nicht.

Der **Semantiker** Ferdinand de Saussure (1857–1913) setzte sich mit der Relativität und Willkürlichkeit von Zeichen auseinander. Relativität heißt für ihn, dass Zeichen nicht autonom sind, sondern dass sie ihre Bedeutung nur durch die Abgrenzung von anderen Zeichen erhalten. So ist die Farbe Rot etwas, das nicht grün oder blau ist. Willkürlichkeit bezieht sich auf die Verbindung zwischen dem Zeichen und dem Bezeichneten: *Fuchs* könnte auch *Wolf* heißen. Oder *Hase* auch *Igel*. Wer de Saussure erwähnt, sollte auch Roland Barthes (1915–1980), den französischen Zeichen- und Kulturtheore-

Claudia Puchta, Olaf Rüsing

tiker, nennen. Barthes unterscheidet zwischen der Denotation und der Konnotation eines Zeichens. Die Denotation eines Zeichens ist im weitesten Sinne seine Bedeutung, die Konnotation dagegen sein Bedeutungshof, d. h. die mit ihm verknüpften kulturellen Assoziationen wie emotionale Untertöne, soziokulturelle Werte und soziologische Annahmen (→ *Beitrag „Semiologie" von Christine Woesler de Panafieu*). Hier zur Einstimmung nur ein kleines Beispiel: Mit dem Zeichen *Fuchs* wird ein Raubtier mit rotem Fell, buschigem Schwanz und spitzer Schnauze gekennzeichnet (Denotation). Der kulturelle Bedeutungshof geht aber darüber hinaus: Z. B. gilt ein Fuchs als schlaues und gerissenes Tier oder aber als cleverer Sparfuchs (Konnotation).

Der **Pragmatiker** John L. Austin (1911–1960) zeigt, dass es Sätze gibt, die man nicht einfach als wahr oder als falsch bezeichnen kann. Eine Aussage wie „Ich vermache mein Haus meinem Bruder" muss von dem Umstand begleitet werden, dass ich ein Haus und einen Bruder habe. Eine solche Äußerung ist also nicht **wahr** oder **falsch**, sondern **erfolgreich** oder **nicht erfolgreich**. Mit jeder Äußerung, so meint Austin weiter, führt ein Sprecher eine spezifische Handlung aus, und seine 1962 posthum publizierten Vorlesungen haben dementsprechend den Titel „How to Do Things with Words". Sein wichtigstes Konzept ist das der Sprechakte, und sein Ehrgeiz war die Kategorisierung von einzelnen Sprechakten. Mit dem Blickwinkel des aktuellen pragmatischen Forschungsstands würde man nun sagen, dass er es sich genau damit zu schwer gemacht hat. Nicht, was einzelne **Sprechakte an sich** bedeuten, ist der heutige Forschungsfokus, sondern was Gesprächspartner mit Sprache in einer bestimmten Gesprächssituation machen. Sprecher als soziale Akteure orientieren sich immer am Kontext, in dem sie sich gerade befinden, und konstruieren ihren Diskurs so, dass er in diesen Kontext passt. Statt Sprechakten steht nun der „Talk-in-Action", um diesen in der angloamerikanischen Literatur beliebten Begriff hier einzuführen, in der Forschung im Vordergrund.

Denken Sie mal daran zurück, was Sie am letzten Samstag gemacht haben. Wie würden Sie Ihre Erlebnisse Ihrer Mutter schildern, wie Ihrem Chef und wie Ihrer besten Freundin? Wahrscheinlich ganz verschieden. Man wird nicht bewusst verschiedene Varianten erzählen – oder jedenfalls nicht notwendigerweise – aber man wird sagen, was einem in dem jeweiligen Kontext richtig oder natürlich erscheint.

Diskurse werden kontextabhängig produziert und sie werden kontextabhängig gehört. Selbst eine ganz einfach und neutral klingende Beschreibung kann abhängig vom interpretativen Kontext etwas ganz Verschiedenes auslösen. Wenn Sie einem Freund am Ende einer Party eine Panne schildern, dann kann er das als eine Bitte verstehen, mitgenommen zu werden. Wenn Sie es Ihrem Chef sagen, zu dessen Besprechung Sie zu spät kamen, dann wird er womöglich eine Entschuldigung heraushören. Wenn Sie es demjenigen sagen, der Ihnen das Auto vor ein paar Tagen verkauft hatte, dann ist die Botschaft wohl eher: „Sie haben mir Schrott verkauft." Und wenn der Verkäufer antwortet: „Nun, als ich es Ihnen verkauft habe, lief es gut", dann hat er die Anschuldigung herausgehört – auch wenn kein expliziter Vorwurf gemacht wurde.

Am Anfang wurde dem Leser versprochen, ihm im breiten Feld der Linguistik Orientierung zu bieten und das gewaltige linguistische Wissen für ihn zu durchforsten. Mit diesem Anspruch – in diesem Kontext also – können Vereinfachungen wie die folgenden stehen bleiben: Während sich die Linguisten der alten Schule wie z. B. Chomsky mit der *Sprach*struktur beschäftigt haben, widmen sich die der neuen Schule wie Austin mit der konkreten *Sprech*struktur. Und während Chomsky und auch Austin am Schreibtisch rekonstruierte oder via Introspektion gewonnene Sätze untersucht haben, ist man jetzt bei der Analyse der Alltagssprache angelangt. So wie Menschen **wirklich** miteinander reden, wie der Talk-in-Action aufgebaut ist, wurde zuerst von Harvey Sacks, Emanuel Schegloff und Gail Jefferson aufgezeichnet, transkribiert und analysiert (vgl. z. B. Sacks et al. 1974). Sie haben die Forschungsrichtung der **Conversation Analysis** gegründet, die im Folgenden der Einfachheit halber mit **Konversationsanalyse** wiedergegeben wird, auch wenn die Literatur dazu in erster Linie angloamerikanisch ist.

2 Linguistik und qualitative Marktforschung heute

In dem Maße, in dem die Alltagssprache in den Fokus rückt, gewinnen die spezifischen Gesprächssituationen und die spezifischen Kontexte verstärkt an Bedeutung. Damit setzt sich die Erkenntnis durch, dass Diskurse kontextabhängig formuliert und kontextabhängig verstanden werden und dass Interaktionsteilnehmer entweder auf die vorher stattgefundene Aktion reagieren, indem sie z. B. eine gestellte Frage beantworten, oder selbst eine Sequenz von Aktionen initiieren, indem sie z. B. eine Frage stellen.

Es gibt gute Gründe, warum qualitative Marktforscher an Sprache interessiert sein sollten: „Language is so central to all social activities it is easy to take for granted. Its very familiarity sometimes makes it transparent to us. Yet imagine conveying a complex idea such as ‚meet me Thursday in my room for a discussion of semiology' without language. It is not easy to see how it could be done" (Potter/Wetherell 1987, S. 9).

Vielleicht ist die große Selbstverständlichkeit, mit der wir sprechen, Gesprochenes verstehen und mit Sprache agieren, der Grund, warum Sprache sich eigentlich erst mit Chomsky in den späten 1950er und 1960er Jahren zu einem bedeutenden Forschungsfeld entwickelte. Vielleicht ist dies auch ein Grund dafür, warum Sprache in der Marktforschung und selbst in der qualitativen Marktforschung bis zum heutigen Tag vernachlässigt wurde.

Claudia Puchta, Olaf Rüsing

Vielleicht werden Sie jetzt heftig mit dem Kopf schütteln und sagen, dass dieses nun wirklich nicht stimmt. Aber bedenken Sie, dass Sprache in der Regel, also auch bei den qualitativen Marktforschern, als ein mehr oder weniger klares Fenster angesehen wird, durch das hindurch man zu den Meinungen und Einstellungen des Sprechers blicken kann. Wenn Sprache an sich zum Untersuchungsgegenstand in der qualitativen Marktforschung gemacht wird, dann wird der Talk-in-Action analysiert. Dabei sind zwei grundsätzlich verschiedene Arten von Analysen möglich:

- Zum einen können linguistische Analysen des vorliegenden Datenmaterials eine konventionelle Auswertung bereichern.

- Und zum anderen kann analysiert werden, wie ein Interview oder ein Leitfadengespräch oder eine Gruppendiskussion durchgeführt werden und was sich daraus für die optimierte Praxis der jeweiligen Methode ergibt.

Während der erste Forschungsansatz damit die inhaltliche Auswertung von Untersuchungsergebnissen unter die Lupe nimmt, widmet sich der zweite der Methode an sich im Sinne einer Metaforschung. In diesem Artikel werden beide Ansätze im Kontext der qualitativen Marktforschung vorgestellt. Im Rahmen der qualitativen Marktforschung liegt der Schwerpunkt auf **einem** Erhebungsinstrument, der Gruppendiskussion, weil dieses Instrument durch Interaktion lebt bzw. der Reason-why der Durchführung von Gruppendiskussionen die Interaktion zwischen den Teilnehmern ist.

3 Linguistische Formen der Textanalyse: Bereicherung der Auswertungspraxis

In der Regel werden Gruppendiskussionen inhaltsanalytisch ausgewertet, die Kategorien mit Zitaten erläutert, und es werden Zitate, wenn es keine saubere inhaltsanalytische Auswertung gibt, zur Illustration der allgemeinen Stimmung in der Gruppe oder aber von interessanten Einzelmeinungen benutzt. Obwohl ein guter Grund für die Durchführung von Gruppendiskussionen darin besteht zu beobachten, wie Meinungen in der Interaktion entwickelt werden, ist der Talk-in-Action in der Gruppe doch fast nie expliziter Gegenstand der Analyse. Das folgende Beispiel soll illustrieren, wie die gängige Auswertungspraxis profitieren kann, wenn die Interaktion genau und systematisch in die Analyse einbezogen wird.

Linguistik

Werden Sie also Zuhörer einer Marktforschungsgruppendiskussion. In dem folgenden Extrakt geht es um die Bewertung eines neuen Werbespots einer Automarke, und Sie betreten die Szene, nachdem der Spot einmal gezeigt wurde.[1]

Moderator:	So: nachdem Sie diese Geschichte gehört ha:ben. (.)
	[Was ist Ihnen da so alles durch den, Kopf gegangen?=
Einige:	[((Murmeln unverständlich))
Dörte:	=Mir fiel sofort ein James Bond
Moderator:	James Bond.=
?:	=((lacht))=
Moderator:	=Das ist James Bond,
Dörte:	Ja!
?:	((lacht))
Moderator:	ne James-Bond-Geschichte
Einige:	((lachen))
Moderator:	Ist das im ↑positiven Sinne, ↑James ↑Bond, oder eben nur, na ja, es ist eben James Bond?
Berta:	°manchmal überheblich°
Marion?:	ja,
Moderator:	bitte?
Einige:	ja,
Berta:	teilweise überheblich,
Moderator:	Teilweise überheblich, also es ist teilweise zu, (.) überheblich,
Anke:	zu weit weggeholt, ja
Moderator:	zu weit ↑weg, (.) ↑ja,
Heidi?:	[Ich nehm jetzt die Hände ((greift zum Kuchen))
Silke:	[Mir ist das alles zu abgedro:schen
Einige:	Ja,
Moderator:	zu abgedroschen,
Einige:	mm,
Silke:	(.) Ist das Übliche, nix Besonderes,
(.)	
Nina:	stimmt, (.) ja,

---

[1] Diese und die nächste Sequenz wurden gründlich transkribiert. Hier finden Sie ein paar Hinweise zu den verwendeten Symbolen: Kommata und Punkte sind nicht nach grammatikalischen Regeln gesetzt worden, sondern ein Komma bedeutet eine leicht ansteigende Stimme, ein Punkt eine sich senkende Stimme; ein Doppelpunkt deutet an, dass der Vokal davor lange ausgesprochen wird und ein ↑, dass die Stimme deutlich angehoben wird; Unterstreichungen markieren eine Betonung des Sprechers; eckige Klammern zeigen überlappende Beiträge an und =, dass einzelne Äußerungen direkt aneinandergereiht werden, ohne Pause dazwischen. Ein Wort, das von ° eingeschlossen ist, wurde vom Sprecher leise gesprochen. Zahlen in Klammern zeigen die Länge der Pausen an; (1.0) beispielsweise bedeutet eine Pause von einer Sekunde; (.) ist das Symbol für eine minimale Pause.

Claudia Puchta, Olaf Rüsing

Der Held der vorgeführten Szene aus dem Werbespot erinnert Dörte spontan an James Bond – sie platzt geradezu damit heraus und bejaht enthusiastisch die Wiederholung des Moderators, dass es sich wirklich um James Bond handelt. Der Moderator will aber mehr – er will Bewertungen, und er muss vier Anläufe unternehmen und viermal auf James Bond hinweisen, bis die Gruppendiskussionsteilnehmer Bewertungen äußern. Und auch dann werden sie nur höchst zögerlich geäußert. Berta murmelt ihr „manchmal überheblich" so leise, dass es der Moderator nicht versteht und nachfragt. Er versucht dann, die Teilnehmerinnen zu mehr Bewertungen zu animieren, indem er Bertas Beitrag gleich zweimal hintereinander bestätigend wiederholt. Ankes anschließend eingeworfenes „zu weit weggeholt, ja" wird von ihm wiederum geradezu emphatisch mit deutlich ansteigender Stimme wiederholt und schließlich kommt Silke mit ihrem Statement, dass das alles „zu abgedroschen" sei.

Es dauert lange und es bedarf einiger Kunstgriffe des Moderators, bis die Teilnehmerinnen negative Bewertungen aussprechen. Was Dörte dagegen leicht über die Lippen ging, ist eine Verortung ihres Eindrucks, die Einordnung des Helden als einer James-Bond-ähnlichen Figur. Konversationsanalytiker kennen diesen Mechanismus. Wenn es brenzlig wird, bleiben Gesprächsteilnehmer gerne im Beschreiben stehen. Drew (1984) spricht vom „Reporting" und erläutert, wie Interaktionsteilnehmer z. B. eher auf die Details einer Einladung ausweichen, als diese explizit anzunehmen oder aber abzulehnen. Der „Upshot" – wurde die Einladung nun angenommen oder abgelehnt? – wird dann dem Gesprächspartner überlassen, genauso, wie in der obigen Gruppendiskussion Dörte dem Moderator den Upshot, also ihre mit James Bond verbundene Bewertung überlassen möchte.

Wenn Sie zukünftig als Moderator in einer Gruppendiskussion, als Kunde hinter der Einwegscheibe oder als Auswerter, der sich in ein Videoband einer Gruppendiskussion vertieft, auf Äußerungen von Teilnehmern stoßen, die beharrlich beschreibend sind, dann denken Sie an diesen Artikel und daran, dass dies möglicherweise ein Ausdruck von Resistenzen gegenüber dem Untersuchungsgegenstand wie z. B. einem Werbespot ist. Vielleicht zucken Sie jetzt wieder mit den Schultern und sagen sich, dass Sie als qualitativer Marktforscher mit großer Erfahrung auch in der obigen Sequenz zum gleichen Ergebnis wie ein Konversationsanalytiker gekommen sind. Vielleicht denkt auch der eine oder andere Psychologe unter Ihnen, dass er oder sie besonders dann hellhörig in einer Gruppe wird, wenn sich Teilnehmer wie Heidi oben dem Essen widmen („Ich nehm jetzt die Hände").

Was Konversationsanalyse leisten kann, ist das systematische Einordnen von Beobachtungen. Denn durch die empirisch gewonnenen Erkenntnisse, wie Gespräche ablaufen, liegt ein großes Wissen über den Talk-in-Action vor. So ist also beispielsweise bekannt, dass ...

- Gesprächspartner auf ein „Just-Reporting" rekurrieren, wenn sie nicht explizit in ihren Bewertungen werden möchten (vgl. Pomerantz 1987),

- Gesprächspartner zu einem Upgrading zuvor gegebener Bewertungen neigen, d. h., im Talk-in-Action gibt es dahingehende Gesetzmäßigkeiten, dass Bewertungen im nächsten Redezug gesteigert werden (vgl. Pomerantz 1984 und auch die oben wiedergegebene Gesprächssequenz),

- Gesprächspartner Zustimmung unumwunden und ohne Verzögerung äußern, Ablehnung dagegen mit Begründung und mit Verzögerung (vgl. ebenfalls Pomerantz 1984).

Die Konversationsanalyse bietet einen Rahmen, mit dessen Hilfe gerade vielschichtige und nicht selten verwirrende Interaktionen im Rahmen von Gruppendiskussionen systematisch eingeordnet werden können. Es ist konkret benennbar, was ein Teilnehmer in der Interaktion mit anderen macht (z. B. ein Upgrading) und in welchen Situationen dieser konkrete Mechanismus in der Regel auftaucht (im Umfeld anderer Bewertungen). Mit diesem Wissen müssen dann Teilnehmerbeiträge relativiert werden – z. B. mit dem Hinweis, dass bei dem in der Gruppe stattfindenden „Opinion Talk" ein Upgrading geradezu zu erwarten ist.[2]

Im Folgenden wird nun ein zweites Anwendungsfeld der Linguistik in der qualitativen Marktforschung vorgestellt. Hier geht es nicht mehr um die Auswertung, sondern um die Durchführung von Gruppendiskussionen.

4 Linguistische Metaforschung: Optimierung der Durchführungspraxis

Wolff und Puchta (2007) sprechen von der **kommunikativen Infrastruktur des Forschungsinstruments Gruppendiskussion** und verstehen darunter die grundlegenden Gestaltungsaufgaben der Teilnehmer bei der Durchführung dieser Handlungsform und die interaktiven Lösungstechniken und Lösungsvarianten, die dabei eingesetzt werden. Ziel dieses Kapitels ist es, dem Leser aufzuzeigen, inwieweit ein Gruppendiskussionsmoderator von einer solchen Analyse profitieren kann.

Konversationsanalytiker unterscheiden zunächst einmal zwischen alltäglicher und **institutioneller** Kommunikation (vgl. u. a. Heritage 1997; Drew/Heritage 1992). Von institutioneller Kommunikation wird dann gesprochen, wenn …

---

[2] Darüber hinaus bietet die Konversationsanalyse auch einen theoretischen Rahmen an, auf den an dieser Stelle aus Platzgründen jedoch nicht eingegangen werden kann. Der interessierte Leser sei auf das exzellente Buch von John C. Heritage (1984), in dem er die Konversationsanalyse und ihre Wurzeln in der von Harold Garfinkel begründeten Ethnomethodologie darstellt, verwiesen.

- wenigstens einer der Teilnehmer eine Orientierung auf die mit der jeweiligen Institution bzw. Methode assoziierten Aufgabe zeigt (in Gruppendiskussionen geht es dabei im weitesten Sinne um Opinion Talk),

- die Interaktion eine spezifische Beschränkung gegenüber einem alltäglichen Gespräch aufweist, die von wenigstens einem Teilnehmer so akzeptiert wird (in Gruppendiskussionen werden Fragen nicht symmetrisch produziert, sondern vorzugsweise vom Moderator),

- von speziellen Interpretationsregeln auszugehen ist (so werden beispielsweise fehlende Bewertungen des Gruppendiskussionsmoderators nicht als Desinteresse, sondern als Ausdruck professioneller Neutralität interpretiert).

Die Form der Marktforschungskommunikation, deren linguistische Infrastruktur schon relativ bekannt ist, ist das standardisierte Einzelinterview (vgl. u. a. Houtkoop-Steenstra 2000). Zu sozialwissenschaftlichen Gruppendiskussionen liegen bislang hauptsächlich Arbeiten von Myers (vgl. u. a. 1998) vor, zu Marktforschungsgruppendiskussionen die von Wolff/Puchta (2007) und Puchta/Potter (2004).

Während nun nichtlinguistische Veröffentlichungen zur Methode der Gruppendiskussion, wie z. B. das „Focus Group Kit" von Morgan und Krueger (1998) Empfehlungen zu einer gelungenen bzw. optimierten Praxis aus einem allgemeinen Verständnis des Gruppendiskussionsgeschehens ableiten, basieren Autoren wie Wolff/Puchta (2007; vgl. auch Puchta/Potter 2004) ihre Vorschläge auf einer Analyse des tatsächlichen Moderatorenverhaltens. An einem Beispiel wird nun demonstriert, zu welchen unterschiedlichen Schlussfolgerungen diese beiden verschiedenen Herangehensweisen kommen.

Krueger empfiehlt in Band 3 „Developing Questions for Focus Groups" des „Focus Group Kit" nachdrücklich, dass Moderatoren ihre Fragen möglichst einfach stellen und sich bei deren Formulierung auf eine Dimension beschränken sollen, da sie andernfalls eventuell „inadvertently include words that they think are synonyms but that participants see as entirely different concepts". Zudem warnt er davor, „a second sentence, phrase that supposedly amplifies the question" hinzuzufügen, weil dies die Gruppendiskussionsteilnehmer verwirren würde (Krueger 1998, S. 4). Weiterhin gibt er Empfehlungen für solche einfachen Fragen bzw. in Direktiven gekleidete Fragen wie z. B. „Describe a healthy lifestyle" (Krueger 1998, S. 34).

Gemessen an solchen Empfehlungen verhalten sich Moderatoren und gerade auch erfahrene Moderatoren in Gruppendiskussionen eindeutig unmethodisch. Wie nämlich linguistische Analysen über Themen und sogar Länder hinweg zeigen, stellen Moderatoren ihre Fragen keineswegs in solch einer einfachen und klaren Weise. Reformulierungen, mehrfaches Ansetzen, Paraphrasierungen u. Ä. kommen ausgesprochen häufig vor. Wie z. B. in der folgenden Sequenz aus einer Gruppendiskussion zum Thema Geschirrspülmittel zu sehen ist (vgl. Wolff/Puchta 2007). Achten Sie bitte auf den fett markierten Redezug der Moderatorin, die gerade im Gespräch mit den Teilnehmerinnen Rosi, Emma, Anja und Regina ist.

Rosi:	Z<u>a</u>hn-pasta, oder hier, <u>Deo</u>[roller,
Einige:	[(Nee, nein, das is es aber g<u>a</u>r nich,) ((unverständliche Überlappung))
Moderatorin:	**Ist=es, was ist es gen<u>au</u>, ist es dieses <u>Ge:l</u>, auf das Sie so schon paar=mal angesprochen h<u>a</u>ben, >oder, oder< woher kommt dieses, (.) Ge<u>fühl</u>, es ist eigentlich eher Zahnpasta, oder. Spl<u>a</u>sh ((schnippst mit den Fingern)) sagte irgendjemand so in der Richtung eben, [(.) wo- wo<u>her</u> kommt das? ist das (.) weils nen °Gel ist°?**
Rosi:	[mh hm,
Emma:	lang anhaltend frische, [frische Ge↑<u>fühl</u>, (.) ich hab
Moderatorin:	[°lang anhaltend°
Emma	an meinen Händen kein lang anhaltend frisches Gefühl.°
Moderatorin:	Aha,
Rosi:	((schnaubt)) Näh
(1.5)	
Anja:	Krieg ich ja noch <u>kal</u>te [Hände, .hhmhmh ((lautloses kurzes Lachen))
Emma:	[Also, pff (.) wenn ich mir regelmäßig meine <u>Hän</u>de wasche, oder nach <u>je</u>dem Ding, das <u>geht</u> gar nicht,
Moderatorin:	Mhm,
Emma:	°Das das is- ist über<u>haupt</u> nicht m<u>ög</u>lich, so was,°
Moderatorin:	°Mm°=
Regina:	=das wäre was anderes, wenn das jetzt, hier, nen Duschgel wäre >oder so<=

Erweiterte Fragen mögen in grammatikalischer Hinsicht und von ihrer Verständlichkeit gegenüber **einfachen** Fragen, wie sie in How-to-do-Handbüchern empfohlen werden, plump und ungenau erscheinen. Dennoch erreichen sie – nimmt man ihren häufigen Gebrauch gerade auch durch besonders erfahrene Moderatoren zum Maßstab – offenbar ihren Zweck. Worin besteht die Kunst von solchen erweiterten Fragen? Wie die konversationsanalytische Analyse von Wolff/Puchta (2007) zeigt, gibt ein Moderator (und auch die Moderatorin in der obigen Sequenz) mit erweiterten Fragen nicht thematisch punktgenau die Beantwortungsrichtung vor, sondern steckt lediglich einen Antwortraum ab. Dadurch haben die Teilnehmer die Möglichkeit, das anzubringen, was ihnen wichtig ist, ohne Gefahr zu laufen, inadäquate Beiträge zu liefern, die am Thema vorbeigehen. Die erweiterten Fragen dienen somit als Technik der Aktivierung der Befragten und zwar insbesondere dann, wenn die Gruppe thematisch Neuland betritt, d. h. im Kontext der Themeneröffnung.

Claudia Puchta, Olaf Rüsing

Erst eine feinkörnige linguistische Analyse kann die Funktionalität von nicht lehrbuchgemäßen Fragen aufzeigen. Allgemeiner gesagt, liefert die Konversationsanalyse das Instrumentarium dafür, die gängige Praxis von erfahrenen Gruppendiskussionsmoderatoren zu beschreiben und die Funktion einzelner Facetten dieser Praxis zu bestimmen. Daraus wiederum lassen sich Moderationsstrategien im Sinne einer optimierten Praxis z. B. von Moderationsnovizen ableiten. Puchta und Potter sprechen in diesem Zusammenhang von „turning practices into strategies" und beschreiben die Vorteile einer konversationsanalytischen Meta-Analyse von Gruppendiskussionen wie folgt:

- „to make moderation practices more explicit so that they can be used strategically;
- to provide general skills in understanding interaction that can help make sense of focus group interaction" (Puchta/Potter 2004, S. 20).

5 Fazit

Das Paradoxon ist, dass die übergroße Bedeutung der Sprache für unser soziales Leben nicht in einer übergroßen wissenschaftlichen Beschäftigung mit der Sprache resultiert. Sprache macht sich gern unsichtbar. Gerade weil sie immer präsent ist, sieht man gern durch sie hindurch. Wird aber gesprochene Sprache im Sinne eines Talk-in-Action selbst zum Untersuchungsgegenstand, dann können nicht zuletzt qualitative Marktforscher davon profitieren.

Zwei grundsätzlich verschiedene Anwendungsbereiche einer sprachlichen Analyse wurden aufgezeigt, und zwar die Bereicherung der Auswertungspraxis am Beispiel von Gruppendiskussionen und die Optimierung der Durchführungspraxis von qualitativen Forschungsinstrumenten – ebenfalls am Beispiel von Gruppendiskussionen. Abschließend sei kritisch der Beitrag der Linguistik in beiden Bereichen (wiederum am Beispiel von Gruppendiskussionen) gewürdigt.

Linguistische Formen der Textanalyse: Das Tool der Konversationsanalyse wird bei der Analyse von qualitativen Marktforschungsdaten noch fast gar nicht angewandt. Die Nachteile eines konversationsanalytischen Zugangs sollen hier nicht geleugnet werden. So schreibt Myers: „The disadvantages of such analysis are that it requires careful recording and transcription, and time-consuming analysis. To some researchers, it seems like adding a molehill to the mountain of their data. But such analysis can also provide a way of exploring participants' categories, finding what participants take to be relevant to these categories, providing an explicit account for what might otherwise be left as the analyst's vague intuitions" (Myers 2000, S. 203).[3]

Hier in diesem Kapitel sollte gezeigt werden, wie das *wie* des Gesagten das *was* bereichern kann. Konversationsanalytiker sind nicht die Ersten, die auf das *wie* achten. Erfahrene Moderatoren tun dies intuitiv schon immer. Mit einer Fülle von empirischen Ergebnissen sowohl zur Alltags- als auch zur institutionellen Kommunikation bietet die Konversationsanalyse jedoch einen systematischen Zugang zur Analyse des *wie*.

Linguistische Metaforschung: Ein weiterer Anwendungsbereich der Linguistik in der qualitativen Marktforschung ist die Methodenforschung im Sinne einer Metaforschung. Puchta und Potter (2004, S. 154) schreiben, wie Gruppendiskussionsmoderatoren davon profitieren können, wenn sie nicht nur ein gutes intuitives Gefühl für die Vorgänge in der Gruppe haben, sondern auch ein strategisches Wissen über Gesprächsmuster und interaktionelle Mechanismen. Insbesondere Moderationsnovizen kann aufgrund von linguistischen Analysen vermittelt werden, was genau erfahrene Moderatoren tun. Die Empfehlungen können detaillierter sein als allgemein gehaltene Ratschläge, wie sie in den gängigen How-to-do-Handbüchern vermittelt werden. Während z. B. Greenbaum bei den Charakteristika eines erfolgreichen Moderators auflistet, dass dieser „excellent communication skills" (Greenbaum 2000, S. 34) besitzen müsse, können nach einer linguistischen Analyse deutlich spezifischere Aussagen getroffen werden.

„**Die Katze saß auf der Matte.**" Dieser Satz ist durch Noam Chomsky berühmt geworden. Ihm haben wir es zu verdanken, dass sich Sprache in den späten 1950er und 1960er Jahren zu einem bedeutenden Forschungsfeld entwickelte. Ein halbes Jahrhundert später könnten linguistische Analysen Eingang in die qualitative Marktforschung finden. Sie haben es verdient.

Literaturverzeichnis

Drew, Paul (1984): Speakers' Reportings in Invitation Sequences. In: Atkinson, J. Maxwell / Heritage, John C. (Hrsg.): Structures of Social Action: Studies in Conversation Analysis. Cambridge, S. 129–151.

Drew, Paul / Heritage, John C. (1992): Talk at Work: Interaction in Institutional Settings. Cambridge.

---

[3] Die Autoren haben gute Erfahrungen mit einem partiellen Transkribieren in dem Sinne gesammelt, dass nur kritische Stellen bzw. Schlüsselstellen in einer Gruppendiskussion transkribiert werden.

Greenbaum, Thomas L. (2000): Moderating Focus Groups: A Practical Guide for Group Facilitation. Thousand Oaks.

Heritage, John C. (1984): Garfinkel and Ethnomethodology. Cambridge.

Heritage, John C. (1997): Conversation Analysis and Institutional Talk: Analysing Data. In: David Silverman (Hrsg.): Qualitative Research: Theory, Method and Practice. London, S. 161–182.

Houtkoop-Steenstra, Hanneke (2000): Interaction and the Standardized Survey Interview: The Living Questionnaire. Cambridge.

Krueger, Richard A. (1998): Developing Questions for Focus Groups. Thousand Oaks.

Morgan, David L. / Krueger, Richard. A. (1998): The Focus Group Kit. Band 1–6. Thousand Oaks.

Myers, Greg (1998): Displaying Opinions: Topics and Disagreement in Focus Groups. In: Language in Society, 27(1), S. 85–111.

Myers, Greg (2000): Analysis of Conversation and Talk. In: Bauer, Martin W. / Gaskell, George (Hrsg.): Qualitative Researching with Text, Image and Sound: A Practical Handbook. London, S. 191–203.

Pomerantz, Anita M. (1984): Agreeing and Disagreeing with Assessments: Some Features of Preferred/Dispreferred Turn Shapes. In: Atkinson, J. Maxwell / Heritage, John C. (Hrsg.): Structures of Social Action: Studies in Conversation Analysis. Cambridge, S. 57–101.

Pomerantz, Anita M. (1987): Descriptions in Legal Settings. In: Button, Graham / Lee, John R. E. (Hrsg.): Talk and Social Organization. Clevedon, S. 226–243.

Potter, Jonathan / Wetherell, Margaret (1987): Discourse and Social Psychology: Beyond Attitudes and Behaviour. London.

Puchta, Claudia / Potter, Jonathan (2004): Focus Group Practice. London.

Sacks, Harvey / Schegloff, Emanuel A. / Jefferson, Gail (1974): A Simplest Systematics for the Organization of Turn-Taking. In: Conversation Language, 50(4), S. 696–735.

Wolff, Stephan / Puchta, Claudia (2007): Realitäten zur Ansicht – Gruppendiskussionen als Orte der Datenproduktion. Stuttgart.

Christine Woesler de Panafieu

Semiologie
Die Bedeutung der Zeichen erkennen

1 Einführung 179
2 Historische Verankerung 179
3 Theoretische Annahmen 181
4 Methoden der Analyse 185
    4.1 Hermeneutischer Ansatz 185
    4.2 Rhetorischer Ansatz 187
    4.3 Essenzieller Ansatz 189
    4.4 Semiometrischer Ansatz 190
5 Methoden der Datenerhebung 191
    5.1 Expertenanalyse 191
    5.2 Exploration mit Verbrauchern 192
6 Fazit 193

1 Einführung

Dieser Artikel diskutiert die Relevanz der Semiologie für die qualitative Marktforschung. Sie liegt einerseits in der Fruchtbarkeit ihrer theoretischen Konzepte für die Analyse komplexer und gesättigter Märkte und andererseits in der Verwendung semiologischer Instrumente für Marken- und Produktinnovation. Zu diesem Zweck wird zwischen der theoretischen Erklärungskraft der Semiologie und ihren möglichen Anwendungsfeldern eine Verbindung hergestellt, beispielsweise im Markenmanagement, in der Werbeforschung, bei der Zielgruppendefinition, bei der Entwicklung von Firmenstrategien oder im Innovationsmanagement. Auf der Basis zentraler theoretischer Ansätze werden unterschiedliche methodische Vorgehensweisen erklärt und durch konkrete Beispiele untermauert. Der Artikel schließt mit einem kritischen Blick auf die Semiologie sowie auf ihr Potenzial für das Verständnis und die Entwicklung von Bedeutungssystemen.

2 Historische Verankerung

Im weitesten Sinne ist Semiologie die „Wissenschaft der Bedeutungssysteme, durch die sich eine Kultur begründet, unabhängig von der Sprache, in der sie sich darstellen" (Eco 1972, S. 28). Der Forschungsbereich der Semiologie ist die Produktion und Transmission von Bedeutungssystemen. Ihr Forschungsfeld ist die Welt der Zeichen: Sprache als Welt der verbalen Zeichen, Bilder als Welt der visuellen Zeichen, Geräusche als Welt der auditiven Zeichen und Gesten als Welt der Körperzeichen. Angesichts des Forschungsobjekts ist die Relevanz von Semiologie z. B. bei der Gestaltung einer Marke – von der Markenvision, ihrem Logo, der Verpackung bis hin zur Werbung – unmittelbar einleuchtend, da eine Marke eine geplante und bewusste Konstruktion eines spezifischen Bedeutungssystems ist. Alle visuellen, verbalen und auditiven Codes einer Marke zielen darauf ab, ein kohärentes und attraktives Beziehungssystem zu einer bestimmten Zielgruppe herzustellen, was den ökonomischen Wert einer Marke auf Dauer garantiert. Wird in der Marktforschung von Zielgruppen gesprochen, so konzentriert sich die Semiologie auf die „kulturelle Produktion" von Gruppen und Individuen durch sprachliche oder visuelle Manifestationen, durch Erscheinungsformen der Sinne oder durch mentale Konstruktionen. Insofern ist der Semiologe ein Sucher der Spuren, die Menschen als Element von Realität produzieren, und ein Finder, indem er die verborgenen Muster dieser „Spuren" ans Licht bringt.

Historisch werden zwei unterschiedliche Wurzeln unterschieden: die französische Tradition der „Semiologie" und die angelsächsische Tradition der „Semiotik", beide gegründet in der zweiten Hälfte des 19. Jahrhunderts.

Ferdinand de Saussure (1857–1913) gründete die französische Schule als Nebenzweig der Linguistik. Er entwickelte einen semiologischen Ansatz mit spezifischem Fokus auf Sprache als wichtigstem Referenzmodell für alle Zeichenarten. Sein Hauptforschungsgebiet war die Bedeutung von Sprache. Nach Saussure ist Sprache sozial eingebunden und wird von Menschen der gleichen sprachlichen Einheit verwendet. Er beschreibt Semiologie als eine „Wissenschaft, die das Leben von Zeichen im Zentrum des sozialen Lebens studiert" (Saussure 1976, S. 33). Deshalb ist für ihn die Unterscheidung von „Langue" (geschriebener Sprache) und „Parole" (gesprochener Sprache) von zentraler Bedeutung. Veränderungen in der Sprache („Parole") zeigen Veränderungen in der Gesellschaft auf und damit neue Codes in der Bildung von kulturellem Konsens. Saussures zweiter wichtiger Beitrag zur theoretischen Fundierung der Semiologie bezieht sich auf die Doppelnatur eines jeden Zeichens: Ein Zeichen besteht aus einem Bedeutungskern, dem Signifikanten, und einem Klangkern, dem Signifikat. Einer seiner Nachfolger, Roland Barthes, hat sich auf das Verständnis der kulturellen Dimensionen von Bedeutungssystemen konzentriert, indem er die „Mythologien des Alltags" analysierte, so z. B. das Symbol des französischen Kolonialismus anhand des Bildes eines schwarzen Soldaten unter einer französischen Flagge oder das Verständnis der japanischen Gesellschaft als „Reich der Zeichen" durch die Analyse der ideographischen Struktur der japanischen Sprache (Barthes 1970).[1]

Algirdas Julius Greimas, ein anderer bekannter Nachfolger von Saussure, unternahm mit seiner „Generativen Semiologie" den Versuch der Entwicklung einer strukturalistischen Theorie (Greimas 1966). Vereinfacht gesprochen handelt es sich um drei semiotische Strategien: Die erste besteht darin, Hierarchien zu entwickeln, z. B. der unmittelbar eingängige, figurative Sinn einer Geschichte, ihr narrativer, rekonstruierter Sinn und ihr tiefenstruktureller, axiologischer Sinn. Die zweite besteht in der Definition der Polarität dieser Hierarchien, z. B. männlich – weiblich, Kultur – Natur, genannt „Semiologisches Quadrat" (vgl. Abb. 4-5). Die dritte Strategie besteht darin, die horizontalen Verbindungen zwischen diesen beiden Arten von Kategorien herzustellen und deren strukturelle Bedeutungsmuster zu identifizieren.[2]

Charles Sanders Peirce (1839–1914) gründete die angelsächsische Schule der „Semiotik" als Nebenzweig der Cambridge School of Pragmatism (Peirce 1931–1935). Sein

---

[1] Durch die Verbindung von Semiologie und Psychoanalyse sind Jacques Lacan und Julia Kristeva mit dem Saussure'schen Ansatz verbunden.

[2] Claude Levi-Strauss war ebenfalls wegweisend in dieser Tradition, indem er Semiologie mit Strukturalismus verband. Nach Levi-Strauss ist Grammatik eine latente, verborgene Ordnung, basierend auf Kombinationen von Regeln und Logiken, die eine Struktur schaffen. Sprache dient als Struktur, auf deren Grundlage sich Verwandtschaftsbeziehungen aufzeichnen lassen. Obwohl Umberto Eco nicht zur französischen Tradition gehört, sind seine Beiträge zu Konzepten und Enzyklopädien der französischen Schule sehr nahe.

Ansatz ist ein breiterer, da er alle Arten von Zeichen – verbale, visuelle und akustische – mit einbezieht. Da seine Arbeit in der Tradition des logischen Positivismus verankert ist, steht für ihn die Klassifizierung der Zeichen im Zentrum. Obwohl er 59.049 mögliche Elemente und Beziehungen entdeckte, werden heute nur drei verwendet: Ikone, Indizes, Symbole. Sein breiter Ansatz führte dazu, dass nichtmenschliche Signale und Kommunikationssysteme wie „Biosemiotics", von Thomas A. Sebeok entwickelt, mit zum semiologischen Forschungsfeld gehören.

Zusammenfassend kann man sagen, dass der Schwerpunkt der französischen Tradition auf der gesellschaftlichen Konstruktion und Bedeutung von Zeichen liegt, während die angelsächsische Tradition sich auf die formale Theorie von Zeichen konzentriert. Das alle Semiologen verbindende Element ist ein Text oder Corpus, z. B. ein Plakat, eine Fernsehwerbung, ein Madonna-Lied, ein Bushaltestellenzeichen oder eine politische Rede. Das Spezifische der Semiologie ist, dass alle Arten von Zeichen Träger von Bedeutung sind.

3 Theoretische Annahmen

Die **erste Annahme** lautet, dass Zeichen nicht unmittelbar mit der Welt, die sie darstellen, verbunden sind. Nach de Saussure setzt sich ein Zeichen aus zwei Elementen zusammen, dem Signifikanten und dem Signifikat.

Der Begriff Signifikat, der dem Lautbild entspricht, wird auch Denotation genannt. Ein Lautbild wie etwa F-e-u-e-r ist reine Konvention und hat keine intrinsische oder logische Bedeutung. Der Begriff Signifikant entspricht dem Bedeutungssystem einer Welt und ist kulturell eingebunden. Interessant ist, dass das Wort Feuer im Französischen und Englischen eine ähnliche Denotation hat – *Fire* oder *Feu* –, wobei das F das Geräusch des Feuers evoziert. Die Konnotation ist ein aktiver Prozess, der kulturell begründet ist. Für Mitglieder der Oberschicht ist die Konnotation eines Kaminfeuers stark, wohingegen einem Afrikaner eher das Bild einer Herdstelle vor Augen erscheint. Das Wort Feuer hat gleichzeitig symbolische Bedeutungshöfe, wie z. B. „Feuer und Flamme sein", „mit dem Feuer spielen", was riskantes, transzendierendes oder involviertes Verhalten vermittelt.

Christine Woesler de Panafieu

Abbildung 3-1: Doppelrolle von Zeichen

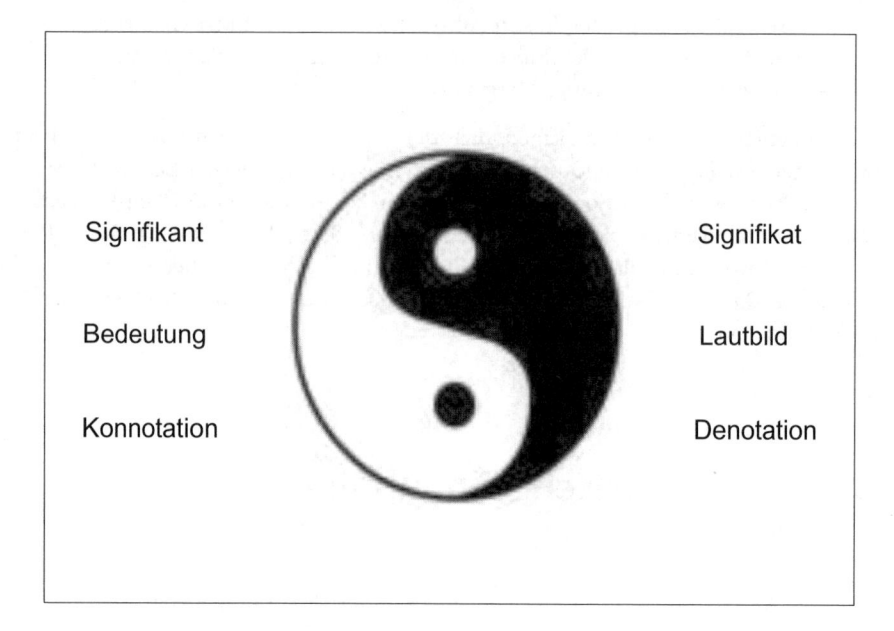

Signifikant	Signifikat
Bedeutung	Lautbild
Konnotation	Denotation

Da Zeichen nicht wertfrei, sondern kulturell eingebunden sind und sozialem Wandel unterliegen, bedarf der Semiologe für seine Arbeit eines breiten kulturellen Wissens, um die jeweils möglichen Bedeutungen zu verstehen und ihre Relevanz im Forschungskontext zu evaluieren. Semiologische Arbeit im internationalen Rahmen erfordert außerdem ein multikulturelles Wissen, um Gemeinsamkeiten und Unterschiede zwischen Kulturen und Ländern aufzudecken, da Zeichen jeweils die soziale Organisation von Kultur ausdrücken. So haben Farbcodes in den verschiedenen Kulturen unterschiedliche Bedeutungen: In europäischen Kulturen ist Schwarz die Farbe des Todes, in asiatischen ist es Weiß. Semiologen müssen außerdem die Veränderungen von Zeichen und Codes als Ausdruck sozialen Wandels berücksichtigen. Mit der Verbreitung des Internets und den sich daraus ergebenden neuen Erfahrungen tauchen neue Worte wie „googeln" oder „mailen" auf.

Die Tatsache, dass Zeichen nicht wertfrei sind, bedeutet auch, dass sie verwendet werden, um Menschen zu beeinflussen. Umberto Ecos Buch „Der Name der Rose" basiert auf Fiktion, Propaganda und Gerüchten, um ein „narratives Schema" zu schaffen. Dan Brown verwendet mit viel Erfolg einen ähnlichen Ansatz für sein Buch „The Da Vinci Code". Werbung beruht auf intentionell konstruierten Zeichenwelten, deren Ziel es ist, Menschen zum Kauf und Gebrauch von und zur „Liebe" zu Produkten zu bewegen.

Eine **zweite zentrale Annahme** wurde von Peirce entwickelt, der sein Augenmerk auf die strukturelle Kategorisierung von Zeichen legte (Peirce 1931–1935, Vol. 1, Kapitel 2). Das ikonische Zeichen beinhaltet eine Beziehung der Ähnlichkeit, d. h., es sieht aus wie das, was es repräsentiert, z. B. das Bild eines Hundes, das den echten Hund darstellt. Das symbolische Zeichen ist bestimmt durch Konvention und basiert auf Übereinstimmung, z. B. die Freiheitsstatue als Symbol der Freiheit. Indizes enthalten eine Beziehung des Hinweisens; sie verbinden ein Zeichen mit einem Naturereignis, wie etwa Rauch als Indiz von Feuer oder ein Thermometer als Indiz von Temperatur. Es ist Aufgabe des Semiologen, die verschiedenen Kategorien zu analysieren.

Eine **dritte zentrale Annahme** ist, dass Semiologie Teil der Kommunikationstheorie ist. Sie beinhaltet den effizienten und wirksamen Transfer von Informationen und Bedeutungssystemen von einem Sender an einen Empfänger. Der Sender muss die Botschaft nach vier Regeln codieren, die nach Greimas GRICE genannt werden: die Regel der Quantität (notwendige Information geben), die der Qualität (ehrlich und ernst sein), die der Beziehung (auf pertinente Weise sprechen) und die Regel des Stils (Art und Weise des Sprechens).

Um die Herstellung von Verbindungen zwischen dem semiologischen Theorierahmen und Marktforschungsansätzen zu erleichtern, ist es wichtig, verschiedene Kommunikationsfunktionen zu erwähnen. Dazu hat Roman Jakobson vorbildliche Arbeit geleistet (Jakobson 1963, Kapitel XI). Er unterscheidet sechs Funktionen, wobei jede mit einer Kommunikationsdimension assoziiert wird. Diese sind für die praktische Arbeit eines jeden Semiologen von Relevanz, da sich aus der Analyse der Funktionen und ihrer Kommunikationsdimensionen Sinnsysteme von Marken, Konzepten und Strategien ableiten lassen.

Abbildung 3-2: Kommunikationsfunktionen

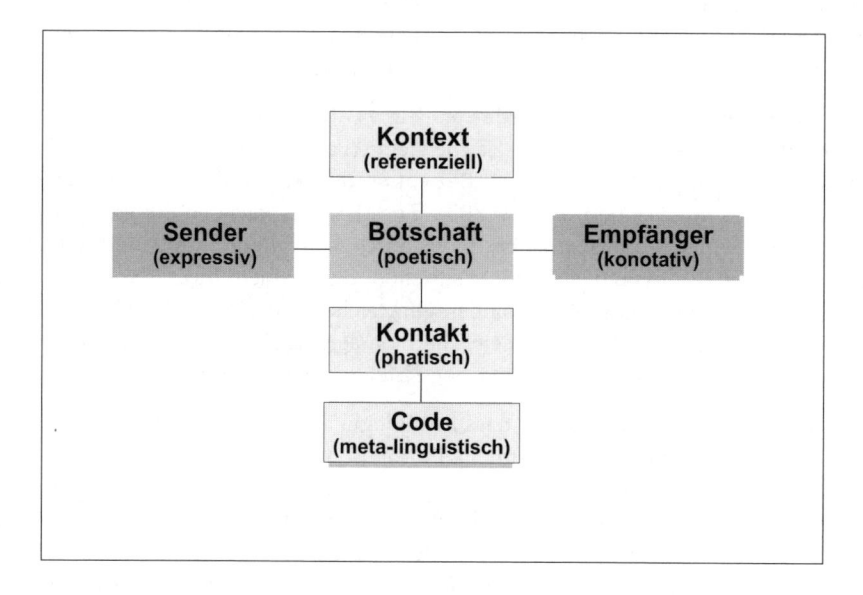

```
                    Kontext
                  (referenziell)

    Sender        Botschaft        Empfänger
  (expressiv)     (poetisch)       (konotativ)

                    Kontakt
                  (phatisch)

                     Code
                (meta-linguistisch)
```

Referenzielle Funktion: Eine Botschaft braucht, um für den Empfänger verständlich zu sein, einen Kontext, z. B. den Inhaltsstoff eines Produkts, seinen Ursprung, seinen Nutzen oder seine Zielgruppe.

Expressive Funktion: Eine Botschaft muss dem Empfänger gefallen, um eine emotionale Beziehung herzustellen, entweder durch die Stimme, ein Lächeln, einen Duft oder eine Farbe.

Konnotative Funktion: Eine Botschaft muss durch die Verwendung eines bestimmten Sprachstils die Absicht des Senders ausdrücken, z. B. um Erlaubnis bitten, Autorität zeigen, Freundschaft suchen.

Phatische Funktion: Sie dient dazu, den Kontakt zwischen Sender und Empfänger herzustellen und sicherzustellen, z. B. durch Füllworte wie „hallo" oder das in der deutschen Sprache beliebte Wort „natürlich" zur Absicherung.

Metalinguistische Funktion: Sie dient dazu, die gemeinsamen Codes eines Universums sicherzustellen, z. B. die Verwendung der gemeinsamen Codes des Kaffee-, Lebensmittel- oder Automobilmarkts.

Poetische Funktion: Sie konzentriert sich auf die Botschaft selbst und darauf, wie sie konstruiert ist, z. B. als Werbeslogan, Wortspiel oder Reim.

4 Methoden der Analyse

Unter der Vielfalt der von Semiologen verwendeten methodischen Ansätze wurden vier ausgewählt, da sie für Marktforschungsfragen relevant sind: der hermeneutische, der rhetorische, der essenzielle und der semiometrische Ansatz.

4.1 Hermeneutischer Ansatz

Hermeneutik ist die Lehre vom Verstehen eines Textes oder Corpus z. B. eines Interviews, eines Bildes, einer Werbeanzeige, einer Verpackung oder eines Romans.[3]

Der im Folgenden dargestellte hermeneutische Ansatz ist ein qualitativer Forschungsansatz, der einen Text oder Corpus zum Gegenstand hat.[4] Dieser Corpus wird von einem Team von Semiologen analysiert mit dem Ziel, sein latentes, verstecktes Bedeutungssystem aufzudecken (Immanenz) und seinen spezifischen Bezug zum Umfeld zu identifizieren (Kontext).

Die **Immanenz** ist eine Arbeit am Corpus selbst. Sie verläuft entlang folgender Schritte: erstens der Inhaltsanalyse, d. h. dem Auflisten und Protokollieren aller verbalen, visuellen, auditiven und gestischen Zeichen (Name, Schriftzug, Flaschenform, Plakat, Gebrauchsanweisung); zweitens der internen Kohärenzanalyse zwischen allen Zeichen und ihren möglichen Bedeutungen mit dem Ziel, zentrale Zeichen und Symbole zu identifizieren; und drittens der Bedeutungsanalyse aller analysierten Elemente mit dem Ziel, die inhärente Logik einer Marke, eines Artikels oder eines Jahresberichts ans Licht zu bringen, d. h. durch Explizieren zu verstehen.

Die **Kontextanalyse** bezieht sich auf Zielgruppen, Kulturen oder auf soziokulturelle Trends. Fragestellungen wie folgende werden bearbeitet: Wird die Botschaft von der Zielgruppe adäquat empfangen (externe Kohärenz und Pertinenz)? Ist die Botschaft

---

3 Hermeneutik leitet sich etymologisch von Hermes, dem Götterboten, ab, der den Menschen den Götterwillen verständlich machte. Schleiermacher hat im 18. Jahrhundert als Erster ein Programm der Lehre des Verstehens entworfen. Ulrich Oevermann entwickelte in den 1980er Jahren die „Objektive Hermeneutik" als qualitative Forschungsmethode und wendete sie zur Analyse von Krankenhaus- oder Polizeisystemen an.

4 Dieser praxisorientierte Ansatz wurde für Marktforschungszwecke in den 1980er Jahren von Christine Woesler de Panafieu entwickelt.

für die Zielgruppe relevant (Legitimität)? Wird die Botschaft in unterschiedlichen Kulturen auf ähnliche Weise empfangen? Worin bestehen z. B. die Unterschiede, Ähnlichkeiten der Wahrnehmung von Tee in Deutschland und England? In welchem Maße ist eine Botschaft modern, zeitgemäß oder veraltet (soziokultureller Drive)?

Die hermeneutische Analyse konzentriert sich auf die verschiedenen Beziehungen des Kommunikationsdreiecks.

Abbildung 4-1: Kommunikationsdreieck

KOMMUNIKATIONSDREIECK

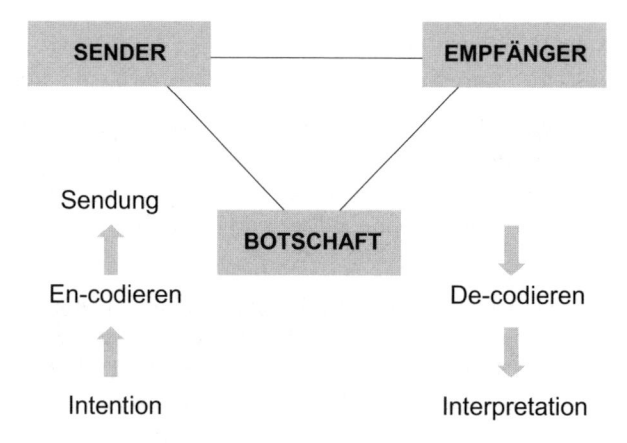

```
     SENDER ──────────── EMPFÄNGER
          \             /
           \           /
   Sendung  \         /
      ↑     BOTSCHAFT        ↓
   En-codieren            De-codieren
      ↑                       ↓
   Intention              Interpretation
```

Die Semiologie der Botschaft besteht in der Analyse der Botschaft, unabhängig von der Absicht des Senders und der Interpretation des Empfängers. Die Aufgabe des Semiologen ist es, die Art, wie die Botschaft formuliert ist, ihre Bedeutung sowie die innere (oder mangelnde) Kohärenz zu analysieren. Gemäß Pasquier (2005, S. 15f.) ist der Beitrag der Semiologie im Marketing in folgenden Bereichen am fruchtbarsten: Markenkommunikation, Kommunikation der Konkurrenz, Analyse des Markenlogos, Segmentierung durch lexikalische Analyse.

Die Semiologie des Senders befasst sich mit der strategischen Vision einer Marke oder Firma. Pasquier führt folgende Bereiche an, in denen eine semiologische Expertise angewandt wird: interne Firmenkommunikation wie Jahresberichte, interne Nachrichten, Reden der Geschäftsführung sowie Unternehmensberichterstattung der Medien, interkulturelle Führungsstrukturen, symbolische Beziehungen zwischen Marke und Verbrauchern.

Die Semiologie des Empfängers überprüft, wie Verbraucher die Botschaft wahrnehmen, wie etwa durch das Testen möglicher Bedeutungen eines neuen Produkts oder einer neuen Verpackung. In ihren Bereich fallen das interkulturelle Verständnis von Markenbotschaften, die Analyse der Einkaufsgewohnheiten als Diskurs, die Bedeutung von Kleidungscodes im Dienstleistungsbereich sowie die symbolische Beziehung von Produkten im täglichen Leben der Verbraucher.

4.2 Rhetorischer Ansatz

Der rhetorische Ansatz ist zentral in der Werbeforschung, da Werbung drei Zielsetzungen verfolgt: Sie soll erstens über die Existenz und Besonderheit einer Marke/Firma **informieren**. So berichten Marken wie Bosch, Philips, Peugeot, Mini über ihre Geschichte mit dem Ziel, ihre Reputation zu erhöhen. Sie wollen zweitens durch logische Argumentationen **überzeugen** (Persuasion). So arbeiten Marken mit verschiedenen rationalen Argumentationsstilen, die sowohl sachlich (z. B. Audis Claim „Vorsprung durch Technik") als auch kreativ (z. B. Pampers: „Selbst wenn es nass ist, ist es trocken") sein können. Sie wollen drittens durch emotionale Argumente **verführen** (Seduction). Die Verführung arbeitet häufig nach dem Spiegelprinzip, in dem die Marke als Spiegel von Narzissmus und Aspiration dient. Da es verführend ist, verführt zu werden, funktionieren Slogans wie „Freude am Fahren" (BMW) oder „Weil ich es mir wert bin" (L'Oréal) ausgezeichnet.

Rhetorische Figuren sind stilistische Hilfsmittel, die als „kunstvolle Abweichung von Verbrauchererwartungen" (McQuarrie/Mick 1999, S. 38) fungieren, und auf spezifische Weise auf den Verbraucher wirken. Nach Studienergebnissen von McQuarrie und Mick (1999, S. 51) sind Anzeigen, die aktives Lesen erfordern, wie z. B. ein Paradox oder eine Metapher, einprägsamer und dauerhafter. Allerdings muss der Leser die kulturelle Kompetenz besitzen, den Text und seine codierte Botschaft aufschlüsseln zu können. Dies bedeutet, dass das Erkennen von Mustern schneller geht und stark auf den Durchschnittsverbraucher wirkt, wenn „Adjunktionen" als rhetorischer Code, basierend auf einer Identitäts- oder Ähnlichkeitsbeziehung, verwendet werden. Kreativere Anzeigen verwenden allerdings häufig gegenläufige Beziehungen wie etwa ein Paradox, eine Tautologie oder einen Euphemismus, wobei der Leser während des Lesens aktiv an der Aufschlüsselung der Botschaft beteiligt ist.

Christine Woesler de Panafieu

Im Folgenden werden einige Beispiele rhetorischer Figuren und deren Bedeutung in Werbekampagnen als Illustration vorgestellt.

Abbildung 4-2:   Metapher

Die denotative Bedeutung des Werbeslogans bringt den Produktbenefit eindeutig zum Ausdruck: „Bändigt das wildeste Haar". Die konnotative Bedeutung des Werbeslogans verweist auf die Transformation eines rohen Urzustands in einen zivilisierten Kulturzustand. Visuell wird der Produktbenefit des Haargels durch die humoristische Bearbeitung der Metapher der wilden „Löwenmähne" dargestellt.

Abbildung 4-3:   Repetition

Der Produktname „Amor Amor" stellt die rhetorische Figur der Repetition dar. Diese verbale Repetition wird durch die visuelle Repetition der Kussszene hervorgehoben. Durch den allegorischen Verweis auf den römischen Gott der Liebe und die visuelle spiegelbildliche Darstellung der sinnlichen Kussszene wird die Intensität des Produktversprechens zusätzlich verstärkt.

Abbildung 4-4: Allegorie

Der allegorische Produktname „Cinéma" (in seiner französischen Schreibweise) verleiht dem Parfum einen Hauch von Kultur. Die visuelle Repräsentation stellt eine Allegorie des Goldenen Filmzeitalters dar: Die Glamourwelt der angehimmelten, verführerischen und eleganten Filmdiva. Die Szene entspricht der Eleganz des Modeschöpfers Yves Saint Laurent und betont sie.

4.3 Essenzieller Ansatz

Greimas entwickelte das semiologische Quadrat mit dem Ziel, den fundamentalen Kern von Bedeutungssystemen zu identifizieren. Er arbeitet auf der einen Seite mit **Gegensätzen** wie Leben vs. Tod, Natur vs. Kultur, männlich vs. weiblich, schwarz vs. weiß. Auf der anderen Seite arbeitet er mit der **Negation** dieser Gegensätze, z. B. eine nicht männliche Männlichkeit oder eine nicht natürliche Natur. Seine Annahme – ganz in der strukturalistischen Tradition – ist, dass sowohl archaisches als auch wissenschaftliches Denken in der komplexen Logik von Gegensatz und Negation operiert.

In der Marktforschung wird diese Methode als Mapping benutzt, um die Eckpfeiler von Märkten zu definieren und um innovative Marktansätze zu entwickeln. Was das semiologische Quadrat für innovative Konzeptentwicklung interessant macht, ist die kreative Arbeit an der Identifikation der Negation wie Leben vs. Nicht-Leben, weiblich vs. nicht weiblich. Denn Innovationen entstehen häufig durch die Fusion von Gegensätzen oder an den Negationspolen. Um ein Beispiel zu nennen: Der Gegensatz von Parfum ist Wasser, aber Nicht-Parfum/Parfum sind die vielen „Wasser", die sich in der Kategorie der leichten Parfums als Nachfolger von „4711 – Kölnisch Wasser" in den letzten zehn Jahren entwickelt haben, wie „Eau de Kenzo" oder „Eau de Rochas".

Abbildung 4-5: Semiologisches Quadrat

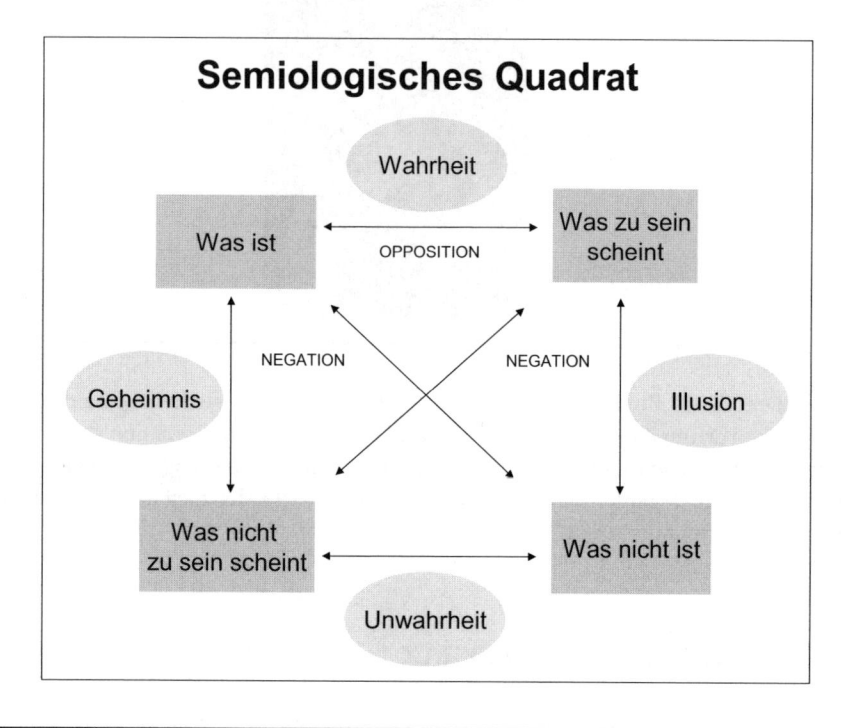

Semiologisches Quadrat

- Wahrheit
- Was ist ← OPPOSITION → Was zu sein scheint
- NEGATION / NEGATION
- Geheimnis / Illusion
- Was nicht zu sein scheint ↔ Was nicht ist
- Unwahrheit

4.4 Semiometrischer Ansatz

Der semiometrische Ansatz ergänzt die qualitative Hermeneutik, den rhetorischen und essenziellen Ansatz, da er die Wichtigkeit und Verlässlichkeit qualitativer Ergebnisse misst. In der Semiometrie lassen sich mehrere Stufen der Verfeinerung unterscheiden, wobei eine gute semiometrische Analyse alle Stufen einbeziehen sollte, um zu einem ganzheitlicheren Verständnis zu gelangen.

Der semiometrische Ansatz basiert auf einer statistischen, lexikalischen Analyse und wird verwendet, um latente Bedeutungsmuster quantitativ zu erfassen. Grundlage der Semiometrie ist ein sprachlicher Corpus. Es ist eine statistische Methode, in der jedes Wort wie ein Objekt behandelt, d. h. gezählt wird.

In der ersten Stufe, der Indexanalyse, wird der Text destrukturiert, indem die Sprache in ihre einzelnen Elemente zerlegt wird und Wortfrequenzen gezählt werden. Die Frequenzen werden als Muster behandelt, denen Bedeutungen zugeordnet werden. Eine zweite Stufe besteht in der Analyse der Okkurenz, d. h. der Bildung von Assoziationsfeldern, verstanden als Häufigkeit der Worte, die gemeinsam auftreten. Neuronales Clustering ist eine dritte Stufe. Es besteht darin, zentrale Konzepte, z. B. von Haarfarbe, durch das Messen von Zentralität und Dichte, d. h. die Anzahl der Verbindungen eines Wortes mit anderen Worten, zu entwickeln sowie ihren Ort in einem Mapping zu bestimmen.

5 Methoden der Datenerhebung

Die Methoden der Datenerhebung konzentrieren sich darauf, das geeignete Material für den Corpus zusammenzustellen oder zu entwickeln. Dabei gibt es zwei Möglichkeiten: Entweder die Daten werden von Experten aus existierendem Material zusammengestellt oder der Corpus basiert auf Explorationen mit Verbrauchern.

5.1 Expertenanalyse

Im Falle einer semiologischen Expertenanalyse besteht der Corpus aus existierendem Material. Die Bandbreite variiert entsprechend der Aufgabenstellung. Im Falle der Semiologie von Marken kann es sich sowohl um Packungs- als auch um Produktentwürfe, um Verpackung und Werbung im historischen Vergleich, um eine Wettbewerbsanalyse einer ausgewählten Anzahl von Marken oder um internationale Vergleiche handeln. Die Methode ist die der Analyse der „sichtbaren Spuren", die eine Marke hinterlassen hat oder in Zukunft auslegen möchte, unabhängig von der Intention der Marke oder der Wahrnehmung der Zielgruppen. Es handelt sich um eine Expertenanalyse, die in der Regel von zwei Semiologen durchgeführt wird.

Die Erhebungsmethode besteht im Falle einer Marken-Semiologie aus folgenden Schritten:

- Auswahl aller visuellen und verbalen Elemente des Corpus – von der Farbgebung zum Schriftzug, vom Verpackungszettel zum Werbespot. Die Auswahl erfolgt nach den Kriterien, die es erlauben, die internen Kohärenzen und Inkohärenzen einer Marke, eines Jahresberichts oder eines politischen Ereignisses herauszuarbeiten.

- Die Auswahl des Materials konzentriert sich auf die wichtigsten Etappen einer Marke, einer Firmengeschichte oder eines politischen Ereignisses. Diese Auswahl wird mit dem Auftraggeber vorgenommen, da er selber der Experte ist. Anhand dieser Auswahl wird eine erste Analyse der zentralen rhetorischen Codes vorgenommen, entsprechend der von Jakobson entwickelten Dimensionen und ihrer Bedeutung für die Markenidentität. Der Ton macht dabei die Musik, d. h., es geht um die Art des Auftritts einer Marke/eines Ereignisses, sei es expressiv, poetisch oder referenziell.

- Die Synthese des Materials wird vom Semiologen vorgenommen. Er gruppiert das Material in relevante und weniger relevante Stufen mit dem Ziel, die im Material verankerten, nicht sichtbaren Sinnstrukturen aufzudecken. Diese betreffen die zentrale Botschaft (Markenkern), das Wertesystem sowie die Art der Beziehung der Marke mit dem Umfeld (Relationsmuster). Das Wesen einer Marke/eines Ereignisses ist in ihren/seinen „Spuren" verborgen.

- Der soziokulturelle Bezug wird unter Hinzufügung eines soziologischen Rasters vorgenommen, sodass sich das semiologische Material im gesellschaftlichen Wandel spiegelt. Eine Marke/ein Ereignis agiert an einem spezifischen Ort des gesellschaftlichen Spielfelds.

5.2 Exploration mit Verbrauchern

In der Exploration mit Verbrauchern werden semiologische Methoden bei der Konzeption sowie bei der Durchführung eingesetzt. Die Erhebungsmethode von Explorationen besteht aus drei Phasen: Encoding – Decoding – Re-encoding.

Bei der Konzeption einer Exploration wird darauf geachtet, dass verschiedene Spurendimensionen als Stimuli identifiziert werden, wie Texte, Worte, Bilder, haptisches Material. Denn nur die holistische Synthese aller dieser Elemente macht das Bedeutungssystem einer Marke oder einer Kommunikation aus. Der Prozess der Konzeption wird **Encoding** genannt. Es geht darum, die verschiedenen Spurendimensionen entlang von Hypothesen zu bearbeiten und zu jeder Hypothese eine Bandbreite von Material nach einem Elastizitätsprinzip auszuwählen. Geht es z. B. um die Rhetorik „Verführung" einer Kaffeemarke, so wird die Elastizität für Bilder und Sprache definiert als „leichter Flirt bis Erotik" unter Ausschluss von Sexualität.

Während der Exploration ist der Fokus mehr auf das „Wie" als auf das „Was" des Verstehens dieses reichhaltigen Stimulusmaterials gerichtet, denn die Art und Weise, wie bestimmte Bilder oder Worte verstanden werden, verweist auf die inhärenten, tiefer liegenden Bedeutungsmuster. Um die Aufdeckung dieser Bedeutungssysteme geht es dem Semiologen in seiner späteren Analyse oder dem **Decoding,** das in einem letzten Schritt zu Empfehlungen über das optimale semiotische System einer Marke (Sprach-, Farb-, Form- und visuelles System) oder einer politischen Rede führt. Dieser Prozess wird **Re-encoding** genannt.

6 Fazit

Die Semiologie hat sich in Deutschland kaum verbreitet, weder im akademischen Bereich noch in der Marktforschung oder im Marketing. Diese Tatsache ist zu bedauern, da der semiologische Ansatz, wie wir mittels dieses Artikels versucht haben darzulegen, Bedeutungssysteme verständlich machen kann.

Ein Grund für die mangelnde Verbreitung der Semiologie ist die Tatsache, dass mehrere semiologische Ansätze und Schulen[5] nebeneinander bestehen, was der Entwicklung eines gemeinsamen theoretischen Kerns nicht förderlich ist.[6] Ein zweiter Grund liegt in der Überbetonung von intuitiven, literarischen und psychoanalytischen Interpretationen, vor allem in den 1970er Jahren, die der empirisch ausgerichteten Grundhaltung deutscher und angelsächsischer Institutionen widersprachen. Ein dritter Grund liegt in der Komplexität des Forschungsgegenstands selbst, denn dieser verlangt nicht nur einfach anzuwendende Fachkenntnisse, sondern eine ausgeprägte Allgemeinkultur sowie die Fähigkeit, verschiedenartige Ebenen (Schrift, Bilder, haptisches Material oder Mythen) in ein Bedeutungssystem zu integrieren. Ein Semiologe muss seine Gesellschaft kennen: von den unbewussten Tiefenschichten bis hin zu Modeerscheinungen, von vergangenen Mythen bis hin zu Zukunftsszenarien. Ein Semiologe kann sich

---

5 Schulen: Pariser Schule gegründet von Algirdas Julius Greimas; Tartu-Moskauer Semiotische Schule beeinflusst von Lotman und bekannt für Zeichensystem-Studien von Film bis zu Kunst und Literatur; Universität von Bologna, beeinflusst von Umberto Eco; Indiana University (Indianapolis, USA), beeinflusst von der Peirce-Tradition und Thomas A. Sebeok; Center for Semiotics an der Aarhus Universität (Dänemark), ausgerichtet auf kognitive Semiotik.

   Zeitschriften: The American Journal of Semiotics, European Journal of Semiotics, herausgegeben von Umberto Eco; Semiotica, herausgegeben von Thomas Sebeok; Sign Systems Study, herausgegeben von Juri Lotman.

6 Die Tatsache, dass heute zwei Bezeichnungen, nämlich „Semiotik" und „Semiologie" nebeneinander bestehen, ist Ausdruck dieser Schwäche – obwohl die International Semiotic Association 1982 beschloss, den Namen „Semiotik" zu verwenden. Im französischen Sprachraum wird weiterhin die Bezeichnung „Semiologie" verwendet.

nicht mit deskriptiven Methoden zufriedengeben. Semiologie ist ein analytisches und synthetisches Verfahren, das auf die Aufdeckung latenter Sinnstrukturen abzielt. Insofern ist Semiologie sowohl eine Wissenschaft als auch eine Kunst. Dieser Kunst der Interpretation, des Tiefenverständnisses von Bedeutungssystemen einer Marke wird heute wenig Wert beigemessen, da sie einen hohen Kenntnisstand und Zeitaufwand voraussetzt.

Gleichzeitig leben wir in einer Epoche großer gesellschaftlicher Transformation, in der es notwendig ist, die sich entwickelnden Codes und Muster der Gesellschaft des 21. Jahrhunderts adäquat verstehen zu können. Eine Verbindung semiologischer Analyse mit soziologischer Reflexion ist eine fruchtbare Methode zum adäquaten Verständnis und zur aktiven Konstruktion der „Sinn-Spuren" des 21. Jahrhunderts.

Literaturverzeichnis

Barthes, Roland (1970): L'Empire des Signes. Genève. Auf Deutsch (1981): Das Reich der Zeichen. Frankfurt/Main.

Eco, Umberto (1972): Einführung in die Semiologie. München.

Greimas, Algirdas Julius (1966): Sémantique structurale. Paris.

Jakobson, Roman (1963): Essais de la Linguistique Générale. Paris.

McQuarrie, Edward F. / Mick, David Glen (1999): Visual Rhetoric in Advertising. In: Journal of Consumer Research, 26, S. 37–54.

Pasquier, Martial (2005): Signe et Signification des Discours de Marketing. IDHEAP (Institut de hautes études en administration publique) an der Universität Lausanne, Working Paper No. 1, März. www.idheap.ch/idheap.nsf/0/1ace09f22a940defc1256 fc60064d113/$File/wp%201-2005%20mp.pdf. Zugriff: 25.02.2006.

Peirce, Charles Sander (1931–1935): Collected Papers of Charles S. Pierce. Cambridge.

de Saussure, Ferdinand (1976): Cours de Linguistique Générale. 3. Auflage. Paris. Auf Deutsch (2001): Grundfragen der Allgemeinen Sprachwissenschaft. Berlin.

Teil C:
Forschungsprozess und
Methodenkonzepte

Gerhard Kleining

Der qualitative Forschungsprozess

1 Die Rahmenbedingungen 199
   1.1 Der Unterschied zwischen akademischer und angewandter Forschung 199
   1.2 Zur Geschichte des qualitativen Paradigmas.. 201
   1.3 Das soziale Umfeld 204

2 Planung von Markt-, Medien- und Sozialforschung 205
   2.1 Der Forschungsgegenstand 205
   2.2 Literatur und andere Informationsquellen 206
   2.3 Der Methodenstreit: qualitativ vs. quantitativ 207
   2.4 Die drei Datenformen: Alltags-, qualitative und quantitative Daten 208
   2.5 Das Sample 210
   2.6 Zeit- und Kostenplanung 211

3 Methoden 212
   3.1 Die gegenwärtig verwandten Methoden... 212
   3.2 Das System der Methoden im Handlungsraum.. 214

4 Methodologie 217
   4.1 Die qualitative Datenform in der akademischen Literatur 217
   4.2 Die qualitative Datenform bei den sozialwissenschaftlichen Klassikern 219
   4.3 Das Deutungsdilemma 220
   4.4 Drei Arten von Methodologien: erklärend, beschreibend, entdeckend 221
   4.5 Regeln der heuristischen Methodologie 225
   4.6 Vergleich der Methodologien... 226

5 Der Forschungsverlauf 227
   5.1 Lineare, zirkuläre, dialogische Verläufe 227
   5.2 Voruntersuchung und Nachbereitung 230
   5.3 Variation/Triangulation 230
   5.4 Die Analyse 231
   5.5 Die Berichterstattung 234

6 Fazit 236

Der qualitative Forschungsprozess

1 Die Rahmenbedingungen

1.1 Der Unterschied zwischen akademischer und angewandter Forschung

Akademische und angewandte Forschung unterscheiden sich wie Theorie und Praxis, obwohl nach allgemeinem Konsens beide Bereiche zusammengehören sollten. Wer von einem Studium in die marktforscherische Praxis wechselt, in ein Marktforschungsinstitut oder in die betriebliche Forschung, erfährt die Differenz an der eigenen Person. Unternehmen und Institute schulen ihre akademisch qualifizierten Anfänger aufs Neue, um sie auf die eigenen Belange einzustellen, was zu Irritationen führen kann (Praxisschock). Die Institutionen verfolgen verschiedene Ziele und haben eigene berufliche Karrieren. Akademiker müssen „Wissenschaft" produzieren und publizieren, unabhängig von ihren empirischen Kenntnissen. Praktiker sollen Ergebnisse vorlegen, unabhängig von ihrem theoretischen Hintergrund. Publikationen interessieren selten, nur große privatwirtschaftliche Institute leisten sich eigene Forschungen zur Selbstdarstellung, herstellerfinanzierte Forschung bleibt in der Regel verschlossen.

Die akademische Freiheit ist auch die Freiheit der Wahl des Forschungsgegenstands, während die angewandten Untersuchungen an die Interessen des Auftraggebers gebunden bleiben. Freiheit der Forschung an den Universitäten existiert jedoch nur „im Prinzip". Für Projekte werden Forschungsgelder benötigt, und das bringt die Forschungswilligen in einen verwinkelten bürokratischen Prozess mit Fördereinrichtungen und Stiftungen, Gremien und Einzelgutachtern mit allerlei Belegen und Erörterungen ihrer Absichten, während die Forschungspraxis rasches Handeln und vor allem Ergebnisse verlangt.

Die Forschungsprozesse unterscheiden sich entsprechend. Akademische Forscher arbeiten, wenn sie nicht mit Lehre, Prüfungen oder Gremien befasst sind, am Computer und in Bibliotheken, stellen Literatur über frühere Literatur her, schreiben Artikel über Artikel, Bücher über Bücher, die dann als Stand der Wissenschaft gelten. Die empirischen Forscher in Instituten und Marktforschungsabteilungen sind in Meetings, in der Projektverwaltung, im Feld, auf Reisen, bei Präsentationen, erstellen neue Daten zu den schon vorhandenen und interne Berichte über Daten. Wie sollte sich unter diesen Bedingungen Forschung entwickeln?

Die angewandte, besonders die qualitative Forschung wurde in den Sozialwissenschaften und der Psychologie durch die **Verbindung** der beiden Institutionen, der akademischen und der kommerziellen, wesentlich befördert. Einzelnen akademischen Forschern wie Paul Lazarsfeld, Max Horkheimer oder Lloyd Warner war es gelungen, quasi-kommerzielle Einrichtungen zu betreiben, die gleichwohl mit ihrem Lehrstuhl verbunden blieben. Solche Institute oder Forschungsgruppen hatten akademische

Nähe, blieben aber ohne akademische Kontrolle, Aufsicht und Repression. Die Initiatoren waren besonders profilierte und engagierte Wissenschaftler, die sich gegen die traditionellen Wissenschaftsnormen durchzusetzen wussten und auch alltägliches Verhalten wie Kauf und Konsum oder tatsächlich verbreitete Vorstellungen und Vorurteile als wissenschaftsrelevant und untersuchungsbedürftig ansahen und institutionelle Wege fanden, entsprechend zu handeln (zur Geschichte vgl. Münsterberg 1912/1977; Bergler 1959; Gutjahr 1972; Lazarsfeld 1972; Merton et al. 1979).

Abbildung 1-1: Vergleich der akademischen und angewandten Forschungseinrichtungen für Sozial-, Markt- und Medienforschung

Forschungsparadigmen (Schwerpunkte)	Akademische Paradigmen „Theorie"[1]	Empirische Paradigmen „Praxis"
Institutionen	Akademische Lehre und Forschung, Psychologie, Sozial-, Wirtschafts-, Text-, Medienwissenschaften. Akademische Forschungseinrichtungen	Privatwirtschaftliche Marktforschungsinstitute, Forschungsabteilungen von Werbeagenturen, Verbände, Wirtschaftsunternehmen
Ziele	Methodologie und Theorien zur Erkenntnisgewinnung	Maximierung der Unternehmensziele
Zusätzliches Interesse des Forschungspersonals	Akademische Karriere, Renommee durch wissenschaftliche Publikationen	Kommerzielle Interessen, Erfolg in Management, Marketing, Werbung
Vornehmliche Forschungsart	Grundlagenforschung	Angewandte Forschung
Bewertung	Akademische Kollegen, Gutachten, Publikationen	Ruf und Erfolg der Institute
Veröffentlichung	Interne Prüfungsarbeiten, graue Literatur; öffentlich durch wissenschaftliche Publikationen, „publish or perish"	Kontrolle durch Auftraggeber aus politischen und Konkurrenzgründen; große Institute sind interessiert an Selbstdarstellung, Public Relations

[1] Bei „Drittmittelforschung" im Auftrag von Firmen, Verbänden, Organisationen, Behörden etc. handeln Universitäten wie private Einrichtungen. Die Umstrukturierung der Universitäten und der Fachhochschulen seit etwa 2000 bringt sie dem privatwirtschaftlichen Status näher, ist aber in den Bundesländern unterschiedlich.

Fortsetzung Abbildung 1-1

Methoden/ Methodologie	Akademisch akzeptiert; „Wissenschaftlichkeit" legitimiert durch Publikationen	Anwendungsorientierte Kriterien: Verfügbarkeit, Kosten, Zeit
Weiterbildung	Wissenschaftliche Publikationen, Workshops, Tagungen, Kongresse	Berufsständische Publikationen, Workshops, Tagungen, Kongresse
Ethik	Erarbeitung allgemeiner Richtlinien, öffentliche Diskussion über Werte	Berufsständische Kriterien und Kodizes, Umsetzung von Gesetzen und Verordnungen, z. B. Urheberrecht, Datenschutz
Kontrolle	Bereitschaft/Nichtbereitschaft von zumeist öffentlichen Auftraggebern/Stiftungen zur Kostenübernahme nach ihren eigenen Regeln	Bereitschaft/Nichtbereitschaft von zumeist privatwirtschaftlichen Auftraggebern zur Kostenübernahme nach ihren eigenen Regeln

1.2 Zur Geschichte des qualitativen Paradigmas

Forschende finden bei ihrer Ausbildung und in der Praxis eine Reihe von Methoden vor, die sich historisch etabliert haben. Hierbei spielten außerwissenschaftliche Umstände und wissenschaftliche Moden eine Rolle. Das heutige Spektrum ist weder wissenschaftstheoretisch noch praktisch geschlossen oder abgeschlossen, sondern eher zufällig. Die Differenz zwischen den Forschungsinstitutionen – akademisch und angewandt – macht es zudem schwer, methodische oder praktische Erkenntnisse in einem Bereich auf den anderen zu übertragen. Die Entwicklung und Verwendung der qualitativen Methoden ist dafür ein Beispiel.

Die Spaltung der Methoden geht auf die akademische Diskussion über die Differenz zwischen „Natur-" und „Geisteswissenschaften" zurück, wie sie von Philosophen Ende des 19. Jahrhunderts geführt wurde (die Hermeneutik als Verfahren der Geisteswissenschaften, Dilthey 1900/1924; die Spaltung der Psychologie, Dilthey 1894/1957; die Neukantianer Windelband, Rickert). In Psychologie und Sozialwissenschaften wurde zwischen einem geisteswissenschaftlichen und einem naturwissenschaftlichen Verfahren unterschieden („Verstehen" und „Erklären", Weber 1918-20, 1956). Jedoch sind zu Beginn des 20. Jahrhunderts empirisch orientierte Wissenschaften wie die Psychoanalyse, die Gestaltpsychologie und die auf dem Pragmatismus (William Ja-

Gerhard Kleining

mes) beruhende soziologische Chicago School mit Verfahren hervorgetreten, die weder im engeren Sinne „erklärend" (im kausalen Sinne) noch „verstehend" (als Deutung), sondern „entdeckend" sind, d. h., sie verfolgen die Absicht, durch Forschung Verhältnisse oder Strukturen in alltäglichen Abläufen zu finden und, wenn möglich, zu verändern. Ein einflussreicher Autor war Georg Simmel (1908/1958). Diese später „qualitativ" genannten Verfahren der Befragung, Beobachtung und des Experimentierens haben, außer vorübergehend in Chicago selbst, nie langfristig an den Universitäten Fuß gefasst und wurden bald durch Gegenbewegungen mit philosophisch-akademischem Charakter in den Hintergrund gedrängt, wie dem Behaviorismus, der in der Psychologie nur Beobachtbares als wissenschaftlich ansah, oder dem Wiener Kreis, der den Vorbildcharakter der Naturwissenschaften für alle Wissenschaften behauptete (Szientismus) und durch eine bestimmte Art der Hypothesenbildung wissenschaftliche Erkenntnisse zu gewinnen hoffte (Deduktionismus, Popper 1934/1994). Beides, der Behaviorismus und Poppers Wissenschaftstheorie, auch in der Variation bei Hempel/Oppenheim (1948), waren bis in die 1980er Jahre gültige Lehre in Psychologie und Sozialwissenschaften und schienen sich zudem leicht mit der quantitativen Datenform zu verbinden, die auch als objektiver als die hermeneutische Deutung angesehen wurde. Qualitative empirische Untersuchungen wurden, außer in der Ethnologie oder in der kulturellen Anthropologie, wo sie nach wie vor zum Standardrepertoire gehören, nur im symbolischen Interaktionismus in den USA weitergeführt, während Psychoanalyse und Gestaltpsychologie in Deutschland der Nazidiktatur zum Opfer fielen. Nur lose mit der Universität verbunden, gründete Paul Lazarsfeld, ein forschungsbesessener Gymnasial-Mathematiklehrer und Lehrbeauftragter am Wiener Psychologischen Institut, eine „Wirtschaftspsychologische Forschungsstelle" (1927). Dort und in den nach seiner Emigration etablierten Einrichtungen, vor allem dem „Bureau of Applied Social Research" an der Columbia Universität in New York, erfand und praktizierten er und seine Mitarbeiter eine Reihe von Methoden, die heute in großem Umfang für qualitative Forschung genutzt werden: das psychologische, qualitative oder Focus Interview, die Gruppendiskussion (Focus Group) und den Program Analyzer zum Studium von Kommunikation und Werbung. Außerdem lieferte Lazarsfeld bedeutende quantitative Beiträge sowohl für die Datenerhebung (Panel) als auch für die Datenanalyse (Latent Structure Analysis). Empirische Forschung solle beide Datenformen nutzen (Lazarsfeld 1972; Merton et al. 1979). Während des Zweiten Weltkriegs haben europäische Emigranten in den USA Verfahren zur Analyse von Propaganda entwickelt, die später kommerziell und akademisch verwendet wurden. Die sozialpsychologische Erforschung von Produkt- und Medienbeziehung war in den 1950er Jahren unter dem Namen Motivational Research ein fester Bestandteil der qualitativen Marktforschung. Sie wurde wesentlich gefördert durch auf Produkte und Werbung angewandte psychologische Forschung bei der Werbeagentur McCann/Interpublic in New York (Herta Herzog ab 1941, Begründerin der qualitativen Medien-Wirkungsforschung) und durch das private, aber personell mit der University of Chicago verbundene Institut Social Research Inc., das ethnographische Feldforschungsmethoden mit projektiven Techniken (TAT) kombinierte und u. a. den Image-

Begriff in die Marktforschung einführte. Eine dritte Quelle qualitativer Sozialforschung entstand mit der Erforschung von (antisemitischen) Vorurteilen durch das emigrierte Frankfurter Institut für Sozialforschung in den USA mit der späteren Wendung des „Gruppenexperiments" zur Ideologiekritik (Pollock 1955). Die qualitative Forschung war zur Jahrhundertmitte in New York, Chicago und San Francisco voll entwickelt und sogar durch Bestseller in das öffentliche Bewusstsein gelangt (Packard 1957).

Parallel zur amerikanischen hat sich, vornehmlich durch Wissens- und Methodentransfer, auch die qualitative Marktforschung in Deutschland etabliert, durch die großen amerikanischen Werbeagenturen als Dienstleistung für die sich entwickelnde Konsumgüterindustrie, durch Marktforschungsabteilungen in internationalen/amerikanischen Herstellerfirmen und durch private „psychologische" oder „Motivforschungs-"Institute, die qualitative Forschung anboten, z. T. neben Quantifizierungen, welche die akademische Psychologie in dieser Zeit als neue Errungenschaft aus den USA propagierte. Beispiele in den 1960er Jahren in Deutschland sind: McCann-Erickson (Nachkriegsgründung mit Ausbildung deutscher Psychologen); IFM Institut für Marktpsychologie (gegründet 1949); Getas (gegründet 1956); Arbeitsgruppe Bergler, Hambitzer, Haupt (gegründet 1957/58); Institut für Absatzpsychologie/Social Research (Tochterfirma, gegründet 1958); Contest-Census (gegründet 1959); Compagnon (gegründet 1964), u. a. Um den Bedarf zu befriedigen, stellten auch die mit repräsentativen Stichproben arbeitenden Markt- und Meinungsforschungsinstitute Psychologen ein, die nicht nur bei der Fragebogengestaltung aushalfen, sondern auch kleine Pilot-Untersuchungen ausführten. Ähnliche Entwicklungen gab es in Österreich, der Schweiz und anderen (west-)europäischen Ländern.

Mit einer Verzögerung von mehr als 30 Jahren nahm die akademische Lehre, bis dahin fest verwurzelt im deduktiv-nomologischen-quantitativen Paradigma, wenn nicht in der deutschen philosophisch orientierten typologischen Psychologie davon Kenntnis. Einen Anstoß gab das Buch von Glaser/Strauss (1967): Strauss forschte empirisch in der Tradition des symbolischen Interaktionismus, Glaser war Lazarsfeld-Schüler. Die Schrift stellte das **entdeckende** Potenzial der qualitativen Forschung in den Vordergrund („Discovery"). Erst in den 1970er Jahren fanden die qualitativen Methoden vereinzelt Resonanz in der akademisch-wissenschaftlichen Literatur, ohne dort jemals den Mainstream-Status zu erreichen (vgl. Mayring 1990; Flick 1995, S. 20; Lamnek 2005, S. 1). Verzögert war die Aufnahme auch an den Hochschulen in den USA (Denzin/Lincoln 1994). Es ist erstaunlich, wie hartnäckig sich die akademischen Lehrstühle gegen Verfahren wandten, die in kommerziellen Forschungsinstituten breitflächig und offenbar nicht ohne Erfolg seit Jahrzehnten praktiziert wurden und die eine Reihe glänzender akademischer Klassiker aufweisen konnten. Es ist zu hoffen, dass diese nun wieder vermehrt in das Bewusstwein zukünftiger Forscher geraten. Neuerdings sind, in der Nachfolge des „interpretativen Paradigmas" (Wilson 1970/73; Geertz 1987) an den Universitäten aber wieder Anknüpfungen an hermeneutische und deutende Verfahren in Mode gekommen mit stark philosophischer, aber wenig empirischer Begründung und unter Bezug auf die überwunden geglaubte Methodenspaltung. Das ist wenig hilfreich für empirisch arbeitende Forschende, die beide Datenformen verwenden.

Fazit: Die qualitative Sozialforschung hat eine vielgestaltige Geschichte in der empirischen Praxis; sie war zur Jahrhundertmitte voll entwickelt und ist keineswegs auf die letzten Jahrzehnte beschränkt, wo sie, von Ausnahmen abgesehen, auch akademisch eine eher dünne und selektive Resonanz fand, verstrickt in methodologische Bedenklichkeiten und ohne Vorlage substanzieller Ergebnisse. Das Reservoir für qualitative Methoden ist durch deren gegenwärtige Nutzung, die sich unter dem Druck zunehmender Kommerzialisierung und Routinisierung auf wenige Methoden verengt hat, keinesfalls ausgeschöpft. Es besteht viel Spielraum, andere Verfahren auszuprobieren und neue Wege zu beschreiten. Eine Quelle für heute wenig genutzte Methoden, wie z B. das qualitative Experiment (Kleining 1986) und die Introspektion (Introspektion 2006), sind die psychologischen und sozialwissenschaftlichen Klassiker, deren wissenschaftliche Tradition durch die Nazi-Barbarei abgeschnitten und durch den Nachkriegs-Behaviorismus aus den USA nicht weitergeführt wurde. Forscher, die sich heute um die Weiterentwicklung ihres Faches bemühen, sollten sich bewusst bleiben, dass sie immer noch unter den Nachwirkungen der Zerstörung der Wissenschaft während der Nazizeit leiden. Wer es sich zeitlich leisten kann, profitiert vom Studium der Geschichte der deutschen qualitativen Psychologie bis 1933 und der vorbehavioristischen amerikanischen Soziologie (vgl. auch Kapitel 4.2).

1.3 Das soziale Umfeld

Jede Art von Forschung spielt sich im sozialen Rahmen ab und abgesehen von der Persönlichkeit der Akteure und dem allgemeinen kulturellen Umfeld sind die direkten sozialen Beziehungen entscheidend für die Planung, Ausführung, Präsentation und Umsetzung von Forschung. In der arbeitsteiligen Moderne sind viele Personen in unterschiedlichen Funktionen an den Forschungsprojekten beteiligt, und ein gutes professionelles Verhältnis der Forschungspersonen zu ihren Auftraggebern, Vorgesetzten, Untergebenen, Mitarbeitern, Hilfskräften und Kollegen ist eine unverzichtbare Bedingung für erfolgreiche Projektarbeit. Forschende sind auch eingebunden in mehr oder weniger ausgeprägte hierarchische Strukturen – am deutlichsten als Dienstleistende in markt- und medienforschenden Abteilungen in Betrieben oder als Mitarbeiter in privatwirtschaftlichen Instituten, die ihre Produkte auf dem Forschungsmarkt anbieten, aber auch im Lehrbetrieb und als Ausführende von Untersuchungen für öffentliche Auftraggeber oder Stiftungen, denen sie berichtspflichtig sind. Hier können sich vielfach Schwierigkeiten ergeben, auch durch den Umstand, dass neue Erkenntnisse Bestehendes oder Geplantes in Frage stellen, die interessengebunden sind. Dass Auftraggeber eine bestimmte Art von Ergebnissen erwarten, fordert von den Forschern natürlich nicht die Anpassung, sondern den professionellen Umgang mit Daten und Klienten, für den Forscher ausgebildet und qualifiziert sein sollten. Dabei ist Kommunikationsgeschick besonders wichtig, v. a. beim Werben um Verständnis für ungünstige Ergebnisse. Dem steht sowohl bei der akademischen als auch bei der privatwirtschaftlich finanzierten Forschungsleistung die Befriedigung durch eine Tätigkeit gegenüber, die Entdeckungen durch eigene Forschung zu bieten hat, die wissenschaftliche Regeln gestaltet und anwendet und ethischen Maximen verpflichtet ist.

2 Planung von Markt-, Medien- und Sozialforschung

Vor Beginn der Forschungsarbeit sind Überlegungen und Festlegungen nötig, besonders wenn ein Kosten- und Zeitrahmen erstellt werden muss oder schon existiert. Sie betreffen vor allem den Forschungsgegenstand, das Sample, die Datenform, die Methodologie und die Methoden. Auch wenn der Forschungsgegenstand vorgegeben ist, sollten die technischen und methodischen Entscheidungen beim Forschungspersonal liegen, ebenfalls die Verantwortung für die Vergabe der Feldarbeit an eine Organisation oder ein Institut wie auch die gesamte kaufmännische Abwicklung.

2.1 Der Forschungsgegenstand

Universitäre Forschung kann die Thematik selbst bestimmen, wenn Studierende kleinere Untersuchungen für Prüfungen ausführen. Dabei ist der Zugang zum Feld, der schon existieren oder leicht erreichbar sein soll, das Wichtigste. Forschung soll man unter möglichst günstigen äußeren Umständen erlernen und oftmals haben es auch scheinbar banale Themen in sich. Bei größeren Untersuchungen entstehen Kosten; ein Sponsor ist zu suchen oder das Thema erscheint als förderungswürdiges Projekt einer Stiftung. Der Zeitbedarf für Genehmigungsverfahren kann erheblich sein. Ist ein Projekt akzeptiert, sind nachträgliche Änderungen im Forschungsverlauf oder der Zielsetzung problematisch, auch aufgrund inzwischen gewonnener neuer Erkenntnisse; die Bürokratie fordert ihr Recht. Innovative Forschung, lange Zeit auch qualitative, hatte es durch das Gutachterwesen schwer, finanzielle Förderung zu erhalten. Die Geschichte der Wissenschaft zeigt aber, dass neue Erkenntnisse auch ohne die Unterstützung durch Kollegen oder gegen ihren Rat gewonnen wurden, von den an den Institutionen gescheiterten Projekten handelt sie nicht. Öffentliche Auftraggeber schwimmen wie andere etablierte Einrichtungen zumeist im Strom des jeweils wissen-

Gerhard Kleining

schaftlich Korrekten und der vorherrschenden Forschungsideologie und sind nicht begierig auf kritische Wissenschaft.

Innerhalb von **Unternehmen und Marktforschungsinstituten** nennt die auftraggebende Stelle das Thema oder genehmigt es. Markt- und Medienforscher wissen, dass die Ergebnisse möglichst „sofort" vorliegen sollen. Das Problem des Forschungspersonals ist eher die Überlastung mit Aufgaben als das Warten auf Genehmigung und das Einarbeiten von Änderungswünschen von Gutachtern wie bei universitärer Forschung. Innovative Forschung hat hier eine bessere Chance als an Universitäten, weil Praxis und Konkurrenz ohnehin Flexibilität erfordern. Forschende sollten, wenn immer möglich, Aufgabenstellungen und Themen mit den zukünftigen Nutzern von Forschungsergebnissen besprechen, damit das technisch Mögliche vom nur Gewünschten zu trennen ist. In der betrieblichen Praxis interessieren oft nur Ja-/Nein-Entscheidungen über ein bestimmtes Projekt oder eine Werbelinie. Dies unterfordert die Möglichkeiten qualitativer Forschung und verschenkt Forschungskapazität, sofern man sich auf eine bloße vergleichende Präferenz mit Skalen beschränkt. Häufig empfiehlt es sich, ein Thema weiter zu fassen als zunächst vorgesehen oder die Frage in einen größeren Zusammenhang einzubetten.

2.2 Literatur und andere Informationsquellen

Bei **akademischer Forschung** sind die Kenntnis der einschlägigen wissenschaftlichen Literatur und oftmals gezieltes Lesen der zugänglichen Veröffentlichungen Voraussetzung. Sehr hilfreich sind Vorgespräche mit Personen, die sich mit dem Forschungsgegenstand schon beschäftigt haben. Die klassischen Studien sollten bekannt sein als Vorbild und zur Anregung, andere als die derzeit als normal angesehenen Methoden auszuprobieren. Die Beschäftigung mit der vorhandenen Literatur darf jedoch nicht zur Hauptaufgabe der Forschung werden, sie soll lediglich einen Rahmen schaffen und bisherige Versuche und Erkenntnisse zur Kenntnis bringen. Forschende sollten sich so bald wie möglich in das Feld begeben, um es kennenzulernen. Eigene Eindrücke sind zur Vorbereitung einer Untersuchung mindestens ebenso relevant wie die Literatur über sie. Empirische Forschung, wie sporadisch auch immer, kann zu neuen Erkenntnissen führen, die Literaturbetrachtung reflektiert nur Bekanntes.

Anders ist die Situation bei **kommerzieller Forschung.** Veröffentlichte Studien sind zumeist nicht verfügbar, häufig jedoch frühere Forschungsberichte. Es ist selbstverständlich, dass sich Forschende über den Wissensstand im eigenen Betrieb und besonders über den der Auftraggeber und Interessenten informieren, da die neuen Forschungsergebnisse deren Kenntnisse ergänzen oder modifizieren sollen. Auch hier ziehen Forschende Nutzen aus formellen Kontakten oder informellen Quellen. Je besser eine Forschung in das gegenwärtige Wissen einer Institution eingepasst ist, desto nützlicher wird sie sein. Wissen ist auch in einem Unternehmen Herrschaftswissen.

Wer wann wie viel durch wen und auf welche Weise von den Ergebnissen erfährt, ist ein wichtiges Faktum und kann den einzelnen Forscher, wenn hier Fehler unterlaufen, mit den internen Strukturen in Konflikt bringen. Es gibt Fälle, in denen entscheidungsbezogene Untersuchungen nur zu Alibizwecken in Auftrag gegeben oder nachträglich so behandelt werden. Auch deswegen wird sich die Forschungsperson so weit wie möglich informieren, was jeweils auf dem Spiel steht, und sensibel damit umgehen.

2.3 Der Methodenstreit: qualitativ vs. quantitativ

Qualitativ und quantitativ sind Datenformen, nicht Methodologien. Beide können erklärend, beschreibend oder entdeckend verwendet werden (vgl. Kapitel 3.2). Die Datenform ist kein Kriterium für Wissenschaftlichkeit, wie es der Szientismus unterstellt (vgl. Kapitel 1.2), der alle Wissenschaften am Leitbild der modernen Physik ausgerichtet sehen möchte und damit den Biologismus ablöste, der nach Darwin die Wissenschaftsideologie beherrschte.

In der Bundesrepublik wurden die großen Auseinandersetzungen zwischen qualitativ und quantitativ in den 1950er und 1960er Jahren geführt. Die kommerziellen Interessen der durch die westlichen Besatzungsmächte etablierten, quantitative Daten produzierenden Umfrageinstitute schienen durch die aufkommende qualitative „Motivforschung" in psychologisch ausgerichteten Werbeagenturen und Instituten bedroht. Dem Methodenstreit waren Diskussionen über die Verwendbarkeit quantifizierender und qualitativer Verfahren bei der Textanalyse vorausgegangen (Berelson-Kracauer-Kontroverse, vgl. Berelson 1952; Kracauer 1952). Die Argumente gegen die qualitativen Daten waren Subjektivität, Beliebigkeit, Nichtreproduzierbarkeit und Unwissenschaftlichkeit, die gegen Quantifizierung waren Sinnlosigkeit und Irrelevanz („Abstracted Empiricism", Mills 1959), einige davon haben sich bis heute erhalten. Die traditionelle, an Universitäten gelehrte Statistik, die nur Zufallsstichproben und metrische Skalen gelten lassen wollte, kam der Quantifizierungspartei zu Hilfe. Inzwischen hat sich die Bedrohung der quantitativ arbeitenden Institute durch die qualitativen als nicht gravierend herausgestellt, die Gemüter haben sich beruhigt und die großen Institute bieten sowohl quantitative als auch qualitative Untersuchungen an. Auch die akademische Lehre scheint dem jetzt zu folgen, in den Sozialwissenschaften, besonders der Soziologie, rascher als in den Wirtschaftswissenschaften und der Psychologie. In modernen Unternehmen arbeitende Forschende werden ohne Kenntnisse und Fähigkeiten im Umgang mit beiden Datenarten kaum auskommen; unter bestimmten Umständen können qualitative und quantitative Erhebungsverfahren auch gleichzeitig eingesetzt werden.

Gerhard Kleining

2.4 Die drei Datenformen: Alltags-, qualitative und quantitative Daten

Die Basis für alle erkenntnisgenerierenden Methoden sind **Alltagsverfahren**. Die Menschheit hat viele Zehntausende von Jahren überlebt durch naturwüchsigen Umgang mit der Alltagswelt. Erst mit Descartes (1637/1960) sind die Methoden zum Problem der modernen Geistesgeschichte geworden. Die Alltagswelt erleben wir als gegeben, stabil, sinnvoll, nicht hinterfragbar. Es kann jedoch gezeigt werden, dass sie für verschiedene Menschen und, mehr noch, verschiedene Lebewesen sehr verschieden ist, auch nach der jeweiligen Bedürfnislage variiert, überhaupt selektiv wahrgenommen wird und eher fragmentarisch oder situativ ist als die geschlossene Ganzheit, als die sie uns erscheint. Die Reaktionen auf sie sind spontan und gefühlsbetont. Techniken zu ihrer Bewältigung und Gestaltung werden ausprobiert, gelernt, neu erfunden, weiterentwickelt, von Generation zu Generation weitergegeben. Sie bilden im weitesten Sinne die **Kultur**. Methoden und Strategien im Umgang mit den Alltagsbedingungen, so wirkungsvoll sie sind, werden im Allgemeinen nur in Ansätzen reflektiert; wir nennen ihren Erkenntnisstatus vor-wissenschaftlich.

Die **qualitativen Daten** sind ein Teil der erlebten Alltagswelt, nämlich die sinnlich wahrnehmbaren Seiten der Wirklichkeit wie auch ihre Vermittlung durch Sprache, Gestik, Bild, Schrift. Sie entstehen, indem aus der Fülle der Alltagsinformationen bestimmte Erlebnisgehalte herausgenommen oder abstrahiert werden. Geschieht dies reflektiert und regelhaft, nicht, wie bei den Alltagswirkungen, unsystematisch und spontan, ist die Abstraktion wissenschaftlich. Ihr Vorteil ist die Systematik, der Nachteil die Reduktion der Vielgestaltigkeit der Alltagswelt auf nur bestimmte Seiten des Wahrnehmbaren oder Erlebten.

Quantifizierungen nehmen Mengen oder Häufigkeiten aus den Alltagsdaten heraus, reduzieren die Welt auf Zahlen. Dies ist keinesfalls natürlich, sondern unter den gegenwärtigen gesellschaftlichen Umständen bloß zweckmäßig. Auch andere Abstraktionsformen würden existieren, etwa die frühmittelalterliche Reduktion auf Religion oder ideologische Überformungen. Regelhaft vorgenommene Reduktion und Reflexion macht den Umgang mit Mengen und Häufigkeiten systematisch, d. h. wissenschaftlich. Da die Abstraktion im zweiten Falle rigoroser ist als im ersten – die Welt erscheint jetzt nur als Ansammlung von Häufigkeiten – werden Vor- und Nachteile der Abstraktion noch deutlicher. Sie bringt Alltagsdaten in ein in sich geschlossenes System, die Ordnung der Zahlen. Das vereinfacht den Umgang mit den Informationen. Jedoch erfassen auf Zahlen reduzierte Daten nur einen kleinen Teil der komplexen, bewegten, gefühlten und gedachten Welt. Wir verlassen die Ebene des Sinnes, der allenfalls durch Hilfskonstruktionen wiederhergestellt werden kann, aber die unvermittelte Anschaulichkeit aufgibt.

Qualitative und quantitative Daten unterscheiden sich durch Art und Grad ihrer Abstraktion aus der Alltagswelt. Da Qualitäten geringer und Quantitäten stärker aus der Alltagswelt abstrahieren, ist die Verwendung quantitativer Daten nur sinnvoll, wenn man über die qualitative Bedeutung der akkumulierten Gruppen schon Bescheid weiß. Es gilt also:

- Qualitativ kommt stets vor quantitativ. Oder: Sinn vor Häufigkeiten. Oder: Komplexität vor Reduktion.
- Qualitative Untersuchungen ohne Quantifizierung sind möglich; natürlich kann man auf der komplexeren qualitativen Ebene bleiben. Dagegen sind rein quantitative Untersuchungen riskant, wenn die Qualitäten, die den Mengen oder Häufigkeiten zugrunde liegen, nicht ausreichend bekannt sind.
- Die beiden Abstraktionsstufen können nicht zur wechselseitigen Überprüfung herangezogen werden, besonders nicht die qualitative durch die quantifizierende.
- Die stärkere Abstraktion auf Zahlen erreicht keine höhere Wissenschaftlichkeit, sondern nur eine Datenform, die leichter handhabbar ist.

Die Definition des Verhältnisses qualitativ zu quantifizierend entspricht der des Physikers Ernst Mach (1905): „Die quantitative Abhängigkeit ist ein besonders einfacher Fall der qualitativen Abhängigkeit" (Mach 1980, S. 204).

Abbildung 2-1: Kennzeichen verschiedener Datenformen

Grad der Abstraktion	Form der Daten	Kennzeichen	Status
↑	Quantitative Daten	Abstrahiert Quantitäten aus den qualitativ gruppierten Daten, systematisch, reflektiert	Wissenschaftlich
	Qualitative Daten	Abstrahiert Qualitäten aus den Alltagsdaten, systematisch, reflektiert	Wissenschaftlich
	Alltagsdaten	Spontan erlebt, situativ, wandelbar, abstrahiert nach Bedürfnissen, unsystematisch, unreflektiert	Vorwissenschaftlich

Gerhard Kleining

2.5 Das Sample

Die Anzahl der Personen bei Beobachtung, Experimenten und Befragung und die Anzahl der Einheiten bei Text- oder Bildanalysen sind ein wichtiger Zeit- und Kostenfaktor. Die jeweilige Sampleart und -größe ist von vielerlei abhängig, auch von der Datenform. Quantifizierung verlangt nach größeren Samples, weil die Daten höher abstrahiert und entsprechend dünn sind; die qualitative Form, näher an den Alltagsdaten und entsprechend komplexer, kann meist schon mit kleineren Samples auskommen. Noch wichtiger als die reine Samplegröße ist die Art der Sampleziehung.

Als Richtlinie für Samplegrößen und Sampleaufbau können gelten:

- Für qualitative Studien über einen bestimmten Forschungsgegenstand haben sich mindestens 20 Einheiten für eine Methode bewährt, also für Befragungen, Beobachtungen oder die Analyse bereits vorhandener Texte etc. Bestätigen sich Ergebnisse schon bei kleineren Samples, umso besser. Eine weitere Methode sollte immer herangezogen werden, auch mit kleinen Samplegrößen, z. B. Beobachtung und Befragung, wenn möglich zwei weitere Verfahren, z. B. Textanalyse. Beobachtung und Befragung sind eher breitflächig einzusetzen, um verschiedene Aspekte zu explorieren. Experimente müssen genau geplant werden und gehören eher an das Ende der Datenerhebung.

- Die Variation der gesammelten Informationen beeinflusst die Samplegrößen. Kleinere Samples, die gut variiert sind und Extremgruppen einschließen, sind nützlicher als größere, sofern sie nur eine Seite des Forschungsgegenstands abbilden. Bei qualitativer Forschung geht Variation vor Menge.

- Anzustreben sind Extremgruppensamples, die spezifisch für den jeweiligen Forschungsgegenstand sind, auch wenn deren maximale Unterschiedlichkeit sich erst im Verlauf des Forschungsprozesses herausstellt. Man beginnt mit einer Variation von offensichtlichen Verschiedenheiten, etwa nach demographischen Merkmalen wie Geschlecht, Alter, Wohnortgröße, sozialer Schicht. Besonders bewährt haben sich die nach Lebenswelten (Kleining/Prester/Frank 2006) oder nach Verbraucherverhalten (nach Intensiv- und Nicht- oder früheren Verwendern), die erkennbaren Unterschiede können verstärkt werden durch gezielt erhobene zusätzliche Daten.

- Gut variierte Samples stoßen in 50 bis 60 Fällen an die Grenzen des Handhabbaren. Die Daten sind dann für Analysierende nicht mehr überschaubar und neue Aspekte treten bei der Analyse kaum noch auf. Im Allgemeinen gilt die Daumenregel: Wenn man bei 20 gut variierten Fällen noch nicht weiß, wie das qualitative Ergebnis aussieht, hat man ein Problem und sollte die Anlage der Untersuchung überdenken oder die Regeln 1 und 2 der heuristischen Vorgehensweise zurate ziehen (vgl. Kapitel 4.3).

- Ergänzend können Quantifizierungen mit Listen oder Skalen verwandt werden. Kurze Protokollierungen von Fragen oder Beobachtungen sind billiger als z. B. qualitative Interviews oder Focus Groups. Quantifizierungen sollten sich auf mindestens 80 bis 100 Fälle stützen, für detailliertere Auswertungen, Kreuztabellen etc. auch mehr. Hier sind Übergänge zu quantitativen Untersuchungsdesigns mit experimenteller Untersuchungsanlage (Test- und Kontrollgruppe) oder repräsentativen Stichproben zu überlegen.

- Zufallsstichproben oder Repräsentativsamples werden in der qualitativen Forschung nicht eingesetzt. Quantitative Untersuchungen, die repräsentativ für eine nationale oder regionale Grundgesamtheit sein sollen, haben aus statistischen Gründen als untere Grenze ca. 1.000 Fälle, dies ist derzeit die Stichprobengröße z. B. bei telefonischen Wahlumfragen. Besser und entsprechend teurer sind Stichproben ab 2.000 Fällen. Sie können bis zu Stichproben von 50.000 Face-to-Face-Fällen pro Jahr gehen, z. B. für detaillierte Analysen von kleinen Marken von nicht weit verbreiteten Warengruppen. Bei diesen Umfragen qualitative oder offene Fragen einzuschalten ist nicht zu empfehlen, weil qualitative Analysen besser mit begrenzten Samples und ausführlicher Exploration als umgekehrt mit kurzer Exploration, aber großen Samples auszuführen sind.

- Einzelpersonenstudien sind eine psychologische Forschungsmethode, die in der Marktforschung quantifizierend mit Psychophysik (z. B. mit Tachistoskop, Blickregistrierung) und Psychophysiologie (z. B. Riech- und Geschmackstests) verbunden sind, aber auch qualitativ verwendet werden können wie bei den Denkexperimenten der Würzburger Schule oder der Gestaltpsychologie zu Beginn des letzten Jahrhunderts. Sie werden zumeist in Labors und mit Geräten ausgeführt. Psychotherapie und Psychoanalyse dagegen nutzen Gespräch und Introspektion. Explorative Forschung, qualitativ gewendet, kann von diesen Verfahren profitieren, wird aber auf zusätzliche Versuche beschränkt bleiben, ein bestimmtes Problem aufzuklären.

- Case Studies sind explorative Untersuchungen, die kleine soziale Einheiten unter möglichst natürlichen Bedingungen erforschen, von einzelnen Familien in ihrem Alltagsleben bis zu ausgewählten Verkaufsstellen und Testmärkten. Qualitative Methoden können in Case Studies zur Erhellung von Sachverhalten dienen.

2.6 Zeit- und Kostenplanung

Die Forschung im akademischen Bereich hat scheinbar alle Zeit der Welt, d. h., die Planung hängt davon ab, wie viel Zeit nach Abzug des Zeitbedarfs für Lehre und Verwaltung für Forschung übrig bleibt, während man in Wirtschaftsbetrieben fast immer unter Zeitdruck steht. Daraus folgt allerdings nicht, dass geringer Zeitdruck bessere Resultate liefert. Eher das Umgekehrte ist der Fall, weil Forschung in kommerziellen Einrichtungen Priorität besitzt und schlechte Arbeit oder Terminüberschreitung in einem hochkompetitiven Forschungsmarkt den Verlust von Aufträgen bedeutet, während die Bildungseinrichtung Universität weiter bestehen bleibt, auch wenn sich Forschung verzögert oder fehlschlägt. Bei zunehmender Kommerzialisierung der Bildungseinrichtungen werden sich hier Änderungen ergeben.

Der Zeitbedarf qualitativer Forschung lässt sich schwerer kalkulieren als der von quantitativen Großumfragen, die, wie bei Omnibussen und Panels, feste Termine haben, allerdings nur für Feldarbeit und Ablieferung der Daten. Wie mit ihnen umgegangen wird, bleibt den Auftraggebern überlassen. Bei qualitativen Untersuchungen werden in der Regel Ergebnisse eingekauft, nicht Protokolle oder Computerausdrucke. Die Unsicherheit der Zeitplanung liegt in der Dauer der Analyse, sie hängt von der Relevanz der Daten ab, die sich erst bei der Analyse zu erkennen gibt. Manchmal muss bei Sample und Fragestellung nachgebessert werden. Natürlich spielt dabei – wie bei jeder professionellen Tätigkeit – auch die Fähigkeit der Forschenden eine Rolle, mit den Daten umzugehen, ihre Erfahrung und ihr Geschick.

Manche Auftraggeber haben eine unrealistische Vorstellung vom Zeitbedarf für qualitative Analysen, erwarten beispielsweise Vorergebnisse sogleich nach Ende der Feldarbeit. Das sollte vor der Auftragserteilung korrigiert werden. Analysierende müssen **alle** Daten in einen Zusammenhang bringen, eine Tätigkeit, die nicht mechanisiert werden kann und über die Qualität der Forschung entscheidet. Schnellschüsse nutzen weder den Auftraggebern noch den Forschenden.

Ein weiterer Unterschied ist die Kalkulationsbasis. Akademische Forschung will zusätzliche Stellen für Mitarbeiter einrichten und ist interessiert an möglichst langen Laufzeiten der Verträge, häufig der einzigen Quelle für die wirtschaftliche Existenz von Nachwuchskräften. Kommerzielle Forschung strebt eine möglichst zügige Abwicklung der Projekte an.

3 Methoden

3.1 Die gegenwärtig verwandten Methoden

Nach einer Statistik der berufsständischen Vereinigung ESOMAR wurden durch Marktforschungsinstitute folgende Datenerhebungsverfahren eingesetzt:

Abbildung 3-1: Methoden der Datenerhebung durch Marktforschungsinstitute
(vgl. ESOMAR 2005; Kelly 2005) [2]

Quantitativ	postalisch	6 %
	telefonisch	21 %
	face-to-face	24 %
	online	13 %
	andere	19 %
	total	83 %
Qualitativ	Gruppendiskussion	9 %
	Tiefeninterviews	4 %
	andere	1 %
	total	14 %
Andere		3 %

14 % der kommerziellen Marktforschungsumsätze entfielen auf qualitative Forschung mit stabilem bis leicht steigendem Anteil, davon waren etwa drei Viertel Gruppendiskussionen („Focus Groups", Merton/Fiske/Kendall 1956) und etwa ein Viertel „Tiefeninterviews" (qualitative Interviews, In-depth Interviews, Focus Interviews). Die Verteilung der Erhebungsverfahren bei akademischer Forschung ist nicht bekannt. Das Methodenspektrum der Markforschungsindustrie spiegelt die Nachfrage durch die Auftraggeber wider. Dies ist vor allem die (Konsumgüter-)Industrie (48 %), an zweiter Stelle Medien (15 %). Mit geringen Anteilen sind öffentliche Auftraggeber (8 %), Versorgungsunternehmen (5 %) und Werbeagenturen (5 %) vertreten (ESOMAR Industry Report 2005).

Die Verteilungen der Tabelle in Abbildung 3-1 sind offen für eine Interpretation. Der Anteil der qualitativen Forschung an Markt- und Sozialforschung kann als gering oder hoch bewertet werden, je nachdem, welche Maßstäbe man hat, welche Vergleichszahlen man heranzieht, welche Zielsetzung oder Erwartung plausibel erscheint oder den eigenen Interessen entspricht – man ist bei der Interpretation von Statistiken immer im spekulativen Bereich. Das liegt daran, dass die Begründung für die Auswahl einer bestimmten Methode verloren geht, wenn man nur ihre Häufigkeit beachtet. Auch weiß man nicht, ob Vergleichszahlen wirklich Vergleichbares messen. So kann/muss jeder Leser seine eigenen Schlüsse aus den Zahlen ziehen, manchmal von Kommentatoren – leider auch Instituten – durch subjektive Bewertungen unterstützt wie „nicht einmal x %", „sogar y %", „das ist nicht gerade wenig ...", „immerhin noch ..." etc. (vgl. Kapitel 2.4).

---

[2] Stand 2005, 40 Länder. Gesamtumsatz der Marktforschungsindustrie über 24,3 Mrd. US-Dollar, viertgrößter Umsatz Deutschland mit knapp 2,2 Mrd. US-Dollar.

Gerhard Kleining

3.2 Das System der Methoden im Handlungsraum

Ordnet man die derzeit genutzten Methoden und füllt die Lücken durch mögliche neue Verfahren, so erhält man ein Methodenreservoir, das Forschungspersonen insgesamt zur Verfügung steht. Forschung ist eine besondere Form von zielgerichtetem sozialen Handeln. Forschungsmethoden sind **Regeln** für ein bestimmtes Handeln der **Forschungsperson** gegenüber einem **Forschungsgegenstand**. Basis für alle Methoden ist deswegen ein Handlungsmodell.

Das einfachste Handlungsmodell ist die Interaktion zwischen **Subjekt** und **Objekt** mit einem vermittelnden Teil zwischen beiden, der **Kommunikation** oder den **Medien**. Jede der drei Instanzen ist mit den beiden anderen verbunden und wird hier nur analytisch getrennt. Man kann das Modell durch die Verbindung zwischen „innen" und „außen" ausdrücken. Was in der Psyche des handelnden Subjekts abläuft, wie Emotionen, Denken, Erinnerungen, Vorstellungs- und Gedächtnisbilder, Fantasie, innerer Dialog etc., kann zu einer manifesten Handlung führen, die sich veräußerlicht oder objektiviert, dabei sich sozial mitteilt und wieder auf die Psyche zurückwirkt.

Der zweite Handlungsaspekt ist die Richtung des Handelns. Hier sind die beiden Grundformen des **aktiven** und des **rezeptiven Handelns** vorzufinden, die auch miteinander in enger Beziehung stehen und aufeinanderfolgen, aber zur Systematisierung der Übersicht voneinander geschieden werden.

Verbunden werden die drei Instanzen (Subjekt, Objekt und Medium) und die beiden Kennzeichen des sozialen Handelns (aktiv und rezeptiv) durch die Dynamik des Handlungsablaufs, die wir das **Dialogprinzip** nennen. Beispiel ist der verbale Dialog zweier Dialogpartner. A spricht zu B (Subjekt zum Gegenüber, äußert sich aktiv). B antwortet und A empfängt die Antwort (rezipiert). A verarbeitet die Antwort und ist jetzt nach der Antwort von B in einer anderen Lage als vorher. Dann kann die Interaktion von Neuem beginnen. Entsprechendes läuft ab, wenn sich A mit einem Objekt, etwa einen Produkt auseinandersetzt, A sucht oder findet das Produkt, kauft und konsumiert es (rezipiert) und ist dann in einer (etwas) anderen Lage, psychisch und ökonomisch.

Die beiden Dimensionen im Handlungsraum sind in der folgenden Tabelle horizontal und vertikal eingetragen (vgl. Abb. 3-2). Die so entstandenen Felder werden durch Beispiele aus dem Alltagshandeln illustriert. Werden die jeweiligen Handlungsformen reflektiert und regelhaft verwandt, d. h. nach Erkundung und im Bewusstsein ihrer Möglichkeiten und in systematischer Weise, so erhält man den Grundstock für **Methoden**. Es sei daran erinnert, dass alle wissenschaftlichen Methoden, die qualitativen wie auch die quantifizierenden, als Abstraktion aus den Alltagsmethoden hervorgehen, sodass die Übersicht beide Datenformen einschließt. Im vorliegenden Falle beschränken wir uns auf die qualitativen Methoden, die den Alltagssinn noch enthalten.

Abbildung 3-2: Handlungsmodell und System der Methoden zur Datenerhebung

Forschungsgegenstände	Alltagshandeln und zugehörige Methoden *(kursiv)* ← → Dialog	
	aktives Handeln *Experimente*	rezeptives Handeln *Beobachtungen*
Geistige Gebilde, innere Prozesse, „Subjekt", „innen"	denken *Selbstbeobachtung, aktiv, Gedankenexperimente*	erleben *Selbstwahrnehmung, rezeptiv, Introspektion*
Innere Prozesse	wahrnehmen, vorstellen *Wahrnehmungsexperimente, Fantasieexperimente*	erinnern *Retrospektion, Oral History, Erinnerungsstücke, Tagebücher, Feldnotizen*
	fühlen *Emotionsexperimente*	Gefühle erinnern *reflektieren, beschreiben*
	wollen *Intentionsexperimente*	Willensakte erinnern *reflektieren, beschreiben*
Soziales Handeln Produkte & Dienstleistungen, Konsum & Verwendung	kaufen, konsumieren *Kaufexperimente Konsumexperimente*	Kauf/Konsum erleben *Kaufbeobachtung Konsumbeobachtung*
Kommunikation, Medien: Schrift	Schreiben *Textexperimente, Textbefragung, aktiv*	lesen *Textbeobachtung, Textbefragung, rezeptiv*
Sprache	sprechen, singen *Befragung aktiv, Fragen stellen; einzeln, in der Gruppe*	zuhören *Befragung rezeptiv, Antwort hören einzeln, Gruppe etc.*
Bild, Klang, Geruch, Tasten, Empfinden u. a.	malen, werken, gestalten *Bild-, Klangexperimente etc., projektive Verfahren*	betrachten *Bild-, Klangbetrachtung etc.*
Gestik, Mimik	sich ausdrücken, darstellen *Rollen spielen*	sich beeindrucken lassen *Rollen erleben*
Physisches Gegenüber, „Objekte", „außen", z. B. Dinge, Artefakte	manipulieren, gestalten *physische Experimente*	erfahren *physische Beobachtung*
Menschen, Lebewesen	Tun, verändern *soziale psychologische Experimente; einzeln, Gruppe etc.*	erfahren, erleiden *teilnehmende/nicht-teilnehmende Beobachtung; einzeln, Gruppe etc.*

Gerhard Kleining

Alles Handeln und damit auch alle Methoden der Sozial- und Marktforschung werden auf ihre aktiven und rezeptiven Bestandteile zurückgeführt, die vereinzelt und zu einer Methode ausgebildet werden können. Man muss aber im Auge behalten, dass sie erst in der Vereinigung mit ihrem Gegenteil eine Handlungsabfolge und -einheit bilden, sodass aktive immer mit rezeptiven Handlungsbestandteilen verbunden sind, beispielsweise Experimente mit Beobachtungen, Fragen mit Antworten etc.

Die Kommunikationsmittel zwischen Forschungsgegenstand und Forschungsperson können sehr verschieden sein und sind von den jeweiligen Umständen abhängig: vom Umgang mit sich selbst über die Kommunikation im Gegenüber bis zur Vermittlung durch Gestik, Sprache, Schrift, Bild etc. und durch technische Übertragungsmedien wie Foto, Telefon, Tonband, TV, Elektronik, Internet etc. Die Forschungsgegenstände sind spezifisch für die jeweiligen Anwendungen. In der Sozial-, Markt- und Medienforschung sind es die individuellen, sozialen und kulturellen Ideen, Ideologien und Werte, die Images und Vorurteile, die Denkinhalte und Denkformen, die Normen und Regeln, die Konsum-, Gesellschafts- und Weltbilder wie auch die mit ihnen verbundenen oder zum Ausdruck gebrachten persönlichen Bedürfnisse und Gefühle. Die „Objekte im Gegenüber" stellen sich als Menschen oder Dinge in der unmittelbaren Wahrnehmung dar, als Mitglieder des Gemeinwesens, in der Marktforschung als Interessenten, Käufer und Konsumenten von Produkten und Dienstleistungen und als Empfänger und Verarbeiter von Kommunikationsinhalten und Werbung.

Das „soziale Handeln" bildet die eigentlichen Kauf- und Konsumakte ab. Die medialen Vermittlungen beinhalten die Grundformen der Kommunikation wie Mimik, Sprache, Bild, Schrift und deren Träger, die Medien, wie auch die verschiedenen Argumentations- und Kommunikationsstrategien.

Alle diese Inhalte werden von den Handlungsformen „aktiv" und „rezeptiv" erfasst. Damit sind **Experiment** und **Beobachtung** die Grundmethoden der Forschung, hier in ihrer qualitativen Form. Das Experiment ist der kontrollierte Eingriff der Forschungsperson in eine Gegebenheit, bzw. ein Objekt im weitesten Sinne. Es wurde in der akademischen Psychologie und Soziologie unter dem Einfluss der Elementenpsychologie um 1900 als quasi-naturwissenschaftliches, quantitatives Verfahren mit Versuchs- und Kontrollgruppe verstanden – es gab jedoch bis in die 1930er Jahre noch das „qualitative Experiment", wie auch in den Naturwissenschaften (Mach 1905, S. 183–219; Kleining 1986; Mayring 1990; Lamnek 2005, S. 641–653; Genz 2005). Die **Beobachtung** ist die zum Experiment korrespondierende, aber gegensätzliche Basismethode mit grundsätzlich abwartender Haltung der Forschungsperson. Sie ist das klassische Verfahren der Ethnologie (oder kulturellen Anthropologie) und wurde als teilnehmende Beobachtung die Hauptmethode der soziologischen Chicago School aus dem ersten Drittel des 19. Jahrhunderts. Nach dem heutigen Sprachgebrauch ist sie als qualitativ zu bezeichnen. Für die planende und forschende Person ist es wichtig, die Methoden der Befragung und der Textanalyse nicht als eigenständige Verfahren mit einer eigenen Methodologie anzusehen, wie von Dilthey (1883/1914, 1900/1924) vorgeschlagen, die nur für die Geisteswissenschaften geeignet sind und ihre Sonderstellung begründen, sondern wie alle anderen Methoden aus jeweils aktiv-experimentellen und rezeptiv-beobachtenden Handlungsteilen bestehend, die jeweils zu effektiven Verfahren entwickelt werden können. Dies trifft auch für die Befragung zu, deren aktive und rezeptive Teile im egalitären Gespräch aufeinanderfolgen, aber in ihrer Extremform als Kreuzverhör und „rezeptive Interviews" (Kleining 1994; Lamnek 1988/2005) einsetzbar sind.

4 Methodologie

Die Forschungsmethodologie bestimmt das Forschungsdesign; sie gibt an, wie eine Untersuchung ausgeführt werden soll und wie sie verläuft. Die Auswahl der Methodologie ist die wichtigste Einzelentscheidung im Forschungsprozess, weil von ihr alle Einzelfestlegungen, wie Methoden, Art und Größe des Samples, Feldarbeit, Beginn und Ende der Untersuchung, Zuverlässigkeit der erwarteten Ergebnisse, Zeit- und Kostenrahmen, Personalbedarf u. a. abhängen. Sie wird z. T. von den Umständen oder dem Auftraggeber bestimmt. Dies kann bei der Wiederholung einer schon vorhandenen Forschung sinnvoll sein, nutzt aber die Stärken von qualitativen Untersuchungen nicht, die eine Chance geben sollten, ein Problem neu zu sehen.

4.1 Die qualitative Datenform in der akademischen Literatur

Qualitative Forschung wird mit quantitativer konfrontiert, ein äußerliches Merkmal wird zum Kriterium einer Methodologie erhoben.

Der **quantitativen Sozialforschung** werden zugeschrieben: „Erklären, nomothetisch, theorieprüfend, deduktiv, objektiv, ätiologisch (ursachenerforschend), ahistorisch, geschlossen, Prädetermination des Forschers, Distanz, statisch, starres Vorgehen, partikularistisch, Zufallsstrichprobe, Datennähe, Unterschiede, reduktive Datenanalyse, hohes Messniveau"(Lamnek 1988, S. 228; Lamnek 2005, S. 117–273).

Dagegen sind die Kennzeichen der **qualitativen Sozialforschung**: „Verstehen, ideographisch, theorieentwickelnd, induktiv, subjektiv, interpretativ, historisierend, offen, Relevanzsysteme der Betroffenen, Identifikation, dynamisch-prozesshaft, flexibles Vorgehen, holistisch, Theoretical Sampling, Datenferne, Gemeinsamkeiten, explikative Datenanalyse, niedriges Messniveau" (Lamnek 1988, S. 228; 2005, S. 117–273).

Glaser/Strauss (1967) stellen ihre Grounded Theory, die sich aus den Daten entwickelt, der logisch-deduktiven Theorie gegenüber, bei der Datenverhältnisse durch theoretische Annahmen gesetzt und dann empirisch geprüft werden.

Es gibt mindestens drei Gründe, die Polarisierung quantitativ vs. qualitativ zu hinterfragen:

Das Integrationsargument: Die Gegenüberstellung übersieht die Gemeinsamkeiten der Datenformen, die beide durch Abstraktion aus den Alltagsdaten entstehen und nur graduell, nicht prinzipiell verschieden sind. Beide Formen reflektieren Wirklichkeit. Sie können ineinander überführt werden – von den Alltagsdaten zu den qualitativen zur Quantifizierung. Dies ist auch die Erfahrung von Praktikern, denen unter dem Druck der Produktion von Erkenntnissen – oder jedenfalls Ergebnissen – die Einheit der Methoden näher steht als die Entscheidung zwischen methodologischen Alternativen. Beide Datenformen können aussagekräftig sein. Die akademische Akzeptanz qualitativer Forschung scheint sich zu verbessern (Flick 1995, S. 280f.), wenn auch als zusätzliche Möglichkeit, nicht als notwendige Zwischenform zwischen den Alltagsverfahren und der Quantifizierung und 45 Jahre nach der letzten prominenten „gemeinsamen" Untersuchung mit qualitativen und quantitativen Methoden, der „Authoritarian Personality" (Adorno et al. 1950). **These:** Eine einheitliche Forschungsmethodologie ist ein nicht unbilliger Wunsch von Praktikern.

Das Selektionsargument: Unbeantwortet bleibt die Frage, warum Quantifizierungen nur zur hypothesenprüfenden, deduktiv-nomologischen Methodologie passen sollten und nicht zur explorativen, entdeckenden oder auch beschreibenden, mit denen sich Quantifizierungen ebenfalls verbinden lassen. Auch die qualitativen Daten können verschiedenen Methodologien unterworfen werden, und es ist nicht einzusehen, wieso ihnen nur eine Verwendungsart – wie die beschreibende oder verstehende – zugeordnet werden soll. **These:** Forschungsmethodologien sollten umfassend, nicht selektiv sein.

Das historische Argument: Die genannte Polarisierung ist an der Entwicklung der Naturwissenschaften nicht nachvollziehbar, die – nach dem Scientismus – Vorbild für die Geisteswissenschaften sein sollen. Gerade bei naturwissenschaftlichen Entdeckungen hat die Verbindung von qualitativen Beobachtungen und Experimenten mit Schätzungen und Messungen zu Erfolgen geführt (vgl. die historischen Schriften von Ernst Mach 1905/1980). **These:** Forschungsmethodologien sollten sich in der Praxis bewährt haben.

Fazit: Empirische Sozialforscher sollten nach anderen, mehr pragmatischen Regeln für erfolgreiches Forschen suchen.

4.2 Die qualitative Datenform bei den sozialwissenschaftlichen Klassikern

Das historisch-pragmatische Argument kann bei den als „klassisch" angesehenen Untersuchungen der empirischen Sozialforschung und der Psychologie geprüft werden. Es gibt eine umfangreiche Literatur von empirischen Arbeiten, in denen einmal mehr, einmal weniger qualitative Daten verwendet wurden. Unter ihnen sind die Untersuchungen des jungen Friedrich Engels über die Lage der arbeitenden Klasse in England (1845/1970), die Dissertation „Street Corner Society" von William Whyte über einen Slum in Boston (1955), Howard S. Beckers Studie über Tanzmusiker und Marihuanaraucher (1966/1981), Wolfgang Köhlers berühmte Schimpansenexperimente (1917/21), die Experimente von Jean Piaget (1926/2003) und von Charlotte Bühler/Hildegard Hetzer mit Wiener Kindern aus den 1930er Jahren (1961), die Studie von Barney G. Glaser und Anselm Strauss über sterbende Patienten (1968), die Gemeindeuntersuchung „Middletown" von Robert S. und Helen Merrell Lynd (1929/1956), die Trobriand-Feldforschung von Bronislaw Malinowski (1929/1999), zahlreiche Einzelstudien der Chicago School sowie William I. Thomas und Florian Znaniecki über polnische Einwanderer in Amerika (1927), Leo Löwenthal über Knut Hamsun und die autoritäre Ideologie (1937), Herta Herzog über Soap Operas (1941) etc. Als Einführung ist die Arbeitslosenuntersuchung „Marienthal" von Marie Jahoda, Paul F. Lazarsfeld und Hans Zeisel (1960) zu empfehlen.

Danach kann die Besonderheit qualitativer Ansätze wie folgt charakterisiert werden:

- Alltagsbezug in Themenstellung und Methoden
- Offenheit der Forschungspersonen beim Umgang mit dem Forschungsgegenstand
- ausgedehnte Feldforschung
- Einbeziehung der forschenden Subjekte in den Erkenntnisprozess
- geringe Abstraktion der Daten – Erhaltung ihres Sinnes
- Variation der Methoden, auch Einbeziehung von Quantifizierungen
- Anpassung der Verfahren an den Forschungsgegenstand
- Analyse durch Vergleich der Daten, Suchen und Finden von Gemeinsamkeiten
- Vorlage von konkreten Ergebnissen, keine bloße Methodendiskussion
- Theoriefähigkeit der Ergebnisse

Die „quantitativen" Verfahrensweisen können sich leicht an die genannten anschließen, was die Einheit der Methoden betont, nicht deren Differenz. Ihre jeweilige Besonderheit liegt in den verschiedenen technischen und methodischen Möglichkeiten, die beide Abstraktionsebenen bieten, nicht in deren Wissenschaftlichkeit oder dem Erkenntnisgewinn durch das eine oder andere Verfahren.

4.3 Das Deutungsdilemma

Nach der Methodenspaltung und besonders unter dem szientistischen und deduktiven Paradigma wurde den qualitativen Daten das bis heute ungelöste Verstehens- und Deutungsproblem zugeschoben. Es ist bei Quantifizierung ebenso vorhanden, wenn auch latent, beispielsweise in der Unsicherheit der Bedeutung von Mengen. Bei Quantifizierungen wird von Bedeutungen abstrahiert und sie müssen dann, um es nicht bei Zahlenfriedhöfen zu belassen, wieder zugefügt werden. Das können explorative oder multivariate statistische Verfahren zu einem gewissen Grade leisten – meist behilft man sich aber mit bloßen Deutungen, was, wie man weiß, zu abenteuerlichen und widersprüchlichen Interpretationen führen kann, beispielsweise bei der von Wahlergebnissen, Wirtschaftsindikatoren oder Börsenkursen, und zum schlechten Ruf der Statistik beigetragen hat.

Bei qualitativen Daten ist das Deutungsproblem manifest. Derzeit ist das „verstehende" Paradigma akademisch vorherrschend. Man hat die Wahl zwischen verschiedenen Mustern, die hier zur Erleichterung der Übersicht etwas geordnet werden, obgleich die Vertreter der einzelnen Ansätze jeweils ihre Besonderheit gegenüber allen anderen Ansätzen betonen.

- hermeneutisch, deutend
    1. tiefenhermeneutisch
    2. objektiv-hermeneutisch
- einfühlend, verstehend
    3. interpretativ
    4. interpretativ-interaktionistisch
- symbolisch-interaktionistisch
    5. symbolisch durch Metaphernanalyse
- psychoanalytisch
    6. nach jeweils verschiedenen Paradigmen
- marxistisch
    7. nach wechselnden Zeitströmungen
- kulturanthropologisch/ethnologisch
    8. Cultural Studies
    9. „dichte Beschreibung"
- phänomenologisch
    10. nach verschiedenen Ansätzen

- kulturphilosophisch
    11. kulturkritisch
    12. diskursanalytisch
- konstruktivistisch
    13. dekonstruktivistisch
    14. radikal-konstruktivistisch
- linguistisch
    15. semiotisch
- literarisch (zahlreiche Varianten)
    16. nacherzählend
    17. historisch-literarisch u. a.

Bisher haben die wenigen vergleichenden Untersuchungen, die verschiedene Erklärungsmodelle auf dieselben Daten anwandten, nur unterschiedliche Ergebnisse, aber keine Übereinstimmung vorzuweisen (Validitätsproblem), sodass die Analyse als Schwachpunkt der deutenden Methodologien angesehen werden muss (Beispiel der Analyse des Interviews mit einer Fernstudentin in Heinze/Klusemann/Soeffner 1980). Das Problem scheint jedoch ein innerakademisches zu bleiben, da Empiriker und ihre Klientel wenig mit den genannten Deutungsmustern anzufangen wissen, mit der möglichen Ausnahme der Werbeagenturen, was nicht vor dem gelegentlichen Auftreten von Deutungs-Gurus schützt, welche die Welt anhand einer ihrer Besonderheiten erklären.

4.4 Drei Arten von Methodologien: erklärend, beschreibend, entdeckend

Um dem Interpretationsdilemma zu entkommen, ist es sinnvoll, in der Praxis drei grundlegend verschiedene Methodologien zu unterscheiden. Dabei sollte im Gedächtnis bleiben, dass die Verfahren auch die Alltagsmethoden einschließen.

Beispiel „Gewitter": (a) Wenn im Schullabor in einer bestimmten Versuchsanordnung Blitze erzeugt und diese auf bestimmte elektrische Spannungen zurückgeführt werden, **erklärt** das die Erscheinung. (b) Anders, wenn wir ein richtiges Gewitter erleben mit verschiedenen Eindrücken über Blitz, Donner, Wind und Regen. Wir beobachten den Ablauf und können ihn **beschreiben.** Die Beschreibung ist weitgehend subjektiv, weil unsere persönlichen Erfahrungen in sie eingehen. Historisch gesehen haben Menschen dem Gewitter **Deutungen** beigelegt, etwa dass Thor, Zeus oder Jupiter die Blitze schleudern. (c) Wieder anders, wenn wir das Gewitter meteorologisch analysieren, wozu Daten über Luftfeuchtigkeit, Windgeschwindigkeit, Luftbewegung, Temperatur etc. gemessen und miteinander in Beziehung gesetzt werden, Satelliten die Wolkenbildung beobachten und aus der Kombination der erklärenden und beschreibenden Verfahren im Vergleich mit früheren Ergebnissen Analysen der gegenwärtigen und Prognosen der zukünftigen Entwicklungen entstehen bzw. **entdeckt** werden.

Dem entsprechen drei Arten der Forschung bei psychologischen und sozialwissenschaftlichen Fragestellungen allgemein und auch in der Markt- und Medienforschung, nämlich **erklärend, beschreibend** und **entdeckend**.

Erklärende Methodologien

Sie prüfen bestimmte Annahmen, die zu Beginn der Untersuchung mehr oder weniger präzise formuliert werden und meist durch **direkte Eingriffe** in den Forschungsgegenstand zu beantworten sind: Wie verhält er sich unter bestimmten und wechselnden Bedingungen? Eingriffe können alle Arten von Tests betreffen, bei Gegenständen gezielte Veränderungen der sinnlich wahrnehmbaren Kennzeichen, der Funktionen, der Nachwirkungen, bei gesprochener und geschriebener Sprache Veränderungen von Wörtern, von Argumenten, bei Kommunikation die Transformation von Symbolen etc. Bei Waren und Dienstleistungen sind das beispielsweise Produkttests – was präsentiert sich, was leistet das Angebot unter verschiedenen Bedingungen? Bei Automobilen ist es in Fortsetzung der (naturwissenschaftlichen) Materialtests und Funktionsprüfungen die Probefahrt, bei anderen Produkten das Ausprobieren oder die probeweise Veränderung von Produktkennzeichen, von Werbung und Kommunikation etc. Sowohl qualitative als auch quantifizierende Methoden können erklärend eingesetzt werden.

Wenn einer Forschung die Überlegung über das mögliche Ergebnis der Aktion vorausgeht und diese These die Forschung bestimmt, ist der Ablauf **deduktiv**. Deduktion ist in der Logik der Schluss vom Allgemeinen auf das Besondere. Ein bestimmtes Merkmal wird dabei durch die Variation der Rahmenbedingungen als abhängig oder unabhängig davon nachgewiesen und damit **erklärt**. Die Deduktion gilt, besonders in der Psychologie, als **objektiv** und **naturwissenschaftlich,** weil sie scheinbar klare, nicht weiter deutbare Antworten erzeugt. Jedoch sind auch naturwissenschaftliche Entdeckungen nicht dadurch erzielt worden, dass das Ergebnis schon bekannt war und nur noch geprüft werden musste, sondern durch weitgehend „offene" Such- und Findeprozesse (vgl. Kleining 2003). Ebenfalls kann Subjektivität versteckt sein im Forschungsdesign selbst, dann nämlich, wenn die zu testenden Variablen von den persönlichen Präferenzen der Forschungsperson bestimmt und nicht durch explorative Verfahren entdeckt wurden. Schließlich gibt es bei deduktiv gewonnenen Ergebnissen das empirische Problem der Mehrdeutigkeit: Die Untersuchung, die nicht genau den verursachenden Sachverhalt trifft, antwortet nicht mit ja/nein, wie gewünscht, sondern mit „eher ja" oder „sowohl als auch" oder „vielleicht" und ist dann von der Deutung der Resultate abhängig. Das vorherrschende Forschungsproblem deduktiv angelegter Untersuchungen ist das der **Relevanz:** Auch bei eindeutigem Ergebnis weiß man nicht, ob der geprüfte Aspekt auch problementscheidend ist.

Beschreibende Methodologien

Die Forschungsperson soll offen sein für das **Erleben** des Forschungsgegenstands. Dazu muss sie mit ihm in der einen oder anderen Weise in Kontakt treten, unmittelbar oder vermittelt, z. B. über Bild, Klang/Musik, Geschmack, Wort oder Text. Sowohl soziale Themen als auch Produkte und Dienstleistungen vergegenwärtigen sich durch Vorstellungs- und Erlebnisbilder. Hier öffnet sich das große Gebiet der Image- und Stereotypenforschung, das in vielfacher Weise verbunden ist mit Sozial-, Markt-, Medien- und Kommunikationsforschung. Wie beim deduktiv-erklärenden Vorgehen sind sowohl qualitative als auch die stärker reduzierenden quantitativen Verfahren einsetzbar, Letztere in Form von Listen, Skalen, Polaritäten, Kartenspielen, Multiple-Choice-Vorgaben etc. Das Problem dabei ist – wie bei allen Quantifizierungen – die Auswahl und Formulierung der Items, besonders deren Einseitigkeit. Auskunft darüber sollten qualitative Analysen von Vorstellungsbildern geben.

Der methodologische Ansatz ist die **Induktion,** der Schluss vom Besonderen auf das Allgemeine. Forschung dieser Art geht von der Erfahrung des Gegenständlichen aus und generalisiert sie. Erlebtes wird mitgeteilt durch **Beschreibung.** Weil die Methodologie die Deutung einbezieht, wird sie seit Dilthey als **geisteswissenschaftlich** bezeichnet. Die Wiedergabe von Beobachtetem enthält immer **Subjektives,** weil die Psyche eigene Erlebnisse zusammen mit den gelernten sozialen und kulturellen Mustern zu Lebenserfahrungen verdichtet, die als Folie für Erleben und Verhalten fungieren. Kinder lieben es, sich Geschichten zu gegebenen Anlässen auszudenken; Märchen und Mythen sind kulturelle Fantasien. Subjektivität erkennt man bei Bildbeschreibungen oder Nacherzählungen von Texten, sie wird bei den projektiven Verfahren der Psychologie zur Persönlichkeitsuntersuchung verwendet. Menschen neigen dazu, Gegenstände, Themen oder Umstände zu **interpretieren** und als Hinweise auf etwas anderes zu verstehen oder als dessen Folgen, also sie **symbolisch zu deuten,** wozu gehört, dass sie auch klassifiziert, typologisiert, idealisiert oder auf andere Weise in ein Weltbild eingeordnet werden. Die **Hermeneutik** als Deutungskunst hat hier ihren Ursprung. Sie fächert sich heute auf in eine Vielzahl verschiedener Deutungsmuster. Ihr Grundproblem dieser Art Forschung sind die **Subjektivität** jeder Deutung und die **Beliebigkeit** der hermeneutischen Deutungsverfahren.

Historisch gesehen ist die Existenz der erklärenden und beschreibenden oder deutenden Verfahren seit der Methodenspaltung bekannt. Max Weber suchte nach einer Verbindung beider im Verstehenskonzept (Weber 1918-20/1956). Neu ist es, die entdeckende Methodologie hinzuzufügen. Ihre Referenz sind die Entdeckungen in den Naturwissenschaften, aber auch in den Geisteswissenschaften, ehe sie sich aus der gemeinsamen Tradition verabschiedete, und in den Sozialwissenschaften beispielsweise die der genannten Klassiker (vgl. Kapitel 1.2).

Gerhard Kleining

Entdeckende Methodologien

Die Wissenschaft der letzten vier Jahrhunderte (seit Galilei), vornehmlich die Naturwissenschaft, aber auch die frühe Geistes- oder Sozialwissenschaft des 19. Jahrhunderts ist weder durch Deduktion (aus einem Allgemein-Göttlichen oder einer ausgedachten Hypothese) noch durch induktive Deutung des Vorfindbaren vorangekommen, sondern durch **Forschung** im engeren Sinne des **Erforschens**. Die entdeckende Vorgehensweise optimiert die in allen Forschungsbemühungen enthaltenen **entdeckende** Funktion und erklärt sie zur hauptsächlichen Absicht der Forschung. Entdeckung verlangt Verschiebung der Subjekt-Objekt-Beziehung zugunsten des Forschungsobjekts. Das Mittel ist die Frage-Antwort-Abfolge, verbal oder im übertragenen Sinne. Die qualitativ-heuristische Vorgehensweise nennt dies das **Dialogprinzip**. Durch die Anwendung des Verfahrens können in der empirischen Arbeit Sackgassen vermieden und Fehldeutungen überwunden werden, die bei alleiniger Verwendung der deduktiven oder induktiven/interpretativen Methoden unterlaufen. Nachfragen hinterfragen auch scheinbare Ergebnisse qualitativer Deutung. Werden diese Entwürfe zu Ende analysiert, löst sich die Deutungskunst auf in ein Entdeckungsverfahren oder die Hermeneutik in Heuristik (Kleining 1995).

Ihre Anwendungsbereiche sind zahlreich. Am einfachsten sind sie beim verbalen **Dialog** zu demonstrieren, weil es im Alltag in vielen Bereichen üblich ist, Fragen zu stellen, um Unbekanntes zu erfahren. Jedoch ist der Dialog im übertragenen Sinne auch in allen entdeckenden, aber nichtverbalen Kommunikationen präsent. Kinder im vorsprachlichen Alter interagieren mit Menschen, mit Objekten und mit sich selbst und entdecken dabei die Welt. Gegenstände können nach ihrer Konsistenz „befragt" werden, nach ihrer Funktion oder nach ihrem Aussehen etc. Ihre „Antwort" kann Anlass geben „weiterzufragen". Auch Texte und Bilder sind zu „befragen", ebenso wie sie Gegenstand des Experimentierens oder der Beobachtung sein können. Verallgemeinernd: Die Strukturen aller Themen, Objekte, Texte, Bilder, die in der Markt-, Medien- und Kommunikationsforschung eine Rolle spielen, können durch dialogische Verfahren untersucht und entdeckt werden. Auch diese Methodologie kann sowohl qualitative Verfahren als auch Quantifizierungen nutzen. Qualitative Fragen sind offen, haben keine vorgegebenen Antworten, regen zu freien Assoziationen oder offenen Antworten an oder zu narrativen Erzählungen, die seit den 1950er Jahren in der Psychologie (TAT und andere projektive Verfahren) und in der Sozialforschung verwendet werden (Schatzmann/Strauss 1955). Der methodologische Ansatz ist **heuristisch** oder **entdeckend** und die Wissenschaftsrichtung, die am meisten mit dieser Vorgehensweise zu tun hat, ist die **Dialektik**. Der Nachteil aller Entdeckungsverfahren: Sie sind immer ergebnisoffen – man weiß vorher nicht, was sie erbringen, wie die Antwort ausfällt.

4.5 Regeln der heuristischen Methodologie

Ihre Verfahren werden hier gesondert vorgestellt. Sie setzt das Alltagsverfahren des Herausfindens in Regeln um, die zusammengefasst lauten (Kleining 1982, 1994, 1995; Qualitativ-heuristische Psychologie und Sozialforschung 2006):

(1) **Offenheit der Forschungsperson:** Sie soll ihre Meinung ändern, falls die Daten dem entgegenstehen. Dies ist leicht gefordert, aber aus vielen Gründen schwierig auszuführen und benötigt dann Zeit zur Neuorientierung. Bei gut informierten Forschungspersonen, die schon gewisse „richtige" Vorverständnisse besitzen, stellt sich das Problem selten. Wenn es auftritt, ist es fast immer gravierend für den weiteren Forschungsverlauf. Bei Anfängern kann es zum Abbruch einer Untersuchung führen. Die Entdeckung des Neuen ist aber mit der Notwendigkeit des Abschieds von früheren Ansichten verbunden; die Regel soll dies bewusst machen.

(2) **Offenheit des Forschungsgegenstands:** Er ist erst nach Abschluss der Forschung wirklich bekannt und zu Beginn immer vorläufig, d. h., er kann sich im Verlauf der Forschung ändern. Diese Regel unterstützt das Bestreben, sich neu eröffnende Pfade zu gehen, auch wenn sie vorher noch nicht erkennbar oder überschaubar waren. Sie gerät aber in Widerspruch zur Absicht, einmal gefasste Beschlüsse unabhängig vom jeweiligen letzten Kenntnisstand auszuführen, und plädiert für Flexibilität der Planung auch während des Verlaufs der Untersuchung.

(3) **Maximale strukturelle Variation der Perspektiven:** Das ist die Regel zur Datenerhebung. Der Forschungsgegenstand soll – gegenstandsspezifisch – von maximal verschiedenen Seiten betrachtet werden. Dies betrifft auch die Variation von Forschungspersonal, Methoden und Samplebildung.

(4) **Analyse der Gemeinsamkeiten:** Die maximal verschiedenen Daten werden auf ihre Gemeinsamkeit hin untersucht. Dies ist in einem sozialen und ideologischen Umfeld, das vor allem die Differenzen betont, besonders schwierig und bedarf Geschick, Ausdauer und Übung. Bei erfolgreicher Analyse werden die ins Auge springenden Unterschiede durch die oft nicht sogleich erkennbaren, aber in ihnen steckenden Gemeinsamkeiten überwunden. Nach den Gemeinsamkeiten soll man gezielt suchen. Das Finden von Gemeinsamkeiten ist eine schwierige, weil ungewohnte Aufgabe: Wir lernen, dass die Welt aus Differenzen besteht, und „sehen nicht den Wald vor lauter Bäumen".

Der Forschungsverlauf wird durch das **Dialog-Prinzip** bestimmt.

Gerhard Kleining

4.6 Vergleich der Methodologien

In der Tabelle sind die vornehmlichen Kennzeichen, die Vorteile und Risiken bei ihrer Verwendung aufgeführt.

Abbildung 4-1: Vor- und Nachteile der Methodologien

	Erklärende Methodologien	Beschreibende Methodologien	Entdeckende Methodologien
Verfahren	Deduktiv, hypothesenprüfend	Induktiv, interpretativ	Dialektisch, dialogisch, explorativ
Abstraktionsniveau/ Datenform	Qualitativ und quantitativ	Qualitativ und quantitativ	Qualitativ und quantitativ
Zeit, Kosten	Planbar	Planbar	Nicht immer vorhersehbar, Veränderung nach Wissensstand möglich
Ergebnisse	Hypothese wird bestätigt oder verworfen	Forschungsgegenstände werden interpretativ beschrieben	Struktur der Forschungsgegenstände wird aufgeklärt
Positiv	Klares Ergebnis: ja/nein, scheinbar objektiv	Beschreibung kann plausibel sein, affirmativ	Aha-Erlebnis, neue Erkenntnis, intersubjektiv
Negativ	Hypothesenabhängig, latent subjektiv. Relevanzproblem	Nichts grundsätzlich Neues, Einseitigkeit. Subjektivitätsproblem	Entdeckung gelingt nicht. Risiko des Nicht-Findens

Zusammenfassend:

Erklärende Verfahren sind überschaubar und gut zu planen. Sie sollten klare Ergebnisse liefern, enden aber häufig mit Sowohl-als-auch-Resultaten. Das Problem ist, dass man nicht weiß, ob die Testentscheidungen überhaupt für das jeweilige Problem relevant sind.

Beschreibende Verfahren werden zur Veranschaulichung von wenig bekannten Forschungsgegenständen genutzt. Sie sind gut planbar. Problem ist die Subjektivität der Aussagen und die Beliebigkeit der Interpretationen, für die zahlreiche Modelle zur Ausdeutung verfügbar sind.

Entdeckende Verfahren nutzen Suchen-und-Finden-Strategien. Sind sie erfolgreich, können Forschungsgegenstände neu gesehen werden. Neues zu entdecken birgt aber das Risiko, dass sich die Vertreter der etablierten Ansichten zur Wehr setzen. Ein weiteres Problem ist, dass neue Erkenntnisse nicht betriebswirtschaftlich planbar sind und Kosten- und Zeitflexibilität erfordern.

Die Entscheidung über die Datenform ist der über die Forschungsmethodologie nachgeordnet.

5 Der Forschungsverlauf

Art und Verlauf von Forschung sind abhängig von der gewählten Methodologie. Wir unterscheiden drei Arten:

5.1 Lineare, zirkuläre, dialogische Verläufe

Der **lineare** Verlauf hat das Ideal erklärender Forschung. Sie arbeitet mit aufeinanderfolgenden Schritten, ausgehend von der Aufgabenstellung bis zur Prüfung der Ergebnisse und der Berichterstattung.

> Aufgabe → Planung → Hypothesenformulierung → Instrumentalisierung (Methoden, Sample ...) → Feldarbeit → Codierung → Prüfung → Analyse → Bericht.

Bei akademischer Forschung bleibt der Ablauf in einer Hand. Kommerzielle Untersuchungen delegieren Forschungsteile nach Briefing an andere Institutionen, zumeist die Feldarbeit, Analyse und Berichterstattung. Die Verantwortung für die gesamte Abwicklung sollte jedoch bei der Markt- oder Medienforschung verbleiben, die auch Bewertungen und Vorschläge für die Nutzung der Ergebnisse unterbreitet oder unterbreiten kann. Projekte sind bei genauer Vorgabe des zu bestimmenden Sachverhalts gut planbar, etwa, wenn die Präferenz eines Produkts gegenüber einem anderen oder die relative Akzeptanz einer Werbelinie gefragt ist. Hier weiß die erfahrene Forschungsperson, wie die Untersuchungseinrichtung, die Fragebogen und die Samples aussehen sollen und wie lange es dauert, um zu einem Ergebnis zu kommen. Dies betrifft sowohl qualitative als auch quantifizierende Forschung. Ein Großteil solcher Forschungen kann routinisiert werden. Bei akademischen Untersuchungen müssen Zuverlässigkeitsprüfungen der Ergebnisse vorgenommen werden; die Validitätsprüfung verlangt unabhängige Forschung zum gleichen Gegenstand, die Reliabilitätsprüfung z. B. gleiche Ergebnisse bei Wiederholung. In der Marktforschungspraxis ist die Zeit knapp; man muss und kann sich zumeist auf frühere Untersuchungen oder größere Samples verlassen, die nach der Split-Half-Methode gleiche Ergebnisse erbringen. Entsprechendes gilt für qualitative Daten. Zuverlässigkeitsprüfungen helfen auch den kommerziell Forschenden, sich über die Qualität der Ergebnisse zu informieren – Auftraggeber interessieren sie im Allgemeinen wenig.

Die **beschreibende** qualitative Forschung ist offener. Es wurde vorgeschlagen, sie zirkulär auszuführen. Dies betrifft die Auswahl des Verfahrens, die Auswahl der Personen, die Datenerhebung und die Datenauswertung, die auch mehrfach durchlaufen und korrigiert werden kann und vom Vorverständnis zur Theorie führt (Witt 2001).

Abbildung 5-1:   *Zirkuläre Strategie (vgl. Witt 2001)*

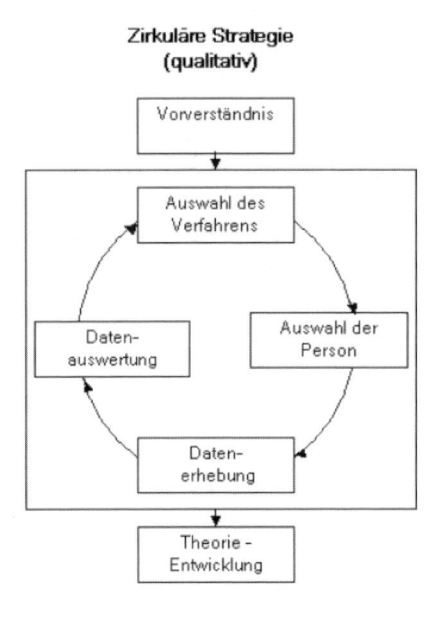

Anfang und Ende einer zirkulären Forschungsabfolge, die auch bei Quantifizierung eintreten kann, sind weniger gut planbar als lineare Verläufe. Korrekturen in der Forschungsanlage während der Untersuchung können aber die Ergebnisse verbessern. Nachbesserungen sind auch ein Alltagsverfahren und gegen sie ist nichts einzuwenden, außer dass sie Zeit und Mühe kosten und bei stark verbürokratisierten Abläufen zu Irritationen führen, weil die Termine nicht eingehalten werden.

Entdeckende Methodologien optimieren die gegenstandsbezogene Vorgehensweise mit dem Ziel der Aufklärung des Forschungsgegenstands. Sie versuchen, sowohl die Einseitigkeit der linearen, deduktiv-„naturwissenschaftlichen" als auch die der induktiv-„geisteswissenschaftlichen" Verfahrensweise und auch die Spaltung in qualitative und quantitative Datenformen zu überwinden.

Ihr Modell ist der Dialog, das Frage-Antwort-Schema, das in der verallgemeinerten Form auf einer Aktiv-Rezeptiv-Abfolge beruht und, wenn zielgerichtet verwendet, das forschende Subjekt zu neuen Erkenntnissen führen kann. Entdeckende Methodologien nutzen das Verfahren

$$\text{Frage}^1 \to \text{Antwort}^2 \to \text{Frage}^3 \to \text{Antwort}^4 \to \text{etc.,}$$

das eine einmal gegebene Antwort nicht als endgültig, als Ergebnis, annimmt, sondern als Teilergebnis und eine neue Frage stellt aufgrund der inzwischen gewonnenen Information und eine neue Antwort erhält, bis der infrage stehende gesamte Sachverhalt so weit als möglich aufgeklärt ist.

Ziel der entdeckenden Forschung, in der Formulierung von Ernst Mach (1905, S. 164f.), ist die „Anpassung der Gedanken an die Tatsachen und aneinander". Beispiele für Beiträge der Sozialwissenschaften sind die genannten klassischen qualitativen Untersuchungen. Entdeckende Untersuchungen kombinieren die Zielgerichtetheit der linearen mit der Flexibilität der zirkulären Vorgehensweise. Im Gegensatz zu erklärenden und beschreibenden Forschungsanlagen haben entdeckende Verfahren die Prüfung von Validität und Reliabilität schon in den Forschungsablauf integriert – durch die Regeln der maximalen Variation der Perspektiven und durch die Analyse auf Gemeinsamkeiten stellen sich Validität und Reliabilität von selbst her. Zusätzlich gibt das Verfahren auch die Reichweite der Geltung der Ergebnisse an, sie bestimmt sich durch die maximal variierten Samples.

Der **Beginn** entdeckender Forschung wird durch die Umstände bestimmt und ist oft außerwissenschaftlich bedingt. Ein Forschungsprozess ist **beendet,** wenn durch weitere Variation oder testweise Erweiterung neue Erkenntnisse nicht mehr gewonnen werden. Dies wird in der heuristischen Methodologie markiert durch die 100 %-Regel – alle Daten müssen kompatibel sein – oder die 0 %-Regel – keine Information darf die Einheit der Ergebnisse infrage stellen. Bleiben Abweichungen übrig, ist die Analyse noch nicht beendet und Analysierende haben die Aufgabe, das Gesamtbild so zu verändern oder zu erweitern, dass sie integrierbar werden. Die entdeckende Forschung, deren Ausgang offen ist, macht ihre Einpassung in bürokratische Abläufe schwierig.

Für den Fortschritt der Wissenschaften und im Wirtschaftsleben sind Entdeckungen aber entscheidend. Der Ausweg aus dem Dilemma ist die Verlagerung von Grundlagenforschung auf spezielle Institutionen oder Forschungseinrichtungen der Universitäten, womit diese Art von Marktforschung aber aus dem Tagesgeschäft entkoppelt wird und bei Kostendruck eher hinter dem eigentlich nötigen Umfang zurückbleibt. Bei einigem administrativen Geschick können sich Marktforschungsleiter jedoch auch Etats für Grundlagenforschung einrichten.

5.2 Voruntersuchung und Nachbereitung

Zur Sondierung der Möglichkeiten für entdeckende Forschung wird man, wenn immer möglich, eine **Voruntersuchung** ausführen (Pilot Study). Sie ist nicht nur ein Test der Frage- oder Beobachtungsbogen, wie bei quantitativen Untersuchungen, auch nicht eine Forschung mit völlig ausgearbeiteter Untersuchungsanlage, sondern explorativ, bei dem die Forschungsperson sich so viel Realitätskenntnis verschafft wie möglich, sich in das Feld begibt, Daten sammelt und mit der Analyse beginnt, sobald die ersten Informationen vorliegen. Bei einem neuen Forschungsgebiet oder Forschungsthema ist dies unbedingt nötig, ehe die Hauptuntersuchung entworfen werden kann. Offene Fragen mit Fachkundigen zu besprechen ist nützlich. Flexibilität ist in dieser Phase vor allem gefragt. Eine weitere Erkenntnischance liegt in einer **Nachbereitung** der Hauptuntersuchung, welche die Daten unter Gesichtspunkten betrachtet, die bei der Ausführung der Untersuchung noch nicht als Problem erkannt worden waren („Sekundäranalyse").

5.3 Variation/Triangulation

Variationen als Entdeckungsverfahren können bis zum Mönch Lullus im 13. Jahrhundert zurückverfolgt werden, sie sind seit Beginn der modernen Wissenschaft methodischer Standard, mindestens seit Galileis klassischer Mechanik. Zur experimentellen Psychologie gehört die Variation seit ihrer Übernahme (aus der Physiologie) durch Wilhelm Wundt. Auch alle genannten klassischen Untersuchungen der qualitativen Psychologie und Sozialforschung verwenden Variationen, zumeist der Methoden, aber auch der Personengruppen und der Forschungspersonen (vgl. Kapitel 4.2). Die qualitativ-heuristische Forschung setzt „Variation der Perspektiven" als eine ihrer vier Grundregeln, sie bestimmt die Untersuchungsanlage (Kleining 1982). Dabei soll die Variation möglichst deutlich sein, abhängig vom jeweiligen Thema (maximal strukturell). Da der Forschungsgegenstand vor Abschluss des Entdeckungsprozesses nicht vollständig bekannt ist, soll variiert werden, wann immer der Verdacht besteht, dass ein Aspekt die Untersuchungsergebnisse beeinflusst. Dies sind vordringlich die Forschungsmethoden (Faustregel: mindestens zwei), die Untersuchungsteilnehmer oder das Sample, die Personen für Datenerhebung und für die Analyse, aber auch die sozialen und kulturellen Umstände der Erhebung. Die Notwendigkeit zur Anpassung durch Veränderung eines Merkmals oder zur weiteren Variation kann sich auch während des Forschungsprozesses ergeben. Die amerikanische Literatur über qualitative Forschung hat Variation als „Triangulation" neu entdeckt (Denzin 1978; Flick 1995).

5.4 Die Analyse

Die wichtigste und gleichzeitig die problematischste Phase im Untersuchungsverlauf ist die Analyse, besonders die von qualitativen Daten. Hier entscheidet sich, wie gut die Untersuchung ist, professionell gesehen oder an ihrem Wahrheitsgehalt gemessen, unabhängig von der späteren Bewertung durch Auftraggeber oder Verwender, denen oft die Nützlichkeit oder Selbstbestätigung wichtiger ist. Die Kriterien dafür sind für die drei Forschungsmethodologien ganz verschieden.

Erklärende Forschung misst sich an der vorausgehenden Annahme oder Hypothese. Sucht man einen bestimmten Gegenstand, einen bestimmten Einflussfaktor oder eine bestimmte Motivation, sich so oder so zu verhalten, dieses oder jenes zu kaufen, so wird der Faktor entweder gefunden oder nicht gefunden. In den Sozialwissenschaften und auch in der Marktforschung sind derartige Demonstrationsexperimente, wie die Naturwissenschaft sie aufzuweisen hat, selten.

Scheinbar eindeutige Annahmen über Abfolgen, etwa die behavioristische Frustrations-Aggressions-Hypothese, erweisen sich in der Anwendung auf Menschen als nur „bedingt richtig", also durch eine Reihe von Vorbehalten belastet. Sie erklären das Verhalten von Testratten besser als das von Menschen. Die Gefängnis-Experimente von Haney/Banks/Zimbardo (1973) und Milgrams Elektroschock-Experimente (1974) kommen nur deswegen zu „Ergebnissen", weil sie Menschen wie Objekte unter Druck setzen, was zum psychischen Zusammenbruch von „Versuchspersonen" und zum Abbruch des Gefängnis-Experiments führte, eine unerwartete „Erklärung" der Menschlichkeit von Menschen. Hypothesen etwa über ein bestimmtes Kaufverhalten, ethisch weniger bedenklich, werden auf der individuellen Ebene nur z. T. bestätigt, aber auch nicht sicher zurückgewiesen, und die Forschungsperson sieht sich bei ihren Bemühungen nicht von den klaren Aussagen belohnt, die sie erhofft und die man vielleicht auch von ihr erwartet hat. Man muss auf große Samples und statistische Häufungen ausweichen. Das hypothesenprüfende Verfahren, das so logisch erscheint, erzeugt eine Reihe von Problemen, wenn es auf Menschen übertragen wird. Es scheint noch am ehesten für Tierversuche geeignet, besonders für die behavioristischen Ratten in ihren Irrgärten. Leichter zu analysieren sind experimentelle Versuchsanordnungen, wenn nur relative Präferenz erwartet wird zwischen zwei oder mehreren, in Konkurrenz zueinanderstehenden Anordnungen, Marken, Werbelinien oder Kommunikationsgehalten. Die abstrakte – auf ein vorgegebenes Merkmal reduzierte – Fragestellung erlaubt Quantifizierung. Sie hat den Nachteil, dass das Warum nicht automatisch mitgeliefert wird, weil Qualitäten gewissermaßen durch die Einengung der Fragestellung weggestrichen wurden. Man hilft sich mit einer Vermehrung der Fragestellung mit jeweiliger Skalierung (beispielsweise Verwendungsabsicht, Goodwill, Vermutung der Verwendung im Bekanntenkreis, Qualitäts-, Preisbeurteilung etc.) und einer Zufügung von offenen Fragen, um etwas Substanz zu erhalten, also mit dem Übergang zu beschreibender Forschung.

Die Analysetechnik versucht, die **Differenz** von Merkmalen auf einem vorgegebenen Schema festzustellen. Die Frage ist dabei, ob die Merkmale valide sind, d. h. das messen, was sie zu messen angeben. Ein Kriterium dafür ist die **logische Konsistenz.** Die Relevanz der ausgewählten Merkmale wird dabei nicht hinterfragt, sie gilt als gesetzt.

Fazit: Deduktive, erklärende Forschung hat, zusätzlich zu den ethischen Problemen durch die Behandlung der Versuchspersonen als Dinge, auch Probleme der Validität – es kann nur erkannt werden, was als Hypothese gesetzt, und nicht, was möglicherweise der Situation eigen ist, aber vor der Untersuchung noch nicht bekannt war.

Beschreibende Forschung beginnt nicht mit einer Hypothese, sondern einem zu beschreibenden Gegenstand. Es existieren eine Marke, eine Verkaufsstelle, ein Unternehmen, eine bestimmte Werbung, und die Frage ist, wie sie wahrgenommen werden. Genügt die bloße Charakterisierung, so können sowohl qualitative als auch quantitative Untersuchungen verwendet werden. Schwieriger ist die Aufgabe, die Struktur von Vorstellungen durch bloße Beschreibung zu erfassen.

Das Analyseverfahren ist die Gruppen- oder Typenbildung oder, allgemeiner gesagt, die **Klassifikation** nach angenommenen oder überkommenen Kriterien. Dabei gerät die Forschungsperson in die Subjektivitätsproblematik, sowohl was die Abgrenzung der Typen voneinander betrifft als auch die zu ihrer Charakterisierung verwendeten Merkmale. Vom Beginn des 20. Jahrhunderts, als die Typologien Mode wurden (schon die Unterscheidung von Natur- und Geisteswissenschaften gehört dazu mit einer bis heute ungeklärten Zwischenposition der Psychologie), bis zur Welle der Typologisierungen mit quantitativen Daten aufgrund der kommerziellen Verwendung von Computern in den 1960er Jahren ist eine riesige Anzahl von sich meist widersprechenden und empirisch nutzlosen „Typen" entstanden, einschließlich der kuriosen „Mischtypen", ein Eingeständnis unzureichender Klassifizierung. Taxonomien sind allenfalls eine Vorform für eine Gliederung, bei der die Hintergründe, die zum Gliederungssystem führen, unklar bleiben. Plausibilität ist kein gegenstandseigenes Merkmal.

Deutung wird deswegen zur Aufbereitung von beschreibenden Daten verwendet. Sie sieht sich aber, unter wissenschaftlichen Kriterien betrachtet, dem Subjektivitätsvorwurf ausgesetzt und taugt in der Praxis allenfalls zur Illustration von bestimmten Sachverhalten. Auch beschreibende quantitative Informationen müssen interpretiert werden, weil sie die Bedeutung nicht (mehr) in sich selbst tragen – Beispiele sind Daten der Umfrageforschung, Wahlergebnisse oder auch Marktanteile. Die öffentliche Meinung ist Gegenstand pauschaler Interpretationen oder Zuschreibung gesellschaftspolitischer Ideologien, Deutungshoheit genannt. Schlagwörter im stark umkämpften Feld der Ideologien sind vielfältig und oft widersprüchlich, z. B. „Globalisierung", „Wissensgesellschaft", „Informationsgesellschaft", „Mediengesellschaft", „Risikogesellschaft", „nivellierte Mittelstandsgesellschaft", „Verschwinden der sozialen Klassen und Schichten", „die neuen Unterschichten", „das abgehängte Prekariat", „die aussterbenden Deutschen", „das neue deutsche Nationalbewusstsein", die Überfremdungsthese, „die sexuelle Revolution und Freizügigkeit", „die einsame Masse", „die skeptische Generation", „die Golf-Generation", „die 68er", „der neue deutsche Mann", in der qualitativen Forschung die „geheimen Verführer" etc. Diese Deutungen sind zumeist unzulässige Verallgemeinerungen von gesellschaftlichen Teilaspekten, oft mit bloßem Unterhaltungswert, die eigentlich in ihrem Zusammenhang mit anderen Besonderheiten hätten erkannt und hinterfragt werden sollten. In fast allen Fällen ist das Gegenteil auch wahr. Gurus, die solche Ideen beständig produzieren, beliefern besagte „Mediengesellschaft". Wer Zugang zu empirischer Forschung hat, sollte Ideologien (in der Politik „Werte" genannt) nicht als Ergebnis, sondern als **Gegenstand** der Forschung ansehen, d. h. sie nicht glauben, sondern untersuchen.

Als Kriterium für Deutungen wird **Plausibilität** angesehen, d. h., die Beschreibung muss entsprechende Bedürfnisse oder Interessen der Empfänger befriedigen, und es können leicht ohne methodologische Systematik ausgewählte Beispiele für nahezu jede These gefunden werden.

Fazit: Bloße Beschreibungen sind in der Forschung problematisch, weil sie insgeheim Deutungen enthalten, die subjektiv und deswegen der einen oder anderen Interessenlage gemäß verschieden ausgelegt werden können.

Entdeckende Forschung beginnt mit einem Untersuchungsthema, das **aufgeklärt** werden soll. Sie misst sich an ihren Erkenntnissen oder ihrem **Wahrheitsgehalt**. Der Grounded-Theory-Ansatz von Glaser/Strauss in seiner ursprünglichen Form (1967) als auch die heuristische Sozialforschung lassen Verallgemeinerungen nur aus einer Analyse der Daten zu, wobei diese in den Analyseprozess direkt einbezogen werden. Glaser kennzeichnete die qualitative Analyse durch „konstanten Vergleich" (1966), klassifiziert aber nach Codes und akzeptiert sowohl Differenzen als auch Gemeinsamkeiten. Die heuristische Sozialforschung kombiniert die maximale strukturelle Variation der Daten mit einer Analyse auf Gemeinsamkeit (Regeln 3 und 4, vgl. Kapitel 4.5), was heißt, dass ein Ergebnis gleichermaßen von der Art des Samples und von der Entdeckung der Gemeinsamkeit in den Daten abhängt. Die Analyse auf Gemeinsamkeiten überwindet die in den Daten auch enthaltenen Unterschiedlichkeiten, um die Struktur des **gesamten Materials** zu entdecken (100 %-Kriterium). Dabei geht man schrittweise vor: Zuerst werden die dem Bearbeiter augenscheinlichen Ähnlichkeiten markiert, sodann andere Ähnlichkeiten zusammengefasst, bis man einige Gruppen von jeweiligen Gemeinsamkeiten identifiziert hat, die darauf hin angesehen werden, wie sie miteinander in Verbindung stehen. Es bildet sich eine Art Pyramide von den ursprünglichen Daten an der Basis bis zur höheren Ebene der Verallgemeinerung, welche alle Ausgangsdaten in sich enthält. Dabei ist Flexibilität nötig, bis das Optimum der Zuordnung und der Durchblick durch das gesamte Material erreicht ist, der dann die Forschungsperson mit dem Bühler'schen „Aha-Erlebnis" oder dem antiken „Heureka!" belohnt (vgl. Kleining 1994, 1995 und www.heureka-hamburg.de).

Kriterien für entdeckende Forschung sind die **innere Konsistenz** aller Daten (Inner Validity, 100 %-Kriterium) und ihre Realitätsnähe: Wenn die Samples für einen bestimmten Forschungsgegenstand die maximal strukturelle Variation der Perspektiven erreicht haben, gehen die relevanten Verschiedenheiten in die Untersuchungsanlage ein und die Gemeinsamkeit dieser Informationen zeigt die Struktur des Forschungsgegenstands. Externe Validität sollte an der Übereinstimmung mit äußeren Merkmalen prüfbar sein, z. B. dem Kaufverhalten.

Fazit: Die Argumente für entdeckende Forschung sind vor allem die Chance, noch nicht bekannte Zusammenhänge zu finden, eine Situation aufzuklären oder Kriterien für eine neue Beurteilung zu entdecken.

5.5 Die Berichterstattung

Forschungsberichte haben verschiedene Funktionen, je nach Empfänger, Auftraggeber oder Verwender. Zu unterscheiden sind akademische, kommerzielle und interne Forschungsberichte.

Akademische Forschungsberichte. Ihre Kriterien sind Wissenschaftlichkeit und Nachvollziehbarkeit durch andere Wissenschaftler, wobei das, was unter „wissenschaftlich" zu verstehen ist, durchaus veränderbar sein kann, und es im Falle der akademischen Akzeptanz der qualitativen Forschung auch gewesen ist. Wissenschaftler entscheiden selbst über den Status ihres Faches und ihrer Methode, vornehmlich durch Publikationen und im Dialog oder dem klassischen Streitgespräch, wobei sie auch, wie das Beispiel der qualitativen Marktforschung zeigt, hinter der Verwendung in der Praxis zurückbleiben können. Forschungen selbst müssen nachprüfbar sein. Der Bericht sollte ausreichende Informationen enthalten über:

- Thematik, ihre Relevanz und bisherige wissenschaftliche Behandlung
- Untersuchungsanlage mit Methodologie, Methoden, Samples & deren Begründung
- Ergebnisse
- Folgerungen

- Anhang: Materialien z. B. analysierte Texte, Hilfsmittel (Fragebogen, Beobachtungsbogen), Protokolle oder Beispiele, Statistik des Samples
- Literatur

Publikationsrechte durch die forschungstreibende Institution, die Universität oder ihre Forschungseinrichtungen oder auch durch die Auftraggeber sind im Allgemeinen gegeben, oft gibt es universitätseigene Verlage oder Reihen. Bei Untersuchungen für Stiftungen oder Verbände sind Publikationen erwünscht. Akademische Forscher sind meist an der Veröffentlichung ihrer eigenen Arbeiten interessiert, oft ist es ein wichtiges Motiv, die Untersuchung überhaupt auszuführen. Berichtet werden kann in allgemein zugänglicher wissenschaftlicher Literatur, in Zeitschriften, Forschungsberichten oder Büchern oder in der sogenannten grauen Literatur, die Studierenden in wissenschaftlichen Instituten zur Verfügung steht.

Kommerzielle Forschungsberichte. Der Bericht eines privatwirtschaftlichen Forschungsinstitut ist Teil des Auftrags und erfüllt die dort niedergelegten Bedingungen. Hauptanliegen ist die Zulieferung im Rahmen eines Forschungsplans des Auftraggebers. Grundlagenforschung wird selten verlangt und wenn doch als Teil der Qualifikation des Forschungsinstituts angesehen. Forschungsberichte stehen unter dem Kriterium der unmittelbaren Anwendbarkeit der Ergebnisse des Forschungsprojekts. Außer den Kosten sind meist die Einhaltung der Termine wichtig für die Bewertung der Forschung. Manche Institute leisten auch nur Feldarbeit nach einem vorgegebenen Untersuchungsplan. Grundlagenforschung wird eher von gemeinschaftlich betriebenen Einrichtungen ausgeführt oder beauftragt, etwa in der Medienforschung, selten aber von Firmen oder Verlagen separat beauftragt. Verlangt werden zumeist mündliche Präsentationen, die aufwendig sein können und vor einem größeren Kreis der Auftraggeber oder nur der Markt-/Medienforschung stattfinden, und schriftliche Berichte vornehmlich zur Dokumentation der Leistung. Die zu liefernden Daten bei ad hoc beauftragter Forschung werden im Projektauftrag genannt. Die größeren Institute richten sich dabei auch nach den berufsständisch ausgearbeiteten Regeln für Feldarbeit und Berichterstattung, beispielsweise von ESOMAR. Berichte für ad hoc beauftragte Forschung sollen Angaben enthalten über das Briefing (die Aufgabenstellung), die Art und den Umfang des Samples, die Methoden (z. B. telefonische Befragung, teilnehmende Beobachtung), die Forschungsinstrumente (z. B. Fragebogen, Beobachtungsbogen), Zeit und Ort der Feldarbeit, evtl. Kooperation mit anderen Instituten/Wissenschaftlern. Kernpunkt des Berichts sind die Ergebnisse der vorgenommen Analysen und die Beantwortung der eingangs gestellten Forschungsfragen. Empfehlungen können verlangt werden. Die Berichte sind Eigentum des Auftraggebers, die Daten selbst sind Eigentum der erhebenden Institution, die sich auch für die Einhaltung der Datenschutzbestimmungen verbürgt. Bei Zweifel des Auftraggebers über die Professionalität der Forschungsabwicklung können die berufsständischen Institutionen (z. B. BVM, ESOMAR) angesprochen werden.

Firmeninterne Berichte. Ihre Art und Ausgestaltung hängt von der internen Organisation der Auftraggeber ab, besonders, ob es eine eigene Abteilung für Markt-, Medien- oder Sozialforschung gibt, wem sie untersteht und welche Aufgaben sie erfüllen soll. Eine eigene Forschungsstelle, die auch Forschungspläne entwickelt, einen eigenen Etat verwaltet und Forschung beauftragt, wird für eine verwenderspezifische Aufbereitung der Forschungsergebnisse, entsprechende Präsentationen, eine Dokumentation der Forschungsarbeiten und interne Beratung der Fachabteilungen sorgen. Hier liegt der Akzent auf der **Bewertung** von Forschungsergebnissen und ihrer Umsetzung in Maßnahmen des Marketings. Diese Aktivitäten unterliegen ebenfalls der Geheimhaltung. Dadurch, dass sich die Forschenden beständig über Entwicklungen in der Marktforschungsindustrie in Kenntnis setzen müssen, sind sie zumeist gut informiert über Veränderungen und Fortschritte auf diesem Gebiet, die sie z. T. selbst anstoßen. Die Rückspiegelung aus der Praxis in den akademischen Bereich ist dagegen selten.

6 Fazit

Die Möglichkeiten der qualitativen Marktforschung reichen weit über die gegenwärtige Praxis hinaus. Dass ihre Chancen nur zum kleinen Teil genutzt werden, liegt z. T. an den auftraggebenden Institutionen, die in der Privatwirtschaft unter Kosten- und Zeitdruck zur Standardisierung drängen und im akademischen Bereich den Mainstream als sicherer ansehen als das Explorieren und Experimentieren, z. T. aber auch an den Forschungstreibenden selbst, die sich den Anforderungen beugen und meinen, sich Extras und Grundlagenforschung nicht leisten zu können. Die qualitative Marktforschung ist jedoch durch Pionierarbeit entstanden, entgegen vieler Widerstände, in einer dialogischen Verschränkung von Praxis und Theorie, die aus der Praxis entsteht, wie es die klassischen psychologischen und sozialwissenschaftlichen Untersuchungen gezeigt haben, nur jetzt auf den alltäglichen Umgang von Menschen mit Waren, Dienstleistungen und Kommunikation angewendet werden. Es ist ein akademischer Fehler, die Empirie zugunsten theoretischer Spekulationen zu vernachlässigen, wie es ein Fehler der Empirie ist, nicht nach Struktur und Theorie in der Welt der Erscheinungen zu suchen. Dass durch die dialogische Verbindung beider Bereiche die eigentliche Aufgabe von Forschung, nämlich das Forschen als Herausfinden und Entdecken wieder stärker in den Blick gerät, ist ein Ansporn, den man auch von den klassischen Untersuchungen erhalten kann.

Literaturverzeichnis

Adorno, Theodor W. / Frenkel-Brunswik, Else / Levinson, Daniel J. / Sanford, Nevitt R. (1950): The Authoritarian Personality. New York.

Becker, Howard S. (1966/1981): Außenseiter. Zur Soziologie abweichenden Verhaltens. Frankfurt/Main.

Berelson, Bernard (1952): Content Analysis in Communication Research. Glencoe.

Bergler, Georg (1959): Die Entwicklung der Verbrauchsforschung in Deutschland und die Gesellschaft für Konsumforschung bis zum Jahre 1945. Kallmünz.

Bühler, Charlotte / Hetzer, Hildegard (1961): Kleinkindertests. Leipzig.

Burkart, Thomas / Kleining, Gerhard / Witt, Harald (Hrsg.) (2010). Dialogische Introspektion. Wiesbaden.

Denzin, Norman K. (1978): The Research Act. A Theoretical Introduction to Sociological Methods. New York.

Denzin, Norman K. / Lincoln, Yvonna S. (Hrsg.) (1994): Handbook of Qualitative Research. Thousand Oaks, London, New Delhi.

Descartes, René (1637/1960): Von der Methode des richtigen Vernunftgebrauchs und der wissenschaftlichen Forschung. Hamburg.

Dilthey, Wilhelm (1883/1914): Einleitung in die Geisteswissenschaften. Versuch einer Grundlegung für das Studium der Gesellschaft und der Geschichte. Gesammelte Schriften I. Göttingen.

Dilthey, Wilhelm (1894/1957): Ideen über eine beschreibende und zergliedernde Psychologie. Gesammelte Schriften V. Stuttgart, S. 139–240.

Dilthey, Wilhelm (1900/1924): Die Entstehung der Hermeneutik. Gesammelte Schriften V. Leipzig, Berlin. S. 317–338.

Engels, Friedrich (1845/1970): Die Lage der arbeitenden Klasse in England. In: Marx, Karl / Engels, Friedrich: Werke. Band 2. Berlin, S. 225–506.

ESOMAR (Hrsg.) (2005): Esomar Industry Report. Amsterdam.

Flick, Uwe (1995): Qualitative Forschung. Reinbek.

Geertz, Clifford (1987): Dichte Beschreibung. Ein Beitrag zum Verstehen kultureller Systeme. Frankfurt/Main.

Genz, Henning (2005): Gedankenexperimente. Reinbek.

Glaser, Barney / Strauss, Anselm (1967): The Discovery of Grounded Theory. Strategies for Qualitative Research. Chicago.

Glaser, Barney / Strauss, Anselm (1968): Awareness of Dying. A Study in Social Interaction. Chicago.

Gutjahr, Gert (1972): Markt- und Werbepsychologie. Heidelberg.

Haney, Craig / Banks, Curtis / Zimbardo, Philip (1973): Interpersonal Dynamics in a Simulated Prison. In: International Journal of Criminology and Penology, 1, S. 69–97.

Heinze, Thomas / Klusemann, H. W. / Soeffner, H. G. (Hrsg.) (1980): Interpretationen einer Bildungsgeschichte. Bensheim.

Hempel, Carl G. / Oppenheim, Paul (1948): Studies in the Logic of Explanation. In: Philosophy of Science, 15, S. 135-175.

Herzog, Herta (1941): On Borrowed Experience. An Analysis of Listening in Daytime Sketches. In: Zeitschrift für Sozialforschung/Studies in Philosophy and Social Science, 9, S. 65–95.

Introspektion (2010): www.introspektion.net. Zugriff: 08.09.2010.

Jahoda, Marie / Lazarsfeld Paul F. / Zeisel, Hans (1960): Marienthal. Ein soziographischer Versuch mit einem Anhang zur Geschichte der Soziographie. 2. Auflage. Allensbach.

Kelly, John (2005): The ESOMAR Global Industry Report on 2004. In: Research World, 9, S. 33–40.

Kleining, Gerhard (1982): Umriss zu einer Methodologie qualitativer Sozialforschung. In: Kölner Zeitschrift für Soziologie und Sozialpsychologie, 34, S. 224–253.

Kleining, Gerhard (1986): Das qualitative Experiment. In: Kölner Zeitschrift für Soziologie und Sozialpsychologie, 38, S. 724–750.

Kleining, Gerhard (1994): Qualitativ-heuristische Sozialforschung. Schriften zur Theorie und Praxis. Hamburg. Online: http://nbn-resolving.de/urn:nbn:de:0168-ssoar-7731. Zugriff: 10.09.2010.

Kleining, Gerhard (1995): Lehrbuch entdeckende Sozialforschung. Weinheim.

Kleining, Gerhard (2003): Ahnung und Gefühl im Entdeckungsprozess. In: Kumbruck, Christel / Dick, Michael / Schulze, Hartmut (Hrsg.): Arbeit, Alltag, Psychologie. Heidelberg, S. 45–59.

Kleining, Gerhard / Prester, Hans-Georg / Frank, Ronald (2006): Lebenswelten in der Marktforschung. Ergebnisse aus der Praxis. In: Jahrbuch der Absatz- und Verbrauchsforschung, 3, S. 212–241.

Kleining, Gerhard (2010): "Vertrauen" in den Medien und im Alltag. In: Hartmann, Maren / Hepp, Andreas (Hrsg.): Die Mediatisierung der Alltagswelt Wiesbaden. S. 127–146.

Köhler, Wolfgang (1917/1921): Intelligenzprüfungen an Menschenaffen. New York.

Kracauer, Siegfried (1952): The Challenge of Qualitative Content Analysis. In: Public Opinion Quarterly, 16, S. 632–642.

Lamnek, Siegfried (1988/2005): Qualitative Sozialforschung. Band 1: Methodologie. 4. Auflage. München, Weinheim.

Lazarsfeld, Paul F. (1972): Qualitative Analysis. Historical and Critical Essays. Boston.

Löwenthal, Leo (1937): Knut Hamsun. Zur Vorgeschichte der autoritären Ideologie. In: Zeitschrift für Sozialforschung /Studies in Philosophy and Social Science, 6, S. 295–345.

Lynd, Robert S. / Lynd, Helen M. (1929/1956): Middletown. A Study in Modern American Culture. New York.

Mach, Ernst (1905/1980): Erkenntnis und Irrtum. Skizzen zur Psychologie der Forschung. Darmstadt.

Malinowski, Bronislaw (1929/1999): Argonauten des westlichen Pazifiks. 2. Auflage. Frankfurt/Main.

Mayring, Philipp (1990): Einführung in die qualitative Sozialforschung. München.

Merton, Robert K. / Coleman, James S. / Rossi, Peter H. (Hrsg.) (1979): Qualitative and Quantitative Social Research. Papers in Honor of Paul F. Lazarsfeld. New York.

Merton, Robert K. / Fiske, Majorie / Kendall, Patricia L. (1956): The Focused Interview. A Manual of Problems and Procedures. Glencoe.

Milgram, Stanley (1974): Das Milgram Experiment. Zur Gehorsamsbereitschaft gegenüber Autorität. Reinbek.

Mills, C. Wright (1959): The Sociological Imagination. New York.

Münsterberg, Hugo (1912/1977): Psychologie und Wirtschaftsleben. Ein Beitrag zur angewandten Experimental-Psychologie. Leipzig.

Packard, Vance (1957): Die geheimen Verführer. Düsseldorf.

Piaget, Jean (1926/2003): Das Weltbild des Kindes. Frankfurt/Main.

Pollock, Friedrich (1955): Gruppenexperiment. Frankfurt/Main.

Popper, Karl R. (1934/1994): Logik der Forschung. Tübingen.

Qualitativ-heuristische Psychologie und Sozialforschung (2010). www.heureka-hamburg.de. Zugriff: 08.09.2010.

Schatzmann, L. / Strauss, Anselm (1955): Social Class and Modes of Communication. In: American Journal of Sociology, 60, S. 329–338.

Simmel, Georg (1908/1958): Soziologie. Untersuchungen über die Formen der Vergesellschaftung. Berlin.

Thomas, William I. / Znaniecki, Florian (1927): The Polish Peasant in Europe and America. Band 1 und 2. New York.

Weber, Max (1918–1920/1956): Wirtschaft und Gesellschaft. Grundriss der Verstehenden Soziologie. Tübingen.

Whyte, William F. (1955): Street Corner Society. The Social Structure of an Italian Slum. Chicago.

Wilson, Thomas P. (1970/1973): Theorien der Interaktion und Modelle soziologischer Erklärung. In: Arbeitsgruppe Bielefelder Soziologen (Hrsg.): Alltagswissen, Interaktion und gesellschaftliche Wirklichkeit. Band 1. Reinbek, S. 54–79.

Witt, Harald (2001): Forschungsstrategien bei qualitativer und quantitativer Sozialforschung. In: Forum Qualitative Sozialforschung, 2(1), [36 Absätze]. www.qualitative-research.net/fqs-texte/1-01/1-01witt-d.htm. Zugriff: 08.09.2010.

Margrit Schreier

Qualitative Stichprobenkonzepte

1 Einführung 243
2 Systematik der Stichprobenverfahren 244
3 Absichtsvolle Stichprobenziehung 246
    3.1 Datengesteuerte Verfahren der absichtsvollen Stichprobenziehung 247
    3.2 Theoriegesteuerte Verfahren der absichtsvollen Stichprobenziehung 249
        3.2.1 Qualitative Stichprobenpläne 249
        3.2.2 Gezielte Auswahl von Falltypen 252
        3.2.3 Gemischte Verfahren der Stichprobenziehung 253
4 Fazit 253

1 Einführung

Der Absatz einer Handseife, seit Jahren mit einem kleinen, aber stabilen Marktsegment fest etabliert, ist in den letzten sechs Monaten rückläufig. Woran liegt das? Bei solchen und anderen Fragestellungen der Marktforschung können in der Regel nicht alle Konsumenten gleichermaßen befragt werden. Vielmehr wird der Hersteller bzw. das vom Hersteller beauftragte Marktforschungsinstitut aus dem Gesamt der interessierenden Personen einen kleinen Teil auswählen und diesen einer gezielten Befragung unterziehen. Dieser Auswahlprozess wird auch als **Stichprobenziehung** bezeichnet, wobei das Gesamt der interessierenden Personen die sogenannte **Grundgesamtheit** oder **Population** darstellt, die konkret in die Untersuchung einbezogenen Personen bilden die **Stichprobe**. Grundgesamtheit und Stichprobe müssen allerdings nicht notwendig aus Personen bestehen. Manchmal interessieren bei einer Untersuchung etwa Firmen einer bestimmten Branche oder Marken eines bestimmten Typs. Um diesem Sachverhalt Rechnung zu tragen, ist im Folgenden auch von **Untersuchungseinheiten** die Rede, aus denen sich Grundgesamtheit und Stichprobe zusammensetzen.

Angenommen, der Hersteller der besagten Handseife hat Grund zur Vermutung, dass die rückläufigen Absatzzahlen darauf zurückzuführen sind, dass ein Teil der Kunden zu einem neuen Konkurrenzprodukt abgewandert ist. Aber warum ist das der Fall? Wie nehmen die Kunden das Image seiner Marke wahr, wie das Image des Konkurrenzprodukts? Antworten auf diese Fragen erhält man am ehesten in einer Untersuchung, in der ganz gezielt solche Kunden befragt werden, die zu dem neuen Produkt gewechselt haben, vielleicht kontrastiert mit einigen Personen, die auch weiterhin das etablierte Produkt verwenden. Erforderlich ist hier also eine ganz bewusste Auswahl einer eher kleineren Gruppe von Personen, die ein bestimmtes Kriterium erfüllen (nämlich Wechsel von der besagten zur neuen Handseife), und nicht eine Zufallsauswahl einer umfangreichen Stichprobe, wie sie in der (quantitativen) Marktforschung praktiziert wird.

Im Folgenden werden verschiedene Verfahren der Stichprobenziehung in der qualitativen Marktforschung genauer dargestellt, einschließlich der Kriterien für ihre Auswahl. Dabei werden die Verfahren zunächst innerhalb des Gesamts an Vorgehensweisen bei der Stichprobenziehung verortet und charakterisiert. Der Schwerpunkt des Beitrags liegt auf der Erläuterung absichtsvoll-bewusster Verfahren.

Margrit Schreier

2 Systematik der Stichprobenverfahren

Auf allgemeinster Ebene ist zwischen probabilistischen und non-probabilistischen Verfahren der Stichprobenziehung zu unterscheiden, die zugleich mit je unterschiedlichen Zielsetzungen und Auswahlkriterien einhergehen.

Abbildung 2-1: Systematik der Stichprobenverfahren

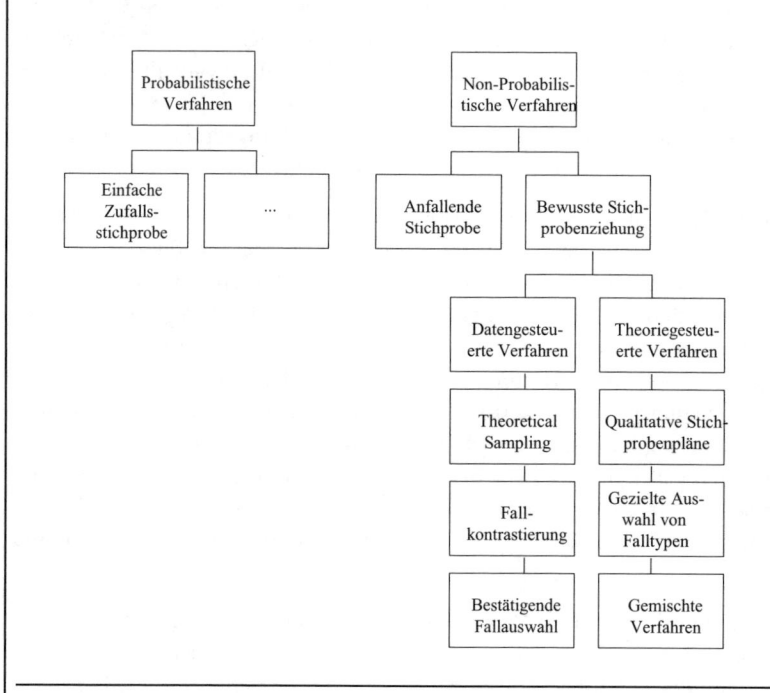

```
                  Probabilistische                Non-Probabilis-
                  Verfahren                      tische Verfahren

        Einfache
        Zufalls-              ...         Anfallende      Bewusste Stich-
        stichprobe                        Stichprobe      probenziehung

                                    Datengesteu-        Theoriegesteu-
                                    erte Verfahren      erte Verfahren

                                    Theoretical         Qualitative Stich-
                                    Sampling            probenpläne

                                    Fall-               Gezielte Aus-
                                    kontrastierung      wahl von
                                                        Falltypen

                                    Bestätigende        Gemischte
                                    Fallauswahl         Verfahren
```

Am bekanntesten in der methodischen Fachliteratur dürften **probabilistische Verfahren** sein, d. h. Formen der Ziehung einer sogenannten **Zufallsstichprobe**. Hier hat jedes Mitglied der Grundgesamtheit dieselbe Chance, in die Stichprobe aufgenommen zu werden. Mit der Ziehung einer Zufallsstichprobe verbindet sich das Ziel, von der Stichprobe auf die Grundgesamtheit zurückschließen zu können; die Befunde, die für die Stichprobe gelten, sollen also auch auf die Grundgesamtheit anwendbar sein (Ziel ist die statistische Verallgemeinerbarkeit). Dies ist beispielsweise bei Untersuchungen zur Markenbekanntheit der Fall: Hier ist die Stichprobe so auszuwählen, dass der Prozentsatz an Personen in der Stichprobe, denen eine bestimmte Marke bekannt ist, in etwa dem Prozentsatz an Personen in der Grundgesamtheit (etwa der Bevölkerung Deutschlands) entspricht, die die Marke kennen. In anderen Worten: Die Stichprobe soll für die Grundgesamtheit **repräsentativ** sein (zur Zufallsstichprobe vgl. ausführlich Diekmann 2007, Kapitel IX).

Bei der qualitativen Marktforschung stehen jedoch, wie das eingangs genannte Beispiel verdeutlicht, oft andere Zielsetzungen als die der statistischen Repräsentativität im Mittelpunkt. Entsprechend sind hier auch andere Formen der Stichprobenziehung von Bedeutung, insbesondere Verfahren der **absichtsvollen Stichprobenziehung**. Dabei geht es in erster Linie darum, informationshaltige Fälle auszuwählen, die im Hinblick auf die Fragestellung besonders bedeutsam und aufschlussreich sind. Wenn in einer Untersuchung, wie im eingangs genannten Beispiel etwa die Gründe für den Wechsel zu einer anderen Marke ermittelt werden sollen, dann sind hier vor allem solche Personen von Interesse, die in der Vergangenheit Produkte der relevanten Marke gekauft, diese in letzter Zeit jedoch zunehmend durch andere Produkte ersetzt haben. Ziel ist also nicht die statistische Verallgemeinerbarkeit der Stichprobe auf eine Population. Vielmehr sollte die Stichprobe möglichst detailliert Aufschluss über ein Phänomen geben, dieses möglichst umfassend und in all seinen Facetten abbilden (Merkens 2005, S. 291). Diese Zielsetzung bei der absichtsvollen Stichprobenziehung entspricht zugleich der generellen Zielsetzung qualitativer Forschung, eine tiefer gehende Analyse des interessierenden Phänomens in seiner Komplexität zu leisten (Mason 2002; Quinn Patton 2002, Kapitel 2). Ausschlaggebend ist hierbei nicht die Anzahl der einbezogenen Fälle, sondern ihre Informationshaltigkeit in Bezug auf das Phänomen selbst. Wegen der Bedeutung der absichtsvollen Stichprobenziehung für die qualitative Forschung wird auf diese Verfahren im Folgenden noch gesondert eingegangen (vgl. Kapitel 3).

Im Gegensatz zur Zufallsstichprobe gehört die absichtsvolle Stichprobenziehung zur Gruppe der non-probabilistischen Verfahren. Eine andere Form der non-probabilistischen Stichprobe stellt die **anfallende Stichprobe** dar. Wie der Name schon sagt, werden hier im Gegensatz zur probabilistischen und zur absichtsvollen Stichprobenziehung keine Fälle gezielt ausgewählt, sondern es werden diejenigen Personen in die Stichprobe aufgenommen, die sich zu einem beliebigen Zeitpunkt an einem bestimmten Ort aufhalten. Eine anfallende Stichprobe liegt beispielsweise meist vor, wenn ein Marktforschungsinstitut durch Schaltung einer Anzeige in einer Lokalzeitung nach Teilnehmenden an einer Studie sucht. Mit anfallenden Stichproben hat man es ebenfalls bei Befragungen in den Fußgängerzonen deutscher Städte zu tun. Gerade weil hier bei der Auswahl keine speziellen Kriterien angelegt werden, haben anfallende Stichproben den großen Vorteil leichter Anwendbarkeit: In die Stichprobe aufgenommen wird, wer gerade verfügbar ist; spezielle Kenntnisse sind nicht erforderlich, weder seitens der Befragten noch seitens der Forscher. Dieser Vorteil ist aber zugleich auch der größte Nachteil des Verfahrens: Weder gewinnt man auf diese Weise besonders informationshaltige Fälle, noch sind die Fälle in der Stichprobe für die Grundgesamtheit repräsentativ. Anfallende Stichproben liefern also lediglich zufällige Momentaufnahmen. Manchmal sind solche Momentaufnahmen aber auch genau das Ziel der Untersuchung, beispielsweise bei der Erfassung spontaner Assoziationen und Anmutungsqualitäten eines Displays am Point of Sale (POS).

3 Absichtsvolle Stichprobenziehung

Verfahren der absichtsvollen Stichprobenziehung dienen, wie erwähnt, dazu, gezielt solche Fälle auszuwählen, die für die jeweilige Fragestellung besonders informationshaltig sind. Absichtsvolle Verfahren werden in der Literatur nach zwei Gesichtspunkten weiter unterteilt: nach der Art der Stichprobenzusammensetzung und der Art der Stichprobenziehung (vgl. dazu im Überblick: Hussy et al., Kap. 5.2; Schreier 2010).

Unter dem Gesichtspunkt der Zusammensetzung ist erstens zwischen homogenen und heterogenen Stichproben zu unterscheiden (Quinn Patton 2002, S. 230ff.). Homogene Stichproben bestehen aus Fällen, die einander ähnlich sind (z. B. eine Stichprobe von „Early Adopters" eines neuartigen Produkts (Bass 1969) oder eine Stichprobe bestehend nur aus zufriedenen Kunden. Heterogene Stichproben sind entsprechend so zusammengesetzt, dass die gesamte Bandbreite eines Phänomens abgedeckt ist (also etwa sowohl zufriedene als auch unzufriedene Kunden).

Zweitens ist zwischen daten- und theoriegesteuerten Verfahren zu unterscheiden (Johnson 1990; Kelle/Kluge 1999, Kapitel 3.2; Merkens 2005). In beiden Fällen geht es darum, die Untersuchungseinheiten so auszuwählen, dass solche Merkmale, die sich auf den Untersuchungsgegenstand auswirken, in der Stichprobe auch tatsächlich und in der relevanten Breite vertreten sind. Wenn es in einer Untersuchung beispielsweise darum geht, die Gründe für den rückläufigen Marktanteil der besagten Handseife aufzuklären, dann sind mittels absichtsvoller Stichprobenziehung solche Fälle in die Untersuchung einzubeziehen, die sich hinsichtlich ihrer Gewohnheiten beim Händewaschen unterscheiden: sowohl Personen, die sich auf Grund ihrer beruflichen Tätigkeit häufig die Hände waschen, als auch Personen, für die das nicht gilt, sowohl Männer als auch Frauen usw. Woher weiß man aber, welche Personenmerkmale den Untersuchungsgegenstand vermutlich beeinflussen und daher bei der Zusammensetzung der Stichprobe zu berücksichtigen sind? Manchmal weiß man genau das nicht und will die Untersuchung durchführen, um solche Merkmale überhaupt erst zu identifizieren; in dieser Situation sind datengesteuerte, flexible Formen der absichtsvollen Stichprobenziehung das Verfahren der Wahl. In anderen Fällen liegen vielleicht bereits Ergebnisse aus früheren Untersuchungen vor, oder die Forscher können auf eine bewährte Theorie zurückgreifen, die Hinweise auf solche Merkmale liefert; hier wären entsprechend theoriegesteuerte Verfahren der absichtsvollen Stichprobenziehung angemessen. Daten- und theoriegesteuerte, fixe Verfahren unterscheiden sich also darin, wann die Untersuchungsleiter in der Lage sind, solche Merkmale zu identifizieren, die die Stichprobe zu einer informationshaltigen machen, und wann die Entscheidung über die Zusammensetzung der Stichprobe getroffen wird. Bei datengesteuerten Verfahren steht dieses Wissen am Ende, und die Zusammensetzung der Stichprobe ergibt sich erst im Untersuchungsverlauf; bei theoriegesteuerten Verfahren wird die Zusammensetzung der Stichprobe bereits zu Untersuchungsbeginn bestimmt. Bei der folgenden Darstellung wird die Unterteilung in daten- und theoriegesteuerte Verfahren der Stichprobenziehung zugrunde gelegt, die – je nach Zielsetzung – homogene oder heterogene Stichproben erbringen können.

3.1 Datengesteuerte Verfahren der absichtsvollen Stichprobenziehung

Das wichtigste datengesteuerte Verfahren der absichtsvollen Stichprobenziehung wurde im Rahmen der Gegenstandsbezogenen Theoriebildung unter der Bezeichnung „Theoretical Sampling" entwickelt (vgl. Strauss/Corbin 1998, im Überblick Merkens 2005, S. 295ff.). Die Gegenstandsbezogene Theoriebildung, konzipiert in den 1960er Jahren von Glaser und Strauss (1967), hat das Ziel, Theorien nicht auf der Grundlage von Begriffen, sondern auf der Basis empirischer Daten zu erarbeiten. Den Kern dieser Vorgehensweise bildet die Methode des „Constant Comparison": Es werden bei einigen wenigen Fällen Daten erhoben und auch gleich ausgewertet; aus diesen Daten resultieren erste theoretische Begriffe und Hypothesen. Gemäß diesen Hypothesen werden weitere Daten erhoben und bei der anschließenden Auswertung mit den zuvor erhobenen Daten und den resultierenden Begriffen in Beziehung gesetzt, etwa durch Ausdifferenzierung oder durch Schaffung neuer Begriffe. Datenerhebung, -auswertung und die Bildung von Hypothesen und Vermutungen greifen hier eng ineinander (im Überblick: Breuer 2009).

Ein zentraler Stellenwert kommt in diesem Prozess der Stichprobenziehung zu. Deren Bezeichnung als Theoretical Sampling ist leider ausgesprochen irreführend, suggeriert sie doch eine Gleichsetzung mit Verfahren theoriegesteuerter Stichprobenziehung. In der Tat handelt es sich beim **Theoretical Sampling** jedoch um eine **datengesteuerte Form**. Die Untersuchung beginnt, wie oben erläutert, zunächst mit einer Vermutung – beispielsweise dahingehend, dass der Wechsel zu einer anderen Handseife vor allem bei Frauen einer bestimmten Lebensstilgruppe zu beobachten ist. So könnte man zunächst ein Interview mit einer Frau aus dem Segment der „Abenteurer" (gemäß der Klassifikation nach GfK Euro „Socio-Styles", vgl. www.gfk.at/de), also mit einer eher jungen Frau mit eher geringem Einkommen und einer hedonistischen Orientierung führen. Angenommen, dieses Interview ergibt, dass die Frau in den letzten Monaten häufiger das Konkurrenzprodukt Y erprobt hat, dessen Duft ihr besonders ansprechend erscheint. Nach dem Prinzip der maximalen Ähnlichkeit würde man nun im nächsten Schritt ein weiteres Interview mit einer Frau vergleichbaren Alters und ebenfalls aus dem Segment der „Abenteurer" durchführen, wobei – falls der Lebensstil tatsächlich mit dem Konsumverhalten in Zusammenhang steht – zu erwarten ist, dass auch diese Frau aus vergleichbaren Gründen den Kauf des Konkurrenzprodukts erwogen hat. Wenn das zweite Interview diese Erwartung bestätigt, kommt im nächsten Schritt das Prinzip der minimalen Ähnlichkeit zum Tragen. Das dritte Interview wird mit einer Person durchgeführt, die sich hinsichtlich des vermutlich relevanten Merkmals von den ersten beiden unterscheidet, etwa eine Frau aus der Gruppe der „Bodenständigen" mit besserem Einkommen und einem ausgeprägten Bedürfnis nach Sicherheit. Hier wäre entsprechend zu erwarten, dass diese Frau auch weiterhin die etablierte Handseife X gekauft hat. Die wiederholte Anwendung der Prinzipien der maximalen und der minimalen Ähnlichkeit erlaubt es, sukzessive im Untersuchungsverlauf solche Merkmale der befragten Personen zu identifizieren, die das untersuchte Phänomen beeinflussen. In dem vorliegenden Beispiel könnte sich etwa zeigen, dass Geschlecht sowie Preis- und Qualitätsorientierung (als eine Dimension bei der Bestimmung der Lebensstile) in keinem Zusammenhang mit dem rückläufigen Absatz der Handseife X stehen, wohl aber die Orientierung an Hedonismus vs. Sicherheit (eine zweite Dimension bei der Bestimmung der Lebensstile) und das Alter, wobei vor allem „Träumer" und „Abenteurer" unter 25 Jahren zum Konkurrenzprodukt „abgewandert" sind. Es werden so lange neue Fälle in die Stichprobe aufgenommen, bis die Berücksichtigung weiterer Fälle keine neuen Erkenntnisse mehr erbringt. Die Theorie gilt dann als „gesättigt". Die resultierende Stichprobe ist auf Heterogenität angelegt (zur Anwendung der Gegenstandsbezogenen Theoriebildung in der qualitativen Marktforschung vgl. z. B. Belk et al. 1989; Burchill/Fine 2003; Boulding 2005, S. 295ff.).

Der größte Vorteil des Theoretical Sampling besteht darin, dass zu seiner Anwendung keinerlei Vorkenntnisse über den Gegenstandsbereich erforderlich sind; es eignet sich daher besonders gut im Rahmen explorativ-qualitativer Untersuchungen. Allerdings hat das Verfahren auch Nachteile: Erstens ist es sehr zeit- und ressourcenaufwendig. Um den Einfluss von Zufälligkeiten bei der Personenauswahl auszuschließen, sind für jede Merkmalskombination (etwa: verschiedene soziale Segmente und Geschlecht) mindestens zwei oder drei Personen in die Stichprobe aufzunehmen (bei acht Segmenten und zwei Geschlechtern wären das bereits zwischen 32 und 48 Personen); berücksichtigt man auch nur ein weiteres Merkmal mit mindestens zwei Ausprägungen, wächst die Stichprobe schnell auf 100 Personen und mehr an. Zweitens ist das Verfahren eng an einen zyklisch-induktiven Forschungsprozess gekoppelt: Die sukzessive Erweiterung der Stichprobe erfordert die parallele Auswertung der Daten. Ein solches Ineinandergreifen von Datenerhebung, Auswertung und Hypothesenbildung ist jedoch mit der Projektplanung und -durchführung in Marktforschungsinstituten nicht ohne Weiteres vereinbar.

Gerade in Praxiskontexten dürften die bestätigende Fallauswahl sowie die Fallkontrastierung leichter handhabbare Alternativen zum Theoretical Sampling darstellen. Die **bestätigende Fallauswahl** (Confirmatory Sampling vgl. Quinn Patton 2002, S. 239f.)

folgt dem Prinzip der maximalen Ähnlichkeit: Es werden gezielt solche Fälle ausgewählt, von denen zu erwarten ist, dass sie mit den bisherigen Ergebnissen im Einklang stehen (vgl. auch Kepper 1996, S. 234); es entsteht eine homogene Stichprobe. Die **Fallkontrastierung** folgt dagegen dem Prinzip der minimalen Ähnlichkeit: Hier wird nach Fällen gesucht, von denen gerade zu erwarten ist, dass sie Gegenevidenzen erbringen (vgl. z. B. Cressey 1971; Kelle/Kluge 1999, S. 40ff.; Lindesmith 1968); dabei wird eine heterogene Stichprobe angestrebt. Während für das Theoretical Sampling gerade die Kombination der Prinzipien der minimalen und maximalen Ähnlichkeit konstitutiv ist, wird bei der bestätigenden Fallauswahl sowie bei der Fallkontrastierung jeweils nur eines der beiden Prinzipien umgesetzt: Bei der bestätigenden Fallauswahl werden einander möglichst ähnliche Fälle untersucht; bei der Fallkontrastierung werden verschiedene Fälle einander gegenübergestellt.

3.2 Theoriegesteuerte Verfahren der absichtsvollen Stichprobenziehung

Theoriegesteuerte Verfahren der absichtsvollen Stichprobenziehung setzen im Gegensatz zu datengesteuerten Verfahren bereits ein gewisses Vorwissen über den Untersuchungsgegenstand voraus und über solche Merkmale im Feld, die ihn beeinflussen. Dabei muss es sich nicht, wie die Bezeichnung „theoriegesteuert" nahelegt, um theoriebasiertes Wissen im engeren Sinne handeln (wie etwa das Zwei-Wege-Modell der Werbewirkung eine Theorie darstellt; vgl. Rossiter/Percy 1997). Auch Ergebnisse früherer Untersuchungen oder einschlägiges Alltagswissen stellen relevantes Vorwissen im hier gemeinten Sinn dar. Theoriegesteuerte Formen der Stichprobenziehung lassen sich in drei Gruppen unterteilen: qualitative Stichprobenpläne, gezielte Auswahl bestimmter Falltypen sowie Mischformen.

3.2.1 Qualitative Stichprobenpläne

Qualitative Stichprobenpläne stellen quasi die Entsprechung zum Theoretical Sampling dar (Kelle/Kluge 1999, Kapitel 3.3; Schreier et al. 2008; vgl. auch Dimensional Sampling in Kepper 1996, S. 230f.) und dienen ebenfalls der Gewinnung einer heterogenen Stichprobe.

Margrit Schreier

Abbildung 3-1:   Fünf Schritte bei der Erstellung eines qualitativen Stichprobenplans

1. Geltungsbereich der Untersuchung festlegen
2. Relevante Merkmale im Gegenstandsbereich identifizieren
3. Festlegung der Merkmalskombinationen / „Zellen" des Plans
4. Bestimmung der Anzahl Fälle pro Merkmalskombination
5. Fallauswahl

In einem ersten Schritt ist der Geltungsbereich der Untersuchung festzulegen. Aufgrund von Vorwissen werden in einem zweiten Schritt relevante Merkmale im Gegenstandsbereich identifiziert. So hat eine Untersuchung von Sinkovics, Penz und Ghauri (2005) zum Wissensmanagement in Consultingfirmen aus der Technologiebranche beispielsweise ergeben, dass sowohl die Branche als auch das Land, in dem ein Unternehmen ansässig ist, mit der Bereitschaft der Mitarbeiter in Zusammenhang stehen, ihr Wissen auch anderen im Unternehmen zugänglich zu machen. Bei einer Nachfolgeuntersuchung ließen sich entsprechend diese beiden Merkmale – Branche und Land – als relevante Auswahlkriterien ansetzen. Im dritten Schritt werden die Ausprägungen dieser Merkmale in einer Tabelle miteinander kombiniert, sodass jede Kombination einer „Zelle" in dieser Tabelle entspricht. Bei einer Beschränkung des Geltungsbereichs auf deutschsprachige Länder in Westeuropa (Deutschland, Schweiz und Österreich, also drei Länder) und einer Eingrenzung der Branchen, in Anlehnung an Sinkovics et al., auf technologisches Consulting, Computer-Hardware, Computer-Software sowie Elektrogeräte (also vier Branchen), ergeben sich insgesamt zwölf Zellen (3 x 4 = 12) eines solchen Stichprobenplans. Zwei Merkmale lassen sich, wie in diesem Beispiel, leicht in dieser Weise kreuzen. Aber es können auch drei oder sogar vier Merkmale einbezogen werden. So ergibt die Untersuchung von Sinkovics et al. (2005) auch Anhaltspunkte dafür, dass die Managementebene, auf der Mitarbeiter tätig sind, ebenfalls im Zusammenhang mit der Bereitschaft steht, eigenes Wissen anderen zur Verfügung zu stellen. Bei einer Einbeziehung von mittlerem und höherem Management würde ein Stichprobenplan resultieren, wie er in Abbildung 3-2 dargestellt ist.

Abbildung 3-2: Qualitativer Stichprobenplan[1] mit drei Faktoren (Land, Branche, Managementebene) und 20 Zellen

	Deutschland	Schweiz	Österreich
Techn. Consulting	mittleres M./ höheres M.	mittleres M./ höheres M.	mittleres M./ höheres M.
Computer-Hardware	mittleres M./ höheres M.	mittleres M./ höheres M.	mittleres M./ höheres M.
Computer-Software	mittleres M./ höheres M.	mittleres M./ höheres M.	mittleres M./ höheres M.
Elektrogeräte	mittleres M./ höheres M.	mittleres M./ höheres M.	mittleres M./ höheres M.

In einem vierten Schritt wird bestimmt, welche Zellen des Versuchsplans mit wie vielen Fällen besetzt werden sollen. Manche Zellen sind vielleicht unter theoretischen Gesichtspunkten nicht von Interesse oder gar nicht verfügbar – wenn beispielsweise in Deutschland keine Unternehmen existierten, die Elektrogeräte herstellen, dann bliebe diese Zelle zwangsläufig leer. In der Regel wird in der Marktforschung versucht, jede theoretisch und praktisch relevante Zelle mit mindestens fünf Fällen zu besetzen.[2] In einem fünften und letzten Schritt sind schließlich Fälle für die Untersuchung auszuwählen, die dem Profil der einzelnen Zellen entsprechen.

Wenn eine Untersuchung an relevantes Vorwissen anknüpfen kann, ermöglichen qualitative Stichprobenpläne eine ausgesprochen gezielte und forschungsökonomische Ausschöpfung der Variabilität im Gegenstandsbereich. Ohne entsprechendes Vorwissen sind sie allerdings nicht anwendbar. Während es, wie im vorliegenden Beispiel, vergleichsweise einfach ist, Branche und Wohnsitz eines Unternehmens festzustellen und anschließend Unternehmen gezielt auszuwählen, gestaltet sich dies im Fall vieler Personenmerkmale deutlich schwieriger. Einkommen, Milieuzugehörigkeit, Markentreue und viele andere Merkmale bzw. deren Ausprägungen sind nicht unmittelbar ersichtlich, sondern müssen zunächst einmal empirisch über einen Screening-Bogen ermittelt werden. Hier kann ggf. auf Adresskarteien mit eingetragenen Kundenmerkmalen oder auf Access Pools von Marktforschungsinstituten zurückgegriffen werden. Ist dies nicht möglich, können auch willkürlich ausgewählte Personen zur Ermittlung von Merkmalsausprägungen befragt werden.

---

1 In der Praxis auch häufig als „Quotenplan" bezeichnet.
2 Wenn jede Zelle mit mehreren Untersuchungseinheiten besetzt ist, ist die Stichprobe innerhalb jeder Zelle homogen, zwischen den Zellen dagegen heterogen (vgl. auch Kapitel 3.2.3).

Margrit Schreier

3.2.2 Gezielte Auswahl von Falltypen

Vorwissen ist ebenfalls erforderlich, um ganz gezielt bestimmte Arten von Fällen in die Stichprobe aufzunehmen. Diese Art der Stichprobenziehung wird auch als **kriterienorientiert** bezeichnet: Es werden solche Fälle untersucht, die ein bestimmtes Kriterium erfüllen. Es resultiert in der Regel eine homogene Stichprobe, die sich aus gleichartigen Fällen zusammensetzt.

Ein solches Kriterium kann etwa darin bestehen, dass die untersuchten Personen eine Eigenschaft in ausgeprägter Form aufweisen sollen (Intensive Case Sampling). So kann es beispielsweise sinnvoll sein, die Akzeptanz eines neuen Produkts gerade an Hand solcher Personen zu testen, die das Produkt besonders häufig nutzen. Wenn die Personen in der Stichprobe die relevante Eigenschaft nicht nur in intensiver, sondern in ganz besonders hoher Ausprägung aufweisen (z. B. Heavy Users), spricht man auch von Extremfällen (Extreme Case Sampling); **Extremfälle** liegen im Übrigen auch vor, wenn das interessierende Merkmal bei den Personen in der Stichprobe in besonders geringem Maß ausgeprägt ist (also etwa bei Low Users). Es können auch beide Arten von Extremfällen (also beispielsweise sowohl Low als auch Heavy Users) in die Stichprobe einbezogen werden. In diesem Fall läge eine Form der Fallkontrastierung vor (vgl. auch Kapitel 3.2); die Stichprobe wäre dann nicht mehr homogen, sondern heterogen zusammengesetzt. In anderen Situationen mögen gerade die Assoziationen von Interesse sein, die ein Produkt bei den typischen Verbrauchern hervorruft. In diesem Fall wäre eine Stichprobe bestehend aus **typischen Fällen** zusammenzustellen; diese Art der Stichprobe eignet sich nach Kepper besonders gut zur Strukturierung, Ursachenforschung und Ideengenerierung (1996, S. 233). Gerade bei Fragen der Produktakzeptanz kann es auch angemessen sein, eine Stichprobe bestehend aus **kritischen Fällen** auszuwählen. Dahinter steht die Überlegung: Wenn das Produkt den Ansprüchen dieser Personengruppe genügt, dann ist es für die durchschnittlichen, typischen Kunden auf jeden Fall geeignet. Kepper (1996, S. 234) führt etwa das Beispiel eines Spielzeugherstellers an, der seine Produkte bevorzugt an solchen Kindern testet, die Spielzeug aus diesem Unternehmen besonders schnell zerstören. Auch Early Adopters bzw. Lead Users sind potenziell geeignete Gruppen für ein solches Critical Case Sampling (zu weiteren Formen der kriterienorientierten Fallauswahl vgl. Quinn Patton 2002, S. 230ff.).

Der Vorteil einer kriterienorientierten Fallauswahl besteht in der Informationshaltigkeit dieser Art von Stichprobe. Um geeignete Fälle auszuwählen, ist – wie auch bereits bei den qualitativen Stichprobenplänen – wiederum Vorwissen erforderlich. Allerdings lässt sich bei der Zusammenstellung einer homogenen Stichprobe das sogenannte **Schneeballverfahren** der Stichprobenauswahl nutzbar machen (siehe Quinn Patton 2002, S. 237f.). Dabei ist es lediglich erforderlich, einige wenige Ausgangsfälle zu identifizieren, die das fragliche Kriterium erfüllen, die also beispielsweise einen bestimmten Produkttyp besonders häufig nutzen. Diese Personen werden von der Untersuchungsleitung gebeten, zwei oder drei weitere Personen aus ihrem Bekanntenkreis zu nennen, die dieses Kriterium ebenfalls erfüllen. Die Untersuchungsleitung wendet sich dann im nächsten Schritt an diese Personen. Selbst wenn nur ein Teil von ihnen bereit ist, an der Untersuchung mitzuwirken und weitere potenzielle Teilnehmer zu benennen, entsteht auf diese Weise – nach demselben Prinzip, nach dem ein Schneeball immer schneller wächst, wenn man ihn einen Abhang hinunterrollt – schnell eine Stichprobe der angestrebten Größe. Für die Identifikation der Ausgangsfälle im „Inneren" des Schneeballs ist wiederum beispielsweise auf Adresskarteien o. Ä. zurückzugreifen. Ebenso lässt sich Wissen über die Konsumgewohnheiten der anvisierten Fallgruppe nutzbar machen – beispielsweise in Form von Kernzeiten, an denen typische Konsumenten sich am POS aufhalten. Auf diese Weise lässt sich der Aufwand bei der Zusammenstellung der Stichprobe erheblich reduzieren. Allerdings gilt es dabei zu bedenken, dass die Personen in der Stichprobe einander kennen, die Untersuchungseinheiten innerhalb der Stichprobe sich in ihren Meinungen und Äußerungen daher auch gegenseitig beeinflusst haben können. Insofern ist die Anwendung dieser Vorgehensweise im Einzelfall kritisch zu prüfen.

3.2.3 Gemischte Verfahren der Stichprobenziehung

Schließlich ist es auch möglich, Stichprobenpläne und Formen gezielter Fallauswahl miteinander zu kombinieren. Bei dieser gemischten Form der Stichprobenziehung stellt die Art der Fälle eines der Merkmale innerhalb des Stichprobenplans dar, nach denen die Stichprobe auszuwählen ist. So mag es beispielsweise von Interesse sein, das Image der Handseife mit rückläufigem Absatz bei Heavy Users, Low Users sowie Average (Typical) Users zu vergleichen. Wenn zusätzlich der Lebensstil der Users bei der Stichprobenziehung einbezogen werden soll, wobei beispielhaft drei Stile ausgewählt werden, läge ein zweifaktorieller Stichprobenplan mit neun Zellen vor (drei Arten von Nutzern und drei verschiedene Lebensstile). Wenn pro Zelle wiederum mindestens fünf Personen befragt werden, dann gilt auch hier (vgl. Kapitel 3.3.2), dass die Stichprobe innerhalb jeder Zelle als homogen, zwischen den Zellen als heterogen zu beschreiben ist. Es gelten dieselben Voraussetzungen, Vor- und Nachteile, wie sie bereits in den beiden vorausgehenden Abschnitten dargestellt sind.

4 Fazit

Der zentrale Unterschied zwischen den dargestellten Verfahren der Stichprobenziehung in der qualitativen Marktforschung betrifft den Zeitpunkt, an dem die Untersuchungsleitung weiß, nach welchen Kriterien die Stichprobe zusammengesetzt werden soll. Wenn diese Kriterien vor Untersuchungsbeginn nicht bekannt sind, dann ist un-

Margrit Schreier

bedingt ein datengesteuertes Verfahren der Stichprobenziehung zu wählen, bei dem die Kriterien selbst ein wesentliches Ergebnis der Untersuchung darstellen. Wenn diese Kriterien dagegen schon bekannt sind, kann eine theoriegesteuerte Vorgehensweise gewählt werden. Bei einer theoriegesteuerten Vorgehensweise stellt sich als Nächstes die Frage nach dem Untersuchungszweck: Geht es um die Abbildung von Vielfalt in einem Gegenstandsbereich – beispielsweise darum, das gesamte Spektrum der Assoziationen zu einem Markennamen zu erkunden? Dann eignet sich eine heterogene Stichprobe am besten, wie sie etwa durch einen qualitativen Stichprobenplan generiert werden kann. Oder soll vielmehr eine bestimmte Personengruppe in ihren Nutzungsgewohnheiten im Detail untersucht werden? Dann wäre die Ziehung einer homogenen Stichprobe im Sinne der gezielten Auswahl eines Falltyps die Vorgehensweise der Wahl. Bei einer solchen theoriegesteuerten Vorgehensweise ist außerdem im Vorfeld zu überlegen – unabhängig davon, ob man eine heterogene oder eine homogene Stichprobe anstrebt –, woher man das Vorwissen bezieht, das zur gezielten Auswahl der Fälle erforderlich ist. Wie oben erläutert, haben Marktforschungsinstitute solche Informationen häufig vorher erhoben und gespeichert.

Bewusst ausgewählte Stichproben sind meist eher kleine Stichproben – nicht zu vergleichen mit Stichproben in der quantitativen Forschung, die oft Hunderte oder sogar Tausende von Personen umfassen. In diesem Zusammenhang wird der qualitativen (Markt-)Forschung häufig die Frage gestellt, ob solche eher kleinen Fallzahlen denn überhaupt ausreichend sind. Die Antwort besteht zunächst aus einer Gegenfrage: Ausreichend wofür? Eingangs wurde das Beispiel des Herstellers einer Handseife genannt, von dessen Kunden ein beunruhigender Anteil zu einem neuen Konkurrenzprodukt abgewandert war. Angenommen, der Hersteller hätte eine Interviewstudie nach einem qualitativen Stichprobenplan mit ca. 50 Personen durchführen lassen, um die wichtigsten Gründe für einen Produktwechsel zu erheben. Diese Untersuchung würde nun keinesfalls eine hinreichende Grundlage darstellen, um beispielsweise zu folgern, dass 25 % der Kunden das Konkurrenzprodukt nutzen, weil ihnen der Duft besser zusagt. Für eine statistische Verallgemeinerung auf die Grundgesamtheit der Kunden ist die Stichprobengröße einer solchen Untersuchung also keinesfalls ausreichend. Aber das ist auch nicht ihr Zweck. Dem Hersteller geht es in dem Beispiel vielmehr darum, das gesamte Spektrum der Gründe zu erfassen, weshalb seine früheren Kunden nun das Konkurrenzprodukt bevorzugen. Unter dieser Fragestellung ist nicht die Stichprobengröße ausschlaggebend – Personen desselben Kundentyps würden hier nur vergleichbare Auskünfte geben, die sich gegenseitig duplizieren –, sondern vielmehr die Zusammensetzung der Stichprobe bzw. die adäquate Abbildung der Variabilität der Personen, die zu dem anderen Produkt gewechselt haben. Ziel ist nicht die Verallgemeinerung auf die Gesamtheit anderer Personen, sondern auf die Gesamtheit der Gründe. Es geht bei den Stichprobenkonzepten der qualitativen (Markt-)Forschung also nicht um die statistische, sondern um die begriffliche bzw. **analytische Verallgemeinerbarkeit.** Ob eine Stichprobe zu diesem Zweck geeignet ist, stellt, wie erläutert, keine Frage des Umfangs, sondern der Zusammensetzung dar, und hier sind gerade Stichprobenpläne, wie sie im vorliegenden Kapitel dargestellt sind, die Methode der Wahl (zu weiteren Funktionen absichtsvoller Stichprobenziehung vgl. Schreier 2010).

Literaturverzeichnis

Bass, Frank M. (1969): A New Product Growth Model for Consumer Durables. In: Management Science, 15, S. 215–227.

Belk, Russell W. / Wallendorf, Melanie / Sherry, John F. Jr. (1989): The Sacred and the Profane in Consumer Behavior: Theodicy on the Odyssey. In: Journal of Consumer Research, 16(1), S. 1–38.

Boulding, Christina (2005): Grounded Theory, Ethnography and Phenomenology: a Comparison. In: European Journal of Marketing, 39(3–4), S. 294–308.

Breuer, Franz (2009): Reflexive Grounded Theory. Eine Einführung für die Forschungspraxis. Wiesbaden.

Burchill, Gary / Fine, Charles H. (2003): Time versus Market Orientation in Product Concept Development: Empirically-based Theory Generation (Working papers 3694–94). Massachusetts Institute of Technology (MIT), Sloan School of Management.

Cressey, Donald R. (1971): Other People's Money. A Study in the Social Psychology of Embezzlement. Belmont.

Diekmann, Andreas (2007): Empirische Sozialforschung. Grundlagen, Methoden, Anwendungen. 18. Auflage. Reinbek.

GfK Gruppe (o. J.): Lebensstilforschung. www.gfk.at/de/download/BROCH/Broschure_ESS_d.pdf. Zugriff: 09.07.2006.

Glaser, Barney G. / Strauss, Anselm L. (1967): The Discovery of Grounded Theory. Strategies for Qualitative Research. Chicago.

Hussy, Walter / Schreier, Margrit / Echterhoff, Gerald (2009): Forschungsmethoden in Psychologie und Sozialwissenschaften. Heidelberg.

Johnson, Jeffrey C. (1990): Selecting Ethnographic Informants. Newbury Park.

Kelle, Udo / Kluge, Susann (1999): Vom Einzelfall zum Typus. Opladen.

Kepper, Gabriela (1996): Qualitative Marktforschung: Methoden, Einsatzmöglichkeiten und Beurteilungskriterien. 2., überarbeitete Auflage. Wiesbaden.

Lindesmith, Alfred R. (1968): Addiction and Opiates. Chicago.

Mason, Jennifer (2002): Qualitative Research. 2. Auflage. London.

Merkens, Hans (2005): Auswahlverfahren, Sampling, Fallkonstruktion. In: Flick, Uwe / von Kardoff, Ernst / Steinke, Ines (Hrsg.): Qualitative Forschung. Ein Handbuch. 2. Auflage. Reinbek, S. 286–299.

Quinn Patton, Michael (2002): Qualitative Evaluation and Research Methods. 3. Auflage. Newbury Park.

Rossiter, John / Percy, Larry (1997): Advertising and Promotion Management. 2. Auflage. New York.

Schreier, Margrit (2010): Fallauswahl. In: Mey, Günter / Mruck, Katja (Hrsg.): Handbuch qualitative Forschung in der Psychologie. Wiesbaden.

Schreier, Margrit / Schmitz-Justen, Felix / Diederich, Adele / Lietz, Petra / Winkelhage, Jeannette / Heil, Simone (2008): Sampling in qualitativen Untersuchungen: Entwicklung eines Stichprobenplanes zur Erfassung von Präferenzen unterschiedlicher Stakeholdergruppen zu Fragen der Priorisierung medizinischer Leistungen. FOR655, 12, www.priorisierung-in-der-medizin.de/documents/FOR655_Nr12_Schreier_et_al. pdf. Zugriff: 09.09.2009.

Sinkovics, Rudolf R. / Penz, Elfriede / Ghauri, Pervez N. (2005): Analysing Textual Data in International Marketing Research. In: Qualitative Marketing Research, 8(1), S. 9–38.

Strauss, Anselm / Corbin, Juliet (1998): Basics of Qualitative Research: Techniques and Procedures for Developing Grounded Theory. 2. Auflage. London.

Günter Mey, Katja Mruck

Qualitative Interviews

1 Einführung 259
2 Verfahrensüberblick 260
    2.1 Typ 1: Narrative Interviews 261
    2.2 Typ 2: Diskursiv-dialogische Interviews 262
    2.3 Typ 3: Experteninterviews (akteursspezifische Interviews) 264
    2.4 Zwischenfazit 265
3 Interviewverlauf 268
    3.1 Kontaktaufnahme/Vorgespräch 268
    3.2 Warming-up 269
    3.3 Intervieweröffnung 270
    3.4 Exposition: Nachfragen/Themen einführen 270
    3.5 Interview-unspezifische Momente 273
    3.6 Interviewabschluss und Nachgespräch 274
4 Interviewkontext 275
    4.1 Interviewsetting 275
    4.2 Ansprüche an die Interviewenden 277
    4.3 Leitfadeneinsatz 278
    4.4 Allgemeine Anmerkungen zur Leitfadenentwicklung 279
    4.5 Aufzeichnung, Mitschrift, Prä-/Postskript 280
5 Generelle Überlegungen zu Anwendungsbereichen und Zielgruppen ... 281
6 Fazit 283

1 Einführung

Das Interview findet breite Anwendung in vielen Arbeitsfeldern. Es gehört zu den gängigsten Verfahren der qualitativen Sozialforschung und hat auch in der Marktforschung einen hohen Stellenwert.

Im Beitrag werden Überlegungen zur Anwendung von qualitativen Interviews vorgestellt, die kenntlich machen sollen, dass es um Interviews als Verfahren geht *und* um die Personen, die dieses Verfahren anwenden. Die Güte der in einem Interview gewonnenen Daten hängt insoweit nicht alleine davon ab, welche Interviewvariante zum Einsatz kommt, sondern auch davon, *wie* Interviewende das Gespräch gestalten. Es muss also das für die Forschungs-/Untersuchungsfrage „richtige" Verfahren ausgewählt werden, was Kenntnis über verfügbare Interviewarten voraussetzt, und es muss in dem „sozialen Arrangement" Interview angemessen gehandelt werden, was voraussetzt, dass die Dynamik eines Interviews erkannt und reflektiert wird. Im Folgenden wird zunächst ein Überblick über wichtige Interviewfamilien gegeben, um dann entlang der Stationen im Interview auf den stattfindenden Kommunikations- und Interaktionsprozess einzugehen.

Häufig wird vom (qualitativen) Interview gesprochen, als ob es sich hierbei um *ein* Verfahren handelt. Dies ist jedoch insoweit bereits verkürzt, als es nicht *die* qualitative Forschung gibt: Qualitative Forschung ist vielmehr ein Sammelbegriff für unterschiedliche Forschungsstile, theoretische Ansätze/Schulen und diesen zugehörige oder zumindest zuordenbare Methoden (eine Synopse zu Methodologie und Methoden qualitativer Sozialforschung findet sich in Mruck/Mey 2005, spezieller bezogen auf die Markforschungspraxis vgl. Mruck/Mey 2009).

Der Begriff qualitative Interviews bezeichnet eine Gruppe von Verfahren, die entlang unterschiedlicher Dimensionen geordnet werden können. Eine solche Dimension ist die der **Interviewsteuerung**, die im gewählten **Grad der Strukturierung und Standardisierung** zum Ausdruck kommt. Sind Interviews stark strukturiert, so bedeutet dies einen sehr weitgehenden Eingriff durch die Interviewenden; sind sie wenig strukturiert, dann wird den Erzähl- und Darstellungsformen der Interviewten sehr viel Raum eingeräumt. Standardisierung wiederum zielt darauf, ob Frageformulierungen oder Antwortmöglichkeiten (zumeist mittels einer Skala) vorgegeben werden. Für Strukturierung und Standardisierung sind jenseits der jeweiligen Pole viele Mischformen möglich; diese werden dann als halb-, semi- oder partiellstrukturiert/-standardisiert bezeichnet. Sind Interviews sehr deutlich strukturiert/standardisiert, sollte auf das Label „qualitativ" verzichtet werden, wenn Grundprinzipien und Essentials qualitativer Forschungsmethodologie nicht angemessen beachtet werden. Dass Verfahren irrtümlicherweise als qualitativ bezeichnet werden, ist eine im Zuge der Ausbreitung qualitativer Forschung durchaus häufiger anzutreffende Praxis.

Der Grad der Strukturierung entscheidet über die Art und Weise, in der Interviewende am Interviewgeschehen beteiligt sind, also z. B. als „Narrationsanimateure" (Bude 1985), als interessiert Zuhörende, als aktive Gesprächspartner, die ein Thema gemeinsam mit den Interviewten erarbeiten oder als der Intention nach neutral Fragende. Die so gewonnenen Daten sind aber gleichwohl immer das Resultat der Interaktion von zwei – oder mehr – konkreten Akteuren in jeweils konkreten sozialen Situationen, eine Tatsache, die oft ignoriert wird, wenn diese dialogisch hergestellten Daten später verkürzt monologisch verstanden und ausgewertet werden.

Interviews können auch nach der **Textsorte** differenziert werden, auf die sie primär zielen: also **Erzählungen** über Erfahrungen und Erlebnisse, **Berichte** als komprimierte und generalisierende Darstellungsform oder Einstellungen, Meinungen, Gründe, Argumentationen, die direkt erfragt und von den Antwortenden, soweit bewusst repräsentiert, benannt werden – und nicht über den (Um-)Weg der Erzählung erschlossen werden müssen. Es ist mit Blick auf die dann für die Auswertung zur Verfügung stehenden Daten ein wichtiger Unterschied, ob Gesprächspartner z. B. gebeten werden, eine (Kauf-)Entscheidung zu *begründen*, ob ein *Bericht* über ein bestimmtes (Kauf-)Ereignis eingeholt werden soll, oder ob zu einer *Erzählung* eingeladen wird – mit all den Episoden und darin ergründbaren Motiven – mit dem Ziel, z. B. eine „Geschichte des Einkaufens" oder Konsumbiographien rekonstruieren zu wollen.

Als ein erster wichtiger Schritt ist es notwendig, sich zu vergegenwärtigen, dass es verschiedene Interviewformen gibt, die unterschiedliche Frageformen und Vorgehensweisen erfordern und an deren Ende auch sehr unterschiedliche Datensorten verfügbar sind. Deshalb sollen zunächst diese verschiedenen Interviewformen diskutiert werden, bevor dann in Kapitel 3 Hinweise zur praktischen Durchführung qualitativer Interviews gegeben werden.

2 Verfahrensüberblick

Mittlerweile existiert eine Fülle an Interviewvarianten und -bezeichnungen, sodass es schwer möglich ist, diese in einer Übersicht adäquat vorzustellen. In vielen Einführungsartikeln oder Lehrbüchern zu qualitativer Forschung finden sich deshalb eine mehr oder weniger begründete Auswahl und zusätzlich einige Überschneidungen, die auf einen scheinbar kanonisierten Grundbestand qualitativer Interviews verweisen. Wir werden im Folgenden diesen Grundbestand anhand von drei Typen vorstellen: den narrativen Interviews (Typ 1), den diskursiv-dialogischen Interviews (Typ 2) sowie den Experteninterviews (Typ 3). In Kapitel 2.4 geben wir mit Abbildung 2-1 zusätzlich eine synoptische Übersicht.

2.1 Typ 1: Narrative Interviews

In diese Gruppe der *offenen und auf Erzählung zielenden Verfahren* fällt zuvorderst das **narrative Interview** von Fritz Schütze. Entwickelt in den 1970er Jahren (zunächst für die Erhebung politischer Entscheidungsstrukturen), avancierte es als narrativ-biographisches Interview (Schütze 1983) zu der zentralen Interviewtechnik innerhalb der Biographieforschung (zusammenfassend Nohl 2009 und ausführlich dazu Lucius-Hoene/Deppermann 2002; Wengraf 2001; das narrativ-biographische Interview sollte nicht mit dem biographischen Interview verwechselt werden, das in den 1950er Jahren von Hans Thomae [1952] in der Psychologie als leitfadenbasiertes und halbstrukturiertes Interview eingeführt wurde). Diese Interviewvariante – in der Regel ohne Leitfaden eingesetzt und in drei Phasen (Eröffnung, Nachfrageteil, Bilanzierung) unterteilbar – vertraut ganz auf die „Zugzwänge" des Erzählens: Nach Schütze sind die Interviewten „gezwungen", subjektiv Bedeutsames zum einen hervorzuheben und zu straffen (Relevanzsetzung und Kondensierung), dieses aber zum anderen so detailliert und ausführlich darzustellen, dass es für Zuhörende verständlich wird (Detaillierung), und sie sind „gezwungen", ihre (Lebens-)Geschichte vom durch die Interviewenden gesetzten Beginn bis zum Ende zu erzählen, damit diese nachvollziehbar wird (Gestaltschließung).

Bei der Anwendung des narrativen Interviews wird sehr viel Wert auf die **erzählgenerierende Eröffnungsfrage** gelegt, die eine Stegreiferzählung hervorrufen soll. Auch im Nachfrageteil sollen durch sogenannte **immanente Nachfragen** weitere Erzählungen generiert werden. Erst der dritte Teil des Interviews zielt auf eine abstraktere Darstellung und auf andere Textsorten (insbesondere Argumentationen und Begründungen statt Erzählung). Die Rolle der Interviewenden besteht zunächst darin, interessiert zuzuhören und das Erzählverhalten durch eine wohlwollende Haltung und mittels nonverbaler Signale zu fördern. Im Interviewverlauf können sie dann zu interessiert Nachfragenden werden, und erst zum Schluss (Bilanzierung) sollen sie aktiver in die Gesprächsgestaltung eingreifen.

Eine dem narrativen Interview ähnliche, allerdings nicht erzähltheoretisch fundierte Variante schlug Gerhard Kleining (1995) vor dem Hintergrund seines heuristischen Ansatzes mit dem **rezeptiven Interview** vor: In dieser explizit einseitig konzipierten Kommunikation sind Interviewende fast ausschließlich Zuhörende in unmittelbar sozialen Situationen. Hier deutet sich die Nähe zur Feldforschung und zum **ethnographischen Interview** (Spradley 1979) an, in deren Tradition auch das **ero-epische Gespräch** steht. Anders als Kleining zielt Roland Girtler (2002) mit dieser Variante aber auf die gleichberechtigte Kommunikation zwischen Forschenden und Forschungssubjekten, mit der die künstliche Interviewsituation (für Girtler trifft dies auch auf das narrative Interview zu) zugunsten der Nähe zum Alltag aufgegeben werden soll.

Bereits diese drei der Gruppe der narrativen Interviews zuzuordnenden Verfahren zeichnen sich also durch Gemeinsamkeiten – weitgehende Offenheit und Verzicht auf einen vorstrukturierenden Leitfaden – und durch Trennendes – Grad der Alltagsnähe und die (Nicht-)Reziprozität von Interaktionen – aus.

2.2 Typ 2: Diskursiv-dialogische Interviews

Wie das narrative Interview in der Biographieforschung, so ist das **problemzentrierte Interview** von Andreas Witzel (1982, 2000) in den Sozialwissenschaften sehr weit verbreitet. Das problemzentrierte Interview gründet u. a. auf ethnomethodologischen Überlegungen und auf der Vorarbeit Cicourels (dazu Witzel/Mey 2004) und grenzt sich explizit vom narrativen Interview ab, da die Interviewsituation viel deutlicher als bei Schütze als kommunikatives Geschehen verstanden wird: Während Fragen im narrativen Interview als die Erzählung störend bzw. als Ablenkung der Interviewten vom eigenen Erleben gelten, kommt ihnen nach Witzel eine aktive, das Gespräch mitgestaltende Explorationsfunktion zu. Zu den Fragetypen, durch die das Interview gesteuert und gemeinsam mit den Befragten gestaltet werden kann, gehören insbesondere die **allgemeinen Sondierungen**, die im Dienste der Materialgenerierung stehen (Sachnachfragen und Erzählaufforderungen) und die **spezifischen Sondierungen**, die auf eine diskursive Verständnisgenerierung zielen (Zurückspiegelung, Verständnisfragen und Konfrontation).

Das problemzentrierte Interview hat keinen festen Ablauf, auch wenn ein dem narrativen Interview vergleichbarer Erzählbogen wünschenswert ist, sondern die Interviewenden können schon sehr früh strukturierend und nachfragend in das Gespräch eingreifen, Themen einführen, Kommentare und Bewertungen erbitten oder im Sinne des dialogisch-diskursiven Vorgehens bereits im Interview selbst beginnen, die eigenen Interpretationen kommunikativ zu validieren (für einen detaillierten Vergleich des problemzentrierten und des narrativen Interviews siehe Mey 2000). Ein für das Interview zu nutzender Leitfaden dient nach Witzel lediglich als Gedächtnisstütze für die Interviewenden (vgl. Kapitel 4.3 und 4.4. zu Leitfadeneinsatz/-entwicklung). Zusätzlich wird ein Kurzfragebogen wahlweise vor oder nach dem Interview eingesetzt, mit dem wesentliche Rahmendaten erhoben und Faktenfragen gestellt werden können.

Mittlerweile finden sich einige neuere Varianten, die dem problemzentrierten Interview ähnlich sind, aber mit etwas anderen Akzentuierungen versehen werden, und deren Kenntnisnahme insofern bedeutsam ist, als dass daran ersichtlich wird, wie das Spektrum möglicher Interviewformen expandiert und sich ausdifferenziert. So will Uwe Flick (2007) für das **episodische Interview** eine systematischere Verknüpfung von Textsorten erreichen, als es ihm im problemzentrierten Interview gegeben scheint, um narrativ-episodisches Wissen über Erzählungen und semantisches Wissen über konkret-zielgerichtete Fragen zugänglich zu machen. Ariane Schorn (2000) zielt mit dem **themenzentrierten Interview** – der tiefenhermeneutischen Perspektive der Autorin verpflichtet und ähnlich dem **szenischen Interview** oder anderen **Tiefeninter-**

views aus dem Umfeld der psychoanalytischen Sozialforschung – über die Erhebung subjektiver und manifester Sinnbezüge hinaus auch auf abgewehrte und latente Sinngehalte (zu psychoanalytischen Interviews zusammenfassend Kvale 1999). Claudia Woelfer (2000) wiederum differenziert für ihr **personenzentriertes Interview** unter Bezug auf die **klientenzentrierte Gesprächsführung** à la Rogers, die auch für Witzel leitend ist, spezifischere Frage- und Interventionsformen (so etwa Symbolisieren, Spiegeln, Differenzieren, Initiativfragen etc.), mit denen das Gespräch gestaltet werden soll. Schorn und Mey (2005) argumentieren ähnlich für den Einbezug von **systemischen und zirkulären Frageformen**, die üblicherweise im Kontext der Familienberatung Anwendung finden (vgl. dazu auch Kapitel 3.4).

Ebenfalls erwähnt werden sollte das **halbstrukturierte Interview** (Groeben/Scheele 2000), ein in seiner Durchführung sehr anspruchsvolles Verfahren: Im ersten Teil, dem eigentlichen halbstrukturierten Interview, werden über offene Fragen explizit verfügbare Annahmen und Bestandteile subjektiver Theorien erfragt, stärker implizite Wissensbestände werden über theoriegeleitete Fragen und schließlich über Konfrontationsfragen eruiert, um die sich entwickelnden subjektiven Theorien (selbst-)kritisch zu prüfen. Im zweiten Teil werden dann mittels der sogenannten **Struktur-Lege-Technik** die Aussagen aus dem ersten Interview gemeinsam strukturiert und kommunikativ validiert. Am Ende steht eine ausgearbeitete subjektive Theorie zu dem untersuchten Themenbereich. Ähnlich – wenn auch nicht dem Anspruch auf Theorie so stark verpflichtet – ist das **Konfrontationsinterview**, das Franz Breuer (1995) im Kontext von Beratungsgesprächen entwickelte. Darin werden den Interviewten i. d. R. per Video aufgezeichnete Interaktions-/Handlungssequenzen vorgeführt mit der Bitte, diese hinsichtlich der (erinnerten) „inneren Handlungsanteile" zu erläutern, um so die subjektive (Mikro-)Perspektive der Akteure zu erfassen. Die Grundidee, ein Interview mit vorgegebenem „Reizmaterial" zu eröffnen, findet sich bereits beim **fokussierten Interview** (Merton/Kendall 1946/1979), in dem – da in der Medienrezeptionsforschung begründet – zumeist Filme oder Zeitungskommentare genutzt wurden. Sie hat von hier aus Eingang in spätere Interviewformen gefunden, so z. B. in das **Struktur-Dilemma-Interview** der psychologischen Moralforschung (vgl. Kohlberg 1995), in dem Dilemmata (Geschichten) aus miteinander unvereinbaren Werten oder Handlungsoptionen vorgegeben und Gründe für deren Lösung exploriert werden.

Kennzeichnend für diese Verfahrensgruppe ist die – verglichen mit narrativen Interviews – deutlich strukturierendere und aktivere Rolle der Interviewenden, ungeachtet dessen, dass sich Unterschiede z. B. mit Blick auf das jeweilige Erkenntnisziel finden lassen. Die Ähnlichkeiten gehen teilweise so weit, dass einige dieser Interviewvarianten als Spielarten des problemzentrierten Interviews gesehen werden können. So nennt beispielsweise Flick für sein Verfahren als ein wesentliches Charakteristikum, durch die Verwendung von Leitfragen „in das Interview steuernd ein[...]greifen" zu wollen, damit „die extrem einseitige und künstliche Situation des narrativen Interviews von einem offeneren Dialog abgelöst" (Flick 2007, S. 244f.) wird – ein Anspruch, den Witzel mit dem problemzentrierten Interview bereits von Beginn an im Blick hatte und durch die vorgeschlagenen allgemeinen und speziellen Sondierungen einlöste (Witzel 1982; Mey 1999, Kapitel 4).

2.3 Typ 3: Experteninterviews (akteursspezifische Interviews)

Anders als im Falle der zuvor genannten Interviewformen lässt sich noch ein weiterer Typ von Interviews abgrenzen, bei dem die Namensgebung nicht aus der Erhebungsart/-vorgehensweise, sondern aus der angezielten Untersuchungsgruppe resultiert. Mitunter öffnet dies Tür und Tor für viele Stilblüten, wenn jeder (Akteurs-)Gruppe ein eigenes Verfahren zugeordnet wird. Eine Gruppe, die besonderes Augenmerk verdient, sind Kinder als Interviewte, und das insbesondere dann, wenn es sich um jüngere Kinder handelt (im Überblick Mey 2005a und → *Beitrag „Zielgruppe Kinder" von Maryse Mappes und Manfred Zerzer*). Denn die üblicherweise zur Formalisierung von Interviews herangezogenen Standardisierungs-/Strukturierungsgrade sind für Interviews mit Kindern wenig aussagekräftig. Vielversprechender erscheint – wie Burkhard Fuhs (2000) vorschlägt –, die Interviewformen zu der kindlichen Art des Erinnerns in Beziehung zu setzen und Interviews entlang der „Abfolge zunehmender Erinnerungsleistungen" zu spezifizieren. Doch nochmals: Nicht jede (Akteurs-)Gruppe benötigt ein eigenes Verfahren.

Als *der* herausgehobene Repräsentant für akteursspezifische Interviews ist das **Experteninterview** zu nennen, das – von Michael Meuser und Ulrike Nagel (1991) eingeführt – in vielen Forschungsfeldern dann als Methode der Wahl gilt, wenn Nicht-Biographisches im Mittelpunkt der Erhebung steht. Dies war zumindest forschungshistorisch ein wesentliches Kriterium für den Einsatz von narrativen oder problemzentrierten Interviewverfahren; heute werden auch diese Varianten breiter/themenoffener – nicht nur für die Erforschung von Biographien – eingesetzt.

Im Experteninterview tritt die Biographie (und damit der/die Interviewte als Person) in den Hintergrund: Die Interviewten werden – die wissenssoziologische Unterscheidung von Laien und Experten sowie von Allgemeinwissen und spezialisiertem Wissen vorausgesetzt – als Akteure in dem von ihnen repräsentierten Funktionskontext angesprochen (vgl. dazu auch die frühen Überlegungen zum **elite interviewing** bei Dexter 1970/2006). Doch trotz der wissenssoziologischen Fundierung bleibt in der Forschungspraxis recht oft vage, wer als Experte anzusehen ist und wer nicht (dazu Littig 2008). Die wenig klaren Kriterien werden noch weiter unterlaufen, wenn die von Jochen Gläser und Grit Laudel (2004) vorgenommene konzeptionelle Ausdehnung über den „engen" Expertenbegriff hinaus verfolgt wird. Dadurch dürfte sich zwar die Anwendungshäufigkeit dieser Interviewform nochmals erhöhen, die Trennschärfe zu anderen Verfahren aber weiter vermindern. Dabei scheint der Praxis wenig gedient, wenn das Experteninterview als Methode eingesetzt wird, es aber z. B. lediglich darum geht, dass Konsumenten als „Experten für Konsum" befragt werden oder genereller Befragte als „Experten für das eigene Leben" angesprochen werden; damit ist letztlich jeder Experte für alles. Hilfreicher wäre in diesen Fällen die schlichte Angabe „leitfadenbasiertes Interview", selbst wenn sich dies weniger gut verkauft oder wenig ambitioniert zu klingen scheint.

2.4 Zwischenfazit

Die Fülle an Verfahrensformen – und der darin angedeutete Verfahrensspielraum – ist beeindruckend und würde unter Einbezug einer internationalen Perspektive noch deutlich erweitert (z. B. Denzin 2001 speziell mit dem Akzent auf postmodern interviews; für einen allgemeinen Überblick vgl. Kvale 1996, Fontana/Frey 2005; eine umfassende Dokumentation bietet das „Handbook of Interview Research" von Gubrium/Holstein 2001; mit Bezug zur Marktforschung vgl. die Ausführungen von Chrzanowska 2002).

Die Bezeichnungen für Interviewvarianten sind teilweise recht unscharf, auch weil diese nicht geschützt sind; teilweise werden gleiche Namen für unterschiedliche Verfahren verwendet. Und es gibt neben den genannten Bezeichnungen noch eine Fülle an Namen, mit denen Interviews charakterisiert werden sollen, so z. B. als explorativ oder offen.

Teilweise lassen sich für die konkreten Interviewverfahren auch im Falle der Zugehörigkeit zu unterschiedlichen Theorietraditionen Gemeinsamkeiten finden, was z. B. vorgeschlagene Fragetypen („Konfrontationsfragen" beim halbstrukturierten und problemzentrierten Interview) oder die Interviewführung angeht. Mitunter kann – je nach Fragestellung – eine Kombination von Elementen unterschiedlicher Interviewverfahren sinnvoll sein, zumal es im Rahmen eines qualitativen Forschungsstils erforderlich ist, Methoden mit Blick auf die jeweilige Untersuchungsfrage ggf. anzupassen und zu modifizieren. Weniger sinnvoll und eher Verwirrung stiftend erscheint hingegen, wenn zuweilen die kombinierten Verfahrenselemente selbst als neue Methoden benannt werden (vgl. dazu Mey 2005b); eine Vorgehensweise, die sich auch in der Marktforschungspraxis durchaus häufig finden lässt. Zudem werden in der Forschungspraxis – und hier auch besonders in der Marktforschung – trotz des breiten Spektrums an verfügbaren Interviewverfahren, die sehr unterschiedliche Zielsetzungen und Methodiken ausweisen (vgl. dazu die in Abbildung 2-1 erstellte Synopse), die Potenziale der theoretisch wie methodologisch fundierten Verfahren (narrative oder problemzentrierte Interviews) zu wenig ausgereizt, und die Interviewsituation wird zu häufig in Form von Leitfadeninterviews und im Abfragestil gestaltet.

Abbildung 2-1: Synopse zu Interviewverfahren – Zielsetzung, Methodik, wichtige Repräsentanten, zentrale Referenzen (auf der Basis von Schorn/Mey 2005, Flick 2002, Lamnek 2005 und von uns neu arrangiert und ergänzt).

	Interview	Ziel	Methodik	Vertreter / zentrale Referenz
Typ 1: Narrative Interviews	Narratives Interview	Analyse der Entwicklung/des Verlaufs subjektiver Sicht-, Erfahrungs- und Handlungsweisen; Erfassen der Erfahrungsverarbeitung	Offene, erzählgenerierende Frage; Verzicht auf Leitfaden	Schütze 1983
	Rezeptives Interview	Auf Zuhörer bezogene Informationen in unmittelbar sozialen Situationen	Nutzung einseitiger, asymmetrischer Kommunikation, spontaner („im Feld") angetroffener oder provozierter Äußerungen (Ähnlichkeit zu ethnographischen Interviews)	Kleining 1995
	Ero-episches Gespräch [1]	Nahe am Alltag ausgerichtete „wahre" und relevante Geschichten im Rahmen freier teilnehmender Beobachtungen	Gemäß dem Prinzip der Gleichheit kann jeder Fragen stellen und auf die Fragen des anderen antworten; keine vorhergehende Planung	Girtler 2002
	Ethnographisches Inteview/ Feldgespräch	Beschreiben und Verstehen der Lebensweise fremder (Sub-) Kulturen	Aufenthalt im Feld; Kombination von teilnehmender Beobachtung und Interview; Forschende sind Fremde, die lernen u. verstehen möchten	Spradley 1979; Becker/ Geer 1960/1979
Typ 2: Diskursiv-dialogische Interviews	Problemzentriertes Interview	Erfassen subjektiver Sinnbezüge, Sicht-, Erfahrungs- und Handlungsweisen	Offene Fragen mit zunehmend gezielteren Nachfragen und spezifischen Sondierungen; Leitfaden	Witzel 1982, 2000
	Episodisches Interview	Erfassen sozialer Repräsentationen und gruppenspezifischer Unterschiede in der Wahrnehmung/Bewertung sozialer Ereignisse und Prozesse	Situations-/episodenbezogene Erzählaufforderungen; begrifflich-argumentative (Nach-) Fragen; Leitfaden	Flick 2007
	Themenzentriertes Interview	Erschließen des manifesten und latenten Gehalts subjektiver Sichtweisen, Erfahrungen, Konflikte, Gefühle u. Fantasien	Offene, das Gespräch tragende Leitfrage; offene Fragen; szenisches Verstehen	Schorn 2000; Schorn/ Mey 2005

---

[1] altgriech. Erotema: Frage, befragen; Epos: Erzählung

Fortsetzung Abbildung 2-1

Typ 2: Diskursiv-dialogische Interviews	Szenisches Interview	Erschließung subjektiver Sinnstrukturen; unbewusster Konflikte	Leitfadenähnlich angebotene Themenfelder; Förderung szenischer Ausdrucksweisen; übertragungsförderndes Setting	Argelander 1970
	Halbstrukturiertes Interview	Erfassen und Rekonstruieren subjektiver Theorien	Theoriegeleitet; offene Fragen und Konfrontationsfragen zur gemeinsamen Erarbeitung des Themas	Groeben/ Scheele 2000
	Fokussiertes Interview	Erfassung der subjektiven Erfahrung/Bewertung eines umschriebenen/vorgegebenen Ereignisses	Stimulus (Darbietung via Film, Zeitungsbericht etc.); strukturierte Fragen (Leitfaden) und Fokussierung auf Emotionalität	Merton/ Kendall 1946/1979
	Biographisches Interview	Erfassung der Verschiedenartigkeit/Gemeinsamkeit von Lebensläufen; Erfassen des Zusammenhangs zwischen Aspekten des Denkens, Handelns und der Lebensgeschichte	Erzählgenerierende Fragen oder Leitfaden; mehrere Interviewtermine	Thomae 1952
	Selbstkonfrontationsinterview	Erfassung der subjektiven (Mikro-)Perspektive der Akteure in Interaktionen	Abschnittsweises Vorführen einer (i. d. R. per Video aufgezeichneten) vorangegangenen Interaktions-/ Handlungssequenz mit der Aufforderung, diese hinsichtlich der (erinnerten) „inneren Handlungsanteile" zu erläutern	Breuer 1995
Typ 3	Experteninterview	Erfragen/Einholen von Expertenwissen	Leitfaden	Meuser/ Nagel 1991; Gläser/ Laudel 2004; Dexter 1970/2006

3 Interviewverlauf

3.1 Kontaktaufnahme/Vorgespräch

Ein **Vorgespräch**, persönlich oder per Telefon, ist sinnvoll, um über die geplante Untersuchung zu informieren, sich über die mit einem Interview verbundenen Anforderungen auszutauschen und Vertrauen aufzubauen. Ein solches Vorgespräch empfiehlt sich auch dann, wenn diejenigen, die potenzielle Interviewpartner rekrutieren, diese Interviews nicht selbst führen.

Da sich Interviews deutlich von Alltagsgesprächen unterscheiden – die Gesprächsgestaltung ist trotz der meist gewünschten Nähe zum Alltagsgespräch i. d. R. asymmetrisch –, ist es wichtig, dass Interviewende *und* Interviewte sich über die Interviewsituation und mit ihr verbundene „Pflichten" und „Rechte" verständigen (**Arbeitsbündnis**). Da möglicherweise keine oder nur unspezifische Vorstellungen aufseiten der Interviewten darüber bestehen, was ein (wissenschaftliches) Interview ist, sollten diese über die **asymmetrische Gesprächssituation** informiert werden – und ggf. im Interview hieran erinnert werden, wenn sie ihrerseits Fragen an die Interviewenden stellen. Hierzu gehören auch spezifische **Rollenzuschreibungen**: Den Interviewenden kommt die Aufgabe zu, Gesprächsthemen vorzugeben, Nachfragen zu stellen, um Explikationen zu erhalten oder Unklarheiten zu klären und das Interview gemäß des gewählten Interviewverfahrens zu gestalten. Die Befragten willigen im Sinne eines solchen Arbeitsbündnisses ein, Fragen aufrichtig und angemessen zu beantworten (nicht zu verwechseln mit wahr: Es geht um die Wahrhaftigkeit im Moment des Erzählens, die aber z. B. externen Überprüfungen nicht unbedingt standhalten muss oder im Widerspruch zur Darstellung anderer Akteure stehen kann).

Zur **Rollenklärung** und zum **Aufbau von Vertrauen** gehört auch, dass bereits im Vorfeld auf mögliche Konsequenzen hingewiesen wird, die aus der Interviewteilnahme erwachsen können („Gefahren" im/durch das Interview, mögliche Wirkung von Ergebnissen, wenn diese öffentlich zugänglich gemacht werden sollen, usw.). Da die Interviewenden aber nicht alle individuellen Befindlichkeiten und Problemlagen ihrer Gesprächspartner antizipieren können, sollten Interviewte umgekehrt auch auf ihre Selbstsorgepflicht explizit hingewiesen und ermutigt werden, im Vorfeld des Interviews alle für sie bedeutsamen Fragen zu stellen.

Im Vorfeld sollte zudem genügend Zeit darauf verwendet werden, um die gemeinsame **Motivation** auszuloten. Da die Interviewten immer auch ein Interesse am Interview haben (Geld, für die Wissenschaft/Allgemeinheit nützlich sein, sozialer Kontakt usw.; vgl. dezidiert dazu Fuchs-Heinritz 2005, S. 253ff.), ist ein Sondieren dieser Beweggründe sowohl mit Blick auf die spätere Auswertung geboten, aber auch, um sich vor unliebsamen Überraschungen zu schützen und beiden Seiten mögliche Enttäuschungen und Verärgerung zu ersparen. Durchaus empfehlenswert ist es, für den jeweiligen weiteren Themenkreis der Untersuchung Adressen von Kontaktpersonen, Beratungsstellen sowie Informationsbörsen – ggf. Informationsmaterial – zusammenzustellen, die bei Bedarf den Interviewten als Form der Unterstützung angeboten werden können.

Für das Vor-/Erstgespräch sollte – im Kontext der Marktforschung bislang weniger üblich, deshalb hier angeregt – ein **Informationsblatt** angefertigt werden, das übersichtlich auf maximal zwei Seiten, besser einer Seite, Hinweise zur Studie enthält, insbesondere Name/Adresse der Interviewenden für evtl. Nachfragen, beteiligte Institute bzw. Institution(en), Fragestellung und Zweck der Studie (allgemeinverständlich!) und Verwendungszusammenhang (z. B. Auftragsforschung, Pilotprojekt, Drittmittelprojekt, Qualifikationsarbeit). Häufiger vergessen, aber nicht minder wichtig, sind explizite Gründe für die Auswahl der Interviewten wie z. B. die Frage, in welcher Funktion sie angesprochen werden. Zudem sollten Zeit- und Ortsangaben für das Interview vermerkt sein oder vereinbarte Modalitäten wie „Ort nach Wunsch des Interviewten". Auf keinen Fall darf vergessen werden mitzuteilen, wenn das Interview aufgezeichnet werden soll, sonst dürften sich die Interviewten später überrumpelt fühlen. Auch sollten Vereinbarungen über den **Datenschutz** dargelegt und getroffen und über Schweigepflicht informiert werden, auch weil von individuellen Schamgrenzen auszugehen ist z. B. im Hinblick auf finanzielle Lebensumstände, auf ungewöhnliche Lebensgewohnheiten usw. Die Vereinbarungen und Zusagen sind möglicherweise im Interview selbst – z. B. an heiklen Stellen – nochmals explizit in Erinnerung zu rufen und zu erneuern.

Wird aus Zeitgründen auf ein Vorgespräch verzichtet, müssen Informationen zur Studie, zum Datenschutz und zur Anonymisierung usw. unmittelbar vor dem Interview gegeben werden, wodurch die benötigte Zeit für das eigentliche Interview verringert wird; das Reden über Formalia zu Beginn kann zudem das Herstellen einer entspannten Gesprächsatmosphäre erschweren.

3.2 Warming-up

Vor dem Beginn des eigentlichen Interviews sollte genügend Zeit eingeplant werden: Zum einen muss das Aufnahmegerät aufgebaut und getestet werden (bei Interviews in fremden Räumlichkeiten betrifft dies z. B. auch Lautstärke und Störmöglichkeiten), zum andern ist es für Interviewende und Interviewte erforderlich, überhaupt in der Situation anzukommen – es ist häufig zu beobachten, dass gerade Interviewende zu wenig auf ihre Befindlichkeit achten und sich überfordern, mit entsprechenden Konsequenzen für das Interview selbst. In dieser Warming-up-Phase sollte noch nicht gerichtet über das Forschungs-/Untersuchungsthema geredet werden, sondern die Beteiligten nähern sich in einem Small Talk einander an, in dem eher über unverfängliche Themen gesprochen wird, weniger über mögliche Reizthemen wie Politik oder

Moden, bei denen rasch gegenläufige Auffassungen zum Vorschein kommen und sich eine Distanz aufbauen kann statt der gewünschten Entspannung. Aber: Auch vermeintlich unverfängliche Themen wie der Weg zum Interviewort können Sprengstoff enthalten, wenn nämlich darüber Beziehungsaussagen deutlich oder Statusunterschiede transportiert werden. Eine genaue Zeitangabe für das Warming-up ist schwierig zu geben; dies hängt ab von dem Bedürfnis der Beteiligten z. B. nach Vertrautwerden oder von den jeweiligen Zeitbudgets; es gibt nicht wenige Interviewte, die schnell zur Sache kommen wollen.

3.3 Intervieweröffnung

Das Interview sollte mit einer in das Thema einführenden Frage eröffnet werden, ohne jedoch direkt die für die Untersuchung zentralen Fragen zu stellen. Diese greifen möglicherweise zu einem so frühen Zeitpunkt noch nicht, werden knapp beantwortet und wären damit verschenkt. Umgekehrt sollte das Interview aber auch nicht zu allgemein eröffnet werden, denn die Befragten wollen und sollen ernst genommen werden mit ihrem Einverständnis, für ein bestimmtes Interview/Thema Zeit aufzubringen, zumal das Warming-up neben dem Vorgespräch bereits für das erste Herstellen eines Arbeitsbündnisses genutzt werden konnte.

Was eine angemessene **Eröffnungsfrage** ist, hängt vom Forschungsthema ab und von der angezielten Datensorte (Erzählung, Bericht etc.). Auf jeden Fall sollte die Frage beantwortbar sein und die Interviewten nicht überfordern: Dies hätte u. U. eine peinliche Pause oder Rückfragen zur Folge oder das Gefühl, zu versagen oder nicht gut vorbereitet zu sein. Außerdem ist der Interviewende dann wieder schneller am Zug als gedacht, was Anfänger stark verunsichern und zu einer unnötigen Fixierung auf den Leitfaden führen kann. Auch sollte das eröffnende Thema weder zu intim/persönlich sein noch direkt auf Problematisches/Krisenhaftes zielen, denn beides setzt eine vertrauensvolle Beziehung voraus, die sich erst im Laufe des Gesprächs sukzessive herausbilden kann.

3.4 Exposition: Nachfragen/Themen einführen

Die Gestaltung der Nachfragen ist davon abhängig, welche Interviewvariante gewählt wird. In narrativen Interviews sollen durch **erzählungsgenerierende Nachfragen** detaillierte Darstellungen hervorgerufen werden. Dies meint zunächst **immanente Fragen**, die an das unmittelbar Vorangegangene anschließen und es vertiefen oder Belegerzählungen für lediglich summarisch Erwähntes einzuholen versuchen.

Exmanente Fragen nach Inhalten, die bis dahin nicht zur Sprache gekommen sind, sind erst sehr spät im Interviewverlauf vorgesehen.

In dialogisch-diskursiven Interviews wie dem problemzentrierten Interview (oder genereller in allen leitfadenbasierten Interviews) strukturieren Interviewende das Gespräch demgegenüber viel deutlicher mittels ihrer Fragen. Strukturieren sollte aber nicht bedeuten, das Gespräch zu stark zu steuern und zu dominieren. Kennlinien des Fragefokus gehen dabei zurück auf die „Urfassung" aller leitfadenbasierten Interviews, das fokussierte Interview von Merton und Kendall (1946/1979), für das erstmals systematisch Ziellinien, allerdings nicht in Form von Handlungsanleitungen, benannt wurden. Demnach richten sich alle (Nach-)Fragen auf **Spezifität** (Hinausgehen über die Ebene allgemein gehaltener Aussagen), auf die Erfassung der **relevanten Aspekte/Themen** (von den Interviewenden vorgegeben und von den Interviewten eingebracht), auf eine affektive, kognitive und evaluative **Vertiefung** über kürzelhafte Benennungen hinaus und auf eine Exploration des **biographischen Hintergrunds** bzw. des **personalen Kontexts** als Voraussetzung für eine angemessene Interpretation.

Für alle Interviews, in denen den Interviewenden eine strukturierende, aktive und (mit-)gestaltende Rolle zukommt, gilt dennoch, dass die Fragen offen gestellt werden sollten – sei es im Sinne von **Erzählanstößen** oder zumindest als Einladung für ausführliche Antworten und Schwerpunktsetzungen durch die Interviewten. Geschlossen formulierte Fragen sind immer nur dann vertretbar, wenn diese als sogenannte Filterfragen – wie von Gläser und Laudel (2004, S. 123) vorgeschlagen – gestellt werden, um zu klären, welche Sachverhalte angesprochen werden sollen/können.

Wichtig ist bei der Frageformulierung, sich und den Interviewten den Grad der angebotenen Offenheit klarzumachen, denn es ist ein Unterschied, ob z. B. nach Assoziationen gefragt wird, die mit einem Thema verbunden sind, oder ob dazu eingeladen wird, eine Geschichte/einen Handlungsablauf ausführlich zu erzählen. Die Antworten sind durch **aktive Zuhörsignale** (Kopfnicken, „hm") und Bitten zum Weitersprechen zu unterstützen. Auch sollte/kann angeknüpft werden, wenn Auslassungen erkennbar sind (angekündigt z. B. mit „ohne das hier auszubreiten", „das war es eigentlich" oder „da gibt es noch viel zu erzählen"). Da aber nicht alle angedeuteten Themen für die Untersuchungsfrage relevant sein müssen und es unmöglich wäre, alles ergiebig zu behandeln, ist zu entscheiden, wann ein Themenstrang aufgenommen wird. Diese Entscheidung ist selbst bei sehr langen, z. B. bis zu drei Stunden dauernden Interviews zu treffen, denn auch dann gibt es letztlich Zeitbegrenzungen, die bei kürzeren Gesprächen, die „nur" dreißig Minuten beanspruchen, offensichtlicher sind. Werden Auslassungen allerdings öfter nicht aufgegriffen, kann sich bei den Befragten das Gefühl einstellen, die Interviewenden interessierten sich nicht oder seien unsensibel, möglicherweise mit der Folge von Zurückhaltung bei späteren Nachfragen.

Bezüglich der **Nach- und Detaillierungsfragen** gilt es sich zu vergegenwärtigen, dass immer aus einer Fülle an Möglichkeiten ausgewählt werden muss: Dies kann zeitliche oder situationale Momente betreffen, vermutete Einstellungen, eine Bewertung oder einen Erlebensinhalt. Insofern lassen sich Interviewverläufe nicht vorhersagen, außer wenn ein Interviewplan sehr strikt abgearbeitet und nur wenig den Darstellungssträngen der Befragten gefolgt wird. Eine solche „**Leitfadenbürokratie**" (Hopf 1978) führt zu recht vorhersehbaren, wenig überraschenden Informationen. Eine spezielle Nachfragemöglichkeit besteht darin, dass Interviewende sich zwischenzeitlich versichern, ob ein Thema erschöpfend behandelt wurde. Zudem ist zu reflektieren und in Supervisionssitzungen zu besprechen, ob Interviewende immer wieder ähnliche Fäden aufgreifen, andere vernachlässigen.

Eine besondere Frageform sind provozierende oder sogenannte **Konfrontationsfragen** wie im problemzentrierten Interview, um – insbesondere von Interviewten, die nur kurz und vage antworten – Statements „hervorzulocken". Zusätzlich raten Gläser und Laudel (2004) für Experteninterviews, aus anderen Interviews zu zitieren oder „Außenmeinungen" zu erwähnen, wenn das Gespräch stockt oder an der Oberfläche bleibt, um die Interviewten dann entsprechend Stellung beziehen zu lassen. Allerdings ist zu bedenken, dass über solche Interventionsformen möglicherweise auch Positionen künstlich hergestellt werden, die Befragten sich vom eigenen Erleben und eigenen Befindlichkeiten entfernen oder ein Streitgespräch entsteht. Auch ist bei solchen Fragen zu überlegen, was überhaupt provoziert bzw. womit genau konfrontiert werden soll. Wenn überhaupt, sollten Konfrontationsfragen eher spät im Interviewverlauf und behutsam gestellt werden, wenn bereits ein Vertrauensverhältnis besteht. Dabei sind die Grenzen der Interviewten zu respektieren, und es sind eventuelle Krisen, die schwer aufzufangen wären, zu vermeiden, zumal Interviewende in der Regel nicht über therapeutische Kompetenzen verfügen. Zu prüfen und in Interviewsupervisionen anzusprechen ist umgekehrt auch, wenn Interviewende zu vorsichtig sind und vorauseilend bestimmte Themen aussparen. Dies kann ebenso unangemessen sein wie bohrende Nachfragen oder das Nichtakzeptieren von (Scham-)Grenzen.

Um differenzierte Darstellungen zu erhalten, können statt provozierender eher **systemische Fragen** genutzt werden, die häufig in der Beratungsarbeit Anwendung finden (vgl. von Schlippe/Schweitzer 1999). Mit systemischen Fragen lassen sich Sachverhalte aus der ersten, zweiten oder dritten Wahrnehmungsposition erfragen: In der ersten Wahrnehmungsposition beschreiben die Interviewten den Sachverhalt aus der eigenen Sicht, in der zweiten wird die Perspektive gewechselt und aus der Sicht vertrauter Anderer beschrieben, in der dritten aus der Vogelperspektive bzw. aus der Perspektive unbeteiligter Dritter. Ähnliche (zirkuläre) Fragetypen sind Klassifikationsfragen („Wer freut sich am meisten darüber, dass ...?"), hypothetische Fragen („Einmal angenommen, es wäre ..., was wäre dann anders?"), Kontextualisierungsfragen („Wie verhält sich ...?"), Fragen nach Visionen oder Utopien („Welches Leben würden Sie führen, wenn ...?") und Metaphernfragen („Wenn Sie versuchen würden, ein Bild oder eine Überschrift für die beschriebene Situation zu finden, ...").

So reizvoll der Einsatz verschiedener Fragetypen auch ist – die Antworten darauf eröffnen auch für die Befragten oft neue Einsichten –, so sehr ist (auch bei der Leitfadenkonstruktion) zu prüfen, was sie zur Beantwortung der Untersuchungsfrage beitragen. Zum Beispiel sind Gläser und Laudel (2004, S. 140f.) zufolge „hypothetische Fragen [...] nur sinnvoll, wenn die subjektiven Theorien des Gesprächspartners in die Rekonstruktion der sozialen Prozesse einbezogen werden müssen", Simulationsfragen als Fragen im Konjunktiv, die auf subjektive Stellungnahmen zielen, wenn schwer kommunizierbare Sachverhalte (z. B. informelle Regeln) von Interesse sind.

3.5 Interview-unspezifische Momente

Unabhängig vom gewählten Interviewtyp gibt es im Interviewverlauf wiederkehrende Anforderungen, mit denen umgegangen werden muss: Hierzu gehören Pausen, Missverständnisse, heikle Passagen, Rückfragen an die Interviewenden und Vielrednerei.

Pausen werden häufig von den Interviewenden nicht ausgehalten, u. a. weil sie annehmen, diese seien für die Befragten peinlich. Die Frage dann nochmals mit anderen Worten zu stellen kann irritierend wirken. Wenn neue Fragen gestellt werden, besteht die Gefahr, ein Thema nicht ausreichend zu vertiefen. Deshalb sollten Interviewende lernen, dass Pausen Zeit brauchen und Unterschiedliches bedeuten können. Z. B. kann es sich um das Ende einer Erzählung oder lediglich um eine Unterbrechung der Erzählung handeln.

Eingriffe in die Redebeiträge sind bei (insbesondere narrativen) Interviews zwar zu vermeiden, können aber als **korrigierende Interventionen** sinnvoll sein, wenn die Interviewten eine Frage nicht oder missverstehen oder die Antwort offensichtlich nicht zur Frage passt. Dann wäre auf eine Pause zu warten oder mit dem Hinweis zu unterbrechen, dass die Frage möglicherweise missverständlich gestellt war – es also kein Fehler der Interviewten war –, um diese erneut und präziser zu formulieren. Allerdings gilt es – ähnlich wie bei der Unterscheidung, ob eine Erzählung unterbrochen oder beendet ist – abwarten zu können, ob sich die Antwort nicht doch als der gestellten Frage und dem Thema zugehörig erweist, statt ungeduldig zu unterbrechen und so zu verhindern, dass Interviewte ihre Antworten entwickeln können.

Interventionen im Interview sind auch an **heiklen Stellen** oder bei schwierigen Themen erforderlich, um ein gutes Gesprächsklima herzustellen und aufrechtzuhalten, wobei von einer vorschnellen Zuschreibung als heikel/schwierig abzuraten ist, da dies die Situation unnötig verkompliziert. Es empfiehlt sich in solchen Momenten besonders, den Interviewten zu signalisieren, dass sie sich ausreichend Zeit nehmen können. Zudem kann auch auf die Möglichkeit hingewiesen werden, die Aufzeichnung zwischenzeitlich zu unterbrechen. Allerdings sollte auch dies nicht vorschnell angeboten werden – es könnte verunsichern –, und das Band ist wieder einzuschalten, wenn die heikle Passage besprochen ist. Der Inhalt der nicht aufgenommenen Passage wird im Postskript (vgl. Kapitel 4.5) festgehalten.

Im Interviewverlauf kann es immer wieder zu **Rückfragen** an die Interviewenden kommen, bzw. diese werden aufgefordert zu erzählen, wie sie sich verhalten oder einen Sachverhalt beurteilen würden, kurzum: Es kommt zu einer Verkehrung der Rollen. Hier empfiehlt es sich – auch um eine mögliche Diskussion zu vermeiden –, die Beantwortung auf das Interviewende/Nachgespräch zu verschieben. Zuweilen ist eine solche Verschiebung jedoch nicht möglich, insbesondere, wenn dadurch ein Abbruch des Interviews droht, dann ist zumindest kurz auf die Bitte nach Antwort einzugehen.

Weniger beachtet als die Fälle, in denen Interviewende als „Narrationsanimateure" (Bude 1985) schweigsamen Interviewten Antworten zu entlocken versuchen, sind Fälle, in denen Interviewte pausenlos reden. Die Interventionen stehen hier spiegelbildlich zu dem sonstigen Interviewhandeln, also Auslassen von aktiven Zuhörsignalen, Pausen nutzen, um Redebeiträge abzukürzen und das Gespräch zu fokussieren bis hin zur expliziten Bitte, kurz zu antworten. Wichtig ist in diesem speziellen Fall wie bei den meisten anderen Störungen (Missverständnissen, Unsicherheiten usw.), dies explizit anzusprechen und damit aus dem eigentlichen Interview heraus- und in eine Kommunikation über die Kommunikation einzutreten. Eine solche **Metakommunikation** auszulassen führt nicht selten zu unbrauchbaren Daten.

3.6 Interviewabschluss und Nachgespräch

Für den Interviewabschluss wird viel zu selten die Möglichkeit genutzt, Fragen einzubringen, die bilanzierenden Charakter haben. Explizit vorgesehen ist dies etwa in der Schlussphase des narrativen Interviews, bei der auf die „Erklärungs- und Abstraktionsfähigkeit des Informanten als Experte und Theoretiker seiner selbst" (Schütze 1983, S. 285) abgehoben wird. Im Rahmen biographischer Interviews ist dies relativ einfach umzusetzen, indem gefragt wird, ob man aus aktueller Perspektive das Leben anders planen würde, als es verlaufen ist. Aber auch in themenbezogenen Interviews gibt es sinnvolle **Bilanzierungsfragen**. So wurde in einer eigenen Studie – und in vielen Folgestudien – gefragt: „Wenn ein Film über Sie gedreht würde, wie müsste der aussehen, damit das dort Gezeigte den richtigen Eindruck wiedergibt?" (Mey 1999, S. 152f.).

Zum Interviewabschluss gehört außerdem die Nachfrage, ob etwas für die Interviewten im Rahmen der Studie besonders Wichtiges noch nicht zur Sprache gekommen ist. Eine solche Nachfrage kann gerade bei neuen Forschungsthemen zusätzlich auf relevante Aspekte aufmerksam machen. Es sollten außerdem zum Interviewabschluss – z. T. auch in der Nachklangphase – nach der Befindlichkeit der Interviewten gefragt werden bzw. danach, wie das Interview erlebt wurde. Auch kann **Feedback** über Frageformen und zu berücksichtigende Themen/Aspekte eingeholt werden, und es können ggf. weitere Interviewpartner ermittelt werden. Neben der Frage nach der Befindlichkeit besteht im Nachklang des Interviews auch die Möglichkeit, ausführlicher die Studie und deren Kontext zu erläutern (insbesondere dann, wenn dies im Vorgespräch nur knapp ausgeführt wurde, um nicht zu viel an Vorinformationen einfließen zu lassen). Ebenso lassen sich auch jene Rückfragen beantworten, die im Laufe des Gesprächs an die Interviewenden gerichtet und deren Beantwortung auf die Nachphase verschoben wurde. Zusätzlich kann z. B. die Erlaubnis eingeholt werden, bei Unklarheiten ggf. telefonisch Kontakt aufzunehmen.

4 Interviewkontext

4.1 Interviewsetting

Interviews finden traditionellerweise als Gespräche in einer Zweiersituation in einem geschlossenen Raum statt (abgesehen von jenen als „ethnographisch" bezeichneten Interviews/Gesprächen, die sich „im Feld" ereignen). Für viele Interviews ist der **Ort** auszuhandeln: Interviews können in den Privat- oder Arbeitsräumen der Interviewten stattfinden, in den Räumlichkeiten der untersuchenden Institution, oder es können eigens Räume in Hotels oder besonderen Lokalitäten angemietet werden. Leitend für die Entscheidung sollte sein, dass die Gespräche ungestört und die Aufnahmemodalitäten gut sind und dass der Aufwand (z. B. Erreichbarkeit für die Interviewten) möglichst gering gehalten wird. Wesentlichstes Kriterium für die Auswahl des Raumes sollte sein, dass sich die Interviewten wohlfühlen. Da dies von individuellen Vorlieben abhängig ist (so bevorzugen einige den „Heimvorteil", anderen ist gerade eine neue Umgebung wichtig, wieder andere wollen ihr Privatleben nicht preisgeben und sehen sich lieber vor Ort und in der Institution um), sollte – wenn es sich arrangieren lässt – den Interviewten die Wahlmöglichkeit gegeben werden. Diese Freiheit kann schon deshalb gewährt werden, weil im Rahmen qualitativer Sozialforschung eine Vergleichbarkeit im klassisch-experimentellen Sinne sowieso nicht herstellbar und auch nicht intendiert ist. Und es gibt Studien, in denen möglicherweise die Wahl selbst bereits interessante Hinweise für die Untersuchung gibt. Andererseits gibt es auch vielfach Vorgaben, die notwendig machen, dass das Interview an einem bestimmten Ort stattfindet, z. B. in einem Studio mit zusätzlichen Aufzeichnungsmöglichkeiten und mit Coaches oder weiteren Mitarbeitenden im Nebenraum, die die Aufzeichnung betreuen, z. B. über Headsets mit den Interviewenden verbunden sind und z. T. gestaltend in das Interview eingreifen können.

Zur Bestimmung des Interviewsettings gehört auch, dass Interviews zwar in der Regel als Dyade gedacht sind, teilweise können solche Arrangements jedoch auch aufgefächert und zwei Interviewende eingesetzt werden (Hoff 1985); ein Vorgehen, das auch als **Tandeminterview** bezeichnet wird. Der Terminus „Gruppeninterview" wird dagegen dann verwandt, wenn zwei oder mehr Interviewte gleichzeitig befragt werden;

wir vermeiden diesen etwas vagen Begriff und sprechen dann – je nach Zusammensetzung sowie den divergierenden methodologischen Rahmungen – von Fokusgruppen, Gruppengesprächen oder Gruppendiskussionen, die aber nicht mehr der Methodengruppe Interview zuzurechnen wären und deshalb in der vorliegenden Darstellung nicht berücksichtigt werden (→ Beitrag „Gruppendiskussionsverfahren" von Renate Blank). Vorzüge von Tandeminterviews sind insbesondere – vorausgesetzt beide Interviewende harmonieren –, dass mit erhöhter Aufmerksamkeit gearbeitet wird, dass mögliche Auslassungen eher auffallen können oder dass bei Krisen im Gespräch der/die Fragende wechseln kann. Weiter spezifiziert wird ein solches Vorgehen im Rahmen sogenannter „Triadengespräche" (Dick 2006), bei denen der Befragte als „Experte", der Interviewende als „Novize" und eine „dritte Person" als Laie in Bezug auf das Thema angesehen wird und durch dieses spezielle Arrangement zusätzliche Explikationsmöglichkeiten und -notwendigkeiten erforderlich werden. Nachteilig wirkt sich aus, wenn durch die Überzahl aufseiten der Interviewenden Assoziationen zu einem Verhör hervorgerufen oder wenn intimere Details, die eine vertrauensvolle Situation voraussetzen würden, ausgespart werden.

Ebenso wichtig wie die Frage nach dem Interviewort ist die Frage nach der **Sitzanordnung**. Mit Ausnahme jener Befragungen, die eine feste Position erforderlich machen (z. B. weil im Rahmen einer Studie eine Webseite, ein Film oder anderes „Reizmaterial" gemeinsam betrachtet werden soll), ist es gut, wenn das Interview an einem Tisch stattfindet. Ein Gegenübersitzen ohne Tisch provoziert zumeist Beine-Übereinanderschlagen und Arme-vor-der-Brust-Verschränken mit dem Ziel einer Nähe-Distanz-Regulation. Die Stühle sollten dabei einander nicht frontal gegenüber, sondern leicht versetzt zueinander stehen, denn dann ist es möglich, den Blick auch im Raum kreisen zu lassen, ins Leere zu schauen, ohne dass dies unbedingt als Blickvermeidung erlebt würde. Als Entfernung wird nicht selten – einen Tisch als gemeinsamen Platz vorausgesetzt – ein Abstand von etwas mehr als einem Meter vorgeschlagen; z. T. werden im Gespräch und je nach verhandelten Themen die Distanzen auch nachreguliert, indem die Gesprächspartner näher zusammenrücken oder sehr überraschende Fragen oder persönliche/intime Detailfragen aus etwas vergrößerter räumlicher Distanz beantworten. Solche Bewegungsspielräume sollten möglich sein.

Seit ungefähr einem Jahrzehnt haben neben dem traditionellen Interview als Face-to-Face-Erhebung mit in Raum und Zeit synchroner Kommunikation zusätzlich **nichtsynchrone Interviewformen** stärkere Verbreitung gefunden; insbesondere das Telefoninterview als zeitlich synchrone, aber an verschiedenen Orten stattfindende Kommunikation (vgl. Burke/Miller 2001) oder das E-Mail-Interview, das zeitlich wie örtlich asynchron geführt wird (vgl. Bampton/Cowton 2002, Houston 2008). Verglichen damit sind Interviews in synchronen Chatrooms oder via MSN-Messenger noch selten (einen Vergleich bietet Opdenakker 2006; → Beitrag „Qualitative Online-Forschung" von Timo Gnambs und Bernad Batinic).

Vorzüge der zeitlich/räumlich versetzten Erhebung liegen insbesondere auf der praktischen Seite, nämlich um ohne Zeitverlust große Distanzen zu überwinden und zudem Kosten für Reisen/Hotels usw. zu sparen. Bei E-Mail-Interviews sowie Chats mit Protokollfunktion entfallen zusätzlich auch noch die Kosten für die Transkription. Zu empfehlen sind diese beiden Formen wohl dann, wenn die mit ihnen einhergehenden Nachteile an Informationsverlust nicht besonders schwer wiegen: Bei Telefoninterviews entfallen visuelle Informationen, bei E-Mail-Interviews zudem Informationen über den situationalen Kontext, und es entfällt das spontane Element.

4.2 Ansprüche an die Interviewenden

Die einzunehmende Haltung des Interviewenden über den gesamten Ablauf des Gesprächs erfordert die Integration sehr unterschiedlicher Ansprüche: Interviewende sollen neugierig, d. h. offen sein, sie müssen aber im gleichen Maße zurückhaltend agieren, die eigene Meinung/Position gilt es zurück- oder verdeckt zu halten. Gleichzeitig sollen die Interviewenden geduldig/beharrlich sein und nachfragen, ggf. vorsichtig insistieren, dabei dennoch weitgehend akzeptierend und wohlwollend (auch gerade für Schwächen, Brüche, Peinliches) bleiben, sowie insgesamt authentisch/ernst nehmend agieren und damit auf falsche Scham, aber auch auf falsche Schonung etwa durch Nicht-Nachfragen verzichten.

Allein diese kurze Zusammenstellung der – auch divergierenden – Anforderungen für ein gelingendes Gespräch verdeutlichen, dass das „Interviewen als Tätigkeit" (Hermanns 2008) anspruchsvoll und eben keine leichte Aufgabe ist. Wie anstrengend Interviews sind, ist u. a. daran ersichtlich, dass viele Interviewende nach den Gesprächen oft müde und erschöpft sind. Auch deshalb empfiehlt es sich, pro Tag nicht mehr als zwei Interviews zu führen, besser nur ein Interview, das dann auch angemessen vor- und nachbereitet werden sollte. Interviews erfordern, wie Christel Hopf (1978, S. 111) es treffend charakterisiert, eine **„permanente spontane Operationalisierung"**, d. h.: „Es müssen situationsgebundene allgemeine Forschungsfragen in konkret bezogene Interviewfragen umgesetzt werden und umgekehrt müssen die von den Interviewten eingebrachten Informationen laufend unter dem Gesichtspunkt ihrer möglichen theoretischen Bedeutung beurteilt werden" (vgl. dazu auch Wengraf 2001, der von „double attention" spricht). Interviews haben damit den Charakter eines durch Spontaneität gekennzeichneten Aufeinandertreffens von zwei (oder mehr) Personen, bei dem zugleich das Forschungsinteresse leitend ist.

Eine Auffälligkeit sei kurz angemerkt: Speziell Anfänger finden es manchmal verlockend, aus dem Vorgespräch ohne Übergang in das Interview zu gleiten, damit es wie ein Alltagsgespräch wirkt (das es aber nicht ist!), und um eine antizipierte Irritation wegen der Interviewaufzeichnung zu verringern. Häufig weisen solche Überlegungen darauf hin, dass die Interviewenden unsicher sind bzw. sich unbehaglich fühlen.

Stattdessen sollten Interviewende den Beginn des Interviews sehr deutlich machen: Wenn Befragte von sich aus während des Warming-ups auf das Interviewthema eingehen, sollte kurz angemerkt werden, dass dies bereits zum Thema gehört, das Interview beginnt, und das Aufnahmegerät sollte eingeschaltet werden. Noch verlockender scheint vielen, die Aufzeichnung nach Ende des Interviews fortzuführen, weil einige Interviewte im Nachgang „richtig" zu erzählen beginnen, so, als ob sie die „Arbeit" hinter sich hätten und wieder im Alltag(sgespräch) angekommen wären. Dies verweist eventuell auf Probleme im Interviewverlauf, möglicherweise haben die Befragten, ohne dass dies thematisiert worden wäre, die Bandaufnahme als störend/hemmend erlebt. Wenn nach Interviewabschluss Informationen genannt werden, die für die Untersuchung von Interesse sind, dann sollte dies angesprochen werden, verbunden mit der Bitte, das Gespräch fortführen und die Aufzeichnung fortsetzen zu dürfen.

4.3 Leitfadeneinsatz

In vielen Interviews (außer dem narrativen und rezeptiven sowie dem ero-epischen Gespräch) werden Leitfäden verwandt, die mehrere Funktionen erfüllen können: Im Vorfeld eines Interviews helfen sie den Forschenden, das eigene **Wissen zu organisieren** und zu explizieren, mit Teamkollegen zu diskutieren sowie ggf. mit dem Auftraggeber/Kunden zu konkretisieren und abzusprechen. Kurz vor dem Interview können die wichtigen Fragen(bereiche) nochmals in Erinnerung gerufen werden. Im Gespräch selbst sollte auf den Leitfaden – auch um die häufig angeführte „Leitfadenbürokratie" (Hopf 1978) zu vermeiden – nur dann zurückgegriffen werden, wenn das Gespräch sehr stockt oder die Interviewenden den Faden verloren haben. Der Leitfaden sollte also nicht einfach abgearbeitet und Fragen sollten nicht der Reihe nach gestellt (abgehakt), sondern ad hoc in der Interviewsituation in den Gesprächverlauf eingeführt werden.

Nach dem Interview kann der Leitfaden im Sinne einer **Checkliste** dazu dienen, zu prüfen, ob alle wichtigen Fragen gestellt bzw. im Interview angemessen angesprochen wurden. Dies ist insbesondere bei längeren Studien und mit zunehmender Interviewerfahrung zu empfehlen: Auch wenn viele behaupten, die im Leitfaden enthaltenen Fragen „im Schlaf" stellen zu können, schleichen sich doch z. T. Vorlieben ein (also Fragen, die immer weiter vertieft werden), während anderes entfällt, ohne dass die Interviewenden dies ausreichend bemerken. Dies ist besonders kritisch in Studien, die an einem Vergleich der Interviews interessiert sind und eine entsprechende Datengrundlage benötigen.

Als Faustregel gilt – folgt man Gläser und Laudel (2004) –, dass ein Leitfaden nicht mehr als zwei Seiten mit ca. acht bis 15 Fragen umfassen sollte, am besten übersichtlich sortiert. Ob im Leitfaden Fragen ausformuliert werden sollten, wird in der Literatur unterschiedlich beantwortet: Während z. B. Helfferich (2005) sich für Stichworte ausspricht, plädieren Gläser und Laudel für ausformulierte Fragen. Entscheidendes Kriterium sind hier die Präferenzen der Interviewenden: Einige arbeiten lieber mit einem mittels Stichworten organisierten Leitfaden, um Fragen im Interview ad hoc stellen zu können. Vorformulierte Fragen sind meist weniger flexibel, was die Formulierung und die Position im Interviewablauf angeht. Andere Interviewende hingehen fühlen sich mit ausformulierten Fragen sicherer und wären mit Stichworten überfordert. Für beide Gruppen ist es sinnvoll, Fragen vor dem Interview zumindest einmal auszuformulieren, um ein Gespür für den Fragegehalt zu bekommen, und „weil man auf diese Weise gezwungen ist, über die Formulierung der Frage nachzudenken" (Gläser/Laudel 2004, S. 140). Der Vorteil eines solchen Probeformulierens ist, dass in schwirigen Situationen nicht noch zusätzlich um eine Formulierung gerungen werden muss, sondern auf eine vertraute Fragefigur zurückgegriffen werden kann.

Im Falle von Forschungsteams oder beim Einsatz von mehreren Interviewenden sollte ein **Manual zur Interviewführung** erstellt werden, das das Interviewverhalten regelt und die Logik des Leitfadens expliziert. Hierfür ist – wenn nötig nochmals in Absprache mit dem und hinsichtlich der Interessen des auftraggebenden Kunden – zu klären, für welche Bereiche Erzählungen und wann Tiefeninformationen zwingend erforderlich sind bzw. welche Themenbereiche zentral oder eher peripher sind. Auf Letztere kann dann bei Gesprächen mit zeitlichen Restriktionen verzichtet werden, ohne dass das Interview als Ganzes wertlos wird. Ein solches Manual hilft nicht nur als Regelkanon in der Projektarbeit, sondern es verleiht auch Interviewenden Sicherheit; dies allerdings nur dann, wenn die Reglements nicht zu rigide formuliert sind, das Klima im Forschungsteam wohlwollend und die Beziehung zum Auftraggebenden nicht krisenbelastet – und d. h. auch fehlerfreundlich – ist.

4.4 Allgemeine Anmerkungen zur Leitfadenentwicklung

Die eigentliche Leitfadenwicklung erfolgt in mehreren Schritten: Eröffnet wird sie mit einem **Brainstorming** – am besten im Team –, um möglichst viele (unterschiedliche) zur Forschungsfrage/zum Forschungsthema gehörige Fragen zusammenzutragen. In diesem Schritt können zudem Fragenkataloge aus verwandten Studien herangezogen werden und in den Fragenpool eingehen. Letzteres erhöht zudem die Möglichkeit, Vergleiche zwischen Studien und deren Ergebnissen anzubahnen, z. T. auch, wenn es explizit um eine – und sei es historisch – vergleichende Studie geht, um Entwicklungen und Veränderungen aufzeigen zu können.

Nach der Fragesammlung werden die Fragen geprüft und sortiert. Die **Prüfung** – folgt man Cornelia Helfferich (2005) – bezieht sich insbesondere darauf, ob die Fragen speziell im Dienste der Forschungsfrage stehen („Prüfung auf Gegenstandsangemessenheit"), ob sie die Befragten einladen, frei zu erzählen („Prüfung auf Offenheit") oder ob sie die Antwortmöglichkeiten unnötig und teilweise ungewollt begrenzen („Prüfung auf Herantragen impliziter Erwartungen" sowie „Prüfung der eingebrachten Präsuppositionen", also z. B. die implizite Unterstellung in einer Aussage wie „schöne Kindheit"). Selbstredend muss geklärt werden, ob die Fragen überhaupt beantwortbar sind. Zudem ist zu prüfen, welche Faktenfragen ebenso wie Angaben zu Alter, Ausbildung etc. besser in einen Kurz-Fragenbogen, wie bei dem problemzentrierten Interview explizit vorgesehen, ausgegliedert werden, um das Interview selbst auf die zentralen Fragen hin zuzuspitzen.

Eine solche Prüfung der Fragensammlung kann durchaus im Zuge von Probeinterviews zunächst im Team erfolgen, denn daran zeigt sich auch, wie Fragen aufgrund der „Fragetönung" oder Art der Frage Einfluss auf den Gesprächsverlauf und das Gesprächsklima nehmen. So können zu viele Faktenfragen und geschlossene Fragen ein Ja-nein-Antworten anbahnen und ausführlichere Narrationen und längere Darlegungen verhindern. Interviews mit sehr vielen Fragen benötigen u. U. längere Gesprächszeiten, tragen aber nicht unbedingt zur erschöpfenden Exploration der relevanten Fragen bei, da den wesentlichen offenen Fragen zu wenig Raum gegeben wird.

Die **Sortierung** der Fragen erfolgt sukzessive und theoriegeleitet bei der Prüfung der Fragen, denn am Ende sind Themenblöcke zu bilden, die das Forschungsfeld ausreichend abdecken sollten. Zuweilen kann die Sortierung auch zeitlich – entlang der Dimension Vergangenheit-Gegenwart-Zukunft – erfolgen, oder die zeitliche Dimension kann zusätzlich zu den jeweiligen Themenbereichen ein weiteres Ordnungsmerkmal bilden. Auf jeden Fall ist der Leitfaden abschließend so zu verdichten, dass er möglichst sparsam ist, d. h. idealerweise eine sehr offen formulierte Einstiegsfrage und für jeden Themenblock nur wenige Fragen enthält, mit denen die wichtigsten dem Thema zugeordneten Aspekte abgedeckt sind.

Anzumerken bleibt, dass es den perfekten Leitfaden nicht gibt, denn Interviewte reagieren in der konkreten Situation mit den konkreten Interviewenden in individueller Weise. Und auch im Laufe einer Untersuchung kann der Leitfaden noch geändert werden, was nicht meint, dass die früheren Interviews unbrauchbar wären. Allerdings werden damit teilweise Vergleichsmöglichkeiten über die Interviews hinweg eingeschränkt.

4.5 Aufzeichnung, Mitschrift, Prä-/Postskript

In der Regel sollten Interviews aufgezeichnet werden. Für die meisten Forschungsfragen reicht eine **Audioaufzeichnung** vollkommen aus. Die **Videoaufzeichnung** empfiehlt sich nur dann, wenn visuelle Daten (Mimik, Gestik) wirklich für das Erkenntnisinteresse bedeutsam sind und in die Auswertung einbezogen werden sollen. Zusätzlich können videographierte Gespräche für die Forschungsdokumentation oder z. B. für Dokumentarfilme verwendet werden; beides sind aber eher seltene Nutzungsformen, bei denen entsprechende Datenschutzvereinbarungen zu treffen sind.

Die Aufzeichnungsgeräte selbst sind mittlerweile sehr klein, sodass sie kaum auffallen oder stören; dies gilt auch für die Mikrofone. Entsprechend ist ihr Einfluss eher gering und meist verliert sich nach einigen Minuten das Gefühl, aufgezeichnet/beobachtet zu werden. Wenn es sich im Gesprächsverlauf jedoch (wieder) einstellt, dann ist dies möglicherweise ein Hinweis auf heikle Themen oder auf Verunsicherung. Ggf. ist dann – wie erwähnt – anzubieten, das Band auszuschalten.

Wenn eine Tonbandaufzeichnung nicht gewünscht oder aufgrund von technischen Problemen nicht machbar ist, müssen die Inhalte und der Ablauf des Gesprächs protokolliert werden. In diesen Fällen sollten **Notizen** (Stichwörter, z. T. ergänzt um wörtliche Rede) relativ bald nach dem Interview protokolliert werden. Hierbei ist zu beachten, dass nur das in die Auswertung einbezogen werden kann, was auch erinnert/niedergeschrieben wurde.

Das **Postskript** dient zum Festhalten von Eindrücken, Auffälligkeiten und Befindlichkeiten, die sich auf das Interview selbst und auf die (nicht aufgezeichnete) Zeit vor und nach dem Interview beziehen. Dazu kann eine standardisierte Vorlage mit den für die Analyse wesentlichen Punkten vorgegeben oder das Postskript kann frei angelegt werden. Üblich ist mittlerweile das Erstellen von Postskripten nach Ende des Interviews, seltener sind Niederschriften durchgängig für alle Treffen/Kontakte mit den Interviewten. Noch seltener werden **Präskripte** verfasst, also Notizen im Vorfeld des Interviews, in denen die Erwartungen an das konkrete Interview formuliert werden oder auch die eigene Befindlichkeit festgehalten wird. Solche „Fixierungen" sind sinnvoll, denn über sie werden Informationen verfügbar, die sonst für die Forschungssupervision oder den Auswertungsprozess nicht zugänglich wären.

5 Generelle Überlegungen zu Anwendungsbereichen und Zielgruppen

Interviews sind eine Verfahrensgruppe, die entlang der Dimensionen Interviewsteuerung (Standardisierung/Strukturierung) und evozierte Textsorte geordnet werden kann. Je nach Forschungsinteresse und Anwendungsbereich ist die Auswahl bestimmter Interviewvarianten naheliegender als andere. Die Auswahl ist entsprechend immer wieder neu zu begründen; Festlegungen auf die eine „gute" Interviewvariante sind wenig sinnvoll. Ratsam ist dagegen, begründet (und entsprechend dokumentiert!) – zu entscheiden, ob und in welcher Weise Verfahrenselemente (Fragetypen und einzubeziehendes Reizmaterial) kombiniert werden können.

Zur weiteren Bestimmung des sinnvollen Einsatzes von Interviews ist festzuhalten: Interviews sind als Instrument zum Abfragen von (Fakten-)Wissen wenig geeignet – dies kann ein gut konstruierter Fragebogen viel besser und zuverlässiger leisten –, sondern sie helfen, Erzählungen zu generieren, Argumente und Begründungen zu explorieren sowie ausführlichere Beschreibungen einzuholen, die anders als Tagebuchaufzeichnungen oder andere schriftliche Dokumente in einem Dialog hervorgebracht werden. Zudem sind Interviews, auch in Abgrenzung z. B. zu Fokusgruppen, immer dann zu wählen, wenn es um persönliche Narrationen oder um Themen geht, die ein vertrauensvolles Gesprächsklima voraussetzen.

Prinzipiell können Interviews mit allen Altersgruppen und allen Sozialgruppen durchgeführt werden. Allerdings resultieren aus der Bindung an Sprache und Ausdrucksfähigkeit immer auch Grenzen. So wird in der Literatur häufig problematisiert, dass ungeübte Befragte nicht zu längeren Narrationen in der Lage seien, und noch mehr, dass mit Blick etwa auf das narrative Interview als eine besonders „anspruchsvolle" Interviewform gar nicht jeder Befragte die „Bereitschaft sowie die (sprachliche und soziale) narrative Kompetenz [habe], seine ‚Geschichte' zu erzählen" (Spöhring 1989, S. 175; kritisch dazu Mey 2000). Als besondere Gruppe werden in dieser Diskussion um „inkompetente" Erzähler, die in einer Interviewsituation eher einem Frage-Antwort-Schema folgen oder sich dem narrativen Interview entziehen, immer wieder Jugendliche genannt; vermehrt wird auch aufgeworfen, in welcher Weise Kinder zu interviewen sind. Ähnlich der Frage nach der Altersgruppe finden sich auch Überlegungen zu Sozialgruppen/Milieus oder genereller – und teilweise damit verbunden – zum Bildungsgrad als Einflussgröße für die (Nicht-)Eignung von qualitativen Interviews als Erhebungsform.

Zu dieser Diskussion bleibt anzumerken, dass zweifelsohne die individuellen sprachlichen Kompetenzen unterschiedlich ausgeprägt und damit Interviews schwerer oder leichter umzusetzen sind. Dabei darf der Zusammenhang zwischen Sprachkompetenz und Interviewverhalten so prinzipiell nicht gefasst werden, z. B. mit Blick auf die Spezies des interviewten Sozialwissenschaftlers, der mitunter entweder hermetisch abgeriegelte Antworten gibt, die keine Nachfragen dulden, oder Fragen oder gleich das ganze Setting kommentiert und kenntlich macht, dass der Interviewende so eigentlich nicht vorgehen darf.

Die Forderung an die Interviewenden bleibt, die Ansprüche von Interviewverfahren in dem jeweiligen Untersuchungskontext auszuloten und zu reflektieren. Dies ist offensichtlich bei Kindern, bei denen die Gestaltung der Interviewsituation auf die speziellen Bedürfnisse hin abzustimmen ist (Pausen, Herumlaufen, Einbezug zusätzlicher Elemente aus der kindlichen Erfahrungswelt usw.; vgl. im Überblick Mey 2005b); es gilt aber auch für alle anderen Gruppen.

Zudem ist generell bei allen Arrangements eigens und immer wieder zu reflektieren, wer im Interview überhaupt aufeinandertrifft. Interviewende und Interviewte begegnen sich als Angehörige gleicher/unterschiedlicher soziokultureller Milieus, als gleichaltrig oder aus verschiedenen Alterskohorten stammend und damit als Generationenangehörige mit gleichem/unterschiedlichem Erfahrungswissen, und die Interviewpartner treffen niemals geschlechtsneutral aufeinander. Diese spezifischen Konstellationen, zusätzlich noch durch den Grad an Sympathie oder Attraktivität sowie andere Zuschreibungen, z. B. „Vertretertyp", „Sozialarbeiterin" u. Ä. konturiert, sind mitverantwortlich für die mitunter unterschiedlich ausführlichen oder knappen Darstellungen im Interview. Dabei gilt, dass nicht von vornherein eine Konstellation besser als die andere ist. Jede dieser Begegnungen erbringt anderes Material, das für die Beantwortung der Untersuchungsfrage wichtig sein kann. Dies setzt aber voraus, dass das kommunikativ produzierte Material unter den Bedingungen der konkreten Herstellung und gemeinsamen Konstruktion betrachtet (und ausgewertet) wird.

6 Fazit

Interviews bieten eine Fülle an Möglichkeiten, um Informationen zu interessierenden Themenfeldern zu erhalten. Die Daten, die am Ende vorliegen, sind aber nur zu einem Teil der Methode im engeren Sinne geschuldet: Sie hängen viel mehr als zumeist zugestanden wird von der konkret zwischen zwei – möglicherweise sehr eigenwilligen – Subjekten stattfindenden Begegnung ab. Damit soll keineswegs die notwendige Reflexion auf die Techniken des Interviewens unterlaufen werden, es soll aber jener Haltung widersprochen werden, die eine Optimierung von Verfahren lediglich im Formal-Technischen zu finden meint. Denn über das gesprochene Wort hinaus sind auch Interviewende Gegenüber mit einem spezifischen Reizwert, wie es der Ethnopsychoanalytiker Georges Devereux nennt (1967/1973, S. 49). Dieser Reizwert – Ausstrahlung/Wirkung/Erscheinung – ist mitentscheidend, ob Befragte bereit sind, ausführlich zu erzählen, oder ob sie es beim Mitteilen des Nötigsten belassen. Ob ein weitgehend passives Zuhören wie im Falle des narrativen Interviews als Desinteresse und das Stellen von Fragen beim problemzentrierten Interview als Unterbrechung erlebt wird, ergibt sich weniger aus den methodischen Verfahrensregeln als aus der Interviewsituation, in der Forschende *und* „Beforschte" sich als Subjekte (mit allen erdenklichen Selbst- und Fremdzuschreibungen) begegnen.

Diese Form der wechselseitigen Wahrnehmung und Zuschreibung ändert sich auch nicht, wenn Interviews per E-Mail, am Telefon oder im Chat stattfinden, also Medien, die unterschiedliche Vorzüge und eigene Regeln haben. Der Grundzug bei jedem Interview bleibt: Es ist ein soziales Arrangement, in dem sich Interviewte und Interviewende als soziale Akteure begegnen. Die mit dem sozialen Arrangement verbundenen Besonderheiten erfordern daher über methodische Reflexionen hinaus auch praktische Konsequenzen. Da die methodische Ausbildung oft wenig praktische Übungen aufweist, sollten vor allem unerfahrene Interviewer angeleitete Schulungen wahrnehmen, insbesondere solche mit Interviewübungen. Über solche vorbereitenden Schulungen hinaus erscheint eine wiederkehrende Supervision, eingebettet in Methodenberatungen, durchaus sinnvoll, denn aus Interviews als sozialen Situationen können immer wieder neue Herausforderungen resultieren, oder es schleichen sich Gewohnheiten in die Interviewführung und -gestaltung ein, die es – um die Potenz qualitativer Methodik für die je interessierende Fragestellung tatsächlich auszuschöpfen – zu reflektieren gilt.

Literaturverzeichnis

Argelander, Hermann (1970): Das Erstinterview in der Psychotherapie. Darmstadt.

Bampton, Roberta / Cowton, Christopher J. (2002): The E-Interview. In: Forum Qualitative Sozialforschung, 3(2), Art. 9 [27 Absätze]. http://nbn-resolving.de/urn:nbn:de:0114-fqs020295. Zugriff: 15.12.2009.

Becker, Howard S. / Geer, Blanche (1960/1979): Teilnehmende Beobachtung: Die Analyse qualitativer Forschungsergebnisse. In: Hopf, Christel / Weingarten, Elmar (Hrsg.): Qualitative Sozialforschung. Stuttgart, S. 139–166.

Breuer, Franz (1995): Das Selbstkonfrontations-Interview als Forschungsmethode. In: König, Eckard / Zedler, Peter (Hrsg.): Bilanz qualitativer Forschung. Band II: Methoden. Weinheim, S. 159–180.

Bude, Heinz (1985): Der Sozialforscher als Narrationsanimateur. Anmerkungen zu einer erzähltheoretischen Fundierung der interpretativen Sozialforschung. In: Kölner Zeitschrift für Soziologie und Sozialpsychologie, 37, S. 327–336.

Burke, Lisa A. / Miller, Monica K. (2001): Phone Interviewing as a Means of Data Collection: Lessons Learned and Practical Recommendations. In: Forum Qualitative Sozialforschung, 2(2), Art. 7 [30 Absätze]. http://nbn-resolving.de/urn:nbn:de:0114-fqs010271. Zugriff: 15.12.2009.

Chrzanowska, Joanna (2002): Interviewing Groups and Individuals in Qualitative Market Research. London.

Denzin, Norman (2001): The Reflexive Interview and a Performative Social Science. In: Qualitative Research, 1(1), S. 23–46.

Devereux, Georges (1967/1973): Angst und Methode in den Verhaltenswissenschaften. München.

Dexter, Lewis Anthony (1970/2006): Elite and Specialized Interviewing. Essex.

Dick, Michael (2006): Triadengespräche als Methode der Wissenstransformation in Organisationen. In: Luif, Vera / Thoma, Gisela / Boothe, Brigitte (Hrsg.): Beschreiben – Erschließen – Erläutern. Psychotherapieforschung als qualitative Wissenschaft. Lengerich, S. 141-166.

Flick, Uwe (2007): Qualitative Sozialforschung. Eine Einführung. 7. Auflage. Reinbek.

Fontana, Andrea / Frey, James H. (2005): The Interview. From Neutral Stance to Political Involvement. In: Denzin, Norman K. / Lincoln, Yvonna S. (Hrsg.): Handbook of Qualitative Research. 3. Auflage. London, S. 695–727.

Fuchs-Heinritz, Werner (2005): Biographische Forschung. Eine Einführung in Praxis und Methoden. Lehrbuch. Hagener Studientexte zur Soziologie. 3. überarbeitete Auflage. Wiesbaden.

Fuhs, Burkhard (2000): Qualitative Interviews mit Kindern. Überlegungen zu einer schwierigen Methode. In: Heinzel, Friederike (Hrsg.): Methoden der Kindheitsforschung. Ein Überblick über Forschungszugänge zur kindlichen Perspektive. Weinheim, S. 87–103.

Girtler, Roland (2002): Methoden der Feldforschung. 4., neu bearbeitete Auflage. Wien.

Gläser, Jochen / Laudel, Grit (2004): Experteninterviews und qualitative Inhaltsanalyse. Wiesbaden.

Groeben, Norbert / Scheele, Brigitte (2000): Dialog-Konsens-Methodik im Forschungsprogramm Subjektive Theorien. In: Forum Qualitative Sozialforschung, 1(2), Art. 10 [9 Absätze]. http://nbn-resolving.de/urn:nbn:de:0114-fqs0002105. Zugriff: 15.12.2009.

Gubrium, Jaber F. / Holstein, James A. (Hrsg.) (2001): Handbook of Interview Research. Context and Method. London.

Helfferich, Cornelia (2005): Die Qualität qualitativer Daten. Manual für die Durchführung qualitativer Interviews. 2. Auflage. Wiesbaden.

Hermanns, Harry (2008): Interviewen als Tätigkeit. In: Flick, Uwe / von Kardorff, Ernst / Steinke, Ines (Hrsg.): Qualitative Forschung. Ein Handbuch. 6 Auflage. Hamburg, S. 360–368.

Hoff, Ernst-H. (1985): Datenerhebung als Kommunikation: Intensivbefragungen mit zwei Interviewern. In: Jüttemann, Gerd (Hrsg.): Qualitative Forschung in der Psychologie. Weinheim, S. 161–186. Online: http://nbn-resolving.de/urn:nbn:de:0168-ssoar-5617, Zugriff: 15.12.2009.

Hopf, Christel (1978): Die Pseudo-Exploration – Überlegungen zur Technik qualitativer Interviews in der Sozialforschung. In: Zeitschrift für Soziologie, 7(2), S. 97–115.

Houston, Muir (2008): Tracking Transition: Issues in Asynchronous E-Mail Interviewing. In: Forum Qualitative Sozialforschung, 9(2), Art. 11, [55 Absätze]. http://nbn-resolving.de/urn:nbn:de:0114-fqs0802116. Zugriff: 15.12.2009.

Kleining, Gerhard (1995): Das rezeptive Interview. In: Kleining, Gerhard: Qualitativ-heuristische Sozialforschung. Schriften zur Theorie und Praxis. Hamburg, S. 123–147.

Kohlberg, Lawrence (1995): Die Psychologie der Moralentwicklung. Frankfurt/Main.

Kvale, Steinar (1996): InterViews – An Introduction to Qualitative Research Interviewing. Thousand Oaks

Kvale, Steinar (1999): The Psychoanalytic Interview as Qualitative Research. In: Qualitative Inquiry, 5(1), S. 87–113.

Lamnek, Siegfried (2005): Qualitative Sozialforschung. Ein Lehrbuch. 4. überarbeitete Auflage. Weinheim.

Littig, Beate (2008): Interviews mit Eliten – Interviews mit ExpertInnen: Gibt es Unterschiede? In: Forum Qualitative Sozialforschung, 9(3), Art. 16 [37 Absätze]. http://nbn-resolving.de/urn:nbn:de:0114-fqs0803161. Zugriff: 15.12.2009.

Lucius-Hoene, Gabriele / Deppermann, Arnulf (2002): Rekonstruktion narrativer Identität. Ein Arbeitsbuch zur Analyse narrativer Interviews. Opladen.

Merton, Robert K. / Kendall, Patricia L. (1946/1979): Das fokussierte Interview. In: Hopf, Christel / Weingarten, Elmar (Hrsg.): Qualitative Sozialforschung. Stuttgart, S. 171–204.

Meuser, Michael / Nagel, Ulrike (1991): Experteninterviews – vielfach erprobt, wenig bedacht. Ein Beitrag zur qualitativen Methodendiskussion. In: Garz, Detlef / Kraimer, Klaus (Hrsg.): Qualitativ-empirische Sozialforschung. Opladen, S. 441–471. Online: http://nbn-resolving.de/urn:nbn:de:0168-ssoar-24025. Zugriff: 15.12.2009.

Mey, Günter (1999): Adoleszenz, Identität, Erzählung. Theoretische, methodologische und empirische Erkundungen. Berlin. Online: http://nbn-resolving.de/urn:nbn:de:0168-ssoar-39188. Zugriff: 15.12.2009.

Mey, Günter (2000): Erzählungen in qualitativen Interviews: Konzepte, Probleme, soziale Konstruktion. In: Sozialer Sinn. Zeitschrift für hermeneutische Sozialforschung, 1, S. 135–151. Online: http://nbn-resolving.de/urn:nbn:de:0168-ssoar-4471. Zugriff: 15.12.2009.

Mey, Günter (2005a): Forschung mit Kindern – Zur Relativität von kindangemessenen Methoden. In: Mey, Günter (Hrsg.): Handbuch Qualitative Entwicklungspsychologie. Köln, S. 151–183.

Mey, Günter (2005b): Das (Wieder-) Erfinden von Interviewverfahren. Kommentar zu „Das existenzielle Interview". In: Journal für Psychologie, 12(3), S. 273–282. Online: http://nbn-resolving.de/urn:nbn:de:0168-ssoar-2470. Zugriff: 15.12.2009.

Mruck, Katja / Mey, Günter (2005): Qualitative Forschung: Zur Einführung in einen prosperierenden Wissenschaftszweig. In: Historische Sozialforschung, 30(1), S. 5–27. Online: http://nbn-resolving.de/urn:nbn:de:0168-ssoar-50230. Zugriff: 15.12.2009.

Mruck, Katja / Mey, Günter (2009): Der Beitrag qualitativer Methodologie und Methodik zur Marktforschung. In: Buber, Renate / Holzmüller, Hartmut (Hrsg.): Qualitative Marktforschung. Theorie, Methode, Analyse. 2. Auflage. Wiesbaden, S. 21–45.

Nohl, Arnd-Michael (2009): Interview und dokumentarische Methode. Anleitungen für die Forschungspraxis. 3. Auflage. Wiesbaden.

Opdenakker, Raymond (2006): Advantages and Disadvantages of Four Interview Techniques in Qualitative Research. In: Forum Qualitative Sozialforschung, 7(4), Art.

11, [44 Absätze]. http://nbn-resolving.de/urn:nbn:de:0114-fqs0604118. Zugriff: 15.12.2009.

von Schlippe, Arist / Schweitzer, Jochen (1999): Lehrbuch der systemischen Therapie und Beratung. Göttingen.

Schorn, Ariane (2000): Das „themenzentrierte Interview". Ein Verfahren zur Entschlüsselung manifester und latenter Aspekte subjektiver Wirklichkeit. In: Forum Qualitative Sozialforschung, 1(2), Art. 23 [20 Absätze]. http://nbn-resolving.de/urn:nbn:de:0114-fqs0002236. Zugriff: 15.12.2009.

Schorn, Ariane / Mey, Günter (2005): Das Interview in der entwicklungspsychologischen Forschung – Anwendungsmöglichkeiten, Durchführung und Besonderheiten. In: Mey, Günter (Hrsg.): Handbuch Qualitative Entwicklungspsychologie. Köln, S. 289–320.

Schütze, Fritz (1983): Biographieforschung und narratives Interview. In: Neue Praxis, 13(3), S. 283–293. Online: http://nbn-resolving.de/urn:nbn:de:0168-ssoar-53147. Zugriff: 15.12.2009.

Spöhring, Walter (1989): Qualitative Sozialforschung. Stuttgart.

Spradley, James P. (1979): The Ethnographic Interview. New York.

Thomae, Hans (1952): Die biographische Methode in den anthropologischen Wissenschaften. In: Studium Generale, 5, S. 163–177.

Wengraf, Tom (2001): Qualitative Research Interviewing: Biographic Narrative and Semi-structured Method. London.

Witzel, Andreas (1982): Verfahren der qualitativen Sozialforschung. Überblick und Alternativen. Frankfurt/Main.

Witzel, Andreas (2000): Das problemzentrierte Interview. In: Forum Qualitative Sozialforschung, 1(1), Art. 22 [26 Absätze]. http://nbn-resolving.de/urn:nbn:de:0114-fqs0001228. Zugriff: 15.12.2009.

Witzel, Andreas / Mey, Günter (2004): „I am NOT Opposed to Quantification or Formalization or Modeling, But Do Not Want to Pursue Quantitative Methods That Are Not Commensurate With the Research Phenomena Addressed." Aaron Cicourel in Conversation with Andreas Witzel and Günter Mey. In: Forum Qualitative Sozialforschung, 5(3), Art. 41, [106 Absätze]. http://nbn-resolving.de/urn:nbn:de:0114-fqs0403412. Zugriff: 15.12.2009.

Woelfer, Claudia (2000): Das personenzentrierte Interview als qualitative Forschungsmethode. In: Journal für Psychologie, 8(1), S. 3–13. Online: http://nbn-resolving.de/urn:nbn:de:0168-ssoar-28429. Zugriff: 15.12.2009.

Renate Blank
Gruppendiskussionsverfahren

1	Einführung	291
2	Begriffsbestimmung und Abgrenzung	283
3	Der Einsatz von Gruppendiskussionen	294
4	Struktur und Verlauf von Gruppendiskussionen	296
5	Anforderungen an den Moderator	300
	5.1 Spezifische Moderationstechniken	303
	5.2 Vom Umgang mit Störungen	303
6	Auswahl und Struktur der Teilnehmer	305
7	Räumliche und technische Rahmenbedingungen	307
8	Protokollierung und Auswertung	308
9	Fazit	310

1 Einführung

Der amerikanische Sozialpsychologe Kurt Lewin verwendete in den 1930er Jahren Gruppendiskussionen innerhalb der qualitativen Kleingruppenforschung. Dabei ging es Lewin und später auch seinen Schülern darum zu erforschen, wie Gruppenprozesse das Verhalten und die Gefühle Einzelner beeinflussen und welche Dynamik den Gruppenprozessen zugrunde liegt. Wie ist das Verhältnis von Individuum zur Gruppe? Lewin untersuchte dies deshalb in Gruppen, weil sich der Mensch als ein soziales Wesen in seinen Gefühlen und in seinem Verhalten wesentlich in Gruppen konstituiert.

In Deutschland setzte die Beschäftigung mit Gruppendiskussionen und deren Einsatz später ein, nämlich Anfang der 1950er, und ist eng mit dem Institut für Sozialforschung in Frankfurt am Main und mit Friedrich Pollock verbunden (vgl. Pollock 1955). Diesem ging es allerdings weniger um Gruppenprozesse und Gruppendynamik, sondern vielmehr um die Erfassung nicht-öffentlicher, informeller Gruppenmeinungen. In der Gruppe und in der Auseinandersetzung mit anderen ist es seiner Auffassung nach möglich, dass sich der Einzelne über seine Meinungen und Einstellungen klar(er) wird und ggf. bewusste wie unbewusste Widerstände in der Diskussion mit anderen überwindet. In seinen theoretischen Überlegungen betont Werner Mangold demgegenüber die soziale Kontextualität bei Gruppendiskussionen (vgl. Mangold 1973). Er konstatiert gegenseitige Beeinflussungsprozesse der Gruppenmitglieder untereinander: Erfasst werden dadurch in Gruppendiskussionen informelle Gruppenmeinungen und nicht individuelle Meinungen, Einstellungen etc. Diese informellen Gruppenmeinungen sind für ihn der relevante und interessante Untersuchungsgegenstand. Damit läutete Mangold einen Paradigmenwechsel ein, der weit in die 1970er Jahre hinein wirkte: Galt es vor ihm, Meinungen und Einstellungen Einzelner unter Gruppenbedingungen zu eruieren, so ging es in der Folge um die Erforschung kollektiv verankerter Orientierungen.

Im Rückgriff auf Konzepte des symbolischen Interaktionismus sowie der phänomenologischen Soziologie definierte Manfred Nießen Ende der 1970er Jahre in Deutschland, dass die soziale Wirklichkeit in Abhängigkeit von der Situation der handelnden Akteure generiert und definiert wird, und dass diese Sinn- und Bedeutungszuschreibungen den Ausgangspunkt sozialwissenschaftlicher Analysen darstellen sollten. Für Nießen liegt die Aussagekraft der Gruppendiskussionen gerade in ihrer Nähe zu alltäglichen Kommunikationssituationen; es geht ihm weder um den Austausch von Meinungen und Einstellungen Einzelner noch um die situative Prozesshaftigkeit des Austauschs. In den USA wurden in der Folge des symbolischen Interaktionismus qualitative empirische Methoden weiterentwickelt. Hier sind Paul Lazarsfeld und das Bureau of Applied Social Research der Columbia Universität New York zu nennen (vgl. Lazarsfeld 1972). Die dort entwickelten Methoden, so auch die Gruppendiskussion (Focus Groups), werden heute nach wie vor in der qualitativen Forschung verwendet.

In dieser sozialwissenschaftlichen (psychologischen und soziologischen) Tradition wurden Gruppendiskussionen in der Marktforschung in Deutschland bis weit in die 1980er und 1990er Jahre hinein geführt. Sie fokussierten stark auf die Gewinnung von Informationen auf allen Ebenen und waren deshalb sehr offen explorativ, phänomenologisch oder auch tiefenpsychologisch angelegt. Ihr Vorteil war, inhaltliche Vertiefungen nach der jeweiligen Bedeutung des Themas für die Gruppendiskussionsteilnehmer vorzunehmen, diese auszubauen oder auch ganz zu vernachlässigen, wenn sie für die Gruppe keine Relevanz hatten. Es gab wenig Input von außen, sondern eher „einfache", prägnante, klar und kurz formulierte Fragestellungen, denen sich die Teilnehmer in dem Tempo und mit den Schwerpunkten und der Intensität widmen konnten, die ihrem inneren Erleben und ihrem Verständnis nach sinnvoll waren. Es wurde davon ausgegangen, dass sich in einem so angelegten Gruppendiskussionsprozess alle relevanten Themen nach der Psycho-Logik der Teilnehmer entwickeln und zeigen werden. Dies betraf sowohl rationale, emotionale als auch vorbewusst oder unbewusst-seelische Gegebenheiten.

In der Marktforschung wurde die wissenschaftliche Tradition i. d. R. bei der Entscheidung für Gruppendiskussionen, dem Design, der Durchführung von Studien und deren Auswertung nicht explizit benannt. Stattdessen integrierten Marktforscher in den zurückliegenden Jahrzehnten sehr praxisorientiert und dicht an den Erkenntniszielen Teile aus den unterschiedlichsten psychologischen, (gruppen-) psychotherapeutischen, soziologischen, anthropologischen, ethnologischen und linguistischen Wissenschaften und entwickelten daraus je nach Fragestellung spezifische Ansätze für Gruppendiskussionen. Norman K. Denzin und Yvonne S. Lincoln bezeichnen qualitative Marktforscher dementsprechend als „bricoleur theorist", die „between and within competing and overlapping perspectives and paradigms" (Denzin/Lincoln 1994, S. 2–3) arbeiten. Ergebnis sei allerdings deshalb keine im üblichen akademischen Wissenschaftsverständnis formulierte konsistente Theorie. So meint Miriam Catterall, dass der alltägliche Legitimationsdruck, der nach wie vor auf der als subjektiv begriffenen qualitativen Forschung in der Gegenüberstellung zu naturwissenschaftlich begründeten Verfahren lastet, eine explizite Theoriebildung bislang verhindert (vgl. Catterall 2001). Von Kundenseite wurde allerdings auf eine solche Theorie auch wenig Wert gelegt, weil Unternehmen stark ergebnisorientiert sind und häufig schnell oder kurzfristig Entscheidungen treffen wollen. So gesehen hat das Marketing in Unternehmen andere Interessen als die akademische Wissenschaft, der es um konsistente Theoriebildung geht. Aber auch in der akademischen Forschung erfreut sich die Gruppendiskussion zunehmender Beliebtheit und hat sich zu einem „Standardinstrument qualitativer Sozialforschung" (Bohnsack et al. 2006, S. 7) entwickelt.

Zusammenfassend lässt sich festhalten, dass heutzutage in Gruppendiskussionen je nach Fragestellung und Erkenntnisinteresse eine Art kreatives „Methoden-Set" verwendet wird, das in der Praxis durch Praktiker entstand und weiter entsteht. Es ist in den unterschiedlichen Phasen des Forschungsprozesses wirksam und hat jeweils spezifischen Einfluss: z.B. auf die Entwicklung des Studiendesign, die Art der Moderation, aber auch auf die Auswertung und Analyse. Das Methoden-Set kombiniert Anteile aus den unterschiedlichsten Theorien wie beispielsweise der humanistischen Psychologie, der Kognitionspsychologie, aber auch tiefenpsychologische Ansätze wie Psychoanalyse, katathymes (emotionales, affektives) Bilderleben, Hypnotherapie, Psychodrama sowie Soziologie, Ethnologie, Linguistik etc. Catterall spricht entsprechend von einer dynamischen, „postmodernen" Theorie, die als zeitgemäße Form dicht an den Veränderungen und Erfordernissen von Konsumenten, Unternehmen und Markt orientiert ist. Allerdings wird diese Theorie zurzeit stärker mündlich oder in Teilen konzeptionell weitergegeben als konsistent formuliert. In diesen Kontext ordnet Catterall eine Veränderung der Rolle der qualitativen Marktforscher vom „reinen" Forscher hin zum Marketingberater ein, eine Forderung, die auch für den deutschen Markt von Unternehmensseite zunehmend formuliert wird (vgl. Catterall 2001).

2 Begriffsbestimmung und Abgrenzung

Gegenwärtig werden Gruppendiskussionen – grob eingeteilt – nach zwei unterschiedlichen methodischen Traditionen durchgeführt. In der einen, der deutschen bzw. europäischen Tradition, spricht man von „Gruppendiskussionen", in der anderen, der US-amerikanischen Tradition, von „Focus Groups".

Offen und explorativ angelegte Gruppendiskussionen (in deutscher/europäischer Tradition), die vorgegebene Themen relativ frei angehen und beantworten, spielen zunehmend eher in der Grundlagenforschung eine Rolle. Dann zeigt sich deutlich, wie sinnvoll die Kombination von unterschiedlichen psychologischen, soziologischen, ethnologischen etc. Theoriebestandteilen ist, um einen umfassenden und ganzheitlichen Erkenntnisgewinn zu erzielen. Die dazu verwendeten Methoden (z.B. Einbeziehen der Fantasie, von Symbolen, bildhaften Materialien und projektiven Techniken) fördern die ganzheitliche Sichtweise bzw. ein ganzheitliches Denken, indem sie die menschlichen Wahrnehmungs- und Erlebnisformen aus verschiedenen Perspektiven betrachten. In der Regel benötigt man etliche Vermittlungs- und Analyseschritte, um zu einem Ergebnis zu gelangen; hierfür wird Zeit benötigt. Das heißt: Man kann die Ergebnisse meist nicht direkt und unmittelbar beim oder nach dem Zuschauen der Gruppendiskussion formulieren. Der größere Zeitaufwand wird oftmals gegen die Durchführung dieser Form von Gruppendiskussionen verwendet.

Daneben, so der Eindruck, werden Focus Groups vermehrt rein output-orientiert durchgeführt. Es handelt sich häufig um ein sehr pragmatisches Vorgehen in USamerikanischer Tradition und mit einem anderen Theoriehintergrund: Die Reihenfolge, in der die Themen zu diskutieren sind, ist genau festgelegt, auch wie lange die Gruppe bei einem Thema verweilen darf. Innerhalb der einzelnen Themen ist aber auch hier Offenheit und Akzeptanz allen Meinungen gegenüber vorgesehen. Nicht selten wird ein schnelles Meinungsbild per Akklamation, wie „Hände heben", hergestellt. Moderatorenaufgabe ist es, ein produktives Gesprächsklima zu schaffen und die Einhaltung der inhaltlichen und zeitlichen Vorgaben zu gewährleisten. Zwar erlauben solche Focus Groups auch in ihrer – aus wissenschaftstheoretischer Perspektive – unqualifiziertesten Ausprägung („quick and dirty") dem Marketing live hinter dem Einwegspiegel Eindrücke und Vorstellungen von den Gefühlen, Ansichten, Meinungen, Motivationen, Sichtweisen der Verbraucher und deren Begründungen zu gewinnen. Solche Focus Groups bieten sich allerdings nur dann an, wenn der Auftraggeber eine Fülle von Fragestellungen kurz und prägnant nacheinander beantwortet haben möchte. Theoretisch fundierte methodologische Betrachtungen interessieren den Auftraggeber i.d.R. weniger. Dies spiegelt sich auch in den tatsächlichen Umsätzen wider. Von den weltweit 14 % der 2008 in qualitative Marktforschung investierten Ausgaben flossen 9 % in Gruppendiskussionen (vgl. Esomar 2009).

Es gibt gegenwärtig etliche Mischformen zwischen qualitativ hochwertigen Gruppendiskussionen und seriösen Focus Groups, andererseits aber auch eine zunehmende Tendenz, immer pragmatischer begründete methodische Entscheidungen zu treffen. So wird teilweise auf eine sehr offene, wenig vorstrukturierte Art der Annäherung an eine Fragestellung verzichtet, um möglichst schnell (noch während des Zuschauens) direkte, unmittelbare Ergebnisse, die keiner differenzierteren Analyse bedürfen, zu erhalten. Da die in Gruppendiskussionen oder Focus Groups gewonnenen Informationen häufig dem Alltagsverständnis nahe kommen und damit auch oft einer gewissen Pseudologik unterliegen, werden Fragen nach der Validität und Reliabilität der Ergebnisse seitens des Marketings selten gestellt. Häufig werden die Ergebnisse sogar weitgehend unkritisch direkt und unmittelbar in Unternehmensentscheidungen eingebunden. Nicht zuletzt sind Namen bzw. Begriffe wie „Gruppendiskussion" oder „Focus Group" in der Praxis nichts weiter als Schall und Rauch. Nur detaillierte Beschreibungen der zugrunde liegenden wissenschaftstheoretischen Überlegungen und des konkreten methodischen Vorgehens erlauben eine differenzierte Bewertung.

3 Der Einsatz von Gruppendiskussionen

In der Marktforschung setzt man Gruppendiskussionen dann ein, wenn es darum geht, die Meinungen, Verhaltensweisen und Einstellungen sowie die dahinter liegenden Motive bzw. Motivstrukturen von Konsumenten, also Consumer Insights, zu eruieren. Gruppendiskussionen werden dann gewählt, wenn sie in der Gegenüberstellung zu Einzelexplorationen erkenntnistheoretische Vorteile bieten: So versuchen sich Teilnehmer in einer Diskussionsrunde zu verständigen und gegenseitig zu verstehen. Sie wollen wissen, wie andere vergleichbare Situationen oder Dinge handhaben oder wie diese über die zur Debatte stehenden Fragen und Probleme denken. Die Teilnehmer explorieren sich also quasi aus einer „natürlichen" Motivation heraus gegenseitig. Es ist gerade die Verschiedenheit der Teilnehmer, die das Plus bei einer Gruppendiskussion ausmacht: Dadurch wird ein angeregter und anregender Austausch ermöglicht sowie ein breites Spektrum an Erfahrungen und Meinungen generiert. Gruppendiskussionen bieten sich auch dann an, wenn zu einem bestimmten Thema oder Inhalt noch wenig Erkenntnisse vorliegen, d.h., wenn man ein Untersuchungsterrain erst einmal abstecken oder einkreisen möchte bzw. relevante Inhalte oder sprachlich adäquate Ausdrucksformen für folgende quantitative Studien sammeln will. Hier werden Gruppendiskussionen für Vorstudien eingesetzt. In Gruppendiskussionen können erste Eindrücke gewonnen und erste Hypothesen generiert werden. Es können – in eher deskriptiver, phänomenologischer Erkenntnisabsicht – Informationen gesammelt werden oder (mithilfe von Projektionen und anderen kreativen Techniken) Themen exploriert werden, über die man bislang nicht viel weiß. Grundsätzlich eignen sich Gruppendiskussionen jedoch für alle Phasen eines marketingstrategischen Prozesses, beispielsweise im Produktentwicklungsprozess, und zwar sowohl in frühen Stadien bei der Ideengenerierung als auch im Rahmen von Werbe-/Konzepttests, oder wenn es um einen konkreten Produkttest geht. Gruppendiskussionen erlauben in allen Phasen einen vertiefenden, differenzierten, alltagsnahen Zugang zu Motiven, Hemmnissen, Argumenten der Konsumenten und liefern damit auch Erklärungen für quantitativ beobachtete Phänomene.

Ein zentraler Vorteil von Gruppendiskussionen ist ihre Alltagsnähe, zumindest dann, wenn Menschen sich auch im Alltag über bestimmte Themen austauschen. Die live erlebten O-Töne erlauben es insbesondere dem Marketing, einen besonders alltagsnahen Zugang zur eigenen Zielgruppe, deren Gefühlsäußerungen, Meinungen und Argumenten zu bekommen. Allerdings darf dies nicht das einzige Kriterium für den Einsatz von Gruppendiskussionen sein. Im Einzelfall sollte kritisch geprüft werden, ob Gruppendiskussionen auch unter Berücksichtigung anderer Aspekte wirklich die geeignete Methode der Wahl sind. Lamnek geht so weit zu bemerken, dass hinsichtlich des Diskussionsgegenstands bei Gruppendiskussionen (fast) keine Grenzen gesetzt sind (vgl. Lamnek 2005a); dies trifft sicherlich für den sozialwissenschaftlichen Kontext noch stärker als für die Marktforschung zu. In der Marktforschung eignen sich Gruppendiskussionen aller Erfahrung nach nicht als Methode, wenn das zu untersuchende Thema zu deutlichen Polarisierungen oder Scham- und Peinlichkeitsgefühlen in der Öffentlichkeit der Gruppe (mit zuvor nicht persönlich bekannten Personen) führen kann. Dies kann der Fall sein, wenn durch eine Fragestellung existenzielle Werte zur Diskussion gestellt werden oder aber das Moralsystem oder andere sehr intime oder (gar gesellschaftlich eher tabuisierte) Bereiche der Teilnehmer angesprochen werden. Zusammenfassend sind Gruppendiskussionen also insbesondere dann weniger geeignet, wenn es um die Exploration von intra-individuell tiefer gehenden Gefühlen, persönlichen Erlebniszusammenhängen und Wertvorstellungen oder um gesellschaftlich tabuisierte Phänomene und Sachverhalte geht.

4 Struktur und Verlauf von Gruppendiskussionen

Gruppendiskussionen haben – bei aller Unterschiedlichkeit von Gruppen – eine bestimmte Grundstruktur, nach der sie ablaufen. Es gibt unterschiedliche Modelle, diese Grundstrukturen zu beschreiben. Wendy Gordon und Roy Langmaid nennen beispielsweise verschiedene Stufen, die der Gruppendiskussionsprozess durchläuft: von der Aufwärmphase über die Entwicklung und Festigung von Rollenstrukturen bis hin zum Ausklingen der Diskussion („Forming – Storming – Norming – Performing – Mourning") (vgl. Gordon/Langmaid 1988).

Das nachfolgende Modell von Pollock charakterisiert nach der Erfahrung der Autorin die Grundstruktur von Gruppendiskussionen besonders prototypisch. Es identifiziert die unterschiedlichen Stadien oder Phasen einfach und prägnant. Der Moderator muss diese Phasen kennen, um auf die jeweiligen Spezifika dieser Phasen adäquat reagieren zu können (vgl. Pollock 1955). Lamnek hat diese Stadien daher mit speziellen Fragearten verbunden. Die konkreten Gesprächstechniken und Formulierungen wird der Moderator dann aufgrund seiner Erfahrung wählen (vgl. Lamnek 2005a).

Pollock beschreibt sechs Stadien in Gruppendiskussionen. Diese werden im Folgenden in Beziehung zu den für diese Stadien adäquaten Frageformen gesetzt, also solchen Frageformen, die sich für den Moderator in der jeweiligen Phase empfehlen:

1. „Fremdheit": Diese geht mit Ängsten und Unsicherheiten des Einzelnen in einer neuen Gruppe und dem Wunsch nach Sicherheit einher und erfordert „Eröffnungsfragen".

2. „Orientierung": In dieser Phase werden erste Gemeinsamkeiten untereinander gesucht; hier sind „Hinführungsfragen" sinnvoll.

Diese beiden Phasen sollten, gesteuert durch den Moderator, so zügig wie möglich durchlaufen werden, damit sich die Teilnehmer den eigentlichen Themen produktiv zuwenden können.

3. „Anpassung": Der Einzelne hat das Bedürfnis, mit den Argumentationen etc. der anderen Gruppenmitglieder überein zu stimmen. Hier stellt der Moderator „Überleitungsfragen".

4. „Vertrautheit": Versuch der Teilnehmer, zu gemeinsamen Aussagen zu gelangen und einen Konsens herzustellen. Dissenz könnte in dieser Phase den Ausschluss aus der Gruppe bedeuten und wird von den einzelnen Teilnehmern daher gemieden. Hier sind „Schlüsselfragen" angebracht.

5. „Konformität": Eine Gruppenmeinung, eine gewisse Homogenität, bildet sich heraus, Abweichungen werden eher negiert; es bieten sich zusammenfassende, rückversichernde „Schlussfragen" an.

Vom Zeitkontingent sind diese drei Phasen innerhalb der Gruppendiskussion die längsten, weil hier die Fragestellungen als solche ausführlich abgehandelt und die Erkenntnisziele beantwortet werden sollen.

6. „Abklingen der Diskussion": Die Gruppenmitglieder sind mit der hergestellten Konformität und Gemeinsamkeit zufrieden; hier sind „Retrospektivfragen" angemessen.

Mit einer zeitlich kurzen Einheit wird die Gruppendiskussion beendet; meist sind die Befragungspersonen nach der konzentrierten Arbeit dann auch ermüdet und die Diskussion tendiert zur Redundanz.

Leider kommt es in der Praxis aber häufig aus Zeit- und Kostengründen, teilweise aber auch aus Unkenntnis zum „Schnelldurchlauf" der beschriebenen Phasen. Dadurch kann das diesen Phasen immanente Potenzial nicht immer oder nicht vollständig ausgeschöpft werden. So werden insbesondere in die Phasen „Anpassung", „Vertrautheit" und „Konformität" durch einen inhaltlich überlasteten Gesprächsleitfaden zu viele Einzelfragen und Einzelaspekte hineingepackt. Es geht dann weniger um Austausch, Entfaltung, Abgleich oder gar wirkliche Exploration, sondern vielmehr um eine Form des kurzen, knappen (und schlechten) „Einzelinterviews im Gruppenkontext": Jeder Teilnehmer hat in solch einer Gruppendiskussion nur wenige Minuten, um sich zu äußern. Dadurch gehen die spezifischen methodischen Stärken der „Gruppendiskussion" verloren, nämlich ihre Alltagsnähe durch das Zusammenwirken von Personen in einer sozialen Gruppe und die Möglichkeit der gegenseitigen Durchdringung eines Themas durch die gedankliche und gefühlsmäßige Auseinandersetzung mit anderen. Entsprechend werden hier entweder nur „oberflächliche", bereits zuvor gefasste Meinungen identifiziert oder solche Ergebnisse eruiert, die mangels differenzierter Kontextualisierung in der Diskussion nicht befriedigend erklärt werden können.

Ein guter Moderator wird jedoch versuchen, auf die einzelnen Phasen intensiv und adäquat einzugehen. Zu Beginn der Gruppendiskussion, wenn Fremdheit und eine gewisse Orientierungslosigkeit der Teilnehmer untereinander vorherrschen, begrüßt der Moderator die Teilnehmer und schafft eine möglichst angenehme und vertrauensvolle Gesprächssituation. Er stellt sich kurz selbst (in seiner Rolle) vor und gibt einen Überblick über den projektierten Ablauf der Diskussion. Er erwähnt die Aufzeichnung, die anonymisierte Auswertung der Ergebnisse sowie die Beobachtung via Einwegspiegel oder Video durch Kollegen und weist darauf hin, dass die Datenschutzbestimmungen eingehalten werden. Er versucht, eine Atmosphäre ernsthaften Arbeitens aufzubauen. Dies gelingt beispielsweise dadurch, dass er sich für die Teilnahme an der Gruppendiskussion bedankt und kurz umreißt, worum es bei der Diskussion inhaltlich gehen wird. Er macht deutlich, dass die Teilnehmer als Diskutanten die wesentliche Rolle für den Diskussionsgegenstand spielen. Der „Arbeitsrahmen" für die Gruppendiskussion und die Regeln des Umgangs miteinander werden von ihm eingeführt. So erwähnt er beispielsweise, dass es in der Diskussion bei den einzelnen Redebeiträgen kein „richtig" oder „falsch" gibt, dass sich alle ausreden lassen bzw. nicht alle auf einmal reden usw. Er bezieht sich dabei immanent auf die Gruppenregeln der themenzentrierten Interaktion (vgl. Cohn 1980). Kurz: Er bietet eine erste wesentliche Orientierung für die einander fremden Teilnehmer.

Nach dieser Einführung stellen sich dann die einzelnen Teilnehmer selbst mit ihrem Vornamen (mithilfe bereitliegender Namensschilder) und wenigen Worten zu sich selbst vor. Diese Vorstellungsrunde hat als Warming-up „Eisbrecherfunktion" und soll es den einzelnen Teilnehmern erleichtern, sich in einer zunächst noch fremden Umgebung frei zu äußern. Es folgt eine Einführung ins Thema durch einfache, leicht zu beantwortende „Hinführungsfragen". In den „Anpassungs-, Vertrautheits- und Konformitätsphasen" folgt die vertiefte Diskussion der Fragestellungen, die durch die Gruppendiskussion beantwortet werden sollen. Diese können mit ganz unterschiedlichen „Reizen" beginnen (z.B. Eingangsstatement des Moderators; Aufforderung zur Beschreibung eines Sachverhalts, von Erfahrungen; alltägliche Beispiele; Vorlage von Materialien; Packungen etc.). Wie die Diskussion dann genau weiterverläuft und welche methodischen Interventionen der Moderator macht, muss jeweils aus der Situation heraus entschieden werden. Hier kommt es auf die Erfahrung und das Geschick des Moderators an. Wichtig ist, dass er sich offen und sachneutral verhält, suggestives Fragen und Verhalten vermeidet. Ein solches Verhalten wird in Anlehnung an Carl Rogers – wie bei der klientenzentrierten Gesprächspsychotherapie bzw. dem therapeutischen Encounter – non-direktiv genannt (vgl. Rogers 2005). Allerdings ist in der Praxis, wie schon dargestellt, eine Tendenz zu beobachten, einem eher direktiven, sehr strukturierten Verhalten zu folgen, das fast schon einem „Abfragen" gleichkommt. Weniger problematisch ist direktives Vorgehen bzw. dieses kann sogar sinnvoll sein, wenn eine Diskussion „abklingt" und spezielle Fragen oder Hypothesen noch einmal abschließend einer Konfirmation unterzogen werden sollen.

Eine Gruppendiskussion dauert i.d.R. (in Abgrenzung zum Kreativ-Workshop) je nach Fragestellung zwischen eineinhalb und zweieinhalb Stunden, selten auch länger. Die Dauer richtet sich selbstverständlich nach der Fragestellung.

Die Rolle des Diskussionsleitfadens

Die inhaltliche Struktur einer Gruppendiskussion wird vom Diskussionsleitfaden bestimmt. Zunächst einmal ist die Fragestellung, die untersucht werden soll, so klar und präzise wie möglich zu formulieren: Was soll die Gruppendiskussion klären?

Um einen für die Fragestellung und das Erkenntnisziel handhabbaren Rahmen zu finden, wird von Marktforschungsseite ein Gesprächsleitfaden erstellt, der mit dem Auftraggeber abgestimmt wird. Hierbei kommt es zu thematischen Schwerpunktlegungen – je nach vordringlichem Erkenntnisinteresse des Auftraggebers. Der Diskussionsleitfaden soll den Moderator unterstützen und sicherstellen, dass die Fragestellungen und Themenkomplexe, deren Beantwortung den Auftraggeber interessieren, in der Gruppendiskussion behandelt werden.

Lamnek (2005a) empfiehlt, und dies entspricht auch der Erfahrung der Autorin, möglichst wenige Einzelaspekte in den Gesprächsleitfaden aufzunehmen, also keine konkreten Fragen im Leitfaden auszuformulieren. Vielmehr ist es ratsam, sich auf grobe Rahmenthemen zu beschränken, um genügend Freiraum für eine ausreichende Exploration der einzelnen Themen zu schaffen. Anders als bei statistischen bzw. Fragebogenbefragungen gelten Diskussions- bzw. Gesprächsleitfäden so gesehen als eine Grundlage (Checkliste) für den Moderator (→ Beitrag *„Das qualitative Interview"* von *Günter Mey und Katja Mruck*). Es wurde in der sozialwissenschaftlichen und soziologischen Tradition, in der Gruppendiskussionen stehen, gerade nicht daran gedacht, die Fragestellungen oder Themenbereiche hintereinander „abzuarbeiten" oder möglichst wörtlich wie bei einer Fragebogenbefragung abzufragen. Dies würde ja die Offenheit, die Kommunikation untereinander, den Gruppenprozess sowie die Kreativität der Gruppe einschränken und damit geradezu die „Stärke" dieser qualitativen Methode unterlaufen. Vielmehr ging es bei aller theoretischen Unterschiedlichkeit darum, den Teilnehmern von Gruppendiskussionen jedweden Spielraum zur Entfaltung und zum Austausch zu lassen. Dazu gehörte insbesondere, dass vorher nicht im Gesprächsleitfaden festgelegt wurde, was wann in welcher Ausführlichkeit besprochen oder aber auch vernachlässigt wird. So achtete der Moderator „nur" darauf, dass das Thema nicht aus den Augen verloren wurde. Eine gute Gruppendiskussion war und ist gerade daran zu erkennen, dass die Teilnehmer selbst ihrem eigenen inneren „roten Faden" und damit ihrer eigenen Psycho-Logik bezüglich eines Themas folgten und nicht einer von außen gesetzten. Diese innere Logik gibt wichtige Hinweise und Aufschlüsse über Relevanz und Bedeutung bezüglich der Fragestellung und setzt diese qualitative Methode von am Schreibtisch gewonnenen Zugängen ab.

Auch hier ist eine gewisse Diskrepanz zwischen wissenschaftstheoretischem Anspruch und der Realität in der Praxis zu beobachten. Häufig werden die Themenbereiche – je nach Kundenwunsch – in exakt festgelegter Reihenfolge in Form von konkret ausformulierten Fragen im Leitfaden fixiert, und es wird klar darauf geachtet, dass auch jede Frage gestellt wird. Ein solch strukturiertes Vorgehen ist nicht theoriegeleitet und nimmt beispielsweise auch wenig oder keine Rücksicht auf die von Pollock dargelegten Phasen. Aber es bietet insbesondere dem Marketing klare Orientierung und stellt sicher, dass auch alle den Auftraggeber interessierenden Punkte in der Diskussion vorkommen. Es ist so allerdings weniger oder gar nicht mehr zu entscheiden bzw. zu unterscheiden, ob die jeweiligen Themen auch für die Teilnehmer von Interesse sind oder in deren Motivationsstruktur eine Rolle spielen. Der Moderator entscheidet hier in dem vorgegebenen zeitlichen Rahmen, ob, wann und wie die im Diskussionsprozess aufkommenden Themen vertieft werden.

5 Anforderungen an den Moderator

Aus der sozialwissenschaftlichen Kleingruppenforschung sowie aus den Erkenntnissen der Gruppendynamik lässt sich ableiten, dass es für die Moderation von Gruppendiskussionen absolut notwendig ist, dass der Moderator über praktische Erfahrung im Umgang mit Gruppen verfügt und gruppendynamische Effekte und Abläufe in Gruppen kennt und versteht. Ein sozialwissenschaftliches Studium und entsprechende Gruppenerfahrungen sind daher von Vorteil. Darüber hinaus werden persönliche Eigenschaften wie Offenheit, Freundlichkeit, Neugierde, kommunikative Fähigkeiten und ein sicheres Auftreten vorausgesetzt sowie ein Gefühl für gutes Timing und Sinn für Dramaturgie. Vornehmlich aus der humanistischen Psychologie (z.B. Carl Rogers) speisen sich weitere Anforderungen an den Moderator und dessen innere Haltung: Ein guter Moderator ist interessiert, zugewandt, akzeptierend, nicht wertend, wertschätzend, unparteiisch, fair, neugierig, vermittelnd. Durch eine solche Haltung kann eine angenehme und produktive Gesprächsatmosphäre entstehen. In dieser Atmosphäre fühlen sich die Befragungspersonen verstanden, wohl und sicher aufgehoben und es fällt ihnen leicht(er), vielleicht auch einmal solche Gefühle und Gedanken zu äußern, die zunächst abgelegen oder gar peinlich erscheinen könnten, die aber für das Thema durchaus von Interesse sind. Hierunter fallen insbesondere normative und moralische Vorstellungen, die tief im Wertesystem des Einzelnen wurzeln und die eines sensiblen Umgangs bedürfen.

Der Moderator muss gegenüber dem zur Diskussion stehenden Thema strikte Neutralität bewahren und keine eigene inhaltliche Stellung zu den Redebeiträgen der Teilnehmer abgeben oder gar seine eigene Meinung dazu veröffentlichen. Stattdessen behält er seine fragende, akzeptierende Haltung während der gesamten Diskussion bei und ist allen Äußerungen, Verhaltensweisen und Meinungen der Teilnehmer gegenüber gleichermaßen offen. Dies insbesondere auch dann, wenn sie nicht mit seinen eigenen Vorstellungen übereinstimmen. Einen guten Moderator zeichnet die Fähigkeit aus, geduldig zuzuhören und auch sozial schwierige Situationen zu meistern, z.B. bei abwertenden Bemerkungen von Teilnehmern untereinander. Selbstverständlich stellt er zu allen Teilnehmern einen guten Rapport her und passt sich in seinem Sprachstil, seiner Art zu reden und auch in seiner nonverbalen Kommunikation den Teilnehmern an. Dabei achtet er darauf, dass er die Teilnehmer auf dem gefühlsmäßigen „Level" abholt, auf dem sie sich (situativ) befinden. Findet die Gruppendiskussion beispielsweise abends statt, und die Teilnehmer machen nach einem arbeitsreichen Tag einen müden Eindruck, dann wird der Moderator (zunächst) selbst eher gedämpft agieren und sein Verhalten langsam, je nach dem „Pegelstand", der sich in der Diskussion herstellt, verändern. So minimiert er ggf. anfänglich vorhandene Fremdheitsgefühle oder auch Ängste und erreicht, dass sich die Teilnehmer durch eine angemessene Ansprache verstanden fühlen. Ergebnis wird sein, dass es ihm durch diese feinfühlige, rezeptive und maßvolle Haltung gelingt, dass sich alle Teilnehmer gut fühlen und ausreichend äußern können.

Um eine Gruppe angemessen zu moderieren, ist es notwendig, dass der Moderator in der Lage ist, seine Rolle zu reflektieren und auch einzuschätzen, wie seine spezifische Art auf Teilnehmer wirkt. Denn ähnlich, wie es bei den Teilnehmern bestimmte Rollen gibt, die Einzelne in einer Gruppendiskussion übernehmen, so gibt es auch bei Moderatoren spezifische Leitungsstile, die Auswirkungen auf das Gruppenklima sowie die inhaltliche Arbeit und deren Ergebnis haben. Man spricht vom Moderator als Führer, Konferenzleiter, Anbiederer, Prediger, Argumentierer, Akademiker, jemandem, der einen Laissez-faire-Stil pflegt, usw.

Claudia Puchta und Stephan Wolff akzentuieren die Anforderungen an den Moderator von Gruppendiskussionen in der Marktforschung: Sie sehen ihn als Vermittler zwischen zwei Welten, nämlich zwischen der Welt der Forschung und der Welt der Unternehmen, die diese Forschung in Auftrag geben (vgl. Puchta/Wolff 2004). In diesen beiden „Welten" gibt es unterschiedliche „Sprachen", aber auch unterschiedliche Vorgehensweisen und Interessen. Auf Forschungsseite gilt es objektiv, methodisch fundiert und sorgfältig zu sein und gleichzeitig die Zeitvorgaben, Rezeptionsmöglichkeiten und Interessenorientierung aus der „Welt" des Unternehmens zu berücksichtigen. Hier ist einiges an Übersetzungs- und Vermittlungsarbeit durch den Moderator zu leisten. Darüber hinaus muss er die speziellen Fragestellungen seines Kunden ebenso gut kennen wie den Markt, in dem dieser sich bewegt. Erfahrung und gegenseitiges Vertrauen sind deshalb unumgänglich.

In der Marktforschungspraxis wird der Moderator durch den Auftraggeber ausführlich hinsichtlich der Fragestellungen gebrieft und mit dem entsprechenden Hintergrundwissen vertraut gemacht. So erhält er eine gewisse Sachkompetenz, ohne aber explizit der Experte für das anstehende Thema zu sein. Experten für das Thema sind ganz klar die Gruppendiskussionsteilnehmer. Durch das Briefing kann der Moderator in der Gruppendiskussion einordnen, wovon die Teilnehmer sprechen, was sie ausdrücken möchten und die entsprechenden weiterführenden Fragen stellen. In der Gruppendiskussion selbst balanciert der Moderator aus, wie viel Expertentum er der Gruppe gegenüber zeigen möchte. Er bringt zum Ausdruck, dass es ihm darum geht, von den Teilnehmern selbst alles Wissenswerte zu erfahren. Der Moderator ist demnach in der Hauptsache der Experte für das Setting, den Arbeitsrahmen, die Atmosphäre, das Etablieren von Gruppenregeln und für die Gesprächsführung. Deshalb verhält er sich neutral, lässt sich nicht durch einzelne Teilnehmer oder Beiträge provozieren und verhindert, dass sich die Diskussionsrunde inhaltlich zu weit vom Thema entfernt.

Ruth Cohn formulierte in anderem Zusammenhang diese Anforderungen, die hier auf die Marktforschung und deren Ergebnisse bezogen werden, theoretisch in ihrem Konzept der themenzentrierten Interaktion. Die zentrale These ihrer Arbeit lautet: Das Thema („Es"), das Ich („der Einzelne") und das Wir („die Gruppe") bilden im Gruppenprozess ein Spannungsfeld, das es in der Balance zu halten gilt, um so Synergien zwischen dem Einzelnen, der Gruppe und der Arbeit am Thema herzustellen (vgl. Cohn 1980). Diese Balance immer wieder situativ herzustellen ist zentrale Aufgabe des Moderators.

Abbildung 5-1:   *Der Moderator als Vermittler (nach Cohn 1980)*

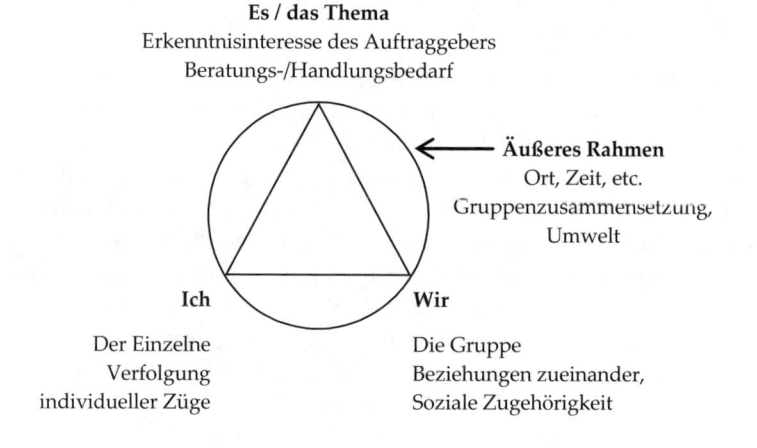

Es / das Thema
Erkenntnisinteresse des Auftraggebers
Beratungs-/Handlungsbedarf

⟵ **Äußeres Rahmen**
Ort, Zeit, etc.
Gruppenzusammensetzung,
Umwelt

Ich
Der Einzelne
Verfolgung
individueller Züge

Wir
Die Gruppe
Beziehungen zueinander,
Soziale Zugehörigkeit

Dominiert beispielsweise eine einzelne Befragungsperson die Gruppe zu stark oder schweift sie zu weit vom Thema ab, dann ist es Sache des Moderators, eine solche Person durch eine angemessene Intervention ggf. zu bremsen oder sie auf das Thema zurückzuführen, damit auch die anderen Gruppenteilnehmer sich im Sinne des inhaltlichen Ziels der Diskussion einbringen können.

Gruppendiskussionsverfahren

5.1 Spezifische Moderationstechniken

Neben allgemeinen Anforderungen an den Moderator gibt es Gesprächstechniken, die der Moderator beherrschen sollte und mit denen er die Gruppendiskussion steuert, aktiviert und strukturiert (vgl. u.a. Seifert 1999, Dammer/Szymkowiak 2008). Die spezifischen Gesprächstechniken sollen innere Suchprozesse der Teilnehmer aktivieren und intensivieren sowie die aktive Beteiligung aller Teilnehmer gewährleisten. Folgende Merkmale sind bei der Gesprächsführung zu beachten:

- Stellen von kurzen, einfach verständlichen, offenen, nicht-suggestiven und inhaltlich unspezifischen Fragen; keine „Doppelfragen"
- Stellen von W-Fragen (wie, wer, was, wann, wozu etc.)
- Aktives Zuhören, paraphrasieren, indem mit eigenen Worten das Gesagte erläuternd wiederholt wird
- Verbalisieren von in den Aussagen verborgenen Gefühlsinhalten bzw. Hilfe bei der Selbstexploration
- Stellen von Steuerungsfragen; zusammenfassen und zuspitzen
- Erfragen von Alltagsbeispielen
- Stellen geschlossener Fragen an geeigneter Stelle; z.B. gegen Ende der Diskussion
- Wissen um die Bedeutung von nonverbalen Kommunikationsformen etc.

Moderieren ist insofern eine anspruchsvolle Tätigkeit. Neben methodisch adäquatem Verhalten ist Flexibilität gefordert: So kommt es häufig vor, dass vom Auftraggeber in die laufende Gruppendiskussion hinein ergänzende Fragen durch Veränderungen der vorher festgelegten Schwerpunkte sowie neue Ideen oder Materialien etc. eingegeben werden, die der Moderator ad hoc in den Diskussionsfluss einbeziehen muss.

5.2 Vom Umgang mit Störungen

Jeder Moderator kennt die Situation: Während der eine Teilnehmer unentwegt redet und zu jedem Punkt etwas zu sagen hat, schweigt der andere Teilnehmer konstant und stur. Kann der eine wirklich zu allen Themen Relevantes beitragen und der andere nicht, oder ist der eine eher rechthaberisch und der andere schüchtern? Welche Möglichkeiten gibt es für den Moderator, mit sehr dominanten Vielrednern und mit Schweigern umzugehen?

Es gibt Störungen, in denen der Moderator gefordert ist, aktiv zu werden: Ein Vielredner sollte aus mehreren Gründen vom Moderator in seinem Redefluss gebremst werden. Zum einen kann er durch Dauerreden die Diskussion unnötig mit seinen Inhalten dominieren. Zum anderen kann es für andere Teilnehmer sehr unangenehm sein, gar nicht zu Wort zu kommen, weil einer immer schneller ist. Es gibt mehrere Strategien für den Moderator, mit Vielrednern umzugehen: Zunächst einmal kann er versuchen, Teilnehmer direkt zum Reden aufzufordern und den Vielredner so indirekt zu beeinflussen. Es wäre auch möglich, den Vielredner zu bitten, eine Pause zum Nachdenken einzulegen. Allerdings sind dezente Hinweise bei Vielrednern nicht immer erfolgreich. Dann sollte der Moderator klarer und deutlicher werden: So kann er sich beispielsweise für die sehr ausführlichen Redebeiträge bei ihm bedanken und gleichzeitig betonen, dass er nun auch großes Interesse an den Meinungen der anderen Gruppenmitglieder hat. Oder er spricht andere, eher schweigsame Teilnehmer, direkt an und bittet sie, die Äußerungen des Vielredners aus ihrer Sicht zu behandeln. Vor allem muss der Moderator dem Vielredner konsequent den Rapport entziehen, ihn beispielsweise nicht mehr anschauen, um ihn in seinem Verhalten nicht auch noch zu bestärken. Die allerletzte Möglichkeit ist die direkte Ansprache des Problems: Es muss dann allerdings in Kauf genommen werden, dass der Vielredner daraufhin eventuell beleidigt reagiert und sich (ganz oder phasenweise) zurückzieht.

Beim Schweiger ist es wichtig, dass versucht wird, ihn in die Gruppendiskussion hineinzuholen. Jeder Schweiger ist in der Gruppe ein Ausfall bezüglich des Themas und von daher eigentlich inakzeptabel. Da die Diskussion von den Beiträgen aller lebt, können Schweiger ebenso wie Vielredner von anderen Teilnehmern als störend oder gar als belastend erlebt werden. Sie sind wie ein schwarzes Loch in der Gruppe, um das herum sich die Gruppe bildet und das Fantasien und Energien auf sich zieht. Auch hier gibt es verschiedene Möglichkeiten des Umgangs für den Moderator: Zunächst einmal kann versucht werden, den Schweiger vorsichtig und indirekt zum Mitmachen in der Gruppendiskussion zu bewegen. Fruchtet dieses vorsichtige Vorgehen nicht, kann der Moderator den Rapport verstärken, intensiven, direkten Blickkontakt aufnehmen oder den Schweiger auch direkt namentlich mit der Bitte um einen Beitrag ansprechen. Lamnek notiert eine Reihe von auffordernden Fragen, mit denen Schweiger zum Reden gebracht werden können: „Was würden Sie denn dazu sagen?", „Ihre Meinung ist uns schon auch sehr wichtig!", „Darf ich Sie einmal persönlich ansprechen?" etc. (vgl. Lamnek 2005a, S.151). Auch im Falle von Schweigern ist der Moderator nicht immer erfolgreich. Er sollte es aber auf jeden Fall immer wieder erneut versuchen, den Schweiger in den Diskussionsprozess einzubeziehen.

Man kann noch weitere Rollen von Teilnehmern identifizieren, auf die von Moderatorenseite spezifisch einzugehen ist. So kann ein Teilnehmer beispielsweise die Rolle eines Zynikers, Miesmachers einnehmen, Mitläufer sein oder aber den Clown spielen und dadurch die Gruppe beeinflussen. Für den Moderator ist es wichtig zu wissen, dass es in Gruppen solche Rollen gibt, und er muss die Fähigkeit besitzen, entsprechend zu intervenieren.

Neben den „klassischen" Störformen kann es in Gruppendiskussionen die Tendenz geben, dass Teilnehmer wegen der für sie neuen Situation stärker und hartnäckiger als üblich gesellschaftliche Normen und Werte vertreten. Dies geschieht unter anderem wohl auch deshalb, um Anklang und Akzeptanz in einer fremden sozialen Situation unter fremden Menschen zu finden und dort nicht unangenehm aufzufallen. Ein solches Verhalten tritt häufig gerade dann auf, wenn ein Thema Teilnehmer emotional besonders beschäftigt oder aber antizipierte Erwartungen im Raum stehen. Es ist schwer für den Moderator, diese Tendenz völlig auszuschalten. Zentral sind deshalb Überlegungen im Vorfeld, ob bei der anstehenden Fragestellung Gruppendiskussionen überhaupt die geeignete Methode sind, oder dies bei der Gruppenzusammensetzung sehr genau zu bedenken. Auf jeden Fall ist hier der Moderator besonders gefordert, der den normativen Druck ggf. relativieren sollte, um das Gespräch wirklich offenzuhalten.

6 Auswahl und Struktur der Teilnehmer

Die erkenntnistheoretische Leistung von Gruppendiskussionen hängt ganz wesentlich von den Teilnehmern ab. Entsprechend wichtig ist es, die Auswahl und Struktur der Gruppendiskussionsteilnehmer konsequent zu reflektieren. Gruppendiskussionen sind als Verfahren für die unterschiedlichsten Zielgruppen geeignet. Eine gewisse Eloquenz der Teilnehmer und die Fähigkeit zur Introspektion oder Reflexion sind allerdings von Vorteil. Bei der Auswahl der Teilnehmer für eine Gruppendiskussion ist an erster Stelle darauf zu achten, dass sie von dem zur Debatte stehenden Thema selbst betroffen sind und etwas zu ihm aus eigener Betroffenheit mitzuteilen haben. Es sollte aber auch darauf geachtet werden, dass das Sprachniveau der Teilnehmer (einigermaßen) kompatibel ist; sonst kann ein zu hohes Gefälle im sprachlichen Ausdruck evtl. zu Schwierigkeiten oder gar zu Missverständnissen führen.

Generell werden Teilnehmer für Gruppendiskussionen nach soziodemographischen Merkmalen rekrutiert und nach weiteren Quotenmerkmalen, also für die Fragestellung relevanten Merkmalen (Produkt-/Markenkenntnis; Konsumerfahrungen etc.). Bei der Auswahl werden also im Regelfall neben soziodemographischen Variablen wie Geschlecht, Alter, Familienstand oder Bildungsstand auch psychographische Kriterien wie Lifestyle, Wissensstand in Bezug auf das Thema u.v.m. berücksichtigt. Die Erfahrung zeigt, dass sich Teilnehmer mit einem ähnlichen soziodemographischen Hintergrund in der Verständigung untereinander leichter tun. Insofern werden diesbezüglich i.d.R. eher homogene Teilnehmerstrukturen angestrebt. Je heterogener daher die relevanten Merkmale, desto mehr Gruppendiskussionen sind in der Praxis zu empfehlen. Allerdings empfiehlt Lamnek bei sehr homogenen Zielgruppen in Bezug auf das Thema eine eher heterogene sozialstatistische Zusammensetzung. Zumindest sollte der Grad der Homogenität und Heterogenität der Teilnehmerstruktur im Einzelfall sorgfältig abgewogen werden.

Es kann sinnvoll sein, homogene Gruppen zusammenzustellen, um eventuelle Polarisierungen unter den Teilnehmern zu vermeiden, die in der Gruppendiskussion destruktiv wirken könnten. Für eine heterogene Gruppenzusammensetzung spricht, dass im Hinblick auf den Untersuchungsgegenstand eine Vielfalt an Meinungen etc. auf den Tisch kommen sollte. Bei einer heterogen zusammengesetzten Gruppe ist darüber hinaus zu erwarten (und zu hoffen), dass die Diskussion lebhafter und munterer oder aber kontroverser verläuft als in einer homogenen Gruppe, in der es keine oder wenig divergierende Sichtweisen und Argumentationen etc. gibt. Bei mehreren Gruppendiskussionen besteht die Möglichkeit, dass die Gruppenzusammensetzung nach homogenen Hintergrundvariablen erfolgt und Heterogenität durch die Zusammenstellung von verschiedenen Gruppen gewährleistet werden kann.

In der Regel, so der marktforscherische Konsens (in Deutschland), sollen sich Teilnehmer von Gruppendiskussionen untereinander nicht kennen. Miteinander bekannte Personen entwickeln eine andere Gruppendynamik, als dies bei fremden Personen der Fall ist. Es kann aber auch gerade sinnvoll sein, befreundete Personen in einer Gruppendiskussion zu befragen, weil die Bekanntheit der Teilnehmer untereinander einen authentischeren und direkteren Zugang zur Fragestellung verspricht. Um einen frischen, unverbrauchten und spontanen Blick auf die zur Debatte stehende Fragestellung zu bekommen, wird (in Deutschland) viel Wert darauf gelegt, dass keine „Berufsbefragten" (sogenannte Focus Groupies) zu einer Gruppendiskussion eingeladen werden, die von Gruppe zu Gruppe wandern und zu allem etwas zu sagen haben oder gar Teile ihres Lebensunterhalts aus dieser Tätigkeit beziehen. Jedoch kann es je nach Fragestellung durchaus sinnvoll sein, Personen mit einem besonderen Gespür für Trends oder mit besonderen kreativen Fähigkeiten einzuladen. Dabei setzt man sich teilweise über das Kriterium der Vermeidung von Mehrfachteilnahme an Gruppendiskussionen hinweg.

An einer Gruppendiskussion nehmen – je nach Zielgruppe und Zielsetzung – i.d.R. zwischen sechs und zehn Personen teil. Die gewählte Teilnehmerzahl soll sicherstellen, dass sich alle Teilnehmer ausreichend beteiligen können und dass gruppendynamische Prozesse vom Moderator bewältigt werden können. Wichtig ist, dass möglichst jeder Teilnehmer die Gelegenheit bekommt, sich selbstbestimmt und aktiv zu beteiligen und zu den Themen zu äußern. In der Gruppendiskussion bilden drei gleichberechtigte und gleichwertige Partner eine „Beziehungstriade", in der alle drei gemeinsam an der Lösung der Fragestellung arbeiten und dazu jeweils ihre Expertise einbringen.

Abbildung 6-1: Beziehungstriade zur Problemlösung

```
           Marketing
              /\
             /  \
            / Ziel\
           /_____\
    Marktforscher  Konsument
```

Die Anzahl der durchzuführenden Gruppendiskussionen richtet sich – heutzutage mehr und mehr – zum einen nach dem zur Verfügung stehenden Budget des Auftraggebers, zum anderen natürlich nach dem Erkenntnisziel und den Fragestellungen. I.d.R. werden mindestens zwei bis drei Gruppendiskussionen durchgeführt, auch dann, wenn die Homogenität der Zielgruppe oder die Quotenanforderungen eine einzige Gruppe rechtfertigen würden. Bei einer einzigen Gruppe ist die Gefahr zu groß, dass das Ergebnis zufällig wäre. Wie viele Gruppendiskussionen insgesamt durchgeführt werden, hängt von der Fragestellung ab und davon, wie viele Zielgruppen in die Untersuchung einzubeziehen sind.

7 Räumliche und technische Rahmenbedingungen

Die meisten Gruppendiskussionen finden in einem Studio statt, das sowohl über die notwendigen Räume als auch über das notwendige technische Equipment verfügt. Benötigt wird ein ausreichend großer Gruppendiskussionsraum mit einem großen Tisch, an dem sechs bis zehn Personen gut Platz haben. Der Raum hat normalerweise einen großen Einwegspiegel und/oder die Möglichkeit zur Videoaufnahme/-übertragung mit dem dazu notwendigen technischen (Übertragungs-)Equipment. Hinter dem Einwegspiegel gibt es einen weiteren Raum, in dem die Beobachter sitzen, also Mitarbeiter des auftraggebenden Unternehmens (Marketing, Produktmanager/-entwickler, Praktikanten etc.), Mitarbeiter aus Agenturen und natürlich die am Projekt beteiligten internen Marktforscher. Je nach Fragestellung und geplantem Methodeneinsatz ist es erforderlich, dass Flipcharts und Metaplan-Wände zur Verfügung stehen, beispielsweise um Begriffe, zusammenfassende Stichworte etc. zu notieren und für die Teilnehmer zu versinnbildlichen und deren Gegenwart für die weitere Diskussion zu gewährleisten. Auch können Assoziationen aus Brainstormings, „Bilder", Einfälle, Gedanken, Ideen usw. protokolliert werden, um damit im weiteren Gesprächsverlauf arbeiten zu können. U.U. werden die Teilnehmer selbst gebeten, etwas zu notieren (z.B. beim Brainwriting), wozu dann ebenfalls entsprechendes Material bereitstehen sollte.

Eher selten finden manche Gruppendiskussionen bei Teilnehmern zu Hause statt. Beispielsweise eignet sich dieses Verfahren, wenn natürliche, echte Gruppen befragt werden. Zu Hause scheint es möglicher, einen authentischeren und direkteren Kontakt zu einer Gruppe zu erlangen als im Studio. Natürliche Gruppen fühlen sich im häuslichen Umfeld freier und lockerer, sodass zusätzlich Insights gewonnen werden können, indem neben den diskutierten Inhalten auch private, individuelle Umfeldfaktoren in die Analyse eingehen können.

Nicht unwesentlich für ein gutes Arbeitsklima ist auch eine adäquate Bewirtung der Teilnehmer. Die Art der Bewirtung richtet sich nach der Zielgruppe: So kann es beispielsweise bei einer Gruppendiskussion mit Fußballfans sinnvoll sein, als Getränk Bier zu servieren, ein Getränk, das diesem Personenkreis vertraut ist und sicherstellt, dass keine „Fremdheitsgefühle" auftreten, sondern sie vielmehr in eine passende Verfassung bringt. Andererseits ist es sinnvoll, „nur" Mineralwasser anzubieten, wenn in der Gruppendiskussion Produkte degustiert werden und es wichtig ist, dass geschmackliche Unterschiede nicht durch ein Getränk überdeckt werden. Technische Anforderungen ergeben sich v.a. aus der Notwendigkeit einer Audio- und Videoaufzeichnung, um eine möglichst umfassende Protokollierung sämtlicher Datenebenen – verbal diskutierte Inhalte ebenso wie visuelle Informationen über Gestik, Mimik in verschiedenen Phasen der Diskussion – zu gewährleisten.

8 Protokollierung und Auswertung

Wie andere qualitative Verfahren liefern auch Gruppendiskussionen eine sehr große Materialfülle. Es gibt sehr unterschiedliche Standards bzw. Konventionen, wie Gruppendiskussionen protokolliert werden. Diese reichen von Vollabschriften über zusammenfassende Protokolle bis hin zu stichwortartigen Notizen. Die Aufgabe des Marktforschers ist es, die Art der Protokollierung von vornherein festzulegen, weil dies erhebliche Konsequenzen für die Auswertung und Analyse hat.

Meist werden die auf Audio oder Video aufgezeichneten Gruppendiskussionen in den wichtigsten Punkten transkribiert oder zusammenfassend protokolliert. Es kommt vor, dass ein Protokollant an einem Nebentisch im Gruppendiskussionsraum sitzt, der die wesentlichen Inhalte direkt mitprotokolliert; v.a. wenn vor der endgültigen Detailanalyse eine erste, zeitnahe Vorabanalyse vom Kunden verlangt wird. Teilweise wird auch die komplette Diskussion vollständig wörtlich transkribiert. Welche Form des Protokolls sinnvoll ist, richtet sich danach, welche Bedeutung einzelne Redebeiträge und deren Bezüge unter den Teilnehmern für die Fragestellung und Analyse haben: Geht es beispielsweise darum, auf einer eher rationalen Ebene Informationen zu sammeln und diese dann zu beschreiben, dann sind die stichwortartigen Aufzeichnungen eines direkt in der Situation mitgeschriebenen Protokolls gut und ausreichend. Ist dagegen an eine umfassendere Analyse und Interpretation gedacht, die sich auf differenzierte sozialwissenschaftliche oder linguistische Theorien bezieht, ist eine möglichst ausführliche Mitschrift oder eine vollständige Transkription erforderlich.

Die Auswertung und Analyse von Gruppendiskussionen bezieht sich in der Marktforschungspraxis weniger auf die Darstellung intra-individueller Einzelmeinungen als vielmehr auf die Darstellung aggregierter Gruppenmeinungen. Jede Gruppendiskussion repräsentiert quasi einen Fall. Gruppendiskussionen können je nach Fragestellung, Erkenntnisinteresse und zugrunde liegender Theorie auf unterschiedlichen Ebenen ausgewertet und analysiert werden (vgl. z. B. Calder 1977 und Dichter 1964, 1979, Lamnek 2005b, Loos/Schäfer 2001).

- Werden in einer Gruppendiskussion auf einer kognitiven Ebene Informationen gewonnen, dann genügt teilweise eine rein deskriptive Zusammenfassung. Solche Ergebnisse zeichnen sich durch eine große Alltagsnähe aus und eignen sich besonders gut für die Bildung von Statements für quantitative (Folge-)Studien oder zur erneuten Hypothesenbildung.

- Sind Gruppendiskussionen tiefenpsychologisch angelegt, dann wird in der Auswertung handlungsleitend sein, die psychodynamischen Einflüsse auf die offen zutage getretenen Gefühle, Argumente, Ideen, Einsichten der Teilnehmer zu identifizieren, diese zu verstehen und entsprechend darzustellen.

- Gruppendiskussionen, die Consumer Insights auf tiefer gehenden – und zwar auf allen für die Fragestellung relevanten – Ebenen gewinnen und soziokulturelle Zusammenhänge einbeziehen möchten, werden ebenfalls unterschiedliche theoretische Ansätze oder Konzepte zur Interpretation der gewonnenen qualitativen Daten heranziehen.

Für die Auswertung und Analyse von qualitativen Daten gibt es mittlerweile computergestützte Methoden bzw. entsprechende Software. Die Verwendung einer solchen Software wird unterschiedlich bewertet: So kann durch eine solche Software über Suchbegriffe sicherlich schnell ein zahlenmäßig fundierter Überblick zu einem Themenbereich erhalten werden. Als Gegenargument für die Verwendung von Software wird eingewendet, dass Gruppenkontext, Tonalität und Interaktion in der Gruppe für die Einschätzung der Ergebnisse nicht ausreichend berücksichtigt werden (→ Beitrag „Auswertung & Analyse qualitativer Daten" von Gabriele Naderer).

9 Fazit

Eine Stärke von Gruppendiskussionsverfahren liegt in der besonderen Dynamik, die sich aus dem Versuch der Teilnehmer ergibt, sich gegenseitig zu verstehen, aber auch die Meinung anderer kritisch zu hinterfragen. Aus dem angeregten und anregenden Austausch von verschiedenartigen Menschen ergeben sich erkenntnistheoretische Möglichkeiten, die Einzelinterviews nicht bieten. Eine weitere Stärke liegt in der Alltagsnähe, zumindest dann, wenn der Austausch in Gruppen die reale Alltagskommunikation abbildet bzw. dieser entspricht.

Gruppendiskussionen eignen sich in vielen Phasen komplexer Forschungsprozesse, von der Ideengenerierung über Konzepttests bis hin zur Identifikation erklärender Ursachen quantitativ erhobener Daten. Als Vorstudie erlauben sie das Generieren relevanter Inhalte und deren sprachlicher Umsetzung, um ein hohes Maß an Validität in quantitativen Hauptstudien zu garantieren. Speziell für das Marketing und beteiligte Werbeagenturen bieten Gruppendiskussionen die besondere Möglichkeit, ihre Zielgruppen sehr anschaulich und intensiv „live" erleben zu können. Durch den Abgleich mit unterschiedlichen psychologischen und anderen sozialwissenschaftlichen Theorien, die menschliches Verhalten (in Gruppen) verstehen und erklären helfen, und durch ein mittlerweile sehr differenziertes Methoden-Set ist es möglich, aus Gruppendiskussionen wichtige Erkenntnisse über Konsumenten (Consumer Insights) zu gewinnen. Andererseits sollte jedoch der Einsatz von Gruppendiskussionen immer auch einer sehr kritischen Würdigung unterzogen werden. Gruppendynamische Gesetzmäßigkeiten können die Auseinandersetzung mit einem Thema dominieren und verzerren. Zum anderen werden in Gruppendiskussionen, wie in allen sozialen Situationen, quasi unter der Hand und überwiegend unreflektiert, Rollen (Vielredner, Schweiger etc.) vergeben, die konformistisches oder opportunistisches Verhalten provozieren können und damit das Ergebnis ebenfalls verzerren können. Die Interpretation der Ergebnisse sollte sich deshalb nicht nur auf die mittels Konsens erreichte und einleuchtend erscheinende Gruppenmeinung beziehen, sondern v.a. den Entwicklungsprozess dieser Gruppenmeinung rekonstruieren.

Literaturverzeichnis

Bohnsack, Ralf / Przyborski, Aglaja / Schäffer, Burkhart (Hrsg.) (2006, 2010 broschiert). Das Gruppendiskussionsverfahren in der Forschungspraxis. Opladen.

Calder, Bobby J. (1977): Focus Groups and the Nature of Qualitative Marketing Research. In: Journal of Marketing Research, 14, S. 353–364.

Catterall, Miriam (2001): Focus Groups in Market Research. Theory, Method and Practice. PhD Dissertation, University of Ulster.

Cohn, Ruth (1980): Von der Psychoanalyse zur themenzentrierten Interaktion. Stuttgart.

Dammer, Ingo / Szymkowiak, Frank (2008): Gruppendiskussionen in der Marktforschung. Köln.

Denzin, Norman K. / Lincoln, Yvonne S. (1994): Handbook of Qualitative Research. Thousand Oaks.

Dichter, Ernest (1964): Handbook of Consumer Motivations. The Psychology of the World of Objects. New York.

Dichter, Ernest (1979): Getting Motivated. The Secret Behind Individual Motivations by the Man who was not afraid to ask "Why?". New York.

ESOMAR (2009): Global Market Research – ESOMAR Industry Report.

Gordon, Wendy / Langmaid, Roy (1988): Qualitative Market Research. London.

Lamnek, Siegfried (2005a): Gruppendiskussion. Theorie und Praxis. 2., überarbeitete und erweiterte Auflage. Stuttgart.

Lamnek, Siegfried (2005b): Qualitative Sozialforschung. Lehrbuch. 4., vollständig überarbeitete Auflage. Weinheim.

Lazarsfeld, Paul Felix (1972): Qualitative Analysis. Historical & Critical Essays. Boston.

Lewin, Kurt (1936): Principles of Topological Psychology. New York.

Loos, Peter / Schäffer, Burkhard (2001): Das Gruppendiskussionsverfahren. Theoretische Grundlagen und empirische Anwendung. Opladen.

Mangold, Werner (1973): Gruppendiskussion. In: König, René (Hrsg.): Handbuch der empirischen Sozialforschung. Band 2: Grundlegende Methoden und Techniken der empirischen Sozialforschung. 3., umgearb. u. erw. Auflage. Stuttgart, S. 228–259.

Nießen, Manfred (1977): Gruppendiskussion. Interpretative Methodologie, Methodenbegründung, Anwendung. München.

Pollock, Friedrich (1955): Gruppenexperiment. Ein Studienbericht. Frankfurt/Main.

Puchta, Claudia / Wolff, Stephan (2004): Vortrag auf der Jahrestagung der Sektion „Methoden der qualitativen Sozialforschung" der Deutschen Gesellschaft für Soziologie in Tübingen.

Rogers, Carl (2005): Die klientenzentrierte Gesprächspsychotherapie. Frankfurt/Main.

Seifert, Josef W. (1999): Meetings moderieren. Offenbach.

Karsten Müller, Julia David, Tammo Straatmann

Qualitative Beobachtungsverfahren

1 Einführung 315
2 Einordnung und Abgrenzung 316
   2.1 Definition von Beobachtungsverfahren 316
   2.2 Klassifikation von Beobachtungsverfahren 317
3 Strukturelle Merkmale 320
   3.1 Strategische Aufgabendefinition 321
   3.2 Biotik der Untersuchungssituation 322
   3.3 Datenerhebung 324
   3.4 Datenauswertung 325
   3.5 Ergebnispräsentation 327
   3.6 Zusammenfassung 327
4 Vor- und Nachteile 328
5 Anforderungen an die Beobachter und Beobachtertraining 331
6 Datenschutz und Anonymität 332
7 Einsatzgebiete in der qualitativen Marktforschung 334
8 Fazit 341

Qualitative Beobachtungsverfahren

1 Einführung

Seit jeher spielt die Beobachtung eine zentrale Rolle für die wissenschaftliche Forschung und die damit verbundene Gewinnung empirischer Erkenntnisse (Ruso 2009). Entsprechend begleiten Beobachtungsverfahren die Geschichte der Forschung und werden immer wieder methodisch kritisch reflektiert (Flick 1999). Heutige Beobachtungsverfahren sind vor allem stark von drei historischen Wurzeln beeinflusst. Frühe Anwendungen und Erfolge der Beobachtungsverfahren finden sich vorrangig in der Kulturanthropologie und Ethnologie, welche die Untersuchung von Naturvölkern ins Zentrum ihrer Betrachtung stellte (→ *Beitrag „Ethnographie" von Petra Mathews und Edeltraud Kaltenbach*). An die Ethnologie angelehnt trugen die soziologischen Untersuchungen der Chicagoer Schule zur weiteren Entwicklung der Beobachtungsverfahren bei (Atteslander 2008; Mayring 2002). Ähnlich wie in der Ethnologie war auch in der Chicagoer Schule die Nutzung der Beobachtung von einem deutlich qualitativen Charakter gekennzeichnet. Der Einsatz der Beobachtungsverfahren wurde hierbei geprägt durch ein eher exploratives, unstrukturiertes Vorgehen im natürlichen Setting. Daneben nahmen Beobachtungsverfahren auch im Behaviorismus eine zentrale Stelle ein. Die Beobachtung als Forschungsmethode ist charakteristisch für das Paradigma des Behaviorismus und seiner Grundannahme, dass nur wissenschaftlich analysiert werden kann, was sich von außen beobachten lässt (Watson 1913).

Während Beobachtungsverfahren zu klassischen Standardmethoden (Atteslander 2008; Mayring 2002) der wissenschaftlichen Feldforschung zu rechnen sind, ist für die qualitative Marktforschung die Befragung bislang die deutlich dominierende Forschungsmethode (Ruso 2009; Salcher 1995). Doch bieten Beobachtungsverfahren gerade für die Marktforschung zahlreiche Vorteile, die insbesondere eine stärkere Verbreitung der qualitativen Beobachtung für viele wichtige Fragestellungen nahelegen. Speziell bei Fragen zu komplexen Situationen und Verhalten sind Beobachtungsverfahren im Vorteil, da sie nicht auf die Auskünfte der Personen angewiesen sind und somit methodische Probleme vermieden werden können.

Im Folgenden wird die Rolle und Bedeutung insbesondere von qualitativen Beobachtungsformen für die Marktforschung näher dargestellt. Hierfür wird die Beobachtung als wissenschaftliche Methode zunächst zu anderen Methoden abgrenzt, um ihre besonderen Vorteile zu verdeutlichen und eine möglichst zielsichere Methodenwahl in der Anwendung zu ermöglichen. Um die Anwendung und Planung von qualitativen Beobachtungsstudien zu verdeutlichen, werden strukturelle Merkmale sowie Vor- und Nachteile von Beobachtungsverfahren herausgearbeitet und jeweils diskutiert. Entsprechend der Wichtigkeit der Beobachter für die Qualität der Beobachtungsverfahren wird im Anschluss kurz auf die Beobachterschulungen eingegangen. Abschließend werden Einsatzgebiete der qualitativen Beobachtung in der Marktforschung allgemein und die Kombination mit anderen Erhebungsverfahren am konkreten Beispiel des Shadowing verdeutlicht.

Karsten Müller, Julia David, Tammo Straatmann

2 Einordnung und Abgrenzung

Die Beobachtung ist neben der Fähigkeit zur aktiven Kommunikation eine der wichtigsten Alltagskompetenzen zur Erlangung von Wissen und zur Orientierung in der Welt (Atteslander 2008; Flick 1999). Die alltägliche Beobachtung ist jedoch meist routinemäßig, inzidentell und unreflektiert, während die wissenschaftliche Beobachtung zielgerichtet, geplant und auf Basis jeweiliger paradigmatischer „Standards" erfolgt (Atteslander 2008). Der Begriff der Beobachtung wird in der wissenschaftlichen Forschungstradition jedoch in höchst unterschiedlicher Art und Weise verstanden. Im Kern stellt die Beobachtung in erster Linie eine Datenerhebungstechnik dar, die grundsätzlich nicht exklusiv einer bestimmten paradigmatischen Ausrichtung (z. B. qualitative vs. quantitative Forschung; Positivismus vs. Hermeneutik) oder bestimmten Forschungsansätzen (z. B. Ethnologie) zuzuordnen ist.

2.1 Definition von Beobachtungsverfahren

Entsprechend wird die Beobachtung als Methode der empirischen Datenerhebung von der American Psychological Association als „the intentional examination of an object or process for the purpose of obtaining facts about it or reporting one's conclusions based on what has been observed" (VandenBos 2007, S. 638) definiert. Ähnlich sieht eine Definition aus dem deutschen Sprachraum die Beobachtung als „die aufmerksame und planvolle Wahrnehmung und Registrierung von Vorgängen an Gegenständen, Ereignissen oder Mitmenschen in Abhängigkeit von bestimmten Situationen" (Fröhlich 2000).

Zentral für Beobachtungsverfahren ist, dass die Datenerhebung durch die **sinnliche Wahrnehmung** des Beobachters erfolgt, wobei der Fokus in erster Linie auf dem Verhalten und dessen Kontext liegt (Atteslander 2008). Bezüglich der sinnlichen Wahrnehmung wird in unterschiedlichen Quellen darauf hingewiesen, dass alle Sinne bei der Beobachtung eine Rolle spielen können. Die Beobachtung beschränkt sich demnach nicht auf das Sehen, sondern auch Hören, Riechen, Schmecken und Fühlen können wichtige Kanäle der Beobachtung sein (Adler/Adler 1994; Fisseni 1998). Insgesamt spielt das Sehen und Hören aber in der wissenschaftlichen Beobachtung die größte Rolle.

Zusammenfassend betonen die Definitionen die Direktheit der Wahrnehmung durch den Beobachter, die Zielgerichtetheit der wissenschaftlichen Beobachtung, sowie dass neben dem Verhalten auch der Kontext, d. h. die situativen Bedingungen des Verhaltens in Form von Gegenständen, anderen Personen und Ereignissen im Fokus stehen.

2.2 Klassifikation von Beobachtungsverfahren

Entscheidend für eine Klassifikation von Beobachtungsverfahren und deren Abgrenzung zu anderen Forschungsmethoden ist die direkte Erfassung von Verhalten bzw. dessen Kontext durch die Sinnesorgane des Beobachters. In diesem Zusammenhang verdeutlicht Abbildung 2-1 die Einordnung von Beobachtungsverfahren im Kontext anderer Erhebungsmethoden und anderer zentralen Merkmalsdimensionen von Erhebungsverfahren (Biotik und Untersuchungsgegenstand).

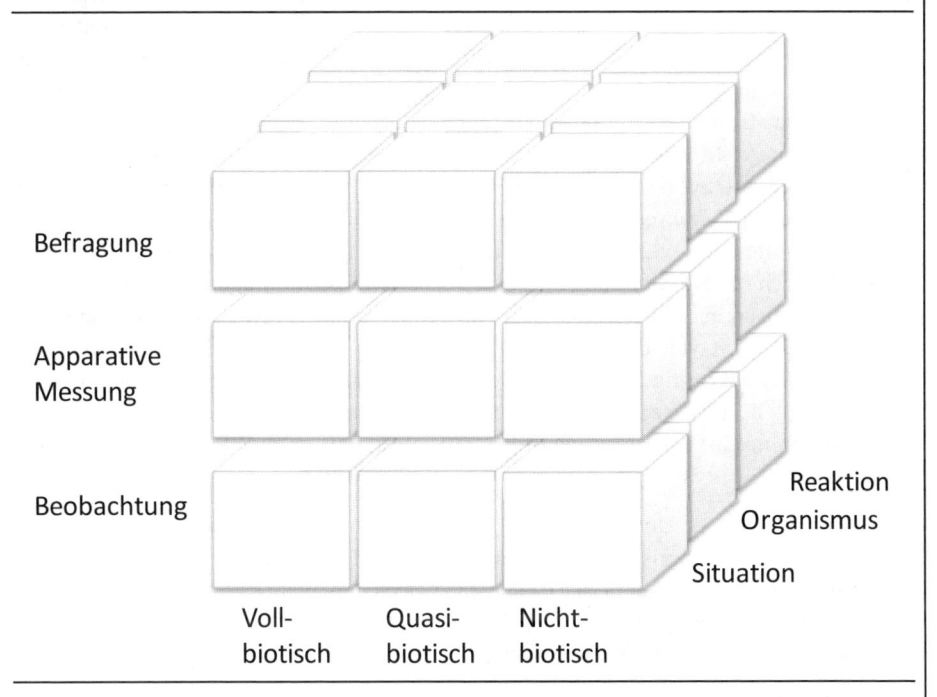

Abbildung 2-1: Dreidimensionaler Methodenwürfel

Eine erste zentrale Ordnungsdimension spiegelt sich in Cattells (1946) grundlegender **Kategorisierung empirischer Erhebungsmethoden** wider. So trifft Cattell (1946) die Unterscheidung in Q-Daten (Questionnaire Data), die durch *Befragungen* gewonnen werden, T-Daten (Test Data), die durch *objektive Apparate* gemessen werden, und L-Daten (Live Data), die durch menschliche *Beobachtungen* ermittelt werden.

Beobachtung und Befragung lassen sich primär darin unterscheiden, dass sich die Befragung auf die inhaltlichen Aussagen der Versuchspersonen bezieht und die Beobachtung auf äußere Verhaltensweisen und deren Kontext. Beobachtung und apparative Verfahren hingegen unterscheiden sich durch das Kernmerkmal der sinnlichen

Karsten Müller, Julia David, Tammo Straatmann

Wahrnehmung. Entsprechend ist aus dieser Perspektive eine Messung mittels apparativer Verfahren (z. B. Hautwiderstands- oder Pulsmessung), welche direkt in einer numerischen Ausprägung des zu untersuchenden Merkmals (z. B. Ohm (Ω), Pulsfrequenz) resultiert, nicht als Beobachtung zu verstehen, da hier eine Erhebung der Daten ohne sinnliche Wahrnehmung des Beobachters stattfindet.

Am Beispiel der Blickbewegungsregistrierung bzw. des modernen Eye-Trackings ist ein interessanter Methodenwechsel von der anfänglichen Beobachtung zu den apparativen Verfahren zu beobachten. Geschichtlich gesehen kommt die Blickbewegungsregistrierung aus dem Bereich der Beobachtung. So wurden Augenbewegungen der Versuchspersonen noch durch direkte Beobachtung, also sinnliche Wahrnehmung des Beobachters, erfasst (z. B. Companion-Verfahren). Heutige Blickbewegungsregistrierungsverfahren hingegen, wie beispielsweise das Eye-Tracking-Verfahren, sind technisch aufwendiger als frühere Blickbewegungsverfahren. Im Unterschied zu früher werden das Blickfeld und die Augenbewegungen direkt mittels mechanischer bzw. technischer Instrumente aufgezeichnet und ausgewertet, die sinnliche Wahrnehmung des Beobachters ist für diesen Vorgang nicht mehr notwendig. In diesem Sinne stellen heutige technische Eye-Tracking-Verfahren apparative Messungen dar. Insgesamt wird den apparativen Verfahren durch die technologischen Fortschritte in der zukünftigen Marktforschung eine wichtige Rolle zugeschrieben (Hofte-Fankhauser/Wälty 2009). Sie sind jedoch für die Erfassung komplexer situativer Bedingungen und umfassender Verhaltensweisen in natürlichen Settings aufgrund der meist invasiven Erfassung und der Notwendigkeit von diskreten und messbaren Sachverhalten kaum verwendbar und werden daher primär für die Messung speziell abgrenzbarer Teilphänomene eingesetzt (z. B. Eye-Tracking bei Marktforschungsanalysen zur Wirksamkeit von Werbeplakaten oder bei Untersuchungen zur Benutzerfreundlichkeit von Internetseiten).

Eine weitere wichtige Unterscheidung zur Einordnung wissenschaftlicher Methoden stammt aus neobehavioristischer Sicht und fokussiert den **Untersuchungsgegenstand**. Dabei wird im S-O-R Schema der Gegenstand der Untersuchung in *Situationen*, *Organismus* (intervierende Variablen) und *Reaktionen* (Verhalten) unterteilt (siehe Schema zur Erklärung des Konsumentenverhaltens bei Kroeber-Riel/Weinberg 1996).

Neben der Methode der Datenerhebung und der Unterscheidung des Untersuchungsgegenstandes ist die **Biotik** bzw. Natürlichkeit oder Lebensnähe der Untersuchungssituation ein weiteres zentrales Ordnungsmerkmal. Hier sind drei verschiedene Ausprägungsgrade zu unterscheiden (nach Salcher 1995): *voll-biotisch*, *quasi-biotisch* und *nicht-biotisch*.

Voll-biotische Untersuchungssituationen sind dann gegeben, wenn die Situation in ihrer Natürlichkeit voll erhalten bleibt. Eine voll-biotische Untersuchungssituation ist nach Spiegel (1970, S. 156) dadurch gekennzeichnet, dass „die Versuchsperson weder um ihre Situation als Versuchsperson weiß, noch um die Aufgabe, geschweige denn um den Zweck des Versuchs".

Qualitative Beobachtungsverfahren

Im strengsten Sinne ist allein die Einladung zu einer Studie eine mögliche Beeinflussung (Salcher 1995), wodurch sich der Idealfall einer voll-biotischen Untersuchungssituation in der Marktforschung nur selten realisieren lässt. In der Praxis sind vor allem quasi-biotische Verfahren in unterschiedlichen Abstufungen zu finden.

Bei quasi-biotischen Untersuchungssituationen bleibt zwar eine Lebensnähe der Untersuchungssituation erhalten, der Forscher tritt jedoch aktiv auf, wodurch aufseiten der Versuchsperson eine gewisse Bewusstheit über die Untersuchung vorhanden ist.

Wichtig für alle voll- und quasi-biotischen Untersuchungssituationen ist es, dass trotz der stattfindenden Beobachtung kein Gefühl des Beobachtetwerdens bei den beobachteten Personen entsteht (Salcher 1995). Daher empfiehlt es sich bei quasi-biotischen Untersuchungssituationen, dass die „zu beobachtende Verhaltensphase jedoch als ein *Teil*ablauf so untergebracht ist, dass ihr – trotz der unvermeidlich erhöhten Aufmerksamkeit der Versuchsperson gegenüber dem Gesamtgeschehen – keine größere Beachtung als im Alltagsvollzug geschenkt wird" (Spiegel 1970, S. 140).

Dem gegenüber stehen nicht-biotische Untersuchungssituationen, bei denen eine künstliche Situation erschaffen wird und der Forscher beispielsweise durch experimentelle Anordnungen aktiv und manipulierend auftritt. Nach Spiegel (1970) ist eine nicht-biotische Beobachtungssituation dann gegeben, wenn es sich um eine eindeutige Beobachtungssituation handelt, in der den Personen nicht nur die Aufgabe, sondern auch der Zweck der Untersuchung klar oder erschließbar ist bzw. die Beobachtung in einem künstlichen Rahmen erfolgt.

Über die drei Dimensionen Untersuchungsmethode, Untersuchungsgegenstand und Untersuchungssituation spannt sich ein dreidimensionaler Methodenwürfel (siehe Abbildung 2-1). In diesem Methodenraum gibt es zahlreiche Kombinationen verschiedener Ausprägungen und entsprechende Variation in der Auswahl und Ausgestaltung der Untersuchungsmethoden, wobei sich nicht alle Kombinationen aus diesem Würfel gleich gut für eine valide Erfassung eignen. So stellt die Beobachtung für die objektive Untersuchung von komplexen Situationen und Reaktionen in einem Setting mit hoher Biotik die geeignetste Methode dar. Dennoch bleibt bezüglich der Untersuchungsmethoden festzuhalten, dass weder die Befragung noch die apparative Messung oder die Beobachtung grundsätzlich die bessere Wahl darstellen. Vielmehr muss die Wahl der Erhebungsmethode in Abhängigkeit zur konkreten Zielsetzung der Untersuchung und den situativen Rahmenbedingungen erfolgen.

Darüber hinaus ist anzumerken, dass Beobachtungsverfahren kein homogenes Instrumentarium darstellen, sondern durch ein kaum übersehbares Spektrum verschiedener Variationen in der konkreten Ausgestaltung gekennzeichnet sind. Die unterschiedlichen Merkmale der Ausgestaltung werden im nächsten Abschnitt anhand eines strukturellen Ordnungsschemas dargestellt.

3 Strukturelle Merkmale

Für die Anwendung von Beobachtungen in der Marktforschung ist es neben der klaren methodischen Einordnung zu anderen Erhebungsverfahren auch wichtig, die verschiedenen Variationsmöglichkeiten von Beobachtungsverfahren zu berücksichtigen und deren jeweilige Implikationen zu kennen. Abbildung 3-1 zeigt einen prototypischen Ablauf einer Beobachtungsstudie (vgl. Atteslander 2008 bzw. Flick 1999). Im Laufe der unterschiedlichen Phasen gibt es eine Reihe von Entscheidungen, die in der Planung oder während der Durchführung der Beobachtungstudie bewusst getroffen werden müssen.

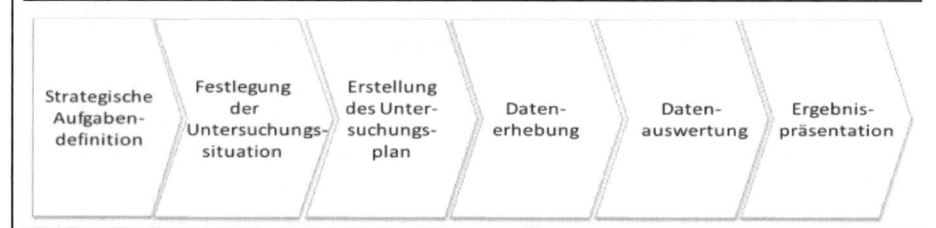

Abbildung 3-1: Prototypischer Ablauf von Beobachtungsverfahren

Strategische Aufgabendefinition → Festlegung der Untersuchungssituation → Erstellung des Untersuchungsplan → Datenerhebung → Datenauswertung → Ergebnispräsentation

Diesen Entscheidungen entlang des Untersuchungsprozesses lässt sich eine Unmenge an Strukturierungsmerkmalen und deren Vermischungen in der einschlägigen Literatur zuordnen. Eine Landkarte zentraler struktureller Merkmale in Bezug auf die zu treffenden Entscheidungen findet sich in Abbildung 3-2. Dabei ist die Landkarte so aufgebaut, dass die Merkmale der Beobachtungsverfahren dem Ablauf einer Beobachtungsstudie folgen.

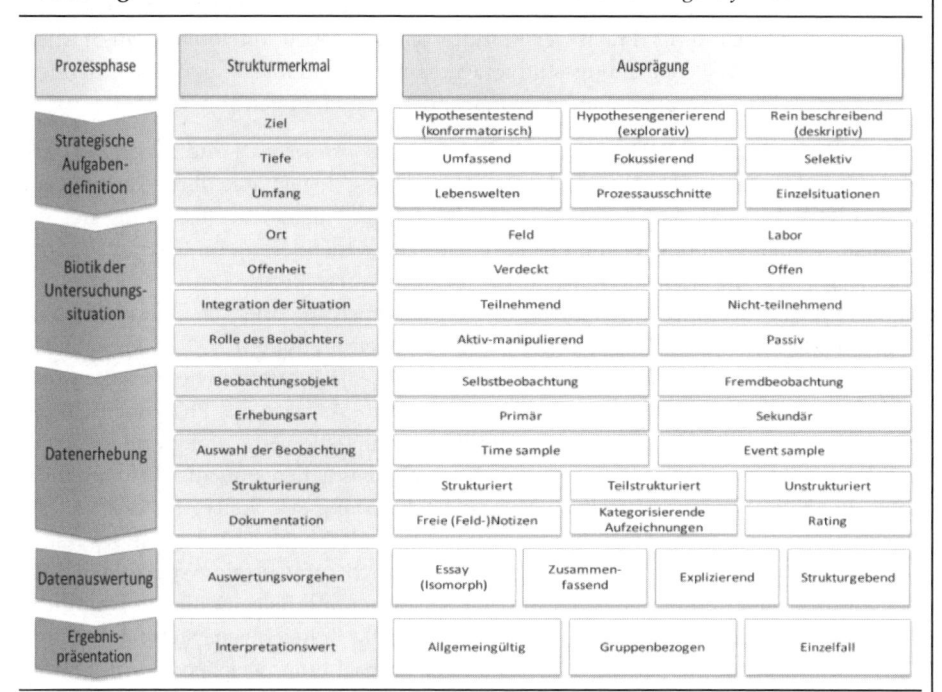

Abbildung 3-2: Landkarte struktureller Merkmale von Beobachtungsverfahren

Prozessphase	Strukturmerkmal	Ausprägung		
Strategische Aufgabendefinition	Ziel	Hypothesentestend (konformatorisch)	Hypothesengenerierend (explorativ)	Rein beschreibend (deskriptiv)
	Tiefe	Umfassend	Fokussierend	Selektiv
	Umfang	Lebenswelten	Prozessausschnitte	Einzelsituationen
Biotik der Untersuchungssituation	Ort	Feld		Labor
	Offenheit	Verdeckt		Offen
	Integration der Situation	Teilnehmend		Nicht-teilnehmend
	Rolle des Beobachters	Aktiv-manipulierend		Passiv
Datenerhebung	Beobachtungsobjekt	Selbstbeobachtung		Fremdbeobachtung
	Erhebungsart	Primär		Sekundär
	Auswahl der Beobachtung	Time sample		Event sample
	Strukturierung	Strukturiert	Teilstrukturiert	Unstrukturiert
	Dokumentation	Freie (Feld-)Notizen	Kategorisierende Aufzeichnungen	Rating
Datenauswertung	Auswertungsvorgehen	Essay (Isomorph)	Zusammenfassend	Explizierend	Strukturgebend
Ergebnispräsentation	Interpretationswert	Allgemeingültig	Gruppenbezogen	Einzelfall

3.1 Strategische Aufgabendefinition

In einem ersten Schritt ist es wichtig, im Sinne einer genauen Auftragsklärung eine **strategische Aufgabendefinition** zu erarbeiten. Dabei gilt es, ein praktisches Entscheidungsproblem in eine konkrete Forschungsfrage mit genauer Beschreibung des Ziels, der Tiefe und des Umfangs zu überführen (Kepper 1996).

In der Marktforschung dienen Untersuchungen häufig als Möglichkeit, den geringen Kontakt der Unternehmen zu den eher anonymen Konsumenten des Massenmarkts zu überbrücken (Salcher 1995). Entsprechend sind die *Zielsetzungen* der meisten Marktforschungsstudien eher *hypothesengenerierend (explorativ)* und legen eine strukturierende Erschließung von „Neuland" nahe (Mayring 2002, S. 82) (Bsp.: Der Hersteller XY hat durch vorherige Marktforschungsstudien herausgefunden, dass vor allem Frauen sein Produkt XY kaufen. Was sind die Motive dahinter, und wie lassen sie sich typologisieren?"). Darüber hinaus prägen die Praxis der Markforschung auch vielfach Studien mit *rein beschreibenden* Zielsetzungen, ohne dass direkt Hypothesen getestet oder generiert werden sollen (Bsp.: Wie sieht die Käufergruppe und -schicht des Produkts XY aus?). Zwar können Zielsetzungen auch direkt *hypothesentestend*

Karsten Müller, Julia David, Tammo Straatmann

(konfirmatorisch) sein (Bsp.: Der Hersteller XY denkt, dass sein Produkt jünger und moderner als das Konkurrenzprodukt wirkt, und möchte dies in einer Marktforschung bestätigen); dies ist in der Praxis der Marktforschung jedoch nur in wenigen Studien der Fall. Qualitative Beobachtungsstudien werden aufgrund ihrer möglichen Offenheit insbesondere bei explorativen und beschreibenden Zielsetzungen angewendet.

Bezüglich der **Tiefe** der Beobachtung sind *umfassende, fokussierende* und *selektive* Vorgehensweisen denkbar, die alle in der Marktforschung regelmäßig ihre Anwendung finden. Dabei ist eine *umfassende Beobachtung* auf eine allgemeine Erfassung des zu untersuchenden Phänomens und des Kontextes zur „Orientierung im Untersuchungsfeld" (Flick 1999, S. 158) ausgelegt (Bsp.: Bisherige Erkenntnis: Die Gestaltung der Verkaufsregale beeinflusst scheinbar die Produktauswahl und das Kaufverhalten. Umfassende Beobachtung: Beobachtung von Personen im Supermarkt an Verkaufsregalen hinsichtlich der Produktauswahl). *Fokussierende Beobachtungen* beschränken sich wesentlich stärker auf (bereits identifizierte) relevante Aspekte des Phänomens (Bsp.: Bisherige Erkenntnis: Die Höhe der Produktplatzierung, die Verpackung und der Preis des Produkts scheinen einen Einfluss auf das Greifverhalten und die Kaufentscheidung zu haben. Fokussierende Beobachtung: Beobachtung des Greifverhaltens, welche der drei Variablen den größten Einfluss hat durch experimentelle Variation des Regal Set-ups), während *selektive Beobachtungen* sich gänzlich auf zentrale Aspekte des Phänomens beziehen und der Generierung von Beispielen und Belegen dienen (vgl. Flick 1999) (Bsp.: Bisherige Erkenntnis: Je näher das Produkt in Reichweite steht, desto häufiger wird es gegriffen. Selektive Beobachtung: Beobachtung, welchen Einfluss allein die Höhe der Platzierung des Produkts auf das Greifverhalten hat.)

In Beziehung zur Tiefe der Beobachtung steht häufig auch der **Umfang** der Beobachtung. Hier kann sich je nach Fragestellung die Beobachtung auf ganze *Lebenswelten* von z. B. Kulturen oder bestimmten Zielgruppen (wie beispielsweise häufig in der Ethnologie) oder auf bestimmte Teilbereiche bzw. zusammenhängende *Prozessabschnitte* (wie z. B. Einkauf oder Inanspruchnahme einer Dienstleistung) beziehen oder wiederum auf ganz spezifische *Einzelsituationen* (wie z. B. Blickbewegungen und Verhalten vor dem Einkaufsregal) fokussieren.

Ausgehend von der Bestimmung der strategischen Aufgabendefinition der Beobachtung ergeben sich zahlreiche Implikationen in Bezug auf die Auswahl der nachfolgenden strukturellen Merkmale.

3.2 Biotik der Untersuchungssituation

Die Bestimmung der **Untersuchungssituation** spielt eine wichtige Rolle für Beobachtungsstudien in der Marktforschung. Generell kann eine Untersuchungssituation je nach Ausprägung und Kombination der vier Strukturmerkmale (***Ort, Offenheit,** Inte-*

gration der Situation, Rolle des Beobachters) voll-, quasi- und nicht-biotisch sein (vgl. Methodenwürfel in Abbildung 2-1).

Im Weiteren sollen nun die einzelnen Strukturmerkmale näher erläutert werden:

Zur Untersuchungssituation gehört in erster Linie die Entscheidung für einen **Untersuchungsort**, dabei kann zwischen einem natürlichen Setting im *Feld* und einem künstlichen Setting im *Labor* (Flick 1999) unterschieden werden. Vorteile des Settings im *Labor* sind vor allem in der Kontrollierbarkeit der Rahmenbedingungen zu sehen. Des Weiteren lassen sich für die Beobachtung im Labor leicht Einwegspiegel zur direkten Beobachtung oder Videokameras als indirekte Beobachtungsmethode einsetzen. So lassen sich beispielsweise bei Gruppendiskussionen oder Interviews gezielt die mimischen Reaktionen und der Umgang mit Produkten beobachten. Vorteile des Settings im *Feld* sind vor allem die damit verbundene Natürlichkeit der Situation und die entsprechende Erhaltung der Komplexität der Wirklichkeit. Während Einwegspiegel nur selten im Feld genutzt werden können, ermöglichen die technologischen Entwicklungen in vielen Fällen den Einsatz von Videosystemen.

Für einen Untersuchungsort wird sich häufig aufgrund der Schwierigkeit des Zugangs entschieden, da für Beobachtungsstudien manche Orte durch firmenspezifische, rechtliche oder ethische Einschränkungen nicht direkt zugänglich sind. Soll beispielsweise die Interaktion mit neuen Produkten beobachtet werden, die noch keine Marktreife erlangt haben, so ist ein Setting im öffentlichen Raum wie beispielsweise in einem Supermarkt nicht möglich. Die letztendliche Entscheidung zur Wahl des Untersuchungsortes sollte entsprechend vor allem in Anlehnung an den Untersuchungsgegenstand und die vorab festgelegte Zieldefinition erfolgen.

Unabhängig davon ist es bei Untersuchungen im Feld und im Labor aus ethischen und rechtlichen Umständen unerlässlich, die Beobachteten über die Beobachtungssituation und den Zweck der Untersuchung aufzuklären sowie eine Einwilligung zur Teilnahme und Verwendung der Daten einzuholen (Ruso 2009; Salcher 1995).

In ähnlicher Art und Weise muss über die Offenheit der Beobachtung sowie die Integration des Beobachters in die Situation entschieden werden.

Offenheit der Situation bedeutet, inwieweit es der beobachteten Person bekannt ist, dass sie Gegenstand einer Beobachtung ist bzw. inwieweit der Beobachter als Forscher auftritt oder als solcher unerkannt bleibt (Weis/Steinmetz 1991). Bei der *verdeckten Beobachtung* glauben die Versuchspersonen, unbeobachtet zu sein, und handeln ganz natürlich. Bei der *offenen Beobachtung* weiß die beobachtete Person um die Beobachtung und die Untersuchung, was zu Verhaltensänderungen führen kann. Darüber hinaus kann es in der Praxis trotz offener Beobachtung sinnvoll sein, durch Tarnung und „Irreleitung" (z. B. durch die Anwendung einer „Cover Story") eine Nichtdurchschaubarkeit hinsichtlich des Untersuchungszwecks herzustellen.

Karsten Müller, Julia David, Tammo Straatmann

Bei der *Integration des Beobachters* in die Situation wird zwischen *teilnehmender* und *nicht-teilnehmender* Beobachtung unterschieden. Bei einer *teilnehmenden Beobachtung* begibt sich der Beobachter in das zu beobachtende Setting. Es wird dabei angenommen, dass durch die Teilnahme und die damit verbundene unmittelbare Erfahrung der Situation neue Aspekte des Handelns und Denkens beobachtbar werden. Man spricht von *nicht-teilnehmender Beobachtung*, wenn der Forscher selbst nicht aktiver Bestandteil des Beobachtungsfeldes ist, z. B. hinter einer Einwegscheibe das Verhalten eines Teilnehmers beobachtet. Der nicht-teilnehmenden Beobachtung liegt letztlich der Gedanke zugrunde, dass das Verhalten der Probanden durch eine aktive Teilnahme des Forschers möglicherweise verzerrt werden kann bzw. die Objektivität der Einschätzungen des Forschers durch eine zu starke Involviertheit leiden könnte.

Zur Definition der Untersuchungssituation neben der Frage der Offenheit und Integration des Beobachters stellt sich insbesondere im Falle der teilnehmenden Beobachtung die Frage nach der **Rolle des Beobachters**. Der Beobachter kann hierbei eine *aktiv manipulierende Rolle* innerhalb des zu beobachtenden sozialen Feldes übernehmen (z. B. durch Aufgaben gewisse Verhaltensweisen oder Situationen hervorrufen), oder er agiert lediglich als *passiver Teilnehmer* der Situation.

3.3 Datenerhebung

Ein weiterer wichtiger Prozessabschnitt in Bezug auf die Planung und Umsetzung von Beobachtungsverfahren ist die eigentliche **Datenerhebung**. Grundsätzlich ist bei der Umsetzung der Datenerhebung zwischen *Selbstbeobachtung* und *Fremdbeobachtung* zu unterscheiden (Kleber 1992). Dabei versteht sich die *Selbstbeobachtung* als eine auf sich selbst gerichtete Beobachtung, bei der die beobachtende Person selbst ihr Verhalten, ihre Gefühle und Gedanken in bestimmten Situationen beobachtet. Ein Beispiel für eine systematische Art der qualitativen Erhebung von Selbstbeobachtungsdaten sind Tagebuchaufzeichnungen bzw. die derzeit sehr beliebten Online-Tagebücher oder auch Online Diaries. Bei Online-Tagebüchern sind die Teilnehmer aufgefordert, sich im Alltag zu bestimmten Aspekten selber zu beobachten und dies in ihrem Online-Tagebuch niederzuschreiben. Der Marktforscher kann damit z. B. Erkenntnisse erhalten, wo Konsumenten sich informieren, recherchieren und konsumieren. Diese Methode befindet sich jedoch in einem fließenden Übergang zwischen Beobachtung und Befragung, wenn neben der reinen Beobachtung des eigenen Verhaltens und des situativen Kontextes auch zum Beispiel Motive, Einstellungen und Gedanken festgehalten werden sollen. Als klassische Form der wissenschaftlichen Beobachtung versteht sich vor allem die *Fremdbeobachtung*, also die auf äußere Situationen und das Verhalten anderer Personen gerichtete Beobachtung.

Ferner kann die Beobachtung in der **Erhebungsart** als *Primär- oder Sekundärbeobachtung* erfolgen. Während Primärbeobachtungen direkt während des Geschehens am Entstehungsort erhoben werden, also durch die direkte sinnliche Wahrnehmung entstehen, erfolgt bei der Sekundärbeobachtung die Beobachtung nach dem eigentlichen Geschehen und unabhängig vom Ort anhand der Inspektion von aufgezeichneten Materialien (z. B. Videoaufnahmen von ethnografischen Interviews). In vielen Fällen eignet sich die gleichzeitige Verwendung von direkter Beobachtung und von Videoaufzeichnungen zur detaillierten Sekundärbeobachtung. Durch dieses Vorgehen kann eine höhere Nachvollziehbarkeit und Vollständigkeit der Beobachtungen sichergestellt werden, da kritische Situationen sich im Nachhinein nochmals beobachten lassen und keine wichtigen Details verloren gehen.

In Bezug auf die **Beobachtungseinheiten** lässt sich zwischen *Ereignisstichproben (event sampling)* und *Zeitstichproben (time sampling)* unterscheiden. Bei Ereignisstichproben steht das Auftreten von bestimmten Handlungen oder Ereignissen innerhalb eines definierten Zeitabschnitts im Vordergrund, während bei Zeitstichproben vor allem der zeitliche Verlauf interessiert und protokolliert werden soll (Bungard/Holling/Schultz-Gambard 1996).

Ebenso stellt sich im Rahmen der Erhebung die Frage nach deren **Strukturierungsgrad**. So kann über das Untersuchungsziel festgestellt werden, wie hoch der bisherige Wissenstand ist. Hieraus lässt sich dann der mögliche Strukturierungsgrad des weiteren Vorgehens einengen. Eine Beobachtungsstudie mit einem explorativen Ziel wird zwangsläufig ein *unstrukturiertes bzw. offenes* Vorgehen verlangen, während eine Analyse bekannter Sachverhalte oder die Überprüfung konkreter Hypothesen einen *teilstrukturierten* oder *vollständig strukturierten* Beobachtungsleitfaden nahelegt (Bungard et al. 1996).

Der Strukturierungsgrad steht in engem Bezug zur Art der **Dokumentation** der Beobachtungen. Die Beobachtungen können hierbei frei in Form von *Mitschriften* oder im biotischen Setting als *Feldnotizen* dokumentiert werden. Des Weiteren können Beobachtungen direkt bei der Erhebung *vorgegebenen Kategorien* zugeordnet oder als *Ratings* vorgenommen werden.

Qualitative Beobachtungsverfahren kommen vor allen Dingen dann zum Einsatz, wenn eine gewisse Offenheit in der Datenerhebung vorteilhaft oder sogar notwendig ist. Entsprechend wird bei qualitativer Beobachtung klassischerweise häufig mit freien Aufzeichnungen gearbeitet. Ratings finden sich im eigentlichen Sinne bei quantitativen Beobachtungen, jedoch können in einer vorwiegend qualitativen Beobachtungsstudie auch quantitative Rating-Elemente enthalten sein.

3.4 Datenauswertung

Bei der **Datenauswertung** von Beobachtungsstudien sieht man sich in den meisten Fällen mit einem sehr umfangreichen und reichhaltigen Datenmaterial konfrontiert. In

Karsten Müller, Julia David, Tammo Straatmann

Bezug auf die *inhaltliche Auswertung* insbesondere bei Mitschriften und Feldnotizen gilt es, das komplexe Datenmaterial zu strukturieren, bestimmte Aspekte zu explizieren, Regelmäßigkeiten herauszuarbeiten und auf wesentliche Inhalte zu reduzieren (Mayring 2002). Neben der möglichst *isomorphen* (vollständigen) Auswertung in Essayform werden nach Mayring (2007) drei weitere Formen qualitativ inhaltsanalytischer Vorgehensweisen unterschieden: *Zusammenfassung, Explikation* und *Strukturierung*. Die *Zusammenfassung* hat vor allem eine materialreduzierende und abstrahierende Funktion, die *Explikation* bzw. Kontextanalyse ergänzt Textteile durch Erläuterungen und zusätzliche Informationen. Eine *strukturierende Interpretation* durchleuchtet und bewertet das Textmaterial anhand bestimmter, vorher festgelegter Kriterien (→ Beitrag *„Auswertung & Analyse von qualitativen Daten" von Gabriele Naderer*).

Diesen verschiedenen Vorgehensweisen liegt eine intensive Analyse des Beobachtungsmaterials zugrunde. Dabei handelt es sich um eine qualitative Inhaltsanalyse mit Fokus auf der Bedeutsamkeit einzelner Handlungen und Ereignisse für das Gesamtgeschehen (vgl. Bales 1975). Die Auswertung des Beobachtungsmaterials beginnt entsprechend zunächst je nach Fragestellung mit einer weitestgehend offenen Sichtung, wobei auf relevante Ereignisse oder kritische Vorfälle geachtet wird. Ein hilfreicher, aber nicht notwendiger Bestandteil der Auswertung kann in vielen Fällen die Erstellung eines Kategoriensystems sein. So können häufig erste relevante Kategorien direkt aus der Fragestellung abgeleitet werden. Die Kategorien ermöglichen eine systematische Sichtung des Materials, jedoch sollte es immer möglich sein, das Kategoriensystem zu erweitern und neue Aspekte aufzunehmen. Wurden Videoaufzeichnungen vorgenommen, können diese während der Auswertung immer wieder zur Überprüfung der Beobachtungen herangezogen werden, um im Sinne der jeweiligen Fragestellung alle relevanten Aspekte, Regelmäßigkeiten und Besonderheiten abzubilden.

Die Analyse des Beobachtungsmaterials legt dabei neben den verbalen und nonverbalen Beobachtungselementen einen besonderen Fokus auf die Kontextualisierung des beobachteten Verhaltens. Zusammengenommen kann diese qualitative Analyse erste Hypothesen über mögliche kausale Zusammenhänge in Bezug auf situative Auslöser und deren Konsequenzen liefern. Im Abgleich unterschiedlicher Beobachtungen lassen sich diese Hinweise dann zu Verhaltensmustern, Ablaufskripten und Interaktionsprofilen verdichten. Ziel dabei ist es, sowohl typische als auch ungewöhnliche Verläufe aufzuzeigen, um die Inhaltsrepräsentativität sicherzustellen. Diese Verläufe können sehr gut über qualitative hierarchische und prozessuale Strukturen abgebildet und durch quantifizierte Beobachtungsdaten ergänzt und unterstützt werden.

Generell kommt der intersubjektiven Nachvollziehbarkeit bei dieser qualitativen inhaltsanalytischen Auswertung eine wichtige Rolle zu. Entsprechend gilt es, für ein systematisches und regelgeleitetes Vorgehen bei der Analyse konkrete, sequenziell zu bearbeitende Analyseschritte und explizite Regeln der Kodierung festzulegen. Insbesondere bei der Kodierung empfiehlt es sich, mit mehreren unabhängigen Auswertern zu arbeiten und ihre Übereinstimmung zu überprüfen (Inter-Rater-Reliabilität). Weiterhin steht den Auswertern zur Unterstützung der qualitativen Inhaltsanalyse hoch spezialisierte Software zur Verfügung (z. B. Atlas.ti, MAXQDA). Zwar übernehmen solche „Textauswertungsprogramme" keine eigenständige oder automatische Analyse, jedoch sind sie besonders für die Strukturierung, Organisation und Kategorisierung der Beobachtungsdaten zu empfehlen.

3.5 Ergebnispräsentation

Bei der **Ergebnispräsentation** von qualitativen Beobachtungsstudien in der Marktforschung ist es wichtig, die zentralen Erkenntnisse und typischen Beobachtungen anschaulich und möglichst verdichtet darzustellen. Besonders durch den zunehmenden Einsatz von Videosystemen ist es möglich, reine Ergebnischarts mit Befunden und Interpretation durch konkrete Beispiele in Form von kleinen Videoclips oder Bildsequenzen anzureichern und so entsprechende andockungsfähige Aha-Effekte zu bewirken. Mit etwas größerem technischem Aufwand lassen sich die zentralen Befunde auch komplett in Form von voice-over-vertonten Videofilmen zusammenstellen, um die Interpretationen direkt in Zusammenhang mit ihren Grundlagen zu präsentieren.

Wichtig bei allen Schritten der Datenaufbereitung und Ergebnispräsentation ist, die Anonymität der Versuchspersonen zu gewährleisten. So ist beispielsweise bei Sekundäranalysen von Videosequenzen aus rechtlicher Sicht die Einholung einer Einverständniserklärung der Versuchsperson, dass das Videomaterial von Projektbeteiligten gesichtet werden darf, unumgänglich (*vgl. Kapitel 6 zum Thema Datenschutz und Anonymität*).

3.6 Zusammenfassung

Auf Basis dieses sicherlich erweiterbaren Ordnungsschemas lassen sich in der Verwendung von Beobachtungsverfahren bestimmte Forschungsparadigmen (quantitativ vs. qualitativ) identifizieren bzw. bestimmte Ausgestaltungsformen zu umfassenderen Forschungsansätzen wie z. B. der Ethnologie zuordnen.

So macht die Landkarte der Strukturierungsmerkmale von Beobachtungsstudien sehr deutlich, dass die qualitative Beobachtung im eigentlichen Kern nicht notwendigerweise als grundsätzliches Forschungsparadigma zu verstehen ist, sondern sich in erster Linie auf die Art der Erhebungsmethode und die Art der erhobenen Daten (qualitative Daten, → *Beitrag „Der qualitative Forschungsprozess" von Gerhard Kleining*) bezieht. Qualitative Beobachtungsverfahren sind insbesondere dadurch gekennzeichnet, dass die Erhebung nicht unmittelbar in einer numerischen Ausprägung von Phänomen resultiert, d. h. nicht über Ratingskalen dokumentiert wird. Allerdings wird die Verwendung von qualitativen Beobachtungsverfahren in der Marktforschung häufig automatisch mit strukturellen Merkmalen wie einem geringen Grad der Strukturierung, einem eher explorativen Ziel oder der Anwendung in biotischen Settings verknüpft. Quantitativ orientierte Beobachtungsverfahren sind hingegen stärker mit Merkmalen wie strukturiert, hypothesenprüfend und starke Trennung der Erhebung und Auswertung assoziiert. Für die Praxis der Marktforschung erscheint es wichtig, sich von diesen automatischen Verbindungen zu lösen, um den Blick für neue Kombinationen und Chancen zu eröffnen.

4 Vor- und Nachteile

Viele Vorteile der qualitativen Beobachtung gelten gleichermaßen für quantitative Beobachtungsverfahren, sodass sie einleitend anhand der zwei Dimensionen des Methodenwürfels, *Biotik* und *Untersuchungsgegenstand*, gemeinsam dargestellt werden können. Im Anschluss sollen die speziellen Stärken und Schwächen der qualitativen Beobachtung vertieft werden.

Bezogen auf die *Biotik* der Untersuchungssituation (voll-biotisch, quasi-biotisch und nicht-biotisch) offenbaren sich die Vorteile der Beobachtung vor allem in direkter Abgrenzung zu den anderen Forschungsmethoden. So sind für Befragungsverfahren und apparative Messungen voll-biotische Untersuchungssituationen weitestgehend nicht herzustellen. Der Grund liegt hier darin, dass durch die Befragung an sich eine aktive Manipulation der Wirklichkeit stattfindet, die zwangsläufig eine Bewusstheit über die eine Untersuchungssituation mit sich bringt. Ähnlich ist es bei vielen apparativen Messverfahren, die direkt an den Probanden angeschlossen werden und damit die vollständige Natürlichkeit der Untersuchungssituation auflösen. Durch den Einsatz langer Erhebungszeiträume oder von Cover-Stories kann zwar einiges an Natürlichkeit für den eigentlichen Untersuchungszeitpunkt dazugewonnen werden, ein voll-biotisches Setting ist bei Befragungen und apparativen Messungen jedoch kaum zu erreichen.

Im Gegensatz dazu ist bei der Anwendung von Beobachtungsverfahren die Biotik der Untersuchungssituation leichter zu erhalten, da keine aktive Beeinflussung der Situation gegeben sein muss. Gelingt es bei Beobachtungen in voll-biotischen oder quasi-biotischen Untersuchungssituationen, das Gefühl des Beobachtetwerdens zu vermeiden, so agieren die Personen im Gegensatz zu Befragungen oder apparativen Messungen unverfälschter, was eine wirklichkeitsgetreuere Datenerfassung ermöglicht. Entsprechend sind bei Beobachtungssituationen mit hoher Biotik die sogenannten Versuchsleitereffekte (z. B. störende Beobachtereinflüsse, falsches Verhalten des Beobachters) geringer. Weiterhin ist bei Beobachtungsverfahren mit keiner bzw. geringer verzerrender Reflexion des Verhaltens durch die beobachtete Person zu rechnen, wodurch insbesondere bei biotischen Vorgehensweisen Verzerrungen durch Tendenzen zu sozialer Erwünschtheit reduziert werden können.

Bezogen auf die möglichen *Untersuchungsgegenstände* (Situation, vermittelnde Organismusvariablen, Reaktionen) werden weitere Vorteile von Beobachtungen sichtbar. So sind Beobachtungen bei der Untersuchung von Situationen und Reaktionen im Vergleich zu Befragungen nicht auf die Auskunftsfähigkeit oder -bereitschaft von Teilnehmern angewiesen.

Entsprechend kommen Beobachtungsverfahren zum Beispiel dann zum Tragen, wenn für die Untersuchungsfrage Aspekte interessant sind, die von der Versuchsperson schwer verbal beschreibbar, kaum erinnerbar oder automatisiert und damit nur schwer bewusstseinsfähig sind. Beispielsweise hat sich die Abfrage von Verhalten oftmals als unzuverlässig erwiesen, da Menschen vieles von ihrem Verhalten nicht bewusst wahrnehmen und somit oftmals nicht Auskunft erteilen können oder sich stark verschätzen (siehe z. B. Gram 2010). Weiterhin gibt es Zielgruppen (z. B. Kleinkinder), die nicht in der Lage sind, Auskünfte zu geben. Gerade bei solchen Zielgruppen hat sich in der praktischen Marktforschung die Beobachtung bewährt. Beispielsweise lässt sich unabhängig von der Auskunftsfähigkeit bei Kindern durch Einwegspiegel sehr gut beobachten, welches Spielzeug bevorzugt ausgewählt wird und wie das Spielverhalten aussieht.

Ferner wird deutlich, dass die Kontextualisierung des Verhaltens eine oft in der Diskussion vernachlässigte Stärke der Beobachtung darstellt. Insbesondere im Bereich der angewandten Marktforschung kommt dem situativen Kontext des Verhaltens eine besondere Bedeutung zu. Die Beobachtung als Erhebungsmethode erlaubt die authentische Erfassung dieser situativen Umstände in Kombination mit dem jeweiligen Verhalten (siehe Praxisbeispiel Shadowing). Hierbei liegt ein Hauptvorteil der Beobachtung darin, dass das wirkliche Verhalten direkt und aktuell in der Entstehung abgegriffen wird. Bei einem befragungsbasierten Vorgehen hingegen ist man dazu gezwungen, sich auf retrospektive Berichte zu verlassen. Diese Berichte können jedoch anfällig für methodische Probleme, beispielsweise in Form von verzerrter oder lückenhafter Erinnerung der Teilnehmer sein.

Die Beobachtung ist im Hinblick auf den Untersuchungsgegenstand im Vergleich zur Befragung weitestgehend frei von zahlreichen Problemen, die mit Erinnerungsfehlern, (Fehl-) Interpretationen, Hemmungen, Antwortverweigerungen oder Falschangaben bei bestimmten Themen (z. B. aufgrund sozialer Erwünschtheit oder mangelnder Selbstbeobachtung/Selbstkenntnis) oder generell der Auskunftsfähigkeit und -bereitschaft durch die Befragten selbst verbunden sind.

Dennoch liegt ein Nachteil von Beobachtungen darin, dass sie bei Fragestel-lungen in Bezug auf intervenierende Organismusvariablen, beispielsweise bei der Ermittlung von Motiven, subjektiven Wahrnehmungen, Einstellungen, Emotionen, kognitiven Prozessen einer Person, auf extern beobachtbare Organismusvariablen beschränkt bleiben. So lassen sich neben dem Verhalten (z. B. Gestik, Mimik) zwar weitere Merkmale wie beispielsweise Geschlecht, Haarfarbe, Statur beobachten, diese Informationen geben jedoch wenig Aufschluss auf die intervenierenden psychologischen Variablen. Während das Verhalten beobachtet werden kann, können die Gründe für das Verhalten bei reiner Beobachtung nur indirekt unter Berücksichtigung des situativen Kontextes erschlossen werden. Wie an Hand des Methodenwürfels erläutert, sind für die direkte Erfassung der intervenierenden Organismusvariablen insbesondere die Befragungsverfahren geeignet. Deshalb bietet die Kombination von Verhaltensbeobachtung mit Befragungsmethoden ein besonderes Potenzial zur gegenseitigen Ergänzung und Steigerung der Validität der Untersuchungsergebnisse.

Über die gemeinsamen Vor- und Nachteile hinaus weisen insbesondere die qualitativen Beobachtungsverfahren spezielle Stärken und Schwächen auf. Durch die qualitative Datenerhebung und die damit verbundene Offenheit der Erhebung bieten sie die Möglichkeit zur Exploration komplexer Phänomene und Lebenswelten. Die Offenheit des Vorgehens ermöglicht eine flexible Erfassung von spontanen Ereignissen, Reaktionen und bisher unbekannter Sachverhalte. Diese umfassende und detaillierte Datenerhebung gewährleistet somit eine hohe Realitätsnähe und Inhaltsrepräsentativität, wodurch sich Erkenntnischancen ergeben, die zu einem tieferen Verständnis führen können.

Entsprechend können qualitative Beobachtungen in vielen Fällen wichtige Informationen über Befragungsmethoden und apparative Verfahren hinaus liefern. So werden qualitative Beobachtungen im Rahmen ethnographischer Ansätze zur Exploration umfangreicher Konsum- und Lebenswelten bestimmter Zielgruppen eingesetzt, aber auch zur Untersuchung von konkretem Verhalten in spezifischen Situationen wie zum Beispiel bei der Werbewirkungsforschung oder bei Usability-Studien.

Neben den vielen Vorteilen der Offenheit von qualitativen Beobachtungsverfahren führt die große Menge der erhobenen Daten im Zuge der Datenerhebung und der Datenauswertung zu einem erhöhten Zeit- und Kostenaufwand.

Weiterhin liegt eine der größten Herausforderungen von qualitativen Beobachtungsverfahren in der Herstellung der Objektivität. Verschiedene Quellen der Subjektivität, z. B. die auf sinnlicher Wahrnehmung der Beobachter basierenden Daten, bringen dabei mögliche Verzerrungen ins Spiel. Deshalb ist es eine wichtige Maßnahme, durch gezielte Schulung und Training der Beobachter die Verlässlichkeit der Beobachtung zu verbessern.

5 Anforderungen an die Beobachter und Beobachtertraining

Qualitative Beobachtungsverfahren stützen sich in erster Linie auf die Wahrnehmungen der Beobachter, in gewisser Weise sind die Beobachter selbst das eigentliche Erhebungsinstrument (Bungard et al. 1996; Ruso 2009). Dabei sehen sich die Beobachter mit einer Reihe von Anforderungen konfrontiert. So muss ein Beobachter nach Bungard et al. (1996) – insbesondere bei gering strukturierten, qualitativen Beobachtungsverfahren – in der Beobachtungssituation offen agieren und reagieren können, er muss entsprechend souverän und flexibel mit unerwarteten Situationen und Verhaltensweisen umgehen, während er weiterhin präzise die Beobachtungen dokumentieren soll und eventuelle Ergänzungen vornimmt. Das Ganze sollte bei der teilnehmenden Beobachtung zudem unauffällig ablaufen, sodass der Beobachtete die Beobachtungssituation vergessen kann und seine Handlungen entsprechend möglichst natürlich bleiben (Bungard et al. 1996; Salcher 1995).

Wie aus dieser kurzen Schilderung deutlich wird, werden vielfältige Anforderungen an die Methoden- und Sozialkompetenzen der Beobachter gestellt. Insgesamt können die Anforderungen zu einer Reihe von potenziellen Fehlern aufseiten des Beobachters führen. Schon im Bereich der Wahrnehmung sind klassische Effekte wie Erwartungseffekte, Konsistenz- und Kontrasteffekte, aber auch Verzerrungen durch zu starke emotionale Beteiligung möglich. Darüber hinaus kommen weitere potenzielle Störfaktoren in Form persönlicher Tendenzen und Dispositionen bezogen auf die Aufzeichnungen oder bei der Auswertung hinzu. Aber insbesondere die individuellen Kapazitätsgrenzen sollten berücksichtigt werden. Hier ist darauf zu achten, dass die Beobachtungsleitfäden den Beobachter unterstützen und nicht überfordern.

Insgesamt ist die Qualität von Beobachtungen insbesondere von den Kompetenzen der Beobachter und der Eignung eines Beobachtungsleitfadens abhängig (Bungard et al. 1996). Durch diese Abhängigkeiten ist es besonders wichtig, dass über Beobachterschulungen auf der einen Seite eine Bewusstmachung von potenziellen Wahrnehmungs- und Verarbeitungsverzerrungen und auf der anderen Seite eine fundierte Auseinandersetzung mit den Zielsetzungen der Beobachtung stattfindet. Des Weiteren ist es sinnvoll, in der Beobachterschulung den Beobachtern das Ziel und die Hintergründe sowie eine genaue Planung der Untersuchung zu erläutern (Bortz/Döring 1984). Besonders empfehlenswert ist es, das Beobachtungsschema sowie die Handhabung eventueller technischer Hilfsmittel (Kamera, Laptop u. a.) mit den Beobachtern während der Schulung zu testen. Durch diesen Pretest können Probleme im Beobachtungsleitfaden oder beim Umgang mit den technischen Geräten aufgedeckt und der souveräne Umgang mit entsprechenden Situationen prototypisch geübt werden. Insgesamt sind eine gezielte Auswahl sowie die Schulung und das Training der Beobachter einer der wichtigsten Bausteine zur Sicherung der Qualität bei qualitativen Beobachtungsstudien. Entsprechend sind die oben beschriebenen prototypischen Phasen für Beobachtungsstudien um die Beobachterschulung zu ergänzen (siehe Abbildung 5-1).

Abbildung 5-1: Erweiterter, prototypischer Ablauf von Beobachtungsverfahren

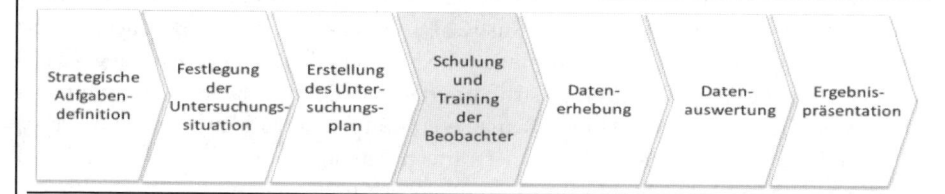

Strategische Aufgabendefinition → Festlegung der Untersuchungssituation → Erstellung des Untersuchungsplan → Schulung und Training der Beobachter → Datenerhebung → Datenauswertung → Ergebnispräsentation

6 Datenschutz und Anonymität

Bei allen Marktforschungsstudien müssen Aspekte des Datenschutzes und der Anonymität gewahrt werden. Entsprechend sind auch bei der Planung und Durchführung von qualitativen Beobachtungsstudien die einschlägigen Gesetze und Richtlinien zum Datenschutz und zur Forschungsethik unbedingt einzuhalten (z. B. Bundesdatenschutzgesetz (BDSG 2009), ICC/ESOMAR Internationaler Kodex für die Praxis der Markt- und Sozialforschung (ICC/ESOMAR 2007) und die diesbezügliche Erklärung für das Gebiet der Bundesrepublik Deutschland (Scheffler et al. 2008)).

Generell gilt entsprechend der Gesetze, Kodizes und Richtlinien in Deutschland ein striktes Anonymisierungsgebot, wobei die Anonymität sowohl der Teilnehmer als auch der Auftraggeber zu schützen ist (vgl. BDSG 2009; ICC/ESOMAR 2007; Scheffler et al. 2008). Neben der unerlässlichen rechtlichen Sicherheit zur Anonymität und zum Datenschutz wird hiermit auch sichergestellt, dass die Menschen aus der Anonymität heraus ihre wahren Verhaltensweisen zeigen und Meinungen ausdrücken.

Entlang des protypischen Studienverlaufs sollen im Folgenden einige wichtige Hinweise gegeben werden, wie der Datenschutz und die Anonymität bei Beobachtungsstudien generell und im Speziellen bei qualitativen Beobachtungsstudien gesichert werden kann.

In der **Vorbereitungsphase** ist bereits bei der Rekrutierung der Studienteilnehmer entsprechend dem strikten Anonymisierungsgebot folgend darauf zu achten, dass neben dem Schutz der Teilnehmer auch der Schutz des Auftraggebers gewahrt bleibt (ICC/ESOMAR 2007; Scheffler et al. 2008). So ist die Anonymität der Teilnehmer, auch auf ausdrückliches Verlangen des Teilnehmers selbst, nicht aufzuheben. Es dürfen entsprechend keine personenbezogenen Daten (wie z. B. Adressänderungen) an den

Auftraggeber weitergegeben werden. Hingegen muss die Anonymität des Auftraggebers aufgehoben werden, wenn der Teilnehmer beispielsweise einer Kundendatenbank entstammt und den Namen des Auftraggebers verlangt.

Weiterhin ist während der gesamten Zeit der Planung der Untersuchung darauf zu achten, dass in jedem Fall die Integrität und die Intimsphäre der Teilnehmer nicht gefährdet und alle forschungsethischen Prinzipien eingehalten werden. So ist es bei qualitativen Beobachtungsstudien im Feld beispielsweise in Kaufhäusern wichtig, die Mitarbeiter im Vorfeld darauf hinzuweisen, dass eine entsprechende Erhebung stattfinden wird. Hier sind vor allem auch die Mitarbeitervertreter (Betriebsrat bzw. Personalrat) frühzeitig mit einzubinden, um deren Einwilligungs- oder Mitwirkungsrechten gerecht zu werden (vgl. BVM 2006a).

Allgemein sind bei qualitativen Beobachtungsstudien insbesondere die Beobachter im Hinblick auf Aspekte der Anonymitätswahrung und des Datenschutzes im Rahmen der Beobachterschulung zu unterrichten, um im Feld und bei späteren Nachfragen durch Teilnehmer richtig reagieren zu können.

In der Phase der **Datenerhebung** werden die Teilnehmer in den meisten Fällen vorab in Kenntnis gesetzt, wenn Beobachtungstechniken oder Aufzeichnungsgeräte verwendet werden. Hier bedarf es, neben der Bereitschaft der Teilnehmer zur Teilnahme auch der Einwilligung zur Speicherung der erhobenen Daten. Zentral bei dieser Einwilligung ist, dass sie mit einer Zusicherung der anonymisierten Ergebnisdarstellung und der Nicht-Weitergabe von Daten in personenbezogener Form an Dritte verbunden ist (vgl. BVM 2006b). Willigen die Teilnehmer nach entsprechender Information nicht in die Durchführung und Auswertung der Aufzeichnung ein, muss von einer Aufzeichnung abgesehen werden.

Beim Einsatz von Audio- oder Videoaufzeichnungen ist weiterhin und besonders darauf zu achten, dass keine personenbezogenen Daten auf dem Audio- oder Videomaterial zu erkennen sind. Bei Videoaufzeichnungen dürfen beispielsweise keine Personennamen, Straßennamen, Autokennzeichen usw. identifizierbar sein. Werden solche Informationen aufgezeichnet, müssen sie vor der Weitergabe unkenntlich gemacht werden.

Auch im Falle der Beobachtung durch einen Vertreter des Auftraggebers über eine Videoaufzeichnung in den Räumen des Instituts, entweder zeitlich parallel (am Monitor in einem Nebenraum bzw. durch einen Einwegspiegel) oder durch nachträgliches Ansehen eines Videobandes, müssen die Teilnehmer darüber vorab informiert werden und ihr Einverständnis gegeben haben (vgl. BVM 2006b).

Einen Spezialfall bei Beobachtungsstudien stellen *voll-biotische* Erhebungen dar (vgl. BVM 2006a). Hierbei sollen Beobachtungen durchgeführt werden, bei denen die Teilnehmer aus methodischen Gründen nicht vorher über die Beobachtung informiert werden können. Entsprechend müssen an die Stelle der vorgehenden Information die nachträgliche Information und die Bitte zur Einwilligung in die Nutzung der Beobachtungsergebnisse für den Zweck der Studie treten. Diese nachträgliche Einwilligung kann nicht durch eine allgemeine vor der Beobachtung gegebene Information (z. B. „Warten Sie bitte im Raum nebenan, dort wird die Studie stattfinden.") ersetzt werden (vgl. BVM 2006a; BVM 2006b).

Weiterhin darf eine voll-biotische Beobachtung auch nicht in einer Untersuchungssituation geschehen, in der der Teilnehmer eigentlich davon ausgehen kann, dass er von niemandem beobachtet wird. Beobachtungen in menschenleeren, nicht öffentlichen Räumen sind demnach für voll-biotische Beobachtungsverfahren auszuschließen (Salcher 1995).

In Bezug auf die **Auswertung** ist es wichtig, dass sowohl das Institut als auch der Auftraggeber sich verpflichten, alle Aufzeichnungen nur zu Forschungszwecken innerhalb der Studie zu nutzen. Eine Weitergabe der Aufzeichnungen und Auswertungen an Dritte muss kategorisch ausgeschlossen werden. Darüber hinaus ist darauf zu achten, dass eine gesonderte Speicherung der personenbezogenen Daten und der für die Studie erhobenen Daten stattfindet. Eine gemeinsame Speicherung der Daten, in der zum Beispiel Einzelaussagen oder Beobachtungsdaten mit den beobachteten Personen in Verbindung gebracht werden können, ist unzulässig (vgl. BDSG 2009; ICC/ESOMAR 2007; Scheffler et al. 2008).

Wird in der Erhebungsphase und Auswertung auf die Einhaltung der Anonymität und des Datenschutzes geachtet, ist eine gute Grundlage für eine einwandfreie **Präsentation** gelegt. Die Darstellung der Ergebnisse muss in anonymisierter und aggregierter Form stattfinden, sodass aus den Ergebnissen kein Rückschluss auf einzelne Teilnehmer möglich ist. Sollte der Auftraggeber Ausschnitte der Videobänder im Rahmen der Präsentation erhalten, so ist eine entsprechende Verpflichtungserklärung des Auftraggebers (siehe Muster in BVM 2006b) einzuholen, und zum anderen sind auch hier wieder die Teilnehmer über diese Möglichkeit zu informieren und ihr Einverständnis abzusichern.

Hinsichtlich der **Archivierung** der Daten wird für audiovisuelle Daten ein Zeitraum von drei bis sechs Monaten nach Abschluss der Studie angegeben, um einer übermäßigen Speicherung von personenbezogenen Daten vorzubeugen (vgl. BDSG 2009; BVM 2007).

7 Einsatzgebiete in der qualitativen Marktforschung

Qualitative Beobachtung kann in der Marktforschung in einem breiten Spektrum möglicher Fragestellungen eingesetzt werden.

Wie bereits ausgeführt, zeigen sich die Beobachtung und insbesondere qualitative Beobachtungsverfahren im Sinne des S-O-R Schemas in hohem Maße geeignet zur Erfassung des Verhaltens von Personen und erlauben dessen situative Kontextualisierung (McDonald 2005). Abbildung 7-1 gibt einen Überblick über exemplarische Einsatzgebiete von qualitativen Beobachtungsverfahren entlang verschiedener Phasen des Konsumentenverhaltens (Pre-Decision, Decision, Consumption, Post-Consumption), Abschnitte des Kaufprozesses und damit verbundener Fragestellungen der Marktforschung.

Abbildung 7-1: Einsatz von Beobachtungsverfahren entlang verschiedener Phasen des Konsumentenverhaltens

Pre-Decision	Decision
Werbeaufmerksamkeit und -wirksamkeit **Standortanalysen**	**Kundenverhaltensstudien** **Point-of-Sale-Analysen** **Accompanied Shopping** **Mystery-Shopping**
Empfehlungs- und Wiederkaufsanalysen **Reklamationsprozessuntersuchungen**	**Shadowing** **Verwendungsstudien** **In-Home-Beobachtungen** **Usability-Tests**
Post-Consumption	Consumption

(zentral: Beobachtung)

In der Phase der **Vorentscheidung (Pre-Decision)** werden Beobachtungsverfahren beispielsweise bei *Werbeaufmerksamkeit- und -wirksamkeitsstudien* oder auch bei *Standortanalysen* eingesetzt. Bei Standortanalysen werden vor allem Beobachtungen der Umgebung, der Zielgruppe und des Verhaltens von Passantenströmen durchgeführt.

Testkäufe (Mystery-Shopping), *Kundenverhaltensstudien, Point-of-Sale-Analysen* (POS) oder *begleiteter Einkauf* (Accompanied Shopping) sind typische Verfahren in der Phase der **Entscheidung (Decision)** im Kaufprozess. Beispielsweise wird bei Testkäufen (auch oft Mystery-Shopping genannt) die Kaufsituation aus Sicht der Kunden untersucht. Der Marktforscher gibt sich dabei als ganz normaler Kunde aus und geht in

Geschäfte, um sich zu informieren oder etwas zu kaufen. Testkäufe können für verschiedenste Zwecke eingesetzt werden, u. a. um Servicequalität sowie deren Standardisierung zu erfassen und Optimierungspotenzial zu identifizieren. Point-of-Sale-Analysen haben das Ziel, relevante Aspekte am POS zu identifizieren und weiter zu optimieren. Dies kann durch verdeckte Beobachtungen passieren oder auch in Form des Accompanied Shopping, also dem Begleiten des Kunden während der Kaufentscheidung. Zentral ist dabei oft die Frage, warum sich der Käufer für ein Produkt entscheidet und warum er ein anderes nicht kauft. Häufig wird erfasst, welchen Einfluss dabei die aktuelle Situation am POS, die Atmosphäre, das Ladenkonzept, das Regal(-layout), die Kommunikation, die Marke und die Verpackung haben.

In der Phase des **Konsums (Consumption)** sind *Shadowing, Verwendungs- sowie Usability-Studien* oder auch *In-Home-Beobachtungen* übliche Verfahren. Das Shadowing wird dabei vor allem bei der Analyse von Dienstleistungsprozessen angewendet und soll abschließend aufgrund des dynamischen Methodeneinsatzes nochmals vertieft werden. Verwendungsstudien und Usability-Forschung werden in erster Linie bei Produkten eingesetzt. Ziel dabei ist es herauszufinden, wie das Produkt in der Handhabung beim Konsumenten ankommt und wie es verwendet wird. Zu diesem Zweck kann beispielsweise mit In-Home-Beobachtungen eine Methode der ethnographischen Forschung eingesetzt werden, die auf die umfassende Erfassung der Verwendung im alltäglichen Umfeld ausgelegt ist. Menschen werden dabei zu Hause in ihrem sozialen Kontext beobachtet und befragt. Produkt- und Verpackungstests (Usability-Studien) hingegen werden oft unter kontrollierten Bedingungen durchgeführt. Grundgedanke bei der Usability-Forschung ist die Optimierung des Systems Mensch-Maschine: „Nicht der Verbraucher soll lernen, wie er mit dem Gerät umzugehen hat, sondern das Gerät sollte so entwickelt sein, dass es sich den bestehenden Bedienungsgewohnheiten des Verbrauchers anpasst" (Salcher 1995, S. 104). Entsprechend werden Usability-Studien insbesondere bei der Konzept- und Produktentwicklung als wichtige Informationsquelle für die weitere Entwicklung eingesetzt. Beim Test von Produkten stellen sich daher häufig Fragen im Sinne von: Wird die Packung richtig geöffnet? Kann das Produkt unkompliziert aus der Verpackung genommen werden? Wird die Gebrauchsanweisung gelesen? Wie lange wird das Produkt beachtet? Welche mimischen Reaktionen lassen sich erkennen? (→ *Beitrag „Usability-Forschung" von Gábor M. Hahn*).

In der **Nachkonsumphase (Post-Consumption)** kommen Beobachtungen z. B. bei *Empfehlungs- und Wiederkaufsanalysen* und *Reklamationsprozessuntersuchungen* zum Einsatz. Qualitative Beobachtungsdaten aus Empfehlungs- und Wiederkaufsanalysen sind beispielsweise eine äußerst hilfreiche und informative Ergänzung zu reinen Kundenzufriedenheitsbefragungen, z. B. kann so herausgefunden werden, ob das in der Befragung angegebene Verhalten tatsächlich auch in der Art und Weise vorhanden ist. Bei Reklamationsprozessuntersuchungen werden qualitative Beobachtungen vor allem häufig mit einem Fokus auf die Interaktionsprozesse durchgeführt (vgl. Interaktionsprozessanalyse bei Bales 1975).

Zusammenfassend kann festgehalten werden, dass Beobachtungen in allen Phasen des Konsumentenverhaltens eingesetzt werden und dabei wichtige Informationen liefern können. Auf der anderen Seite wurde deutlich, dass Beobachtungen zur Erfassung interner Organismusvariablen (Wahrnehmungen, Einstellungen, Motiven etc.) weniger geeignet sind. Diese müssen auf Basis der Beobachtung von Verhalten und Verhaltenskontext erschlossen werden.

Für die Anwendung in der Marktforschung gewinnt deshalb die Interpretation von Beobachtungsdaten insbesondere dann an hoher Validität, wenn sie mit anderen Methoden im Sinne eines Methodenpluralismus (Bungard et al. 1996) kombiniert wird. Durch ein solches multi-methodales Vorgehen (Shadish/Cook/Leviton 1991) lassen sich die Beobachtungsdaten und deren Interpretationen durch den Einsatz von Befragungen und apparativen Messungen zum einen abgleichen und zum anderen mit Informationen über interne Variablen und Prozesse anreichern.

Im Folgenden soll exemplarisch das Shadowing als ein konkretes multi-methodisches Vorgehen näher vorgestellt werden, welches explizit die qualitative Beobachtung mit der qualitativen Befragung (Interview) in einem dynamischen Zusammenspiel wirkungsvoll kombiniert, mit dem Ziel, Verhalten in bestimmten Situationen zu beobachten und dessen Motive und Hintergründe zu erfahren (Bungard et al. 1996).

Der Fokus beim **Shadowing** in der Marktforschung liegt häufig in der Untersuchung der Interaktion mit den Kunden beispielsweise bei der Optimierung von Dienstleistungsprozessen (Hönninger/Müller/Bungard 2009). Shadowing wird im Regelfall im natürlichen Setting durchgeführt und ist auf das begleitete Durchlaufen eines gesamten Dienstleistungsprozesses fokussiert. Somit können durch das Abbilden von realen Ereignissen, Interaktionen und Prozessen direkt vor Ort detaillierte Informationen über das Verhalten der Anbieter und der Kunden genauso wie ein authentisches Bild des Kundenerlebens gewonnen werden.

Beim Shadowing handelt es sich um quasi-biotische Untersuchungssituationen: So werden die potenziellen Teilnehmer vor dem Beginn der Beobachtung um ihre Einwilligung zur Beobachtung und Befragung gebeten. Sie sind sich also der Untersuchungssituation bewusst. Inwieweit der Zweck der Untersuchung schon zu Beginn aufgedeckt oder ob gar eine Coverstory verwendet wird, ist abhängig von der jeweiligen Fragestellung. Nach ihrer Einwilligung werden die Personen vom Beobachter wie von einem Schatten begleitet und während des gesamten Kundenkontakts beobachtet. Hier kommen die Vorteile der Beobachtung zum Tragen, da das tatsächliche Verhalten und der dazugehörige Kontext erfasst werden können und keine Verzerrungen beispielsweise durch Interpretation des Kunden oder Erinnerungsverzerrungen entstehen.

Das Shadowing legt insbesondere bei der Analyse von Kunden-Mitarbeiter-Interaktionen einen Schwerpunkt auf die Beobachtung und Kodierung von nonverbalen Informationen und emotionalen Reaktionen. Darüber hinaus werden Merkmale der „objektiven" Situation, in der das Verhalten stattfindet, sowie Handlungen und Reaktionen anderer Kunden und der Mitarbeiter beobachtet. Shadowing bildet in der Beobachtungsphase also Quantität und Qualität relevanter Aspekte der Situation und der Reaktionen ab. In einem zweiten Schritt gilt es beim Shadowing, die Wahrnehmung des Kunden vor dem Hintergrund seiner persönlichen Empfindungen, Erfahrungen, Motive und Interpretationen zu beleuchten. Um diese Wahrnehmungen und intervenierenden Organismusvariablen zu erfassen, hilft die Kombination mit der Methode der Befragung. Im Regelfall wird hier ein qualitatives Vorgehen in Form von Interviews gewählt. So wird durch gezielte Fragen während und nach der Beobachtung eine Möglichkeit geschaffen, die Perspektive des Kunden zumindest temporär einzunehmen und zu analysieren.

Damit schafft das Shadowing eine Übernahme der Kundenperspektive durch den Beobachter bei gleichzeitiger Kontextualisierung des Verhaltens. Entsprechend werden nicht nur außergewöhnliche Aspekte, sondern gerade gewöhnliche Details, die den Dienstleistungsalltag prägen und ausmachen, detailliert erfasst, wodurch das Shadowing einen deutlichen Mehrwert gegenüber reinen Gedächtnisprotokollen und Befragungen liefert. Die Ergebnisse des Shadowing lassen sich nach McDonald (2005) wie folgt beschreiben: „At the end of the shadowing period the researcher will have a rich, dense and comprehensive data set which gives a detailed, first hand and multidimensional picture."

Im Folgenden soll das Vorgehen beim Shadowing am Beispiel des Besuchs eines Autohauses kurz dargestellt werden.

Für eine Untersuchung der Kundenzufriedenheit beim Autokauf wurde das Shadowing ausgewählt, da reine Kundenbefragungen nicht zu befriedigenden Ergebnissen im Sinne von Verbesserungsmöglichkeiten geführt hatten. Als konkretes Untersuchungsfeld wurde ein typisches Autohaus gewählt.

Basierend auf der Grundannahme, dass sich alle kundenzufriedenheitsrelevanten Ereignisse entlang der Interaktionssequenz zwischen Kunde und Mitarbeiter verteilen, wurde in einem ersten Schritt eine Kundenpfadanalyse durchgeführt. Dieser prototypische Kundenpfad wurde dann genutzt, um die zufriedenheitsrelevanten Ereignisse und daraus abgeleiteten Prozessschritte für die Durchführung des Shadowings zu identifizieren (vgl. Abbildung 7-2).

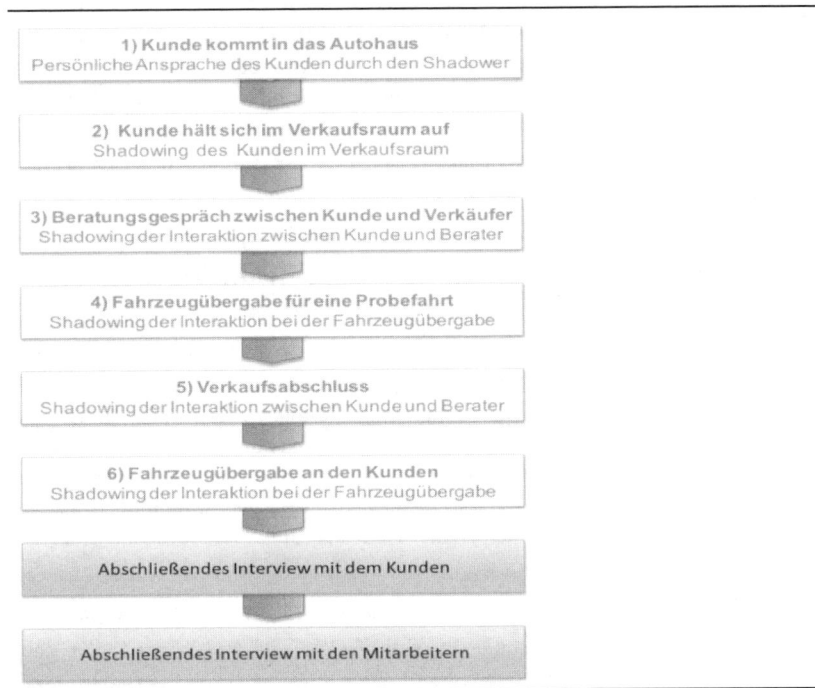

Abbildung 7-2: Kundenpfadanalyse und Ablauf des Shadowings beim persönlichen Autoverkauf

1) **Kunde kommt in das Autohaus**
Persönliche Ansprache des Kunden durch den Shadower

2) **Kunde hält sich im Verkaufsraum auf**
Shadowing des Kunden im Verkaufsraum

3) **Beratungsgespräch zwischen Kunde und Verkäufer**
Shadowing der Interaktion zwischen Kunde und Berater

4) **Fahrzeugübergabe für eine Probefahrt**
Shadowing der Interaktion bei der Fahrzeugübergabe

5) **Verkaufsabschluss**
Shadowing der Interaktion zwischen Kunde und Berater

6) **Fahrzeugübergabe an den Kunden**
Shadowing der Interaktion bei der Fahrzeugübergabe

Abschließendes Interview mit dem Kunden

Abschließendes Interview mit den Mitarbeitern

Auf Basis dieses Grundgerüsts wurde ein grobes Beobachtungsschema (Umfeld, Akteure, Aktionen und Reaktionen, Emotionen etc.) entwickelt und in einem Pretest erprobt und angepasst. Die Auswahl der Teilnehmer erfolgte ad hoc, dabei wurde im Laufe der Datenerhebung immer wieder neu entschieden, welche und wie viele Fälle hinzugezogen werden, bis schließlich eine ausreichende theoretische Sättigung erreicht wurde. Die Kunden wurden direkt nach Betreten des Autohauses angesprochen und um die Teilnahme am Shadowing gebeten. Die erzielte Teilnahmebereitschaft von mehr als 80 Prozent spricht für eine große Offenheit und Akzeptanz der Kunden gegenüber dem Shadowing.

Alles in allem erbrachte die Datenerhebung mehr als 40 Protokolle mit über 24 Stunden Shadowingzeit. Nach der Zusammenführung der schriftlichen Beobachtungsnotizen und der transkribierten Interviewdaten wurden insgesamt mehr als 70 Seiten verbalen Materials sowohl qualitativ als auch quantitativ analysiert.

Dabei konnte das Verhalten von Mitarbeiter und Kunde durch die qualitative Beobachtung während des Geschehens festgehalten werden. Hierbei wurden auch unbewusste **Reaktionen** wie Mimik und Gestik und das Verhalten „objektiv" dokumentiert. Ferner konnten der **situative Kontext**, sowie Konsequenzen des Verhaltens protokolliert werden. Die anschließenden Interviews nahmen gezielt Bezug auf die gemachten Beobachtungen und dienten dazu, die **internen Wahrnehmungen, Gedanken und Motive** der handelnden Personen zu erfragen. Durch diese Kombination aus qualitativer Beobachtung und Befragung konnten die Daten aus verschiedenen Perspektiven zueinander in Bezug gesetzt werden. Somit entstand ein vielschichtiges, valides Bild der Dienstleistungsinteraktion mit objektiven und subjektiven Elementen. Ausgehend von diesem realistischen Abbild des Kundenerlebens beim Autokauf konnten durch das Shadowing konkrete Hinweise für Maßnahmen zur Verbesserung der Dienstleistungsqualität abgeleitet werden.

Der folgende Auszug aus dem Shadowing-Protokoll soll exemplarisch die Wechselbeziehung zwischen qualitativer Beobachtung und Befragung verdeutlichen:

> „Der Kunde betritt um 16 Uhr den Eingangsbereich und stellt sich an der Schlange zum Kundenempfang an, er verschränkt die Arme und tippelt mit dem Fuß. Es warten drei Personen vor ihm. Als er nach einigen Minuten an der Reihe ist, stellt er sich vor und schildert sein Anliegen, ebenso weist er auf seinen telefonisch vereinbarten Termin um 16 Uhr hin, indem er nochmals auf seine Uhr blickt. Während der Kunde spricht, ist die Empfangsdame noch mit dem Sortieren von Formularen der vorhergehenden Kunden beschäftigt. Sie schaut ihn erst an, als sie dem Kunden entgegnet: „Tut mir leid, aber da waren halt drei Personen vor Ihnen an der Reihe. Manchmal dauert es halt etwas länger."

Beim anschließenden Interview mit dem Kunden wurde die Situation reflektiert, und der Kunde merkte zunächst Folgendes an: „Prinzipiell bin ich zufrieden.". Vor dem Hintergrund der Beobachtung hakte der Shadower nach und fragte, was damit gemeint sei. Der Kunde entgegnete: „Naja, wenn ich noch mal genau darüber nachdenke, war die Dame etwas schnippisch, das war so eine vorgegebene Freundlichkeit. Ich hätte mir gewünscht, dass Sie mich wenigstens anschaut und mal kurz lächelt, sie hat ja gesehen, dass ich verärgert war. Getröstet hat mich ihre Aussage nicht, dass es halt manchmal etwas länger dauert.".

Dieses auf den ersten Blick banale Beispiel verdeutlicht den Mehrwert der Kombination der beiden Methoden. Der Kunde äußerte zwar oberflächlich im Interview, dass er insgesamt zufrieden sei. Diese häufigen Ergebnisse von post-hoc-Kundenbefragungen (z. B. „alles in Ordnung", „bin eigentlich zufrieden" oder „der Ansprechpartner war nett") können vor dem Hintergrund der gemachten Beobachtungen in Bezug auf die situativen Bedingungen und auch unbewussten Reaktionen der Kunden gemeinsam tiefer reflektiert werden. In diesem konkreten Beispiel wurde deutlich, dass der Kunde sich mehr Einfühlungsvermögen und Aufmerksamkeit gewünscht hätte. Aus dieser Rückmeldung des Kunden konnten in der Folge konkrete Maßnahmen zu Verbesserungen der Dienstleistungsqualität abgeleitet werden. So wurde die Wartezeit am Empfang verkürzt, in dem die Formulare bei telefonischer Voranmeldung bereits ausgefüllt bereitliegen.

Auch das Interview mit der Empfangsdame brachte wichtige Hinweise vor dem Hintergrund der beobachteten Situation. Die Dame zeigte sich zufrieden mit der Interaktion: „Ich denke, das war eine gute Situation, ich war nett und freundlich wie immer und konnte dem Kunden erklären, dass es auch mal länger dauert." Das Shadowing mit der Kombination von qualitativer Beobachtung und Befragung offenbarte also eine deutliche Diskrepanz von Selbst- und Fremdwahrnehmung im Erleben der Situation. Ausgehend von diesem Beispiel wurden die Mitarbeiter des Empfangs zur weiteren Verbesserung der Dienstleistungsqualität für die Wichtigkeit des Ausdrucks von Sympathie und Einfühlungsvermögen durch Mimik und Gestik insbesondere bei Dienstleistungsprozessen sensibilisiert.

Auf Basis der dynamischen Kombination von Beobachtung und Befragung sowie des Umfangs und der Konkretheit des erhaltenen Materials konnten zahlreiche individuelle und organisatorische Lernprozesse zur Verbesserung der Prozessqualität und Erhöhung der Kundenzufriedenheit angestoßen werden.

8 Fazit

Beobachtungen sind neben Befragungen und apparativen Messungen eine wichtige wissenschaftliche Methode in der Marktforschung. Dank ihrer methodischen Stärken haben gerade die Beobachtungsverfahren einen großen Anteil an der Entwicklung vieler wissenschaftlicher Erkenntnisse.

Wie aus der Perspektive des Methodenwürfels ersichtlich, bieten sich Beobachtungen vor allem dann an, wenn konkretes Verhalten in bestimmten Situationen oder in der Interaktion mit Produkten und Personen untersucht werden soll. Viele Ziele der qualitativen Marktforschung in diesen Bereichen machen es oft notwendig, Neuland zu erkunden und explorativ vorzugehen. Hier kann insbesondere der Einsatz von qualitativen Beobachtungsmethoden in allen Phasen des Konsums zu erweiterten Sichtweisen und neuen wichtigen Erkenntnissen verhelfen (Ruso 2009). So bieten qualitative Beobachtungen die Möglichkeit der flexiblen Erfassung von komplexen Phänomenen direkt während des Geschehens. Neben einer Vielzahl von entsprechenden Details des Verhaltens lassen sich im Sinne der Kontextualisierung auch zentrale Informationen zum situativen Kontext gewinnen. Hinzu kommt, dass Beobachtungen nicht auf die Aussagefähigkeit oder -bereitschaft angewiesen sind. Dadurch lassen sich Verzerrungen der Daten beispielsweise in Richtung sozialer Erwünschtheit minimieren, aber auch neue Erkenntnisse in Bezug auf unbewusste Vorgange erzielen.

Insgesamt bieten die qualitativen Beobachtungsverfahren somit bei vielen Untersuchungsfragen gegenüber den anderen Verfahren eine Reihe von Vorteilen und ermöglichen es, umfangreiche dynamische Phänomene und Lebenswelten zu erfassen und ein sehr realitätsnahes und authentisches Abbild der Wirklichkeit zu liefern.

Karsten Müller, Julia David, Tammo Straatmann

Die vielfältige Anwendbarkeit, die aussagekräftigen Erkenntnisse im Bereich des Verhaltens und dessen Kontextualisierung sowie die Offenheit und Neugierde der Teilnehmer und Auftraggeber gegenüber innovativen qualitativen Methoden machen den Mehrwert qualitativer Beobachtungsmethoden deutlich und rechtfertigen ihren Aufwand. Darüber hinaus verdeutlicht das Beispiel des Shadowings, dass qualitative Beobachtungen sich sinnvoll durch andere Datenerhebungsmethoden wie die Befragung ergänzen lassen. Dabei wird am Methodenwürfel und in der praktischen Anwendung deutlich, dass sich die blinden Flecke der unterschiedlichen Untersuchungsmethoden durch eine Methodenkombination weitestgehend ausgleichen lassen und alle Untersuchungsbereiche aussagekräftig abgebildet werden können.

Literaturverzeichnis

Adler, Patricia A. / Adler, Peter (1994): Observational techniques. In: Denzin, Norman K. / Lincoln, Yvonna S. (Hrsg.): Handbook of qualitative research. Thousand Oaks, S. 377–392.

Atteslander, Peter (2008): Methoden der empirischen Sozialforschung. 10. Auflage, Berlin.

Bales, Robert F. (1975): Die Interaktionsanalyse: Ein Beobachtungsverfahren zur Untersuchung kleiner Gruppen. In: König, Rene (Hrsg.): Beobachtung und Experiment in der Sozialforschung. 8. Auflage. Köln, S. 148–167.

Bortz, Jürgen / Döring, Nicola (1984): Forschungsmethoden und Evaluation. Berlin.

Bundesdatenschutzgesetz (BDSG) (2009). Verfügbar unter: http://bundesrecht.juris.de/bundesrecht/bdsg_1990/gesamt.pdf. Zugriff: 20.10.2010.

Bungard, Walter / Holling, Heinz / Schultz-Gambard, Jürgen (1996): Methoden der Arbeits- und Organisationspsychologie. Weinheim.

BVM Berufsverband Deutscher Markt- und Sozialforscher e.V. (Hrsg.) (2006a): Richtlinie für den Einsatz von Mystery Research in der Markt- und Sozialforschung. Verfügbar unter: www.bvm.org/user/dokumente/richtlinie-mystery.pdf. Zugriff: 20.10.2010.

BVM Berufsverband Deutscher Markt- und Sozialforscher e.V. (Hrsg.) (2006b): Richtlinie für die Aufzeichnung und Beobachtung von Gruppendiskussionen und qualitativen Einzelinterviews. Verfügbar unter: www.bvm.org/user/R01_D.pdf. Zugriff: 20.10.2010.

BVM Berufsverband Deutscher Markt- und Sozialforscher e.V. (Hrsg.) (2007): Standortbestimmung und Gütemerkmale qualitativer Markt- und Sozialforschung. Verfügbar unter: www.bvm.org/user/Arbeitskreise/AKQua/Standort_Guetermerkmale_Markt_Sozialforschung.pdf. Zugriff: 20.10.2010.

Cattell, Raymond B. (1946): The description and measurement of personality. New York.

Fisseni, Hermann-Josef (1998): Persönlichkeitspsychologie. Ein Theorieüberblick. 4. Auflage. Göttingen.

Flick, Uwe (1999): Qualitative Forschung. Theorie, Methoden, Anwendung in Psychologie und Sozialwissenschaft. 4. Auflage. Reinbek.

Fröhlich, Werner D. (2000): Wörterbuch Psychologie. 23. Auflage. München.

Gram, Malene (2010): Self-reporting vs. observation: some cautionary examples from parent/child food shopping behavior. In: International Journal of Consumer Studies, 34(4), S. 394–399.

Hofte-Fankhauser, Katrin / Wälty, Hans F. (2009): Marktforschung: Grundlagen mit zahlreichen Beispielen, Repetitionsfragen mit Lösungen und Glossar. 2. Auflage. Zürich.

Hönninger, Diana / Müller, Karsten / Bungard, Walter (2009): Shadowing: Wenn der Kunde zum Organisationsentwickler wird. In: Wirtschaftspsychologie aktuell, 16(3), S. 9–13.

ICC/ESOMAR (Hrsg.) (2007): ICC/ESOMAR internationalen Kodex für die Markt- und Sozialforschung. Verfügbar unter: www.bvm.org/user/Richtlinien/ICCESOMAR_%20Code_German_NEU.pdf. Zugriff: 20.10.2010.

Kepper, Gaby (1996): Qualitative Marktforschung: Methoden, Einsatzmöglichkeiten und Beurteilungskriterien. 2. Auflage. Wiesbaden.

Kleber, Eduard W. (1992): Diagnostik in pädagogischen Handlungsfeldern. Einführung in die Bewertung, Beurteilung, Diagnose und Evaluation. Weinheim.

Kroeber-Riel, Werner / Weinberg, Peter (1996): Konsumentenverhalten. 6. Auflage. München.

Mayring, Philipp (2002): Einführung in die Qualitative Sozialforschung. Eine Anleitung zu qualitativem Denken. 5. Auflage. Weinheim.

Mayring, Philipp (2007): Qualitative Inhaltsanalyse. Grundlagen und Techniken. 9. Auflage. Weinheim.

McDonald, Seonaidh (2005): Studying actions in context: a qualitative shadowing method for organizational research. In: Qualitative Research, 5(4), S. 455–473.

Ruso, Bernhart (2009): Qualitative Beobachtung. In: Buber, Renate / Holzmüller, Hartmut H. (Hrsg.): Qualitative Marktforschung. Konzepte, Methoden, Analysen. 2. Auflage. Wiesbaden, S. 525–536.

Salcher, Ernst F. (1995): Psychologische Marktforschung. 2. Auflage. Berlin.

Scheffler, Hartmut / Dittrich, Wolfgang / Meulemann, Heiner / Wenzel, Olaf (2008): Erklärung für das Gebiet der Bundesrepublik Deutschland zum ICC/ESOMAR Internationalen Kodex für die Markt- und Sozialforschung. Verfügbar unter: www.bvm.org/user/Richtlinien/Erklaerung_2008.pdf. Zugriff: 20.10.2010.

Shadish, William R. / Cook, Thomas D. / Leviton, Laura C. (1991): Foundations of program evaluation: Theories of practice. Newbury Park, CA.

Spiegel, Bernt (1970): Werbepsychologische Untersuchungsmethoden: Experimentelle Forschungs- und Prüfverfahren. Berlin.

VandenBos, Gary R. (2007): APA dictionary of psychology. Washington.

Watson, John B. (1913): Psychology as the behaviorist views it. Psychological Review, 20(2), S. 158–177.

Weis, Hans-Christian / Steinmetz, Peter (1991): Marktforschung. Ludwigshafen am Rhein.

Rolf Kirchmair

Indirekte psychologische Methoden

1 Einführung 347
2 Die theoretischen Wurzeln indirekter psychologischer Methoden 348
3 Übersicht über indirekte psychologische Methoden 350
   3.1 Die Systematik indirekter psychologischer Methoden 350
   3.2 Assoziative Verfahren 352
   3.3 Projektive Verfahren 354
      3.3.1 Ergänzungstechniken 354
      3.3.2 Konstruktionstechniken 357
      3.3.3 Ausdruckstechniken 360
   3.4 Kreative Verfahren 361
   3.5 Auswertung und Analyse indirekter Methoden 363
4 Fazit 363

1 Einführung

Qualitative Marktforschung will psychologische und soziologische Zusammenhänge erkennen, beschreiben und verstehen. Das zentrale Ziel ist hierbei das Verstehen subjektiver Sichtweisen, individueller Bedürfnisstrukturen und sozialer Verhaltensmuster, die nicht offensichtlich sind und damit erst erschlossen und interpretiert werden müssen. Die qualitative Marktforschung bedient sich dabei Erhebungsmethoden, die sich durch eine große Offenheit auszeichnen: Die Befragungspersonen werden in ihren Antworten nicht eingeengt, sondern haben die Freiheit, sich mit ihren eigenen Worten auszudrücken, Beziehungen zwischen einzelnen Themen herzustellen oder neue für sie relevante Aspekte mit einzubeziehen (vgl. Stephan 1961).

Solche Befragungsmethoden können direkt oder indirekt sein. **Direkte qualitative Befragungsmethoden** sind z. B. Explorationstechniken, bei denen der Explorateur direkt und ohne Umschweife versucht, die Befragungsperson zu einem bestimmten Thema bzw. Erkenntnisziel zu befragen und durch entsprechende Nachfragen zum zielgerichteten Antworten zu bewegen. Die Befragungsperson kennt hierbei i. d. R. das Erkenntnisziel des Explorateurs und weiß, über welchen Sachverhalt sie Auskunft geben soll. Die Grenzen der direkten qualitativen Befragungsmethoden sind erreicht, wenn die Befragungsperson über das erwünschte Erkenntnisziel keine Auskunft geben kann oder will.

Im Vergleich hierzu versuchen **indirekte qualitative Befragungsmethoden**, das Erkenntnisziel durch verdeckte Frageformulierungen auf Umwegen zu erreichen, sodass für die Befragungsperson nicht erkennbar ist, worauf der Befragende hinauswill (vgl. Kepper 1996). Sachverhalte, über welche die Befragungsperson entweder keine Auskunft geben will (z. B. bei Tabuthemen) oder keine Auskunft geben kann (z. B. bei unbewussten Motiven), können durch solche Methoden aufgedeckt werden. Denn sie veranlassen die Befragungsperson zu Antworten, aus denen der verantwortliche Untersuchungsleiter die gewünschten Erkenntnisse ableiten kann. Zum Wesen indirekter Befragungsmethoden in der qualitativen Marktforschung gehört es allerdings auch, dass die Antworten im Hinblick auf das Erkenntnisziel nicht immer sehr klar und eindeutig sind und damit einen mehr oder weniger großen Interpretationsspielraum zulassen (vgl. Kapitel 3.5).

Rolf Kirchmair

2 Die theoretischen Wurzeln indirekter psychologischer Methoden

Vor dem Zweiten Weltkrieg gab es in Deutschland zwar auch schon Marktforschung; diese war aber überwiegend quantitativ orientiert. Indirekte psychologische Methoden fanden in Deutschland erst nach dem Zweiten Weltkrieg in der qualitativen Marktforschung unter dem Einfluss namhafter Psychologen Anwendung.

Dennoch gehen die Wurzeln psychologischer Marktforschungsmethoden bis zum Ende des 19. Jahrhunderts zurück, als sich zwei gegensätzliche Strömungen in der Psychologie entwickelten: Zum einen war dies die Tiefenpsychologie, die menschliches Verhalten in unbewussten Motiven und Bedürfnissen begründet sah. Zum anderen war es der naturwissenschaftlich orientierte Behaviorismus, der menschliches Verhalten aus dem äußerlich Beobachtbaren zu erklären versuchte. Später kam dann noch die Kognitionspsychologie dazu, welche die Denkleistungen des Menschen untersuchte (vgl. Kühn 2005). Die **Tiefenpsychologie** geht auf den Wiener Arzt und Psychologen Sigmund Freud (1856–1939) zurück, der davon ausging, dass das menschliche Verhalten durch unbewusste Triebe geleitet wird. Durch ausführliche Fallstudien an seinen Patienten versuchte er, Licht in dieses Dunkel zu bringen, und entwickelte daraus die Psychoanalyse als Diagnose- und Therapieform. Eine zentrale Bedeutung in der psychoanalytischen Theorie hat die Projektion als Abwehrmechanismus, die dafür sorgt, dass beim Konflikt zwischen eigenen Wünschen und Bedürfnissen einerseits und subjektiv relevanten Verhaltensnormen andererseits eben jene Wünsche und Bedürfnisse auf andere Personen, Objekte oder Situationen übertragen (projiziert) werden. Diese psychodynamische Sichtweise ist die theoretische Grundlage für die projektiven Verfahren in der qualitativen Marktforschung. Unter dem Einfluss einiger Schüler von Sigmund Freud entwickelten sich in der Folge unterschiedliche tiefenpsychologische Schulen, die zwar auch von einem starken Einfluss des Unbewussten auf das menschliche Handeln ausgingen, im Detail aber ein etwas anderes Menschenbild hatten: So die „analytische Psychologie" von Carl Gustav Jung (1875–1961), die soziale Aspekte einbrachte, vom „kollektiven Unbewussten" sprach und grundlegende menschliche Aktions- und Reaktionsmuster als „Archetypen" bezeichnete. Oder die „humanistische Psychologie" von Erich Fromm (1900–1980), die das Potenzial der kreativen Ausdrucksmöglichkeiten des Menschen betonte. Zu erwähnen ist auch Carl Rogers (1902–1987), ein amerikanischer Psychologe, der in den 1940er Jahren in den USA die klientenzentrierte Psychotherapie begründet hat. Von ihm stammt die nondirektive Gesprächstechnik, die in abgewandelter Form auch Eingang in die qualitative Marktforschung gefunden hat.

Den größten Einfluss auf die qualitative Marktforschung hatte aber Ernest Dichter (1907–1992), ein 1937 aus Deutschland über Frankreich in die USA emigrierter österreichischer Jude, der konsequent Methoden der Psychoanalyse auf wirtschaftspsychologische Fragestellungen übertrug. Ernest Dichter, der auch „Vater der Motivforschung" genannt wird, wandte bereits 1938 in den USA das Tiefeninterview und danach weitere psychologische Methoden in der Marktforschung an (vgl. Dichter 1981) und wurde in der Zeit danach durch aufsehenerregende Untersuchungsergebnisse bekannt.

Großen Einfluss auf die Entwicklung indirekter psychologischer Methoden hatte auch eine Reihe von Persönlichkeitstests, die auf tiefenpsychologischen Annahmen beruhen (vgl. Axhausen 1987). Die beiden bekanntesten sind der Rorschach-Test (1921), bei dem durch die Deutung von Klecksbildern auf die Persönlichkeit des Probanden geschlossen wird, und der Thematische Apperzeptionstest (TAT) von Murray (1935), bei dem eine Geschichte zu vorgegebenen vagen und uneindeutigen Bildern erzählt wird. Darüber hinaus waren weitere Persönlichkeitstests wie der Picture Frustration Test von Rosenzweig (1947) oder der Zeichentest von Wartegg (1953) Grundlage für die Entwicklung weiterer indirekter psychologischer Befragungsmethoden.

Eine zweite – gegensätzliche – Strömung in der Psychologie Ende des 19. Jahrhunderts war der **Behaviorismus** mit John B. Watson (1878–1950) als bedeutendstem Vertreter. Menschliches Verhalten lässt sich nach dieser Theorie in einzelne Reiz-Reaktions-Muster zerlegen und exakt messen. Es besteht also aus Reaktionen auf äußere Reize und kann durch Beobachtungen erklärt werden; Bewusstsein (oder gar Unbewusstes) interessiert in diesem Menschenbild nicht. Der Einfluss des Behaviorismus schwand aber in der Mitte des 20. Jahrhunderts zunehmend. In den 1950er Jahren setzte sich im beginnenden Computerzeitalter nach und nach die Erkenntnis durch, dass der Mensch ein informationenverarbeitendes System ist und dass menschliches Verhalten durch kognitive Prozesse – wie Wahrnehmung, Aufmerksamkeit, Denken und Gedächtnis – gesteuert wird. Die sich daraus entwickelnde Kognitionswissenschaft baute zwar auf dem Behaviorismus und seinen naturwissenschaftlichen Methoden auf, ignorierte aber emotionale und motivationale Prozesse nicht mehr, sondern versuchte vielmehr, deren Entstehung und Charakteristik durch mentale, kognitive Prozesse zu erklären. Emotionen wurden als Erregungen gesehen, welche die Basis für handlungsrelevante Motive sein können, und deren Richtung und Ziel kognitiv gesteuert werden. Insofern beeinflusste auch die **kognitive Psychologie** die qualitative Marktforschung maßgeblich in ihrer Entwicklung. Ihre Wurzeln reichen bis zum Ende des 19. Jahrhunderts. Der deutsche Psychologe Hermann Ebbinghaus (1850–1909) ist der Begründer der experimentellen Erforschung des Gedächtnisses. Für ihn war Wissen die Summe durch Erfahrung erworbener Assoziationen; er untersuchte die Gesetzmäßigkeiten des Gedächtnisses mithilfe sinnloser Silben und verwendete dabei bereits Assoziations- und Satzergänzungstests (vgl. Felser 2001). Die kognitive Psychologie wurde dann Ende der 1950er Jahre wesentlich durch die Informationstheorie und durch die Kybernetik beeinflusst. In den 1960er und 1970er Jahren erfuhren linguistische Aspekte eine zunehmende Bedeutung, sodass die Sprache in den Mittelpunkt des Interesses rückte und die Analyse des Inhalts und der Form von Antworten aus kognitionswissenschaftlicher Sicht Rückschlüsse auf Einstellungen und Verhalten des Menschen zuließen.

Rolf Kirchmair

Diese kognitionswissenschaftliche Sichtweise ist auch die theoretische Grundlage für viele assoziative und kreative Verfahren in der qualitativen Marktforschung.

3 Übersicht über indirekte psychologische Methoden

3.1 Die Systematik indirekter psychologischer Methoden

Es gibt heute eine Vielzahl unterschiedlicher indirekter psychologischer Methoden in der qualitativen Marktforschung, bisher aber keine allgemeingültige Systematik, nach der sich die einzelnen Methoden ordnen ließen. Dabei gibt es eine ganze Reihe von Unterscheidungskriterien: Es gibt verbale und nonverbale Methoden; Befragungsmethoden, die mündlich oder schriftlich beantwortet werden; Methoden, die beim einzelnen Individuum angewendet werden, und solche, die interaktiv (in der Gruppe) funktionieren, und anderes mehr. Wesentlich und grundlegend sind aber zwei andere Unterscheidungskriterien: Zum einen, **was** die Methoden vom Probanden abrufen bzw. welches Ziel sie verfolgen, und zum anderen, **wie** der Proband auf den vorgegebenen Reiz reagiert bzw. mit welcher Technik er die Aufgabe löst.

Bei der Frage, **was** vom Probanden abgerufen wird, kann man drei verschiedene Verfahrensgruppen voneinander unterscheiden:

- Assoziative Verfahren, durch die gedankliche Verbindungen beim Probanden abgerufen werden. Ziel dieser Verfahren ist es, die semantische Bedeutung vorgegebener Reize zu ermitteln – meist durch schnelle und spontane Antworten, die keine Rationalisierungen zulassen.

- Projektive Verfahren, durch die tiefer liegende und nicht direkt zugängliche Persönlichkeitsschichten aufgedeckt werden. Ziel dieser Verfahren ist es, verdeckte Motive und Einstellungen (die einem entweder nicht bewusst sind oder die man nicht zugeben will) zu ermitteln.

- Kreative Verfahren, durch die neue gedankliche Verbindungen hergestellt werden sollen. Ziel dieser Verfahren ist es, ungewohntes Denken zu ermöglichen und das Bilden neuer Ideen zu fördern.

Bei der Frage, **wie** vorgegangen wird, lassen sich drei grundlegende Techniken voneinander unterscheiden, die sich auf einem Kontinuum von einfachen bis komplizierten Anforderungen – von geringem Entscheidungsspielraum aufgrund konkreter Reiz-

Indirekte psychologische Methoden

vorgaben bis zu großer Entscheidungsfreiheit auf Basis weniger vorgegebener Reize – bewegen:

- Ergänzungstechniken, bei denen ein konkret vorgegebenes Reizmaterial ergänzt oder vervollständigt werden muss,
- Konstruktionstechniken, bei denen um einen vorgegebenen Reiz oder ein bestimmtes Thema herum eine Antwort bzw. Aussage neu konstruiert werden muss,
- Ausdruckstechniken, bei denen zu einem bestimmten Thema ein komplexes Geschehen selbstständig erarbeitet werden muss.

Kombiniert man diese Unterscheidungskriterien miteinander, so ergibt sich eine Matrix mit einem Neun-Felder-Schema. In Abbildung 3-1 sind die wichtigsten indirekten psychologischen Methoden in diese Matrix eingeordnet.

Abbildung 3-1: *Matrix mit den wichtigsten indirekten psychologischen Methoden*

Indirekte psychologische Methoden: Wie wird vorgegangen? ⇨ Was wird abgerufen? ⇩	**Ergänzungstechniken** (Vorgegebene Reize werden ergänzt)	**Konstruktionstechniken** (Auf Basis eines vorgegebenen Reizes wird eine Antwort neu konstruiert)	**Ausdruckstechniken** (Zu einem vorgegebenen Thema wird ein komplexes Geschehen selbstständig erarbeitet)
Assoziative Verfahren (die gedankliche Verbindungen abrufen)	Wortassoziationstest Bildassoziationstest Satzergänzungstest Lückentest		
Projektive Verfahren (die nicht direkt zugängliche Motive und Einstellungen aufdecken)	Satzergänzungstest Handlungsergänzungstest Sprechblasentest Analogienbildung	Drittpersonentechnik projektive Frage typischer Verwender Personifizierung Familienbildung Bildererzähltest	Fantasiereise Psychodrawing Collage Gemeinschaftsgemälde Psychodrama
Kreative Verfahren (die die Bildung neuer gedanklicher Verbindungen fördern)	Synektik	Brainstorming	Delphi-Methode

Im Folgenden werden die Grundformen dieser indirekten psychologischen Methoden näher beschrieben. Zu jeder Grundform gibt es eine Vielzahl von Varianten; da diese aber jeweils nach demselben Grundprinzip arbeiten, soll hier nur auf die Grundformen näher eingegangen werden.

Rolf Kirchmair

3.2 Assoziative Verfahren

Assoziative Verfahren sind indirekte Befragungsmethoden, die darauf abzielen, spontan und unbeeinflusst zu erfassen, welche Gedanken, Gefühle und Eindrücke mit bestimmten vorgegebenen Reizen (Stimuli) verknüpft sind. Wichtig ist dabei, dass die Assoziationen möglichst schnell nach Vorgabe des Reizes formuliert und erfasst werden, weil dadurch eine Rationalisierung oder Bewertung der Antwort ausgeschaltet werden kann. Die Verknüpfung zwischen Stimulus und Assoziation kann dabei auf zwei verschiedenen Wegen erfolgen: entweder über die Häufigkeit (Kontiguitätsgesetz: Je öfter zwei Sinneswahrnehmungen räumlich oder zeitlich zusammentreffen, umso fester sind sie miteinander verbunden) oder über die Ähnlichkeit (Ähnlichkeitsgesetz: Je ähnlicher zwei Sinneseindrücke im Inhalt oder im Klangbild sind, umso leichter werden sie gemeinsam erinnert) (vgl. Raab/Unger 2005).

Die verschiedenen in der qualitativen Marktforschung eingesetzten Assoziationsverfahren unterscheiden sich zum einen durch die Art des vorgegebenen Reizes, zum anderen durch den Umfang der zugelassenen Assoziationen. Abhängig vom Reiz unterscheidet man **Wortassoziationstests,** bei denen ein Reizwort (Schlüsselreiz) vorgegeben wird und der Proband möglichst schnell seine Assoziationen dazu formulieren muss. Eine andere Form sind **Bildassoziationstests,** bei denen der Schlüsselreiz aus einem Bild (Abbildung, Markenzeichen, Logo o. a.) besteht, zu dem dann spontan Assoziationen eingefangen werden. Theoretisch möglich sind auch **Klangassoziationstests** (Geräusch, Melodie oder eine kurze Musiksequenz als Schlüsselreiz), die aber bislang in der Marktforschung unüblich sind.

Beispiel für die offene Ermittlung des Bedeutungsgehalts von Brot durch einen Wortassoziationstest: „Ich nenne Ihnen jetzt gleich ein Stichwort. Bitte sagen Sie mir dann ganz spontan und ohne nachzudenken alles, was Ihnen bei diesem Stichwort einfällt. Wichtig ist, dass Sie mir in kürzester Zeit so viel wie möglich sagen. Alle Gedanken, die Sie äußern, sind richtig, auch Unwichtiges und Nebensächliches ist interessant für mich. Das Stichwort lautet: *Brot.*"

Zwei Sonderformen assoziativer Verfahren sind der Satzergänzungstest und der Lückentest. Beim **Satzergänzungstest** wird ein unvollständiger Satz (meist der Satzanfang) vorgelesen und der Proband gebeten, den Satz in dem Moment, in dem er abbricht, spontan zu Ende zu sprechen. Auch hier kommt es darauf an, den Probanden durch die Instruktion zu schnellem Antworten zu veranlassen, sodass keine rational gefilterten Antworten gegeben werden. Im Gegensatz zum Wortassoziationstest gibt der Satzergänzungstest bereits eine inhaltliche Richtung vor, die durch die Formulierung des Satzanfangs gezielt gesteuert werden kann.

Beispiel für die gelenkte Ermittlung des Bedeutungsgehalts von Brot durch einen Satzergänzungstest: „Ich lese Ihnen jetzt den Anfang eines Satzes vor. Bitte sprechen Sie diesen Satz, wenn ich aufhöre, schnell und ohne lange zu überlegen zu Ende. Der Satz beginnt mit: *Brot ist für mich ein Symbol für ...*" Die Antworten bei diesem Satzergänzungstest zeigen, dass Brot ein Symbol für gutes, geschmackvolles, nahrhaftes und gesundes Essen ist. In einem mehr abstrakten und übertragenen Sinn ist Brot aber auch ein Symbol für Lebenskraft: Wohlstand und Zufriedenheit einerseits und Religion und christlicher Glaube andererseits.

Der Satzergänzungstest ist gegenüber dem Wortassoziationstest dann zu bevorzugen, wenn man nicht das gesamte Assoziationsspektrum des Untersuchungsgegenstands ermitteln will, sondern einen bestimmten Aspekt besonders beleuchten will (im obigen Beispiel den Symbolwert). Die Methode kann für die qualitative Marktforschung sehr empfohlen werden, weil hier mit geringem Aufwand und leichten Anforderungen an den Probanden spontane Assoziationen auf einen konkreten Schlüsselreiz in eine bestimmte (erwünschte) Richtung gelenkt werden können.

Beim **Lückentest** wird ein Satz mit einem fehlenden Wort vorgegeben mit der Maßgabe, dieses Wort schnell und ohne lang zu überlegen zu ergänzen. Im Vergleich zum Satzergänzungstest kann der Lückentest aber nicht ganz so spontan beantwortet werden. Um die „passende" Lücke zu finden, muss der Proband schon etwas länger nachdenken, wodurch natürlich immer die Gefahr einer Rationalisierung oder Bewertung gegeben ist.

Die genannten Assoziationsverfahren unterscheiden sich auch im Umfang der zugelassenen Assoziationen. Man differenziert hier freie Assoziationen, gelenkte Assoziationen und eingeschränkte Assoziationen (vgl. Schub von Bossiazky 1992).

Bei den **freien Assoziationen** (z. B. beim Wortassoziationstest) wird ein Reiz vorgegeben, der möglichst ein offenes Stichwort sein sollte. Der Proband wird aufgefordert, möglichst schnell möglichst viele Gedanken zu äußern, die ihm bei dem gegebenen Stichwort einfallen. Dabei ist es wichtig, dass die Assoziationen spontan und schnell ohne langes Nachdenken geäußert werden und die Assoziationskette nicht unterbrochen wird. Im Gegenteil: Bei stockendem Gedankenfluss sollte der Proband ermutigt werden, noch mehr spontane Assoziationen zu äußern. Die Äußerungen des Probanden sollten wortwörtlich und in der genauen Reihenfolge protokolliert werden.

Bei den **gelenkten Assoziationen** (z. B. beim Satzergänzungstest) ist ein Reiz Ausgangspunkt, der schon so konkret ist, dass der Meinungsgegenstand eingegrenzt ist bzw. eine bestimmte Richtung vorgibt. Da man hier nur zielführende Assoziationen erfassen will, kann es auch vorkommen, dass man die Assoziationskette unterbricht, wenn der anvisierte Themenkreis verlassen wird.

Bei den **eingeschränkten Assoziationen** (z. B. beim Lückentest) ist der Schlüsselreiz komplexer und immer nur eine Assoziation erlaubt; d. h., der Spielraum des Probanden ist eingeschränkt. Diese Methode ist weniger empfehlenswert, weil hier die besonderen Vorteile assoziativer Verfahren nicht zum Tragen kommen.

Es gibt allerdings eine weitere Variante, bei der z. B. ein Wortassoziationstest mit der Methode der eingeschränkten Assoziationen kombiniert wird. Hier wird eine Vielzahl von Schlüsselreizen (Wörtern) vorgegeben und vom Probanden jedes Mal immer nur eine Assoziation abgerufen. Der schnelle Wechsel der Reize gewährleistet zusammen mit dem großen Zeitdruck, dass der Proband tatsächlich immer nur spontane Antworten produziert, ohne über den einzelnen Reiz nachdenken zu können. Diese Methode wird z. B. bei Tabuthemen eingesetzt, um mögliche Hemmungen und Blockaden des Probanden zu umgehen. Dies gelingt aber nur dann, wenn der Proband, durch die Wahl der Reize vom eigentlichen Untersuchungsziel abgelenkt, keine Möglichkeit hat, rational zu reagieren. In Bezug auf die vorgestellte Systematik indirekter psychologischer Methoden sind assoziative Verfahren grundsätzlich immer Ergänzungstechniken, bei denen der vorgegebene Reiz durch entsprechende Assoziationen ergänzt wird. Das Wesen assoziativer Verfahren sind ja schnelle und spontane Antworten; eine bewusste Neukonstruktion von Antworten oder gar das Erarbeiten komplexer Antwortstrukturen ist dabei nicht möglich.

3.3 Projektive Verfahren

Projektive Verfahren sind indirekte psychologische Methoden, bei denen der Proband innere psychische Vorgänge auf äußere Projektionssubjekte oder -objekte überträgt (projiziert). Projektive Verfahren arbeiten dabei mit der Vorgabe mehrdeutiger bzw. nicht direkt dem Untersuchungsgegenstand zuordenbarer Stimuli oder neuartiger und ungewohnter Aufgaben, deren Bedeutung dem Probanden nicht unmittelbar einsichtig ist (vgl. Levy/Moore 1960). Dadurch werden stereotype oder sozial erwünschte Antworten verhindert, die subjektive Verantwortlichkeit des Probanden umgangen und die Antwort einer rationalen Kontrolle weitgehend entzogen. Denn durch geschickte vorformulierte Fragen oder Aufgabenstellungen wird sich der Proband zu einem Themenbereich äußern, ohne das Gefühl zu haben, hierzu selbst befragt worden zu sein oder eigene Gedanken oder Meinungen geäußert zu haben. Es gibt eine Vielzahl projektiver Verfahren, die den Vorgang der Projektion auf ganz unterschiedliche Art und Weise herbeiführen. Entsprechend unserer Systematik unterscheidet man zwischen Ergänzungstechniken, Konstruktionstechniken und Ausdruckstechniken, wobei sich die Grenzen zwischen ihnen manchmal leicht überschneiden können.

3.3.1 Ergänzungstechniken

Bei den Ergänzungstechniken muss der Proband ein vorgegebenes Reizmaterial ergänzen oder vervollständigen. Eine sehr einfache Form der Ergänzungstechnik ist der **Satzergänzungstest**. Er kann sowohl assoziativ als auch projektiv eingesetzt werden. Projektiv eingesetzt wird er, wenn auf das für assoziative Techniken typische schnelle Antworten und damit auf die Spontaneität der Gedankenverbindung kein Wert gelegt wird. Stattdessen werden Formulierungen auf dritte Personen bezogen bzw. projiziert.

Indirekte psychologische Methoden

Projektive Satzergänzungstests haben ihre theoretischen Wurzeln in der Tiefenpsychologie, die die Ermittlung unbewusster Motive via Projektion zum Ziel hat.

Beispiel: „Ich lese Ihnen jetzt den Anfang einer Aussage über eine bestimmte Personengruppe vor. Wenn ich aufhöre vorzulesen, überlegen Sie sich bitte die Gründe für das Verhalten dieser Leute und ergänzen Sie die angefangene Aussage: *Leute, die Champagner trinken, wollen damit zeigen, dass ...*". Die Interpretation der Antworten auf diesen Satzergänzungstest ist abhängig vom Produktbezug des Probanden: Wenn er selbst keinen Champagner trinkt, wird er die vermeintlichen Verwendungsmotive von Champagnertrinkern wiedergeben und damit seine Einstellung zur Produktkategorie. Wenn er selbst Champagner trinkt, wird er vermutlich seine eigenen Verwendungsmotive auf diese Personengruppe projizieren.

Der Satzergänzungstest als projektives Verfahren ist damit nicht ganz unproblematisch, weil zur Interpretation weitere Informationen herangezogen werden müssen – Informationen, welche die Beziehung des Probanden zum Untersuchungsgegenstand verdeutlichen.

Eine Weiterentwicklung des Satzergänzungstests ist der etwas komplexere **Handlungsergänzungstest.** Hier geht es darum, eine vorgegebene Handlung zu ergänzen. Der Proband hat hier mehr inhaltliche Gestaltungsmöglichkeiten als beim Satzergänzungstest, durchschaut weniger den Zweck der Methode und hat mehr Möglichkeiten, seine eigenen Meinungen und Einstellungen in den Handlungsverlauf hineinzuprojizieren. Seine theoretischen Wurzeln hat der Handlungsergänzungstest im TAT (Thematischer Apperzeptionstest), der 1935 von Murray veröffentlicht wurde und bei dem eine Geschichte zu mehrdeutigen Bildvorlagen erzählt werden muss.

Beim Handlungsergänzungstest wird meist eine angefangene Geschichte vom Probanden ergänzt, ein Schluss „erfunden". Man kann aber auch eine Geschichte, deren Kern vorgegeben wird, vervollständigen lassen, indem man den Probanden auffordert, sich den Handlungsverlauf davor und danach auszudenken.

Beispiel: Ein TV-Spot mit einer kurzen Handlung wird gezeigt. Anschließend wird der Proband aufgefordert: „Sie haben jetzt einen Ausschnitt aus einer Geschichte gesehen. Bitte überlegen Sie sich jetzt, was vorher passiert ist und wie die Geschichte weitergehen wird. Erzählen Sie mir die ganze Geschichte!" Durch die Ausgestaltung und Konkretisierung des Handlungsverlaufs der Geschichte und der darin agierenden Personen offenbart der Proband den Kontext, in dem er das im TV-Spot beworbene Produkt sieht, manchmal auch die von ihm vermuteten Verwendungsmotive. Das Ergebnis des Handlungsergänzungstests – also die vollständige Geschichte – ist aber wieder von weiteren Einflussfaktoren abhängig, insbesondere von der Fantasie und der Ausdrucksfähigkeit des Probanden.

Der Handlungsergänzungstest rückt aufgrund der dem Probanden offenstehenden Gestaltungsmöglichkeiten in die Nähe der später beschriebenen Konstruktionstechniken. Er gehört aber noch zu den Ergänzungstechniken, weil das vorgegebene Reizmaterial relativ konkret und richtungsweisend ist.

Eine weitere Ergänzungstechnik ist der **Sprechblasentest** (auch Ballontest, Cartoon-Test oder Comic-Strip-Technik genannt) (vgl. Salcher 1995). Er wurde aus dem PF-Test (Picture Frustration Test) von Rosenzweig entwickelt, ein psychologischer Persönlichkeitstest, der zwei oder mehr Personen in einer sozialen Konfliktsituation zeigt. Die gezeichneten Personen sind nur angedeutet (ohne mimische Details, die etwas über ihre Einstellungen oder Absichten aussagen könnten); eine Person sagt etwas zu der zweiten Person (durch den Text in der Sprechblase, daher der Name der Ergänzungstechnik). Die Antwort der zweiten Person (verdeutlicht durch eine leere Sprechblase) muss nun vom Probanden ergänzt werden. Man geht davon aus, dass der Proband nun seine eigene Meinung, Einstellung, Erlebnisse oder die von ihm bevorzugte Reaktion in einer Situation wie der abgebildeten in die Antwort der zweiten Person projiziert. Da der Proband sich hier nicht selbst offenbart, sondern eine „fremde Person" für sich sprechen lässt, wird diese Technik angewendet, wenn auf eine direkte Befragung keine oder keine wahre Antwort zu erwarten ist.

Beispiel: In einer Studie sollte ermittelt werden, welche unangenehmen Erfahrungen Frauen schon mit Monatshygieneartikeln gemacht hatten und wie man dies eventuell hätte vermeiden können. Wegen des Tabu-Charakters des Themas wurde nachstehende Bildvorlage mit folgender Instruktion vorgegeben: „Hier sehen Sie zwei Frauen. Die eine erzählt der anderen von einem peinlichen Erlebnis, das sie während ihrer Periode hatte. Bitte überlegen Sie jetzt einmal, was genau diese Frau der anderen erzählen könnte." Nachdem die Probandin geantwortet hatte, wurde unter Bezugnahme auf dieselbe Bildvorlage weitergefragt: „Stellen Sie sich jetzt einmal vor, die andere Frau, die eben zugehört hat, würde der ersten Frau einen Rat geben, wie man so etwas vermeiden könnte. Welchen Rat würde sie ihr wohl geben?"

Abbildung 3-2:   *Beispiel für einen Sprechblasentest (vgl. Kirchmair 1981, S. 50)*

Eine Variante des Sprechblasentests ist der **Denkblasentest,** bei dem der Proband nicht die Antwort einer abgebildeten Person formulieren soll, sondern deren (nicht ausgesprochenen) Gedanken. Natürlich funktioniert dies auch bei nur einer abgebildeten Person; Kombinationen mit anderen Ergänzungstechniken sind ebenfalls möglich.

Eine wichtige projektive Ergänzungstechnik in der qualitativen Marktforschung ist das Verfahren der **Analogienbildung,** bei dem eine Beziehung zwischen dem Untersuchungsgegenstand und anderen Objekten hergestellt werden soll. Die Charakteristika eines Produkts, einer Marke oder eines Unternehmens werden dabei per Analogie auf andere Bereiche übertragen, wobei in erster Linie vorstellungsmäßige Gemeinsamkeiten für die Wahl des Referenzobjekts (ein Tier, eine Blume, ein Gegenstand, ein Musikstil oder was immer) ausschlaggebend sind.

Beispiel: Zur Ermittlung der Charakteristik des Porsche Cayenne wurden Analogien zu Tieren eingesetzt mit der Instruktion: „Stellen Sie sich vor, der Porsche Cayenne wäre ein Tier. Was für ein Tier wäre er dann?" Die Antworten der Probanden lassen dabei erkennen, welche Merkmale und Eigenschaften (wie z. B. „Kraft", „Schnelligkeit" oder „Prestige") sowohl dem Auto als auch dem genannten Tier zugeschrieben werden.

Bei der Interpretation solcher Analogien ist aber Vorsicht geboten. Denn erstens kann nicht ohne Weiteres von der Antwort des Probanden auf die zugrunde liegende Gemeinsamkeit geschlossen werden. Und zweitens können solche Analogien auch leicht durch externe Einflussfaktoren verfälscht werden. Bei der Analogie zwischen Auto und Tier muss z. B. berücksichtigt werden, dass es bereits gelernte Gedankenverbindungen gibt: Porsche und Ferrari haben beide das Pferd als Markensymbol, bei Ford gibt es ein Modell namens Mustang. Deshalb empfiehlt es sich bei der Analogienbildung auf alle Fälle, die Begründung für die Analogie vom Probanden zu ermitteln, damit man weiß, welche Gemeinsamkeiten zwischen Untersuchungsgegenstand und Referenzobjekt für ihn relevant waren.

3.3.2 Konstruktionstechniken

Die häufigste Form projektiver Verfahren sind Konstruktionstechniken, bei denen der Proband um einen (verbalen oder visuellen) Reiz oder ein vorgegebenes Thema herum eine Aussage neu konstruieren soll. Dies stellt z. T. erhebliche Anforderungen an den Probanden und setzt ein gewisses Maß an Fantasie, Kreativität, Intelligenz und Ausdrucksfähigkeit voraus.

Eine erste Gruppe von Konstruktionstechniken sind die sogenannten **Drittpersonentechniken,** bei denen der Proband ohne Vorgabe visueller Stimuli eine Beschreibung dritter Personen vornehmen soll. Die einfachste Form der Drittpersonentechnik ist die **projektive Frage,** bei der meist Auskünfte über vermeintliche Motive, Einstellungen oder vermutetes Verhalten Dritter erfragt werden.

Beispiel zur Ermittlung der Fernsehmotive für Sportsendungen: „Aus welchen Gründen, glauben Sie, sehen so viele Männer gern Fußballübertragungen im Fernsehen?" Da der Proband die eigenen Motive nicht angeben muss, geht man davon aus, dass er diese Motive in seiner Antwort den „anderen Personen" unterstellt und damit indirekt seine eigenen Motive preisgibt.

Kritisch angemerkt werden muss hier, dass solche projektiven Fragen oft leicht zu durchschauen sind und zudem zur Zielperson passen müssen (ein Fußballgegner würde im oben genannten Beispiel keine eigenen Motive offenbaren, sondern versuchen, sich in die Gefühlswelt von Fußballfreunden hineinzuversetzen).

Eine in der qualitativen Marktforschung sehr geläufige Form der Drittpersonentechnik ist die Frage nach dem **typischen Verwender** eines Produkts oder einer Marke. Das Erkenntnisziel dieser Drittpersonentechnik kann dabei aber unterschiedlich sein: Entweder will man aus den Antworten Hinweise auf die Verwendungsmotive (bei Verwendern) oder auf Zugangsbarrieren (bei Nichtverwendern) für das Produkt herausfinden. Oder man will etwas über das Produktimage (Selbst- oder Fremdimage) erfahren.

Eine Interpretation der Antworten auf die Frage nach dem typischen Verwender kann also ohne weitere Informationen (z. B. zur Produktverwendung) gar nicht erfolgen. Bei der Analyse muss man genau darauf achten, wie die Antworten zustande kommen und was der Proband in sie hineingelegt haben könnte. Analog der Frage nach dem typischen Verwender kann man auch nach dem typischen Nichtverwender fragen. Beide Fragestellungen zusammen runden das Bild für den Projektleiter natürlich ab.

Eine Variante dieser Drittpersonentechnik ist die Frage nach dem typischen Adressaten für eine Marketingmaßnahme. So lassen sich z. B. Personengruppen identifizieren, die in bestimmter Weise auf Werbung, Verkaufsförderungsmaßnahmen oder Preisaktionen reagieren.

Beispiel für die Ermittlung des Ansprachestils einer Werbung: „Wer würde sich denn Ihrer Meinung nach von dieser Art der Werbung angesprochen fühlen? Was sind das für Menschen? Schildern Sie mir einmal diese Menschen mit all ihren typischen Eigenschaften!" Explorative Nachfragen könnten sich hier auf den Charakter, auf den Lebensstil, auf Motive, Einstellungen und Verhalten dieser Menschen beziehen und damit die Antwortfülle und -ergiebigkeit erhöhen. Die Personenschilderungen ergeben i. d. R. ein plastisches Bild vom Charakter der untersuchten Werbung und von ihrer Eignung für bestimmte Zielgruppen.

Eine beliebte und gern eingesetzte Technik bei den projektiven Verfahren ist die **Personifizierung,** wobei der Untersuchungsgegenstand ein konkretes Produkt, eine Produktkategorie, eine Marke oder auch ein Unternehmen sein kann. Die Aufforderung an den Probanden, sich eine bestimmte Marke als Mensch mit konkreten Persönlichkeitsmerkmalen und Charaktereigenschaften vorzustellen, führt i. d. R. zu plastischen Beschreibungen, die das Wesen des Markenimages charakterisieren. Ergebnis sind Aussagen über die Markenpersönlichkeit – über das, was Ernest Dichter bereits in den

1940er Jahren als „Seele der Marke" bezeichnet hat (vgl. Dichter 1961) und was heute durch psychologische Markenkernanalysen ermittelt wird.

Beispiel zur Ermittlung des Images einer deutschen Großbank durch Personifizierung: „Stellen Sie sich einmal vor, die Bank wäre kein Unternehmen, sondern ein lebendiger Mensch: Wie sieht dieser aus? Wie kleidet er sich? Wo wohnt er? Wie lebt er? Ist er verheiratet? Wie sieht sein Familienleben aus?" Da dem Probanden die Beschreibung eines Menschen leichter fällt als die Beschreibung einer Bank, wird er hier mehr konkrete Antworten geben können. Unbewusste oder schwer formulierbare Beurteilungskriterien für die Bank können durch diese Methode aufgedeckt werden.

Im Gegensatz zur Analogienbildung, bei der ein vorgegebener Reiz nur ergänzt bzw. vorstellungsmäßige Parallelen zwischen unterschiedlichen Bereichen gezogen werden, stellt die Produktpersonifizierung höhere Ansprüche an den Probanden: Er muss die Produktpersönlichkeit anhand menschlicher Eigenschaften und Merkmale gedanklich ausmalen und plastisch schildern.

Die Personifizierung eines Unternehmens oder einer Marke lässt auch dem Einfallsreichtum des Projektleiters großen Spielraum: Fast alle Bereiche des menschlichen Lebens lassen sich so erfragen (z. B.: Was macht er in seiner Freizeit? Welche Musik hört er gern? Welche Partei wählt er? Wohin fährt er in Urlaub?). Die Antworten auf solche Fragen zeichnen ein lebendiges Bild vom Unternehmen oder der Marke und verdeutlichen Imagestärken und -schwächen.

Eine weitere Konstruktionstechnik ist die **Familienbildung**, mithilfe derer Untersuchungsgegenstände (z. B. konkurrierende Marken oder Produkte innerhalb eines Produktbereichs) gruppiert und geordnet werden. Der Proband wird hier z. B. aufgefordert, aus einer Vielzahl vorgegebener Marken mehrere Gruppen zusammenpassender Marken herauszusuchen, sozusagen „Markenfamilien" zu bilden. Diese Methode der subjektiven Clusterung basiert auf einer Ähnlichkeitsbeurteilung der vorgegebenen Untersuchungsgegenstände. Die Interpretation der Ergebnisse dieser Technik ist aber ebenfalls ohne Zusatzinformationen nur schwer möglich und lässt einen großen subjektiven Spielraum. Es empfiehlt sich deshalb auch hier, die Zusammenfassungen durch den Probanden begründen zu lassen, damit dessen Beurteilungskriterien offenbar werden.

Eine dritte Gruppe von Konstruktionstechniken sind die **Bildererzähltests,** die auch auf den Thematischen Apperzeptionstest (TAT) von Murray zurückgehen, einer der bekanntesten projektiven Tests der Persönlichkeitspsychologie. Bei den Bildererzähltests werden ein oder mehrere Bilder vorgelegt, auf denen Personen zu sehen sind. Der Proband soll nun auf Basis dieses Reizmaterials eine hierzu passende Geschichte erfinden. Wichtig ist dabei, dass die vorgelegten Bilder einerseits so vage sind, dass sie die Projektion eigener Einstellungen, Erfahrungen und Verhaltensweisen in die erzählte Geschichte ermöglichen. Andererseits müssen die Bilder aber doch so spezifisch und problemorientiert sein, dass sich die erzählten Geschichten im thematisch interessierenden Rahmen abspielen (vgl. Rosenstiel/Neumann 1982).

Rolf Kirchmair

In der qualitativen Marktforschung werden aber z. B. im Rahmen der Überprüfung von Anzeigenmotiven auch Fotografien von Personen vorgelegt mit der Bitte, eine Geschichte zur Situation zu erzählen, in der sich die Personen gerade befinden. Hierbei ist dann zwar die Möglichkeit zur Projektion eigener Gedanken und Gefühle in die Geschichte eingeschränkt; die Botschaft des Anzeigenmotivs (ohne Text) kann dadurch aber gut eruiert werden.

3.3.3 Ausdruckstechniken

Schließlich gibt es noch die Ausdruckstechniken (auch expressive Techniken genannt), bei denen der Proband – ähnlich wie bei den Konstruktionstechniken – zu einem vorgegebenen Thema ein komplexes Geschehen selbstständig erarbeiten muss. Expressive Techniken weisen aber zwei wichtige Unterschiede auf. Erstens sind dies oft nonverbale Techniken, die ganz ohne Worte auskommen. Und zweitens ist hier nicht nur das Ergebnis der Methode interessant, sondern auch der Weg oder die Art und Weise, wie dieses Ergebnis zustande kommt.

Verbale expressive Techniken gibt es aber auch. Es sind meist Methoden, die in einer Gruppensituation angewendet werden und in der eine fiktive Situation ausgedacht und ausgestaltet werden muss. Eine solche Methode ist die **Fantasiereise,** bei der die Probanden aufgefordert werden, sich in eine außergewöhnliche Situation hineinzuversetzen und den Untersuchungsgegenstand vorstellungsmäßig in diese Situation zu übertragen.

Beispiel für die Ermittlung der Einstellung zu Energiearten: „Stellen Sie sich vor, Sie würden mit einem Raumschiff auf einen Planeten außerhalb unseres Sonnensystems fliegen, auf dem extreme Energieprobleme herrschen. Das Staatsoberhaupt dieses Planeten empfängt Sie freundlich und bittet Sie um einen Rat, wie er die Energieprobleme auf seinem Planeten lösen kann. Was würden Sie ihm raten?" Durch die vorgegebenen ungewöhnlichen situativen Bedingungen ist der Proband gezwungen, über seine generelle Einstellung Energiearten gegenüber nachzudenken. Diese Einstellung wird er in Ermangelung detaillierter Kenntnisse über den Planeten auf die neue Situation übertragen.

Eine ähnliche Technik ist die **Zeitreise,** bei der sich der Proband in ein anderes Zeitalter (meist in die Zukunft) versetzen und aus dieser Perspektive Aussagen über den Untersuchungsgegenstand machen soll.

Beispiel für die Ermittlung des Produktkerns von Zahncreme: „Stellen Sie sich vor, eine Zeitmaschine würde Sie ins Jahr 2020 transportieren und Sie würden im Jahr 2020 Ihre Mitmenschen bei der Zahnpflege beobachten. Wie werden im Jahr 2020 Ihre Mitmenschen Zahnpflege betreiben?"

Eine ursprünglich aus der klinischen Psychologie stammende Diagnosemethode ist das **Psychodrawing,** bei der Bilder oder Zeichnungen zu einem bestimmten Thema angefertigt werden. Sehr oft sind dies Menschen (z. B. typische Verwender eines Produkts), die gemalt werden sollen (dann auch Mensch-Mal-Test genannt). Der Unterschied zur Drittpersonentechnik liegt in den höheren Anforderungen an den Probanden, in dem größeren Entfaltungs- und Ausdrucksspielraum. In der psychologischen Diagnostik gelten Zeichnungen als mögliche Ausdrucksform der menschlichen Persönlichkeit, weil sie oft ohne rationalen Kontrollmechanismus erstellt werden, und deshalb emotionale und intuitive Aspekte sowie verdrängte und unbewusste Inhalte in sie einfließen können. Aber nicht nur Menschen werden beim Psychodrawing gezeichnet, auch Produkte, Marken oder Unternehmen können auf diese Art visualisiert werden.

Eine in der qualitativen Marktforschung vor allem in Gruppendiskussionen häufig angewendete Ausdruckstechnik sind **Collagen,** bei denen aus vorgegebenem Reizmaterial (meist Zeitschriften) Bilder und Textelemente herausgesucht und zusammengestellt werden, die zu einem bestimmten Thema passen. Collagen werden meist in Gruppenarbeit erstellt, können aber genauso gut auch von Einzelpersonen gefertigt werden.

Eine Variante von Collagen sind **Gemeinschaftsgemälde,** die von einer Personengruppe in Gemeinschaftsarbeit erstellt werden. Auch hier wird ein bestimmtes Thema vorgegeben und die Probanden sollen zusammen ein Bild malen, das dieses Thema visuell zum Ausdruck bringt. Das Ergebnis ist allerdings mehr als bei der Collage von den gestalterischen Fähigkeiten der Teilnehmer abhängig, die ihre Vorstellungen zu Papier bringen sollen.

Eine weitere Ausdruckstechnik ist das **Psychodrama** – ein Rollenspiel, bei dem die Teilnehmer sich in eine Rolle hineinversetzen müssen und nach einer kurzen Vorbereitungszeit eine Szene, eine bestimmte Situation spielen müssen. Die Rolle, die der Proband übernehmen soll, kann eine Person sein (z. B. der Käufer eines bestimmten Produkts), kann der Proband selbst in einer definierten Situation sein (z. B. in einer Kaufsituation) oder auch ein Produkt (z. B. die Marke XY). Durch das Spiel projiziert der Proband seine eigenen Meinungen und Einstellungen in die Rolle hinein und ermöglicht so Einsichten in seine Gedanken- und Vorstellungswelt, die einer direkten Befragung nicht zugänglich wären.

3.4 Kreative Verfahren

Kreative Verfahren oder Kreativitätstechniken sind auch eine Form indirekter psychologischer Methoden, die aber im Rahmen qualitativer Marktforschung nur selten eingesetzt werden. Der Unterschied zu anderen indirekten psychologischen Methoden liegt im Wesentlichen darin, dass assoziative und projektive Verfahren das Ziel haben, Gedanken, Motive, Vorstellungen und Einstellungen der befragten Personen auf indirektem Wege herauszufinden, weil dadurch Hemmungen, Blockaden, Verdrängungen oder psychologische Kontrollmechanismen umgangen werden können. Kreative Verfahren haben dagegen das Ziel, durch gruppendynamische Prozesse das höhere Leistungspotenzial von in Gruppen interagierenden Individuen zu fördern und zu steuern. Oder mit anderen Worten: durch die Gruppe zu einer kreativeren Ideenfindung zu kommen, als dies im Einzelgespräch möglich wäre (vgl. T.E.A.M. 2002). Außerdem sind kreative Verfahren i. d. R. komplexere psychologische Methoden, die meist aus mehreren Phasen bestehen und unterschiedliche Befragungs- und Bewertungstechniken umfassen.

Grundsätzlich können Kreativitätstechniken im System indirekter psychologischer Methoden ebenfalls eingeteilt werden in Ergänzungstechniken, Konstruktionstechniken und Ausdruckstechniken. An dieser Stelle soll aber nur ein kurzer Überblick über Kreativitätstechniken gegeben werden, weil sie in diesem Buch in einem eigenen Kapitel ausführlicher behandelt werden (→ *Beitrag „Innovationsforschung" von Helmut Schlicksupp, Natacha Dagneaud und Christine Garnier-Coester*). Im Folgenden wird für jede Kategorie ein Beispiel angeführt.

Ein bekanntes kreatives Verfahren im Rahmen der Ergänzungstechniken ist die von William Gordon in den 1940er Jahren entwickelte **Synektik,** die versucht, eine Problemlösung über Analogien zu finden (vgl. Gordon 1961). Dabei werden nach der Problemdefinition Analogien z. B. im Tierreich gesucht (bewusste Problemverfremdung). Werden dort Lösungen gefunden, werden diese auf das ursprüngliche Problem übertragen.

Die bekannteste Kreativitätstechnik ist das **Brainstorming,** das den Konstruktionstechniken zugeordnet werden kann. Die Methode hat ihren Ursprung in Indien und wurde von Alex Osborn in den 1950er Jahren wieder aufgegriffen (vgl. Osborn 1953). Dabei wird in einer Gruppensitzung die Äußerung spontaner Ideen gefördert, indem eine ungestörte Atmosphäre geschaffen wird und Kritik und rationale Bewertungen streng verboten sind.

Ein anderes sehr bekanntes kreatives Verfahren ist die **Delphi-Methode,** die von Helmer, Dalkey und Gordon in der 1960er Jahren entwickelt wurde (vgl. Dalkey/Helmer 1963). Bei dieser Methode wird versucht, eine Problemlösung durch das Aufbrechen vorhandener Denkstrukturen zu erreichen, indem man die Teilnehmer mit neuen Denkinhalten konfrontiert. Es ist eine mehrstufige schriftliche Befragungsmethode, bei der die Teilnehmer in drei oder vier Durchgängen jedes Mal mit den ausgewerteten Ergebnissen der vorangegangenen Befragungsrunde konfrontiert werden. Die Problemlösung wird dabei durch das Kennenlernen der Denkinhalte der anderen Teilnehmer nach und nach immer mehr präzisiert. Die Delphi-Methode wird vorwiegend zur Prognoseerstellung eingesetzt, kann aber auch bei Fragen zukünftigen Konsumentenverhaltens angewendet werden.

3.5 Auswertung und Analyse indirekter Methoden

Indirekte psychologische Methoden in der qualitativen Marktforschung sind offene Verfahren, deren Auswertung und Analyse einen subjektiven Interpretationsspielraum zulassen. Legt man die klassischen Testkriterien an, sind sie weder objektiv noch valide. Sie dürfen deshalb nicht als einzige Informationsquelle für den Untersuchungsgegenstand fungieren, sondern können mit ihrem Erkenntniswert nur andere empirische Ergebnisse ergänzen.

Es gibt aber eine Reihe von Maßnahmen, durch die sich Interpretationsspielräume oder Unsicherheiten bei der Auswertung und Analyse indirekter Methoden reduzieren lassen. Ein wichtiger Einflussfaktor für die Güte indirekter Methoden ist die Übertragungsgenauigkeit des offenen Materials vom Probanden zum Analysanten. Oder mit anderen Worten: Erkennt der Analysant das, was der Proband zum Ausdruck bringen wollte oder unbewusst zum Ausdruck bringt? Maßnahmen zur Erhöhung der Interpretationsgüte sind hier relevante Zusatzinformationen entweder über den Probanden, z. B. über seine Beziehung zum Untersuchungsgegenstand, oder vom Probanden selbst, z. B. Begründungen und Erläuterungen seiner Antworten. Bei anspruchsvolleren indirekten Methoden, insbesondere bei den Ausdruckstechniken, hat auch die Fantasie bzw. der Ideenreichtum des Probanden einen Einfluss auf die Antwortdichte und damit auf die Interpretationsmöglichkeiten.

Eine weitere wichtige Einflussgröße bei der Auswertung und Analyse indirekter Methoden liegt im Analysanten selbst. Der Interpretationsspielraum kann auch hier durch geeignete Maßnahmen reduziert werden: Eine qualifizierte Ausbildung und einschlägige Erfahrungen des Analysanten tragen dazu bei, mögliche Interpretationsdivergenzen einzuschränken und die Analyse indirekter Methoden zu optimieren. Trotzdem ist es empfehlenswert, die Analyse und Interpretation indirekter Methoden durch mehrere Personen eines Analyseteams vorzunehmen, das möglichst interdisziplinär zusammengesetzt sein sollte. Dies schränkt den subjektiven Interpretationsspielraum ganz erheblich ein und erhöht die Objektivität und Validität indirekter psychologischer Methoden.

4 Fazit

Generell muss angemerkt werden, dass die indirekten psychologischen Methoden in der qualitativen Marktforschung ihre Vor- und Nachteile haben, die man kennen sollte, wenn man mit ihnen umgeht. Auf der einen Seite genügen sie nicht den klassischen Kriterien von psychologischen Tests: Sie sind weder objektiv noch valide. Der subjektive Entscheidungsspielraum bei der Interpretation der Ergebnisse kann zwar durch

Zusatzinformationen und durch eine verantwortungsvolle Analyse reduziert werden, er birgt aber dennoch ein interpretatives Restrisiko. Und es gibt keine wissenschaftlichen Untersuchungen über die Validität (Gültigkeit) dieser Methoden.

Auf der anderen Seite führen die indirekten psychologischen Methoden zu Einsichten und Erkenntnissen, die mit direkten Erhebungsmethoden nicht erreicht werden können. Wenn man mit diesen Methoden verantwortungsbewusst umgeht, d. h., ihre Analyse im Kontext weiterer Informationen vornimmt, subjektive Interpretationsspielräume nicht zu weit steckt, als Ziel die Hypothesenbildung verfolgt und ihnen den richtigen Stellenwert im Rahmen einer problemorientierten Gesamtanalyse gibt – dann können indirekte psychologische Methoden der Wahrheitsfindung dienen, in tiefe Persönlichkeitsschichten des Verbrauchers eindringen und zu neuen Erkenntnissen führen, die das Marketing gewinnbringend anwenden kann.

Literaturverzeichnis

Axhausen, Silke (1987): Projektive Verfahren. In: Roth, Erwin (Hrsg.): Sozialwissenschaftliche Methoden. München, S. 471–488.

Dalkey, Norman / Helmer, Olaf (1963): An Experimental Application of the Delphi Method to the Use of Experts. In: Management Science, 9(3), S. 458–467.

Dichter, Ernest (1961): Strategie im Reich der Wünsche. Düsseldorf.

Dichter, Ernest (1981): Das große Buch der Kaufmotive. Düsseldorf.

Felser, Georg (2001): Werbe- und Konsumentenpsychologie. Stuttgart.

Föll, Kerstin (2007): Consumer Insight: Emotionspsychologische Fundierung und praktische Anleitung zur Kommunikationsentwicklung. Wiesbaden.

Gordon, William J. J. (1961): Synectics: The Development of Creative Capacity. New York, Evanston, London.

Kepper, Gabriele (1996): Qualitative Marktforschung. Wiesbaden.

Kirchmair, Rolf (1981): Indirekte Befragungsmethoden in der Marktforschung. In: Haase, Henning / Molt, Walter (Hrsg.): Handbuch der Angewandten Psychologie. Band 3: Markt und Umwelt. Landsberg am Lech, S. 38–52.

Kühn, Thomas (2005): Grundströmungen und Entwicklungslinien qualitativer Forschung. Planung & Analyse Wissen. Frankfurt/Main.

Levy, Sidney J. / Moore, Harriett B. (1960): Projektive Techniken der Motivforschung. In: Kropff, Hanns F. J. (Hrsg.): Motivforschung. Essen, S. 165–174.

Osborn, Alex (1953): Applied imagination. New York.

Raab, Gerhard / Unger, Fritz (2005): Marktpsychologie. Wiesbaden.

von Rosenstiel, Lutz / Neumann, Peter (1982): Einführung in die Markt- und Werbepsychologie. Darmstadt.

Salcher, Ernst F. (1995): Psychologische Marktforschung. Berlin.

Schub von Bossiazky, Gerhard (1992): Psychologische Marketingforschung. München.

Stephan, Erhard (1961): Methoden der Motivforschung. Befragung und projektive Verfahren. München.

T.E.A.M. (2002): Liste der wichtigsten Kreativitätstechniken. www.t-e-a-m.de. Zugriff: 18.08.2010.

Gert Gutjahr, Gabriele Naderer

Implizite Methoden

1 Einführung 369
2 Grenzen expliziter Verfahren und Bedeutung impliziter Verfahren 370
3 Die bisherigen impliziten Methoden 371
    3.1 Priming 372
    3.2 Der IAT (Implicit Association Test) 372
4 Integration impliziter Messverfahren und qualitativer Methodenkonzepte 375
    4.1 Projektive Verfahren 375
    4.2 Die narrative Exploration 376
    4.3 Intuitive Methoden – Erfassung impliziter und expliziter Prozesse 379
5 Fazit 381

Implizite Methoden

1 Einführung

Schon immer gab es in der Psychologie die Vorstellung, menschliches Erleben und Verhalten sei nicht nur bewusst intendiert bzw. kognitiv gesteuert, sondern werde auch durch nicht-bewusste, implizite Prozesse beeinflusst (vgl. Mierke 2004). Entscheidungen erfolgen häufig unbewusst intuitiv, nicht durch Nachdenken. Das ist dem Entscheider zwar bewusst, beschreiben oder gar erklären kann er den Prozess jedoch nicht. Auch die Entscheidung der Konsumenten bei der Produkt- und Markenwahl wird von impliziten psychologischen Prozessen, die man als Intuition bezeichnen könnte, beeinflusst.

Der aktuelle Forschungsstand zu impliziten Prozessen lässt sich wie folgt kurz zusammenfassen:

Konsumenten treffen implizite und explizite Entscheidungen.

- Implizite Entscheidungen treffen Konsumenten vor allem dann, wenn die Folgen einer falschen Entscheidung ein geringes Risiko darstellen, also bei geringem Involvement. Dies ist z. B. bei der Wahl von Produkten der Fall, die billig sind und kaum Qualitätsunterschiede erwarten lassen. Voraussetzung ist allerdings, dass der Entscheider über relevante Erfahrungen verfügt. Diese müssen zum Zeitpunkt der Entscheidung nicht bewusst sein (Hogarth 2001).

- Nicht jede Entscheidung wird intuitiv getroffen. Manche Menschen misstrauen der eigenen Intuition. Eine intuitive Entscheidung treffen sie nicht freiwillig, sondern nur unter Zwang, bspw. unter Zeitdruck. Besteht kein Zeitdruck, wählen Probanden mehrheitlich die Produkte oder die Marken, die sie explizit bevorzugen. Bei hochwertigen Konsum- und Gebrauchsgütern treffen Konsumenten vermehrt explizite Entscheidungen, sofern absolute Qualitätstransparenz hergestellt werden kann. Dies trifft z. B. nicht auf PKW-Marken zu; hier werden intuitiv „starke Marken" bevorzugt (Gutjahr 2011).

- Bei komplexen Kaufentscheidungen sind Konsumenten nur dann zur konfliktfreien Entscheidung fähig, wenn z. B. eine intuitive Markenwahl die Komplexität der Entscheidung reduzieren kann; dann wird intuitiv die starke Marke („Lieblingsmarke") bevorzugt (Deppe et al. 2005).

Intuitive Entscheidungen machen zufriedener.

- In einem aktuellen Experiment wurden Frauen zwei Hautcremes zur Wahl vorgelegt. In einem Test haben sie die Produkte erprobt und bewertet. Am Ende durften sie eine der beiden Cremes mit nach Hause nehmen. Die Hälfte der Probanden musste spontan und ohne Nachdenken, also intuitiv, entscheiden. Die übrigen Frauen hatten vor der Wahl die für sie wichtigen Produkteigenschaften der Cremes

Gert Gutjahr, Gabriele Naderer

– z. B. Geruch, Konsistenz, ohne Tierversuche hergestellt etc. – zu benennen. Direkt nach der Wahl und nochmals nach einer Woche wurden die Teilnehmerinnen nach ihrer Zufriedenheit mit ihrer Wahl befragt. Direkt nach der Wahl waren jene Frauen zufriedener, die explizit entschieden hatten; nach einer Woche jedoch waren die Frauen mit ihrer Wahl zufriedener, die intuitiv entschieden hatten (Betsch et al. 2004).

■ Konsumenten, die angehalten wurden, bei der Produktwahl eine explizite analytische Entscheidung zu treffen, d. h. bei ihrer Entscheidung auf vernünftige Gründe zu bauen, waren schon nach einer Woche mit ihrer Entscheidung unzufrieden (Wilson et al. 1991, 1993).

2 Grenzen expliziter Verfahren und Bedeutung impliziter Verfahren

Konsumentenverhalten kann also durch die Analyse bewusster kognitiver oder affektiver Vorgänge nur teilweise erklärt werden. Dennoch versuchen klassische qualitative Methoden wie das qualitative Interview oder die Gruppendiskussion in mehr oder weniger stark reflektierten Gesprächssituationen Emotionen, Motive oder Einstellungen von Konsumenten zu analysieren (vgl. Mierke 2004). Diese Verfahren untersuchen die expliziten psychologischen Prozesse, jedoch nicht die impliziten. Obwohl nicht die Methode, sondern der untersuchte psychologische Prozess explizit ist, hat es sich durchgesetzt, diese Methoden als explizite Methoden zu bezeichnen.

Explizite Methoden haben das grundsätzliche Problem, dass Konsumenten kaum in der Lage sind, sich implizit ablaufende Prozesse bewusst zu machen und diese zu verbalisieren. Gleichzeitig verlangen sie aber, dass die Konsumenten im Gespräch selbst die relevanten Informationen generieren (vgl. Mierke 2004).

Die rasante technologische Weiterentwicklung neurowissenschaftlicher Untersuchungsmethoden hat zum einen das Bewusstsein für die enorme Bedeutung impliziter psychologischer Prozesse erneut geschärft. Zum anderen konnten durch sie neue grundlegende wissenschaftliche Erkenntnisse gewonnen werden, die die Vermutungen über implizite, nicht-bewusste Steuerungsprozesse menschlichen Verhaltens bestätigen. Dennoch ist der Gebrauch von impliziten Methoden derzeit in der Marktforschung noch zögerlich, Auftraggeber verhalten sich kritisch distanziert.

Aktuelle Methoden der Neuroscience wie die funktionelle Magnetresonanztomographie sind wegen der hohen Kosten und mangelnder externer Validität nur selten in der Marktforschungspraxis anwendbar (Gutjahr 2007). Der praktische Erkenntnisgewinn ist zudem noch fraglich. Dass Probanden auf die „Lieblingsmarke" (und nur diese) positiv reagieren, Frauen auf Kleinwagen und Männer auf Sportwagen, war auch mit intuitiven Methoden der Psychologie festzustellen (Kenning/Ahlert 2004).

Dass implizite Methoden in der qualitativen Marktforschung notwendig sind, wird aber vielfach gefordert (Zaltman et al. 2001; Mast/Zaltman 2005; Maison et al. 2001).

In verschiedenen Studien wurde nachgewiesen, dass die Ergebnisse impliziter Methoden nicht immer mit denen der expliziten Befragung übereinstimmen und in diesen Fällen die impliziten Methoden die besseren, bzw. die expliziten die unzuverlässigeren Prognosen erlauben:

80 % neuer Produkte, denen mit Befragung bzw. konventionellen expliziten Produkttests ein Markterfolg beschieden wurde, waren nach einem Jahr vom Markt verschwunden (Mast/Zaltman 2005). Implizite Methoden wurden in diesen Fällen nicht angewandt, weil im Marketing derzeit immer noch die Annahme herrscht, dass für den Erfolg neuer Produkte das Produkt-Image verantwortlich sei, das hauptsächlich aus einem wahrgenommenen Nutzenbündel bestehe. Die explizite Nutzenerwartung bestimme die zukünftige Akzeptanz der Produkte und Marken (Esch 2004).

3 Die bisherigen impliziten Methoden

Zur Analyse impliziter Prozesse wurden zahlreiche Methoden entwickelt. Auch hier hat es sich durchgesetzt, diese als implizite Methoden zu bezeichnen. Zum einen versuchen diese Methoden, das Problem über Antwortlatenzen zu lösen (vgl. Response-time-Paradigma[1]), zum anderen verzichten sie auf direktes Fragen (→ *Beitrag „Indirekte psychologische Methoden" von Rolf Kirchmair*).

Zentral ist in beiden Fällen, dass die untersuchten Personen keine oder nur begrenzte Kenntnis über den Untersuchungszweck bzw. das Untersuchungsziel erhalten (vgl. Mierke 2004). Genau das gefährdet jedoch wiederum die Validität der gewonnenen Daten, bspw. wenn es gilt, expressive Darstellungen von Konsumenten (z. B. bei Collagen) zu interpretieren. Letztlich kommt man also nicht umhin, sowohl die expliziten als auch die impliziten psychologischen Prozesse einzubeziehen, um menschliches Verhalten wirklich umfassend zu verstehen und vorherzusagen.

---

1 Nur sehr schnelle Reaktionen auf zu bewertende Stimuli, z. B. Marken werden analysiert. Die Grundannahme ist, dass keine Kontrolle durch das langsamere explizite System möglich ist. In der Regel müssen die Versuchspersonen dabei ihre Reaktion durch einen Tastendruck zum Ausdruck bringen. Die Dauer, bis der Tastendruck erfolgt, erlaubt, zwischen impliziten und expliziten Entscheidungsprozessen zu differenzieren (vgl. Scarabis/Heinsen 2006; Mast/Zaltman 2005).

Derzeit in der psychologischen Forschung häufiger eingesetzte implizite Verfahren nutzen das Priming-Konzept (vgl. Mierke 2004). Fazio et al. (1986) stellten in ihrem Experiment fest, dass Wörter (z. B. „warm") schneller bewertet werden konnten, wenn diesen ein Primewort (z. B. „Sonne") vorausging. Die psychologische Erklärung ist, dass offenbar bereits das Primewort selbst automatisch implizit bewertet wurde.

Das in der Marktforschung am häufigsten diskutierte implizite Verfahren ist der IAT (Implicit Association Test, Greenwald et al. 1998).

Priming und der IAT sind in der Grundlagenforschung von Universitäten erprobt und für valide und zuverlässig befunden worden (Zaltman et al. 2001). Sie erfahren daher hier eine ausführlichere Würdigung.

3.1 Priming

Die Priming-Verfahren machen sich den gesicherten psychologischen Sachverhalt zunutze, dass intuitive Entscheidungen auf implizitem (unbewusstem) Vorwissen beruhen. Also wird beim Priming durch „prime stimuli" Vorwissen experimentell als Input gegeben (die unabhängige Variable), um dadurch abhängige Variablen (Reaktionen auf die folgenden „target stimuli") zu beeinflussen.

Beispiel: Zu prüfen war, wie die beiden Konzepte „Mystery" und „Nature" mit den Produkten „Coke" und „Water" implizit assoziiert sind. Dazu wurden im Test als prime stimuli die Abbildungen einer Coke-Flasche und einer Wasserflasche 150 Millisekunden dargeboten; anschließend wurden verschiedene Begriffe, darunter „Mystery" und „Nature" gezeigt. Das Ergebnis: Die Konzepte „Mystery" und „Nature" waren stärker mit Coke assoziiert (kürzere Reaktionszeit beim Primewort Coke, Mast/Zaltman 2005).

3.2 Der IAT (Implicit Association Test)

Der Ablauf eines IAT wird anhand eines Beispiels gezeigt, das Georg Felser auf der Fachtagung des BVM „Implizite Methoden vor dem Durchbruch (2009)" dargestellt hat.

Der IAT besteht aus fünf Durchläufen.

1. Der erste Durchlauf: Wenn ein negatives Wort auf dem Bildschirm erscheint, muss die linke Taste, bei einem positiven Wort die rechte Taste so schnell wie möglich gedrückt werden. Die Worte sind Liebe, Henker, Kakerlake, ehrlich, Dreck.

2. Im zweiten Durchgang werden abwechselnd No-Name- und Marken-Produkte gezeigt. So schnell und auch so sicher wie möglich soll durch Tastendruck angezeigt werden, ob ein No-Name- (rechte Taste) oder ein Marken-Produkt (linke Taste) erkannt wurde. Die Marken sind Bonduelle Maiskonserve, Südmilch Sahne und No-Name-Produkte der Handelsmarke Ja!, nämlich Ja! Kaffee und Ja! Pflanzenmargarine.

3. Im dritten Durchgang werden entweder abwechselnd No-Name- oder Marken-Produkte sowie abwechselnd negative und positive Worte gezeigt. Erscheint ein negatives Wort oder ein Marken-Produkt, so muss so rasch wie möglich die Taste links und bei einem positiven Wort oder No-Name-Produkt die rechte Taste gedrückt werden. Die Marken sind Bonduelle Maiskonserve, Südmilch Sahne, die No-Name-Produkte Ja! Kaffee, Ja! Margarine; die negativen Worte sind Dreck, Kakerlake, Scheidung, die positiven Worte Freundschaft, Freiheit.

4. Im folgenden vierten Durchgang werden wieder abwechselnd positive oder negative Worte gezeigt. Jetzt sind die Tasten vertauscht: Ist das Wort positiv, so muss die linke Taste, bei negativem Wort die rechte Taste so schnell wie möglich gedrückt werden. Positive Worte sind wieder ehrlich, Liebe, die negativen Worte Kakerlake, Scheidung, Dreck.

5. Der fünfte Durchgang verlangt wieder eine Reaktion auf Worte und Produkte. Erscheint ein positives Wort oder ein Marken-Produkt, so ist so schnell wie möglich die linke Taste zu drücken und die rechte Taste, wenn ein negatives Wort oder ein No-Name-Produkt gezeigt wird. Es werden dieselben Worte wie im ersten Durchgang und Produkte wie im zweiten Durchgang abwechselnd gezeigt.

Es gibt kompatible und inkompatible Durchgänge: Passen die Tasten für Marken-Produkt und positives Wort zusammen oder No-Name-Produkte und negatives Wort, so ist dies ein kompatibler Durchgang, bei dem die Probanden schneller reagieren können, so die Hypothese bei impliziten Entscheidungen.

Wenn Marken bevorzugt werden (implicit attitude), reagieren die Probanden im kompatiblen Durchgang insgesamt schneller als im nicht kompatiblen Durchgang.

Studien, die Einstellungen der Konsumenten gegenüber Marken und Produkten implizit messen, sind noch selten (Maison et al. 2004): Bei folgenden Marken wurden implizite Einstellungen den expliziten gegenübergestellt: Pepsi gegen Coca Cola, McDonalds gegen Milk Bar (in Warschau), Danone gegen Bakona (in Polen), PC gegen Mac, kalorienhaltige gegen kalorienarme Nahrungsmittel.

Stets korrelierten die impliziten Einstellungen mit den expliziten. Die Höhe dieser Korrelationen ist jedoch abhängig von der Entscheidungssituation. Insbesondere bei

Konsumentscheidungen fallen die Korrelationen eher niedrig mit Werten zwischen .30 und .35 aus (vgl. Scheier/Scarabis 2009; Hofmann et al. 2005; Greenwald 2009).

Stellt sich also die Frage, bei welchen Konsumentscheidungen überwiegen implizite Entscheidungsprozesse und erlauben damit tatsächlich bessere Prognosen durch implizite Methoden. Scheier und Scarabis (2009) identifizieren die folgenden vier Charakteristika für die Kaufentscheidungssituation: Low Involvement, Zeitdruck, hohe Komplexität und Informations-Overload. Bei in hohem Maße reflektierten Kaufentscheidungsprozessen bzw. hohem Involvement liefern hingegen explizite Messungen bessere Prognosen (vgl. Scheier/Scarabis 2009; Friese et al. 2009).

Mierke (2004, S. 26) kommt nach Analyse verschiedener publizierter Untersuchungen zum vorsichtigen Schluss, „dass der IAT in verschiedenen Anwendungsbereichen spontanes Verhalten wenigstens teilweise vorhersagen kann. ... Es lässt sich jedoch folgern, dass ein sorgfältig konstruierter IAT durchaus brauchbare Verhaltensvorhersagen liefern kann."

Die scheinbaren Widersprüche in den empirischen Befunden lassen sich u. U. auflösen, wenn man in Betracht zieht, dass sich Konsumentscheidungen nicht einfach dichotom durch hohes vs. geringes Involvement (vgl. Greenwald/Leavitt 1984) bzw. durch Ratio vs. Intuition klassifizieren lassen. Methoden, die zuverlässige Verhaltensvorhersagen erlauben, wie sie das Marketing benötigt, müssen also sowohl die impliziten als auch die expliziten Anteile eines Entscheidungsprozesses erfassen.

Implizite Methoden wie Priming und IAT zeigen nur, ob mit Markenprodukten positive Emotionen assoziiert sind oder nicht. Für Marketingentscheidungen ist das aber nicht ausreichend (Friese et al. 2006).

Von einer generellen Alltagstauglichkeit für Consumer Research kann also nicht gesprochen werden (Friese et al. 2006).

Da Marketingrelevanz und Alltagstauglichkeit der Marktforschungsmethode eine ebenso wichtige Voraussetzung für die Akzeptanz sind wie die zweifelsfreie Validität und Zuverlässigkeit, müssen Alternativen angeboten werden (Vargas et al. 2007): „Interessant ist die Integration impliziter Messverfahren mit qualitativen Verfahren" (Scheier 2006, S. 45). Scheier und Scarabis (2009, S. 16) sehen neben der impliziten Messung „Genauso zentral ... kulturwissenschaftliche Verfahren wie die objektive Hermeneutik, welche die Dekodierung der impliziten Bedeutung von Signalen ermöglichen".

4 Integration impliziter Messverfahren und qualitativer Methodenkonzepte

Da die bisherigen impliziten Verfahren wie Priming und IAT zwar implizite Einstellungen messen, nicht jedoch deren implizite Bedeutung identifizieren (z. B. implizites Markenwissen), ist der Erkenntnisgewinn für Marketingmaßnahmen eher gering.

Praxisorientierte und für das Marketing umsetzbare Methoden müssen sowohl die Messung impliziter Entscheidungsprozesse als auch eine Analyse der zugrundeliegenden Erklärungszusammenhänge erlauben.

4.1 Projektive Verfahren

Einen zukunftsweisenden Ansatz liefert Gutjahr (2011). Es handelt sich um ein Bildassoziationsverfahren, das auf der aktiven Imagination aufbaut, die Jung (2003) verwandte. Dabei geht es um die implizite, latente Bedeutung, die hinter einer bewussten, explizit erzählten Geschichte liegt. Nur diese bewusste Geschichte kann berichtet werden.

Das Bildverfahren erlaubt als projektive Methode den Zugang zu nicht nur persönlichen unbewussten Inhalten, sondern auch zu kollektiven unbewussten Deutungsmustern, die eine Produkt- und Markenwahl entscheidend implizit beeinflussen. Da diese Methode zunächst einmal für psychologische Markenanalysen verwendet wurde, erhielt sie die Bezeichnung Brand Explorer® (Gutjahr 2011). Das Bildmaterial, das hierbei verwendet wird, hat keine vorgegebene Bedeutung. Die Bildinhalte bieten den Rahmen für die Projektionen des Konsumenten.

Beispiel: Auf einem Bild ist ein Kind zu sehen, das im Garten mit einem Ball spielt. Ein Proband kann deuten: „ein bedauernswertes Kind, das alleine im Garten spielen muss" oder „ein gesundes Kind, das unbeschwert und lebenslustig im Garten spielt", entsprechend dem impliziten Vorwissen (z. B. persönliche Erfahrungen) des Probanden.

Die Probanden wählen aus einer großen Zahl von Bildern jene intuitiv aus, die mit einer bestimmten Marke oder einem bestimmten Produkt assoziiert werden können. Sie werden vorab darüber belehrt, dass sie ihre Bilderwahl später nicht begründen müssen. Dadurch werden eine Zensur und explizite Reaktionen ausgeschlossen.

Die Bilder werden so zusammengestellt, dass sie die Möglichkeit bieten, alle mit der Marke oder dem Produkt verknüpfbaren Konzepte zu hinterfragen. Hinweise auf relevante Konzepte liefern bspw. vorausgegangene Image-Studien (Hinweis auf explizite Reaktionen) und im Falle der Markenanalyse die Markengeschichte und die Markenkommunikation.

Die Bildauswahl durch den Probanden soll möglichst schnell erfolgen, um Rationalisierungen zu unterbinden bzw. zu gewährleisten, dass es sich tatsächlich um einen impliziten Entscheidungsprozess handelt.

Im nächsten Untersuchungsschritt wird die implizite Bedeutung der ausgewählten Bilder decodiert, und zwar unabhängig vom eigentlichen Untersuchungsgegenstand. Gemeinsam mit dem Probanden werden die Bilder im Hinblick auf persönlich bedeutungsvolle Erlebnisse (implizites Erinnern) und damit verbundene Emotionen exploriert und analysiert. So entschlüsselt sich das persönliche Unbewusste.

Die ausgewählten Bilder, die nicht mit persönlichen impliziten Erinnerungen verknüpft werden können, werden auf ihre symbolische Bedeutung von einem geschulten Psychologen-Team mittels inhaltsanalytischer Verfahren wie bspw. der Hermeneutik hinterfragt. Hierbei treten kollektive Deutungs- und Verhaltensmuster zutage. Im Vordergrund steht dabei die kommunikative Validierung der Analyse (vgl. Heinze 2001).

Die Ergebnisse liefern für die Kommunikation wichtige Hinweise auf implizit erwartete und Erfolg versprechende Marken- und Produktpositionierungen.

4.2 Die narrative Exploration

Ein ebenfalls für die Integration impliziter Messverfahren und qualitativer Methodenkonzepte vielversprechender Ansatz ist die narrative Exploration. Die narrative Exploration eignet sich dazu aufzudecken, welche impliziten Haltungen, Emotionen oder Verhaltensmuster mit Marken, Produkten, mit Werbung und Verpackungen verbunden sind. Sie erschließen sich aus der erzählten Geschichte. „Consumption stories" gelten als Erfolg versprechende tiefenpsychologische „Sonde" (Escalas 2000).

Die Geschichte ist die ureigenste Form der menschlichen Kommunikation. Durch sie wurden Erfahrungen weitergegeben, wichtige Informationen ausgetauscht und letztlich das Leben in Gesellschaften ermöglicht. Lange Zeit war es die mündliche Geschichte. Selbst als die Schrift ca. 2000 Jahre vor christlicher Zeitrechnung erfunden wurde, änderte sich lange nichts, denn viele Jahrhunderte danach waren die meisten Menschen noch des Lesens unkundig und die Texte nur den „Gebildeten" zugänglich (den Schreibern an Fürstenhöfen, den Mönchen in Klöstern etc.).

Unser Bewusstsein ist deshalb narrativ. Wir **träumen Geschichten, denken Geschichten, erleben Geschichten, erfinden Geschichten**. Geschichten entstehen unentwegt, überall und automatisch (Mc Kee 2004; Vogler 2007; Wattanasuwan et al. 2007).

Implizite Methoden

Beispiel: Ein Träumender träumt den folgenden Traum: Er reist in einem großen Verkehrsflugzeug hoch über der Erde, die er durch das Fenster betrachtet. Plötzlich tauchen neben dem Flugzeug zwei Kampfjets auf. Sie begleiten das Flugzeug in geringem Abstand und so nahe dem Fenster des Träumenden, dass er die Piloten sehen kann. Er hat dabei das Gefühl, dass sie gerade ihn beobachten. Plötzlich drehen die Kampfjets ab. Der Träumende ist sofort sicher, dass sich die beiden Jets jetzt in Schussposition hinter der Passagiermaschine bringen. Während er auf den Schuss wartet, empfindet er panische Angst und wacht aus diesem Albtraum auf. Der Traum erinnert ihn an seine generelle Flugangst, steigert diese und hemmt seine Entscheidung, wieder einen Flug zu buchen.

Die Traumanalyse **identifiziert folgende Ursachen**: Am Tag vor dem Traum hatte der Träumende **drei** verschiedene Informationen erhalten.

- In der Morgenzeitung liest er, dass das neue Großraumflugzeug Airbus 380 erstmals am Flughafen Frankfurt gestartet ist. Das Bild der ihm riesig erscheinenden Maschine führt zu der ihm unbeantworteten Frage, wie ein solcher Koloss überhaupt fliegen kann. Leise Zweifel an der Flugtauglichkeit kommen auf.

- In der Mittagspause hört er, wie sich zwei Kollegen über ein Interview des Innenministers unterhalten. Dieser hatte vorgeschlagen, dass es möglich sein müsse, Passagiermaschinen abzuschießen, wenn sich Terroristen darin befänden und ein Terrorakt wie der am 11. September 2001 in New York zu befürchten sei.

- In den Abendnachrichten im Fernsehen erfährt er, dass der Verteidigungsminister Kampfjets der deutschen Luftwaffe nach Afghanistan entsenden wolle, um dort die Bodentruppen zu unterstützen. Angeblich sollen diese Jets nur Luftaufklärung leisten, was der Träumende aber nicht glauben will.

Diese drei ursächlich unabhängigen Informationen sind durch die mit ihrer unbewusst assoziierten Emotion „Flugangst" verbunden und erscheinen deshalb als Traumgeschichte. Geschichten transportieren also immer auch implizite Emotionen.

Auch im Brand Explorer® (vgl. Kap. 4.1, Gutjahr 2011) tragen die **zu den Bildern erzählten Geschichten** dazu bei, ihre impliziten Inhalte zu decodieren.

Beispiel: Es ist ein Bild zu deuten, das ein Kind im Alter von sechs Jahren an der Hand einer Frau zeigt. Beide gehen und blicken sich dabei an. Eine Probandin erzählt, dass sie dieses Bild daran erinnert, wie sie ihr Kind zum ersten Mal zur Schule bringt. Ihr Kind – unsicher, was es erwartet – blickt vertrauensvoll zur Mutter auf, und diese erwidert den Blick ermunternd. Die Mutter setzt die Geschichte nun fort und erzählt, wie wichtig es ihr ist, dass Kinder ihren Eltern vertrauen. Danach berichtet sie, was sie alles unternimmt, um kindliches Vertrauen zu bilden, zu rechtfertigen und zu bestätigen. Unter anderem gehören dazu verschiedene Belohnungen, wenn sich das Kind im Vertrauen auf die Mutter folgsam und richtig verhalten hat.

Gert Gutjahr, Gabriele Naderer

Ausgangspunkt dieser Geschichte war die Wahl eines Bildes, das implizit mit einer Marke assoziiert ist. Der Marke wird so mit intuitivem Vertrauen verknüpft, was die Einstellung zum Markenprodukt, in diesem Falle Capri Sonne, beeinflusst. Die Geschichte liefert den Hinweis darauf, dass Capri Sonne instrumentalisiert wird, indem die Marke helfen soll, erzieherische Funktionen (Vertrauensbildung und Folgsamkeit) zu unterstützen.

Die Marke löst so auch den Konflikt, in den das zuckerhaltige Getränk gesundheitsbewusste Eltern stürzen kann. Das Ergebnis ist eine dauerhafte Markenbindung, die sich von Großmüttern auf Mütter und von Müttern auf Töchter (als zukünftige Mütter) überträgt.

Die Eltern-Kind-Geschichte ist eine **archetypische Geschichte**, die Mütter und Väter als Mentoren (Archetyp) emotional und überzeugend anspricht. Solche archetypischen Muster sind global und kollektiv wirksam.

Häufig werden aber auch Geschichten erzählt, denen **persönliche Emotionen und Haltungen** oder Verhaltensmuster innewohnen.

Beispiel: In Verbindung mit einer Marken-Butter erzählt ein Proband die Geschichte von seiner Liebe zum Butterbrot. Von einem Gourmet-Essen à la Nouvelle Cuisine nach Hause gekommen, überfällt ihn oft eine unwiderstehliche Lust auf ein Butterbrot. Dann erinnert er sich dabei an ein implizites frühkindliches Erlebnis: Als sich seine ersten Zähne zeigten, gab ihm die Mutter eine Brotkrume mit Butter, seine erste „feste Nahrung", die wunderbar wie „Mutterliebe" schmeckte.

Ein anderer Proband berichtet, wie ihn nach einem arbeitsreichen und erfolgreichen Tag die Lust nach einem Glas Wein, einem Cognac oder Whisky überfällt, die er, als er zu Hause angekommen ist, sofort befriedigen muss. Sein vegetatives Nervensystem, das abends, in der „blauen Stunde", den Wechsel vom sympathischen zum parasympathischen System vollziehen muss, um den für den Schlaf not-wendigen Zustand der Entspannung zu erreichen, verlangt unbewusst und automatisch nach dieser Unterstützung.

Beide Geschichten wurden von Marken zur erfolgreichen Positionierung aufgegriffen und werblich durch Anzeigen und TV-Spots thematisiert.

Entscheidend ist dabei, dass die Auswahl des Projektionsmaterials (die Bilder) intuitiv erfolgt, d. h. über einen impliziten Entscheidungsprozess. Nur die Bedeutung dieser impliziten Inhalte wird decodiert und interpretiert.

4.3 Intuitive Methoden – Erfassung impliziter und expliziter Prozesse

Konsumenten entscheiden sowohl implizit als auch explizit (vgl. Einführung). Implizite Methoden ersetzen die expliziten also nicht, sie ergänzen diese lediglich. Die marktpsychologische Forschung tut daher gut daran, grundsätzlich beidem Rechnung zu tragen. Prognosen sind nur dann zuverlässig, wenn die Richtung expliziter und impliziter Einstellungen übereinstimmt.

Aus psychologischer Sicht gehört daher im Rahmen der qualitativen Marktforschung den intuitiven Methoden die Zukunft. Diese gehen davon aus, dass sich implizite und explizite Reaktionen im Verlauf von Konsumentenentscheidungen nicht gegenseitig als Alternative ausschließen, sondern in Form intuitiver Entscheidungen gemeinsam auftreten (vgl. Abb. 4-1).

Abbildung 4-1: *Intuitiver Entscheidungsraum*

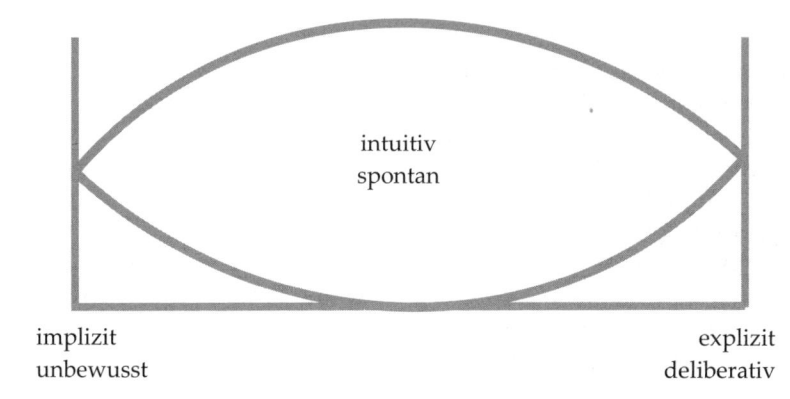

intuitiv
spontan

implizit
unbewusst

explizit
deliberativ

Die intuitiven Methoden gehen davon aus, dass implizite und automatisierte Reaktionen einerseits sowie explizite und deliberative Reaktionen andererseits nur die Extrempositionen eines Kontinuums darstellen. In der Wirklichkeit enthält eine intuitive Entscheidung immer sowohl implizite als auch explizite Anteile, die sich also gegenseitig nicht ausschließen, sondern ergänzen. Diese Überlegung bietet den Ansatz für neue intuitive Verfahren der qualitativen Marktforschung (Gigerenzer 2007; Gilovich et al. 2002).

Intuitive Entscheidungen spielen vor allem dann eine für das Marketing relevante Rolle, wenn es um das intuitive Vertrauen der Konsumenten geht. Intuitives Vertrauen ist bei fast allen Produkt- und Markenwahlen gefordert, aber auch bei der Werbewirkung von Anzeigen, TV-Spots oder Packungen.

Im Folgenden soll ein Markenexperiment skizziert werden, bei dem die Vertrauenswirkung von unterschiedlichen Reiseveranstaltern untersucht wurde. Es handelte sich hierbei um eine Abwandlung des sogenannten Coca-Cola-Tests.

Das Experiment besteht aus zwei Phasen: In der ersten Phase wurden den Probanden zwei homogene Reiseangebote unterbreitet. Diese sollten die Probanden zunächst ohne Kenntnis des anbietenden Reiseveranstalters beurteilen. In der zweiten Testphase mussten die Testpersonen ihre Entscheidung wiederholen, allerdings wurde den Testpersonen in dieser Phase die Markeninformation nicht länger vorenthalten. Studien des Instituts für Handelsmarketing und Netzwerkmarketing an der Universität Münster betrafen z. B. die Touristik-Marken TUI und Tjaereborg. In der ersten Phase waren die Entscheidungen der Konsumenten ungefähr gleich auf beide Marken verteilt. In der zweiten Testphase konnte jedoch beobachtet werden, dass sich 61 % der Konsumenten unter Kenntnis der Markeninformation für TUI entschieden, während sich lediglich 13 % der Testpersonen für Tjaereborg entschieden. Der Anteil der indifferenten Testpersonen stieg deutlich auf 26 % an.

Das Vertrauen der Konsumenten in TUI führte somit zu einer eindeutigen Präferenzumkehrung der Konsumenten. Der Vertrauenseffekt, der durch das Ergebnis des Blindtests beschrieben wird, konnte im Rahmen eines weiteren Experiments des Instituts für Handelsmanagement und Netzwerkmarketing ebenfalls nachgewiesen werden. Hierbei wurde der Faktor „Risiko" durch zwei unterschiedliche Reiseorte (Schwarzwald und Israel) in die Versuchsanordnung integriert. Enthält das Reiseangebot ein Risiko (Reise nach Israel statt Reise in den Schwarzwald), so beeinträchtigt dies die Akzeptanz der Angebote, wenn es von der schwachen Reiseveranstalter-Marke getragen wird. Die Akzeptanz desselben Angebots von einer starken Reiseveranstalter-Marke leidet unter dem erklärten Risiko weniger; ein Beweis für das große intuitive Vertrauen in die Marke (Kenning 2002).

Experimente, kreativ und flexibel inszeniert, können einen Königsweg der qualitativen Marktforschung darstellen, wenn es darum geht, intuitive Entscheidungen der Konsumenten zu verstehen und angenommen werden kann, dass dabei intuitives Vertrauen oder auch nur wahlentscheidende Sympathie eine große Rolle spielen. Idealerweise werden dabei die impliziten Entscheidungen nicht nur gemessen, sondern auch mit qualitativen Verfahren (narratives und projektives Fragen) decodiert.

5 Fazit

Konsumenten entscheiden implizit und explizit. Methoden, die die Entscheidungsprozesse der Konsumenten valide untersuchen wollen, müssen dem Rechnung tragen, d. h. sie müssen neben der Analyse bewusster Entscheidungsprozesse auch die impliziten Prozesse erfassen. Klassische qualitative Methoden wie das qualitative Interview oder die Gruppendiskussion erfassen i. d. R. nur die expliziten Prozesse.

Zur Analyse impliziter Prozesse gibt es bereits eine Reihe methodischer Ansätze wie Priming-Verfahren oder den IAT (Implicit Association Test). Allerdings messen diese Verfahren zwar implizite Einstellungen, sind jedoch nicht in der Lage, deren implizite Bedeutung zu identifizieren. Damit dies gelingt, ist die Integration qualitativer Verfahren wie projektiver und narrativer Erhebungsmethoden notwendig. Die Lösung liegt in der Integration impliziter Messungen, qualitativer Verfahren und experimenteller Untersuchungskonzepte.

Wenn Kaufentscheidungen – zumindest auch – durch implizite Prozesse gesteuert werden, dann müssen künftig auch Werbewirkungsanalysen, Produkttests oder Packungstests einer kritischen Prüfung unterzogen werden.

Literaturverzeichnis

Betsch, Cornelia / Betsch, Tilmann / Haberstroh, Susanne (2004): Intuition: Wann Sie Ihren Bauch entscheiden lassen können. In: Wirtschaftspsychologie, 2, S. 81–83.

Deppe, Michael / Schwindt, Wolfram / Kugel, Harald / Plassmann, Hilke / Kenning, Peter (2005): Nonlinear Responses within the Medical Prefrontal Cortex Reveal when Specific Implicit Information Influences Economic Decision Making. In: Journal of Neuroimaging, 15, S. 171–182.

Escalas, Jennifer E. / Bettmann, James R. (2000): Using Narratives to Discern Self-Identity Related Consumer Goals and Motivations. In: Ratneshwar, Ratti / Mick, David / Huffman, Cynthia: The Why of Consumption. Perspective on Consumer Motives, Goals and Desires. New York, S. 237–258.

Esch, Franz-Rudolf (2004): Strategie und Technik in der Markenführung. 2. Auflage, München.

Fazio, Russel H. / Sanbonamtsu, David M. / Powell, Martha C. / Kardes, Frank R. (1986): On the automatic activation of attitudes. Journal of Personality and Social Psychology, 50, S. 229–239.

Felser, Georg (2009): Von impliziten Prozessen und indirekten Messungen: Woran man sie erkennt und wozu sie gut sind. Vortrag BVM Fachtagung „Implizite Methoden vor dem Durchbruch".

Friese, Malte / Wänke, Michaela / Plessner, Henning (2006): Implicit consumer preferences and their influence on product choice. In: Psychology and Marketing, 23(a), S. 727–740.

Friese, Malte / Hofmann, Wilhelm / Wänke, Michaela (2009): The impulsive consumer: Predicting consumer behavior with implicit reaction time measures. In: Wänke M. (Hrsg.): Frontiers in social psychology: Social psychology of consumer behavior. New York, S. 335–364.

Gigerenzer, Gerd (2007): Bauchentscheidungen. Die Intelligenz des Unbewussten und die Macht der Intuition. München.

Gilovich, Thomas / Griffin, Dale / Kahnemann, Daniel (2002): Heuristics and Biases: The Psychology of Intuitive Judgment. New York.

Greenwald, Anthony G. / Leavitt, Clark (1984): Audience Involvement in Advertising: Four Levels. In: Journal of Consumer Research, 11(2), S. 581–592.

Greenwald, Anthony G. / Mc Ghee, D. E. / Schwartz, J. L. K. (1998): Measuring individual differences in implicit cognition. The implicit association test. In: Journal of Personality and Social Psychology, 74, S. 1464–1480.

Greenwald, Anthony G. / Poehlmann, T. Andrew / Uhlmann, Eric Luis / Banaji, Mahzarin R. (2009): Understanding and using Implicit Association Test: III. Meta-analysis of predictive validity. In: Journal of Personality and Social Psychology, 97(1), S. 17–41.

Gutjahr, Gert (2005): Brand Explorer® – Der neue tiefenpsychologische Ansatz in der Markenforschung. In: Planung und Analyse, Sonderheft „Marken". Sonderbeilage „Neue Ansätze in der Markenforschung und Markenführung", p&a Wissen, brandsboard mit planung & analyse, Juni 2005.

Gutjahr, Gert (2007): Neuroökonomie – nichts als ein Mythos? In: Wirtschaftspsychologie aktuell, 4, S. 32–34.

Gutjahr, Gert (2011): Markenpsychologie. In Druck.

Hofmann, Wilhelm / Gawronski, Bertram / Gschwendner, Tobias / Le, Huy / Schmitt, Manfred (2005): A meta-analysis on the correlation between the Implicit Association Test and explicit self-report measures. In: Personality and Social Psychology, Bulletin, 31, S. 1369–1385.

Heinze, Thomas (2001): Qualitative Sozialforschung – Einführung, Methodologie und Forschungspraxis. München.

Hogarth, Robin M. (2001): Education Intuition. Chicago.

Jung, Carl Gustav (2003): Archetypen. Hrsg.: Lorenz Jung auf der Grundlage der Ausgabe "Gesammelte Werke". 10. Auflage.

Kenning, Peter (2002): Customer Trust Management. Wiesbaden.

Kenning, Peter / Ahlert, Dieter (2004): Marke und Hirnforschung: Status quo. In: Marketing Journal, 7/8, S. 44–46.

Maison, Dominika / Greenwald, Anthony G. / Bruin, Ralph H. (2001): The Implicit Association Test as a measure of implicit consumer attitudes. In: Polish Psychological Bulletin, 32, S. 61–70.

Maison, Dominika / Bruin, Ralph H. / Greenwald, Anthony G. (2004): Predictive Validity of the Implicit Association Test in Studies of Brands, Consumer Attitudes and Behaviour. In: Journal of Consumer Psychology, 14, S. 405–415.

Mast, Fred W. / Zaltman, Gerald (2005): A Behavioural Window to the Mind of the Market. An Application of the Response-Time-Paradigm. In: Brain Research Bulletin, 67/5, S. 422–427.

Mc Kee, Robert (2004): Story. 3. Auflage, Berlin.

Mierke, Jan (2004): Kognitive Prozesse bei der indirekten Messung von Einstellungen mit dem Impliziten Assoziationstest, Inaugural-Dissertation Uni Freiburg.

Scheier, Christian (2006): Das Unbewusste messbar machen. In: Absatzwirtschaft, 10, S. 42–45.

Scheier, Christian / Scarabis, Martin (2009): URTL – decode – Das Implizite in der Marketingforschung: Was funktioniert in der Praxis? www.radiozentrale.de/site/uploads/tx_rzdownloadfiles/de_P_Research_Update_04_09.pdf, Zugriff: 23.03.11.

Vargas, Patrick / Sekaquaptewa, Denise / Hippel, William von (2007): Armed only with paper and pencil. „Low tech"-measures of implicit attitudes. New York.

Vogler, Christopher (2007): The Writer's Journey. Mythic Structure for Writers. 3. Auflage. Michigan.

Wattanasuwan, Kritsadarat / Buber, Renate / Meyer, Michael (2007): Das narrative Interview und die narrative Analyse. In: Buber, Renate / Holzmüller, Hartmut H. (Hrsg.): Qualitative Marktforschung. Wiesbaden, S. 359–380.

Wilson, Timothy D. / Schooler, Jonathan W. (1991): Thinking too much: Introspection can reduce the Quality of Preferences and Decisions. In: Journal of Personality and Social Psychology Bulletin, 60/2, S. 181ff.

Wilson, Timothy D. / Lisle, Douglas J. / Schooler, Jonathan W. / Hodges, Sara D. / Klaaren, Kristen J. (1993): Introspecting about reasons can reduce post-choice satisfaction. In: Personality and Social Psychology Bulletin, 19, S. 331–339.

Zaltman, Gerald / Braun, Kathryn / Puccinelli, Nancy / Mast, Fred (2001): Implicit Predictors of Consumer Behavior. Havard Business School Publishing. Boston.

Timo Gnambs, Bernad Batinic

Qualitative Online-Forschung

1   Der Stellenwert qualitativer Online-Methoden 387
2   Qualitative Online-Befragung 388
3   Qualitative Beobachtung 395
4   Dokumentenanalyse 398
5   Fazit 400

1 Der Stellenwert qualitativer Online-Methoden

„Dies ist ein Wendepunkt der Geschichte", prophezeite der amerikanische Zukunftsforscher Jeremy Rifkin (2004) angesichts der rasant fortschreitenden digitalen Revolution, die unser Arbeits- und Alltagsleben in bisher kaum gekannter Weise formt und wohl weiterhin formen wird. Die Verbreitung digitaler Kommunikationsmodi über Internet und Satellit vernetzt Akteure auf dem gesamten Globus in Sekundenschnelle und vermag hierbei zeitliche und geographische Barrieren buchstäblich aufzulösen. Die Frage physischer Präsenz zweier Kommunikationspartner wird dabei zur untergeordneten Bedeutung, solange beide gleichermaßen Zugriff auf dieselben Online-Technologien haben. Die Folgen für den Forschungsprozess, in Wissenschaft und Wirtschaft gleichermaßen, sind hierbei weitreichend – sowohl für die Frage des „Was", des Untersuchungsgegenstands, wie auch für die Frage des „Wie", der Untersuchungsmethodik. Nicht zuletzt aus ökonomischen Überlegungen heraus angetrieben, erobern angesichts des zunehmenden Zugangs breiter Bevölkerungsschichten zum Internet alternative Möglichkeiten der Datenerhebung den Forschungsalltag. Wurden im Internet bislang in der Mehrzahl quantitative Datenerhebungsverfahren eingesetzt, so finden sich mittlerweile auch zahlreiche Beispiele für die erfolgreiche Umsetzung von qualitativen Online-Studien. Verlässliche Zahlen zur Verbreitung von Online-Forschung sind bislang allerdings Mangelware. Der ADM (Arbeitskreis Deutscher Markt- und Sozialforschungsinstitute e.V.) gibt für das Jahr 2008 an, dass 31 % der quantitativen Interviews der Mitgliedinstitute online durchgeführt wurden (vgl. www.adm-ev.de). Mit Hilfe der Befragungssoftware unipark (www.unipark.info), welche primär für akademische Untersuchungen genutzt wird, wurden im Jahr 2009 insg. 1,586 Millionen abgeschlossene Interviews durchgeführt. Die im Internet eingesetzten qualitativen Online-Methoden unterscheiden sich hierbei in ihren Prinzipien grundsätzlich nur wenig von traditionellen Forschungszugängen. So lassen sich grob drei Methoden internetbasierter qualitativer Datenerhebung identifizieren: Befragung, Beobachtung und Dokumentenanalyse. Die neuartigen Rahmenbedingungen, unter denen der Forschungsprozess abläuft, erfordern nicht nur den Einsatz innovativer technologischer Entwicklungen, um mit dem Feld in Kontakt zu treten, sondern auch Adaptionen althergebrachter forschungsmethodischer Überlegungen zur Gestaltung der Interaktion zwischen Forscher und Befragtem. Wenn Online-Forschung auch nicht für jegliche Forschungssituation die Methode der Wahl darstellen wird, so bietet sie, wie im Folgenden anhand exemplarischer Untersuchungen gezeigt wird, doch reichhaltige Möglichkeiten für ein breites Spektrum wissenschaftlicher Fragestellungen.

2 Qualitative Online-Befragung

Die Informationsgewinnung mit Hilfe von Befragungen hat in der Human- und Sozialforschung wie auch in der Markt- und Meinungsforschung eine lange Tradition. Heute steht dem Forscher eine Fülle unterschiedlicher qualitativer, semi- bis unstrukturierter Befragungstechniken für verschiedenste Aufgaben zur Verfügung (z. B. Leitfadeninterview oder narratives Interview; vgl. Flick 2000). Internetbasierte qualitative Befragungsformen können anhand verschiedener Dimensionen eingeordnet werden: Einzel- (Davis et al. 2004) versus Gruppeninterviews (Reid/Reid 2005; Rezabek 2000), synchron, in Form eines – nahezu – zeitgleichen Dialogs (Chaney/Dew 2003; Bampton/Cowton 2002) versus asynchron (in Form zeitversetzter Frage-Antwort-Runden; Al-Saggaf/Williamson 2004; Baker 2000), Befragungs- versus Tagebuchverfahren (Hessler et al. 2003) und viele mehr. Verschiedene technische Möglichkeiten, synchrone und asynchrone Befragungsformen im Internet zu realisieren, sind im Folgenden aufgeführt.

Internetbasierte Befragungsmethoden

Asynchron	Synchron
E-Mail	Webbasierter Chat
Mailingliste	Instant-Messenger
Newsgroups	Videokonferenz
Diskussionsforum	
Offene Web-Survey	

Eine der gängigsten internetbasierten Befragungsformen stellt das **asynchrone Einzelinterview** dar, bei dem die Befragten die Forschungsfragen, mit der Bitte ihre Antworten zu retournieren, einzeln oder in thematischen Blöcken per E-Mail übermitteln. Während bei traditionellen Interviewformen immer nur eine Frage auf einmal gestellt wird, kann die textbasierte E-Mail-Befragung dazu verleiten, mehrere Fragen auf einmal zu stellen, um den Interviewprozess zu beschleunigen und die Befragten nicht mit allzu vielen Einzelfragen zu lange zu bemühen. Obwohl sich Ähnliches zwar bei standardisierten, schriftlichen Befragungen durchaus bewährt hat, da zugleich auch die entsprechenden Antwortalternativen inkludiert werden, empfiehlt sich Vergleichbares bei qualitativen Online-Ansätzen nicht zwangsläufig. Offen zu beantwortende Fragen, wie sie bei qualitativen Erhebungen Verwendung finden, bedürfen einer bedeutend stärkeren kognitiven Anstrengung als standardisierte Fragebögen, da Antworten nicht einfach passiv wiedererkannt, sondern erst aktiv konstruiert werden müssen. Um Befragte mit einer zu langen Frageliste, also gleichsam mit einem zu umfangreichen Arbeitsauftrag nicht zu „verschrecken" (z. B. durch Ermüdung oder Frustration), was durchaus in eine gänzliche Kommunikationsverweigerung (einem Abbruch der Interaktion) münden kann, ist auf ein ausgewogenes Verhältnis von Fragen und Befragungsepisoden zu achten. E-Mail ist eine Kommunikationsform, die auf eher kurze in sich geschlossene Texteinheiten aufgebaut ist. Deshalb sollten nur wenige, thematisch ähnliche Fragen in einer einzelnen E-Mail zusammengefasst werden (vgl. Bampton/Cowton 2002). Neben einfachen Interviews kann die E-Mail-Befragung auch für spezielle Erhebungstechniken eingesetzt werden. Baker (2000) nutzte die E-Mail lediglich als Transportmedium, über das ihr die Befragten eine Fallbeschreibung ihrer partnerschaftlichen Beziehung zukommen ließen. Allerdings sind, wie Hessler et al. (2003) demonstrierten, auch längere Erhebungszeiträume per E-Mail realisierbar. Sie baten Teenager im Rahmen einer Studie über adoleszentes Risikoverhalten, zehn Wochen lang ein Tagebuch zu führen und ihnen diese Seiten jeweils per E-Mail zukommen zu lassen.

Vor- und Nachteile von internetbasierten Befragungen

(vgl. Al-Saggaf/Williamson 2004; Bampton/Cowton 2002)

Vorteile	**Nachteile**
Geringere Kosten	Geringere Spontaneität
Zeitersparnis	Hohe Antwortlatenzen
Größere Offenheit	Fehlende nonverbale Hinweisreize
Auflösung von Hierarchien	Technische Infrastruktur
Zugang zu speziellen Populationen	

Das Internet als Befragungsmedium birgt eine Reihe von Vor- und Nachteilen. Angesichts (zumeist) knapper Ressourcen ist ein Hauptargument für den Einsatz des Internets dessen Zeit- und Kostenersparnis. Durch die asynchrone Kommunikation per E-Mail ist eine zeitgleiche Verfügbarkeit von Befragten und Interviewer nicht mehr von Nöten – in Zeiten immer dichterer Tagesstrukturen erweist sich dies vor allem für schwer erreichbare Personengruppen, die nur wenige Zeitfenster für Interviewtermine organisieren können, von Vorteil. Schließlich bietet die Methode E-Mail einen finanziellen Vorteil, da potenzielle Zusatzkosten für Interviewort, Anreise und Transkription entfallen (vgl. Al-Saggaf/Williamson 2004). Zudem ermöglicht das Internet Zugang zu speziellen, räumlich entfernten Personengruppen (z. B. Personen in anderen Ländern), die auf herkömmlichem Weg kaum oder gar nicht erreichbar wären. Weiter kann das Fehlen der direkten persönlichen Interaktion mit dem Interviewer und des manchmal damit verbundenen Drucks, unmittelbar eine Antwort „produzieren" zu müssen, insbesondere nervösen, sozial gehemmten Befragungspersonen zugute kommen, da diese häufig entspannter sind und dadurch reichhaltigere Antworten generieren können (vgl. Al-Saggaf/Williamson 2004). E-Mail-Befragungen bergen allerdings auch manche Nachteile in sich. Als problematisch kann sich deren asynchroner Charakter aufgrund möglicherweise langer Antwortzeiten erweisen, da er zulasten der Antwortspontaneität gehen kann (vgl. Bampton/Cowton 2002). Bei zeitversetzten E-Mail-Interviews haben die Befragten Gelegenheit, länger über ihre Antworten nachzudenken, eventuell zusätzliche Informationen einzuholen und sie besser auszuformulieren, als es bei synchronen Befragungsformen möglich wäre. Dies kann (muss jedoch nicht) die Güte der Antworten beeinträchtigen, da wie Bampton und Cowton (2002) anhand einer oberflächlichen Analyse der eingegangenen E-Mails berichten, viele Antworten nicht stärker elaboriert oder ausformuliert zu sein scheinen, als es bei Spontanantworten zu erwarten wäre. Schwierigkeiten können jedoch auftreten, wenn die Antwort eines Befragten gänzlich ausbleibt. Dabei ist oft nicht zu klären, ob der Befragte einfach noch keine Zeit hatte zu antworten, und die Antwort noch eintreffen wird oder ob er die Frage aus irgendwelchen Gründen gar nicht beantworten möchte. So ist es bei E-Mail-Interviews häufig schwierig zu erkennen, wenn eine Person das Interview beenden möchte, da entsprechende nonverbale Hinweisreize, wie sie im persönlichen Gespräch auftreten, meist fehlen. Ein Hinweis darauf können immer kürzer werdende Antworten in immer größeren Zeitabständen sein (Bampton/Cowton 2002). Durch den Wegfall nonverbaler Hinweisreize wie Stimmlage, Mimik oder Körperhaltung muss der Kommunikationsgehalt von Online-Interviewdaten als weniger reichhaltig als vergleichbare persönliche Interviews betrachtet werden. Durch den Einsatz von Emoticons (kurze textliche oder graphische Repräsentationen emotionaler Inhalte) kann zwar versucht werden, diesen Mangel auszugleichen, doch weisen diese kaum dieselbe Bandbreite auf wie die menschliche Emotion (Mann/Stewart 2000).

Mit traditionellen Erhebungstechniken stärker vergleichbare Internetbefragungen stellen **synchrone Befragungsformen** dar, die mittels webbasiertem Chat oder Instant-Messenger-Systemen durchgeführt werden. Gegenüber asynchronen E-Mail-Befragungen weisen sie vor allem Vorteile hinsichtlich der Antwortlatenz auf. Da wie im persönlichen Gespräch Reaktionen unmittelbar auf gestellte Fragen folgen, sind spontanere und reichhaltigere Antworten seitens der Befragten zu erwarten. Wie Reid/Reid (2005) sowie Davis et al. (2004) jedoch kritisch anführen, benötigen synchrone internetbasierte Befragungen trotz der im Vergleich zu E-Mails geringeren Antwortlatenz deutlich länger (fast doppelt so lange) als vergleichbare persönliche Interviews – zugleich werden im Schnitt weniger lange Antworten produziert. Bei synchronen Befragungen werden die Antworten somit stark von der Lese- und Tippgeschwindigkeit der Interviewten beeinflusst. Zu der größeren Antwortlatenz kann zudem das Fehlen nonverbaler Verstärkung (z. B. durch Augenkontakt) beitragen (Mann/Stewart 2002). Eine Besonderheit der Chat-Kommunikation stellt dessen Textstruktur dar. Während persönliche Gespräche durch eine lineare Abfolge von Frage und Antwort gekennzeichnet sind, wird diese Struktur in Online-Chats häufig aufgebrochen. Aufgrund der Zeitverzögerung erscheint der Text beim Verfassen einer Antwort oder nachfolgenden Frage nicht immer in der inhaltlich dem Dialog entsprechenden Reihenfolge, sondern leicht versetzt. Dies stellt v. a. dann ein Problem dar, wenn eine Antwort sowohl zur aktuellen wie auch zur vorhergehenden Frage gehören

Qualitative Online-Forschung

kann, und dies kann im Rahmen der nachfolgenden Inhaltsanalyse zu Mehrdeutigkeiten führen. Zu ähnlichen Schwierigkeiten kann die Verwendung von Sarkasmen und Metaphern führen. Sarkasmus kann durch das Fehlen nonverbaler Reize leicht als Beleidigung missverstanden werden (Davis et al. 2004) und zu fehlerhaften Interpretationen führen.

Besondere Bedeutung hat das Internet als Medium qualitativer Forschung auch deshalb erlangt, da es die bislang kaum vorhandene Möglichkeit **anonymer Kommunikationsszenarien** bietet. Während diese bei asynchronen Online-Interviews bislang eine eher untergeordnete Rolle spielen, kommt die größere Anonymität, die Chat-Dialoge prinzipiell zu bieten in der Lage sind, insbesondere bei synchronen Online-Befragungen zum Tragen. Anonymisierte Online-Interaktionen ermöglichen die Ausschaltung nonverbaler Hinweisreize, die persönliche Gespräche häufig unbewusst mitbestimmen können, und helfen, kulturell bedingte Hierarchien aufgrund z. B. des Geschlechts, Alters oder physischer Charakteristika in den Hintergrund zu drängen. Dies kann potenziell zu einer stärkeren Egalisierung der Diskussionsteilnehmer führen und ermöglicht eine offenere Gesprächsführung mit einer Konzentration auf die kommunizierte Botschaft. Besondere Bedeutung gewinnt die Anonymität qualitativer Online-Befragungen vornehmlich für Gespräche über sensible, möglicherweise beschämende Themen, über die im persönlichen Dialog nur schwer gesprochen wird (vgl. Al-Saggaf/Williamson 2004), wie etwa im Bereich der Sexualforschung (Davis et al. 2004; Chaney/Dew 2003; McClelland 2002). Cheney und Dew (2003) rekrutierten z. B. für eine Studie zur Sexsucht bei homosexuellen Männern ihre Probanden in einschlägigen Chatrooms, in denen sie auf eine Kontaktaufnahme von anderen (anonymen) Teilnehmern warteten. Nachdem sie angesprochen wurden, informierten sie die Kontaktperson über ihr Forschungsvorhaben und luden sie zu kurzen Einzelinterviews per Instant Messenger ein. Wie diese Untersuchung zeigt, bieten qualitative Online-Erhebungen Zugang zu Personen spezieller sozialer Schichten, die über klassische Befragungsmethoden kaum oder nur schwer zu erreichen wären. Zum Beispiel untersagt die islamische Religion Frauen, mit nichtverwandten männlichen Personen zu verkehren. Aufgrund dieses Verbots haben sich in den letzten Jahren im arabischen Raum sehr lebhafte Online-Gemeinschaften gebildet, in denen sowohl Frauen als auch Männer miteinander in Kontakt treten können. In derartigen Charträumen konnten Al-Saggaf und Williamson (2004) nun arabische Frauen befragen, zu denen sie als Männer aus kulturellen Gründen sonst nur schwerlich Zugang gehabt hätten. Schließlich ist als letzter und nicht unbedeutender Punkt die technische Infrastruktur für die Durchführung von Online-Interviews zu beachten. Diese muss nicht nur auf beiden Seiten vorhanden sein (während die Nutzung von E-Mail in der Regel kaum ein Problem darstellen wird, ist die Durchführung von synchronen Interviews technisch bereits anspruchsvoller), sondern auch adäquat gehandhabt werden können – nicht bei allen Bevölkerungsgruppen kann dieselbe Medienkompetenz vorausgesetzt werden. Insbesondere ältere oder technisch weniger affine Personenkreise zeigen häufig Schwierigkeiten beim Erlernen und in der Folge bei der Handhabung neuartiger Softwareprodukte, die auch mit der (oft unbegründeten) Angst einhergeht, etwas durch fehlerhafte Bedienung „kaputt" zu machen. Die Folge ist entweder eine vollkommene Nutzungsverweigerung oder auch eine übertriebene Vorsicht, die sich in einem sehr zögerlichen Umgang mit dem Kommunikationswerkzeug manifestiert und den Online-Dialog beeinträchtigen kann. Strukturelle wie auch emotionale Barrieren erschweren bzw. verunmöglichen unter Umständen somit die Rekrutierung und Befragung sehr spezifischer Stichproben, wodurch sich das online Medium nicht für jede Forschungssituation anbietet.

Trotz potenzieller Fallstricke, die synchronen Online-Befragungstechniken zu Eigen sind, beginnen sie sich dennoch bereits in unterschiedlichsten Forschungsdomänen zu etablieren. Beispielsweise ist im Kontext der Konsumentenforschung ein verstärkter Trend zu Online-Befragungen zu beobachten. Reppel et al. (2006) berichten vom Einsatz der Laddering-Technik im Internet, einer halbstandardisierten Befragungsmethode zur Erfassung von Means-End-Ketten. Dabei wird ausgehend von einer Produkteigenschaft, die z. B. über qualitative Interviews erhoben wird, über die Nutzenkomponenten auf die Werthaltung und Ziele der Konsumenten geschlossen. Im Rahmen einer Vergleichsstudie zu handelsüblichen MP3-Playern konnten Reppel et al. die Effektivität qualitativer Chat-Interviews im Rahmen der Laddering-Technik im Vergleich zum Fragebogenverfahren demonstrieren.

Gruppendiskussionen (Fokusgruppen) bilden ein zentrales Element der Markt- und Meinungsforschung, das zunehmend auch den Weg ins Internet findet. Ähnlich wie Einzelinterviews können sie synchrone und asynchrone Form annehmen. Synchrone Fokusgruppen, bei denen die Beteiligten sich zeitgleich austauschen, werden über Chats oder Telekonferenzsysteme durchgeführt, während asynchrone Befragungen, bei denen die Beteiligten zeitversetzt auf Beiträge anderer reagieren, über Foren, E-Mails oder Mailinglisten erfolgen (vgl. Rezabek 2000).

Einen besonderen Stellenwert nimmt bei synchronen Chat-Diskussionen die Person des Moderators (Gruppenleiters) ein, dem die zentrale Aufgabe der Initiierung und Gestaltung des Gruppengeschehens zukommt. In präsenten Diskussionsrunden verfügt der Moderator bereits mit seiner körperlichen Präsenz, Mimik und Gestik über bedeutsame Methoden, die Gruppe zu steuern. Im virtuellen Umfeld fehlen ihm diese jedoch. So muss er sich allein auf das geschriebene Wort verlassen, um die Gruppenprozesse zu beeinflussen. Dies stellt nicht nur ungeübte Moderatoren vor eine herausfordernde Aufgabe. In synchronen Online-Fokusgruppen muss er zudem über eine Vielzahl verschiedener Informationen den Überblick behalten, und darf sich nicht in verzweigten Diskussionssträngen verlieren. Mit zunehmender Gruppengröße kann dies zu einem strapaziösen Unterfangen werden. In der Praxis hat es sich daher häufig als hilfreich erwiesen, Moderationen nicht alleine, sondern mit Unterstützung eines Assistenten zu realisieren oder vorgefertigte Textpassagen vorzubereiten, die nur noch kopiert und eingefügt werden müssen (Naderer/Wendpap 2000; Strickland et al. 2003).

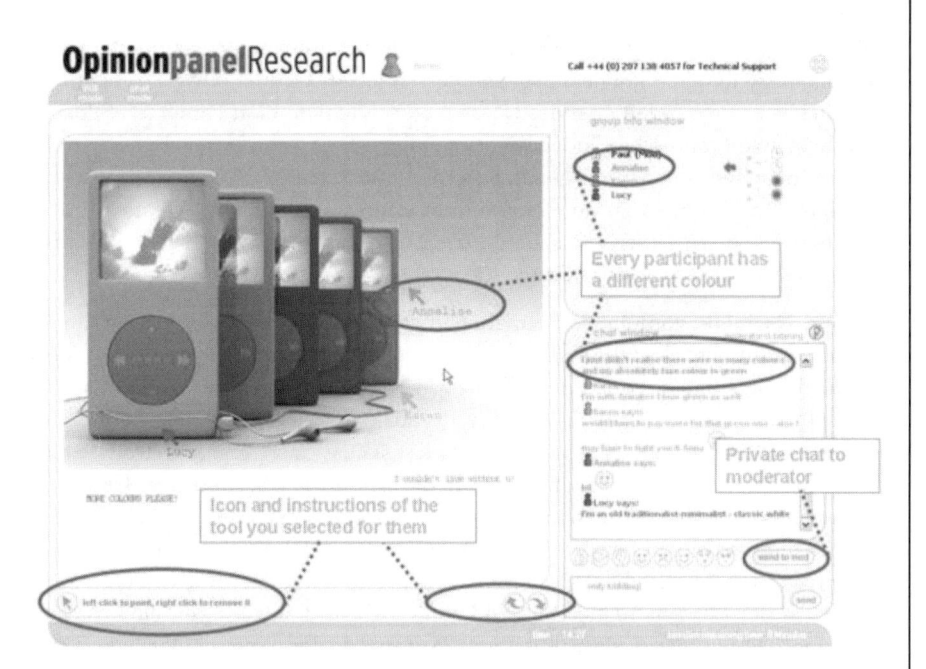

Abbildung 2-1: Online-Chat mit Whiteboard (OpinionPanel 2010)

Handelsübliche WWW-Chat-Systeme für die Gestaltung von Gruppendiskussionen, wie in Abbildung 2-1 dargestellt, unterstützen Moderatoren durch eine Reihe nützlicher Funktionen in ihrer Arbeit. In der so genannten „Nicklist" (linkes Feld oben in Abbildung 2-1) sind alle anwesenden Diskussionsteilnehmer aufgelistet. Eventuell teilnehmende, verdeckte Beobachter sind lediglich für den Moderator sichtbar. Je nach Funktionsumfang der eingesetzten Chat-Software kann die Untersuchungsleitung den Zugang zum Chat auf bestimmte Personen beschränken, einzelnen Teilnehmern ein befristetes Rederecht einräumen und einzelne Teilnehmer auf „stumm" schalten. Ebenfalls ist es bei einigen WWW-Chats der Moderation möglich, einen vorgefertigten Interviewleitfaden hochzuladen und dann während der Diskussion aus dem Leitfaden einzelne Fragen auszuwählen. Dies erspart unter Umständen ein langwieriges Eingeben von Fragen. Die Wortbeiträge können nicht nur Texte, sondern auch Hyperlinks beinhalten, die für alle Teilnehmer anklickbar sind und ein neues WWW-Fenster öffnen. Hierüber ist die Präsentation von externem Reizmaterial möglich. Im Idealfall werden alle Diskussionsbeiträge in einer Datenbank protokolliert und mit Daten wie Uhrzeit und Nickname verknüpft, so dass sie später für differenzierte Auswertungen zur Verfügung stehen. Moderne internetbasierte Konferenzsysteme erlauben darüber hinaus das Einspielen von Audio- und Videosignalen (mit Hilfe von Mikrofonen, PC-

Lautsprechern und Webcams) sowie PowerPoint-Präsentationen. Ein Diskussions-Chat ist zwar auch in diesen Systemen meist vorhanden, aber häufig von nebensächlicher Bedeutung. Aktuelle Systeme integrieren zudem häufig auch interaktive Schnittstellen für Nutzer, über die sie nicht nur passiv Inhalte rezipieren, sondern auch aktiv neue Inhalte generieren können. Sogenannte Whiteboards, interaktive Zeichenflächen, ermöglichen es Probanden über das Internet wie auf einem Blatt Papier am Bildschirm schriftliche wie graphische Eindrücke festzuhalten. Dies kann beispielsweise im Kontext der Innovationsforschung genutzt werden, um mehrere Personen gemeinsam in derartigen Umgebungen zusammenzuführen und Mindmaps oder kreative Produktideen entwickeln zu lassen (→ *Beitrag „Innovationsforschung" von Helmut Schlicksupp, Natacha Dagneaud und Christine Garnier-Coester*).

Vor- und Nachteile von Online-Befragungen stellen sich für Fokusgruppen zunächst ähnlich wie für Einzelbefragungen dar. Sie sind zeit- und kostengünstiger, angenehmer für die Beteiligten und führen zu einer größeren Offenheit der Antworten (Bloor et al. 2001, zit. nach Salfinger 2005). Wie Rezabek (2000) demonstrierte, ermöglichen Online-Fokusgruppen auch unproblematisch Diskussionen regional weit verstreut wohnender Teilnehmer. Personen, die über die gesamten USA verstreut lebten, wurden in eine Mailingliste aufgenommen, die als Diskussionsplattform über die Motive zur Teilnahme an einem Fernlehrgang diente. Nach einer Initialfrage des Versuchsleiters antworteten die Studierenden eines Lehrgangs auf diese und in Folge auf die Reaktionen der übrigen Teilnehmer. So konnte sich im Lauf der Zeit eine fruchtbare asynchrone Diskussionskultur entfalten. Aufgrund der Anonymität von Online-Fokusgruppen sind potenzielle Artefakte durch Versuchsleitereffekte (durch soziodemographische Aspekte des Moderators) auszuschließen. Zudem ermöglichen sie es auch scheuen Teilnehmern, die in präsenten Gruppen manchmal in der Masse untergehen, eher, das Wort zu ergreifen (Naderer/Wendpap 2000).

Vor- und Nachteile von Online-Fokusgruppen (vgl. Bloor et al. 2001, zit. nach Salfinger 2005)

Vorteile	**Nachteile**
Schnell, kostengünstig	Basale Medienkompetenz notwendig
Bequem für Forscher und Teilnehmer	Unwahrheiten sind schwer zu identifizieren
Erleichtert Diskussion über sensible Themen	Beziehung kann schwer hergestellt werden
Verringert Versuchsleitereffekt	Fehlen nonverbaler Hinweise
Keine Datentranskription notwendig	

Im Rahmen eines Vergleichs des Kommunikations- und Diskussionsverhaltens in einer herkömmlichen Face-to-Face-Gruppendiskussion mit einer Online-Gruppendiskussion konnte Erdogan (2001) zahlreiche Unterschiede zwischen den Erhebungsverfahren beobachten. So fanden im Chat gehäuft „Paralleldiskussionen" statt, d. h., die Probanden diskutierten weniger miteinander als vielmehr nebeneinander her. Diskussionsbeiträge wurden im Chat häufig an einzelne Personen adressiert, hingegen richteten die Probanden bei den Face-to-Face-Diskussionen diese eher an die ganze Gruppe. Vermutlich aufgrund der anonymen Befragungssituation und der natürlichen Umgebung, in der sich die Probanden während der Diskussion befinden (nämlich in der Regel bei sich zu Hause am PC), sind im WWW-Chat sehr viele offene Meinungsäußerungen zu registrieren (vgl. auch Prickarz/Urbahn 2002). Im Hinblick auf die Anzahl produzierter Wörter fand Erdogan (2001), dass die Probanden in der Offline-Bedingung dreimal mehr Wörter als in der Online-Bedingung äußerten. Andererseits melden sich die Teilnehmer beim WWW-Chat häufiger zu Wort, d. h., im Chat ist die Frequenz der Wortmeldungen höher, wobei insgesamt weniger Wörter produziert werden. Einige Autoren meinen jedoch, dass bei Online-Fokusgruppen aufgrund der fehlenden nonverbalen Reize, wenn die Beteiligten nur vom Computerbildschirm ablesen, kaum eine echte Gruppendynamik zwischen den Beteiligten initiiert werden kann. Deshalb wären traditionelle Gruppen den Online-Varianten stets überlegen. Salfinger (2005) betont deshalb ausdrücklich, dass Online-Fokusgruppen kein Ersatz für präsente Gruppen seien, sondern diese lediglich ergänzen können.

3 Qualitative Beobachtung

Besonderer Beliebtheit erfreut sich die Online-Methodik im Bereich der Beobachtungsverfahren. Aufgrund vielfältig zur Verfügung stehender Datenbestände stellen Beobachtungen eine der häufigsten qualitativen Datenerhebungsmethoden im Internet dar. In traditionellen Offline-Settings werden Beobachtungen (trotz der häufig sehr Gewinn bringenden Resultate) oft aus organisatorischen und ökonomischen Erwägungen nicht eingesetzt. Beobachtungen erfordern viel Zeit und Personal, um die interessierenden Daten adäquat erfassen zu können. Das Internet ermöglicht allerdings häufig einen direkten Zugang zur interessierenden Population und erlaubt aufgrund der weitgehend automatischen Protokollierung von Verhaltensspuren (z. B. in Form von Dialogen in Diskussionsforen) eine weitgehend unproblematische Datenerfassung. Daher gewinnt die Online-Methodik vor allem auch im Kontext virtueller Ethnographie zunehmende Bedeutung. Das Internet stellt für viele Personen nicht nur ein einfaches Kommunikationswerkzeug dar, sondern wird zunehmend zu einem Ort sozialer Begegnung, in dem ein Teil des Alltags gestaltet wird. Entsprechend bieten Online-Beobachtungen Zugang zu Interaktionen von Individuen und Gruppen, die mit traditionellen Methoden nur schwer zu erfassen wären. Beobachtungen lassen sich hinsichtlich des Partizipationsgrads des Forschers in teilnehmende Formen, bei denen

„der Beobachter aktiver Bestandteil des Geschehens" (Bortz/Döring 2002, S. 267) ist und nichtteilnehmende Formen, bei denen sich der Beobachter außerhalb des Beobachtungsgeschehens stellt und sein Feld ohne aktive Beeinflussung protokolliert, differenzieren.

Datenquellen für **nichtteilnehmende Beobachtungen** finden sich in umfangreicher Anzahl in Form anfallender Datenbestände von Beiträgen in internetbasierten Diskussionsforen, Newsgroups und Online-Chats, die in unüberschaubarem Ausmaß im Internet Verwendung finden. Den primären Untersuchungsgegenstand stellen hierbei zumeist bestimmte Aspekte der Kommunikationsstruktur der Beteiligten dar (Cassell/Tversky 2005; Panyametheekul/Herring 2003; Durham 2003). Beispielhaft sei die Untersuchung von Panyametheekul und Herring (2003) erwähnt, die die Kommunikationsmuster in thailändischen Chat-Foren analysierte. Die inhaltsanalytische Betrachtung der Chat-Gespräche offenbarte eine deutliche Wechselwirkung des Geschlechts mit der Kultur. Frauen, die in der thailändischen Gesellschaft üblicherweise einen eher untergeordneten Status einnehmen, erfuhren durch das Online-Geschehen ein Empowerment; sie nahmen öfter an Diskussionen teil und riefen auch mehr Reaktionen auf ihre eigenen Beiträge hervor als die in der realen Welt „dominanten" Männer. Weitere zentrale Studienthemen ergeben sich aus der inhaltlichen Ausrichtung der zu analysierenden Foren. Es finden sich zahlreiche Beispiele qualitativer Online-Beobachtungen im pädagogischen Bereich – im Rahmen von E-Learning-Seminaren, die häufig begleitende Diskussionsforen zur Unterstützung des Lernprozesses einsetzen (Gerber et al. 2005, Heckman/Annabi 2005; Cox et al. 2004) – sowie im medizinischen Kontext – in Form internetbasierter Selbsthilfegruppen (Keski-Rahkonen/Tozzi 2005; Lasker et al. 2005) – oder im Rahmen von Imageanalysen zu im Internet stattfindenden Diskussionen über einzelne Firmen und deren Produkte (TomTom 2006). Gerber et al. (2005) untersuchten in einem experimentellen Design, welches Verhalten des Kursleiters den kritischen Diskurs des Lernstoffes in einem Online-Forum fördert. Aufgrund inhaltsanalytischer Ergebnisse der Forumsbeiträge in zwei Versuchsbedingungen schlossen sie, dass ein herausfordernd agierender Leiter zu wohlargumentierteren Antworten führt. Produktbefragungen gestalten sich besonders einfach, wenn wie im Falle des Navigationssystems der Firma „TomTom" (2006) im Internet eine eigens dafür eingerichtete Usergruppe existiert. In Abbildung 3-1 ist die Startseite des Diskussionsforums dieser Usergruppe abgebildet. In mehreren tausend Beiträgen diskutieren dort Kunden und Interessenten über die Produkte der Firma und liefern somit reichhaltige Informationen für künftige Neu- und Weiterentwicklungen.

Abbildung 3-1: Diskussionsforum zum Navigationssystem TomTom

Sollen vornehmlich die „subjektiven Bedeutungen und Interaktionen" (Flick 2000, S. 158) der Betroffenen betont werden, bietet sich als spezialisiertere Zugangsweise die Form der **teilnehmenden Beobachtung** an. Um zu untersuchen, wie Frauen mit Brustkrebs mit ihrer Erkrankung umgehen und aus der häufig mit dieser Krankheit einhergehenden sozialen Isolation ausbrechen, beobachteten Hoybye et al. (2005) nicht nur das Geschehen in einer skandinavischen Selbsthilfe-Mailingliste, sondern nahmen aktiv daran teil, sie schrieben Beiträge und nahmen an den Freuden und Leiden der Betroffenen Anteil und konnten derart einen reichhaltigeren Einblick in die subjektive Bedeutung dieser Foren für die Betroffenen gewinnen, als es durch eine einfache Beobachtung möglich gewesen wäre. Wenn sich teilnehmende Beobachtung für viele Fragestellungen auch als fruchtbare Methode der Erkenntnisgewinnung anbietet, offenbart sich immer wieder ein forschungsethisches Dilemma. Einerseits empfehlen gängige Richtlinien zur Online-Datenerhebung (ADM 2001) die A-priori-Aufklärung über die Forschungsarbeit und die Zustimmung der Beteiligten, daran mitzuwirken. Aus forschungsmethodischen Überlegungen ist Derartiges andererseits jedoch gerade bei Beobachtungen zumeist kontraindiziert, da man danach trachtet, das „natürliche" Verhalten zu erheben, sich dieses durch Hinlenkung der Aufmerksamkeit der Beteiligten allerdings zu entziehen droht. Inwiefern Beiträge in öffentlich zugänglichen Foren physische Spuren im Sinne von Bortz und Döring (2002, S. 325) darstellen und (unter Einhaltung üblicher ethischer Standards) unbedenklich gesammelt und analysiert werden können oder ob es sich um private Kommunikationselemente handelt, deren Autoren ein Recht auf Privatheit zusteht, ist bislang noch strittig (Dzeyk 2001). Aus primär pragmatischen Überlegungen scheint der Großteil der Forscher allerdings ersterer Ansicht anzuhängen und Forenbeiträge ohne explizite Vorabinformation der Beteiligten zu Forschungszwecken zu verwenden.

Häufig wird die Methode der teilnehmenden Beobachtung zur Untersuchung von Online-Gemeinschaften gewählt, wie sie sich etwa bei so genannten Multiplayer-online-Spielen, virtuellen Spielwelten, an denen sich Mitspieler aus der gesamten Welt über das Internet beteiligen können, etablieren (vgl. z. B. Kolo/Baur 2004; Baur/Kolo 2001 Suler 1996). Teilnehmende Beobachtung bietet für die Untersuchung derartiger virtueller sozialer Räume einige Vorteile. Zum einen weisen derartige Studien immer einen subjektiven, interpretativen Aspekt auf, da das Verhalten derartiger Gruppen sich kaum von außerhalb der Umgebung, in der es auftritt, beobachten lässt. Erst durch die aktive Beteiligung am (Spiel-)Geschehen öffnet sich dem Forscher – als Teil des zu untersuchenden Phänomens – der Untersuchungsgegenstand und bietet die Gelegenheit zum weitergehenden Studium. Zudem erleichtert eine aktive Teilnahme das Verständnis für das Spiel, die impliziten Verhaltensregeln und kann das Vertrauen zu den Mitspielern erhöhen, indem man zeigt, dass man Teil der Gemeinschaft ist (Wood et al. 2004). Wright et al. (2002) analysierten beispielsweise die Regeln sozialer Interaktion im Multiplayer-online-Shooter „Counter-Strike". Als Datenquellen für die Studie stand ihnen Zweierlei zur Verfügung: (a) Zum einen umfangreiche Log-Files zahlreicher Spiele auf unterschiedlichsten Servern, anhand derer sie die Gespräche der Teilnehmer während des Spiels extrahieren und codieren konnten. (b) Aufgrund eigener Beobachtungen, die sie als Teilnehmer des Spiels sammeln konnten, wurden zudem graphische Spieler-Repräsentationen (Logos) sowie nonverbale Interaktionen erhoben. Im Gegensatz zur öffentlichen Meinung, die derartigen Gewaltspielen häufig negativ gegenübersteht, gelangen Wright et al. zum Schluss, dass die wahre Bedeutung des Spiels für die Teilnehmer weniger in der gewalttätigen Handlung oder den blutigen Bildern zu finden sei, sondern vielmehr in den sozialen Interaktionen zwischen den Beteiligten. So erlernen die Mitspieler eine Art Sozialverhalten, die auf etablierten Verhaltenscodes der realen Welt aufbauen, und können so im virtuellen Raum mit der Übertretung von Regeln und deren Konsequenzen experimentieren – ohne reale Konsequenzen fürchten zu müssen.

4 Dokumentenanalyse

Dokumentenanalyse ist im Kontext der qualitativen Online-Forschung ein sehr vager und allgemeiner Begriff, da auch Beobachtungsverfahren hauptsächlich von Dokumenten (Gesprächsaufzeichnungen) ausgehen. Im Folgenden soll Dokumentenanalyse im Sinne einer negativen Definition all jene Forschungszugänge umfassen, die auf Webdokumenten basieren, welche kein Kommunikationsgeschehen im Sinne eines direkten Dialogs umfassen. Allerdings ist auch diese Definition nicht gänzlich unproblematisch. So bewegt sich das Phänomen des Bloggens (siehe unten) in einem Graubereich zwischen einfacher Artikelpublikation und Replik auf andere Beiträge.

Zu analysierende Dokumente stellen im Internet in der Regel Websites aller Art dar. Diesbezüglich lassen sich zwei Forschungszugänge unterscheiden: Websites als Datenquelle (Jones et al. 2001) und Websites als Untersuchungsgegenstand (Toll et al. 2003; Döring 2002). Ein Beispiel für ersteren Zugang stellt eine Untersuchung von Jones et al. (2001) dar. Um die subjektiven Lebensrealitäten von Autisten zu untersuchen, wurden Selbstbeschreibungen des täglichen Lebens und der Erfahrungen mit dieser Krankheit, die Autisten im Internet auf öffentlich zugänglichen Seiten publiziert hatten, recherchiert und analysiert. In diesem Fall stellten die gefundenen Websites lediglich ein Publikationsmedium für die eigentlich interessierenden Inhalte – die Selbstbeschreibungen der Autisten – dar. Auf der anderen Seite können auch die Websites selbst Gegenstand der Untersuchung sein. So analysierten Toll et al. (2003) knapp 70 Websites, die Behandlung für Alkoholiker im Internet anboten, hinsichtlich der empirischen Fundierung dieser Therapien. Das ernüchternde Resultat der Untersuchung war, dass der Großteil dieser Therapieangebote auf keinerlei empirisch fundiertem Wissen basierte und von zweifelhafter Qualität schien. Ein Spezialfall einfacher Websites sind so genannte Weblogs (Blogs). Blogs sind persönliche Tagebücher oder chronologische Kommentare zu individuell bedeutsamen Themen, die im Internet von Einzelpersonen oder Gruppen regelmäßig publiziert werden. Weblogs stellen ein – vornehmlich von Teenagern und jungen Erwachsenen genutztes – in den letzten Jahren boomendes Internet-Phänomen dar – laut Sifry (2007) hat sich die Anzahl der betriebenen Weblogs in den letzten drei Jahren fast verschzigfacht –, das eine zunehmende Bedeutung als Kommunikationsmedium gewinnt. Mit der Popularität und Verbreitung von Weblogs im Internet hat auch die wissenschaftliche Forschung ihr Interesse an diesem neuen Medium gefunden (Huffaker/Calvert 2005; Reichmayr 2005). Huffaker und Calvert (2005) konnten etwa in ihrer Studie zur Selbstpräsentation in Weblogs zeigen, dass trotz der Anonymität, die das Internet grundsätzlich zu bieten vermag, Teenager in ihren Blogs häufig persönliche Daten wie ihren echten Namen, Alter oder Wohnort preisgeben. Im Gegensatz zur verbreiteten Meinung präsentieren sich Teenager in der Regel online ähnlich wie im realen Leben. Zudem ließen sich Besonderheiten in der Online-Kommunikation beobachten. Männer bedienten sich (wie erwartet) eher eines resoluten, aktiven Sprachstils, während bei Frauen jedoch kein passiver, kooperativer Stil zu beobachten war. Die Autoren führen Letzteres auf Spezifika in der Persönlichkeitsstruktur der Befragten zurück. Frauen, die ein Weblog führen, scheinen dahingehend kein repräsentatives Segment der Gesamtbevölkerung darzustellen.

Timo Gnambs, Bernad Batinic

5 Fazit

Die in den letzten Jahren rasante Verbreitung des Internets im Wirtschafts- wie auch Privatleben brachte zahlreiche Veränderungen im Kommunikations- und Arbeitsverhalten mit sich – so auch im Bereich der wissenschaftlichen und kommerziellen Forschung. Die Anwendungsfelder internetbasierter Untersuchungen sind dementsprechend zahlreich: Imageanalysen, Produkttests, Konsumentenbefragungen auf der einen Seite sowie die Analyse von Kommunikationsmustern in E-Learning- wie auch Selbsthilfe-Foren auf der anderen Seite bis hin zur Beschreibung sozialer Gruppen in virtuellen Communitys (um nur einige wenige Beispiele zu nennen) stellen exemplarische Forschungsthemen aktueller qualitativer Online-Studien dar.

Wie zahlreiche Untersuchungen belegen, ist das Internet als Datenerhebungsmethode dabei nicht auf die quantitative Ebene allein beschränkt. Dem qualitativ tätigen Forscher bietet sich eine Vielzahl an methodischen Zugängen, das Netz nicht nur als Untersuchungsgegenstand, sondern generell als Erhebungsmethode zu nutzen. Dabei unterscheiden sich die zur Verfügung stehenden Methoden (Befragung, Beobachtung und Dokumentenanalyse) vom Ansatz her nur unwesentlich von ihren traditionellen Varianten – wenn sie aufgrund der geänderten Rahmenbedingungen im Internet auch in etwas modifizierter Form zutage treten mögen (z. B. Online Focus Gruppen). Insbesondere qualitative Befragungsformen im Internet bieten unter Berücksichtigung der Kommunikationssynchronizität eine gewisse Variationsvielfalt. Denn Online-Befragungen erfordern nicht zwangsläufig die gleichzeitige Verfügbarkeit beider Kommunikationspartner. Über E-Mail oder Diskussionsforen lassen sich unter Beachtung der Mediumsspezifika ebenso reichhaltige Daten erzielen wie bei synchronen Formen. Allerdings sind qualitative Online-Methoden nicht zwangsläufig in ihrem Informationsgehalt mit traditionellen, präsenzbasierten Erhebungen gleichzusetzen. Insbesondere Online-Befragungen mangelt es häufig an der medialen Reichhaltigkeit der gewonnenen Informationen. Beobachtungen, die bei präsenten Interaktionen zeitgleich angestellt werden können und manchmal unerwartete Einblicke aufgrund nonverbaler Reaktionen der Befragten erlauben, sind bei Online-Interviews nicht möglich. Die einzige Kommunikationsebene stellt das geschriebene Wort dar – mögliche Inkonsistenzen, die im persönlichen Gespräch aufgrund z. B. ausdrucksstarker Mimik direkt zutage treten, werden v. a. bei synchronen Befragungen aufgrund der raschen Abfolge von Frage und Replik textlich selten gleich entdeckt. Deshalb obliegt bei Online-Interviews, mehr noch als bei Face-to-Face-Befragungen, der Person des Moderators eine besondere Verantwortung. Dieser muss allein aufgrund des geschriebenen Worts auf das affektive und psychische Erleben der Befragten schließen und den Gesprächsfluss entsprechend steuern. Speziell die Leitung von Gruppendiskussionen kann sich so schnell als ungeahnte Herausforderung gestalten, weshalb eine explizite Vorbereitung bzw. ein spezielles Training vorab dringend anzuraten ist. Eingedenk aller potenziellen Limitierungen bieten sich Online-Untersuchungen neben organisatorischen und ökonomischen Vorzügen vornehmlich aufgrund inhaltlicher Überlegungen an, um spezifische Subpopulationen zu erreichen, die auf herkömmlichem Weg nur schwer zu rekrutieren wären (z. B. Drogenkonsumenten), oder zur Untersuchung heikler Thematiken, über die im persönlichen Gespräch ungern offen diskutiert wird (z. B. illegales Verhalten oder Sexualpraktiken). Deshalb kann nicht generell für oder gegen den Einsatz des Internets im Forschungsprozess argumentiert werden. Die Frage der Vor- und Nachteile des jeweiligen Forschungszugangs wird in jeder Untersuchungssituation aufs Neue zu beantworten sein. Häufig ist jedoch gar nicht eine Entscheidung für oder gegen Online-Methoden zu fällen. Vielmehr empfiehlt sich für viele praktische Anwendungsfälle auch ein methodisch diversifizierter Zugang, der je nach aktueller Problemstellung internetbasierte Ansätze flexibel mit bewährten Methoden der Offline-Forschung kombiniert.

Literaturverzeichnis

Arbeitskreis Deutscher Markt- und Sozialforschungsinstitute e. V. (ADM) (2001): Richtlinien für Online-Befragungen. www.adm-ev.de/fileadmin/user_upload/PDFS/R08_D_07_08.pdf. Zugriff: 02.11.10.

Al-Saggaf, Yeslam / Williamson, Kirsty (2004): Online Communities in Saudi Arabia: Evaluating the Impact on Culture through Online Semi-Structured Interviews. In: Forum Qualitative Sozialforschung, 5(3), Art. 24, [43 Absätze]. www.qualitative-research.net/fqs-texte/3-04/04-3-24-e.htm. Zugriff: 02.11.10.

Baker, Andrea (2000): Two By Two in Cyberspace: Getting Together and Connection Online. In: CyberPsychology & Behavior, 3, S. 237–242.

Bampton, Roberta / Cowton, Christopher J. (2002): The E-Interview. In: Forum Qualitative Sozialforschung, 3(2), [27 Absätze]. www.qualitative-research.net/index.php/fqs/article/view/848. Zugriff: 02.11.10.

Baur, Timo / Kolo, Castulus (2001): Feldforschung in Multiplayer-Onlinespielen. Vortrag bei der German Online Research Conference in Göttingen. www.psych.uni-goettingen.de/congress/gor-2001/contrib/baur-timo. Zugriff: 02.11.10.

Bloor, Michael / Frankland, Jane / Thomas, Michelle / Robson, Kate (2001): Focus Groups in Social Research. London.

Bortz, Jürgen / Döring, Nicola (2002): Forschungsmethoden und Evaluation. Berlin.

Cassell, Justine / Tversky, Dona (2005): The Language of Online Intercultural Community Formation. In: Journal of Computer-Mediated Communciation, 10, http://jcmc.indiana.edu/vol10/issue2/cassell.html. Zugriff: 02.11.10.

Chaney, Michael P. / Dew, Brian J. (2003): Online Experience of Sexually Compulsive Men Who Have Sex with Men. In: Sexual Addiction & Compulsivity, 10, S. 259–274.

Cox, Glenda / Carr, Tony / Hall, Martin (2004): Evaluating the Use of Synchronous Communication in two blended Courses. In: Journal of Computer Assisted Learning, 20, S. 183–193.

Davis, Mark / Bolding, Graham / Hart, G. / Sherr, L. / Elford, Jonathan (2004): Reflecting on the Experience of Interviewing Online: Perspectives from the Internet and HIV Study in London. In: AIDS Care, 16, S. 944–952.

Döring, Nicola (2002): Personal Home Pages on the Web: A Review of Research. In: Journal of Computer-Mediated Communication, 7. http://jcmc.indiana.edu/vol7/issue3/doering.html. Zugriff: 02.11.10.

Durham, Mercedes (2003): Language Choice on a Swiss Mailing List. In: Journal of Computer-Mediated Communication, 9. http://jcmc.indiana.edu/vol9/issue1/durham.html. Zugriff: 02.11.10.

Dzeyk, Waldemar (2001): Ethische Dimensionen der Online Forschung. In: Kölner Psychologische Studien, 6, S. 1–30.

Erdogan, Gülten (2001): Die Gruppendiskussion als qualitative Datenerhebung im Internet. Ein Online-Offline-Vergleich. kommunikation@gesellschaft, 2 (Beitrag 5). www.uni-frankfurt.de/fb03/K.G/B5_2001_Erdogan.pdf. Zugriff: 02.11.10.

Flick, Uwe (2000): Qualitative Forschung. Reinbek.

Gerber, Sue / Scott, Logan / Clements, Douglas H. / Sarama, Julie (2005): Instructor Influence on Reasoned Argument in Discussion Boards. In: Educational Technology Research & Development, 53, S. 25–39.

Heckman, Robert / Annabi, Hala (2005): A Content Analytic Comparison of Learning Processes in Online and Face-to-Face Case Study Discussions. In: Journal of Computer-Mediated Communication, 10. http://jcmc.indiana.edu/vol10/issue2/heckman.html. Zugriff: 02.11.10.

Hessler, Richard M. / Downing, Jane / Beltz, Cathleen / Pelliccio, Angela / Powell, Mark / Vale, Whitley (2003): Qualitative Research on Adolescent Risk Using E-Mail: A Methodological Assessment. In: Qualitative Sociology, 26, S. 111–124.

Hoybye, Mette T. / Johansen, Christoffer / Tjornhoj-Thomsen, Tine (2005): Online Interaction. Effects of Storytelling in an Internet Breast Cancer Support Group. In: Psycho-Oncology, 14, S. 211–220.

Huffaker, David A. / Calvert, Sandra L. (2005): Gender, Identity, and Language Use in Teenage Blogs. Journal of Computer-Mediated Communication, 10. http://jcmc.indiana.edu/vol10/issue2/huffaker.html. Zugriff: 02.11.10.

Jones, Robert S. / Zahl, Andrew / Huws, Jaci C. (2001): First-Hand Accounts of Emotional Experiences in Autism: A Qualitative Analysis. In: Disability & Society, 16, S. 393–401.

Keski-Rahkonen, Anna / Tozzi, Federika (2005): The Process of Recovery in Eating Disorder Suffers' Own Words: An Internet-Based Survey. In: International Journal of Eating Disorder, 37, S. 80–86.

Kolo, Castulus / Baur, Timo (2004): Living a Virtual Life: Social Dynamics of Online Gaming. In: Game Studies – The International Journal of Computer Game Research, 4. www.gamestudies.org/0401/kolo/. Zugriff: 02.11.10.

Lasker, Judith N. / Sogolow, Ellen D. / Sharim, Rebecca R. (2005): The Role of an Online Community for People With a Rare Disease: Content Analysis of Messages Posted on a Primary Biliary Cirrhosis Mailinglist. In: Journal of Medical Internet Research, 7. www.jmir.org/2005/1/e10/. Zugriff: 02.11.10.

Mann, Chris / Stewart, Fiona (2000): Internet Communication and Qualitative Research: A Handbook for Researching Online. London.

McClelland, Mark (2002): Virtual Ethnography: Using the Internet to Study Gay Culture in Japan. In: Sexualities, 5, S. 387–406.

Naderer, Gabriele / Wendpap, Marion (2000): Online-Gruppendiskussionen. Möglichkeiten und Grenzen. Vortrag am BVM-Kongress in Basel. www.mediensprache.net/archiv/pubs/2948.htm. Zugriff: 02.11.10.

Opinionpanel (2010). Online discussion group with whiteboard. www.opinionpanel.co.uk/services/online-qualitative/online-focus-groups/. Zugriff: 02.11.10.

Panyametheekul, Siriporn / Herring, Susan C. (2003): Gender and Turn Allocation in a Thai Chat Room. In: Journal of Computer-Mediated Communication, 9. http://jcmc.indiana.edu/vol9/issue1/panya_herring.html. Zugriff: 02.11.10.

Prickarz, Herbert / Urbahn, Julia (2002): Qualitative Datenerhebung mit Online-Fokusgruppen: Ein Bericht aus der Praxis. In: Planung & Analyse, 1, S. 63–70.

Reichmayr, Ingrid F. (2005): Weblogs von Jugendlichen als Bühnen des Identitätsmanagements. Eine explorative Untersuchung. kommunikation@gesellschaft, 6. www.soz.uni-frankfurt.de/K.G/B8_2005_Reichmayr.pdf. Zugriff: 02.11.10.

Reid, Donna J. / Reid, Freiser J. M. (2005): Online Focus Groups: An In-Depth Comparison of Computer-mediated and Conventional Focus Group Discussion. In: International Journal of Market Research, 47, S. 131–162.

Reppel, Alexander / Gruber, Thorsten / Szmigin, Isabelle / Voss, Rödiger (2006): Online Laddering – Development of Innovative Laddering Data Collection Methods. Vortrag bei der General Online Research Conference in Bielefeld.

Rezabek, Roger (2000): Online Focus Groups: Electronic Discussions for Research. In: Forum Qualitative Sozialforschung, 1(1), [67 Absätze]. www.qualitative-research.net/index.php/fqs/article/view/1128. Zugriff: 02.11.10.

Rifkin, Jeremy (2004): Wirtschaft und Gesellschaft im Zeichen einer digital vernetzten Welt. Vortrag auf den Münchner Medientagen „Merging Media" in München.

Salfinger, Brigitte (2005): Gender Specific Analysis of Virtual Communication in Panel Online Focus Groups. Recent Developments and Applications in Social Research Methodology. Proceedings of the RC33 Sixth International Conference on Social Science Methodology. Amsterdam.

Sifry, David (2007): The state of the live web. www.sifry.com/alerts/archives/000493.html. Zugriff: 02.11.10.

Strickland, Ora L. / Moloney, Margarete F. / Dietrich, Alexa S. / Myerburg, Stuart / Cotsonis, George A. / Johnson, Robert V. (2003): Measurement Issues to Data Collection on the World Wide Web. In: Advances in Nursing Science, 26, S. 246–256.

Suler, John (1996): One of Us – Participant Observation Research at the Palace. The Psychology of Cyberspace. www.rider.edu/~suler/psycyber/partobs.html. Zugriff: 02.11.10.

Toll, Benjamin A. / Sobell, Linda C. / D'Arienzo, Justin / Sobell, Mark B. / Eickleberry-Goldsmith, Lori / Toll, Heather J. (2003): What Do Internet-Based Alcohol Treatment Websites Offer? In: Cyber Psychology & Behavior, 6, S. 581–584.

TomTom (2006): Tom Tom Go. www.meintomtomgo.de/forum/. Zugriff: 02.11.10.

Wood, Richard T. A. / Griffith, Mark D. / Eatough, Virgina (2004): Online Data Collection from Video Game Players: Methodological Issues. In: Cyber Psychology & Behavior, 7, S. 511–518.

Wright, Talmadge / Boria, Eric / Breidenbach, Paul (2002): Creative Player Actions in FPS Online Video Games – Playing Counter-Strike. In: Game Studies – The International Journal of Computer Game Research, 2. www.gamestudies.org/0202/wright/. Zugriff: 02.11.10.

Gabriele Naderer

Auswertung & Analyse qualitativer Daten

1 Einführung 407
2 Konstituierende Merkmale 408
3 Dokumentation 411
4 Der Auswertungsprozess 413
5 Entwicklungslinien und theoretische Verankerung 416
　5.1 Verfahren für Einzel- und Gruppenerhebungen 417
　　5.1.1 Qualitative Inhaltsanalyse 418
　　5.1.2 Narrativ-biographische und psychodynamische Ansätze 420
　　5.1.3 Hermeneutische Analyse 422
　5.2 Spezifische Verfahren für Gruppenerhebungen 424
　　5.2.1 Die Konversationsanalyse 424
　　5.2.2 Die Diskursanalyse 425
6 Auswertung nonverbaler Daten 427
　6.1 Körpersprache im Kontext verbaler Daten 428
　6.2 Nonverbale Daten bei indirekten Erhebungen 428
　6.3 Analyse von Beobachtungsdaten 429
7 Computergestützte Analyse 430
8 Fazit 431

Auswertung & Analyse qualitativer Daten

1 Einführung

Nichts bleibt in der Praxis der qualitativen Marktforschung so intransparent wie die Auswertung und Analyse. Dabei trägt gerade sie so entscheidend zur Güte qualitativer Forschungsergebnisse bei. Die Erhebungsphase genügt i. d. R. noch den von Gabriela Kepper (1994, S. 22) geforderten konstituierenden Merkmalen qualitativer Marktforschung: Offenheit, Typisierung und Kommunikativität. Für die Auswertung und Analyse ist dies in der Praxis eher infrage zu stellen. Auftraggeber verlangen in ihren Anfragen genaue Methodenbeschreibungen, beobachten Gruppendiskussionen live und manchmal sogar Explorationen; die folgende Analyse bleibt für sie jedoch eher nebulös. So ist es nicht verwunderlich, dass die Aussagekraft qualitativer Ergebnisse von Auftraggebern manchmal hinterfragt wird. Um das Vertrauen in qualitative Ergebnisse zu stärken, ist eine größere Transparenz des Auswertungsprozesses und der Analyse[1] erforderlich. Zumindest muss offengelegt werden, welche wissenschaftlich anerkannten Analysemethoden zur Verfügung stehen und Anwendung finden.

Genau hier setzt dieser Beitrag an: Um die Möglichkeiten qualitativer Analyse aufzuzeigen, werden die verschiedenen in den Sozial- und Geisteswissenschaften entwickelten und eingesetzten Ansätze vorgestellt und bezüglich ihrer Praktikabilität für die qualitative Marktforschung diskutiert. Beispielsweise sind komplexe Ansätze wie die Hermeneutik (vgl. z. B. Gadamer/Boehm 1976) für die Praxis häufig zu aufwendig und ineffizient. Im Vergleich dazu ist die qualitative Inhaltsanalyse (Mayring 2008) effizienter zu handhaben, aber auch weniger offen. Darüber hinaus verlangen unterschiedliche Zielsetzungen und Fragestellungen angemessene Analysemethoden. So gibt es also nicht die eine allein zielführende Analysemethode, sondern es gilt, offen zu sein für verschiedene Ansätze. Das der qualitativen Forschung immanente Prinzip der Offenheit sollte also auch für die Auswahl des Auswertungssystems gelten.

„Wie aufregend Ihre Erfahrungen bei der Datenerhebung auch sein mögen, es kommt der Tag, an dem Sie diese auswerten müssen." (Strauss/Corbin 1996, zitiert nach Kuckartz 2010, S. 8). Wie können Auswertungssysteme hier helfen? Nach Dammer und Szymkowiak (2008, S. 131) bieten Auswertungssysteme Orientierungshilfen. Sie zeigen Regeln auf, wie Daten in einen sinnvollen Zusammenhang gestellt und verknüpft werden können. Sie gewährleisten Vollständigkeit, indem sie festlegen, wann der Analyseprozess beendet ist. Sie erlauben die Überprüfung, indem sie Transparenz und Nachvollziehbarkeit schaffen. Wie eng sich der Analytiker an den Regeln orientieren sollte, darin variieren die verschiedenen Ansätze. Während beispielsweise die Hermeneutik lediglich einen methodologischen Rahmen für die Analyse vorgeben

---

[1] Die Begriffe „Auswertung" und „Analyse" werden in der gängigen Literatur nicht konsequent definitorisch abgegrenzt. Entsprechend wird auch in diesem Beitrag auf eine strenge definitorische Abgrenzung verzichtet. Auswertung und Analyse stehen für die systematische Bearbeitung des zur Verfügung stehenden Datenmaterials.

möchte, geben andere Ansätze wie die qualitative Inhaltsanalyse konkretere Handlungsanweisungen.

Unabhängig davon lassen sich einige Merkmale identifizieren, die alle in der qualitativen Forschung bekannten Analysemethoden gleichermaßen konstituieren.

2 Konstituierende Merkmale

Das eine Ziel, aus dem sich mehr oder weniger alle übrigen Ziele qualitativer Analyse ableiten, umschreiben Jahoda, Lazarsfeld und Zeisel in ihrer klassischen, bereits in den 1930er-Jahren durchgeführten Studie über „Die Arbeitslosen von Marienthal" besonders treffend mit dem Streben nach „phänomenologischer Reichhaltigkeit" (Jahoda et al. 1994, S. 14). Um phänomenologische Reichhaltigkeit zu erzielen, bedarf es einer offenen, kommunikativen, reflexiven Herangehensweise an die Analyse, um letztendlich die analysierten Phänomene in einem theoriebildenden Prozess rekonstruieren zu können (vgl. Gläser/Laudel 2010, S. 29ff.) Insofern wird qualitative Analyse häufig auch als hypothesengenerierend und induktiv bezeichnet (vgl. Mayring 2008, S. 20f.; Lamnek 2010, S. 181f.). Ziel qualitativer Analyse ist die Identifikation charakteristischer, typisierender Phänomene und deren Verständnis im jeweils individuellen Entstehungskontext (vgl. Kepper 1994, S. 30f.).

Eines der wichtigsten, die qualitative Analyse kennzeichnenden Merkmale ist das Prinzip der **Offenheit** – Offenheit auch gegenüber dem Unerwarteten, dem Abweichenden oder scheinbar nicht logisch Erklärbaren. Nur eine offene, unvoreingenommene Herangehensweise an das zu analysierende qualitative Datenmaterial erlaubt die Aufdeckung aller relevanten Aspekte, also die Erfassung von Phänomenen in ihrer ganzen Reichhaltigkeit. Manche Ansätze wie die objektive Hermeneutik gehen dabei so weit zu fordern, sich von bereits vorhandenem theoretischem Wissen frei zu machen. „Der Interpretationsprozess [ist] also prinzipiell offen und seine Ergebnisse [sind] jederzeit revidierbar" (Oevermann et al. 1979, S. 391).

Um Offenheit zu erzielen, bedarf es eines hohen Maßes an **Selbstreflexion** aller am Forschungsprozess beteiligten Personen. Da in der qualitativen Forschung die Analyse bereits in der Erhebungsphase beginnt (vgl. Kapitel 4), werden Befragte noch während des Interviews gebeten, ihre Äußerungen zu reflektieren und zu hinterfragen. Die Interviewer und Moderatoren müssen ihre Fragen sich selbst kritisch beobachtend reflektieren und deren Konsequenzen für die Ergebnisse hinterfragen. Nicht zuletzt müssen auch in der Phase der Datenanalyse die Interpretationen einer kritischen Prüfung unterzogen werden. Nur so können subjektive Einflüsse durch das Vorwissen, die Vorstellungen und Meinungen auf Seiten der am Analyseprozess beteiligten Personen ausgeschlossen werden. Lamnek (2010, S. 22) geht so weit, das Reflexivitätsprinzip für die qualitative Analyse geradezu zwingend einzufordern.

Einen wesentlichen Beitrag zu Offenheit und Reflexivität leistet die **Kommunikation**. Qualitative Analyse ist ein kommunikativer Prozess. In der Kommunikation mit den Auskunftspersonen selbst wird ein vertiefendes Verständnis beobachteter Phänomene erzielt. Die intensive Kommunikation zwischen allen am Erhebungs- und Analyseprozess beteiligten Personen erlaubt es, unterschiedliche Perspektiven einzunehmen und damit Interpretationen im Sinne einer kommunikativen Validierung kritisch zu prüfen (vgl. Heinze 2001, S. 91).

Die enorme Bedeutung der Kommunikativität wird in der Denkweise der Grounded Theory (Glaser/Strauss 1967) besonders deutlich: Der Grounded Theory folgend wechseln sich Phasen der Datenerhebung und der Auswertung in einem iterativen Prozess ab. Die Auswertung beginnt mit der Datenerhebung. Sie ist ein kumulativer und zugleich konfirmatorischer Prozess. Hypothesen werden fallweise generiert und in anderen Fällen überprüft. Die Datenerhebung ist beendet, wenn theoretische Sättigung eintritt. Dieser Idee folgend sind kommunikative Analysesitzungen bereits in der Feldphase unumgänglich.

Kommunikation ist eine wichtige Voraussetzung für eine weitere zentrale Anforderung an qualitative Analyse – die **Kontextualisierung**. „Dabei wird gerade die Bedeutungsvielfalt und implizite Vagheit, die im alltäglichen Umgang mit Texten [...] kennzeichnend ist [...], systematisch aufgedeckt" (Flick 1995, S. 166). In der Kommunikation mit der Auskunftsperson und mit den anderen am Forschungsprozess beteiligten Personen gelingt es uns, auch solche Perspektiven und Kontextebenen einzunehmen, die wir allein vielleicht nicht in Betracht ziehen würden.

Kontexteffekte sind uns aus der Wahrnehmungspsychologie bekannt. Im Alltag lassen wir uns ständig vom Kontext leiten: Bekannte Marken wecken unser Vertrauen in die Qualität von Produkten. Die Note „gut" im Zeugnis eines Kindes kann Enttäuschung und Freude auslösen. Die Enttäuschung des Einserschülers ist im individuellen Kontext ebenso nachvollziehbar wie die Freude des Viererschülers. Laienhaft werden diese Kontexteffekte als „rosarote Brille" oder „Schwarzsehen" bezeichnet. Sprachverstehen bedeutet Aufheben von Ambiguität im Kontext (vgl. Zimbardo/Gerrig 2003, S. 287f.). Nur die konsequente Berücksichtigung von Kontextinformationen ermöglicht die korrekte und sozial adäquate Interpretation von Sprache. Informationen sind häufig mehrdeutig. Ist uns der Kontext vertraut, haben wir kein Problem, die folgende Aussage zu disambiguieren: „Die Kinder von Peter und Ulla sind intelligent." Wenn wir wissen, ob es sich um ein Elternpaar handelt oder nicht, werden wir auf Anhieb wissen, ob es sich um die gemeinsamen Kinder von Peter und Ulla oder die Kinder von Peter und die Kinder von Ulla handelt. In der Alltagswelt sind wir also ganz selbstverständlich auf der Suche nach latenten Sinnstrukturen, wobei wir die latente Sinnstruktur aus dem Kontext erschließen. Wenn der neue Freund überraschend ein Rendezvous absagt und dies mit dem spontanen Besuch eines Jugendfreundes erklärt, spielen

Gabriele Naderer

wir sämtliche nur erdenklichen „Lesarten" (vgl. dazu „hermeneutische Analyse", Kapitel 5.1.3) durch, um zu prüfen, welche latente Bedeutung die Absage tatsächlich haben könnte: Will er sich zurückziehen, und der Besuch ist nur ein Vorwand? Kommt tatsächlich ein Jugendfreund zu Besuch, und der neue Freund hat einfach einen besonders ausgeprägten Sinn für die Pflege von Freundschaften? Was im Alltag für die Menschen ganz selbstverständlich ist, weil sie quasi automatisch – ohne sich dies bewusst zu machen – den Kontext nutzen (normalerweise bemüht er sich doch auch nicht so um Freundschaften, warum diesmal?), verlangt vom Forscher in fremden Alltagswelten die explizite Bewusstmachung dieser Kontextinformationen. Da wir mit der jeweiligen Alltagswelt der Befragten nur bedingt vertraut sind, müssen wir uns geradezu zwingen, verschiedene Perspektiven bzw. Kontextebenen einzunehmen. So betrachtet ist die Objektivität nicht – wie häufig kritisiert – eine Schwäche qualitativer Analyse, sondern gerade ihre Stärke: Durch das konsequente Prüfen möglicher Interpretationen auf latente Sinnstrukturen und auf Passung mit dem jeweiligen Kontext werden subjektiv scheinbar logische und naheliegende Hypothesen wieder verworfen. Zurück bleiben objektiv vertretbare Hypothesen und Ergebnisse.

Durch die konsequente Berücksichtigung intra-individueller Kontexte (vgl. dazu Quer- und Längsschnittanalyse, Kapitel 4) gelingt es, das Charakteristische, Einzigartige, **Typische** an beobachteten Phänomenen im Einzelfall zu verstehen: Normalerweise würde der Freund nicht absagen, aber hier handelt es sich um eine ganz besondere Freundschaft. Ziel qualitativer Analyse ist nicht statistische Repräsentativität, sondern vielmehr die Identifikation von für die Zielgruppe typischen Deutungs- und Handlungsmustern (vgl. Lamnek 2010, S. 166f.). Insofern werden im Einzelfall beobachtete, von anderen im Querschnitt abweichende Phänomene nicht ignoriert, sondern in ihrer Einzigartigkeit und in ihrem typischen Charakter ausdrücklich berücksichtigt und beschrieben, in ihrem individuellen Entstehungskontext erklärt und verstanden. Im Kern beinhaltet der Versuch der Typisierung die Suche nach gemeinsamen und unterschiedlichen Merkmalsausprägungen, Bedingungen, Zusammenhängen und Wirkmechanismen in den verschiedenen analysierten Fällen (vgl. Gläser/Laudel 2010, S. 248f.).

Die qualitative Analyse beschränkt sich nicht auf die Deskription der Ergebnisse (wobei sie auf numerische Aussagen bewusst verzichtet). Sie versucht vielmehr, diese Ergebnisse durch die Generierung von Hypothesen und die Entwicklung theoretischer Erklärungsmodelle zu **rekonstruieren.** So kann das Auftreten beobachteter Ereignisse oder Phänomene im Kontext unterschiedlicher Biographien (zum Beispiel die individuelle Reaktion auf die Absage des Freundes im Kontext unterschiedlicher Schlüsselerfahrungen aus früheren Beziehungen) rekonstruiert werden (Lamnek 2010, S. 608f.). Der Versuch einer rekonstruierenden Analyse erfolgt v. a. dann, wenn wir nach den Ursachen bzw. Wirkmechanismen und damit nach Erklärungen für das Auftreten von beobachteten Phänomenen suchen, also nach Kausalzusammenhängen (vgl. Gläser/Laudel 2010, S. 69f.). In der qualitativen Marktforschung begnügt man sich bisweilen mit dem offenen, vertiefenden Verständnis im individuellen Kontext, ohne die beobachteten Marktphänomene in einem rekonstruierenden Erklärungsmodell, das alle identifizierten Einflussgrößen in einem komplexen Gesamtzusammenhang betrachtet, erklären zu wollen. Beispielsweise mag es für einen etablierten Markenanbieter genügen zu verstehen, wie seine Marke in verschiedenen Zielgruppen wahrgenommen wird. Die komplexen Wirkmechanismen, die zu unterschiedlichen Wahrnehmungsmustern führen, mögen für ihn mehr oder weniger belanglos sein.

3 Dokumentation

Eine wesentliche Voraussetzung für die Güte qualitativer Auswertung und Analyse ist die umfassende Dokumentation des erhobenen Datenmaterials. Dammer und Szymkowiak (2008, S. 119ff.) sprechen in diesem Zusammenhang vom „heimlichen Beginn der Auswertung". Nur so können Offenheit, Reflexivität und Kontextualisierung garantiert werden. In der Analysephase müssen alle am kommunikativen Auswertungsprozess beteiligten Personen auf dasselbe vollständige Datenmaterial zurückgreifen können. Jede Form der Datenreduktion in der Erhebungsphase schränkt potenziell die Offenheit sowie die Möglichkeiten zur Kontextualisierung und zur kommunikativen Validierung ein.

Welche Daten unbedingt dokumentiert werden müssen, ist auch eine Frage der geplanten Auswertungsschritte bzw. der geplanten Analyseebenen. Die potenziell dokumentierbaren Daten können wie folgt kategorisiert werden: nach Datenquellen, nach Art der Daten und nach Art der Dokumentation.

Als **Datenquellen** stehen die Auskunftspersonen selbst, die Interviewer, Moderatoren oder Beobachter, der Auftraggeber (sofern live am Erhebungsprozess beteiligt) und externe Datenquellen (z. B. bereits bekannte Erkenntnisse über die Zielgruppe oder saisonale Faktoren) zur Verfügung. Selbstverständlich ist die Auskunftsperson selbst die wichtigste Datenquelle. Teilweise wird darüber aber vergessen, wie stark der Einfluss durch die an der Datenerhebung beteiligten Personen ist. So werden wir beispielsweise Aussagen von Auskunftspersonen in einem anderen Kontext interpretieren, wenn wir auch die vorausgehende Frage des Interviewers kennen. Da diese aufgrund der geforderten Offenheit in der Erhebungssituation variiert, wir also keine Standards zugrunde legen können, ist deren Kenntnis für die Analyse wichtig. Leider werden aber gerade solche spontanen Interventionen des Interviewers oder Moderators häufig überhaupt nicht oder nur bedingt erfasst. Transkriptionen sollten also zwingend auch die Äußerungen des Moderators oder des Interviewers dokumentieren. Genauso wichtig können die unmittelbaren Eindrücke des Interviewers oder Moderators sein. Ihre Dokumentation – beispielsweise in Form von kurzen Gedächtnisprotokollen – kann daher ebenfalls wesentlich zu einer späteren differenzierten Analyse beitragen (vgl. Dammer und Szymkowiak 2008, S. 119f.). Auch spontan von Auftraggeberseite im Anschluss an die Beobachtung einer Gruppendiskussion oder

Exploration formulierte Hypothesen sollten konsequent dokumentiert werden. Schließlich basieren sie i. d. R. auf einem umfassenden Know-how über die Branche, die Zielgruppe und weitere externe Einflussgrößen. Sie können wesentlich zur „konsensuellen Validierung" bzw. „Prüfung auf Kohärenz" beitragen (vgl. Mruck/Mey 2000; Graumann et al. 1995, S. 68).

Die **Art der** zur Verfügung stehenden **Daten** kann in starkem Maße variieren. Neben Befragungsdaten stehen potenziell immer auch Beobachtungsdaten, neben verbalen auch visuelle Daten zur Verfügung. Auskunftspersonen bringen ihre Einstellungen, Bedürfnisse, Gefühle nicht nur in verbalen Äußerungen zum Ausdruck; sie zeigen diese auch in ihrer Körperhaltung, Gestik und Mimik. Nur wenn diese Daten auch dokumentiert sind, können sie bei der späteren Analyse konsequent als relevante Kontextinformation für die Interpretation genutzt werden. Nicht zu vergessen sind die im Rahmen der Auswahl der Befragten erfassten Screening- bzw. Kontaktdaten. Sie beinhalten häufig wichtige Informationen, die nicht zwingend im Erhebungsprozess nochmals thematisiert sein müssen (beispielsweise demographische Daten wie Alter oder Einkommen). Für die Kontextualisierung der erhobenen qualitativen Daten sollten sie jedoch zur Verfügung stehen.

Nicht zuletzt variiert auch die **Art der Dokumentation:** Qualitative Daten können in persönlichen Protokollen (z. B. des Interviewers oder des Protokollanten bei der Gruppendiskussion) dokumentiert werden, aber auch gestützt durch technische Hilfsmittel wie Audio- oder Videoaufnahmen. Die umfassende und erschöpfende Dokumentation aller potenziell relevanten Daten ist mit persönlichen Protokollen kaum zu realisieren. Insbesondere das Streben nach Objektivität erfordert aber die Zugänglichkeit derselben Daten für verschiedene Personen. Aus diesem Grunde werden in der qualitativen Forschung häufig technische Hilfsmittel eingesetzt. Der Einsatz technischer Dokumentationshilfen ist allerdings ambivalent zu bewerten. Er birgt auch Gefahren: Audiogeräte und Videokameras sind potenziell reaktiv, d. h., sie können das Denken, Fühlen und Handeln der Auskunftspersonen beeinflussen, sogar stören und verändern. Dieser – der technikgestützten Dokumentation immanente – Ambivalenzkonflikt lässt sich nur auflösen, wenn wir die Vorteile der Technik kritisch zu schätzen wissen und ihre Nachteile bewusst reflektieren. Eine allgemeingültige Empfehlung ist weder zielführend noch problemadäquat. Vielmehr sollten kritische Überlegungen zur Zielsetzung, zur Zielgruppe, zum Untersuchungsgegenstand und zu den geplanten Analyseschritten darüber entscheiden, wann die Vorteile technikgestützter Dokumentation überwiegen und wann sie nur zum Nachteil geraten. Ein sensibler Interviewer oder Moderator wird auf jeden Fall ein Gespür dafür entwickeln, ob und wann die Auskunftspersonen sich an die Technik gewöhnt haben und diese nicht mehr wahrnehmen. Starke Reaktanzen treten in der Praxis eher selten auf. Häufiger gewöhnen sich die Befragten erstaunlich schnell an die Technik. Psychologen bezeichnen dieses Phänomen als Habituation. Spätestens wenn Gruppendiskussionsteilnehmer ihr eigenes Äußeres im Spiegel prüfen, ist dieser Habituationseffekt eingetreten. Länger dauert es dagegen in Einzelgesprächen, bis die Technik dank solcher Habituationseffekte ignoriert bzw. nicht mehr bewusst wahrgenommen wird.

Sollte – aufgrund zu befürchtender starker Reaktanzen – auf technische Hilfsmittel bei der Protokollierung verzichtet werden, sollten die persönlich erstellten Protokolle auf jeden Fall unmittelbar im Anschluss an die Erhebung durch Gedächtnisprotokolle ergänzt werden. Dennoch ergeben sich Restriktionen für die Analyse: Die persönlich protokollierten Daten, die zwangsläufig reduzieren müssen, selektieren quasi a priori die als relevant erachteten Kernaussagen. Vielleicht nur im ersten Moment „scheinbar" irrelevante Daten wie ausgelassene Paraphrasen und Wiederholungen oder nonverbale Beobachtungen können a posteriori nicht mehr auf ihre tatsächliche Relevanz geprüft werden. Sie sind für immer verloren. Umso dramatischer wird dieser Verlust, wenn die Selektion nicht durch die für die eigentliche Analyse verantwortlichen Personen erfolgt, sondern beispielsweise durch Assistenten oder Praktikanten.

4 Der Auswertungsprozess

Streng genommen **beginnt** der Auswertungsprozess in der qualitativen Forschung **mit der Erhebung.** Zwar fordern viele Erhebungsverfahren – wie z. B. non-direktive Explorationen – vom Interviewer oder Moderator die Formulierung „sachneutraler" Fragen (vgl. Gutjahr 1985, S. 51ff.). Tatsächlich werden Interviewer oder Moderator aber bereits durch die Entscheidung, welche Inhalte sie aufgreifen und vertiefender hinterfragen oder mit welchen Widersprüchen sie die befragten Personen konfrontieren, die Analyse prädeterminieren.

So betrachtet ist die Frage der Objektivität aus qualitativer Sicht neu zu diskutieren. Während in der quantitativen Forschung mit dem Ziel der Objektivierung gefordert wird, den „Versuchsleiter" über die eigentliche Fragestellung in Unkenntnis zu halten, um sogenannte „Versuchsleitereffekte" – allen voran die sogenannte Selffulliling Prophecy – zu vermeiden (vgl. Rosenthal 1966), ist es in der qualitativen Forschung unabdingbar, die „Versuchsleiter" – hier die Interviewer oder Moderatoren – zumindest bis zu einem gewissen Grad über den Untersuchungsgegenstand und die Zielsetzung zu informieren (→ *Beitrag „Das qualitative Interview" von Günter Mey und Katja Mruck*). Objektivität kann hier also nur durch die bereits thematisierte Kontextualisierung der Ergebnisse auch im Hinblick auf das Handeln der Interviewer und Moderatoren erzielt werden. Nur logisch und konsequent ist es daher auch, die am Erhebungsprozess beteiligten Interviewer oder Moderatoren unmittelbar im Anschluss an die Erhebung zu einer kurzen Formulierung ihrer persönlichen Analyse aufzufordern, sie also zu bitten, eine erste kurze, komprimierte Einzelfallanalyse zu Protokoll zu geben.

Gabriele Naderer

Vor der sich an die Erhebung anschließenden vertiefenden Analyse müssen die Daten in geeigneter Form aufbereitet werden. Im Wesentlichen handelt es sich dabei um den Versuch, alle irrelevanten Daten zu entfernen und alle relevanten Daten zu identifizieren und zu sammeln. Das Ziel ist die **Reduktion** des Datenmaterials. Je nach gewähltem Auswertungssystem (vgl. Kapitel 5) können hier ganz unterschiedliche Vorgehensweisen adäquat sein: Von der Markierung einzelner Textstellen in den Transkriptionen über die Reduktion und Extraktion relevanter Textpassagen bis hin zum Übertragen einzelner Textpassagen in neue Textdateien (die dann beispielsweise auch computergestützt ausgewertet werden können) ist in der Praxis alles denkbar und üblich. Entscheidender als die Art und Weise der Reduktion sind die Kriterien, die der selektiven Auswahl der Daten zugrunde liegen. Richtungsweisend für die Selektion sind der Untersuchungsgegenstand und die Zielsetzung einer qualitativen Studie. So werden beispielsweise bei biographischen Fragestellungen narrative Elemente wie persönliche Erlebnisse, bei psychodynamischen Fragestellungen eher Inhalte, die Aufschluss geben über Spannungen und Konflikte, selektiert (vgl. Kapitel 5).

Ein alle qualitativen Auswertungsprozesse charakterisierendes Merkmal ist die Explikation im intra-individuellen Kontext. Neben dem fallexternen Vergleich im Querschnitt erfolgt immer auch die Analyse im fallinternen Kontext, also im Längsschnitt (vgl. Salcher 1978, S. 51; Schub von Bossiazky 1992, S. 91):

Längsschnittanalysen werden streng genommen zwar auch in der quantitativen Auswertung durchgeführt, beispielsweise wenn mittels Kreuztabelle untersucht wird, inwieweit sich die Bewertungen zweier Werbekonzepte in Abhängigkeit von der Reihenfolge der Vorlage (Erst- vs. Zweitvorlage) verändern. Allerdings fließen hier bereits im Vorfeld über mehrere Versuchspersonen hinweg aggregierte Daten ein. Die qualitative Analyse stellt hingegen die intra-individuelle längsschnittliche Betrachtung des Einzelfalls in den Fokus. Ziel dieser längsschnittlichen Betrachtung ist es, im Querschnitt scheinbar vergleichbare Phänomene im intra-individuellen Kontext auf ihre besonders charakteristischen, typischen Aspekte hin zu erforschen. So kann beispielsweise die Ablehnung eines untersuchten Werbekonzepts über mehrere Fälle hinweg mit „mangelnder Glaubwürdigkeit" begründet sein. Unter Berücksichtigung des intra-individuellen längsschnittlichen Kontexts kristallisieren sich dabei zwei unterschiedliche Phänomene heraus: einerseits das grundsätzliche Infragestellen der Glaubwürdigkeit von Werbung im Allgemeinen und andererseits die spezifische Skepsis gegenüber der Glaubwürdigkeit des konkreten Werbekonzepts.

Im Gegensatz zur Querschnittanalyse stellt die Längsschnittanalyse also die Individualität der in einzelnen Fällen erhobenen Daten der Vergleichbarkeit über mehrere Fälle hinweg voran. Die Daten werden in der längsschnittlichen Feinanalyse oder Explikationsphase (vgl. Kapitel 5) in ihrem intra-individuellen Entstehungsprozess rekonstruiert und interpretiert. Sie behalten damit ihren individuellen bzw. typischen Charakter bei. Für die intra-individuelle, längsschnittliche Rekonstruktion können neben verbalen Äußerungen auch emotionale Zustände, Stimmungsschwankungen, soziale und situative Rahmenbedingungen (z. B. in Gruppendiskussionen, aber auch zwischen Interviewer und Auskunftsperson) u. v. m. von Bedeutung sein. In der Summe sind also im längsschnittlichen Kontext alle Ebenen menschlichen Verhaltens – Denken, Fühlen und Handeln – relevant. Konkret hat dies beispielsweise die explizite Interpretation der intra-individuellen Reihenfolge von Äußerungen zur Folge. Am Beispiel von Markenimages könnte dies bedeuten: Was wird spontan geäußert? (z. B. „Teure Marke"), Was wird erst als Reaktion auf das Hinterfragen spontaner Äußerungen geantwortet?, (z. B. „Marke investiert in die Entwicklung innovativer Produkte"). Für das Verständnis der aus dem Markenimage resultierenden Markenpräferenzen ist entscheidend zu wissen, welche dieser Denkweisen bzw. mentalen Schemata in einer Zielgruppe besonders leicht verfügbar sind (spontane Äußerungen) und welche nur bei hohem Involvement (auf intensives Nachfragen hin) reflektiert werden. Von längsschnittlichem Interesse ist daher auch die Frage, wann Auskunftspersonen emotional involviert oder eher unbeteiligt wirken oder welche motorischen Handlungsreaktionen (z. B. Lächeln, körperliche Anspannung, Veränderung der Körperhaltung u. v. m.) in Verbindung mit verbalen Äußerungen zu beobachten sind.

Noch vor Eintreten in die Querschnittanalyse oder zumindest parallel dazu sind **Analysesitzungen** mit allen am Forschungsprozess beteiligten Personen zu empfehlen. In diesen Analysesitzungen werden erste Eindrücke und Hypothesen ausgetauscht und diskutiert, um über weitere längs- und querschnittliche Auswertungsschritte zu entscheiden. Mit diesen Analysesitzungen wird der Forderung nach Offenheit, Reflexivität, Kontextualisierung und nicht zuletzt Kommunikativität entsprochen.

Die **Querschnittanalyse** orientiert sich i. d. R. an der inhaltlichen Struktur des Themenleitfadens. Über verschiedene Fälle hinweg werden ähnliche Aussagen gesammelt. Die Individualität der Daten wird dabei vernachlässigt, die thematische Einbindung dem individuellen Kontext vorangestellt, die Position im Gesprächsverlauf ignoriert. Die Kategorie „sonstige Einzelnennungen" – häufig bei quantitativen Analysen zu finden – ist typisch für diese Denkweise. Was sich nicht im Querschnitt über mehrere Fälle hinweg – zumindest mit ähnlichem Inhalt – wiederholt, wird als unbedeutend abgetan. In der Philosophie der Grounded Theory (vgl. Glaser/Strauss 1967) können aber genau solche Einzelnennungen wesentliche Hinweise geben, die es im weiteren Forschungsprozess zu berücksichtigen gilt. Konkret würden in der Querschnittanalyse beispielsweise sämtliche Likes und Dislikes zu einem Werbekonzept über verschiedene Personen hinweg nach inhaltlich thematischen Gesichtspunkten gesammelt, ohne deren intra-individuellen Entstehungskontext verstehen und rekonstruieren zu wollen. So würden positive Äußerungen zu einem Key Visual (z. B. die Visualisierung eines heilen Familienbildes) subsumiert unter „sympathisch" oder „persönlich ansprechend", ohne intra-individuell danach zu differenzieren, ob diese Bewertung das Ergebnis einer positiven Markenpassung oder einer generisch positiven Wahrnehmung dieses Key Visuals ist.

Letztlich ist die qualitative Analyse durch den ständigen Perspektivenwechsel zwischen längs- und querschnittlicher Betrachtung charakterisiert.

Der Auswertungsprozess endet in dem Versuch der **Ordnung, Systematisierung** und **Strukturierung** der Ergebnisse (vgl. Kapitel 5). Das Anspruchsniveau an die zu entwickelnden Ordnungssysteme kann dabei erheblich variieren: Wenn es beispielsweise um die Sammlung von Produktideen oder von Pro- und Kontra-Argumenten zu Produktkonzepten geht, kann das Ordnungssystem einer rein inhaltlich-thematischen Struktur folgen. Vielleicht gilt es aber auch, komplexere Zusammenhänge zu verstehen, also z. B. die Frage zu beantworten, warum Verbraucher welche Produktideen haben, warum welche Verbraucher welche Pro- und Kontra-Argumente thematisieren und wie diese zu deuten sind bzw. welches strategische Gewicht ihnen zukommt. In diesem Fall wird man sich nicht mit rein inhaltlich-thematischen Strukturen zufriedengeben, sondern versuchen, die spezifische Systematik der Wirkmechanismen zu identifizieren.

5 Entwicklungslinien und theoretische Verankerung

Im Kontext qualitativer Marktforschung ist es weder sinnvoll noch zielführend, sämtliche in den Sozialwissenschaften entwickelten und eingesetzten Analysemethoden darzustellen. Entsprechend wird hier eine begrenzte, praxisorientierte Auswahl methodischer Ansätze vorgestellt. Die Verfahren unterscheiden sich v. a. bezüglich Nachvollziehbarkeit und Transparenz des Vorgehens, aber auch bezüglich der Tiefe der Analyse (vgl. Gläser/Laudel 2010, S. 44f.):

Freie Interpretation: Der Forscher interpretiert die Daten unmittelbar ohne vorangehende Durchführung einzelner Analyseschritte und fasst die seiner Ansicht nach für die Beantwortung der Untersuchungsfrage wichtigen Ergebnisse zusammen. Typisch hierfür ist ein kurzes Summary, das unmittelbar nach den Gruppendiskussionen erstellt wird.

Sequenzanalytische Verfahren: Der Forscher sucht nach thematischen und zeitlichen Verknüpfungen in den Daten. Typisch für die Suche nach zeitlichen Verknüpfungen wäre beispielsweise das biographische Interview, welches versucht, das Entstehen von Einstellungen, Gefühlen, Handlungen im Kontext der persönlichen Biographie zu erklären.

Qualitative Inhaltsanalyse: Hier werden aus den Daten (i. d. R. vorliegende Transkriptionen) systematisch Informationen extrahiert und weiterverarbeitet. Ziel ist es, ad hoc eine für die Fragestellung adäquate Struktur zu entwickeln.

Kodieren: Aufgrund theoretischer Vorüberlegungen bzw. mit Blick auf die Fragestellung werden zielführende Aussagen vorab als Codes definiert. In den Daten wird gezielt nach diesen „relevanten" Aussagen gesucht, und sie werden als Code markiert. Diese Textstellen werden dann einer weiteren Analyse unterzogen, bspw. der vergleichenden Interpretation von Textstellen mit identischen Codes.

Die meisten Auswertungssysteme versuchen, eine die beobachteten Phänomene ordnende Systematik und Struktur zu identifizieren, bzw. streben danach, Erklärungsmodelle zu entwickeln. Die verschiedenen Auswertungssysteme gehen dabei mehr oder weniger theoretisch prädeterminiert vor:

Nicht theoriegeleitete Ansätze wie hermeneutische Ansätze sind charakterisiert durch die umfassende, tiefe Auslegung und Erklärung von beobachteten Phänomenen, das ausdrückliche Bestreben, sich von theoretischen Fesseln zu lösen. Hermeneutische Ansätze verstehen sich daher selbst als eine Art „Kunstlehre" (Reichertz 1995, S. 224).

Theoriegeleitete Ansätze wie narrative oder psychodynamische Ansätze sind induktiv, indem sie ebenfalls die Entwicklung von Erklärungsmodellen anstreben, zugleich aber auch deduktiv, indem sie sich bei der Analyse und Interpretation auf bestehende theoretische Modelle stützen. In diesem Fall ist die qualitative Analyse charakterisiert durch den alternierenden Prozess aus induktivem und deduktivem Vorgehen (vgl. Lamnek 2010, S. 82). Dammer und Szymkowiak (2008, S. 126) fordern als Vertreter der morphologischen Forschung in diesem Zusammenhang: „Wenn schon die Datenerhebung theoriegeleitet vor sich geht, gilt dies umso mehr für die Auswertung."

Im Folgenden sollen ausgewählte wissenschaftstheoretisch anerkannte Verfahren vorgestellt werden. Diese werden zwar in der qualitativen Marktforschungspraxis selten so systematisch angewandt und umgesetzt wie hier beschrieben. Dennoch zeigen sie die Vielfalt an wissenschaftlich fundierten Analysemöglichkeiten auf. In Kapitel 5.1 werden zunächst solche Auswertungsverfahren vorgestellt, die sowohl für Einzel- als auch Gruppenerhebungen von grundsätzlicher Bedeutung sind. In Kapitel 5.2 werden Auswertungsverfahren aufgeführt, die in besonderem Maße gruppendynamische Prozesse in der Analyse berücksichtigen.

5.1 Verfahren für Einzel- und Gruppenerhebungen

Die verschiedenen Ansätze sollen in der Reihenfolge ihrer **Offenheit** (vgl. Abb. 5-1) vorgestellt werden, weil dies auch am ehesten ihrer praktischen Relevanz entspricht. Insofern steht am Anfang einer eher praxisorientierten Analyse die nach inhaltlich-thematischer Struktur und Ordnung strebende **qualitative Inhaltsanalyse**. Verfahren, die auf spezifische, eher theoriegeleitete Inhalte fokussieren, wie die **narrative** oder psychodynamische Analyse, finden in der Praxis nur bei entsprechender theoretischer Ausrichtung des Untersuchungsziels Anwendung. Sie werden – wie auch die **hermeneutischen** Ansätze, die eine extensive Feinanalyse einzelner Inhalte anstreben – nachrangig diskutiert, weil sie sich nur selektiv und ergänzend für die praktische Anwendung eignen.

Abbildung 5-1: Klassifizierung von Auswertungsmethoden (in Anlehnung an Gläser/Laudel 2010, S. 44ff.)

	Offenheit	Anwendungsbereiche	Probleme und Grenzen
Qualitative Inhaltsanalyse	Starke thematische Ausrichtung bei der Datenreduktion	Große Datenmengen	Vergleichsweise starre Strukturierungs- und Ordnungskriterien, potenziell quantifizierend
Narrative oder psychodynamische Analyse	Fokus auf narrativen oder psychodynamisch bedeutsamen Inhalten	Theoriegeleitete Forschungsansätze, z. B. ethnographische, biographische oder psychodynamische Ansätze	Homologie zwischen Erzählung, Projektion und Wirklichkeit Kontextuelle Validierung
Hermeneutik	Höchste Offenheit durch Überschreitung subjektiver Perspektiven	Vertiefende Analyse jeglicher Form von Datenmaterial	Freie „Kunstlehre" mit begrenzter Verallgemeinerbarkeit der Ergebnisse

5.1.1 Qualitative Inhaltsanalyse

Ein Beispiel für ein relativ stark strukturiertes Vorgehen ist die qualitative Inhaltsanalyse, wie sie von Mayring (1985, 2008) vorgeschlagen wird. Zwar stammt die Inhaltsanalyse eigentlich aus der Medienforschung, wurde aber von Mayring für die Analyse qualitativer Forschungsdaten adaptiert. Mayring (1985, S. 190) geht von vier zentralen Prämissen aus:

Kontext: Verbal identische Aussagen können in verschiedenen Kontexten unterschiedliche Bedeutung haben. So mag die Aussage „Das ist eine wahnsinnig witzige Werbung" im intra-individuellen auditiven Kontext (Tonalität) sowohl eine latent positive als auch eine latent negative sarkastische Bedeutung haben: „Wieder eine Werbung, die versucht, witzig zu sein."

Latente Sinnstrukturen: Die Bedeutung von Wörtern ist weder objektiv noch lexikalisch eindeutig definiert. Implizite Bedeutungen sind ebenso relevant wie explizite. So kann in o. g. Beispiel die Bedeutung von „witzig" latent unterschiedliche Bedeutungen haben: im Sinne von „lauter, unangenehmer Humor" über „bringt mich einfach zum Lachen" bis hin zu „dezenter Witz mit leiser Ironie".

Einzelfälle: Aussagen, die weniger häufig oder sogar nur einmalig auftreten, können dennoch von großer Relevanz sein. So mag in o. g. Beispiel die Werbung überwiegend humorvoll anmuten, aber plötzlich stellt eine einzelne Person ihren Witz infrage. Diese Person mag sich vielleicht durch die Werbung persönlich stigmatisiert fühlen. Qualitativ gälte es zu klären, warum dies der Fall ist, und zu rekonstruieren, unter welchen Umständen dasselbe Problem auch bei anderen Rezipienten auftreten könnte. Quantitativ würde man diesen Fall eventuell vernachlässigen in der Annahme, dass es sich um einen zufälligen Ausreißer handelt.

Präsenz und Absenz: Auch nicht Erwähntes oder Ausgeblendetes hat eine Bedeutung. Personen, die sich überhaupt nicht zum Humor in der Anzeige äußern, mögen davon beispielsweise peinlich berührt sein und sich deshalb nicht dazu äußern. Vielleicht sind sie auch überhaupt nicht in der Lage, irgendeinen Witz zu erkennen. In beiden Fällen werden sie sich nicht explizit dazu äußern, auch wenn sie implizit eine latente Meinung dazu haben.

Konkret schlägt Mayring (2008, S. 56f.) drei Grundformen des Interpretierens vor, die im Wesentlichen den Merkmalen entsprechen, die den qualitativen Auswertungsprozess generell konstituieren (vgl. Kapitel 4):

Zusammenfassung: In der ersten Analysestufe wird die **Reduktion** des Materials auf das Wesentliche zur besseren Überschaubarkeit des Datenmaterials angestrebt. Dabei muss das verbleibende Datenmaterial aber dennoch ein Abbild des Grundmaterials bleiben. Auffallendes, Konsistentes, aber auch Widersprüchliches wird gesammelt. Unwesentliches wird ausgelassen, Ähnliches auf einer höheren Ebene gebündelt und generalisiert, in einen größeren Zusammenhang integriert.

Explikation: Zu einzelnen Teilen des erhobenen Datenmaterials (z. B. Textpassagen, Collagen) wird zusätzliches Material zusammengetragen, um diese besser erläutern, verstehen und deuten zu können. Die Suche nach erklärendem Material kann dabei im **engen** und im **weiten** längsschnittlichen **Kontext** erfolgen, d. h. unmittelbar vor oder nach Auftreten einer Aussage, aber auch im weiten Gesamtkontext eines Gesprächs.

Strukturierung: Abschließend schlägt Mayring die Strukturierung der selektierten und explizierten Daten nach bestimmten – ad hoc zu entwickelnden – Ordnungskriterien vor. Je nach Untersuchungsproblem können diese Ordnungskriterien formalen Charakter haben, sich an inhaltlicher Ähnlichkeit orientieren oder auf besondere Charakteristika im Sinne einer Typisierung fokussieren. Immer geht es darum, für die Strukturierung des erhobenen Datenmaterials geeignete Ordnungskriterien bzw. -dimensionen zu identifizieren sowie inhaltlich relevante Ausprägungen auf diesen Dimensionen festzulegen.

Am folgenden Beispiel sollen die verschiedenen Auswertungsschritte kurz aufgezeigt werden. Im Rahmen einer Studie zu tiermedizinischen Behandlungsmethoden hat ein Hundebesitzer folgende Aussage gemacht: „Der Hund merkt es gar nicht so. Glaube nicht, dass der was merkt. Er wirkt dabei immer ganz ruhig." Um diese Textpassage zu verstehen, müssen wir den Kontext kennen. Aus diesem wird ersichtlich, dass von einer „Spritze" die Rede ist. Man könnte diese Aussage nun reduzieren auf „merkt es gar nicht so". Damit bleibt ein zwar deutlich reduziertes, aber dennoch adäquates Abbild der Originalaussage zurück. Um vertiefender zu verstehen, wie die Einstellungen des Hundebesitzers gegenüber Spritzen zu bewerten sind, müssen wir die Aussage im engen und weiten Kontext explizieren. Dabei stoßen wir auf folgende Aussagen: „Der Tierarzt hat eine ruhige Hand und ist dafür bekannt, dass er gut spritzt. Meistens ist das ja nur ein kleiner Pikser." Wir könnten daraus schließen, dass der Hundebesitzer eine Spritze für relativ schmerzfrei hält. Wenn wir mögliche latente Sinnstrukturen betrachten, wäre denkbar, dass er dies auf die besonderen Fähigkeiten des Tierarztes zurückführt, eine Spritze aber doch grundsätzlich für schmerzhaft hält, auch wenn er dies nicht ausdrücklich thematisiert (Absenz). Denkbar wäre auch, er hält Tiere für relativ schmerzunempfindlich oder er hält Spritzen aufgrund eigener Erfahrungen tatsächlich für die schmerzfreiste Therapieform. Wenn wir diese Gedanken weiterverfolgen und unterstellen, das Forschungsziel sei die vergleichende Bewertung verschiedener tiermedizinischer Therapeutika, dann ergeben sich folgende mögliche Ansätze für die Strukturierung: eine formale Kategorisierung der „Schmerzbelastung" mit den konkreten Ausprägungen „schmerzfrei", „schmerzarm" und „schmerzhaft" sowie eine inhaltliche Kategorisierung nach Schmerzen, die auf mangelnde Fähigkeiten des Tierarztes oder auf das Therapeutikum selbst zurückzuführen sind.

Die qualitative Inhaltsanalyse erlaubt die systematische Reduktion qualitativer Daten unter konsequenter Berücksichtigung des intra-individuellen längsschnittlichen Kontexts. Die Reduktion und damit Selektion der Daten konzentriert sich dabei sehr stark auf inhaltliche Themenfelder mit dem Ziel, ein problemadäquates, strukturierendes Ordnungssystem zu identifizieren.

5.1.2 Narrativ-biographische und psychodynamische Ansätze

Im Gegensatz zur qualitativen Inhaltsanalyse sind narrativ-biographische und psychodynamische Verfahren stärker theoriegeleitet. Entsprechend werden die Daten für die Analyse konsequent auf theoretisch relevante Inhalte **reduziert:**

Auswertung & Analyse qualitativer Daten

In der narrativen Analyse stehen dabei biographisch relevante Beschreibungen von Handlungsabläufen oder grundlegende Erfahrungen und Erlebnisse im Fokus des Interesses (vgl. Hermanns 1995, S. 182ff.; Brüsemeister 2000, S. 167ff.). Die Daten werden systematisch um nicht-narrative Äußerungen wie Einstellungen, Meinungen oder Selbstreflexionen bereinigt (Reduktion).

Im Zentrum der psychodynamischen Analyse stehen Inhalte, in denen eine besondere Betroffenheit zum Ausdruck kommt, beispielsweise der Wunsch nach Befriedigung individueller Wünsche im Spannungsfeld zwischen moralischen und sozialen Kontrollmechanismen (vgl. Haubl 1995, S. 219ff.). Betroffenheit kann sich dabei in der mehrfachen Wiederholung eines Themas oder Problems oder in einer starken gestisch-mimischen Beteiligung ausdrücken.

Sowohl in der narrativen als auch in der psychodynamischen Analyse werden nach der Reduktionsphase einzelne Sequenzen identifiziert, die einer vertiefenden **Feinanalyse im längsschnittlichen Kontext** unterzogen werden (Explikation).

Im Gegensatz zur akademischen Forschung sind praxisorientierte Marktforschungsstudien zwar seltener an explizit oder gar ausschließlich narrativ-biographischen oder psychodynamischen Daten interessiert. Jedoch springen die befragten Personen in qualitativen Interviews häufig spontan von der inhaltlich-thematischen Meinungsäußerung zur narrativ-biographischen Erzählung und umgekehrt, zeigen spontan tiefe Betroffenheit, um im nächsten Moment wieder rational zu argumentieren. Die systematische Trennung verschiedener Datenqualitäten im Sinne einer formalen Bereinigung erlaubt, inhaltlich-thematische Äußerungen im narrativ-biographischen oder psychodynamischen Kontext besser zu verstehen.

Auch bei der narrativen oder psychodynamischen Analyse erfolgt neben der querschnittlichen eine längsschnittliche Betrachtung. Im Einzelfall identifizierte biographische Einflüsse oder psychodynamische Zusammenhänge werden im **kontrastiven Vergleich** bzw. im Querschnitt über verschiedene Personen hinweg auf ihre Generalisierbarkeit hin geprüft.

Im Interesse psychodynamischer Analysen stehende Konstrukte wie unbewusste Wünsche, Bedürfnisse, verdrängte Spannungsfelder und Zielkonflikte sind nur schwer direkt zugänglich. Deshalb ist hier die Gefahr der subjektiv gefärbten Interpretation besonders groß. Die **kommunikative Validierung** im Feld soll dies verhindern. Zum einen werden die Befragten aktiv in die Analyse und Interpretation eingebunden: Sie erklären selbst, was sie mit einer Collage zum Ausdruck bringen wollen, warum sie spontan eine bestimmte Tieranalogie gewählt haben oder warum sie was in einem vorgelegten Bild zu erkennen glauben, um nur ein paar Beispiele projektiver Techniken, die in psychodynamischen Ansätzen eingesetzt werden, zu nennen. Zum anderen wird hier der kommunikative Vergleich über verschiedene Analysten hinweg mit dem Ziel der Objektivierung ausdrücklich gefordert.

Die Erkenntnisse narrativer und psychodynamischer Analyse sollen beispielhaft an einer im BVM inbrief (2000, S. 1ff.) veröffentlichten Studie zur Attraktivität der BVM-Mitgliedschaft aufgezeigt werden[2]. Die Extraktion narrativer Sequenzen führte zu der Erkenntnis, dass die BVM-Mitgliedschaft in unterschiedlichen Phasen der beruflichen Biographie sehr unterschiedlich motiviert ist: Beispielsweise strebten „junge Quereinsteiger" stärker als „alte Hasen" nach offizieller Anerkennung durch den Eintrag in die Berufsrolle des BVM. Im kontrastiven querschnittlichen Vergleich wurden aber auch solche jungen Akademiker identifiziert, die einen äußerst selbstbewussten und von berufsständischer Anerkennung unabhängigen Einstieg in die Marktforschung wagten. Sie kontrastierten die erstgenannten biographischen Entwicklungen und trugen gleichzeitig zu deren Erklärung bei, u. a. durch die intra-individuelle Analyse des jeweiligen akademischen Ausbildungsweges. Die psychodynamische Perspektive deutete darauf hin, dass mit der Vorstellung, Mitglied in einem Verband mit vereinsähnlichen Strukturen zu sein, unbewusst auch Ängste assoziiert waren, als Marktforscher ähnlich „verkrustet" und „bieder" wahrgenommen zu werden.

Die bislang vorgestellten Verfahren sind alle durch eine relativ stringente Systematik gekennzeichnet. In einem ersten Schritt werden die Daten mit Blick auf die Zielsetzung reduziert und selektiert. In einem zweiten Schritt werden die so gewonnenen Daten im engen und weiten Kontext (im Längsschnitt) expliziert. Im dritten Schritt werden die gewonnenen Befunde und Hypothesen über verschiedene Fälle hinweg (im Querschnitt) kontrastiv überprüft, um generalisierbare Erkenntnisse und Zusammenhänge zu identifizieren. Die Stärke der Verfahren besteht in der bedarfsorientierten, zielgerichteten und effizienten Analyse.

5.1.3 Hermeneutische Analyse

In der qualitativen Marktforschungspraxis sind wir u. U. auch mit solchen qualitativen Daten konfrontiert, die sich weder über eine inhaltlich-thematische Analyse noch über eine narrativ-biographische oder psychodynamisch ausgerichtete Analyse unmittelbar plausibel erschließen lassen. In dieser Situation bietet sich eine hermeneutische Erweiterung der analytischen Perspektive an.

Die Hermeneutik[3] will sich im weitesten Sinne als „Kunstlehre" verstanden wissen, die nicht nur den Anspruch erhebt, sich neuen Perspektiven in der Interpretation zu öffnen, sondern sich ausdrücklich von theoretischen Fesseln befreit und den radikalen Perspektivenwechsel explizit einfordert (vgl. Heinze 2001, S. 229; Reichertz 1995, S. 224). Nicht das Naheliegende, scheinbar Logische steht im Fokus, sondern vielmehr die unmittelbare Eingebung oder Ahnung. Intuition wird ausdrücklich gewünscht. So

---

2 Der BVM ist der Berufsverband Deutscher Markt- und Sozialforscher e. V.
3 Innerhalb der Hermeneutik gibt es eine Vielzahl unterschiedlicher theoretischer Strömungen, auf deren differenzierende Darstellung hier aufgrund der mangelnden praktischen Relevanz bewusst verzichtet wird.

Auswertung & Analyse qualitativer Daten

betrachtet könnte man die hermeneutische Analyse vergleichen mit der Perspektive, die ein kleines, noch völlig unbefangenes und unvoreingenommenes Kind einnimmt. Je freier wir von bereits gelernten Stereotypen, Urteilen, Vorstellungen und eigenen Meinungen sind, desto eher wird es uns gelingen, auch das scheinbar Unwahrscheinliche zu denken und stereotype Interpretationen kritisch zu hinterfragen.

Da wir jedoch in der Regel nicht frei sind von eigenen Vorstellungen, Meinungen, Urteilen und Stereotypen, müssen wir uns dieser selbstreflektierend bewusst werden und uns darüber aktiv hinwegsetzen. Objektivität wird in der Hermeneutik durch konsequente und vollständige Explikation sämtlicher nur irgendwie denkbarer Deutungsmuster und latenter Sinnzusammenhänge erreicht.

Zwar gibt auch die hermeneutische Analyse einen methodologischen Rahmen vor, will damit aber keine präzisen Regeln vorschreiben. Allenfalls werden Empfehlungen zu möglichen Vorgehensweisen ausgesprochen. Konkret werden die zu analysierenden Texte zunächst in einzelne Sequenzen gegliedert. Diese Sequenzen werden einer extensiven Analyse unterzogen, indem alle **Lesarten gesammelt** werden, die pragmatisch angemessen, sozial akzeptabel oder schlicht vernünftig, wenn auch im ersten Moment unwahrscheinlich oder unlogisch scheinen. Um möglichst viele denkbare Lesarten zu erzielen, wurden für das von Oevermann und seinen Kollegen (1979) entwickelte Verfahren der **objektiven Hermeneutik** verschiedene Ebenen für die **feinanalytische** Betrachtung entwickelt (vgl. Heinze 1995, S. 136ff.):

- Was geht der zu analysierenden Sequenz unmittelbar voraus?
- Wie könnte man die Sequenz mit eigenen Worten umschreiben?
- Welche Intention verfolgt die befragte Person in dieser Sequenz?
- Wie ist die Aussage motiviert? Welches Ziel verfolgt die Person in dieser Sequenz?
- Wie ist die soziale Interaktion in dieser Sequenz?
- Wie spricht die Person in dieser Sequenz? Versucht sie zu provozieren, zu appellieren, oder stellt sie schlicht etwas fest?

Die unter Berücksichtigung der verschiedenen perspektivischen Ebenen gesammelten Lesarten werden auf ihre Verträglichkeit mit dem **engen und weiten Kontext** überprüft. Zurück bleiben die relevanten und richtigen Lesarten. Diese bilden die Basis für die Identifikation und Explikation allgemeiner Zusammenhänge bzw. für die Entwicklung von Erklärungsmodellen.

Nach Mayring (2008, S. 33) und Oevermann (1979, S. 393) nimmt diese Form der Analyse allein für die Auswertung einer einzigen Protokollseite zwischen zehn und 15 Arbeitsstunden (für mehrere Mitarbeiter) in Anspruch. In der Praxis empfiehlt sich diese extensive Analyse daher nur für die selektive Anwendung, und zwar dann, wenn die in Kapitel 5.1.1 und 5.1.2 erläuterten Verfahren in einzelnen Sequenzen zu keinem kommunikativ validierbaren Ergebnis führen.

Gabriele Naderer

5.2 Spezifische Verfahren für Gruppenerhebungen

Die bislang vorgestellten Verfahren eignen sich sowohl für die Analyse von Einzelerhebungen als auch für die Analyse von in Gruppen erhobenen Daten. Das Besondere an Gruppenerhebungen ist jedoch, dass hier weitere Ebenen in der Analyse berücksichtigt werden müssen. Im Einzelgespräch kommuniziert die befragte Person lediglich mit dem Interviewer, der sich wiederum an je nach Interviewform zwar variierenden, aber dennoch weitgehend vorgegebenen Kommunikationsformen (→ Beitrag „Das qualitative Interview" von Günter Mey und Katja Mruck) zu orientieren hat. Gruppen jedoch kommunizieren nicht nur mit dem Moderator, sondern auch untereinander. Sie entwickeln eine eigene Gesprächsdynamik. Die Art und Weise, wie die einzelnen Teilnehmer einer Gruppendiskussion miteinander kommunizieren, kann erheblich variieren und stellt damit die zu analysierenden Daten in einen noch komplexeren Kontext.

5.2.1 Die Konversationsanalyse

Wenn wir davon ausgehen, dass die Art und Weise der Kommunikation etwas darüber aussagt, was den Sprechenden antreibt, was ihn bewegt, was er intendiert, wie er sich gerade fühlt u. v. m., dann ist der Konversationsstil zentraler Bestandteil der Analyse. Genau diesem Aspekt versucht die Konversationsanalyse gerecht zu werden. Zwar wird sie in der praktischen qualitativen Marktforschung genauso wenig konsequente und systematische Anwendung finden wie der zuvor diskutierte hermeneutische Ansatz. Im Fokus qualitativer Marktforschung stehen i. d. R. die thematischen Inhalte. Dennoch soll die Konversationsanalyse diskutiert werden, weil eine umfassende, erschöpfende und objektive Analyse von in Gruppen erhobenen Daten auch die Kontextualisierung im jeweils zu beobachtenden Konversationsstil erfordert.

Folgt man der bislang genutzten allgemeinen Systematik, die in einem ersten Schritt zunächst die „relevanten" Daten selektiert bzw. auf diese **reduziert**, dann geben bei der Konversationsanalyse formale Prinzipien der Kommunikation die Richtung für die Selektion vor; Form kommt vor Inhalt (vgl. Brüsemeister 2000, S. 235ff.; Bergmann 1995, S. 213ff.). In einer Gruppendiskussion mit Buchautoren äußert einer der Teilnehmer: „Ganz richtig, bessere Betreuung, und v. a. erwarte ich, dass mein Lektor immer für mich erreichbar ist." Die Konversationsanalyse interessiert dabei weniger die inhaltliche Thematik „Autorenpflege" als vielmehr, wie der Sprechende kommuniziert: Formal stimmt er seinen Vorrednern zu, stellt eine Forderung in den Raum und appelliert an die anderen, dieser Forderung zu folgen.

Sinnvolle konversationsanalytische Perspektiven sind:

- Welchem Ordnungsprinzip folgt die Konversation?

- Welche Funktion hat dieses Ordnungsprinzip?
- Konkrete Fragen sind z. B.: Wie wird die Diskussion eines spezifischen Themas eröffnet, mit einer Provokation, einer Feststellung oder einem Appell?
- Wie wird die Diskussion zu einem Thema beendet? Besteht Konsens oder wird die Diskussion trotz Uneinigkeit schlicht abgebrochen?

Die Analyse im **Kontext** des Konversationsstils kann einen erheblichen Beitrag zum Verständnis latenter Sinnstrukturen – wie in allen analytischen Ansätzen mehr oder weniger gefordert – leisten. Dazu nochmals die Aussage des Buchautors in der Gruppendiskussion: „Ganz richtig, bessere Betreuung, und v. a. erwarte ich, dass mein Lektor immer für mich erreichbar ist." Sein Konversationsstil ist fordernd und appellierend. Er hätte für seinen Diskussionsbeitrag auch einen anderen Konversationsstil wählen können: „Ich gebe euch ja grundsätzlich recht, bin aber doch der Meinung, eine bessere Betreuung der Autoren wäre wünschenswert. Bei anderen Verlagen sind die Lektoren immer für die Autoren erreichbar." Damit hätte er seine persönliche Meinung zum Ausdruck gebracht, ohne direkt an den Verlag und seine Lektoren zu appellieren. Im weiteren Kontext wird die Frage diskutiert, ob man sich eine zukünftige Zusammenarbeit mit dem Verlag vorstellen kann. Unser Autor antwortet ausweichend: „Unter gewissen Umständen kann ich mir vorstellen, weiter mit dem Verlag zusammenzuarbeiten." Mit gewissen Umständen meint er offenbar „bessere Betreuung" und „gute Erreichbarkeit der Lektoren". Zum Verständnis, inwieweit die Erfüllung dieser Umstände ihn wirklich überzeugen wird, kann die Berücksichtigung des beobachteten Konversationsstils beitragen. Ist dieser appellierend und fordernd, würden wir dies eher annehmen als bei einem eher faktisch feststellenden Konversationsstil.

Das primäre Erkenntnisziel qualitativer Marktforschung liegt jedoch nicht in der Analyse von Konversationsstilen. Sicher erlaubt die qualitative Marktforschungspraxis auch unter Kosten-Nutzen-Erwägungen keine konsequente und umfassende Analyse des Konversationsstils. Die Analyse des Konversationsstils kann aber, selbst wenn sie nur selektiv zur Analyse ausgewählter Gesprächssequenzen eingesetzt wird, durch die Berücksichtigung einer weiteren Perspektive bei der Kontextualisierung die Objektivität und Validität des angestrebten Erkenntnisgewinns deutlich verbessern. Besondere Bedeutung ist ihr insbesondere bei der Analyse von Gruppendiskussionen beizumessen. Mit Fokus auf die Auswertung von Gruppendiskussionen schließt sich eine weitere analytische Perspektive an: die Diskursanalyse.

5.2.2 Die Diskursanalyse

Puchta und Rüsing (→ *Beitrag „Linguistik" von Claudia Puchta und Olaf Rüsing*) stellen die Methode der Diskursanalyse im theoretischen Teil dieses Buches ausführlich vor. Deshalb soll die Diskursanalyse an dieser Stelle v. a. im Hinblick auf ihren erweiternden erkenntnistheoretischen Beitrag zu den bereits ausgeführten analytischen Ansätzen diskutiert werden.

Im Gegensatz zur Konversationsanalyse will die Diskursanalyse nicht nur das „Wie", sondern auch das „Was" verstehen und interpretieren. So wird zum einen der **inhaltlich-thematische Verlauf** eines Diskurses identifiziert und reflektiert (vgl. Loos/Schäffer 2001, S. 59ff.). Zum anderen wird der Versuch unternommen, diesen thematischen Verlauf durch Beschreibung und Analyse des Diskurses zu rekonstruieren und zu interpretieren. Besondere Beachtung findet hierbei der komparative Vergleich unterschiedlicher Diskursverläufe (also über verschiedene Gruppen hinweg) mit dem Ziel zu verstehen, wie verschiedene Gruppen dasselbe Thema behandeln, welche konsistenten Interpretationen sich daraus ergeben und inwiefern inkonsistente Ergebnisse durch die Beschreibung des jeweiligen Diskurses rekonstruiert werden können. Typische Diskursvarianten sind der oppositionelle Diskurs, der konkurrierend-antithetische Diskurs oder der parallelisierende Diskurs.

Im **oppositionellen Diskurs** sind gemeinsame Konklusionen nicht möglich. Die Gruppenmeinung bleibt kontrovers. Dieser Diskursverlauf ist typisch, wenn statt einer realen Gruppe mehrere reale Gruppen gemeinsam diskutieren. Zu beobachten wäre dieser Diskursverlauf beispielsweise dann, wenn bei der Auswahl der Merkmale, bzgl. derer die Personen in einer Gruppe homogen sein sollen, relevante Merkmale übersehen wurden.

Die eigentliche Erkenntnis bestünde dann in der Identifikation relevanter, bezüglich des Themas kontrovers denkender Zielgruppen. Bezogen auf das Beispiel der Autorenbefragung könnte das bedeuten: Eine Gruppe langjährig für den Verlag erfolgreich tätiger Buchautoren, die innerhalb der letzten zwei Jahre zu einem anderen großen Verlag gewechselt ist, diskutiert die Gründe für den Wechsel nachhaltig kontrovers. Beim Versuch, diesen oppositionellen Diskursstil zu verstehen, stellt sich heraus, dass ein Teil der Autoren als Protestreaktion auf unzureichende Betreuung den Verlag wechselte, ein anderer Teil eigentlich sehr zufrieden war, jedoch von einem anderen Verlag aktiv abgeworben wurde, ein Aspekt, der bei der Stichprobenbildung nicht berücksichtigt worden war.

Der **konkurrierend-antithetische Diskurs** ist charakterisiert durch einen Wettstreit unter den Teilnehmern um die Frage, wer die Gruppenmeinung am besten zum Ausdruck bringen kann und wer eine gemeinsam akzeptierte Konklusion schafft. Dieser Diskurs resultiert v. a. aus der unterschiedlichen Rollenverteilung in Gruppen. Wenn ein Meinungsführer plötzlich starke Konkurrenz in der Gruppe erfährt, also zufällig zwei oder gar drei Teilnehmer um diese Rolle streiten, kann dieser Diskursstil entstehen. Für die Interpretation der Ergebnisse ist hier entscheidend, dass manche Argumente nur für diesen Wettstreit instrumentalisiert sein mögen, aber nicht wirklich von zentraler Bedeutung für den Untersuchungsgegenstand sind.

Im **parallelisierenden Diskurs** wird der offene Diskurs gemieden. Die Teilnehmer wechseln sich in Erzählungen ab, ohne direkt auf andere einzugehen. Typischerweise kann dieser Diskursverlauf entstehen, wenn intra-individuelle Sachverhalte zum Untersuchungsgegenstand in Gruppen gemacht werden. Die Konfirmation in der Gruppe bleibt unmöglich, weil die betreffenden Sachverhalte – das können Handlungen, Einstellungen, Wünsche sein – auch in der Realität nicht mit anderen diskutiert werden, sondern Ergebnis intra-individueller Prozesse sind. Ist dies der Fall, bestünde der Erkenntnisgewinn darin, über die Gegenstandsangemessenheit der Methode Gruppendiskussion kritisch nachzudenken.

Selbst bei Gruppendiskussionen erfahren die thematisch diskutierten Inhalte in der Praxis üblicherweise die größere Aufmerksamkeit bei der Auswertung. Konversationsstile oder Diskursverläufe werden nachrangig berücksichtigt. Dennoch können beide Verfahren erheblich zur Validierung und Objektivierung der Ergebnisse beitragen, indem sie den Forscher zwingen, eine andere, erweiterte Perspektive bei der Analyse einzunehmen.

Die Darstellung der einzelnen Auswertungsverfahren zeigt, dass sie im Wesentlichen alle denselben in Kapitel 4 dargestellten Grundprinzipien folgen: Nach der Reduktion und Selektion relevanter Inhalte folgen die Explikation im intra-individuellen längsschnittlichen Kontext und der kontrastierende Vergleich im Querschnitt.

6 Auswertung nonverbaler Daten

Die bislang ausgeführten Überlegungen zur Analyse qualitativer Daten konzentrieren sich sehr stark auf die Auswertung und Interpretation verbaler Daten. Nonverbale Daten finden dabei allenfalls in der Empfehlung, diese als Kontextinformation zu nutzen, Beachtung. Explizite Angaben und konkrete Handlungsempfehlungen zur Nutzung nonverbaler Daten finden sich eher selten.

Wo und wann entstehen nonverbale Daten in der qualitativen Marktforschung? Zum einen begleiten nonverbale Daten jegliche Erhebung verbaler Daten. Jede verbale Äußerung wird begleitet von einer spezifischen Gestik, Mimik, Körperhaltung, die ihrerseits Bestandteil der Kommunikation ist. Insofern ist allein deshalb schon zu fordern, die Körpersprache als nonverbale Ausdrucksform konsequent in die Analyse qualitativer Daten einzubinden. Voraussetzung dafür ist allerdings, wie bereits in Kapitel 3 diskutiert, die systematische Dokumentation dieser Informationen.

Je nach Methodenkonzept können nonverbale Daten aber auch Ergebnis gezielter Erhebung sein, beispielsweise wenn Versuchspersonen bei indirekten Verfahren gebeten werden, Collagen zu gestalten, Bilder zuzuordnen oder sich auf sonstige Art und Weise nonverbal auszudrücken. Und selbstverständlich gehört die Beobachtung zum

Methodenportfolio qualitativer Marktforschung, sodass auch die hier anfallenden nonverbalen Beobachtungsdaten einer qualitativen Analyse unterzogen werden müssen.

6.1 Körpersprache im Kontext verbaler Daten

„Wie sprachlicher Ausdruck wird auch körpersprachlicher Ausdruck oft missverstanden, falsch interpretiert [...]" (Wallbott 1995, S. 233). Körpersprache und verbale Aussagen bedingen sich gegenseitig. Die Körpersprache liefert einerseits wichtige Kontextinformationen für die Analyse verbaler Aussagen. Andererseits ist aber auch die Körpersprache selbst nur in ihrem kontextuellen Umfeld (u. a. verbale Aussagen) richtig zu verstehen. Die richtige Interpretation der Körpersprache fällt umso schwerer, als Körpersignale für andere immer potenziell kommunikativ und informativ sind, aber nicht als solche intendiert sein müssen. Wenn sich ein Gesprächspartner im Interview zurücklehnt, die Hände vor der Brust verschränkt und sein Konversationsstil gleichzeitig feststellend ist, dann mag dies tatsächlich für Widerstände gegenüber dem gerade explorierten Thema sprechen (intendierte Information). Dieselbe Körperhaltung, begleitet von einem sehr offenen, ichbezogenen Konversationsstil kann aber auch einfach bedeuten, unser Gesprächspartner sucht aufgrund von Rückenschmerzen eine andere Sitzhaltung und möchte sich durch Verschränken der Arme ein wenig wärmen. Hier Widerstand zu vermuten würde bedeuten, eine nicht-intendierte Information der Körpersprache für die Analyse zu nutzen. Denkbar ist aber auch eine dritte Variante: Unser Gesprächspartner kommuniziert äußerst offen und ichbezogen, weil ihm persönliche Normen, was den Umgang mit Gesprächssituationen betrifft, verbieten, verbal Widerstand zu leisten. Deshalb bringt er diesen Widerstand allein über die Körpersprache zum Ausdruck (intendierte Information). Die Körpersprache sollte also bei der qualitativen Analyse grundsätzlich Beachtung finden. Bei ihrer Interpretation sollte allerdings kritisch geprüft werden, wie diese tatsächlich intendiert ist.

6.2 Nonverbale Daten bei indirekten Erhebungen

Die zentrale Frage bei der Analyse indirekter nonverbaler Daten – also beispielsweise der Bedeutungsanalyse von Collagen – ist, wer der Experte für die Analyse und Interpretation sein soll (→ *Beitrag „Indirekte psychologische Methoden" von Rolf Kirchmair*). Hier lassen sich durchaus unterschiedliche Meinungen vertreten. Beispielsweise zeigt der Beitrag von Woesler de Panafieu (→ *Beitrag „Semiologie" von Christine Woesler de Panafieu*) sehr überzeugend, welch enormer erkenntnistheoretischer Gewinn aus einer von Experten durchgeführten Analyse visueller Zeichen und Daten resultieren kann. Man könnte in Gruppendiskussionen entwickelte Collagen oder in qualitativen Interviews ausgewählte Bilder auf ähnlich umfassende Art und Weise durch Experten analysieren lassen.

Häufig werden visuelle Erhebungsverfahren wie die Auswahl von Bildern oder das Gestalten einer Collage in der qualitativen Marktforschungspraxis jedoch lediglich instrumentalisiert, um indirekten Zugang zu solchen Sachverhalten zu finden, die der direkten Befragung (weil verdrängt, unangenehm, tabuisiert) nur schwer zugänglich sind. Hier bietet es sich an, die Befragten selbst zu Experten über die von ihnen gewählten Zeichen zu erheben, beispielsweise indem sie selbst verbal die Bedeutung einer Collage erläutern. Nur die Kohärenz zwischen nonverbaler und verbaler Ebene ermöglicht es dem Forscher zu kontrollieren, ob die gewählten nonverbalen Ausdrucksformen tatsächlich von den befragten Personen intendierte Informationen enthalten oder aus anderen Gründen gewählt wurden.

Ein Beispiel dazu: Kinder sollten für ein neuartiges Erfrischungsgetränk Collagen erstellen, die die besonderen Eigenschaften dieses Erfrischungsgetränks zum Ausdruck bringen. Auf zahlreichen Collagen waren Meer, Strand, Delfine und planschende Kinder zu sehen. Naheliegend wäre, die Assoziation Spaß, Freude, Sommer herzustellen. In einem Rollenspiel brachten die Kinder ganz andere Assoziationen zum Ausdruck: „Damit schießt der Ballack noch mehr Tore" oder: „Der Schumi trinkt das vor dem Rennen und gewinnt dann immer". Die Prüfung beider – nicht kohärenter – Ergebnisse im jeweils engen und weiten Kontext legte den Schluss nahe, dass die Kinder in den Collagen einfach zum Ausdruck brachten, was sie gerade (es war Sommer) am meisten beschäftigte, nämlich Ferien und mit den Eltern in Urlaub fahren. Ihre Intention bestand jedoch nicht wirklich darin, in den Collagen die besonderen Eigenschaften des präsentierten Erfrischungsgetränks zum Ausdruck zu bringen. Diese drückten sie in den Rollenspielen aus.

6.3 Analyse von Beobachtungsdaten

In biographischen Interviews oder Home Visits (→ *Beitrag „Qualitative Beobachtungsverfahren" von Karsten Müller, Julia David und Tammo Straatmann*) wird eine Vielzahl an nonverbalen Beobachtungsdaten erfasst, beispielsweise Informationen zum Wohn- und Lebensstil, zur technischen Ausstattung, zum Ernährungsverhalten u. v. m. Sowohl bei der Dokumentation als auch bei der Analyse stellt sich die Problematik der Übersetzung der visuellen Beobachtungsdaten in verbale Daten.

Um die visuellen Daten möglichst detailgenau zu dokumentieren (vgl. Kapitel 3), empfiehlt es sich, apparative Instrumente (z. B. Fotos, Videos) zu Hilfe zu nehmen. Jedoch spätestens bei der Analyse bedarf es der Übersetzung visueller in verbale Informationen. Die Gefahr, dass hier Übersetzungsfehler auftreten, ist groß: Beispielsweise stellt sich die Frage, wie ein per Foto dokumentierter Wohnstil bezeichnet werden soll – als „klassisch" oder eher „elegant" oder eher „konservativ". Um zu validen

Übersetzungen zu gelangen, gilt es auch hier, den Grundregeln qualitativer Analyse zu folgen: Kommunikation, Reflexivität und Kontextualisierung. Das heißt, die Ergebnisse müssen kritisch reflektiert und kommunikativ validiert werden. Verbale Ergebnisdarstellungen sollten immer auch im Kontext visueller Ankerbeispiele erfolgen.

7   Computergestützte Analyse

Manchmal wird man bei der Analyse qualitativer Studien mit großen Datenmengen konfrontiert, beispielsweise bei internationalen Studien. An Bedeutung gewinnen zunehmend auch qualitative Online-Erhebungen. „Durch die Entstehung des Web 2.0 bzw. des Social Web" sind bspw. qualitative Online-Beobachtungsmethoden „stärker in den Fokus der Forschung geraten." (vgl. Theobald und Neundorfer 2010, S. 121; → Beitrag „Qualitative Online-Forschung" von Timo Gnambs und Bernad Batinic).

Es ist also nicht verwunderlich, dass es schon seit Jahren mehr oder weniger gelungene Versuche gibt, Software für die computergestützte Auswertung von qualitativen Daten zu entwickeln. Zu den im deutschen Sprachraum etablierten Verfahren zählen MAXQDA und ATLAS-ti (vgl. Kuckartz 2010, S. 8).

Was QDA-Software (Software zur qualitativen Datenanalyse) derzeit leisten kann, umreißt Kuckartz (2010, S. 12f.) wie folgt: Verwalten und Organisieren von Texten, Ordnen der Texte nach definierten Kriterien, Definition von Kategorien und Konstruktion eines Kategoriensystems, Zuordnung von Textsequenzen zu einzelnen Kategorien, Visualisierungen, Suche nach Worten und Wortkombinationen, automatische Vercodung, Erstellung von Baum- bzw. Netzwerkstrukturen, aber auch die Erstellung von Häufigkeitslisten. In dieser Aufzählung wird deutlich, dass computergestützte Analyseverfahren in starkem Maße inhaltlich kategorisierend arbeiten und nicht zuletzt Quantifizierungen implizieren.

Die erhöhte Effizienz bei der Verarbeitung großer qualitativer Datenmengen wird also erkauft durch den potenziellen Verzicht auf die Differenziertheit im Kontext. Kuckartz (2010, S. 14) räumt ein, dass der Einsatz von QDA-Software zu einem „homogenisierten Arbeitsstil" führt. Der Einsatz von QDA-Software birgt damit die latente Gefahr, dass nur die Auswertungsschritte erfolgen, die die Software ermöglicht, und Auswertungsprozeduren, die mit dem Programm nicht möglich sind, unterlassen werden. Man könnte in diesem Zusammenhang auch von Auswertungsbürokratie sprechen.

Um den Vorteil computergestützter Verfahren – vor allem im Hinblick auf die effiziente Verarbeitung großer Textmengen – optimal auszuschöpfen, ohne dass die Qualität der Analyse verloren geht, sollte daher im Einzelfall genau abgewogen werden, wann ihr Einsatz zielführend ist. Vor allem aber darf durch den Einsatz von QDA-Software nicht auf die generell zu fordernde Offenheit und Tiefe bei der Analyse verzichtet werden.

Computergestützte Verfahren können erst zum Einsatz gelangen, wenn das komplette Datenmaterial vollständig elektronisch erfasst ist. Während also eine herkömmliche Analyse eine vollständige Transkription von qualitativen Interviews oder Gruppendiskussionen nicht immer zwingend erfordert (vgl. Kapitel 3), ist dies bei computergestützter Analyse unumgänglich: Am Anfang des Auswertungsprozesses steht der „Import von Texten" (vgl. Kuckartz 2010, S. 22f.). Im nächsten Arbeitsschritt werden die Texte exploriert, indem nach bestimmten Worten oder Wortkombinationen gesucht wird oder deren Bedeutungsumfeld analysiert wird. Im Weiteren werden relevante Textstellen bzw. -sequenzen codiert bzw. kategorisiert und auf Basis identifizierter Zusammenhänge miteinander verknüpft (Anlegen von Hyperlinks). Darüber hinaus können die Textstellen mit ersten Anmerkungen zu Hypothesen versehen werden. Im Verlauf der weiteren Analyse wird die Entwicklung eines angemessenen Ordnungssystems für die identifizierten Kategorien angestrebt. In einem iterativen Prozess werden die ersten Hypothesen verdichtet und durch „Fragen an das Material" (vgl. Kuckartz 2010, S. 26), also die Suche nach Belegen im Originaltext, geprüft. Hier kommt die durch die QDA-Software ermöglichte besonders einfache und schnelle Suche nach Textstellen besonders zum Tragen.

Bei kritischer Betrachtung dieser Schritte wird deutlich: Die für die qualitative Analyse geforderten Merkmale Offenheit, Reflexivität und Kontextualisierung kann eine QDA-Software nur dann erfüllen, wenn ein hohes Maß an menschlicher Intelligenz in die Bearbeitung der Texte und deren Kategorisierung einfließt. Letztere kann kein QDA-Softwaresystem ersetzen. Theobald und Neundorfer erwarten allerdings, „dass vor dem Hintergrund des großen Interesses und der rasanten Entwicklungen im Bereich der Online-Inhaltsanalyse, des Web-Monitoring, der Netnographie usw. die softwaregestützte Analyse qualitativer Daten in Zukunft wesentliche Fortschritte machen wird" (Theobald und Neundorfer 2010, S. 166).

8 Fazit

Für das konkrete Vorgehen bei der qualitativen Analyse stehen verschiedene wissenschaftlich fundierte Auswertungsverfahren wie die qualitative Inhaltsanalyse, narrative oder psychodynamische Ansätze, die Hermeneutik, die Konversationsanalyse oder die Diskursanalyse zur Verfügung. Sie zeigen Wege der Analyse auf, ohne als starre Regeln verstanden werden zu wollen. Einige Merkmale sind kennzeichnend für alle diskutierten Ansätze und können daher zu Recht einen gewissen Anspruch auf Allgemeingültigkeit erheben:

Gabriele Naderer

Qualitative Analysen sind in höchstem Maße offen und analytisch induktiv, nicht nur deskriptiv. Kennzeichen einer qualitativ hochwertigen Analyse ist, dass die erhobenen Daten nicht nur im inter-individuellen Querschnitt, sondern auch im intra-individuellen Längsschnitt, d. h. im engen und weiten Kontext expliziert werden. Die Forderung nach Kontextualisierung beschränkt sich hierbei nicht nur auf verbale Äußerungen, sondern auf sämtliche zur Verfügung stehenden Datenebenen wie Tonalität, Körpersprache, situative Aspekte u. v. m. Um diesem Anspruch gerecht werden zu können, ist eine umfassende Dokumentation erforderlich. Die Güte qualitativer Analyse wird garantiert durch die bewusste Erfassung untersuchungsrelevanter Kontexteffekte (Objektivität), durch Detailtreue, Transparenz, Nachvollziehbarkeit und eine dem Untersuchungsgegenstand und -ziel angemessene Differenziertheit. Die Ergebnisse werden kommunikativ reflektiert und validiert. Ziel der qualitativen Analyse ist die Rekonstruktion beobachteter Phänomene auf Basis der identifizierten Zusammenhänge und Strukturen.

Bei konsequenter Einforderung dieser Merkmale für die Analyse in der qualitativen Marktforschungspraxis kann der Erkenntnisgewinn erheblich vergrößert werden. Voraussetzung dafür ist allerdings, dass den Auswertungsmethoden bei den Verhandlungen zwischen Auftraggeber und Auftragnehmer einer qualitativen Studie mindestens dasselbe Interesse zuteil wird wie den Erhebungsmethoden oder der Stichprobenstruktur und -größe. Derzeit wird die qualitative Analyse dabei nahezu stiefkindlich behandelt.

Literaturverzeichnis

Bergmann, Jörg R. (1995): Konversationsanalyse. In: Flick, Uwe / von Kardoff, Ernst / Keupp, Heiner / von Rosenstiel, Lutz / Wolff, Stephan (Hrsg.): Handbuch qualitative Sozialforschung. Weinheim, S. 213–218.

Brüsemeister, Thomas (2000): Qualitative Forschung. Ein Überblick. Wiesbaden.

BVM inbrief (2000): Das Image des BVM – eine psychologische Exploration. Mai-Ausgabe, S. 1–4.

Dammer, Ingo / Szymkowiak, Frank (2008): Gruppendiskussionen in der Marktforschung. Köln.

Flick, Uwe (1995): Stationen des qualitativen Forschungsprozesses. In: Flick, Uwe / von Kardoff, Ernst / Keupp, Heiner / von Rosenstiel, Lutz / Wolff, Stephan (Hrsg.): Handbuch qualitative Sozialforschung. Weinheim, S. 147–173.

Gadamer, Hans-Georg / Boehm, Gottfried (1976): Philosophische Hermeneutik. Frankfurt/Main.

Glaser, Barney G. / Strauss, Anselm L. (1967): The Discovery of Grounded Theory. Strategies for Qualitative Research. Chicago.

Gläser, Jochen / Laudel, Grit (2010): Experteninterviews und qualitative Inhaltsanalyse. 4. Auflage. Wiesbaden.

Graumann, Carl F. / Métraux, Alexandre / Schneider, Gert (1995): Ansätze des Sinnverstehens. In: Flick, Uwe / von Kardoff, Ernst / Keupp, Heiner / von Rosenstiel, Lutz / Wolff, Stephan (Hrsg.): Handbuch qualitative Sozialforschung. Weinheim, S. 65–77.

Gutjahr, Gert (1985): Psychologie des Interviews. Heidelberg.

Haubl, Rolf (1995): Modelle psychoanalytischer Textinterpretation. In: Flick, Uwe / von Kardoff, Ernst / Keupp, Heiner / von Rosenstiel, Lutz / Wolff, Stephan (Hrsg.): Handbuch qualitative Sozialforschung. Weinheim, S. 219–223.

Heinze, Thomas (1995): Qualitative Sozialforschung: Erfahrungen, Probleme und Perspektiven. 3. Auflage. Opladen.

Heinze, Thomas (2001): Qualitative Sozialforschung: Einführung, Methodologie und Forschungspraxis. München.

Hermanns, Harry (1995): Narratives Interview. In: Flick, Uwe / von Kardoff, Ernst / Keupp, Heiner / von Rosenstiel, Lutz / Wolff, Stephan (Hrsg.): Handbuch qualitative Sozialforschung. Weinheim, S. 182–185.

Jahoda, Marie / Lazarsfeld, Paul F. / Zeisel, Hans (1994): Die Arbeitslosen von Marienthal. 11. Auflage. Frankfurt/Main.

Kepper, Gabriela (1994): Qualitative Marktforschung: Methoden, Einsatzmöglichkeiten und Beurteilungskriterien. Wiesbaden.

Kuckartz, Udo (2010): Einführung in die computergestützte Analyse qualitativer Daten. 3. aktualisierte Auflage. Wiesbaden.

Lamnek, Siegfried (2010): Qualitative Sozialforschung. 5. Auflage. Basel.

Loos, Peter / Schäffer, Burkhard (2001): Das Gruppendiskussionsverfahren. Qualitative Sozialforschung. Band 5. Opladen.

Mayring, Philipp (1985): Qualitative Inhaltsanalyse. In: Jüttemann, Gerd (Hrsg.): Qualitative Forschung in der Psychologie. Weinheim, S. 187–211.

Mayring, Philipp (2008): Qualitative Inhaltsanalyse – Grundlagen und Techniken, 10., neu ausgestattete Auflage. Weinheim, Basel.

Mruck, Katja / Mey, Günter (2000): Qualitative Forschung in Deutschland. In: Forum Qualitative Sozialforschung, 1(1), [54 Absätze]. www.qualitative-research.net/fqs-texte/1-00/1-00mruckmey-d.htm. Zugriff: 10.04.2007.

Oevermann, Ulrich / Allert, Tilmann / Konau, Elisabeth / Krambeck, Jürgen (1979): Die Methodologie einer „objektiven Hermeneutik" und ihre allgemeine forschungslogische Bedeutung in den Sozialwissenschaften. In: Soeffner, Hans-Georg (Hrsg.): Interpretative Verfahren in den Sozial- und Textwissenschaften. Stuttgart, S. 352–434.

Reichertz, Jo (1995): Objektive Hermeneutik. In: Flick, Uwe / von Kardoff, Ernst / Keupp, Heiner / von Rosenstiel, Lutz / Wolff, Stephan (Hrsg.): Handbuch qualitative Sozialforschung. Weinheim, S. 223–228.

Rosenthal, Robert (1966): Experimental Effects in Behavioral Research. New York.

Salcher, Ernst F. (1978): Psychologische Marktforschung. Berlin, New York.

Schub von Bossiazky, Gerhard (1992): Psychologische Marketingforschung. München.

Strauss, Anselm / Corbin, Juliet (1996): Grundlagen qualitativer Sozialforschung. Weinheim.

Theobald, Elke / Neundorfer, Lisa (2010): Qualitative Online-Marktforschung – Grundlagen, Methoden und Anwendungen. Reihe INTERNET Research. Erfurt

Wallbott, Harald G. (1995): Analyse der Körpersprache. In: Flick, Uwe / von Kardoff, Ernst / Keupp, Heiner / von Rosenstiel, Lutz / Wolff, Stephan (Hrsg.): Handbuch qualitative Sozialforschung. Weinheim, S. 232–236.

Zimbardo, Philip G. / Gerrig, Richard J. (2003): Psychologie. 7., neu übersetzte und bearbeitete Auflage. Berlin, Heidelberg, New York.

Teil D:
Anwendungsfelder

Helmut Schlicksupp, Natacha Dagneaud, Christine Garnier-Coester

Innovationsforschung
Produktinnovation durch Kreativität

Helmut Schlicksupp (4.11.1943 – 25.2.2010) verstarb vor der Überarbeitung dieses Aufsatzes für die Neuauflage. Er hatte sich auf diese Arbeit gefreut. Wir sind dankbar für seine Anregungen und Visionen und widmen die Neufassung seinem Andenken. N.D. und C.G.C,

1 Einführung 439
2 Der Einsatz von Kreativitätstechniken in der qualitativen Marktforschung 440
  2.1 Historische Entwicklung 440
  2.2 Allgemeine Kennzeichnung des Instrumentariums 442
  2.3 Kreativitätstechniken mit besonderer Integrationsfähigkeit in
       die qualitative Marktforschung 443
  2.4 Fallbeispiele der Anwendung von Kreativitätstechniken 445
       2.4.1 Hypothesen-Matrix 445
       2.4.2 TILMAG-Methode 449
       2.4.3 Morphologischer Kasten 452
3 Fazit 455

Innovationsforschung

1 Einführung

Auf unseren nationalen und internationalen Märkten konkurrieren in Hunderten von Produktsegmenten jeweils Dutzende Anbieter von Produkten und Leistungen um die Bevorzugung einer höchst differenzierten Klientel, unterschiedlich in ihren Gewohnheiten, Wohnumständen, Geschmäckern, Werteskalen, Weltbildern, Lebensanschauungen, Altersklassen, Geschlechtern, finanziellen Mitteln, sozialen Bindungen, Bildungsebenen, Ambitionen, Zielen und anderem mehr, deren Einstellungen, Sichtweisen, Bevorzugungen oder Lebensrhythmen sich zudem im Lauf der Zeit wandeln. Wir leben heute überwiegend in einer Welt der überquellenden Produktfülle, die die Abnehmer bzw. Kunden zum Kaprizieren geradezu verleitet: Man hat die Wahl, und man ist wählerisch geworden. Was, notabene, produzierende Unternehmen vor zunehmende Produktentwicklungsnöte stellt, verdichtet sich in der klassischen Aussage Knut Holts, deren Wahrheitsgehalt immer eindringlicher empfunden wird: **Our future problem is not to do things right – but to find the right things to do!** Doch selbst gestiegene Planungs- und Entwicklungsaufwendungen zeigen, dass man nicht immer „the right things" findet. Als Ursachen für mäßige Markterfolge werden v. a. identifiziert:

- Die Produktinnovation ist zu bescheiden (inkrementell), um als signifikante Verbesserung wahrgenommen zu werden.
- Die Innovation bietet keinen nachvollziehbaren Mehrwert.
- Die potenziellen Kunden werden nicht erreicht.
- **Die Neuerung geht an den Kundenbedürfnissen vorbei.**

Letzteres ist in Anbetracht der fallweise recht erheblichen Marktrecherchen doch einigermaßen erstaunlich und provoziert die spekulativen Folgerungen, dass eruierte Verbraucheraussagen entweder falsch lagen oder nicht konsequent in die Entwicklung von Innovationen einflossen. Da es nun kaum einen Erkundungsansatz gibt, der „Herz und Verstand" eines Verbrauchers besser offenlegen kann als jener der qualitativen Marktforschung, scheint es ebenso naheliegend wie geboten, Produktinnovationen „verbraucherorientierter" zu steuern, als dies gegenwärtig und angesichts der hohen Quote von Misserfolgen bei neuen Produkten der Fall zu sein scheint. Dies kann dadurch geschehen, dass gezielt gewonnene Verbraucher-„Einsichten" konsequent als Leitdaten für die Entwicklung von Produktinnovationen dienen. Den herstellenden Unternehmen kann der Befolgung dieses Gedankens allerdings die verbreitete Auffassung im Wege stehen, dass „unprofessionelle" Verbraucher zwar in der Lage sind, darüber Auskunft zu geben, was ihnen an einer Sache gefällt oder nicht gefällt, was sie schätzen oder ablehnen, es ihnen jedoch an der Kompetenz mangelt, tragfähige Produktideen zu entwickeln. In dieser Hinsicht vertraut man lieber den hauseigenen Fachkräften.

Helmut Schlicksupp, Natacha Dagneaud, Christine Garnier-Coester

Dagegen halten wir die qualitative Marktforschung für durchaus befähigt, nicht nur kritische Reflexionen der vorhandenen Produktwelt zu erfassen, sondern **unter direkter Einbeziehung der von ihr befragten Konsumenten** Produktkonzeptionen zu generieren, deren Akzeptanz und Markterfolg deutlich über dem Durchschnitt der jetzigen Produktinnovationen liegt. Und dies v. a. dann, wenn das angewandte Instrumentarium durch geeignete Kreativitätstechniken ergänzt wird, die gewonnene Analysedaten in einem schöpferischen Prozess in Produktideen transformieren.

2 Der Einsatz von Kreativitätstechniken in der qualitativen Marktforschung

2.1 Historische Entwicklung

Unter **Kreativität** verstehen wir die Fähigkeit des Menschen, Gebilde, gleich welcher Art, hervorzubringen, die für ihn neu und im weitesten Sinne nützlich sind. Bis etwa zur Mitte des vergangenen Jahrhunderts widmete man diesem Phänomen nur geringes wissenschaftliches Interesse: Galt Kreativität doch als Gabe, die man entweder hatte oder nicht, die v. a. Künstlern zu eigen und im praktischen Leben ohne nennenswerte Bedeutung war. Ernsthaftes, erfolgreiches Problemlösen – so die überwiegende Anschauung – setzte Intelligenz voraus und keine dubiose Fantasie.

Zwei Ereignisse änderten dies jedoch grundlegend. Das erste war die 1950 gehaltene Antrittsrede mit dem Titel „Creativity" von J. P. Guilford als Präsident der Vereinigung amerikanischer Psychologen, in welcher er die ungebührliche Vernachlässigung des Themas beklagt und die enorme soziale Bedeutung angewandter Kreativität begründet (vgl. Guilford 1950). Das zweite Ereignis war wesentlich dramatischer, da es den für sicher gehaltenen Überlegenheitsanspruch der USA infrage stellte, indem Russland am 4. Oktober 1957 den ersten Erdsatelliten („Sputnik") in eine Umlaufbahn schoss und – nicht genug damit – einen Monat später mit der Polarhündin Laika auch noch das erste irdische Lebewesen. Der „Sputnikschock" löste nicht nur zahlreiche fördernde Bildungsmaßnahmen aus, sondern ebenso weitreichende – Geld spielte angesichts des Überlebens der Nation keine Rolle – Forschungsvorhaben, wie Kreativität und Erfindungsfähigkeit gesteigert werden könnten.

In den 1950er Jahren wurden einige der elementaren Kreativitätstechniken bekannt: das heute allgegenwärtige Brainstorming (Osborn[1] 1953), die morphologische Analyse

---

[1] An dieser Stelle sei die Creative Education Foundation mit den Pionieren Osborn und Parnes (1954 in Buffalo, USA, gegründet) als die führende Institution in „Applied Imagination" er-

(Zwicky 1971), die umfassend komplexe Synektik (Gordon 1961). Das Wort Kreativität verbreitete sich mit magischer Anziehungskraft über den Globus und gelangte auch nach Europa.

Die Kreativitätssamen fielen auf unterschiedliche Böden: Während die Kreativitätsforschung in Frankreich bei dem Sozialpsychologen Guy Aznar (Synapse – Agentur für Kreativitätstraining) Mitte der 60er Jahre landete, wurde sie in Deutschland von den Ingenieuren des Frankfurter Battelle-Instituts adoptiert. Dort führte eine kleine Forschergruppe[2] 1971/72 das Projekt „Methoden und Organisation der Ideenfindung" durch, dessen Ergebnisse – darunter zahlreiche methodische Neuentwicklungen – bis heute das verwendete Instrumentarium im deutschen Sprachraum prägen. Auftraggeber waren 85 Unternehmen aus allen Bereichen der deutschen Wirtschaft, u. a. Agfa, BASF, Beiersdorf, Esso, Mercedes-Benz, Voith, sowie fünf Unternehmen aus dem europäischen Ausland.

Zur gleichen Zeit (1971) wurden in Paris etliche Gruppen durchgeführt, die in mehrstündigen Sitzungen Kreativitätstechniken übten, zunächst nur mit dem Ziel, Kreativität zu fördern und neue Produkte zu schaffen. Auftraggeber waren dynamische und experimentierfreudige FMCG-Hersteller (Colgate-Palmolive gehörte zu den Pionieren). Die Trainer und Moderatoren[3] wollten aufgrund des ethischen Codex der Psychotherapeuten die Inhalte nicht analysieren: Sie wurden dafür bezahlt, Menschen zu kreativen Höchstleistungen zu verhelfen. Durch die Öffnung der geistigen Schranken wurde ihnen aber schnell klar, welcher Reichtum an unbewussten Inhalten (Einblicke in Motive, Einstellungen, Verhaltensweisen, Ängste und Hemmschwellen, Wünsche und Sehnsüchte…) ungenutzt brachlag. Und sie entschieden sich, ihre Regel mit einer Denk-Umkehr – eine Kreativitätstechnik! – zu brechen und Menschen endlich dafür zu bezahlen, dass sie zum „Spinnen" kommen. So entstanden die ersten Verbraucher-Motivationsstudien für die Konsumgüterindustrie.

Der heutige Marktforscher sollte sich bewusst sein, dass im deutschsprachigen Kulturraum Kreativität eng mit Innovationen im technischen Bereich (Investitionsgüter) – und zwar überwiegend im Bereich der Forschung & Entwicklung praktiziert – verbunden ist. Die Verzahnung von Verbraucherforschung mit Kreativitätstechniken hat vergleichsweise spät stattgefunden. Dem Zusammenwachsen Europas verdanken wir die Versöhnung und gegenseitige Befruchtung der Ansätze: Aznar und Geschka /

---

wähnt sowie das dazugehörige CPSI (Creative Problem Solving Institute). www.creativeeducationfoundation.org.

[2] Horst Geschka, Götz Schaude, Helmut Schlicksupp: Methoden und Organisation der Ideenfindung in der Industrie - Forschungsbericht über eine Gruppenuntersuchung. Battelle-Institut Frankfurt (1972).

[3] Guy Aznar, Aldo Nonis, Roland Guenoun und Georges Guelfand kamen aus den Bereichen Psychologie, Theaterwissenschaften, Soziologie…, während die deutsche Kreativitätsschule Ingenieure aller Fachrichtungen (Maschinenbau, Wirtschaftsingenieure…) versammelte.

Schlicksupp / Schaude lernten sich erst im Jahr 2006 persönlich kennen, um ihre Forschungsmethoden und -ergebnisse auszutauschen.

Die Finanz- und Wirtschaftskrise schafft leider kein Klima der Risikobereitschaft bei Innovationen. Der „kreative" Verbraucher ist deshalb mehr denn je gefragt: Die gewünschte Produkterneuerung soll aus ihm heraussprudeln. In diesem Generierungsprozess werden nun industriefremde Live-Zeichner eingesetzt, um den Verbrauchern zu helfen, ihre Ideen zu gebären und zu visualisieren. Darüber hinaus profitieren die Kreativitätstechniken – und somit auch die Unternehmen, die an *bottom-up* Ideengenerierung Interesse zeigen – vom technologischen Fortschritt: das Grundprinzip der heterogenen Gruppenzusammensetzung sowie die uneingeschränkte Förderung des zwischenmenschlichen Ideenflusses werden in bisher noch nicht erreichtem Maße gelebt: digitale Vernetzung, kollektive Intelligenz, in Internet-Plattformen versammelte Verbraucher-Communities bereichern unsere Ideenlandschaft[4].

2.2 Allgemeine Kennzeichnung des Instrumentariums

Es ist hier nicht möglich, das vorhandene Instrumentarium an Kreativitätstechniken bzw. Methoden zur Ideenfindung zu beschreiben. Es scheint uns auch nicht erforderlich, denn jeder Interessierte wird mittels Internet-Suchmaschinen sofort zahlreiche Übersichten und vertiefende Methodenerläuterungen erhalten. Zum allgemeinen Verständnis wollen wir jedoch darauf verweisen, dass Kreativitätstechniken auf folgenden Wirkmechanismen beruhen:

- Erzielung von Synergie durch fachlich heterogene Teams (meist fünf bis sieben Personen)
- Abbau von Blockaden durch besondere Verhaltensregeln, Statusgleichheit und anregende Umgebungsbedingungen
- fallweise Orientierung an der Struktur von Problemlösungsprozessen
- Ermutigung zu alogischen, eher intuitiven Denkweisen
- Anwendung heuristischer („zum Finden geeigneter") Prinzipien der Ideengenerierung

---

[4] Siehe hierzu das eklatante Beispiel www.mystarbucksidea.force.com, das unter vielen anderen ähnlichen Phänomenen von Professor Mohanbir Sawhney, Kellogg School of Management, Chicago, in seinem Vortrag am 01.05.2010 analysiert wurde: "Marketing and Branding in the Connected World".

Für die Anwendung von Kreativitätstechniken ist es wichtig zu wissen, dass die verfügbaren Methoden im Problemlösungs-/Innovationsprozess nicht nur in verschiedenen Phasen eingesetzt werden können, sondern auch sehr unterschiedliche Ergebnisqualitäten erzielen. In der folgenden Aufzählung wird dies an einigen Beispielen verdeutlicht.[5]

- Für das Aufspüren interessanter Innovationsvorhaben eignen sich vorzüglich die Methoden **Nischen-Matrix** und **progressive Abstraktion**.

- Das Erkennen neuer Zusammenhänge (als Ausgangspunkte für kreative Entwicklungen) kann mit Matrizen allgemein sowie mit der **Hypothesen-Matrix** im Besonderen erfolgen.

- Die Gesamtheit aller denkbaren Lösungsmöglichkeiten zu einem gestellten Problem lässt sich (zumindest annähernd) mit dem **morphologischen Kasten** oder mit der Methode **Problemlösungsbaum** aufzeigen.

- Eine Übersicht des Standes der Technik sowie davon abgeleitete Lösungsvarianten gewinnt man recht gut mit einer **Brainstorminggruppe** fachlich versierter Teilnehmer.

- Wenn man gezielt aus gewohnten Denkbahnen ausbrechen möchte, wird dies durch die Methoden **heuristische Umformulierung** und **imaginäres Brainstorming** unterstützt.

- Komplexe Lösungsmodelle lassen sich hervorragend mit dem morphologischen Kasten erstellen, während die **TILMAG-Methode** oder die **visuelle Synektik** eher zu kreativen Lösungsdetails führen.

2.3 Kreativitätstechniken mit besonderer Integrationsfähigkeit in die qualitative Marktforschung

Wir wollen an dieser Stelle noch einmal unseren Grundgedanken hervorheben: Die von der qualitativen Marktforschung gewonnenen Erkenntnisse sollten für die Entwicklung von „verbraucherorientierten" neuen Produkten und Leistungen hervorragende Ausgangsdaten darstellen, die umso wirkungsvoller transformiert werden können, wenn sie mit Kreativitätstechniken gekoppelt werden. Damit eine Kreativitätstechnik effizient in diesen Entwicklungsprozess eingewoben werden kann, sollten folgende Anforderungen erfüllt sein:

---

5   Eine ausführliche Beschreibung kann in Schlicksupp 2004 nachgelesen werden.

- Die Methode ist für die Hervorbringung von Produktideen und die kreative Konzeption von Produktmerkmalen grundsätzlich geeignet.

- Die Methode kann marktforschungstypisches Datenmaterial als Eingangsgröße in einem kreativen Prozess verarbeiten.

- Die Methode muss von ungeschulten Personen rasch verstanden und nachvollzogen werden können.

- Die Methode darf nicht „zwangsführen", sondern sollte der individuellen Ideenbildung durch die Verbraucher größtmögliche Freiräume lassen.

- Der Zeitbedarf der Anwendung sollte sich im Rahmen der üblichen Dauer von Dialogen mit Verbrauchern bewegen.

Ohne unsere Auswahl hier im Einzelnen zu begründen, halten wir aus dem Spektrum der gegenwärtig besonders häufig praktizierten Kreativitätstechniken die nachstehend aufgeführten in diesem Sinne für die qualitative Marktforschung besonders geeignet:

- Analogien-Methode (Schlicksupp 1977)
- destruktiv-konstruktives Brainstorming (ebd.)
- Mind-Mapping (Buzan 1984)
- heuristische Umformulierung (Schlicksupp 1988)
- morphologische Matrix (ebd.)
- Hypothesen-Matrix (Schlicksupp 2004)
- progressive Abstraktion (ebd.)
- imaginäres Brainstorming (ebd.)
- TILMAG-Methode (ebd.)
- semantische Intuition (ebd.)
- morphologischer Kasten (ebd.)
- Attribute-Listing (ebd.)

2.4 Fallbeispiele der Anwendung von Kreativitätstechniken

Wie diese vernetzte Anwendung erfolgen kann, wollen wir an drei Fallbeispielen mit unterschiedlichen Problemlösungszielen erläutern. Wir setzen ein:

- die **Hypothesen-Matrix** zur Erkundung von Ansatzpunkten für interessante Produktentwicklungsziele aus der Verbraucher-Wahrnehmung
- die **TILMAG-Methode** zur kreativen Verbesserung eines bestehenden Produkts
- den **morphologischen Kasten** zur Hervorbringung von Ideen für neue Produkte in einem definierten Nachfrage-Segment.

Die Fallbeispiele werden jeweils in der folgenden Reihenfolge diskutiert:

a) Erläuterungen zur Methode und ihrer Anwendung
b) Beschreibung der Aufgabenstellung
c) Anwendung der Methode auf die Aufgabenstellung

2.4.1 Hypothesen-Matrix

a) Erläuterungen zur Methode und ihrer Anwendung

Die Hypothesen-Matrix wird in Innovationsprozessen üblicherweise dann eingesetzt, wenn es darum geht, sachliche Verflechtungen und Wechselwirkungen zwischen zwei komplexen Bereichen (A und B) aufzuzeigen, die aus gewohnten Blickwinkeln übersehen werden könnten. Die (neu) erkannten Zusammenhänge können dann je nach Aufgabenstellung von besonderem Erkenntniswert sein. Insofern liegt die Hypothesen-Matrix nah bei anderen klassischen Erkundungsmethoden der qualitativen Marktforschung. Ein gewisser zusätzlicher Leistungsgewinn besteht jedoch darin, dass die der Methode innewohnende Systematik eher sicherstellt, ein komplexes Gedankenfeld umfassend und gründlich durchgearbeitet zu haben.

Formal baut man eine Hypothesen-Matrix so auf, dass man für die Bereiche A und B eine Fülle deskriptiver Aussagen formuliert, die von mehreren Personen gemacht werden können, die in beiden Bereichen kundig sind. Diese Aussagen werden überwiegend Tatsachen beschreiben, können jedoch ebenso individuell gefärbte Wahrnehmungen oder ungesicherte Vermutungen (Hypothesen) sein. Die Aussagen über den Bereich A werden in die Vorspalte der Hypothesen-Matrix eingetragen, die über

Bereich B in die Kopfzeile. Dann werden (manchmal ist dies ein ziemlich zeitaufwendiger Vorgang) alle Aussagen von A mit allen von B in Verbindung gebracht, um diese auf sachliche Verknüpfungen zu untersuchen. Die Ergebnisse können in die Matrixfelder mit verschiedener Symbolik eingetragen werden:

Abbildung 2-1: Beispiele für Verknüpfungssymbole in einer Hypothesen-Matrix

A \ B	1	2	3	4	....
1			X		Zusammenhang zwischen A3 und B1
2	←				A1 wirkt sich auf B2 aus
3		↑			B3 wirkt sich auf A2 aus
4				↲	Wechselseitige Beeinflussung A4/B4
5		%			Kein Zusammenhang
6	·	o	•		Geringer, mittlerer, starker Zusammenhang
7	0,3			0,7	Korrelationsstärke des Zusammenhangs
8		+	−		Positiver oder negativer Zusammenhang
9	?				Beziehung fraglich
10		!			Beziehung sehr bedeutungsvoll
⋮					

(Aussagen zu Bereich A →, Aussagen zu Bereich B ↓)

Drei exemplarische Aufgabenstellungen sollen die Anwendungsbreite der Hypothesen-Matrix verdeutlichen:

1. Wie wirken sich Umgebungseinflüsse i. w. S. (Bereich A) auf die Sicherheit des Fahrradfahrens (Bereich B) aus?
2. Welche Produktionsbedingungen (Bereich A) können mit dem Auftreten eines bestimmten Produktionsfehlers (Bereich B) zu tun haben?
3. Welche Einflüsse haben Veränderungen der Lebensumstände (Bereich A) auf die private Tierhaltung (Bereich B)?

b) Beschreibung der Aufgabenstellung

Die Firma X stellt Dampfbügeleisen her, die überwiegend von Frauen gekauft und benutzt werden. Da jedoch immer mehr Männer in Single-Haushalten auch ihre Wäsche selbst besorgen und zudem erwartet werden darf, dass familienpolitische Programme mehr Männer an hausfrauliche Arbeiten heranführen, soll überprüft werden, ob die Produktausführung an wesentlichen Bedürfnissen von Männern vorbeigeht, worin diese liegen und welche Ansätze sich für die Entwicklung eines „Bügeleisens für Männer" anbieten.

Vorleistung der qualitativen Marktforschung:

- Einzelbefragung von Männern im Alter zwischen 25 und 40 Jahren
- Single oder verheiratet
- Geringe oder keine Erfahrung mit Bügeln
- Jeder Befragte wird gebeten, eine Stunde lang verschiedene Wäschestücke (Damen- und Herrenwäsche) aus verschiedenen Geweben mit dem Dampfbügeleisen der Marke X zu bügeln.
- Anschließend werden die Befragten gebeten, spontan freie Aussagen über den Vorgang des Bügelns und das verwendete Bügeleisen zu äußern.

c) Anwendung der Hypothesen-Matrix auf die Aufgabenstellung

Die Matrix wird so vorbereitet, dass in der Vorspalte alle Bedürfnisse eingetragen werden, die man gegenüber einem Produkt oder einer Leistung prinzipiell haben kann (Bereich A). Die Aussagen einer befragten Person – wir haben uns im Beispiel auf zwölf beschränkt – gehen in die Kopfzeile (Bereich B).

Demnach sieht die Hypothesen-Matrix so aus:

Abbildung 2-2: Hypothesen-Matrix zur Erkundung von Ansätzen zur Produktentwicklung eines Bügeleisens für Männer

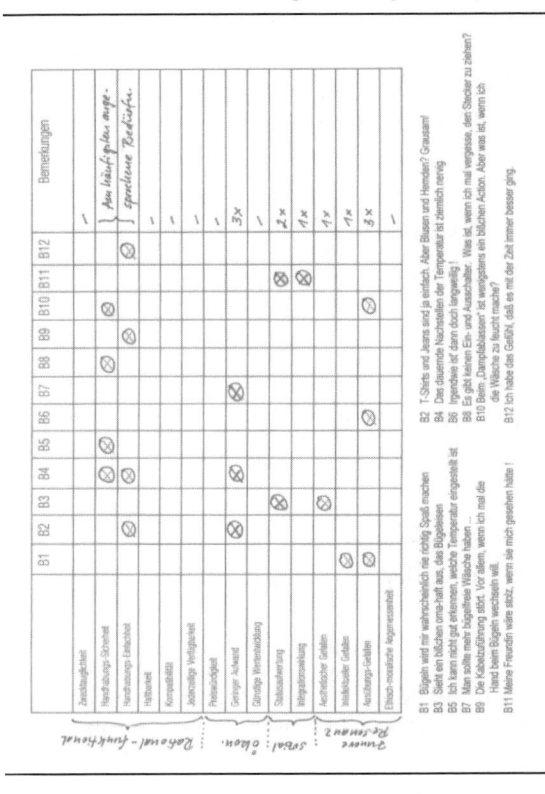

Die Auswertung der Hypothesen-Matrix besteht nun darin, dass kenntlich gemacht wird, welche der potenziellen Bedürfnisse von welchen „Bügel-Statements" der Testperson angesprochen werden, wobei eine Äußerung mehrere Bedürfnisse betreffen kann. Die Markierungen bestehen zunächst in einem unspezifischen X, das im Ergebnisbericht mit einer näheren Erklärung versehen wird. Als Ergebnis entnehmen wir der Hypothesen-Matrix:

Interessante Produktentwicklungsziele bestehen für die befragte Testperson (im Realfall wird man natürlich die Ergebnisse von mehreren – sagen wir 10 bis 15 – Personen kumuliert berücksichtigen) offensichtlich darin, dass ein Bügeleisen

- in der Handhabung sicher und einfach ist, Fehlbedienungen also weitgehend verhindert. (In salopper Umgangssprache könnten wir dieses Ziel als „idiotensichere Ausführung" beschreiben, im internationalen Militärjargon wäre „soldier-proof" zutreffend.)

- den Vorgang des Bügelns möglichst unaufwendig, effizient bewältigen lässt.

- auch als „männliches Attribut" erlebt werden kann.
- gewisse Anwendungsreize ausüben sollte, möglicherweise ähnlich dem Spielen mit einem ferngesteuerten Auto.

Die daraus folgenden Definitionen für Produktentwicklungsaufgaben sollten übrigens nicht pauschal-summarisch in einem kreativen Ideenanlauf bearbeitet werden. Vielmehr ist jede Aufgabe als gesondertes Entwicklungsthema separat für sich zu bearbeiten, möglicherweise mit verschiedenen Kreativitätstechniken.

2.4.2 TILMAG-Methode

a) Erläuterungen zur Methode und ihrer Anwendung

TILMAG ist das Akronym von „Transformation idealer Lösungselemente in Matrizen für Assoziationen und Gemeinsamkeiten", einer rechten Bandwurm-Bezeichnung, die das Charakteristische der Vorgehensweise in Kompaktform vermittelt. Etwas anschaulicher beschrieben will die TILMAG-Methode über gesteuerte Assoziationen fachfremdes Denkmaterial in einen kreativen Prozess fließen lassen, aus dem Anregungen für die Entwicklung von Lösungen hergeleitet werden können. „Startrampen" für die Bildung solcher Assoziationen sind die im Methodenansatz sogenannten „idealen Lösungselemente" (ILs), worunter wir zielbezogene Soll-Funktionen und Soll-Eigenschaften der gesuchten Lösungen verstehen.

Zur Veranschaulichung: Wenn wir eine Werbeanzeige entwerfen, dann erwarten wir, dass diese idealerweise u. a. folgende Wirkungen (Funktionen) ausüben und folgende Eigenschaften haben sollte, damit wir unser werbliches Ziel erreichen:

1. Aufmerksamkeit weckend
2. Wesentliches hervorhebend
3. einprägend
4. zum Handeln auffordernd

Diese vier ILs werden nun paarweise miteinander kombiniert, jeweils mit der Fragestellung, welche dafür charakteristischen „Bilder" assoziiert werden.

Wir fragen also z. B.: Was drückt ganz typisch aus

1. Aufmerksamkeit weckend und
2. Wesentliches hervorhebend?

Mögliche Assoziationen:
- Totenkopf auf Säureflasche
- tiefes Dekolleté

Oder: Was assoziieren wir zu

3. einprägend und
4. zum Handeln auffordernd?

Mögliche Assoziationen:
- die Zehn Gebote
- Alltagsweisheiten, Aphorismen

Die gefundenen Assoziationen werden dann daraufhin untersucht, ob und welche Ideen sie zur Gestaltung der Anzeige provozieren. Und damit man das paarweise Kombinieren der ILs geordnet vornehmen kann, trägt man sie in eine **Assoziationsmatrix** ein (vgl. Abb. 2-3).

b) Beschreibung der Aufgabenstellung

Wir bleiben im Feld „Bügeleisen für Männer" und bearbeiten nun das in Kapitel 2.3.1 definierte Produktentwicklungsziel (4): „Wie könnte/sollte ein Bügeleisen gestaltet sein, damit es auf bügelnde Männer Anwendungsreize ausübt?" Im Rückblick auf die Hypothesen-Matrix in Fallbeispiel A erinnern wir uns, dass in diesem Zusammenhang die Aussagen

    B1: Bügeln wird mir wahrscheinlich nie richtig Spaß machen.
    B3: Sieht ein bisschen omahaft aus, das Bügeleisen.
    B6: Irgendwie ist's dann doch langweilig!
    B10: Beim „Dampfablassen" ist wenigstens ein bisschen Action. Aber was ist, wenn ich die Wäsche zu feucht mache?

eine Rolle spielten. Da aus diesen Aussagen jedoch nicht eindeutig hervorgeht, was für Männer ideale Soll-Funktionen und -Eigenschaften im Sinne von „reizt zur Anwendung" sind, explorieren wir diese mit der in der qualitativen Marktforschung geläufigen **Methode der Gegensätze**, in welcher zum einen Aussagen über die „ideale (Produkt-)Welt" gebildet werden und zum anderen Aussagen über ein mögliches „Katastrophenszenario".

Aus den Antworten zu den entsprechenden Einstiegsfragen

- „Perfekt wäre es, wenn…" und
- „Es wäre schrecklich, wenn…" (die Antworten hierzu werden in das positive Gegenteil umgekehrt)

destillieren wir folgende Wunschvorstellungen an Bügeleisen:

    1. erlaubt verschiedene Aktionen
    2. hat einen „Power-Look"
    3. man kann Leistungen messen
    4. ist herausfordernd
    5. ermöglicht Selbstgestalten

c) Anwendung der TILMAG-Methode auf die Aufgabenstellung

Wir können die soeben definierten Wunschvorstellungen unmittelbar als ideale Lösungselemente (ILs) übernehmen und bauen damit nun die Assoziationsmatrix auf, die von der Testperson selbst ausgefüllt wird. Dabei können zu jeder IL-Kombination durchaus mehrere Assoziationen („Reizwörter") eingetragen werden. Wir begnügen uns hier – für die Anschauung ausreichend – mit jeweils einer Nennung.

Abbildung 2-3: Assoziationsmatrix nach TILMAG

	Erlaubt verschiedene Aktionen	Hat „Power-Look"	Man kann Leistungen messen	Ist herausfordernd
Ermöglicht Selbstgestaltung	Bohrmaschine mit Vorsätzen ①	Tuning von Autos	Trimmgerät mit Anzeigen von Leistungsgrößen	Computer selbst konfigurieren
Ist herausfordernd	Triathlon ②	Rugby-Helm	Geschwindigkeit des Aufschlags beim Tennis messen	XXXXXXXX XXXXXXXX
Man kann Leistungen messen	Telemetrische Anzeigen in der Formel 1 ③	Armaturen eines Sportwagens	XXXXXXXX XXXXXXXX	XXXXXXXX XXXXXXXX
Hat „Power-Look"	Schweizer Offizierstaschenmesser ④	XXXXXXXX XXXXXXXX	XXXXXXXX XXXXXXXX	XXXXXXXX XXXXXXXX

Die Entwicklung von Produktideen erfolgt nun, indem die in der Matrix enthaltenen Assoziationen daraufhin untersucht werden, welche konkreten Merkmale sie bezüglich der auslösenden ILs enthalten. Diese Merkmale können dann direkt für den Entwurf von Ideen zum gestellten Problem dienen:

Ideenfindung:

Aus ①: Für Heimwerker-Bohrmaschinen ist bezüglich „selbst gestalten" und „verschiedene Aktionen" typisch: Man kann in das Bohrfutter verschiedene Werkzeuge einspannen, die unterschiedliche Bearbeitungsfunktionen ermöglichen.

Abgeleitete Ideen: Das Bügeleisen ist mit Wechselbehältern für verschiedene Flüssigkeiten zur Dampferzeugung und zum Einsprühen ausgestattet und es gibt mehrere Wechselformen für die Bügelsohle.

Aus ②: Für Triathlon gilt im Hinblick auf „ist herausfordernd" und „verschiedene Aktionen": Es sind drei Ausdauerdisziplinen in möglichst kurzer Gesamtzeit zu bewältigen.
Abgeleitete Idee: Bügeleisen mit Zeitmesser. Der bügelnde Mann fühlt sich herausgefordert, seine Bügelleistung für eine definierte Art und Zahl von Wäschestücken stetig zu verbessern.

Aus ③: Telemetrie in der Formel 1 bezüglich „verschiedene Aktionen" und „Leistung messen" bedeutet: Wesentliche Fahrdaten des Rennwagens (Drehzahl, Beschleunigung, Verzögerung, Geschwindigkeit, Drosselstellung, Betriebstemperaturen) werden per Funk auf Displays der Renningenieure übermittelt.
Abgeleitete Idee: Hightech-Bügelstation, die ebenfalls auf einem Display wesentliche Betriebs- und Leistungsdaten anzeigt.

Aus ④: Für Offiziersmesser trifft hinsichtlich „Power-Look" und „verschiedene Aktionen" zu: „Kernig-militärisches" Design sowie zahlreiche kompakt integrierte Funktionsteile/Werkzeuge.
Abgeleitete Ideen: Bügeleisen im Military- oder Survival-Look. Einschubwerkzeuge könnten z. B. sein: Schere zum Abschneiden loser Fäden an Wäschestücken, Wäsche-Markierungsstift. Oder für Andersverwendungen: Vorrichtung zum Schmelzkleben, ausziehbare Lötspitze.

2.4.3 Morphologischer Kasten

a) Erläuterung zur Methode und ihrer Anwendung

Die Methode „morphologischer Kasten"[6] zählt zu den analytisch-systematischen Kreativitätstechniken. Im Idealfall lassen sich mit ihr Totallösungssysteme erstellen, d. h., **alle denkbaren** Lösungen zu einem gestellten Problem lassen sich vollständig aufzeigen – ein hoher Anspruch!

---

6   Morphologie ist die Gestaltlehre oder „Ordnung im weiteren Sinne".

Da sich alternative Lösungen hinsichtlich einer Reihe von Gestaltungsmerkmalen unterscheiden müssen, ist die einen morphologischen Kasten konstituierende Frage, welche Merkmale von (im Definitionsbereich des Problems zulässigen) Lösungen **variabel** sind. Diese Variablen werden – gleichbedeutend – als „Parameter" bezeichnet und in der Vorspalte einer Tabelle angeordnet. Dann werden für jeden Parameter alle denkbaren Ausführungsmöglichkeiten („Ausprägungen") aufgelistet. Gelingt dies vollständig, wurde ein Totallösungssystem erzeugt, das alle theoretisch möglichen Lösungen einschließt. Dabei ist das grundlegende Generierungsprinzip das der systematischen Kombination: Einzelne Lösungen ergeben sich dadurch, dass aus jeder Parameterzeile eine beliebige Ausprägung mit anderen beliebigen kombiniert wird – was eine elementare Anforderung an die Definition der Parameter stellt: Sie müssen sachlich voneinander unabhängig sein.

Der morphologische Kasten kann auf nahezu jede Fragestellung angewandt werden, auf philosophische ebenso wie auf natur- und technikwissenschaftliche, auf hochkomplexe wie auf sehr punktuelle. Die Antworten aus einer Morphologie können elementare Erkenntnisse beinhalten oder schlichte konzeptionelle Vorschläge. In jedem Fall aber liegt das Gelingen der Anwendung in der richtigen Definition der Parameter im Hinblick auf das gestellte Problem.

b) Beschreibung der Aufgabenstellung

Sehr viele Menschen hierzulande haben eine große Vorliebe für Pflanzen im Wohnbereich. Es werden – in völliger Gestaltungsfreiheit – Konzeptionen gesucht, die als innovative Lösungen für „Pflanzen im Wohnbereich" Akzeptanz finden.

c) Anwendung des morphologischen Kastens auf die Aufgabenstellung

Die „normale" Anwendung der Methode morphologischer Kasten hätte jetzt darin bestanden, alle variablen Gestaltungselemente (Parameter) von „Pflanzenkonzeptionen" rational-analytisch zu erkunden. Doch da uns **verbraucherinduzierte** Produktideen interessieren, wählen wir einen anderen Weg. Wir stellen einer Gruppe ausgeprägter Liebhaber von Pflanzen im Wohnbereich die Frage, welche positiven Empfindungen sie damit verbinden. Dabei zeigen sich drei Aussagen als vorherrschend:

1. Pflanzen bringen Natur in mein Zuhause.
2. Pflanzen sind Ausdruck von Schönheit.
3. Ich freue mich, wenn sie durch mein Umsorgen gedeihen.

Da nun erwartet werden darf, dass alle Gestaltungselemente von Produktinnovationen große Akzeptanz finden werden, die diesen Empfindungen entgegenkommen, werden wir sie in Parameter umformulieren:

Parameter 1: Ausdruck von Natur
Parameter 2: Ausdruck von Schönheit

Parameter 3: Gedeihen durch Umsorgen

Nun fragen wir die Teilnehmer unserer Gruppe, was sie bezüglich dieser Parameter insbesondere assoziieren. Als häufigste Nennungen (wir beschränken uns im Weiteren auf jeweils drei) tauchen auf:

Ausdruck von Natur:	Licht und Luft
	Tiere
	Meer, Bäche, Flüsse (Wasser)
Ausdruck von Schönheit:	Edelsteine, Kristalle
	kostbare Stoffe
	Antiquitäten
Gedeihen durch Umsorgen:	Baby mit der Flasche ernähren
	SOS-Kinderdorf
	Krankenpflege

Und damit können wir unsere bescheidene Morphologie so erstellen:

Abbildung 2-4: Morphologischer Kasten zur Anregung von Produktinnovationen „Pflanzen im Wohnbereich"

Parameter	Ausprägungen		
P1: Ausdruck von Natur	A11: Licht und Luft	A12: Tiere	A13: Meer, Bäche, Seen (Wasser)
P2: Ausdruck von Schönheit	A21: Edelsteine, Kristalle	A22: kostbare Stoffe	A23: Antiquitäten
P3: Gedeihen durch Umsorgen	A31: Baby mit der Flasche ernähren	A32: SOS-Kinderdorf	A33: Krankenpflege

Wer ein wenig mit der morphologischen Methode vertraut ist, wird sofort den Unterschied zu gewohnten Beispielen erkennen: Die Kombinationen der Ausprägungen (insgesamt ergeben sich 27 Alternativen) bilden hier keine eindeutigen Produktkonzepte, sondern eröffnen einen Raum für individuelle Vorstellungen, wie das gesuchte Neue gestaltet sein könnte.

Für die Bildung konkreter Ideen gehen wir so vor, dass wir zunächst eine mögliche Ausprägungskombination wählen, z. B. A12 + A23 + A31, die für die Teilnehmer so beschrieben wird: Wie könnten Innovationen zum Thema „Pflanzen im Wohnbereich" gestaltet sein, die mit Tieren zu tun haben, mit schönen alten Dingen und die eine ähnlich liebevolle Umsorgung auslösen wie das Ernähren von Babys mit der Flasche?

Die Frage soll in der Art eines freien Brainstormings behandelt werden und ruft bei den Teilnehmern diese Vorstellungen hervor:

- Es müssten Kanarienvögel dabei sein oder Wellensittiche ...
- ... in einer Art Voliere ...
- und die sollte ein bisschen verschnörkelt sein – wie Jugendstil
- und darin befinden sich Pflanzgefäße ...
- die auf kleinen Säulen stehen ... wie die alten griechischen ...
- und in der Voliere sind rankende Grünpflanzen ...
- aber auch blühende ... vielleicht sogar ein paar künstliche ...
- und die Trinkbehälter für Vögel sehen sowieso wie Babyflaschen aus. Zumindest erinnern sie mich daran.
- Die Pflanzen werden mit einer besonderen Nährlösung versorgt. Oder mit verschiedenen ... je nachdem, was eine Pflanze braucht.
- Wenn Leuchten installiert sind, lässt sich die Pflanzenvoliere auch in einer Zimmerecke aufstellen.
- Im Sommer kann man sie auf den Balkon oder auf die Terrasse schieben ... wie einen Kinderwagen.
- Den Vogelsand könnte man in Amphoren aufbewahren ...
- und so einfärben, dass ein besonders romantischer Eindruck entsteht
- ...

Es sind also eher „Bildelemente", die aus der Kombination von Ausprägungen bei den Teilnehmern assoziiert werden und aus welchen allmählich eine Gesamtkonzeption erwächst, die dann von einem geschickten Grafiker – durchaus in mehreren Ausführungsvarianten – modelliert wird. Der Prozess kann mit weiteren Ausprägungskombinationen wiederholt werden.

3 Fazit

Man darf nicht erwarten, dass ein begeisterter Heimwerker auch in der Lage ist, eine elektronische Drehzahlregelung für eine Bohrmaschine zu konstruieren, oder dass eine kosmetikbewusste Dame auch die Rezeptur für besser haftendes Lippenrot formulieren kann. Zur Lösung so spezieller Probleme braucht man ebenso spezielles Fachwissen und ein gerüttelt Maß an entsprechender beruflicher Erfahrung. Dennoch wird der Heimwerker in der Lage sein, sich eine Drehzahlveränderung mittels einer Daumenregelung am Haltegriff der Bohrmaschine vorzustellen, und die Dame ein Lippenrot mit Perlmutt- oder Marmoreffekt. Verbraucher sind also sehr wohl in der Lage, Ideen bezüglich der erlebbaren „Oberfläche" von Produkten und Leistungen zu entwerfen und dabei ihre kreativen Fähigkeiten mit geeigneten Methoden zu entfalten und zu steigern. Verbraucher zu sein ist ja per se kein verdummender Tatbestand. Verbraucher befinden sich in der Regel in weitaus intensiverer Wechselwirkung mit den erworbenen Produkten und Leistungen als deren geistige Urheber und Produzenten. Sie haben ein gut entwickeltes Einschätzungs- und Urteilsvermögen bezüglich unzureichender, überflüssiger, angenehmer, sinnvoller oder anderer Eigenschaften der Dinge, die sie nutzen und gebrauchen.

Insofern kann man es nur gutheißen, wenn die Hersteller speziell von Konsum- und Gebrauchsgütern die kreativen Kräfte von Verbrauchern in ihre Innovationsprozesse einfließen lassen. Auch zu ihrem eigenen Segen. Die qualitative Marktforschung bietet sich dabei als besonders geeignete kreative Werkstätte an, da sie es in sehr einfühlsamer Weise versteht, vertrauensvolle Dialoge mit Verbrauchern zu führen und mit ihnen „Erkundungsreisen" durch Wahrnehmungs- und Erlebniswelten zu unternehmen, die es erlauben, dass oft nur vage Empfindungen klar und eindeutig artikuliert werden können. Gelingt es der qualitativen Marktforschung ferner, auch durch den integrierten Einsatz von andernorts bewährten Kreativitätstechniken die konstruktive Entwurfskraft von Menschen in der Verbraucherrolle signifikant zu verstärken, dann kann man es nur als fahrlässiges Versäumnis bezeichnen, sie in dieser Doppelfunktion zu übergehen.

Freilich: Auch die qualitative Marktforschung muss sich für diese Herausforderungen noch rüsten, muss lernen und Erfahrungen sammeln, wie sie verbrauchergesteuerte kreative Innovationsprozesse methodisch bestmöglich praktiziert. Ermutigende erste Ansätze und Angebote bestehen, auch wenn sie bezüglich der angewandten Methoden und Prozessabläufe noch beträchtlich weiterentwickelt werden müssen. In diesem Sinne ging es uns darum, beispielhaft aufzuzeigen, dass und wie das vorhandene Instrumentarium der Kreativitätstechniken als besonders anregend und produktiv eingebracht werden kann – und wohl auch sollte. Wobei die besonderen Anwendungsbedingungen und die Vernetzung mit analytischen Daten aus der explorativen Arbeit der qualitativen Marktforschung es erforderlich machen können, einzelne Kreativitätstechniken zu adaptieren und zu modifizieren, fallweise bis zum Charakter der methodischen Eigenständigkeit.

Diesbezüglich, so dürfen wir annehmen, liegt vor der qualitativen Marktforschung ein spannender und dynamischer Entwicklungsprozess – der in sich genauso kreativ sein muss wie die angestrebten Produktinnovationen.

Literaturverzeichnis

Aznar, Guy (2005) : Idées – 100 techniques de créativité pour les produire et les gérer. Paris.

Aznar, Guy (2006): Lettres à Alphonsine – lettre 26 (les études de motivation projectives). Archiv des Autors. Paris.

Aznar, Guy: Réflexions études projectives (unveröffentlicher Text)

Buzan, Tony (1984): Kopftraining. München.

Byttebier, Igor und Vullings, Ramon (2007): Creativity Today. Amsterdam.

Frisch, Françoise (1999): Les études qualitatives. Paris.

Garnier, Christine (2009): Créativité – Etudes de marché qualitatives : Clarification des rôles et métiers (Abschlußarbeit für das Diplôme en Créativité, Université Paris Descartes). Im freien Download unter www.seissmo.com.

General, Sabine und Schaude, Götz (2007): Traditionelle Instrumente der Kreativitätstechniken. in: Edelbert Dold / Peter Gentsch (Hrsg.) Innovationsmanagement: Handbuch für mittelständische Betriebe. Zweite aktualisierte Auflage. Düsseldorf.

Geschka, Horst / Schaude, Götz / Schlicksupp, Helmut (1973): Modern Techniques for Solving Problems; Chemical Engineering. New York.

Geschka, Horst / Holt, K. / Peterlongo, G. (1984): Need assessment – A key to useroriented Product Innovation. London.

Geschka, Horst / von Reibnitz, Ute (1981): Kreativitätstechniken im Überblick; in: Handbuch der Kommunikations- und Werbewirtschaft, Band 1. (Moderne Industrie) S. 860-876. Landsberg.

Gordon, William J. J. (1961): Synectics. The Development of Creative Capacity. New York, Evanston, London.

Guelfand, Georges (1999): Paroles d'images – les méthodes projectives appliquées aux études marketing. Paris.

Guilford, Joy Paul (1950): Creativity. In: American Psychologist, 5, S. 444–454.

Higgins, James M. (1994): 101 Creative Problem Solving Techniques. Winter Park.

Laurent, François (2006) : Etudes Marketing – Des études de marché au consumer insight (2ème édition). Paris.

Lubart, Todd (2005): Psychologie de la créativité. Paris.

Osborn, Alex (1953): Applied Imagination. New York.

Parnes, Sydney (1992): Source book for creative problem solving. CEF Press.

Schaude, Götz (1995): Kreativitäts-, Problemlösungs- und Präsentationstechniken, 3. Auflage; Rationalisierungs-Kuratorium der Deutschen Wirtschaft. Eschborn.

Schlicksupp, Helmut (1977): Kreative Ideenfindung in der Unternehmung. Berlin, New York.

Schlicksupp, Helmut (1988): Produktinnovation. Würzburg.

Schlicksupp, Helmut (2004): Ideenfindung. 6. Auflage. Würzburg.

Widouw, Jean-Claude (1997): Créativité mode d'emploi. Paris.

Wolfe, Olwen (2007) : J'innove comme on respire ... ou comment faire vivre notre capacité d'innovation. Paris.

Zwicky, Fritz (1971): Entdecken, Erfinden, Forschen im morphologischen Weltbild. München.

www.creativeeducationfoundation.org

Dieter Pflaum

Kommunalforschung
Ein noch unentdecktes Forschungsfeld

1 Einführung 461
2 Qualitative Kommunalforschung 462
3 Anwendungsfelder qualitativer Methoden in ausgewählten Bereichen der Kommunalpolitik 464
    3.1 Positionierung einer Stadt 464
    3.2 Stadtmarketing 465
    3.3 Einzelhandel und Kommune 466
    3.4 Hochschule und Kommune 467
    3.5 Probleme der Standortverlagerung 468
    3.6 Wahlkampfwerbung 468
    3.7 Kooperative Maßnahmen von Bund, Land und Kommune zur Realisierung kommunaler Ziele 469
    3.8 Die Kommune als Bestandteil der Region 470
4 Fazit 471

1 Einführung

Politische, d. h. demokratische Entscheidungen werden auf Bundes-, Länder- und kommunaler Ebene getroffen. Dabei zählen zu den Kommunen Gemeinden, Städte und Großstädte (ab 100.000 Einwohner). Die Funktionen der Kommunen leiten sich von Gesetzen und Verordnungen ab, wobei zur Realisierung der kommunalen Aufgaben gewisse Organisationsstrukturen Voraussetzung sind:

- der Oberbürgermeister als Verwaltungsspitze
- beigeordnete Bürgermeister, z. B. ein Bau- und ein Kulturbürgermeister
- den Bürgermeistern unterstehen verschiedene Dezernate und Dezernenten an der Spitze, z. B.
    - Dezernat für Wirtschaft und Wirtschaftsförderung
    - Baudezernat
    - städtische Kämmerei, dazu noch Eigenbetriebe der Kommune, wie z. B. der öffentliche Personennahverkehr (ÖPNV), die Stadtwerke (Versorgung der Bürger mit Gas, Wasser, Strom), das städtische Krankenhaus, städtische Altenheime, kommunale Wohnungsbaugesellschaften, städtisches Theater. Die Eigenbetriebe sind entweder Tochtergesellschaften der Kommune oder Gesellschaften mit externen privaten Kapitalgebern
    - Sozialdezernat
    - Kulturdezernat
    - Umweltdezernat
    - Schuldezernat
    - Integrationsdezernat für ausländische Mitbürger
- der Gemeinderat (Souverän) aus gewählten Bürgervertretern, die meist politischen Parteien angehören. Der Gemeinderat hat laut Gesetz das Recht und die Pflicht,
    - den Haushaltsplan der Kommune zu diskutieren, eventuell zu verändern und schließlich zu verabschieden,
    - Vorschläge der Dezernate (Dezernenten) zu diskutieren, abzulehnen oder zu akzeptieren,
    - in den vom Gesetzgeber vorgesehenen Aufsichtsgremien der Eigenbetriebe als Kontroll- bzw. Aufsichtsorgan zu agieren.

Die mannigfaltigen Funktionen einer Kommune, die heute selbst in einem starken Wettbewerb mit anderen Kommunen, Oberzentren oder Regionen steht, können nur dann bürgernah und haushaltskonform erfüllt werden, wenn das Basisinstrument des Marketings, nämlich die Marktforschung in ihrer quantitativen oder qualitativen Ausprägung, als Entscheidungsgrundlage gewählt wird. Bei einem Budget (Verwaltungs- und Vermögenshaushalt) von ca. 400 Mio. Euro bei einer Stadt von 100.000 Einwohnern sind zwar viele Ausgaben vom Gesetzgeber vorgeschrieben, aber ca. 30 % bis 40 % des Etats könnten von marktforscherischer Relevanz sein.

2 Qualitative Kommunalforschung

Qualitative Marktforschung generiert Hypothesen, identifiziert Ursachen, erklärt Phänomene und sucht nach Ideen und Konzepten. Ihr Ziel ist nicht das Prüfen von Hypothesen. Sie bedient sich qualitativer Methoden wie des qualitativen Interviews, des qualitativen Experiments oder qualitativer Beobachtungsverfahren. Insofern leistet sie auch einen wichtigen Beitrag in der Kommunalforschung.

Der Kommunalforscher prüft kommunale Handlungsalternativen. Die Entscheidungen von Kommunen werden maßgeblich vom Gemeinderat mitbestimmt. Für den einzelnen Gemeinderat besteht bei der Entscheidungsfindung oft ein Gewissenskonflikt: Einmal soll die Entscheidung in erster Linie der Kommune nutzen, zum anderen sollen aber auch die von der Partei gefassten, übergeordneten Richtlinien beachtet werden.

Beispiel: Die Kommune möchte eine neue Schule bauen. Verschiedene Finanzierungsmodelle bieten sich an:

- Die Leistungserbringung erfolgt durch die öffentliche Verwaltung (Inhouse-Lösung).

- Fremdvergabe eines Teils der bisher intern erbrachten Leistungen, die nach Qualität und Quantität definiert sind. Das heißt, die Finanzierung der Schule erfolgt durch die Kommune, die Reinigung der Schulgebäude wird jedoch nach außen vergeben (Outsourcing-Lösung).

- Das PPP-Modell (Public-Private-Partnership-Modell) sieht beim Schulneubau die langfristige Einbindung privater Investoren (Bauträger) durch Konzessions- oder Betreibermodelle vor. Damit werden Privatfirmen zu Erfüllungsgehilfen der öffentlichen Hand.

- Das vierte Modell wäre das Privatisierungsmodell. Das heißt, das Projekt wird vollständig an private Investoren vergeben, die Kommune mietet dann das Gebäude an.

Für den Kommunalforscher ergeben sich daraus folgende spannende Aufgabenfelder:

- Welches Modell wird warum von den Bürgern bevorzugt?

- Welches Modell präferieren die Parteien warum?

Eine quantitative Erhebung würde hier zwar das Präferenzgefüge aufzeigen, jedoch nicht die Ursachen und Hintergründe für diese Präferenzen erklären. Aber gerade letztere Informationen sind für die Rathausspitze und für das Baudezernat von größter Bedeutung.

Der Kommunalforscher eruiert plebiszitäre Wünsche antizipativ. Die Gemeindeordnungen der Bundesländer sehen unterschiedliche Einbindungsmöglichkeiten der Bürger bei politischen Entscheidungen vor. Die Gemeindeordnung (GemO) von Baden-Württemberg kennt dabei folgende Möglichkeiten: die Bürgerversammlung und den Bürgerentscheid (Bürgerbegehren). Der Gemeinderat hat eine Bürgerversammlung anzuberaumen, wenn dies von der Bürgerschaft beantragt wird. Der Antrag muss z. B. in Gemeinden mit mehr als 100.000 Einwohnern (bis 200.000 Einwohner) von mindestens 5.000 Bürgern unterzeichnet sein. Über die Zulässigkeit des Antrags entscheidet der Gemeinderat. Beim Bürgerentscheid (Bürgerbegehren) kann der Gemeinderat beschließen, dass eine Angelegenheit, für die eigentlich der Gemeinderat zuständig ist, der Entscheidung der Bürger unterstellt wird. Bei einer Großstadt mit einer Einwohnerzahl von 100.000 bis 200.000 Einwohnern muss das Bürgerbegehren von mindestens 10.000 Bürgern unterschrieben werden; außerdem muss die gewünschte Antwort von mindestens 25 % der stimmberechtigten Bürger akzeptiert werden. Für den Kommunalforscher ergeben sich folgende wichtige Fragestellungen:

- Wie stark identifizieren sich die Bürger mit ihrer Stadt?
- Sind Engagement, Motivation, Leidensdruck, Involvement ausreichend, um Bürger für eine aktive Mitarbeit zu gewinnen?
- Welche Zusammenhänge bestehen zwischen Identifikation und Leistungsbereitschaft? Unter welchen Voraussetzungen lassen sich die Bürger aktivieren?

Wenn es dem Kommunalforscher gelingt, diese Fragen zu beantworten, die Zusammenhänge zu verstehen, kann er die Bürger erfolgreich in wichtige Entscheidungen einbinden, wie beispielsweise die Frage, ob das städtische Krankenhaus oder der öffentliche Personennahverkehr privatisiert werden sollen oder können. Die Einbindung der Bürger erlaubt es ihm aber auch, die Wünsche und Bedürfnisse, aber auch Konfliktfelder zu identifizieren, sodass er dem Gemeinderat, den Dezernenten und dem Bürgermeister wertvolle Informationen für die Maßnahmenplanung geben kann.

Der Kommunalforscher berät die politischen Parteien. So wie Parteien Werbeagenturen mit der Kreation von Kampagnen beauftragen, können sie die qualitative Marktforschung als Quelle wichtigen Grundlagenwissens nutzen und sich von ihr unterstützen und beraten lassen, indem Motive, Wünsche und Prioritäten von Wählerzielgruppen identifiziert werden und in deren individuellem Lebensumfeld erklärt werden. Auf Bundes- und Landesebene ist dies zwar selbstverständlich, auf kommunaler Ebene jedoch noch ein Novum.

Dieter Pflaum

3 Anwendungsfelder qualitativer Methoden in ausgewählten Bereichen der Kommunalpolitik

3.1 Positionierung einer Stadt

Ähnlich, wie Markenartikler versuchen, aus ihrem Produkt eine Marke (Brand) zu generieren, ist es heute auch Aufgabe der Kommunen, sich im Konkurrenzumfeld als Marke zu positionieren. Dabei kann retrospektiv oder prospektiv vorgegangen werden. Bei ersterer Methode besinnt sich die Kommune auf die Geschichte der Stadt oder Gemeinde und versucht, dieses Merkmal als Marke zu kreieren. Bei letzterer Methode wird der Versuch unternommen, Innovationen der Kommune, seien sie wirtschaftlicher, technischer oder kultureller Art, als Markenzeichen herauszustellen. Kommunen mit explizitem Markenzeichen haben Vorteile gegenüber „nicht-markierten" Kommunen, denn „markierte" („gebrandete") Gemeinden oder Städte ziehen Investoren an, profitieren bei der Vergabe von Landes- und Bundesmitteln, sind attraktiv für neue Bürger und profitieren von höheren Gewerbesteuern, der Haupteinnahmequelle der Kommunen.

Beispiele von erfolgreich „markierten" Kommunen

Stuttgart	→ Auto- und Medienstadt
Pforzheim	→ Goldstadt
Freiburg, Tübingen	→ beliebte Hochschulstädte
Leipzig, Frankfurt/Main, Berlin	→ Messestädte
Baden-Baden	→ Kulturstadt
Rothenburg, Quedlinburg, Wernigerode	→ historische Städte

In einer ersten qualitativen Forschungsphase werden Hypothesen zu relevanten Dimensionen für die Positionierung aufgestellt, beispielsweise in:

- Gruppendiskussionen mit interessierten Bürgern und Verbänden
- Experteninterviews mit Wirtschaftsfachleuten, Historikern, Kulturschaffenden, Spitzen der Kommunen
- Innovationsworkshops

Die so identifizierten Positionierungspotenziale werden durch weitere quantitative Befragungen und durch Abschätzung der finanziellen Möglichkeiten verifiziert oder falsifiziert. Die Positionierungsvorhaben von Kommunen sind nicht nur Angelegenheit der Kommunikations- und Kommunalpolitik, auch die übrigen Marketing-Mixfaktoren, insbesondere die Produktpolitik, sind gefordert.

3.2 Stadtmarketing

Fast leere kommunale Budgets, daraus resultierende soziale Probleme, eine Arbeitslosenquote, die zwischen zehn und zwölf Prozent schwankt, Verlagerung von Produktionsstätten ins Ausland – dies sind einige Probleme, die von Kommunen heute gelöst werden müssen (vgl. Institut der deutschen Wirtschaft 2005). Aufgrund dieser Situation ist Stadtmarketing zu einem wichtigen Thema für viele Kommunen geworden, das Deutsche Institut für Urbanistik (DIFU) hat 2004 bei einer Umfrage festgestellt, dass etwa 90 % aller Städte mit mehr als 100.000 Einwohnern Stadtmarketing betreiben (vgl. Birk et al. 2005). Laut Grundgesetz ist die Kommunalpolitik dazu verpflichtet, das Gemeinwohl zu erhalten und zu fördern, die staatlichen Grundfunktionen sowie die Chancengleichheit und die gerechte soziale Umverteilung zu gewährleisten (Meffert 2005, S. 1270).

Die verschiedenen Schritte zu einem erfolgreichen Stadtmarketing sind:

1. Schritt: Durchführung einer Situationsanalyse (Stärken und Schwächen der Stadt, d. h. Erstellung einer Potenzialanalyse im Vergleich zu anderen Städten). Dabei sollen geeignete Wettbewerbsstädte in die Untersuchung zum Vergleich einbezogen werden.

2. Schritt: Durchführung einer Umfeldanalyse, d. h. Feststellung der wirtschaftlichen, politischen und gesellschaftlichen Rahmenbedingungen und deren Veränderungen, einschließlich Verknüpfung dieser Daten mit den subjektiven Wahrnehmungen der Bürger, Investoren und Meinungsbildner, um die Chancen und Risiken der Stadt abschätzen zu können. Das Ergebnis der Schritte 1 und 2 ist die SWOT-Analyse (Stärken-, Schwächen-, Chancen-, Risikoanalyse).

3. Schritt: Ist-Soll-Analyse. Nach der Durchführung der SWOT-Analyse muss eine Impulsveranstaltung ins Leben gerufen werden, um die Bürger in den Stadtmarketingprozess zu involvieren (vgl. Junker 2002). Bei dieser Impulsveranstaltung werden diejenigen Themen diskutiert, die aufgrund der Marktforschungsergebnisse einer schnellen und nachhaltigen Behandlung bedürfen. Wichtig sind hier die Einschaltung der Presse zur Unterrichtung der nicht direkt an der Veranstaltung beteiligten Einwohner und der Einsatz eines professionellen Moderators, der die Impulsveranstaltung leitet.

4. Schritt: Die unterschiedlichen Visionen der Bürger werden zu einem Leitbild vereint. Es bildet die Basis für weitere Beschlüsse und trägt zur Imagebildung, Wettbewerbspositionierung und Identifikation der Bürger mit ihrer Stadt (Wir-Gefühl) bei.

Abschließend müssen Oberziele für die Stadt fixiert werden, d. h. der Ausbau der Stärken und der Abbau der Schwächen.

5. Schritt: Es werden verschiedene Arbeitsgruppen (Verkehr, Touristik, Kultur, Wirtschaft) initiiert, in denen eine eindeutige Fixierung der Teilziele erfolgt (vgl. Wiechula 2000, S. 42).

6. Schritt: Anschließend erfolgt der für die Realisierung der Ziele notwendige Maßnahmenmix, auch die Wahl einer geeigneten Organisationsform ist für das Stadtmarketing Grundvoraussetzung für das Gelingen (z. B. Verankerung in der Stadtverwaltung, Arbeitskreise, Gesellschaft bürgerlichen Rechts, GmbH, e. V.) (vgl. Konken 2004, S. 348).

Für den dritten Schritt, in dem Schwerpunkte des Stadtmarketings aufgrund der Ist-Soll-Analyse fixiert werden, und den vierten, in dem Oberziele festgelegt werden, eignen sich insbesondere Gruppendiskussionen und Experteninterviews. Für den fünften Schritt, Festlegung der Teilziele, eignen sich ebenfalls Gruppendiskussionen besonders. Gruppendiskussionen spiegeln die öffentliche Diskussion wider, erlauben Einblicke in die Art und Weise, wie diese Diskussion geführt wird, und ermöglichen, Konzepte auf Konsensfähigkeit zu prüfen.

3.3 Einzelhandel und Kommune

Der Einzelhandel ist der Hauptgrund, weshalb Menschen eine Stadt aufsuchen. Die Stadtattraktivität ist abhängig von der Handelsattraktivität. Schwerpunkt des Interesses ist die Innenstadt, wobei auch die peripheren Handelsansiedlungen „auf der grünen Wiese" zur Gesamtattraktivität der Kommune beitragen. Eine Stadt jedoch ist nur über ihre Innenstadt zu vermarkten, sie muss Charakter, Flair und Anziehungskraft ausüben. Dabei bildet der mittelständische Einzelhandel das Rückgrat der Innenstadt. Auch Kinos, Gastronomie, Theater und Büchereien sind ein wesentlicher Bestandteil der Stadtidentität. Jedoch befindet sich der innerstädtische Handel in einer Krise:

- Jährlich kommen in der Bundesrepublik etwa eine Million Quadratmeter Verkaufsfläche hinzu,

- der Anteil des Einzelhandels an den Konsumausgaben ist zwischen 1995 und 2003 um ein Siebtel gesunken,

- Steuer- und Abgabenlast steigen stetig,

- die Tendenz zu Niedrigpreisangeboten wird auch über 2007 hinaus unbegrenzt anhalten,

- bürokratische und verwaltungstechnische Hemmnisse greifen weiter um sich. Der Händler ist zwar nach wie vor für sein Geschäft (Sortiment, Präsentation der Waren, Kundenfreundlichkeit, Preisgestaltung und Standort) verantwortlich, doch

  - Maßnahmen zur Verkehrsbeschleunigung und Verkehrsverflüssigung, zur besseren Erreichbarkeit des Stadtzentrums,
  - verbesserte Ausstattung und dynamische Fahrgastinformationssysteme an Bus-, Straßenbahn- und U-Bahn-Haltestellen,
  - von den Bürgern akzeptierte Parksysteme und Parkrückerstattungssysteme,
  - Wegleitsysteme zur besseren Erreichbarkeit der Innenstadt

sind hauptsächlich Aufgaben der Kommune, die mit den zuständigen Partnern gelöst werden müssen (vgl. IHK Nordschwarzwald 2005).

Neben Experteninterviews mit Professoren von Hochschulen, Verbänden und ortsansässigen Händlern kommen hier qualitative Methodenkonzepte wie die Delphi-Methode zum Einsatz, deren Ziel es ist, in einem iterativen Prozess Ideen und Ansätze für Lösungskonzepte zu generieren und zu bewerten. Da gerade hier auch die Veränderung der Einzelhandelsstruktur im zeitlichen Verlauf und individuelle Erlebniszusammenhänge mit diesen sich verändernden Strukturen von Bedeutung sind, leisten auch narrative Interviews mit Bürgern und politischen Entscheidungsträgern einen wichtigen Beitrag.

3.4 Hochschule und Kommune

Hochschulen werten das Image von Städten auf, dennoch ist die Integration der Hochschullandschaft in die Innenstadt oft nicht optimal gelöst. Doch gerade Hochschulen können für die wirtschaftliche Entwicklung einer Kommune wesentliche Impulse geben (vgl. die Beispiele Karlsruhe und Ulm). Möglichkeiten zur besseren Integration von Hochschulen im Bewusstsein der Bürger sind:

- mehr Präsenz der Hochschule in der Innenstadt durch Veranstaltungen
- Nutzung leer stehender Ladenflächen als „Showrooms" für studentische Aktivitäten
- Integration und Bindung der Studenten an die Stadt durch attraktive innerstädtische Wohnungsangebote
- Unterstützung und Förderung junger Hochschulabsolventen, um deren Abwanderung zu verhindern oder zu reduzieren. Dies kann durch die Förderung von Gründungsinitiativen geschehen, wie z. B. durch zinsgünstige Darlehen, durch Raumangebote mit entsprechenden Präsentationsflächen. Die Region muss bei die-

ser „Ansiedlungspolitik" ebenfalls als Partner mit einbezogen werden. Durch diese Kooperation zwischen Stadt und Region ergeben sich auch Entlastungseffekte für innerstädtische Haushalte.

- Bildungsangebote für Bürger in der Hochschule in Form von Einzelveranstaltungen und Vorlesungsreihen in den Semesterferien
- Einrichtung einer „Kinderuniversität" während der Semesterferien

In Innovationsworkshops mit Personen aus dem Hochschul- und aus dem Kommunalbereich können auch solche Ideen entwickelt werden, die nicht zum üblichen „Portfolio" einer Stadt-Hochschul-Beziehung gehören, z. B. Events in atypischen Locations, wie in Bahnhofshallen oder Fabrikgebäuden. Auch Gruppendiskussionen mit engagierten Studenten und Bürgern bringen neue Impulse.

3.5 Probleme der Standortverlagerung

Ein großes Problem für Kommunen sind die Standortverlagerungen von Industrie- und Dienstleistungsbetrieben in das nahe oder ferne Umland oder ins Ausland. Mehr als 6.000 Betriebe z. B. haben in der Region Stuttgart seit dem Jahr 2000 ihrer Heimatkommune den Rücken gekehrt und den alten Standort verlassen (vgl. IHK Stuttgart 2006, S. 39). So verlor der Stadtkreis Stuttgart von 2000 bis 2004 per Saldo 473 Unternehmen, dies sind minus 3,1 %. Gewinner waren hauptsächlich die fünf Landkreise der Region Stuttgart: Böblingen, Esslingen, Ludwigsburg, Göppingen und der Rems-Murr-Kreis. Motive für eine Sitzverlagerung waren:

an erster Stelle: Verfügbarkeit von Gewerbeflächen, Läden und Büros

an zweiter Stelle: Straßenanbindung

an dritter Stelle: Gewerbeflächenpreise, Büro- und Ladenmieten

an vierter Stelle: Kundennähe

an fünfter Stelle: öffentlicher Personennahverkehr

Experteninterviews mit Unternehmern, aber auch mit kommunalen Mandatsträgern aus dem Bereich der Wirtschaftsförderung sind hier zu empfehlen. Um die langfristigen Entwicklungen besser einschätzen zu können, ist auch der Einsatz der Delphi-Methode ratsam.

3.6 Wahlkampfwerbung

Ein Höhepunkt im kommunalen Wirken ist die alle paar Jahre stattfindende Gemeinderatswahl (Stadtratswahl, Stadtverordnetenwahl). Während bei Bundestags- bzw.

Landtagswahlen zum großen Teil Sachthemen als Wahlkampfthema ausgewählt werden, spielt im kommunalen Wahlkampf neben den Sachthemen auch die Persönlichkeit der politischen Kandidaten (Bekanntheitsgrad, Image, Integrität) eine große Rolle. Auch die Auswahl der Werbeträger und der Werbemittel ist auf allen Ebenen des Wahlkampfs entscheidend. Gerade im kommunalen Wahlkampf ist deshalb das Geomarketing von hoher Bedeutung. Die Parteien müssen wissen, in welchem Wahlkreis man in welcher Ausgangssituation ist, d. h., wo gibt man Land verloren und wo muss man werblich wie investieren, um entscheidende Prozentpunkte zu gewinnen. Es muss klar sein, welcher Straßenzug schon dem Wahlkreiskandidaten gehört und welcher nicht. Mit anderen Worten: „Im regionalen Wahlkampf ist Wahlkampf Häuserkampf" (vgl. Biermann 2005, S. 62).

Wenn das Geomarketing, d. h. also das örtlich differenzierte Marketing, trotz der hohen anfallenden Kosten eingesetzt werden soll, empfehlen sich folgende qualitativen Methoden:

- Gruppendiskussionen über Stärken und Schwächen der einzelnen Parteien, insbesondere der eigenen Partei in den ausgewählten Bezirken

- Experteninterviews mit wahlkampferprobten Werbeagenturen über den zielgenauen Werbeträger- und Werbemitteleinsatz in den relevanten Bezirken. Je nach Alter der Wähler spielen auch Mobiltelefon und Internet heute eine wichtige Rolle als Informationsvermittler.

3.7 Kooperative Maßnahmen von Bund, Land und Kommune zur Realisierung kommunaler Ziele

Projekte, bei denen Bund, Land und Kommune profitieren, bedürfen auch einer aus mehreren Quellen gespeisten Finanzierung. Projekte dieser Art finden sich im Baubereich (Museen), Verkehrsbereich („Magistrale für Europa", d. h. Ausbau von Hochleistungs-Bahnverbindungen) und im Wirtschaftsbereich (Einrichtung zentraler Wirtschaftsinstitutionen, wie Banken, Behörden).

Das Projekt „Stuttgart 21" gehört zu den „Magistralen für Europa", Kernstück ist die Umwandlung des bestehenden 16-gleisigen Kopfbahnhofs in einen 8-gleisigen unterirdischen Durchgangsbahnhof. Dank dieses unterirdischen Hauptbahnhofs werden die heutigen Gleisflächen nicht mehr benötigt. Über 100 Hektar (1 Hektar = 10.000 qm) freie Fläche stehen für die Entwicklung der Innenstadt zur Verfügung. Ohne „S 21" würden, laut Planung der Deutschen Bahn, wesentliche Fernverbindungen bald an Stuttgart vorbeifahren; dabei gehen aber 51 % der wirtschaftlichen Produktion der Region Stuttgart in den Export. Im Rahmen dieses Projekts soll auch die Strecke Stuttgart–Ulm für den Fernverkehr kompatibel gemacht werden. Damit wird Stuttgart in

Dieter Pflaum

den hochwertigen Schienenschnellverkehr mit zwei europäischen Achsen eingebunden: zum einen London, Brüssel, Amsterdam, Köln, Frankfurt/Main, Stuttgart, München, zum anderen Paris, Straßburg, Karlsruhe, Stuttgart, München, Wien, Budapest.

Weitere Vorteile sind z. B. Fahrzeitverkürzungen auf den Strecken:

Stuttgart – München: heute 2 Std. 10 Min. – in Zukunft 1 Std. 44 Min.
Stuttgart – Ulm: heute 0,54 Min. – in Zukunft 0,28 Min.

Die Zeitverkürzungen sind auch attraktiv für Autofahrer, um vom Pkw auf die Bahn umzusteigen (vgl. Europäisches Parlament 2006; Projekt Deutsche Bahn 2006; Stadtklima Stuttgart 2006). Vor dem definitiven Baubeginn muss das Gesamtprojekt noch das eigentliche Baugenehmigungsverfahren, die sogenannte Planfeststellung, durchlaufen. Sinn und Zweck der Planfeststellung ist die fachliche Überprüfung des Projekts in ökologischer und technischer Hinsicht. Außerdem haben Bürger und Fachbehörden dabei die Möglichkeit, Stellung zu beziehen und Anregungen oder Einwände an das Regierungspräsidium heranzutragen.

Gruppendiskussionen mit engagierten und kompetenten Bürgern sind hier ebenso angesagt wie Experteninterviews. Gerade die Verkehrsprobleme während der Bauphase (ca. fünf Jahre) und Umweltprobleme (Folgen) werden heiß diskutiert.

3.8 Die Kommune als Bestandteil der Region

Die Förderung wirtschaftlicher Entwicklung durch die EU bezieht sich nicht nur auf Kommunen, sondern auch sogenannte „Metropolregionen" als Konglomerate aus Städten und Gemeinden erfreuen sich einer besonderen Unterstützung aus Brüssel. In Europa werden verschiedene „Metropolregionen" ausgewählt, die Gelder aus Brüssel erhalten. Eine davon ist die „Metropolregion Stuttgart". Sie strebt danach, die Region (Landeshauptstadt Stuttgart mit 178 weiteren Städten und Gemeinden) zu einer Einheit von Ideen und Projekten, aber auch zu einer Einheit der Menschen zu entwickeln (vgl. Steinacher 2005). Basis für die Festlegung der Höhe der Fördermittel ist eine „qualitative Clusteranalyse", d. h. die Ermittlung und Bestandsaufnahme von Branchen mit tragfähigen Entwicklungspotenzialen. Ferner interessieren bei den so ermittelten Branchen ihre Wertschöpfungsketten, Verflechtungen und eventuell vorhandene Defizite. Schließlich ist die Ableitung konkreter Empfehlungen für die Bestandspflege und Ansiedlungsakquisition im Rahmen des Regionalmarketings (z. B. Förderung der Ansiedlung der Metallindustrie inklusive Stanztechnik, von Kunststofftechnologie sowie von Medizin- und Digitaltechnik wegen vorhandenen Facharbeiterpotenzials) die Basis für die Konzeptumsetzung.

Zum Einsatz kommen Experteninterviews, die Delphi-Methode und Gruppendiskussionen mit Verbandsvertretern und Kommunalvertretern.

4 Fazit

Zusammenfassend soll der wichtige Beitrag der qualitativen Marktforschung für die Kommunalpolitik nochmals dargestellt werden: Kommunalforscher leisten Grundlagenarbeit in der Zielgruppe der Kommunalpolitik, den Bürgern. Wünsche, Prioritäten, Frustrationen und Enttäuschungen können schon im Vorfeld des Entstehens erkannt werden, positive Tendenzen können demnach durch die Kommunalpolitik verstärkt, negative Trends abgeschwächt oder verhindert werden. Kommunalforscher helfen den Gemeinderäten, d. h. den am Ort vertretenen Parteien und Gruppierungen (z. B. Freie Wähler), ihre Entscheidungen und ihre Initiativen besser vorzubereiten und fundiert im Gemeinderat, bei Versammlungen oder Veranstaltungen vertreten zu können. Damit werden auch Wahlaussagen und Wahlversprechen kritisch beleuchtet und u. U. für den nächsten Wahlkampf modifiziert. Kommunalforscher helfen den Bürgermeistern und den Dezernenten, visionäre Empfehlungen für die Lokalpolitik zu entwickeln und ggf. öffentlich zu vertreten (z. B. Stuttgart 21, Stadtbahn direkt in die Innenstadt leiten, Flugplätze auch für kleine Großstädte).

Permanente Kommunalforschung kann Fehlentwicklungen erkennen und mithilfe der kommunalen Gremien gegensteuern, z. B. überhöhten Strom- und Gaspreisen, dem Anstieg der Arbeitslosigkeit, der Verwahrlosung von Stadtvierteln. Die Möglichkeiten für die qualitative Marktforschung im Kommunalbereich sind noch lange nicht ausgeschöpft. Um das Potenzial zu nutzen, müssten aber die Marktforschungsinstitute selbst aktiver werden und den Kommunen das Leistungspotenzial qualitativer Forschung deutlich aufzeigen. Auf keinen Fall sollten sie das kommunale Forschungsfeld kampflos den auf diesem Gebiet erfolgreich agierenden Unternehmensberatungen überlassen.

Dieter Pflaum

Literaturverzeichnis

Biermann, Martin (2005): Mehr nach Gefühl als nach Fakten. In: Werben und Verkaufen, 28, S. 62.

Birk, Franz / Grabow, Bert / Hollbach-Gromig, Beate (2005): Stadtmarketing – Status quo und Perspektiven. In: Berichte des Deutschen Instituts für Urbanistik. Projekte, Veröffentlichungen, Veranstaltungen und Position des Deutschen Instituts für Urbanistik, 4, Berlin, S. 4–7.

Europäisches Parlament (2006): www.magistrale.org. Zugriff: 08.09.2010.

IHK – Nordschwarzwald (2005): Pforzheimer Erklärung: Masterplan im Rahmen des Forums zum Handelsstandort Pforzheim vom 13. April 2005. Pforzheim.

IHK – Stuttgart (2006): Magazin Wirtschaft, 4.

Institut der deutschen Wirtschaft Köln (Hrsg.) (2005): Deutschland in Zahlen. Köln.

Junker, Rudolf (2002): Stadtmarketing und Stadtplanung. Kooperation Stadtkonkurrenz. In: Stadtmarketing; Stand und Perspektiven eines kooperativen Stadtmanagements. München, S. 57–62.

Konken, Martin (2004): Stadtmarketing-Kommunikation mit Zukunft. Meßkirch.

Meffert, Heribert (2005): Marketing-Grundlagen marktorientierter Unternehmensführung. 9. Auflage. Wiesbaden.

Projekt Deutsche Bahn (2006): www.stuttgart21.de. Zugriff: 08.09.2010.

Stadtklima Stuttgart (2006): www.stadtklima.de. Zugriff: 08.09.2010.

Steinacher, Bernd (2005): Perspektiven regionaler Kooperation. In: Landeshauptstadt Stuttgart, Referat Städtebau, Amt für Stadtplanung und Stadterneuerung (Hrsg.): Beiträge zur Stadtentwicklung; Stadtentwicklungskonzept Stuttgart, Dialog 2005. Stuttgart, S. 34–40.

Wiechula, Andreas (2000): Stadtmarketing im Kontext eines Public Managements. Stuttgart.

Franz Liebel

Motivforschung
Eine kognitionspsychologische Perspektive

1 Einführung 475
2 Wissenschaftliche Grundlagen 476
   2.1 Psychologische Konstrukte und Modelle 476
   2.2 Das Means-End-Chain-Modell 477
   2.3 Die Explorationstechnik Laddering 480
3 Die MotivationsStrukturAnalyse 482
   3.1 Methode 482
   3.2 Anwendungsbereiche 483
4 Fazit 489

1 Einführung

Der Mensch, der all seine Entscheidungen auf der Basis vernünftiger Überlegungen, durch sorgfältiges Abwägen und Bewerten des „Für und Wider" verschiedener Handlungsalternativen trifft, existiert nicht. Insbesondere beim Kaufverhalten ist der Homo oeconomicus längst als Utopie entlarvt. Vielmehr werden unsere Kaufentscheidungen durch gelernte Wissensmuster und „Wenn-dann-Verknüpfungen" bestimmt, die wiederum durch individuelle Erwartungen und Hoffnungen, durch gelernte Pseudo-Realitäten und Wunschbilder beeinflusst werden. Und diese wirken selbst dann noch, wenn wir uns ihrer bewusst sind.

Ist der Mensch in seinem Entscheidungsverhalten also doch eher irrational? Die Kognitionspsychologie geht davon aus, dass der Mensch ein aktiver Informationsverarbeiter ist, der sein Wissen permanent ergänzt, auf komplexe Weise immer wieder neu verknüpft und diese Wissensbausteine als Grundlage für seine Entscheidungsfindung nutzt. Seine Entscheidungen trifft er jedoch auf Basis individueller Motivationsstrukturen, die eine Bewertung dieser Informationen erfordern. Denn das Ziel jeder Entscheidung ist die Erfüllung individueller Wünsche, die einer übergeordneten Ziel- und Wertvorstellung unterliegen.

Am deutlichsten wird die Mischung aus rationalen Überlegungen und emotionalen Einflussfaktoren, wenn wir uns das Entscheidungsverhalten am Beispiel des Kaufs eines hochwertigen Wirtschaftsguts, z. B. eines Autos, vor Augen führen. Bei einer rein rationalen Entscheidung dürften nur objektive Kriterien, wie Platzangebot, Benzinverbrauch etc., eine Rolle spielen. Diese müssten mit dem objektiven Bedarf abgeglichen werden, um schlussendlich eine Entscheidung für ein bestimmtes Modell zu treffen. In der Realität vermischen sich jedoch aktuelle Informationen mit „erworbenem Wissen", also all den Erinnerungen und Erfahrungen, die wir im Laufe unseres Lebens mit Autos und Automarken gemacht haben. Darüber hinaus spielt die Vorstellung, wie wir uns in dem Auto fühlen werden und welchen Eindruck wir vielleicht auf andere machen können, bei der Entscheidungsfindung eine mindestens ebenso große Rolle wie unsere rationalen Abwägungen.

Um die vielfältigen Einflussfaktoren auf die Entscheidungsfindung, rationale Überlegungen ebenso wie irrationale, emotionale Beweggründe besser zu verstehen, wurden in der Kognitionspsychologie Modelle entwickelt, die die Zusammenhänge zwischen den Einflussfaktoren erklären und aufzeigen. Hierzu wurden Erkenntnisse aus den verschiedensten Disziplinen zusammengefügt, u. a. aus der psychologischen Motivforschung, den sozialwissenschaftlichen Lebensstilansätzen, den Konstrukten zu Selbst- und Fremdwahrnehmung sowie den unterschiedlichen Entscheidungstheorien. Einige der Grundlagen werden im nachfolgenden Kapitel zum besseren Verständnis kurz erklärt.

Eines der anerkanntesten Modelle, das entscheidungstheoretische und motivationale Ansätze verbindet, ist das Means-End-Chain-Modell. Diesem Modell wird, ebenso wie der qualitativen Befragungstechnik Laddering, die für die Anwendung der Means-End-Chain-Analyse entwickelt wurde, ein eigener Abschnitt gewidmet (vgl. Kapitel 2.2 und 2.3).

Auf Grundlage des Means-End-Chain-Modells und anderer kognitionspsychologischer Erkenntnisse wurde für die praktische Anwendung in der qualitativ-psychologischen Marketingforschung die MotivationsStrukturAnalyse, kurz MSA, entwickelt (vgl. Kapitel 3). Die MSA eignet sich insbesondere für die Klärung grundsätzlicher Fragen zur Konsumentenmotivation, zur Markenwahrnehmung und als Basis für psychologische Typologien.

2 Wissenschaftliche Grundlagen

2.1 Psychologische Konstrukte und Modelle

Wie Menschen Entscheidungen herbeiführen und was sie motiviert, bestimmte Dinge zu tun, ist seit jeher Gegenstand philosophischer Betrachtungen. Auch in der psychologischen und soziologischen Forschung wurden unterschiedlichste Entscheidungsmodelle, Theorien zur Einstellungsbildung und eine Vielzahl unterschiedlicher Motivationskonzepte entwickelt, vielfältige Einflussfaktoren auf die schlussendliche Entscheidung identifiziert.

Trimmel (1996) hat die verschiedenen Motivationstheorien grob in drei Kategorien gegliedert. Die erste ist die Kategorie der Triebtheorien, deren wichtigste Vertreter Sigmund Freud (psychoanalytische Theorie der Motivation) und Clark Hull (Triebtheorie) sein dürften. Sie gehen u. a. von Spannungs- und Bedürfnisreduktion als Antriebsprinzip aus. Die zweite Kategorie sind bei Trimmel die Theorien des persönlichen Wachstums und der kognitiven Umweltbewältigung. Bekannte Vertreter dieser Theorien, die von einer Selbstverwirklichungstendenz als grundlegende Antriebskraft des menschlichen Organismus ausgehen, sind Abraham Maslow (1954) und Carl Rogers. Die dritte Kategorie sind erfahrungsbedingte Motivationstheorien. Hierunter fallen die Attributionstheorien (vgl. Heider 1960), soziale Lerntheorien (vgl. Bandura 1976), Erwartungswerttheorien (basierend auf Karl Lewins Feldtheorie 1947) und – für die weitere Betrachtung relevant – die Theorie der „wohldurchdachten Handlung" („Theory of Reasoned Action") von Fishbein und Ajzen (1975). Fishbeins und Ajzens Theorie geht von der Annahme aus, dass die meisten sozialen Verhaltensweisen willentlicher Kontrolle unterliegen und diese willentliche Kontrolle aufgrund rationaler Überlegungen und dem systematischen Gebrauch von Informationen bei der Handlungsausführung oder der Handlungsunterlassung ihre Entsprechung findet. Ebenso wie andere Modelle der sozialpsychologischen Einstellungsforschung und verschiedener Lebensstilansätze zeigen sie einen Zusammenhang zwischen dem konkreten (Kauf-)Verhalten und dem angestrebten Lebensstil bzw. dem Selbstkonzept von Individuen auf.

Die Kognitionspsychologie (→ Beitrag „Kognitionspsychologie" von Marina Klusendick) konnte zeigen, dass menschliches Verhalten durch sehr komplexe Motivatoren gesteuert wird, dass Wahrnehmung dadurch sehr selektiv und subjektiv, menschliche Informationsverarbeitung und Informationsbewertung für Entscheidungen alles andere als objektiv ist. Und dass diese Motivatoren weit über den rein biologischen Antrieb und unsere Emotionen hinaus Einfluss auf unsere Konsumentscheidungen haben (Scott/Lamont 1973). Aus den vielfältigen Forschungsansätzen, die nachweisen konnten, dass eine rein ökonomische Nutzentheorie nicht ausreicht, um menschliches Konsumentenverhalten zu erklären, wurden u. a. die Werterhaltungstheorien bzw. Rational-Choice-Ansätze der Sozialwissenschaften (vgl. Esser 1990) entwickelt, die dem handelnden Menschen rationales Verhalten zuschreiben, dabei jedoch von einer Nutzenmaximierung aufgrund individueller Präferenzen ausgehen. Eine weitaus anwendungsorientiertere Sichtweise des Konsumenten haben die Means-End-Theorien, die v. a. im Marketing starken Anklang fanden. Das Means-End-Chain-Modell sowie die daraus abgeleitete MotivationsStrukturAnalyse werden im Folgenden ausführlicher vorgestellt.

2.2 Das Means-End-Chain-Modell

Means-End-Theorien gehen davon aus, dass Menschen bestimmte Wertvorstellungen und Zielsetzungen in ihrem Leben haben, die sich auch auf ihr Konsumverhalten auswirken, indem sie einen Zusammenhang zwischen den Eigenschaften eines Produkts oder einer Marke, den sich für sie ergebenden Konsequenzen bei einer Nutzung und ihrer Wertehaltung herstellen. Das Produkt bzw. die Konsumhandlung wird zum Mittel (means), um einem bestimmten Ziel (ends) näherzukommen. Die Zielsetzung aller Means-End-Ansätze ist es, ein tieferes Verständnis für diese Zusammenhänge zu bekommen, also mehr über die für Konsumenten produktimmanenten Bedeutungen (Meanings) und ihre Verzahnung mit den personenimmanenten Werten zu erfahren.

Gutman (1982) geht in seinem Means-End-Chain-Modell genauso wie Olson und Reynolds (1983) von drei Bedeutungsebenen aus, die typischerweise mit einem Produkt assoziiert sind: die Ebene der Produkteigenschaften (attributes), den erwarteten Konsequenzen bei der Produktnutzung (consequences) und den dadurch erreichbaren, für den Konsumenten persönlich relevanten Zielen und Wertvorstellungen (values).

Abbildung 2-1: Die drei Bedeutungsebenen des Means-End-Chain-Modells

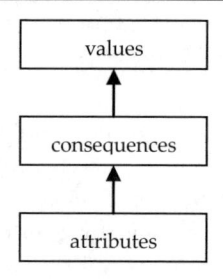

```
        ┌──────────────┐
        │    values    │
        └──────────────┘
               ▲
        ┌──────────────┐
        │ consequences │
        └──────────────┘
               ▲
        ┌──────────────┐
        │  attributes  │
        └──────────────┘
```

Müssen wir uns also zwischen verschiedenen Produktalternativen oder Marken entscheiden, betrachten wir – zumindest im theoretischen Modell – zunächst die konkreten, direkt wahrnehmbaren Produktmerkmale und die mit ihnen automatisch verknüpften, assoziierten Eigenschaften bzw. abstrakten Produktmerkmale. Diese Verknüpfung zwischen konkreten und abstrakten Produktmerkmalen ist ein Teil der gelernten Schemata, über die wir unsere Umwelt strukturieren und die es uns ermöglichen, uns in unserer sehr komplexen Welt zurechtzufinden. Schemata sind also so etwas wie „geistige Schubladen", in denen wir auf Basis zurückliegender Erfahrungen und Informationen aus allen möglichen Quellen (Erziehung, Medien …) Vorstellungen von Produkten, Eigenschaften und Marken zu einem stimmigen Muster zusammengefügt haben. Ein Mensch hat unzählige solcher Schemata in seinem Kopf, die alle miteinander verknüpft ein ungeheuer großes Informationsnetzwerk darstellen.

Gutman (1982) verdeutlichte den Zusammenhang zwischen konkreten und abstrakten Produktmerkmalen am Beispiel eines Apfels. Sehen wir einen roten Apfel, abstrahieren wir die Produkteigenschaft „süß", während wir bei einem grünen Apfel eher die Produkteigenschaften „frisch" und „säuerlich" erwarten. In unserem eingangs erwähnten Beispiel zu den vermeintlich rationalen Überlegungen beim Autokauf wirken die gelernten Schemata ebenso. So erwarten wir bei einem Auto mit langer, flacher Motorhaube, ohne groß zu überlegen, die abstrakten Produktmerkmale „sportlich" und „schnell", bei einem kleinen, kompakten Auto assoziieren wir dagegen „sparsam" und „wendig".

Auf der nächsthöheren Abstraktionsebene führen wir uns die Konsequenzen einer Produktnutzung vor Augen. Auch diese Konsequenzen-Erwartungen sind Teil der Schemata, der Bilder, die wir uns von unserer Umwelt machen. Hierbei kann man zwischen den funktionalen und den eher emotional geprägten Konsequenzen-Erwartungen unterscheiden. Was habe ich davon, wenn ich Produkte mit den wahrgenommenen konkreten und abstrahierten Eigenschaften nutze, wie fühle ich mich dabei, wie werde ich von anderen dabei wahrgenommen? Typische Fragen, die man sich bei einer Produktentscheidung stellen könnte, aufgrund gebildeter Schemata aber meist nicht mehr stellen muss.

In unserem Apfelbeispiel könnte eine funktionale Konsequenzen-Erwartung „enthält Vitamine" sein. Auf der emotionalen Ebene würden vielleicht Gedanken wie „fühle mich besser" oder „lebe gesund" entstehen. Konsequenzen-Erwartungen müssen nicht nur positiv sein, sondern es kann durchaus zu einer Gewichtung der persönlichen Relevanz von widerstreitenden positiven und negativen Erwartungen kommen, d. h. einer Abwägung im Sinne der Erreichung übergeordneter persönlicher Werte. In unserem Sportwagen-Beispiel können hemmende Erwartungen wie „hoher Benzinverbrauch" oder „wenig Stauraum" direkt neben den motivierenden Erwartungen „schneller als andere fahren" oder „tolle Beschleunigung" stehen. Die kaufentscheidenden Erwartungen dürften bei den Sportwagenliebhabern jedoch auf der emotionalen Ebene entstehen: „wirke in dem Auto selbst sportlich und dynamisch", „habe jede Menge Fahrspaß", „bin anderen überlegen" oder „werde von anderen beneidet".

Grundsätzlich geht man also beim Means-End-Chain-Modell von der Annahme aus, dass Menschen Produkte mit solchen Attributen wählen, die die Konsequenzen erwarten lassen, die sie sich wünschen, und die die Konsequenzen minimieren, die sie sich nicht wünschen (Gutman 1982). Aus den erwarteten Konsequenzen einer Produktnutzung erschließen sich die Konsumenten die Übereinstimmung des Produkts mit den persönlichen Werten und übergeordneten Lebenszielen. Passt das Produkt zu mir und meinem Lebensstil, zu dem, was ich über mich aussagen möchte, oder zu dem, wie mich andere sehen sollen? Der Genuss von Äpfeln wird also ziemlich sicher mit anderen Werten und Lebenszielen verknüpft sein als die Wahl eines Sportwagens. Die Äpfel sorgen für allgemeines Wohlbefinden, bestätigen uns vielleicht in unserem gesundheits- und naturorientierten Lebensstil, während der Sportwagen eher unser Streben nach Macht und Erfolg unterstützt. Unser Konsumziel ist also höchstens vordergründig die Befriedigung von Basisbedürfnissen.

Das Means-End-Chain-Modell ist schon längere Zeit im Marketing und in der Marketingforschung bekannt und wird dort auch häufig angewandt, um neue Kommunikationsstrategien für Produkt- und Markenpositionierungen sowie für Promotionskampagnen zu entwickeln (vgl. Gengler et al. 1999, Pieters et al. 1995 und Reynolds et al. 2001). Auch in der universitären Forschung wird das Means-End-Chain-Modell eingesetzt, um Entscheidungsprozesse nachzuvollziehen und Zusammenhänge zwischen Einstellungsparametern, Motiven und Handlungen aufzuzeigen. Als ein Beispiel sei hier die Studie von Subramony (2002) erwähnt, die auf Basis der Means-End-Chain-Theorie die Frage untersuchte, was Internet-User motiviert, bestimmte Webseiten anderen vorzuziehen, also auch zu verstehen, welche Beziehung zwischen Webseiten und ihren Nutzern besteht.

Franz Liebel

2.3 Die Explorationstechnik Laddering

Um die verschiedenen Bedeutungsebenen des Means-End-Chain-Modells, die für die Produkt- und Markenbewertung relevant sind, auch empirisch zu ermitteln, wird die Explorationstechnik Laddering angewandt. Laddering ist eine qualitative Gesprächstechnik, bei der ausgehend von Schlüsselattributen (z. B. konkreten Produktmerkmalen) die Relevanz der Attribute für den Gesprächspartner hinterfragt wird. Abgeleitet von dem Means-End-Chain-Modell werden zunächst die Schlüsselattribute identifiziert, die Ausgangspunkt für die Laddering-Interviews sind. Durch die Laddering-Technik werden dann die mit den relevanten Produkteigenschaften verbundenen Abstraktionen (abstrakte Merkmale und mit ihnen verknüpfte Assoziationsfelder) hinterfragt. Im weiteren Verlauf arbeitet man sich Schritt für Schritt zu den vom Gesprächspartner erwarteten funktionalen und emotionalen Erwartungen an die Konsequenzen einer Produktnutzung sowie die dieser Konsequenzen-Erwartung zugrunde liegenden Wertehaltung heran. Bildlich gesprochen erklimmt man im Interview eine Bedeutungsebene oder Stufe nach der anderen, daher der Begriff Laddering (ladder [engl.] = Leiter).

Um die tiefer liegenden psychologischen und emotionalen Gründe zu erfassen, die die Kaufentscheidung von Menschen beeinflussen, versucht der Forscher – üblicherweise in sehr intensiven Einzelexplorationen – sich an die Hauptmotive, die zur Entscheidung für ein bestimmtes Produkt oder eine bestimmte Marke führen, heranzutasten. Bei der Laddering-Technik geschieht dies, indem er die gegebene Begründung des Gesprächspartners immer wieder aufs Neue hinterfragt, sinngemäß mit der Frage: „Warum ist das für Sie wichtig?". Gengler et al. (1999) vergleichen Laddering mit dem Schälen einer Zwiebel, um von der Oberfläche immer tiefer zu dem zu kommen, was wirklich wichtig ist.

Das folgende Beispiel soll zeigen, wie man durch die einfache Laddering-Fragetechnik die einzelnen „Sprossen der Analyseleiter" hinauf- und wieder hinuntersteigen kann.

Explorateur: „Was ist Ihnen beim bevorstehenden Autokauf wichtig?"

Proband: „Ich möchte ein Auto, das klein, günstig und sparsam ist."

Explorateur: „Was ist Ihnen sonst noch wichtig?"

Proband: „Es sollte sich etwas von den anderen Autos unterscheiden, etwas Besonderes haben."

Explorateur: „Warum ist Ihnen das wichtig?"

Proband: „Es gibt so viele langweilige Autos. Ich möchte, dass es etwas über mich aussagt. Schließlich ist es mein erstes eigenes Auto."

Explorateur: „Warum ist es Ihnen wichtig, dass das Auto etwas über Sie aussagt?"

Proband:	„Ich möchte mich einfach wohlfühlen. Ich möchte das Gefühl haben, dass es etwas Individuelles hat, einen gewissen Stil, der zu mir passt."
Explorateur:	„Warum ist Ihnen das wichtig?"
Proband:	„Auch wenn das vielleicht falsch ist, aber man schließt ja häufig von äußeren Merkmalen auf Menschen, so auch bei Kleidung und eben auch bei Autos."

Voraussetzung für die Einbindung der Laddering-Technik in die Explorationen ist die Kenntnis der verschiedenen Analyse-Ebenen, sodass der Explorateur gezielt die Aspekte hinterfragt, die auf eine höhere Abstraktions- und Bedeutungsebene führen. Dabei ist es durchaus möglich, die Fragen leicht zu modifizieren, damit das Gespräch nicht zu monoton wird, der Befragungsteilnehmer sich nicht ausgefragt fühlt. Auch Reynolds und Gutman (1988) haben schon auf Abwandlungen der Fragestellung: „Why is that important to you?", hingewiesen, um sie in den situativen Kontext des Gesprächs besser einzubinden. In der Praxis können dies z. B. folgende Formulierungen sein:

- „Was bedeutet … für Sie?"
- „Was verbinden Sie mit …?"
- „Was würde Ihnen fehlen, wenn … nicht gegeben wäre?"
- „Wie fühlen Sie sich dabei?"
- „Was erwarten Sie sich aufgrund von …?"

Auch andere, sich aus dem Gesprächskontext ergebende Fragen, die auf die nächsthöhere Bedeutungsebene führen können, sind durchaus legitim. Ziel muss es sein, möglichst alle relevanten Informationen zu erhalten, die für den Gesprächspartner im zu betrachtenden Themenkomplex wichtig sind. Die Aufbereitung der gewonnenen Erkenntnisse erfolgt über eine Inhaltsanalyse, in der man die erhaltenen Informationen, am theoretischen Means-End-Chain-Modell orientiert, in reduzierter Form den einzelnen Ebenen des Modells zuordnet. Dies geschieht zunächst in einer Längsschnittanalyse pro Befragungsteilnehmer. In diesem ersten Auswertungsschritt stehen die verschiedenen „Leitern" unterschiedlicher Gesprächspartner zunächst gleichwertig nebeneinander. Erst in einem weiteren Analyseschritt werden die einzelnen „Leitern" an den Verknüpfungspunkten mit gleichen Antwortmustern zusammengefügt. Ziel der Analyse von Laddering-Interviews[1] ist es, alle relevanten Antwortfacetten und ihre Beziehung untereinander in einer leicht verständlichen, interpretierbaren und nachvollziehbaren Struktur entsprechend den Bedeutungsebenen des Modells zusammenzufügen.

---

[1] Wer sich tiefer in die Methode des Laddering-Interviews einarbeiten möchte, dem sei die Pionierarbeit von Reynolds und Gutman (1988) als Lektüre empfohlen.

Franz Liebel

3 Die MotivationsStrukturAnalyse

3.1 Methode

Auf Basis des Means-End-Chain-Modells wurde die MotivationsStrukturAnalyse (MSA)[2] entwickelt. Hierbei wird, wie im klassischen Verfahren von Reynolds und Gutman (1988), der Informationsverarbeitungsprozess, der zur aktiven und passiven Einstellungsbildung und damit u. a. zur Entstehung von Markenbildern, Dekodierung von Werbe- und Produktbotschaften und zu Konsumentscheidungen führt, durch spezielle Methoden der Gesprächsführung „aufgedeckt" und theoriegeleitet analysiert:

- klassische Laddering-Technik
- psychologische Gesprächsansätze mit assoziativen und projektiven Verfahren
- gedankliche Rückführung an Situationen des ersten Kontakts mit Produktkategorien

Die Laddering-Technik ist dabei eingebettet in andere psychologische Explorationstechniken, die dem Gesprächspartner Hilfestellungen bei der Aktivierung von Gedächtnisinhalten und dem Erkennen von Sinnzusammenhängen geben. Die „Gedankenreisen" in die Vergangenheit der Produktnutzung fördern bei den Probanden den Zugriff auf emotionale Erinnerungsbilder und damit auf die vor langer Zeit gebildeten Schemata sowie die mit der Produktnutzung verknüpften positiven wie negativen Stimmungen und „inneren Bilder", die in der alltäglichen Konsumwirklichkeit zwar kaufentscheidend sein können, über die man sich in der Entscheidungssituation jedoch nur selten Gedanken macht. Assoziative und projektive Verfahren aktivieren in den Gesprächen unbewusste Motivstrukturen, schaffen damit Bewusstsein, lösen Hemmungen und überwinden Verbalisierungsprobleme. Alle im Verlauf der Explorationen gewonnenen Erkenntnisse können wiederum als Einstieg in die Laddering-Technik genutzt werden, um auf Basis des MSA-Modells die mit der Produktnutzung verknüpften Wertewelten zu erschließen.

Die Explorationen dauern zwischen 60 und 120 Minuten, je nach Komplexität des Themas. Die Stichprobengröße ist – typisch für qualitativ-psychologische Untersuchungen – eher klein, je nach den zu betrachtenden Zielgruppen und vermuteten Einflussfaktoren liegt sie bei 30 bis 100 Gesprächsteilnehmern.

Die MotivationsStrukturAnalyse basiert zwar auf dem Means-End-Chain-Modell, für eine noch differenziertere Betrachtung der einer Konsumentscheidung zugrunde lie-

---

[2] Die MotivationsStrukturAnalyse ist eine Entwicklung des Compagnon Marktforschungsinstituts.

genden Motive, wurden jedoch die Hauptebenen in Gutmans Modell (attributes – consequences – values) auf sechs Ebenen erweitert (vgl. Abb. 3-1). Auf der 4. Ebene wird in der Analyse zusätzlich nach Selbstbild (emotionale Konsequenzen) und erwartetem Fremdbild (psychosoziale Konsequenzen) unterschieden.

Die theoriegeleitete Auswertung und Analyse ermöglicht aufgrund des klaren MSA-Modells eine für den Auftraggeber von psychologischer Marketingforschung jederzeit nachvollziehbare Herleitung der gewonnenen Erkenntnisse sowie der sich daraus ergebenden Ableitungen für Marketingstrategien.

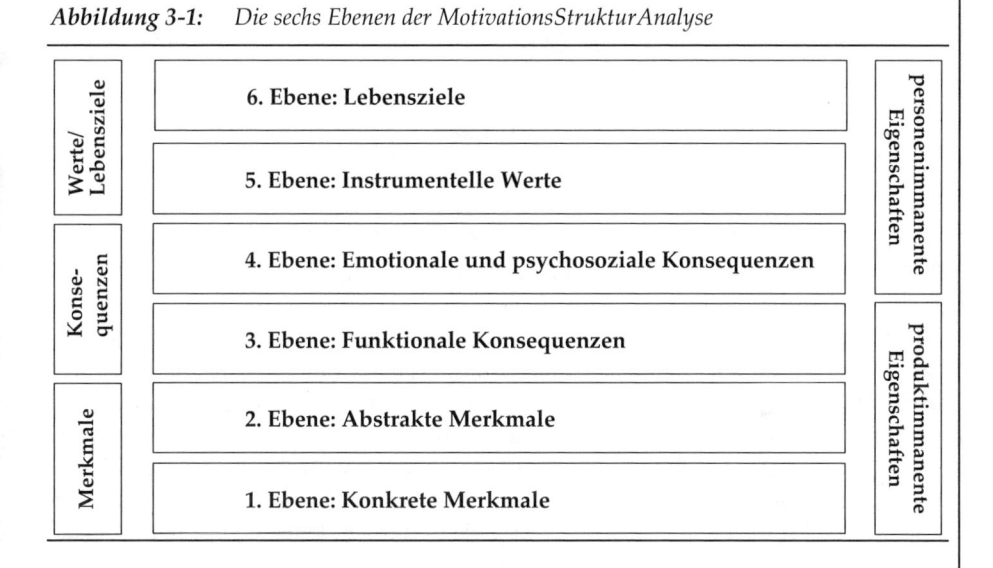

Abbildung 3-1: Die sechs Ebenen der MotivationsStrukturAnalyse

Werte/Lebensziele	6. Ebene: Lebensziele	personenimmanente Eigenschaften
	5. Ebene: Instrumentelle Werte	
Konsequenzen	4. Ebene: Emotionale und psychosoziale Konsequenzen	
	3. Ebene: Funktionale Konsequenzen	produktimmanente Eigenschaften
Merkmale	2. Ebene: Abstrakte Merkmale	
	1. Ebene: Konkrete Merkmale	

3.2 Anwendungsbereiche

Die verschiedenen Ebenen des Means-End-Chain-Modells und die sechs Analyse-Ebenen der MotivationsStrukturAnalyse sowie ihre Anwendung werden verständlicher, wenn man eine Entscheidungsfindung an einem konkreten Beispiel verdeutlicht. Steht man z. B. vor der Kaufentscheidung für einen Kleinwagen, kommen aus rein rationalen Überlegungen viele Marken und Modelle infrage. Das Auto soll klein und wendig, zuverlässig sowie günstig in der Anschaffung und sparsam sein. Dies sind alles konkrete oder assoziierte, abstrakte Produktmerkmale, die zunächst auf fast alle Kleinwagenmodelle zutreffen.

Franz Liebel

Abbildung 3-2:   Teilspektrum möglicher Konsequenzen-Erwartungen einer Merkmalskategorie

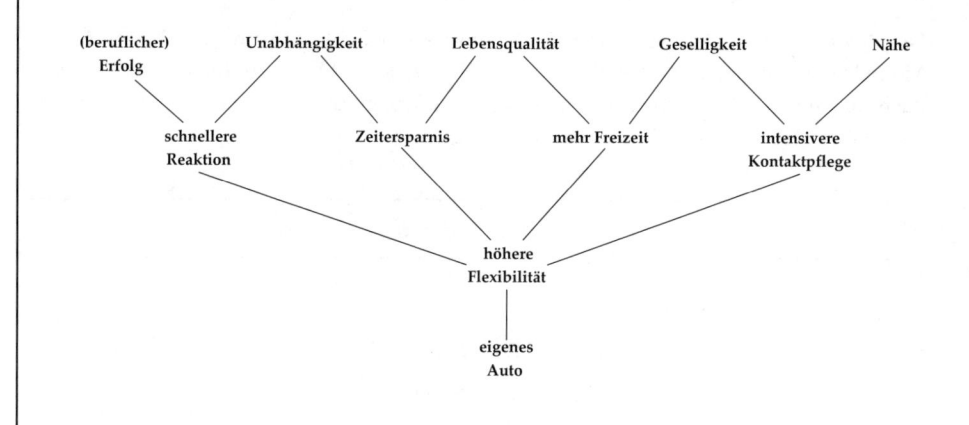

```
(beruflicher)   Unabhängigkeit   Lebensqualität   Geselligkeit        Nähe
   Erfolg

        schnellere         Zeitersparnis       mehr Freizeit      intensivere
        Reaktion                                                  Kontaktpflege


                                    höhere
                                  Flexibilität


                                   eigenes
                                    Auto
```

Doch schon auf der nächsthöheren Bedeutungsebene kann der Ansatz für eine typologische Differenzierung des Produktsegments liegen. Betrachtet man z. B. die funktionale Konsequenzen-Erwartung „höhere Flexibilität", die sich aus mehreren konkreten und abstrakten Produktmerkmalen eines Autos ergeben kann, sieht man, wie unterschiedlich und typspezifisch die sich daraus ergebenden psychologischen Konsequenzen-Erwartungen sowie die übergeordneten Wertevorstellungen sein können. So kann der Aspekt „höhere Flexibilität" beim Autobesitz je nach Persönlichkeitstyp zu dem abstrakten Lebensziel „Unabhängigkeit" oder zu der konkreteren Werte-Erwartung „mehr Kontakte zu Freunden, mehr Geselligkeit" führen. Oder typbedingt zu einer ganz anderen Wertedimension (vgl. Abb. 3-2).

Das große Feld der Kleinwagen wird bei der Marken- und Modellentscheidung erst eingeschränkt, wenn man weitere, weniger rationale Produktwünsche ergänzt. Soll das Auto auch eine gewisse Eleganz, Individualität, Sportlichkeit oder Fröhlichkeit ausstrahlen, bleibt je nach Wunschvorstellung nur noch eine Handvoll Modelle übrig.

Auf der Ebene der Konsequenzen und Werte, die diese Produktmerkmale für den Käufer haben, werden die differenzierenden Kaufmotive deutlicher. Auf Basis der Produktmerkmale, die fast alle Modelle gemeinsam haben, erkaufe ich mir Mobilität (Werte) und damit Unabhängigkeit (Ziele) sowie die Gewissheit, dieses Auto sicher zu beherrschen und auch noch in die kleinste Parklücke bugsieren zu können (funktionale Konsequenzen), und somit auch eine gewisse Unbeschwertheit (Werte). Den Fahrspaß und das Gefühl, dass das Auto wirklich zu mir passt, bekomme ich jedoch erst, wenn meine individuellen Wunschvorstellungen (emotionale Konsequenzen) sowie meine Vorstellungen von der Außenwirkung des Autos (psychosoziale Konsequenzen) erfüllt sind, die meinen Zielvorstellungen entsprechen. Wenn diese Zielvorstellungen eine starke individuelle Note sowie eine gewisse Spaßorientierung, also eher extrovertierte Züge aufweisen, ist die Wahrscheinlichkeit sehr groß, dass mein Kleinwagen eher ein auffälliges Äußeres, ein „eigenes Gesicht" hat, das meinen Typ und meinen Stil widerspiegelt, vielleicht sogar eine gewisse narzisstische Note erkennen lässt. Dann könnte bei der Markenwahl u. U. ein bunter Smart herauskommen.

Abbildung 3-3: Typische Einstellungsmuster und Motivationsstrukturen eines Teils der Kleinwagenfahrer (Typ „Knuffie")

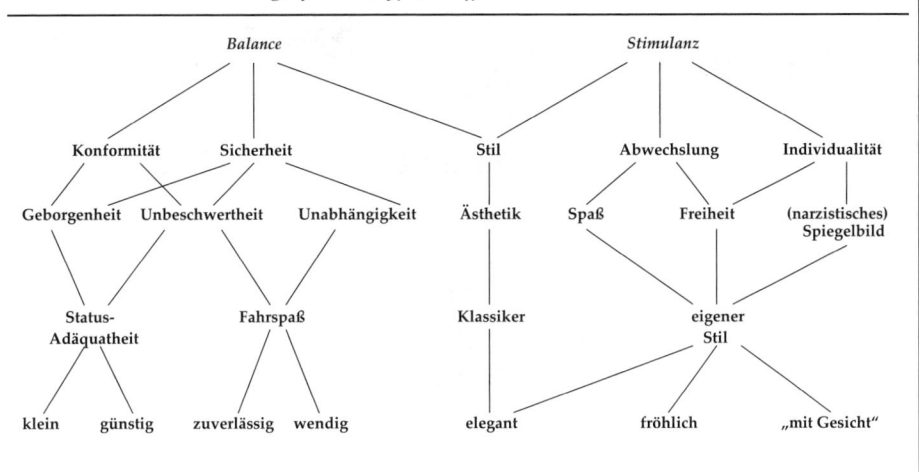

```
                Balance                                  Stimulanz

     Konformität    Sicherheit         Stil       Abwechslung    Individualität

 Geborgenheit  Unbeschwertheit  Unabhängigkeit  Ästhetik  Spaß  Freiheit   (narzisstisches)
                                                                            Spiegelbild

     Status-         Fahrspaß                  Klassiker             eigener
   Adäquatheit                                                        Stil

 klein    günstig    zuverlässig    wendig      elegant         fröhlich    „mit Gesicht"
```

Das hier verwendete Beispiel stammt aus einer Grundlagenuntersuchung zur Erstellung einer neuen Autofahrertypologie, bei der nicht wie in klassischen Autofahrersegmentierungen eine Typbildung auf Basis der gefahrenen Automarken oder der gewählten Modellart vorgenommen wurde, sondern die individuellen Motivationsstrukturen und Einstellungsmuster bezogen auf Autos und die eigene Pkw-Nutzung zu marken- und modellübergreifenden Typen führte. Abbildung 3-4 zeigt im linken Teil ein MSA-Einstellungsmuster auf, das bei fast allen Kleinwagenfahrern zu finden ist. Im rechten Teil der Abbildung erkennt man dagegen ein spezifisches Muster, das nur für einen bestimmten Autofahrertyp relevant ist, der jedoch nicht unbedingt einen Kleinwagen fahren muss. In der Analyse erhielt dieser Typ den Arbeitstitel „Knuffie", weil die meist weiblichen Vertreter dieses Typs ein sehr „inniges" Verhältnis zu ihrem Auto hatten, menschliche Eigenschaften auf das Auto projizierten, ihm Namen gaben oder es zum (erhofften) Spiegelbild ihrer selbst machten.

Abbildung 3-4: Die Autofahrertypen aus dem Kleinwagensegment

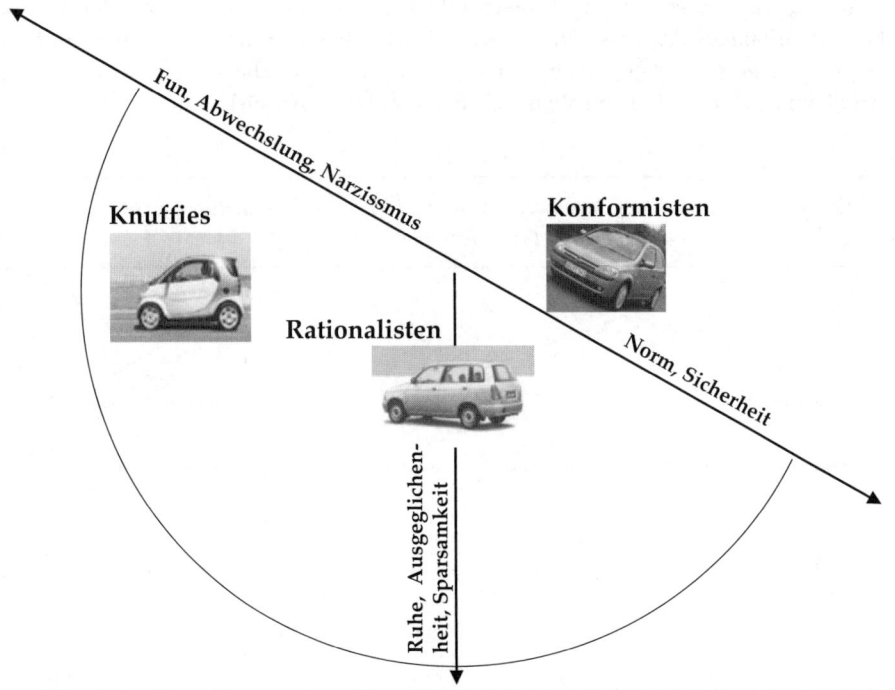

Knuffies

Konformisten

Rationalisten

Fun, Abwechslung, Narzissmus

Norm, Sicherheit

Ruhe, Ausgeglichenheit, Sparsamkeit

Die Untersuchung zeigte spezifische Einstellungsmuster und autobezogene Motivationsstrukturen von insgesamt 15 unterschiedlichen Autofahrertypen auf. Mindestens drei dieser Typen sind im Kleinwagensegment relevant (vgl. Abb. 3-4). Kleinwagenfahrer ist also nicht gleich Kleinwagenfahrer. Die Motive können sehr unterschiedlich sein und somit im Segment die Marken-, Modell- und Ausstattungswahl beeinflussen und erklären.

Ziel einer MSA ist es, die Vielfalt möglicher Denkweisen und Entscheidungsmuster abzubilden, die man dann auch als Grundlage für eine qualitativ-psychologische Typologie nutzen kann. Hierbei geht man davon aus, dass die grundsätzliche Wertehaltung eines Menschen, an der er auch sein Verhalten, seinen Konsum und seine Markenwahl orientiert, über längere Zeiträume konstant bleibt. Sie ist dadurch ein Teil seines ganz persönlichen Lebenszielkonstrukts und bestimmt demzufolge auch seinen psychologischen Typ. Zu diesen übergeordneten Lebenszielen kann bei dem einen das Streben nach Erfolg und Macht, bei einem anderen der Wunsch nach Ruhe und Sicherheit zählen.

Die Erstellung einer psychologischen Typologie ist jedoch nur ein möglicher Anwendungsbereich der MotivationsStrukturAnalyse. Die Erkenntnisse aus qualitativ-psychologischen Grundlagenuntersuchungen, insbesondere einer MSA, sind vielfältiger. Die Kernfragen, die die Untersuchungen beantworten sollen, lauten meist: Warum kaufen die einen Konsumenten unser Produkt, die anderen aber nicht? Wie bringen wir die Kunden unserer Wettbewerber dazu, auf unser Produkt umzusteigen? Welche Barrieren müssen wir überwinden, um unser Produkt attraktiv zu machen? Und wie machen wir das am besten? Diese Aufzählung typischer Marketingfragen könnte man noch lange weiterführen. Es geht immer um ein tieferes Verständnis der Konsumenten und der Gründe ihres heterogenen Verhaltens.

Am Beispiel einer MotivationsStrukturAnalyse zum Thema Electronic Banking lässt sich der Erkenntnisgewinn aus einer MSA für das Marketing und die werbliche Kommunikation gut demonstrieren. Es war die Frage zu klären, wie man mehr Bankkunden dazu bewegen könnte, auf E-Banking umzusteigen, welche Motivatoren zu aktivieren und welche Barrieren in der Kommunikation zu überwinden sind.

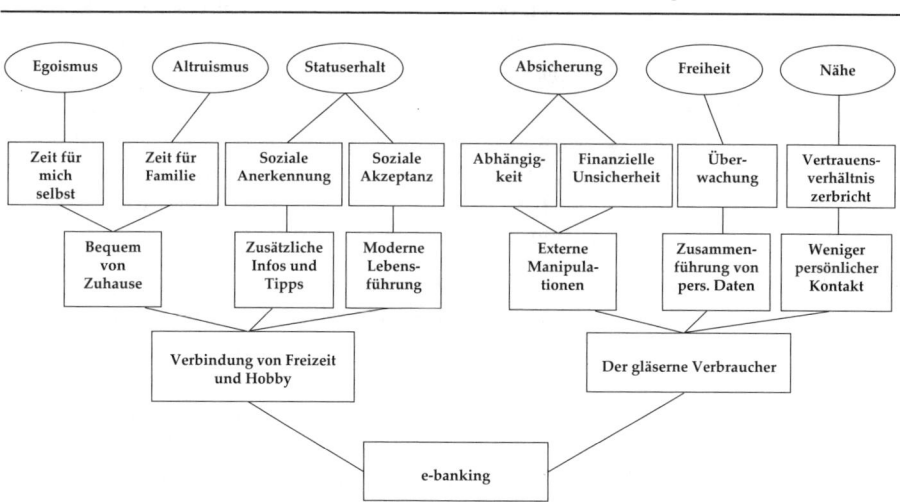

Abbildung 3-5: MotivationsStrukturAnalyse am Beispiel E-Banking

In stark komprimierter Form zeigt Abbildung 3-5 die Vielfalt möglicher fördernder oder hemmender Einstellungsfaktoren bzw. in der Sprache des MSA-Modells ausgedrückt, die verschiedenen funktionalen, emotionalen und psychosozialen Konsequenzen-Erwartungen, ihre Verbindung untereinander und auf der obersten Ebene die Anbindung an grundsätzlich für den Einzelnen relevanten Ziele und Werte. Als wesentlicher, hemmender Faktor konnte erwartungsgemäß die Angst vor dem Verlust wichtiger Werte wie Freiheit und Sicherheit (Kontrollverlust) nachgewiesen werden. Aber auch eine zunächst nicht erwartete Befürchtung der Bankkunden, dass die gute Beziehung zur Bank, das bestehende Vertrauensverhältnis zwischen Bankberater und

Kunde, durch die Anonymität beim E-Banking nachhaltig gestört werden könnte, deckte die Untersuchung auf.

Auf der anderen Seite konnten motivierende Faktoren identifiziert werden, u. a. auch, dass die Bequemlichkeit beim E-Banking nicht nur egoistische Züge hat, sondern in der Selbstbetrachtung durchaus auch altruistisch uminterpretiert werden kann („Mehr Zeit für die Familie und die Kinder").

Die Erkenntnisse aus der Studie führten nicht nur zu einem besseren Verständnis für die Sorgen und Nöte der Bankkunden, sondern auch zu einer qualitativen Typologie mit Unterscheidung von vier Grundtypen und einer jeweils typspezifischen Argumentation in der werblichen Kommunikation. So konnte dem „altruistischen Familienvater" (Typ 1) der Nutzen von E-Banking für die ganze Familie aufgezeigt werden, mit dem kleinen Nebeneffekt, dass er auch ganz egoistisch für sich Nutzen (eigene Freiräume) aus der Nutzung des Computers und des Internets für seine Bankgeschäfte ziehen kann. Dem Typ „Globetrotter" (Typ 2) wurde die Unabhängigkeit von Öffnungszeiten und Örtlichkeit beim E-Banking vor Augen geführt und dadurch eine Flexibilität und Freizeitorientierung angesprochen, die seinem Selbstbild entspricht. Und auch für diejenigen, bei denen eine der Barrieren die Angst vor einem Kontakt- und damit Vertrauensverlust darstellte (Typ 3), konnte in der werblichen Kommunikation ein Zugewinn an persönlicher Beratungszeit für die wirklich wichtigen Fragen im Bankgeschäft versprochen und visuell demonstriert werden. Eine der wesentlichen Erkenntnisse beim Auftraggeber der Studie war jedoch, dass es einen nicht zu unterschätzenden Teil der bestehenden Bankkunden mit massiven Barrieren und Ängsten gibt (Typ 4), die auch durch noch so gute werbliche Kommunikation und sachliche Argumentation sowie Beschwichtigung nicht zu überwinden sind.

In der psychologischen Marktforschung kann die auf Gutman und Reynolds grundlegenden Arbeiten aufbauende MotivationsStrukturAnalyse (MSA) überall dort eingesetzt werden, wo ein tieferes Verständnis der Konsumentenentscheidungen benötigt wird, um zielgruppenspezifisch Produktentwicklungen, Markenführung und Kommunikation zu betreiben. Die MSA eignet sich damit im Besonderen als Basisuntersuchung für die Gewinnung grundsätzlicher Erkenntnisse, z. B. über kaufmotivierende Faktoren in bestimmten Produktbereichen oder über die aktuellen und potenziellen Käufer von Produkten und Marken, die dann wiederum, wie oben gezeigt, die Grundlage für psychologische Typologien sein können. Weitere Anwendungen sind qualitative Markenkernanalysen sowie Analysen zur Wettbewerbsabgrenzung und Produktpositionierung.

4 Fazit

Menschen treffen permanent wichtige und weniger wichtige Entscheidungen. Schon ein Besuch im Supermarkt erfordert eine Vielzahl von Entscheidungen zwischen verschiedenen Produktvarianten und Marken. Die Kognitionspsychologie geht davon aus, dass wir diese Entscheidungen auf Basis individueller Motivationsstrukturen treffen, die für jede Entscheidung einen Abgleich zwischen verschiedensten Einflussfaktoren, z. B. konkretem Wissen, erlernten Schemata, übergeordneten Wertvorstellungen und angestrebten Lebenszielen vornehmen. Das von Gutman (1982) entwickelte Means-End-Chain-Modell bietet, auf diesen grundlegenden Erkenntnissen aufbauend, einen besonders im Marketing seit langer Zeit anerkannten Ansatz, um Konsumentenentscheidungen nachvollziehbar zu machen.

Auf Basis des Means-End-Chain-Modells wurde für die qualitativ-psychologische Marktforschung u. a. die MotivationsStrukturAnalyse entwickelt, die den klassischen Modellansatz sowohl in der Durchführung als auch in der Analyse erweitert und dabei auch aktuelle Erkenntnisse der Kognitionspsychologie integriert hat.

Die MotivationsStrukturAnalyse ist eine besonders anwendungsorientierte Methode, die auch Nicht-Psychologen aufgrund des anschaulichen Modells der Motivationsstrukturen ein tieferes Verständnis der Konsumentenentscheidungen ermöglicht. Die Analyse zeigt das vorhandene Spektrum der Produkt- und Markenwahrnehmung eines definierten Produktbereichs sowie die sich daraus ergebenden Entscheidungsmuster in den Zielgruppen auf. Dadurch ist sie eine ideale Grundlage für psychologische Typologien, für Produktpositionierungen und die Entwicklung von Strategien zur Markenführung.

Literaturverzeichnis

Bandura, Albert (Hrsg.) (1976): Lernen am Modell: Ansätze zu einer sozialen kognitiven Lerntheorie. Stuttgart.

Esser, Hartmut (1990): Habits, Frames und Rational Choice. Die Reichweite von Theorien der rationalen Wahl. In: Zeitschrift für Soziologie, 19(2), S. 231–247.

Fishbein, Martin / Ajzen, Icek (1975): Belief, Attitude and Behavior: An Introduction to Theory and Research. Reading u. a.

Gengler, Charles / Mulvey, Michael / Oglethorpe, Janet (1999): A Means-End Analysis of Mothers' Infant Feeding Choices. In: Journal of Public Policy & Marketing, 18(2), S. 172–188.

Gutman, Jonathan (1982): A Means-End Chain Model based on Consumer Categorization Processes. In: Journal of Marketing, 46, S. 60–72.

Heider, Fritz (1960): The Gestalt Theory of Motivation. In: Jones, Marshall R. (Hrsg.): Nebraska Symposium on Motivation, 8, S. 145–172.

Maslow, Abraham H. (1954): Motivation and Personality. New York.

Olson, Jerry / Reynolds, Thomas (1983): Understanding Consumers' Cognitive Structures: Implications for Advertising Strategy. In: Advertising and Consumer Psychology, 1, S. 77–90.

Pieters, Rik / Baumgartner, Hans / Allen, Doug (1995): A Means-End Chain Approach to Consumer Goal Structures. In: International Journal of Research in Marketing, 12(3), S. 227–239.

Reynolds, Thomas / Gutman, Jonathan (1988): Laddering Theory, Method, Analysis and Interpretation. In: Journal of Advertising Research, 28(1), S. 11–31.

Reynolds, Thomas / Olson, Jerry (Hrsg.) (2001): Understanding Consumer Decision Making: The Means-End Approach to Marketing and Advertising Strategy. Lawrence Erlbaum Association.

Scott, Jerome / Lamont, Lawrence (1973): Relating Consumers Values to Consumers Behavior: A Model and Method for Investigation. In: Greer, Thomas W. (Hrsg.): Increasing Marketing Productivity. Chicago, S. 283–288.

Subramony, Deepak (2002): Introducing a „Means-End" Approach to Human-Computer Interaction: Why Users Choose Particular Web Sites over Others. In: AACE (Hrsg.): Proceedings of World Conference on Educational Multimedia, Hypermedia and Telecommunications. Chesapeake, S. 1886–1891.

Trimmel, Michael (1996): Motivation. Skriptum. Wien.

Henry Kreikenbom, Maxi Stapelfeld

Politikforschung
Steigende Nachfrage in Zeiten gesellschaftlichen Wandels

1 Einführung 493
2 Das Verhältnis von kommerzieller und akademischer Politikforschung 493
3 Historische Entwicklung 494
4 Anforderungen an die kommerzielle qualitative Politikforschung 496
5 Besonderheiten bei der Anwendung qualitativer Methoden in
  der kommerziellen Politikforschung 498
  5.1 Besonderheiten der Stichprobe 499
  5.2 Besonderheiten im Erhebungsprozess 500
6 Fazit 501

1 Einführung

Die Politikforschung im Sinne der Politikwissenschaft ist zunächst eine Domäne der **akademischen** Forschung. Da sich die Politikforschung als angewandte Forschung in den zurückliegenden 50 Jahren aber zu einem etablierten Geschäftsfeld in der **kommerziellen** Forschung entwickelt hat, ist es an der Zeit, einmal darüber zu reflektieren, was kommerzielle qualitative Politikforschung leistet. Dabei sollen in diesem Beitrag v. a. praktische Erfahrungen dargestellt und Überlegungen über die Zukunft dieser Forschungsmethodik sowie zur Qualitätssicherung in der kommerziellen Arbeit angestellt werden.

Politik als Forschungsgegenstand weist Merkmale auf, für die sich qualitative Methoden besonders anbieten. Insbesondere die Merkmale „Komplexität" und „Geschichtlichkeit" politischer Phänomene (vgl. Patzelt 1992, S. 24ff.) erfordern Analysen, die Vielfalt, Wechselwirkung und Veränderung im Moment der Betrachtung abbilden können. So ist in Gruppendiskussionen oder qualitativen Interviews dies in einem deutlich höheren Maße möglich als in quantitativen Zeitreihenmessungen. Qualitative Politikforschung versucht eine komplexe Beschreibung der Wirklichkeit und der sie konstituierenden Individuen, indem der Forscher den Zugang zur sozialen Realität der Menschen findet, zurückhaltend zuhört oder beobachtet und dann Sinnkonstruktionen vornimmt. Gerade in Zeiten des Umbruchs, in denen langjährig bewährte Theorien wie beispielsweise die von der Determination politischer Einstellungen durch historisch gewachsene Konfliktlinien in der Gesellschaft („Cleavages"), ihre Gültigkeit verlieren und neue Theorien gesucht werden, zeigt sich die Stärke qualitativer Methoden für die Politikforschung.

2 Das Verhältnis von kommerzieller und akademischer Politikforschung

Kommerzielle Politikforschung steht in einem engen Wechselverhältnis zur akademischen Forschung. Während akademische Politikforschung an Hochschulen oder in hochschulnahen Instituten – größtenteils über öffentliche Mittel finanziert – stattfindet, wird kommerzielle Politikforschung an privatwirtschaftlichen Instituten durchgeführt. Die Arbeitsweisen unterscheiden sich voneinander. Unter dem Druck des Wettbewerbs müssen privatwirtschaftliche Institute viel stärker als akademische den Zeit-Kosten-Qualitäts-Zusammenhang in ihrer Arbeit berücksichtigen. Unter diesem Druck setzte sich zum einen ein stringentes Projektmanagement in der kommerziellen Forschung durch und zum anderen ein starkes modulares Denken im Forschungsprozess.

Henry Kreikenbom, Maxi Stapelfeld

Module, Instrumente und Werkzeuge wurden zu Dienstleistungsangeboten entwickelt, die überzeugend und schnell Kundenbedürfnisse befriedigen sollen. Akademische Forschung hingegen ist auch unter Berücksichtigung des gewachsenen Drucks der Drittmittelakquise zur Konsolidierung der Hochschulhaushalte längst nicht diesem hohen Wettbewerbsdruck ausgesetzt.

Inhaltlich gesehen bleibt deshalb der akademischen Forschung auch das Hauptfeld der Grundlagenforschung vorbehalten, in der Theorien und Methoden entwickelt oder weiterentwickelt und grundsätzliche gesellschaftliche Zusammenhänge erforscht werden. Die kommerzielle Forschung hingegen konzentriert sich auf die angewandte Forschung, in der konkrete Kundenbedürfnisse im politischen Alltag erfüllt werden. Zwischen der akademischen und der kommerziellen Forschung bestehen Berührungspunkte, die eine produktive Wechselwirkung ermöglichen. So bedienen sich beide der gleichen Theorien und Methoden. In ihren arbeitsteiligen Rollen als Grundlagenforschung (akademische Forschung) und angewandte Forschung (kommerzielle Forschung) bieten sich für beide Vorteile, die in der Verbindung von Theorie und Praxis zum Ausdruck kommen: Angewandte Forschung setzt immer wieder Impulse für neue Theorien und Innovationen im Bereich der Methoden. So gesehen braucht die Grundlagenforschung die angewandte Forschung zum Test ihrer Theorien sowie zur Methodeninnovation. Dieses Verhältnis, das auf den ersten Blick wie eine Win-Win-Situation aussieht – und dies durchaus auch sein könnte – ist im Geschäftsalltag aber nicht spannungsfrei. Akademische und kommerzielle Forschung stehen nämlich immer dann, wenn sie ihre Rollen verlassen, in Konkurrenz zueinander. Vor diesem Hintergrund hat sich auch die kommerzielle qualitative Politikforschung entwickelt, was im Folgenden gezeigt werden soll.

3 Historische Entwicklung

Die Politikwissenschaft etablierte sich in Deutschland als moderne Sozialwissenschaft nach dem Zweiten Weltkrieg. Theoriegeleitet von Karl R. Popper und initiiert von den britischen und amerikanischen Besatzungsmächten prägten die empirisch-quantitativen Methoden die sozial- und politikwissenschaftliche Forschung (vgl. Kaase 1999, S. 67). Amerikanische Wahlforschungsmodelle, Stichprobentechniken und Erhebungsmethoden bildeten den Ausgangspunkt der deutschen Wahlforschung. Zwar waren qualitative Methoden von Anfang an im Einsatz. So wurde beispielsweise im Winter 1950/51 eine akademische Untersuchung zur Einstellung der deutschen Bevölkerung zum Nationalsozialismus unter 1.635 Personen in 137 Gruppendiskussionen durchgeführt (vgl. Pollock 1955). Insgesamt aber fristeten qualitative Methoden in der Politikforschung ein Schattendasein, und ihr wissenschaftlicher Wert wurde infrage gestellt. Mittlerweile findet man in der akademischen Politikforschung immer öfter Projekte, in denen qualitative und quantitative Erhebungsmethoden aufeinander abgestimmt angewendet werden. Dafür steht beispielhaft die „Longitudinal Election Study (GLES)" (vgl. Schmitt-Beck 2010). Im Laufe der Jahre hielten qualitative Methoden Einzug in die kommerzielle Politikforschung. Der Impuls dafür war die langsam wachsende Anerkennung des qualitativen Forschungsansatzes als wissenschaftliche Forschungsmethodik, in deren Folge sie sich in der akademischen Sozial- und Politikwissenschaft an den deutschen Hochschulen etablierte (→ *Beitrag „Standortbestimmung aus historischer Perspektive" von Eva Balzer*).

Kommerzielle Institute machten sich die in der akademischen Forschung entwickelten Theorien und Methoden zunutze. Heute ist Politikforschung ein fester Bestandteil der kommerziellen Forschung. Ein Blick in das aktuelle BVM-Handbuch (2010/2011) offenbart, dass gegenwärtig jedes siebte Institut der 264 registrierten Forschungsinstitute Politikforschung anbietet.[1] Die Internetseiten der meisten Institute geben Auskunft darüber, welche empirischen Methoden praktiziert werden. Die überwiegende Mehrzahl der so überprüften Institute, die Politikforschung betreiben, wenden beide Erhebungsmethoden an. Nur wenige Institute sind ausschließlich auf quantitative Methoden spezialisiert. Expertengespräche, Tiefeninterviews und Gruppendiskussionen dominieren bei den qualitativen Methoden. Explizite Hinweise auf die Nutzung onlinebasierter qualitativer Erhebungsmethoden, z. B. Online-Gruppendiskussionen, finden sich im Handbuch allerdings nur vereinzelt. Noch dominieren offenbar die klassischen Methoden.

Das Schattendasein qualitativer Politikforschung ist heute somit zwar überwunden, der Streit um ihr Verhältnis zur quantitativen Politikforschung besteht jedoch weiter fort. Qualitative Methoden werden als eigenständig begriffen und zur systematischen Abbildung und Analyse der Wirklichkeit herangezogen. Sie stellen somit die Basis für einen großen Teil der politikwissenschaftlichen Forschung dar. Qualitative Forschung kann darüber hinaus nicht nur forschungsvorbereitende Funktionen für repräsentative Befragungen bieten, sondern auch evaluierende. Diese Erkenntnis ist unserer Meinung nach essenziell und sollte in der kommerziellen Politikforschung zukünftig weiter Raum greifen.

---

[1] Bei diesen Angaben ist einschränkend festzustellen, dass es sich um Selbstauskünfte handelt und zudem die Einträge im BVM-Handbuch kostenpflichtig sind.

Henry Kreikenbom, Maxi Stapelfeld

4 Anforderungen an die kommerzielle qualitative Politikforschung

Das Anwendungsfeld qualitativer Erhebungsmethoden in der kommerziellen Politikforschung ist größer, als man – ausgehend von den in den allabendlichen TV-Nachrichten dominierenden Berichten quantitativ gestützter Analysen des politischen Meinungsklimas – vermuten würde. Die scheinbare Dominanz quantitativer Politikforschung könnte darauf zurückzuführen sein, dass qualitative Forschungsergebnisse von den Medien noch nicht als berichtenswert entdeckt wurden. Die Herausforderungen der Erforschung neuartiger gesellschaftlicher Phänomene werten die qualitativen Methoden auf. So folgt z. B. die kommerzielle Wahl- und Parteienforschung neuen Kundenbedürfnissen, die als eine Reaktion auf sich verändernde gesellschaftliche Bedingungen zu begreifen sind. In der Politikfeldanalyse wurden in den letzten Jahren in den Ausschreibungen staatlicher Einrichtungen und verschiedener Instanzen der Europäischen Union spezielle Forschungsgegenstände thematisiert, die ohne eine Integration qualitativer Erhebungs- und Analyseverfahren nicht bewältigt werden können. Diese Themenfelder sind gekennzeichnet durch

- die Einbeziehung vielfältiger Rahmenbedingungen eines Themas in die Untersuchung (z. B. ökonomische, soziale und kulturelle Bedingungen)

- die Berücksichtigung komplexer Interdependenzen verschiedener Prozesse und Ebenen (z. B. die Vernetzung regionaler, nationaler und europäischer Interessenlagen)

- die Beurteilung stark latenter Zielkategorien (z. B. der Nachweis nachhaltiger Entwicklungseffekte auf eine Region).

So fördert die Europäische Union entsprechend den o. g. Anforderungen bereits im zweiten Durchgang ihrer EQUAL-Ausschreibungen ausschließlich Netzwerkprojekte mit innovativen Methodenansätzen aus Wirtschaft, Bildung und Wissenschaft, die häufig qualitative und quantitative Ansätze verbinden (vgl. www.equal-de.de). Für diese Entwicklung sind die gesellschaftlichen Herausforderungen der sich entfaltenden „Wissensgesellschaft" verantwortlich, die neue Themenfelder wie etwa das Phänomen des lebenslangen Lernens eröffnen (vgl. Dürr 2005, S. 31ff.), für die es keine erprobten standardisierten Erhebungsinstrumente gibt. Es ist noch offen, ob die kommerzielle qualitative Politikforschung – wie die qualitative Politikforschung überhaupt – erneut nur zu explorativen Zwecken und zum Instrumententest eingesetzt oder ob sie die Chance zur Weiterprofilierung ihrer Methoden und Theorien hin zu einer eigenständigen Erhebungsmethodik erfolgreich nutzen wird. Der Markt jedenfalls fragt sie zunehmend häufiger nach. In der kommerziellen Forschung gehört sie zum festen Repertoire der meisten privatwirtschaftlich arbeitenden Institute. Wachsende Ansprüche an die kommerzielle Politikforschung bei der Untersuchung neuartiger gesellschaftlicher Phänomene lassen die Stärken qualitativer Methoden in der Politikforschung zur Geltung kommen. Sie äußern sich auch darin, dass qualitativ orientierte Politikforscher nicht nur Forschungsergebnisse liefern, sondern auch Politikberatung anbieten sollen.

Um diesen komplexen Ansprüchen der Kunden (z. B. Bundes- oder Landesregierungen, deren Ministerien und nachgeordnete Institutionen, kommunale Institutionen, Parteien, Verbände und Medien) in der Politikforschung gerecht zu werden, haben sich in den letzten Jahren strategische Partnerschaften entwickelt. Zwei Beispiele seien hier genannt:

- Marketingagenturen schließen sich oft mit kommerziell arbeitenden qualitativen Politikforschern zusammen, weil beispielsweise vor Wahlkämpfen qualitative Imageanalysen von Parteien und Kandidaten für die Entwicklung von Marketingstrategien und Werbekommunikationen im Auftrag der Parteien benötigt werden. Vor den Kampagnen zu den letzten Bundestagswahlen war dies besonders stark zu beobachten.

- Verwaltungsforschung und qualitative Politikfeldforschung bieten Grundlagen für die Arbeit von Unternehmensberatungen im Vorfeld der Erstellung von Organisationsdiagnosen und Entwicklungsstrategien sowie zur Begleitung ihrer Implementierung und (Programm-)Evaluation. Zum Beispiel stand die Evaluation der Hartz-Gesetze im Kontext der Arbeitsmarktreform (vgl. www.arbeitsmarktreform.de, Pressemitteilung vom 01.02.2006) im Fokus des Bundesministeriums für Arbeit und Soziales: Der Zwischenbericht beinhaltete zahlreiche Experteninterviews sowie eine Wirkungsanalyse der neuen Arbeitsmarktinstrumente (vgl. Böckler Impuls 2006, S. 6; SPI 2006, S. 6).

Kommerzielle qualitative Politikforschung hat vielfältige **Anwendungsfelder**, z. B.

- Parteienforschung
- Politikfeldanalyse[2]
- politische Kommunikation
- politische Kultur
- politische Verwaltungsforschung
- Verbändeforschung
- Wahlforschung

---

2 Hier werden speziell Leistungen auf den Gebieten Bildungs-, Forschungs-, Finanz-, Wirtschafts-, Sozial-, Gesundheits-, Wohnungs-, Agrar-, Verkehrs-, Industrie-, regionale Struktur-, Umwelt- sowie Förderpolitik nachgefragt.

Henry Kreikenbom, Maxi Stapelfeld

In den privatwirtschaftlich besetzten Anwendungsfeldern dominiert v. a. der Bereich der politischen Einstellungsforschung (Wahl-, Parteien- und politische Kulturforschung im weitesten Sinne, Politik- und Systemunterstützung). Der Bereich der internationalen Politikforschung bleibt hier ausgeklammert. Er wird von nationalen Auftraggebern relativ selten berührt. Hier liegen die Bedarfspotenziale bei den trans- und internationalen Organisationen, beispielsweise der Europäischen Union.

Auch Breitenfelder et al. zeigen die vielfältigen Anwendungsmöglichkeiten qualitativer Methoden im politischen Forschungs- und Beratungsprozess auf. Anhand von fünf konkreten Einsatzfeldern (Ideengewinnung und Sondierung, Imageanalyse von Parteien und Kandidaten, Werbemitteltest, Wahlkampfmonitoring und Nachwahlanalyse) verdeutlichen sie die breiten Anwendungsmöglichkeiten im Kontext von politischen Beratungsprozessen und von Analysen von Meinungsbildungsprozessen der Bevölkerung. Ihre Untersuchungen umfassen dabei sowohl kommunale als auch nationale Parteien, Kandidaten und Wahlanalysen (vgl. Breitenfelder et al. 2004). Ihr und auch unser Fazit ist, dass sich die qualitativen Methoden im gesamten marktgebundenen, kommerziellen politischen Forschungs- und Beratungsprozess einsetzen lassen.

5 Besonderheiten bei der Anwendung qualitativer Methoden in der kommerziellen Politikforschung

Am Beispiel der Wahlforschung als einem der wohl am meisten nachgefragten Forschungsgegenstände der kommerziellen qualitativen Politikforschung wollen wir exemplarisch aufzeigen, *wie* qualitative Methoden hier Anwendung finden. Wahlforschung umfasst Wahl-, Kandidaten- und Parteienanalysen (z. B. Image-, Werbemittel-, Slogananalysen). Zum Einsatz kommen diese bei der bundesweiten und regionalen Politik- und Wahlkampfberatung, um zeitnah Informationen zur Entscheidungsfindung für die Auftraggeber zu generieren. Konjunktur haben beispielsweise Aufträge zu qualitativen Befragungen (z. B. von Experten) direkt vor den Wahlen bzw. während der intensiven Wahlkampfphasen. Als Reaktion auf die Lockerung der klassischen Wähler-Parteien-Bindungen und das zunehmend pragmatische Wählerverhalten sowie die Amerikanisierungstendenzen der deutschen Wahlkämpfe (z. B. mediengestützte Kandidatenwahlkämpfe) bedienen sich die Parteien immer stärker perfektionierter medialer Kommunikation – sie ähneln in Selbstdarstellung und Ausrichtung immer stärker Marken. In dem Maße, in dem sich Hersteller von Produkten nach der Nachfrage der Konsumenten orientieren, meinen auch Parteien, sich nach den in der Bevölkerung vorherrschenden Ansichten ausrichten zu müssen. In diesem Sinne stellt auch Arnold fest: „Die zunehmende Marketingorientierung der Parteien zur Wiedererlangung der Wählergunst verweist bereits auf deutliche Ähnlichkeiten zwischen der Welt des Politischen und der Markenwelt" (vgl. Arnold 2002, S. 48).

Qualitative Methoden der Marken- und Markenwertforschung werden hier auf ein *politikwissenschaftliches* Anwendungsfeld, die Wahlforschung, übertragen. Dabei geht es einerseits darum, die Assoziationen, Wünsche, Erwartungen der Wähler und ihren Lebensstil in Beziehung zur Partei als Marke zu setzen. Für Arnold „muss jede Markenkern-Analyse die Marke Partei in ihrem Kontext diskutieren. Bezüglich des Verwendungskontextes ist zu fragen, was die Wähler von einer Partei erwarten beziehungsweise wie die Partei in den Lebensalltag der Konsumenten eingebettet ist" (vgl. Arnold 2002, S. 48f.). Andererseits muss das gesamte Wettbewerbsumfeld der Partei betrachtet werden, d. h., wie sich die Partei präsentiert, wie sie wahrgenommen wird und was sie von Wettbewerbern unterscheidet. Nochmals Arnold: „Da sich das Bild, das der einzelne Wähler von der Partei hat, zum Teil im Unterbewusstsein manifestiert, kann es entsprechend nur indirekt beziehungsweise spielerisch durch qualitative Gruppendiskussionen oder Tiefeninterviews eruiert werden (non-direktive Gesprächsführung, projektive und kreative Techniken)" (vgl. Arnold 2002, S. 48f.).

5.1 Besonderheiten der Stichprobe

Aufgrund der geschilderten Besonderheit der kommerziellen qualitativen Politikforschung – die Erforschung eines marktfernen Themengebiets mit marktforscherischen Mitteln, Vorgaben und Zielen – stellt die Auswahl von Probanden für kommerzielle qualitative Politikforschung eine nicht zu unterschätzende Herausforderung dar. Dies in zweierlei Hinsicht:

Zum einen ist das Rekrutieren „wirklicher Bürger" für die qualitative Analyse der realen politischen Verhältnisse so unentbehrlich wie schwierig. Schwierig, weil qualitative Politikforschung ein stärkeres Legitimitätsproblem hat als die (eher quantitativ ausgerichtete) Demoskopie. Während sich die Bürger in den letzten 50 Jahren an die demoskopische Auslotung gewöhnt haben, weil sie regelmäßig über die Medienberichterstattung als Bestandteil der öffentlichen Meinung legitimiert wird, kann die qualitative Politikforschung auf solche Unterstützungsmechanismen nicht zurückgreifen. Erschwerend kommt hinzu, dass die Untersuchungsgegenstände der Politikforschung sowohl inhaltlich komplex als auch stark von persönlichen und auch emotionalen Standpunkten geprägt sind. Zur politischen Einstellungsforschung bedarf es daher Gesprächspartner, die sich mit politischen Themen auseinandersetzen können und zudem in der Lage sind, ihre Ansichten sachlich zu artikulieren. Außerdem ist die Chance, Personen mit politischen Extrempositionen zum qualitativen Interview zu bewegen oder gar zu motivieren, an einer Gruppendiskussion teilzunehmen, sehr klein. All diese Aspekte machen die Rekrutierung von Probanden zu einer komplexen Angelegenheit: Das Anforderungsprofil zur Teilnahme an qualitativer Politikforschung ist einfach ein anderes als das Anforderungsprofil zur Teilnahme an einer Befragung zu anderen Themen bzw. mit einer anderen Methodik (z. B. quantitativ). Zusätzlich birgt die Rekrutierung aus Probandenkarteien die Gefahr, dass sich bei diesen Personen eine gewisse Professionalisierung hinsichtlich des Antwortverhaltens und der Reaktionsmuster ausprägt, wenn sie zu oft eingesetzt werden. Der Lerneffekt von „professionellen" Probanden während der Interviews ist ein generelles Problem der Marktforschung, unserer Meinung nach in diesem Themenfeld jedoch besonders groß. Bei zu häufig wiederkehrendem Einsatz dieser Personen werden die Interviews auf Effekte wie beispielsweise das „sozial erwünschte" Reagieren besonders anfällig. Für die Politikforschung stellt dies insofern ein großes Problem dar, als dass gerade bei gesellschaftlichen Themen ein höherer sozialer Druck auf den Einzelnen wirkt als bei rein individuellen Geschmacksfragen.

Zum anderen hat die akademische Forschung gegenüber der kommerziellen den Vorteil, dass sie als öffentliche wissenschaftliche Forschung wahrgenommen wird. Da Politik ebenfalls einen öffentlichen Charakter hat, wird die Legitimität der Forschung darüber hergestellt. Die kommerzielle Politikforschung hingegen findet häufig im Kontext nichtöffentlicher Aufträge (beispielsweise in Wahlkämpfen) statt. Dies ist den Bürgern mitunter schlechter zu vermitteln. Neben der intrinsischen Motivation zur Teilnahme muss hier mit einer vergleichsweise stärkeren Incentivierung der Interviewpartner gearbeitet werden.

5.2 Besonderheiten im Erhebungsprozess

Es liegt in der Natur der Untersuchungsgegenstände qualitativer Politikforschung, dass die Methoden, in denen Probanden ihre Einstellungen *verbal* zum Ausdruck bringen müssen, im Zentrum stehen (Gruppendiskussion und qualitatives Interview). Welche der beiden Erhebungsformen gewählt wird, ist abhängig vom Ziel der Untersuchung: Während Einzelinterviews stärker auf die Untersuchung der Individualeinstellung abheben, kann in Gruppendiskussionen die Entstehung und Entwicklung von Meinung in sozialer Interaktion ermittelt werden.

Aus der besonderen Beschaffenheit und Bedeutung der Untersuchungsgegenstände qualitativer Politikforschung ergeben sich auch besondere Anforderungen an den qualitativen Politikforscher im Erhebungsprozess.

Bei der Moderation von Gruppendiskussionen ist zum einen zu beachten, dass politische Phänomene sehr häufig öffentliche Angelegenheiten sind, mit denen die Bürger direkt in Berührung kommen. Diese direkte persönliche Betroffenheit führt dazu, dass die Probanden zuweilen sehr engagiert und/oder emotional argumentieren. Gelingt es dem Moderator nicht, sich als Vertrauensperson zu profilieren und eine vertrauensvolle Atmosphäre zwischen den Teilnehmern zu generieren, wird die Gruppendiskussion vom Motiv der sozialen Erwünschtheit geprägt und bleibt oberflächlich – der „Non-Attitude-Effekt" greift. Gelingt es ihm jedoch, die Teilnehmer zu öffnen, ist er häufig mit der Situation konfrontiert, dass stark an Politik interessierte Personen eher als wenig interessierte Personen dazu neigen, polarisierende Positionen (sehr unzufrieden bzw. sehr zufrieden mit den politischen Zuständen) einzunehmen. Von Personen mit starkem politischem Interesse geht eine höhere Motivation zur Meinungsäußerung aus als von Personen mit durchschnittlich konformen Meinungen oder politischem Desinteresse. Somit können in politischen Gruppendiskussionen schwierige Gruppendynamiken entstehen, was den Moderator vor die Herausforderung stellt, einerseits den Verlauf der Debatte unter Kontrolle zu halten und andererseits sicherzustellen, auch die Meinung der stilleren Teilnehmer zu erheben.

Zum anderen wird immer dann, wenn Themen von hoher politischer Brisanz sind und Widersprüche zwischen den persönlichen und den offiziellen Deutungen von Politik bestehen, die Neutralität des Moderators in Gruppendiskussionen auf die Probe gestellt. Da politisches Alltagswissen durch Sozialisationsprozesse jedem Gesellschaftsmitglied eigen ist und damit von jedem erwartet werden kann, gerät der Moderator in seiner neutralen Rolle leicht in die Gefahr, entweder meinungslos zu wirken oder als Vertreter jener offiziellen Position identifiziert zu werden, die Gegenstand der Gruppendiskussion ist. Mitunter kann so seine Neutralität unglaubwürdig wirken. Dadurch, dass der Moderator seine Meinung zu den angesprochenen Themen nicht offenlegt, kann Misstrauen entstehen, das Zurückhaltung bei den Probanden erzeugt. Daher ist es wichtig, dass der Moderator zu Beginn einer Gruppendiskussion seine diskursleitende Rolle deutlich macht.

Diese methodischen Herausforderungen treffen in ähnlicher Weise auch auf qualitative Interviews in der Politikforschung zu. Begünstigend wirkt hier jedoch die Einzelinterviewsituation: Sie setzt den Interviewpartner nicht der Konfliktgefahr in der Diskurssituation einer Gruppe aus. Da Menschen i. d. R. die kognitive Konsistenz ihres Meinungssystems mit den Wahrnehmungen aus ihrer Umwelt suchen, sind solche Anpassungsleistungen im Einzelinterview kaum notwendig.

6 Fazit

Kommerziell arbeitende Forschungsinstitute entdecken qualitative Methoden immer häufiger für ihre politischen Auftragsstudien. Dies geschieht umso mehr, je größer der Druck der sich wandelnden gesellschaftlichen Verhältnisse auf die Politik wird, neue Gestaltungslösungen in einer Gesellschaft im Wandel zu finden. Die von der Politik somit immer häufiger formulierten Bedürfnisse der Analyse neuer gesellschaftlicher Phänomene bzw. der Evaluation von Pilotprojekten, die der Reformierung der Gesellschaft dienen, stellen neue Anforderungen an die kommerziellen Forschungsinstitute. Diesen Anforderungen wird dann häufig mit dem Einsatz qualitativer Forschungsmethoden begegnet. Immer häufiger erweisen sich standardisierte quantitative Untersuchungskonzepte und Indikatorensets hier als ungeeignet. Durch die zunehmende Unzuverlässigkeit von Wahlprognosen in den letzten zehn Jahren erlebt die quantitative Wahlforschung einen kontinuierlichen Imageverlust (vgl. www.wahlprognosen-info.de). Obwohl die Ursachen dafür nicht im Versagen der Methode zu suchen sind, sondern oft auf falschen Erwartungen der Auftraggeber und auf einem veränderten Wählerverhalten, d. h. auf der zunehmenden Kurzfristigkeit der Wahlentscheidung, beruhen (vgl. Weßels 2005, S. 7ff.), stehen Designänderungen in der Erhebungs- und Analysestrategie an, für die sich insbesondere qualitative Analysen anbieten.

„Die Wahl- und Umfrageforschung in Deutschland ist Teil unserer pluralistisch-demokratisch verfassten Gesellschaftsordnung und erfüllt in der Gegenwart eine doppelte Aufgabe, nämlich die Information über die Bürger, d. h. der Gesellschaft über sich selbst, und die Information der Bürger" (Kaase 1999, S. 62). Bei der Übertragung von Methoden und Theorien aus der Marktforschung in Bereiche der Politikforschung müssen forschungsethische Grundsätze immer wieder aufs Neue beachtet werden. Dies umso mehr, als dass heute die Implementierung der Marken- und Markenwerttheorien auf die Parteien- und Kandidatenforschung gang und gäbe ist. Politikangebote werden im Wettbewerb der Parteien um die Wählerstimmen wie „Verkaufsschlager" und Politiker wie „Marken" inszeniert. Der Anspruch von Max Kaase an die Wahl- und Umfrageforschung wird auf diese Weise ausgehebelt, nicht allerdings von der Forschung selbst, sondern durch die Veränderung ihres Untersuchungsgegenstands – der Politik, die sie beauftragt. Die gesellschaftlich gestellte Erwartung an Politik, interessenübergreifende lange Gestaltungslinien zu entwerfen, diese den Bürgern zu vermitteln und erfolgreich umzusetzen, gerät so aus dem Blickfeld. Übrig bleibt der bloße Anspruch, Wahlen zu gewinnen und politische Macht zu generieren und zu erhalten. Wenn sich Politikkonzepte entlang eines empirisch eruierten Individualverständnisses von Bedarf an politischen Leistungen orientieren, um von den Bürgern akzeptiert zu werden, wird Parteipolitik zwar dem Wähler „verkaufbar", verliert aber so ihren gesellschaftlichen Führungsanspruch. Sie wird damit gegenstandslos und je nach Zustand des gesellschaftlichen Klimas austauschbar. Schon heute sind für die Bevölkerung die Unterschiede zwischen Wahlversprechen und politischer Regierungspraxis nach den Wahlen erkennbar. In dem Maße, in dem Politiker zu Marken reduziert werden, wird der Bürger als politischer Akteur zum bloßen Konsumenten degradiert. Parteien und Bürger entfernen sich so noch weiter voneinander, als dass sie durch Werbekommunikation miteinander verbunden werden. Hier wird auch die qualitative Politikforschung in Zukunft ständig die Grenzen des politisch-moralisch Machbaren zusammen mit den Parteien – ihren Kunden – ausloten müssen.

Literaturverzeichnis

Arnold, Marc (2002): Qualitative Politik- und Wahlforschung als Markenforschung. In: Planung & Analyse, 1, S. 47–51.

Berufsverband deutscher Markt- und Sozialforscher e. V. (Hrsg.) (2010): Marktforschung 2010/2011, BVM-Handbuch der Institute und Dienstleister. Berlin.

Böckler Impuls (2006): Nr. 6 vom 22.03.2006. www.boecklerimpuls.de. Zugriff: 29.03.2006.

Breitenfelder, Ursula / Hofinger, Christoph / Kaupa, Isabella / Picker, Ruth (2004): Fokusgruppen im politischen Forschungs- und Beratungsprozess. In: Forum qualitative Sozialforschung, 5(2), Art. 25, [77 Absätze]. www.qualitative-research.net/fqstexte/2-04/2-04breitenfelderetal-d.htm. Zugriff: 09.04.2007.

Bundesministerium für Arbeit und Soziales: Gemeinschaftsinitiative Equal. www.equal-de.de. Zugriff: 08.09.2010.

Bundesministerium für Arbeit und Soziales: Grundsicherung für Arbeitsuchende. www.arbeitsmarktreform.de. Zugriff 08.09.2010.

Dürr, Tobias (2005): Bewegung und Beharrung. Deutschlands künftiges Parteiensystem. In: Aus Politik und Zeitgeschichte, 32/33, S. 31–38.

Kaase, Max (1999): Wahlforschung und Demokratie. Eine Bilanz am Ende des Jahrhunderts. In: ZUMA-Nachrichten, 44, S. 62–82.

Patzelt, Werner J. (1992): Einführung in die Politikwissenschaft. Passau.

Pollock, Friedrich (1955): Gruppenexperiment. Frankfurt/Main.

Schmitt-Beck, Rüdiger (2010): 60 Jahre empirische Wahlforschung. In: Faulbaum, Frank / Wolf, Christof (Hrsg.): Gesellschaftliche Entwicklung im Spiegel der empirischen Sozialforschung. Wiesbaden, S. 141–173.

SPI – Sozialpolitische Informationen (2006): Hartz I–III: Der Zwischenbericht, Pressemitteilung vom 01.02.2006. www.bmas.bund.de. Zugriff: 08.09.2010.

Weßels, Bernhard (2005): Geheime Wahl. Was Meinungsforscher vor dem 18. September nicht wissen konnten. In: WZB-Mitteilungen, 110, S. 7–10.

www.wahlprognosen-info.de. Zugriff: 08.09.2010.

Gábor M. Hahn

Usability-Forschung
Nutzerfreundlichkeit – eine methodische Herausforderung

1 Einführung 507
2 Usability als Gegenstand – wider die scheinbare Einfachheit 508
    2.1 Usability – kein technisches Forschungsfeld 508
    2.2 Usability – abhängig vom historischen und räumlichen Kontext 509
    2.3 Usability-Forschung beschränkt sich nicht auf Website-Optimierung .. 510
3 Methoden der Usability-Forschung – viele Wege führen nach Rom 512
    3.1 Usability-Forschung als Anwendungsbereich qualitativer Forschung ... 512
    3.2 Qualitative Usability-Forschung ist in allen Phasen der Website-Entwicklung sinnvoll 513
    3.3 Raum und Situation beeinflussen den Charakter der Erhebung 514
    3.4 Spezielle Tools erweitern das Spektrum herkömmlicher qualitativer Techniken 515
4 Qualitative Methode und Usability-Forschung – Dialog von Theorie & Praxis 516
    4.1 Qualitative Methoden bieten der Usability-Forschung ein umfassendes Fundament 516
    4.2 Techniken der Usability-Forschung als Potenzial für qualitative Methoden 517
5 Fazit 517

1 Einführung

Unternehmen sind sich heute der hohen wirtschaftlichen Bedeutung ihres Internetauftritts bewusst. Neben Kommunikations- und Imagewirkung besteht diese zunehmend auch darin, Verkauf, Service und Support zu unterstützen. Entsprechend werden Unternehmens-Websites mit großem Aufwand entwickelt, auch in dem Bewusstsein, dass im Internet ein Anbieterwechsel mit ungleich geringeren Transaktionskosten verbunden ist als in der Offline-Welt. In den meisten Fällen decken sich die Zielsetzungen der Anbieter/Unternehmen mit den Bedürfnissen der Nutzer/Konsumenten; schließlich lassen sich zufriedene Website-Besucher leichter in Kunden konvertieren als von der Internetpräsenz enttäuschte Nutzer.

Vor diesem Hintergrund hat insbesondere jener Teil der vergleichsweise jungen Usability-Forschung an Bedeutung gewonnen, der auf die Evaluation der Nutzerfreundlichkeit von Websites zielt, und häufig als Synonym für die Usability-Forschung als Ganzes gilt. Usability-Forschung meint hier also vor allem die Untersuchung der Nutzerfreundlichkeit von internetgestützten Inhalten und Anwendungen. Generell greift der Begriff Usability-Forschung weiter (vgl. auch Kapitel 2.3).[1]

Innerhalb der qualitativen Marktforschung scheint die Usability-Forschung eine klar umrissene Position, Aufgabe und Methodik einzunehmen. Nicht nur dass ihr Gegenstand – Websites – und ihre Zielsetzung – Nutzerfreundlichkeit – eindeutig definiert scheinen. Auch besteht an der Oberfläche weitgehende Einigkeit über ihre zentralen methodischen Standards, wie ein exploratives Design, ein realistisches Testsetting, die Rekrutierung inhaltlich involvierter Probanden sowie die Interpretation auf Basis tiefer Methoden-, Branchen- und Medienkenntnis.

Parallel zum Bedeutungsgewinn der Usability-Forschung hat sich das Internet als ihr wichtigster Untersuchungsgegenstand gewandelt. Heute bestehen umfangreiche Erfahrungen mit der Gestaltung nutzerfreundlicher Websites. Ein Paradigmenwechsel von einer technikbezogenen User-Friendliness zur interaktionsbezogen Usability wur-

---

[1] In einer ersten Erweiterung umfasst er die Analyse der Nutzerfreundlichkeit innerhalb der gesamten Informations- und Kommunikationstechnologie. Hierzu zählen, um einige Beispiele zu nennen, neben dem Internet etwa auch (Mobil-)Telefone, Navigationsgeräte oder Festplattenrekorder inkl. der jeweils damit verbundenen Anwendungen. Für alle gilt, dass mit der zunehmenden technologischen Konvergenz ehemals klare Technologiegrenzen in der Auflösung begriffen sind und sich gleichzeitig auch die Standards von Nutzerführung und Bedienungslogik angleichen. Eine zweite Erweiterung begreift Usability-Forschung als Evaluation der Nutzerfreundlichkeit jeglicher Funktionsform. Mit dieser Erweiterung „gewinnt" der Begriff Usability-Forschung an Tradition, da er sich hiermit auch auf „ältere" Forschung vor der sprunghaften Entwicklung der Kommunikations- und Informationstechnologie bezieht – beispielsweise im Bereich Automotive –, er „verliert" zugleich jedoch auch an Trennschärfe.

Gábor M. Hahn

de vollzogen[2], zentrale Must-Haves[3] einer so verstandenen Usability sind benennbar, und nicht erst in jüngster Zeit sind zahlreiche „Kochbücher" zur Herstellung von Usability und zur Durchführung von Usability-Evaluationen erschienen (vgl. z. B. Bartel 2005; Bias/Mayhew 2005; Puscher 2009).

Dies alles sind gute Voraussetzungen für ein Internet, dessen Unternehmens-Websites ausnahmslos gelungen sind und bei denen Usability-Tests allenfalls noch zum Feinschliff beitragen. Doch die Realität sieht anders aus: Zahlreiche Webauftritte weisen katastrophale Usability-Fehler auf, unzufriedene oder gar abgeschreckte Nutzer sind sichtbarer Teil eines ungenutzten Potenzials, und jeder Relaunch steht noch zwischen der Chance verbesserter Kundengewinnung und -bindung und dem Risiko, das Gegenteil zu erzielen. Hieraus ergeben sich drei Fragekomplexe:

1. Warum lässt sich Usability nicht einfach herstellen? Warum können allgemeingültigen Kriterien für Usability nicht oder allenfalls sehr abstrakt formuliert werden?
2. Wie lässt sich Usability praktisch testen? Welche Vor- und Nachteile sind mit der jeweiligen Methode verbunden? Wovon hängt die Wahl eines Studiendesigns ab?
3. Welches Verhältnis besteht zwischen der Praxis der Usability-Forschung und dem Methoden- und Theoriepool qualitativer Forschung im Allgemeinen?

2 Usability als Gegenstand – wider die scheinbare Einfachheit

2.1 Usability – kein technisches Forschungsfeld

Nur oberflächlich betrachtet beschäftigt sich Usability-Forschung mit der Schnittstelle zwischen Nutzer und technischer Oberfläche, denn weder Interaktion noch Oberfläche selbst sind ohne die dazugehörigen sozialen Akteure als Nutzer und/oder Absender verstehbar. Somit reflektiert die Schnittstelle vor allem das Aufeinandertreffen differenter sozialer Gruppen auf Absender- und Nutzerseite mit verschiedenen Einstellun-

---

[2] Dieser Paradigmenwechsel betrifft sowohl die Produktion von Websites als auch deren Evaluation auf Nutzerfreundlichkeit. Das ursprüngliche Konzept der User-Friendliness definiert Nutzerfreundlichkeit als eindimensionale Eigenschaft einer technischen Oberfläche. Usability umfasst hingegen die Interaktion zwischen Nutzer und Oberfläche sowie die Anforderungs- und Interaktionsprofile unterschiedlicher Nutzergruppen.
[3] Hierzu zählen vor allem eine zielgruppengerechte und verständliche Informationsdarstellung, eine transparente und intuitiv nutzbare Navigation, ein attraktives, die Funktion unterstützendes Design sowie eine angemessene und effiziente inhaltliche Struktur.

gen, Erwartungen, Bedarfen und Wünschen. Diese sind allenfalls im Idealfall zueinander komplementär, aber entscheidend für Website, Nutzung und Usability.

Aus Unternehmenssicht ist die Website Mittel zur Erreichung von Zielen von Marketing, Vertrieb und Service. Diese Ziele haben zwar immer Übereinstimmungen mit denen der Nutzer, keineswegs jedoch sind sie deckungsgleich, wodurch sich Unzufriedenheiten bei der Nutzung schon strukturell bedingt ergeben können. Zusätzlich werden an Kunden adressierte Websites häufig von einer kundenfernen Binnenperspektive dominiert, so etwa bei einer Darstellung und Strukturierung von Produkten und Leistungen, die eher internen Einteilungen oder Vertriebswegen folgen als Kundeninteressen bzw. -logik. Schließlich verfolgen selbst innerhalb eines Unternehmens verschiedene Abteilungen – wie Marketing, Vertrieb und IT – voneinander abweichende Zielsetzungen mit einer Website, sodass ein (Re-)Launch gelegentlich nur die Realisierung des kleinsten gemeinsamen Nenners ist.

Auch die Gruppe der Nutzer respektive Kunden ist keineswegs einheitlich. Gängige Zielgruppenbestimmungen basieren auf demographischen Merkmalen, der meritokratischen Triade (Bildung, Einkommen, beruflicher Status), und werden zunehmend um eine soziokulturelle Dimension erweitert, wie etwa im Modell der Sinus-Milieus (vgl. Diaz-Bone 2004), der Euro-Socio-Styles oder der RISC-Eurotrends (vgl. Burda Advertising Center 1996). Im Umgang mit modernen Medien wie dem Internet kommt mit dem Grad an Kompetenz im Umgang mit Informations- und Kommunikationstechnologie eine weitere Dimension der Differenzierung von Nutzern und Kunden hinzu, die für Nutzung und Usability einer Website von zentraler Bedeutung sind.

Zwischen Anbietern und Nutzern stehen Agenturen und Consulter, Marketing- und IT-Spezialisten, die ihre eher geisteswissenschaftlichen oder eher technischen Perspektiven in Website und Usability einbringen. Auf keinen Fall greift eine rein technologisch ausgerichtete Analyse. Es gilt auch, die Erwartungen, Zielsetzungen und sozialen Kontexte der potenziellen Nutzer zu verstehen.

2.2 Usability - abhängig vom historischen und räumlichen Kontext

Wie keine andere konsumentenadressierte Technologie erfährt die Informations- und Kommunikationstechnologie parallel zu stetigen, schnellen Veränderungen technischer Rahmenbedingungen und Möglichkeiten, permanente Modifikationen von Angeboten, Nutzungen und Nutzungsmustern (vgl. Castells 2001). Hiermit wandeln sich auch das Internet und ebenso die Maßstäbe, nach denen die Usability einer Website als gelungen bewertet werden kann, ständig. Hierfür definierte Kriterien sind also immer nur eine Momentaufnahme.[4]

Doch Kriterien guter Usability sind nicht nur von der Zeit, sondern auch vom Raum bzw. exakter von der im Raum verankerten Kultur abhängig. Ein über Usability im hier verwendeten engeren Sinne hinausreichendes Beispiel aus dem Automotive-Bereich mag dies verdeutlichen: Während sich auf der einen Seite Automobilkonzerne in globalen Netzen organisiert haben und ihre Fahrzeuge in Europa, Nordamerika und Asien verkaufen, ist eine Angleichung der Modellpalette in vielen Fällen ausgeblieben. Noch immer werden viele Automobile ausschließlich für eine Region produziert und gelten aufgrund von funktionalen Besonderheiten im Konzept in anderen Regionen als kaum absetzbar.

Diese Abhängigkeit von einer im Raum verankerten Kultur betrifft auch Nutzerfreundlichkeit im Allgemeinen, und damit auch die internetbezogene Usability. Mag eine globale, universelle Usability etwa für Websites weltumspannender Marken oder Oberflächen international vertriebener Soft- und Hardware noch so wünschenswert sein, so stößt sie doch an Grenzen des Möglichen. Beispielsweise haben Farben in verschiedenen Kulturen eine unterschiedliche Bedeutung bzw. Hinweisfunktion, Struktur und Wording mögen in einem Kulturkreis funktionieren, während sie in einem anderen auf Unverständnis stoßen, und nicht einmal die Leserichtungen und damit auch Aufmerksamkeitsrichtungen sind weltweit gleich.[5] Somit ist eine wie auch immer geartete Postulierung von universellen Usability-Standards bezüglich ihrer Gültigkeit begrenzt.

2.3 Usability-Forschung beschränkt sich nicht auf Website-Optimierung

Bisher wurde in diesem Artikel Usability-Forschung im engeren Sinne mit der Evaluation der Nutzerfreundlichkeit von Internetauftritten gleichgesetzt. Zwar sind Websites ein, wenn nicht sogar **das** Hauptaufgabenfeld der Usability-Forschung, daneben gehö-

---

[4] Beispielsweise galt noch vor wenigen Jahren eine textbasierte, mit kurzen Ladezeiten versehene Sitemap als ein Weg, Nutzer sehr schnell an das von ihnen gewünschte Ziel zu führen. In heutigen Zeiten von Breitbandzugängen können auch graphisch komplexe Sites in kurzer Zeit übertragen werden. Gleichzeitig haben viele Webauftritte deutlich an inhaltlicher Breite gewonnen und sind kaum mehr über eine alphabetische Stichwortsammlung sinnvoll zu erschließen. Als Konsequenz sind heutige Navigationslösungen in vielen Fällen graphisch und inhaltlich komplexer, ohne dass sie unter Usability-Aspekten schlechter zu bewerten sind.

[5] Gerade in einer „glokalisierten" (Welt-)Gesellschaft, die eben nicht nur durch ökonomische Globalisierung, sondern auch durch Tendenzen einer vorwiegend kulturellen Lokalisierung gekennzeichnet ist, ist dieses Nebeneinander verschiedener kultureller Rezeptionen als dauerhaft anzusehen.

ren in einer (ersten) Erweiterung des Usability-Begriffs aber auch alle anderen interaktiven Oberflächen der Informations- und Kommunikationstechnologie zu ihrem Gegenstandsbereich, wie

- der lange tot geglaubte Teletext im Bereich Massenkommunikation, der mit der Umstellung auf digitale Übertragungstechniken und der Verbreitung von elektronischen Programmführern wieder an Bedeutung gewonnen hat, und – bei einer Etablierung interaktiver Fernsehangebote – weiter an Bedeutung gewinnen wird,

- spezielle Portale im Bereich des mobilen Internets, local based Services und Apps für Smartphones, die mit der Umstellung der Mobilfunkstandards auf die dritte Generation mittels UMTS in Europa und CDMA2000 in Amerika und Asien von einer immer breiteren Kundschaft genutzt werden, und deren Akzeptanz darüber entscheiden wird, welche Unternehmen zukünftig den Markt für mobile Kommunikation bestimmen werden,

- Kommunikationsplattformen für eingeschränkte Nutzergruppen wie Extranets und Intranets sowie die zu ihrer Verwaltung und effektiven Kollaboration gehörenden Content-Management-Systeme,

- Oberflächen quasi aller technischen Geräte und Softwarelösungen – wie etwa von Smartphones, Navigationsgeräten, Festplattenrekordern oder auch den Bedienschnittstellen neuer komplexer Lösungen im Rahmen vernetzten Wohnens; gerade in diesem Bereich wird nur ein gelungenes Usability-Design der immer weiter steigenden Komplexität von Soft- und Hardware gerecht.[6]

Eine zweite Erweiterung entsprechend der bereits eingangs formulierten Begriffsbestimmung begreift Usability-Forschung als Evaluation der Nutzerfreundlichkeit jeglicher Funktionsform (vgl. Fußnote 1).

Sowohl in der weiten als auch der engen Definition beschränkt sich Usability-Forschung nicht auf den kommerziellen Bereich: Usability-Design und Usability-Forschung sind nicht nur unverzichtbar zur Kundengewinnung und -bindung für kommerzielle Anbieter, sondern erhalten auch zunehmend immaterielle Bedeutung für andere gesellschaftliche Bereiche, wie etwa den E-Government-Portalen und der Vielzahl von online angebotenen, haushaltsnahen Services, die gerade in einer alternden Gesellschaft immer wichtiger werden.

---

6   Die zunehmende Komplexität ist nicht unabhängig von Konvergenzentwicklungen der IUK-Technologien, die beispielsweise im Unified Messaging und der Marktreife in immer neuen Arten von Hybrid-Appliances sichtbar werden (vgl. Mattes/Emmerson 2003). Konvergenzentwicklungen sind hierbei auch und vor allem von wirtschaftlichen Interessen getrieben, wie beispielhaft die Zusammenführung von Mobiltelefonen und Navigationsgeräten vor dem Hintergrund der Bereitstellung für den Nutzer kostenloser, hochwertiger Navigationslösungen durch Nokia und Google zeigt.

Somit ist Usability-Forschung in einem nochmals erweiterten Sinne nicht allein beschränkt auf die kommerzielle Nutzung der Schnittstelle Nutzer/Technik, sondern beinhaltet auch eine gesellschaftspolitische, soziale Perspektive.

3 Methoden der Usability-Forschung - viele Wege führen nach Rom

3.1 Usability-Forschung als Anwendungsbereich qualitativer Forschung

Usability-Forschung ist aufgrund ihrer notwendigerweise heuristischen und interpretativen Perspektive schon immer ein genuines Feld für qualitative Forschung gewesen. Mittels Kombinationen der klassischen qualitativen Methoden Beobachtung, Befragung und Experiment können Wünsche, Erwartungen, Interaktionen und Beurteilungen erfasst und unter Rekursion auf individuelle und intersubjektive Deutungs- und Handlungsmuster analysiert werden. Qualitative Forschung ermöglicht darüber hinaus, Details von Forschungsfragen und Vorgehen erst im Forschungsprozess selbst fein zu justieren, womit Flexibilität und Ergebnisoffenheit der Forschung gewährleistet werden.[7] Aufgrund der Kohärenz zwischen Zielen der Usability-Forschung und Potenzialen qualitativer Methoden ist es nicht verwunderlich, dass die Usability-Forschung in der Praxis deutlich von qualitativen Methoden dominiert wird, wofür auch forschungspraktische Aspekte verantwortlich sind.[8]

Obwohl die internetbezogene Usability-Forschung noch ein vergleichsweise junges Anwendungsgebiet qualitativer Marktforschung ist, haben sich die in der Praxis verwendeten Methoden und Techniken bereits fein ausdifferenziert. Verschiedene Linien folgen meist den aus anderen Anwendungsgebieten bekannten methodischen Aufgliederungen – etwa Interview versus Gruppendiskussionen – jedoch sind durch den Einsatz spezieller Soft- und Hardware neue Techniken entstanden, wie Picture-in-

---

[7] Dennoch können quantitative Untersuchungsteile in einigen Fällen wertvolle Ergänzungen bieten. Etwa ein erstes quantitatives Benchmarking im Wettbewerbsumfeld als eine Art Vorstudie zur Entdeckung von Tendenzen und dem Erkennen der Dringlichkeit des Forschungsbedarfs oder eine nachgelagerte Studie zur Quantifizierung von Akzeptanz und Attraktivität neuer Angebote oder eines Relaunchs zur Schätzung von Potenzialen.
[8] So erfordern Usability-Studien oftmals spezielle Soft- und Hardware, die außerhalb einer Laborsituation mit einer entsprechend kleinen Teilnehmerzahl nur schwer zu realisieren sind, und gerade für üblicherweise eher marktforschungsferne Gruppen wie Unternehmens-IT und Software-Entwickler bietet die direkte Konfrontation mit „echten Usern" eine höhere Anschaulichkeit und bessere Diskussionsbasis als quantitative Analysen.

Picture-Recording, Website-Collagen oder Heatmaps[9]. Wie auch in anderen Bereichen der Marktforschung sind oft mehrstufige Designs ideal, da sie zur methodischen Crossvalidierung genutzt werden können.

3.2 Qualitative Usability-Forschung ist in allen Phasen der Website-Entwicklung sinnvoll

Idealerweise wird Usability-Forschung als iterativ in den Entwicklungs- und Evaluationsprozess eingreifendes Instrument eingesetzt. So verwendet bewertet die Usability-Forschung nicht nur das fertige Produkt eines zeit- und kostenintensiven Entwicklungsprozesses, sondern die Ergebnisse der Usability-Forschung werden in mehreren Phasen der Website-Entwicklung als Input für den Prozess zurückgespielt. Mit anderen Worten: Usability-Forschung soll nicht nur erkennen, ob das Kind bereits in den Brunnen gefallen ist, sondern soll verhindern, dass es überhaupt in den Brunnen fällt. In allen Phasen der Website-Entwicklung kann qualitative Usability-Forschung einen konstruktiven Beitrag liefern.

Bereits im Vorfeld der eigentlichen Website-Entwicklung kann mittels qualitativ-kreativer Techniken Input für eine nutzerfreundliche Gestaltung generiert werden. So können von potenziellen Usern z. B. Homepages in Kleingruppen mit Flipchart und Filzstift entwickelt, Listen mit einem möglichen Wording für die Navigation gesammelt und graphische Elemente einer entsprechenden Online-Bilderwelt collagiert werden. Alternativ hierzu bieten Online-Bulletin-Boards die Möglichkeit im Medium des Untersuchungsgegenstand Ideen gemeinsam mit potentiellen Nutzern zu kreieren und das kreative Potential auch schwer erreichbarer Zielgruppen zu erschließen. Ziel beider Verfahren – offline oder online – ist es, nicht nur eine allgemeine Vorstellung davon zu gewinnen, was die Adressaten als nutzerfreundlich und so auch attraktiv bewerten, sondern dieses auch hinsichtlich höchstspezifischer Anforderungen und Erwartungen im Kontext des jeweiligen Anbieters oder der Marke präzisieren zu können.

Bestehen schon erste Layout-Entwürfe, kann ein früher Konzepttest erfolgen, wobei sich der Schwerpunkt hin zu evaluativen, zumeist qualitativen[10] Techniken verschiebt. Mittels PC und Beamer präsentierte – zumeist noch vollkommen statische – Websites können so etwa hinsichtlich Markenpassung, induziertem Image oder Uniqueness

---

[9] Picture-in-Picture-Recording meint die synchronisierte Aufzeichnung von technischer Interaktion zwischen Nutzer und Nutzungsoberfläche sowie dazugehöriger Äußerungen, Mimik und Gestik. Website-Collagen sind eine computergestützte Variante der Collagentechnik, die vor allem für die Entwicklung von Websites genutzt wird. Heatmaps dienen der Visualisierung und Analyse von Aufmerksamkeitswirkungen.

[10] Gegenüber quantitativen Evaluationsverfahren bieten qualitative Settings gerade bei noch statischen Websites ein größeres Potenzial, sich der späteren realen Nutzung anzunähern.

getestet werden. Ebenfalls eignet sich eine Evaluation zu diesem Zeitpunkt, um die Basis für eine Entscheidung zwischen verschiedenen Konzeptrouten zu liefern.

Ein Usability-Test im engeren Sinne setzt eine Interaktion zwischen User und Oberfläche und damit auch eine weitgehend fertig programmierte Website voraus. Unter diesen Bedingungen kann die tatsächliche Usability erstmals umfassend qualitativ geprüft werden, allerdings sind jetzt größere Veränderungen aufgrund hoher Kosten und knapper Zeitpläne in der Regel nur noch schwer umzusetzen.

Ein qualitatives Usability-Tracking bietet sich schließlich bei einer bereits bestehenden Website an. Es erlaubt die systematische Erhebung sich im Zeitverlauf verändernder Erwartungen und liefert damit frühe Hinweise zu Content- und Layoutanpassungen sowie dem Bedarf an neuen Features.

3.3 Raum und Situation beeinflussen den Charakter der Erhebung

Ein Mix aus Befragung, Beobachtung und Experiment bildet idealerweise den methodischen Rahmen für den empirischen Test von Entwürfen und fertigen Websites mit den (potenziellen) Nutzern. Wenngleich der Charakter des Raumes, in dem die Erhebung stattfindet, sicherlich nicht konstitutiv für den Methodenmix ist, so beeinflusst er doch erheblich ihren Charakter.

Usability-Labor und Marktforschungsstudio sind Umgebungen, deren Vorteile in der Kontrollierbarkeit der Testbedingungen (identische Soft- und Hardware, simulierbare Zugangsgeschwindigkeiten etc.), der Aufzeichnung von Äußerungen und Reaktionen (AV-Aufzeichnung, Screencams etc.) und nicht zuletzt der guten Beobachtbarkeit und hohen Anschaulichkeit liegen (Einwegspiegel, Spiegelung der Testbildschirme in den Kundenraum etc.). Diese Eigenschaften betonen vor allem die experimentelle Komponente des Usability-Tests.

Gegensätzlich verhält es sich bei Interviews am Arbeitsplatz oder in den Wohnräumen des Interviewten. Hier bestehen die methodischen Stärken vor allem in der Natürlichkeit und der Erhebung von Kontextinformationen über den Interviewten und sein soziales Umfeld. Gleichzeitig jedoch ist eine Laborbedingungen vergleichbare Kontrollierbarkeit der Testbedingungen und Aufzeichnung von Äußerungen und Reaktionen nur eingeschränkt und mit höherem Aufwand zu realisieren. Diese Faktoren betonen stärker die beobachtende Komponente des Usability-Tests.

Gewissermaßen eine Zwischenform bilden online-gestützte qualitative Usability-Tests unter Nutzung von Bulletin-Boards, Online-Fokusgruppen oder Blogs. Hierbei finden Nutzung und Bewertung in der gewohnten Umgebung der Interviewten statt. Gleichzeitig ist das eigentliche Testsetting sowie die Aufzeichnung des Testgeschehens hochgradig kontrolliert, allerdings auch artifiziell und aufgrund der Beschränkungen des Mediums selektiv. Für spezielle Fragestellungen oder spezielle Zielgruppen bieten online gestützte Usability-Tests ein hohes Potential, generell werden sie jedoch auch zukünftig die stärker klassischen Formen des Usability-Tests nicht ersetzen können.

Anders als bei Interviews an Orten des Interviewten besteht bei Erhebungen im Usability-Labor grundsätzlich die Wahl zwischen Usability-Interviews und Usability-Workshops. Während Usability-Interviews sich besonders für sensible Themen und Nutzungen eignen und es ermöglichen, individuelle Nutzungsmuster und -barrieren detailliert zu erfassen, zeigen Workshops vor allem bei kreativen Fragestellungen, bei der Zuspitzung von Bewertungen sowie bei der Analyse erster qualitativer Benchmarks ihr methodisches Potenzial.

3.4 Spezielle Tools erweitern das Spektrum herkömmlicher qualitativer Techniken

Für die verschiedenen Phasen der Entwicklung und Erfolgskontrolle von Websites bietet die Usability-Forschung eine Reihe spezifischer Methoden. Gegenstand und technisches Setting der Usability-Forschung ermöglichen es hierbei, qualitative Techniken nicht nur zu adaptieren, sondern ihnen im Rahmen der Adaption zumindest in Teilen auch eine neue Qualität zu verleihen, wie bei der Spiegelung der Testoberfläche, Website-Collagen und Heatmaps.

Website-Collagen sind eine gegenstandsnahe Adaption, die sich besonders für die Generierung von Input für die Entwicklung von Websites eignet. Hiermit können Navigationselemente, Bilder und andere Contentbereiche durch die Testteilnehmer ausgewählt und wie auf einer Website angeordnet werden. Der Erstellungsprozess ist über Screencam und Arbeitsplatzkamera direkt beobachtbar, und das Ergebnis ist unmittelbar für die weitere Arbeit im Interview oder Workshop verfügbar.[11]

Die **Spiegelung der Testoberfläche** fokussiert die direkte Interaktion zwischen Nutzer und Website. Diese wird auf zweifache Weise aufgezeichnet: Zum einen wird das Geschehen am Bildschirm mittels einer Screencam gefilmt, wobei Interaktionen in Form von Mausbewegungen, Klicks etc. optisch hervorhebbar sind; zum anderen zeichnen Kamera und Mikrofon Äußerungen, Mimik und Gestik auf. Beide Bilder stehen als synchronisierte Spiegelung der Testoberfläche sowohl Beobachtern im Kundenraum in Echtzeit als auch als Aufzeichnung für spätere Analysen zur Verfügung.

---

11 Während die technische Umsetzung relativ einfach ist, müssen Zusammenstellung und Kategorisierung der Elemente sehr sorgfältig erfolgen, damit Offenheit und Output-Orientierung des Verfahrens gewährleistet sind.

Heatmaps werden eingesetzt, um zu messen und zu erklären, in welcher Reihenfolge Website-Elemente wahrgenommen werden, und welchen Grad an Aufmerksamkeit diese erwecken. Hierzu werden Testteilnehmer gebeten, mit dem Mauszeiger ihrer Blickrichtung zu folgen[12]. Aggregiert[13] ergeben sich hieraus sogenannte Heatmaps, auf denen Zonen der Aufmerksamkeit graphisch aufbereitet werden, und im Anschluss als Input für die Exploration von Erklärungen innerhalb von Interview, Diskussion oder Workshop verwendet werden.

4 Qualitative Methode und Usability-Forschung - Dialog von Theorie & Praxis

4.1 Qualitative Methoden bieten der Usability-Forschung ein umfassendes Fundament

Usability-Forschung als Teilgebiet der kommerziellen Marktforschung orientiert sich eindeutig an den methodischen Grundlagen qualitativ-sozialwissenschaftlicher Methoden. Diese Ausrichtung manifestiert sich in zentralen Prinzipien, Gegenstand und Methoden der Usability-Forschung:

- **Zentrale Prinzipien** qualitativer Forschung, wie Offenheit, Prozesshaftigkeit und Flexibilität sind zugleich Basis der praktischen Usability-Forschung und ermöglichen erst die zielführende, gegenstandsadäquate Exploration und das dynamische Verstehen von Nutzungsweisen.

- **Gegenstand** der Usability-Forschung ist nicht primär die Technik selbst, sondern die subjektive Interpretation und Nutzung derselben, wobei die Interaktion zwischen Nutzer und technischer Oberfläche nicht nur typische Anwendungsweisen

---

[12] Gegenüber einer tatsächlichen Aufzeichnung der Blickrichtung liegt der Vorteil vor allem in der für die Internetnutzung natürlichen Verwendungssituation: Während für die Erstellung der Heatmaps lediglich eine permanente Nutzung der Maus nötig ist, erfordern die alternativ genutzten Verfahren zur exakten Aufzeichnung der Blickrichtung ein kompliziertes und aufwendiges Laborsetting, innerhalb dessen die Testteilnehmer einen sensorbestückten Helm tragen. Allerdings erfasst dieses Verfahren keine vorbewussten Blickreaktionen, die nicht in einem Mausklick resultieren.

[13] Für die Erstellung der Heatmaps als Input für die verstehende Exploration ist es nicht zwingend erforderlich, quantitative Stufen vorzuschalten, da bereits im Rahmen qualitativer Settings messbare Mausbewegungen hierfür hinreichend sind: So kann z. B. im Rahmen eines Workshops eine Heatmap sowohl erstellt als auch im Anschluss für die Diskussion genutzt werden.

beinhaltet, sondern auch deren subjektiv gemeinten Sinn sowie Einstellungen und Erwartungen verschiedener Nutzergruppen.

- **Methoden** der Usability-Forschung modifizieren und kombinieren die „klassischen" qualitativen Methoden Befragung, Beobachtung und Experiment, um sie dem Gegenstand in idealer Weise anzupassen, die Forschungsperspektive zu variieren sowie durch interne Triangulation Konsistenz und Reliabilität zu betrachten.

4.2 Techniken der Usability-Forschung als Potenzial für qualitative Methoden

Umgekehrt bietet die in der Praxis entwickelte Usability-Forschung mit ihren vielfältigen Techniken Potenziale für eine (Weiter-)Entwicklung oder zumindest Anpassung qualitativer Methoden im Allgemeinen. Diese liegen zum einen in der für die Usability-Forschung spezifischen Kombination verschiedener methodischer Perspektiven in einer Erhebungstechnik. Zum anderen bietet die Technik, die zugleich Teil des Gegenstands (Nutzeroberfläche), Mittel zur kreativen Auseinandersetzung (Website-Collage etc.) und empirisches Dokument ist (Picture-in-Picture-Recording etc.), neue Kombinationsmöglichkeiten der Erhebung, Dokumentation und Auswertung qualitativer Daten. Die vor allem technologiegetriebenen methodischen Neuerungen in der Usability-Forschung eröffnen auch für andere Untersuchungsgegenstände neue Forschungspotenziale: So könnten etwa im Rahmen eines qualitativen Packungstests innerhalb von Interviews Packungsdesigns interaktiv gestaltet werden oder innerhalb von Gruppendiskussionen virtuelle 3-D-Point-of-Sale-Szenarien entwickelt und zugleich exploriert werden.

5 Fazit

Die Bedeutung der Usability-Forschung – gemeint ist hier ihre Anwendung auf Informations- und Kommunikationstechnologien im weiteren Sinne, also nicht nur auf das Internet – wird innerhalb der Marktforschung in Zukunft weiter zunehmen. Ein Grund hierfür ist, dass IT-Technologien auch jenseits des Internets immer neue Anwendungsbereiche in Alltag, Beruf und Freizeit besetzen.

Dabei erschließen diese nicht nur neue Marktsegmente, sondern zum Teil auch neue, bisher weniger technikaffine Konsumentengruppen.[14] Vor diesem Hintergrund gewinnt die Usability – etwa von Mobiltelefonen oder Unterhaltungselektronik – für die jeweiligen Anbieter immer mehr an Bedeutung in Märkten, in denen eine Produktdiversifikation nach Funktionen und Leistungsmerkmalen für die Konsumenten oftmals nicht transparent ist. Gleiches gilt natürlich auch für Websites, die hinsichtlich Kommunikations- und Informationsleistung ebenfalls an Bedeutung gewinnen werden. Auch qualitativ neue Entwicklungen des Internets werden mit seinem Ausbau innerhalb des kommenden Jahrzehnts einhergehen. Bereits in den Metropolen verfügbare Hochgeschwindigkeitsnetze mit der 300-fachen Bandbreite früherer DSL-Anschlüsse werden sowohl die lange postulierten Konvergenzen verschiedener Informations- und Kommunikationstechnologien als auch neue Nutzungsformen und eine Individualisierung des Netzes ermöglichen. Hierbei wird es Aufgabe der Usability-Forschung sein, diese Entwicklungen zu begleiten und sich auch methodisch permanent den neuen Aufgaben anzupassen.

Literaturverzeichnis

Bartel, Torsten (2005): Die Verbesserung der Usability von Websites auf der Basis von Web Styleguides, Usability Testing und Logfile-Analysen. 2. Auflage. Stuttgart.

Bias, Randolph / Mayhew, Deborah (Hrsg.) (2005): Cost-justifying Usability: an Update for an Internet Age. 2. Auflage. Amsterdam.

Burda Advertising Center (BAC) (Hrsg.) (1997): Zehn Typen und die große, weite Welt des Konsums. Das RISC-Modell in der Typologie der Wünsche 96/97 – Darstellung und Anwendung. München.

Castells, Manuel (2001): Der Aufstieg der Netzwerkgesellschaft. Opladen.

Diaz-Bone, Rainer (2004): Milieumodelle und Milieuinstrumente in der Marktforschung. In: Forum Qualitative Sozialforschung, 5(2), Art. 28, [26 Absätze]. www.qualitative-research.net/fqs-texte/2-04/2-04diazbone-d.htm. Zugriff: 08.06.2006.

Mattes, Andy / Emmerson, Bob (2003): 21st Century Communications. Hamburg.

Puscher, Frank (2009): Leitfaden Web-Usability: Strategien, Werkzeuge und Tipps für mehr Benutzerfreundlichkeit. Heidelberg.

---

[14] Ein Beispiel hierfür ist die Verdrängung der analogen durch die digitale Fotographie. Hierdurch wurden auch bis dahin eher wenig technikaffine Konsumenten, für die Usability eine besonders hohe Bedeutung hat, nicht nur an die Produktion von digitalen Bildern, sondern vor allem auch an deren Bearbeitung, Sammlung und Weitergabe via PC und Internet herangeführt.

Jörg Maas

Werbewirkungsforschung
Diagnose komplexer Wirkungszusammenhänge

1 Einführung 521
2 Werbung und das Konstrukt der Werbewirkung 521
3 Zur Entwicklung der Werbewirkungsforschung 523
4 Methodische Besonderheiten der Werbewirkungsforschung 526
5 Zielsetzungen quantitativer und qualitativer Ansätze innerhalb des Prozesses der Werbewirkungsforschung 527
6 Zur qualitativen Exploration von Werbewirkungsdimensionen 529
7 Untersuchung der Wirkungszusammenhänge 533
8 Fazit 534

1 Einführung

Werbewirkungsforschung ist ein angewandtes Forschungsfeld mit jahrzehntelanger Tradition. Die **qualitative Werbewirkungsforschung** jedoch ist noch nicht als eigene Forschungsrichtung etabliert, sondern bestenfalls eingebettet in ein qualitativ-quantitatives Untersuchungsdesign. „Bestenfalls" deshalb, weil sich die Werbeforschung traditionell quantitativer Instrumente bedient: Dabei geht es um Reichweiten von Sendungen oder Werbeblöcken, um das Aufzeigen eines Zusammenhangs von Werbekontakt und Einkaufsverhalten, um Testmärkte, Verbraucherpanels und Scannergeräte oder Vergleiche von Experimental- und Kontrollgruppen. Werbeforschung ist somit generell auf **Effizienzmessung** des ökonomischen Werbeerfolgs ausgerichtet. Fokussiert man auf die Messung der **Werbewirkung,** kommen weichere Dimensionen wie Aufmerksamkeitsleistung, Verständnis, Likeability, persönliche Relevanz oder Markenpassung ins Spiel. Aber auch die verstärkte Betrachtung dieser Dimensionen bedeutet noch nicht unbedingt den Einsatz qualitativer Forschungsinstrumente.

Dieser Beitrag will theoretische Ansätze, methodische Vorgehensweisen und praktische Wirkungsfelder qualitativer Werbewirkungsforschung aufzeigen und dieser auf ihrer Entwicklung hin zu einer eigenständigen Forschungsrichtung helfen. Dabei geht es keinesfalls um ein Ausspielen gegenüber quantitativen Ansätzen, sondern um ihre Positionierung innerhalb einer Betrachtung des gesamten Werbewirkungsforschungsprozesses. Denn die Auftraggeber der Untersuchung erwarten eine klare **Prognose** bezüglich der Wirkungsweise ihrer Kommunikation; dies kann qualitative Forschung nur bedingt leisten (vgl. zum Prognose-Charakter quantitativer Studienansätze z. B. Hofsäss/Engel 2003, S. 238ff.). Mit ihrer Hilfe können aber Wirkungszusammenhänge zwischen den Bestandteilen eines Kommunikationskonzepts aufgezeigt und damit eine tief gehende **Diagnose** gestellt werden. Entscheidend ist nicht die Identifikation von Likes und Dislikes des Werbemittels, sondern die **Wirkungsstruktur.**

2 Werbung und das Konstrukt der Werbewirkung

Die American Marketing Association (AMA) definiert Werbung als klassisches Instrument der Kommunikationspolitik: „Werbung nennt man die Botschaften namentlich erwähnter Unternehmen oder Organisationen, platziert in Massenmedien, die den Zweck verfolgen, abgegrenzte Zielgruppen zu informieren oder zu beeinflussen" (vgl. Knöbel 1998–2002). Charakteristisch für Werbung im Zeitalter der Massenmedien ist das Element der Unfreiwilligkeit, das sich auf eine anonyme Masse von Nutzern bezieht. Ohne von diesen Nutzern der Massenmedien direkt bestellt zu werden, senden Anbieter ihre Werbeimpulse an eine große Zahl möglicher Interessenten. Daher sind typische Werbebotschaften normalerweise unpersönlich gehalten. Das zentrale Ziel der Kommunikationspolitik eines Unternehmens im Allgemeinen und damit auch von Werbung im Speziellen ist die Darstellung der Unternehmensleistungen mit dem Ziel, das Kaufverhalten von aktuellen oder potenziellen Zielgruppen direkt oder indirekt zu beeinflussen. Dieser Verhaltensaspekt wird auch in der Definition von Felser deutlich: „Werbung ist eine Handlungsweise, die das Ziel hat, Entscheidungsspielräume von Personen zugunsten einer bestimmten Sache zu beeinflussen. Daher ist Werbung auch immer ein versuchter Eingriff in Verhaltensmöglichkeiten" (vgl. Felser 2007, S. 13). Der Erfolg dieses Eingriff hängt stark von der Höhe des Involvements des Konsumenten ab: Involvement beschreibt das persönliche Engagement bei Entscheidungen und gilt seit langem als ein Schlüsselkonstrukt der Konsumentenforschung (vgl. Kroeber-Riel/Weinberg/Gröppel-Klein 2009, S. 370ff.). Die Involviertheit des Verbrauchers gilt als Maß für die kognitive Kontrolle, die der Konsument bei seiner Entscheidung ausübt (vgl. Malyar/Spomer 2008, S. 10)

Dem primären Ziel der Beeinflussung des Konsumentenverhaltens lassen sich Teilziele unterordnen, wie beispielsweise die Steigerung der Bekanntheit des Unternehmens und des umworbenen Produkts oder die Veränderung von Einstellungen und Images. Die Auswahl des Untersuchungsdesigns der empirischen Werbewirkungsforschung hängt demzufolge – neben anderen Faktoren wie z. B. dem Grad der Fertigstellung des Stimulusmaterials, dem Produktbereich oder der anvisierten Zielgruppe – ganz entscheidend von der Definition der Werbeziele ab. In gesättigten Märkten ist Werbung ein teures und riskantes Geschäft, und die Beurteilung und Vorhersage ihres Effekts ist zu einem unverzichtbaren Bestandteil für viele Anbieter geworden. Die forcierte Entwicklung des Massenmarketings hin zu einer immer zielgruppenadäquateren Ansprache begünstigt dabei die Kontrolle der Werbewirkung, da sie durch die Eingrenzung der Befragungsstichprobe innerhalb der empirischen Forschung besser evaluiert werden kann.

Abbildung 2-1: Komponenten der Werbewirkung (vgl. Burst 2002, S. 9)

Kognitive Komponente: Wahrnehmung	Affektive Komponente: Einstellung	Konative Komponente: Verhalten
- Aufmerksamkeit - Werbeerinnerung/ Awareness - Verständlichkeit - Bekanntheit	- Interesse - Bewertung/Image - Sympathie/Likeability - Überzeugungskraft - Kaufbereitschaft/ Relevant Set	- Kaufverhalten - Verwendung

Werbewirkung kann als „das Erreichen einer beabsichtigten Reaktion durch Werbeaktivitäten bei der Zielgruppe" definiert werden (vgl. Burst 2002, S. 8). Sie ist somit ein vielschichtiges komplexes Konstrukt, das weder direkt beobachtbar noch direkt messbar ist. Deshalb sind Indikatoren nötig, die das Konstrukt möglichst genau beschreiben. Beispiel für einen solchen Indikator wäre etwa die geäußerte Erinnerung an eine Werbung, z. B. einen TV-Spot. Werbewirkungsindikatoren lassen sich unter unterschiedlichen Komponenten subsumieren, die die psychologischen Prozesse und Reaktionen bezüglich der Wirkung von Werbung umfassend abdecken. Hier unterscheidet man kognitive, affektive und konative Komponenten der Werbewirkung (vgl. Abb. 2-1). Innerhalb der Werbewirkungsforschung werden zumeist Indikatoren verwendet, die kognitive Gedächtnisleistungen abfragen; neben der Awareness vermehrt auch die Markenbekanntheit (vgl. Burst 2002, S. 9).

3 Zur Entwicklung der Werbewirkungsforschung

Reklameforschung ist die erste Form der Marktforschung. 1923 veröffentlichte Daniel Starch, Psychologie-Professor und Begründer des ersten Marktforschungsinstituts Daniel Starch & Staff das Buch „The Principles of Advertising". George Gallup zog wenig später die erste groß angelegte Studie zur Werbeerinnerung auf. Bereits 1919 hatte Starch die „Recognition-Methode" zur Testung von Werbeanzeigen entwickelt und Archibald Crossly zehn Jahre später die ersten Hörerschaftsmessungen von Radiosendern durchgeführt (vgl. Niepmann 1999, S. 29). Der Fokus dieser frühen – standardisierten – Techniken lag auf der Vorhersage und Evaluation von Werbung und deren Wirkung und weniger auf ihrer (Weiter-)Entwicklung. In den 1950er Jahren wurde langsam damit begonnen, den Verbraucher in Werbeentwicklungen einzubeziehen. In diese Zeit fallen auch die ersten qualitativen Forschungsansätze mit dem Ziel, den Verbraucher, seine Einstellungen und Bedürfnisse zu verstehen (vgl. Wardle 2002). Qualitative Marktforschung hat damit unser Verständnis über die Struktur der Werbung und ihren Einfluss auf den Konsumenten verändert: Das Bild eines passiven Empfängers von Werbebotschaften wurde von dem eines aktiven Mitgestalters abgelöst. Diese Entwicklung spiegelt sich analog in vielfältigen Theorien und Modellen wider, die das Ziel verfolgen, den eigentlichen Prozess der Werbewirkung zu verstehen (vgl. Burst 2002, S. 10).

Den zunächst gängigen behavioristisch ausgerichteten Modellen liegt das S-R-Modell zugrunde: Auf einen werblichen Stimulus (S) folgt eine direkte Response (R). Dieses Verständnis basiert auf der Leitfrage: „Was macht die (mächtige) Werbung mit dem (passiven und unwissenden) Verbraucher?" Daraus wurden bestimmte Stufenmodelle

Jörg Maas

entwickelt, allen voran das klassische Überzeugungsmodell AIDA mit zwingender Reihenfolge der Stufen Attention – Interest – Desire – Action. Damit Werbung wahrgenommen wird, muss sie zunächst einmal Aufmerksamkeit erzeugen, die Voraussetzung für ein Interesse am Angebot ist. Aus diesem Interesse erfolgt ein Kaufbedürfnis, das schließlich in die Kaufhandlung mündet. Berechtigterweise gilt das klassische AIDA-Modell heute als veraltet: Werbung funktioniert nicht linear, sondern gelegentlich auch rückwärts: Verhalten kann dem Denken und Fühlen auch vorausgehen. Zudem ist der Konsument weder rein passiv noch wirkt Werbekommunikation auf alle Menschen gleich (vgl. Malyar/Spomer 2008, S. 17f.). Niepmann schreibt dazu: „Modelle wie AIDA geben keine Auskunft darüber, warum 90 % aller Neueinführungen Flops werden. Die feste Schrittfolge muss, folgt man diesen Modellen, über kurz oder lang bei ‚Aktion' enden. Weshalb Timothy Joyce die ihnen innewohnende Theorie 1967 als ‚starke' Theorie bezeichnet hat" (vgl. Niepmann 1999, S. 40).

War das Muster von AIDA und fast aller Folgeformen „lernen – bewerten – handeln", begründete Andrew S. C. Ehrenberg 1974 die Kette „Aufmerksamkeit – Versuch – Verstärkung", was bedeutete: „bewerten – handeln – lernen". Die sogenannten schwachen Theorien zielen damit auf eine Einstellungsänderung ab: Nach der Kaufentscheidung verspürt der Konsument Dissonanz, die ihn dazu drängt, den Kauf nachträglich vor sich zu rechtfertigen. Diese Theorieansätze gelten vielfach als realistischer und können beispielsweise auch die hohen Beachtungswerte für Werbespots erklären, die landläufig als langweilig gelten, aber vertraute Produkte bewerben. Ehrenberg drückt das wie folgt aus: „Werbung ist schwach, verglichen mit, sagen wir, der direkten Erfahrung des Verbrauchers mit dem Produkt" (zitiert in Niepmann 1999, S. 49).

Infolge dieser Entwicklung rückt der Konsument zunehmend in den Mittelpunkt, und zwar zunächst als (aktives) Individuum, dann als Entscheider, dann als Mitglied einer Gruppe und zuletzt als Teil einer Kultur (vgl. Niepmann 1999, S. 89ff.). In Zeiten gesättigter Märkte und insbesondere im Fall schnell drehender Konsumgüter geht man von wenig involvierten Konsumenten aus, die es innerhalb starker Informationsüberflutung überhaupt zu erreichen gilt. Am Anfang der sogenannten Involvement-Modelle stehen damit Lerneffekte aufgrund eines hohen Werbedrucks, wodurch eine gewisse Produkt- und Markenbekanntheit erreicht wird. Es kann zu Probekäufen kommen, die differenzierte Einstellungen zum Produkt evozieren. Sind diese positiv, kommt es zu Wiederholungskäufen und zur Produktbindung. Eine positive Werbewirkung liegt somit vor, wenn die positiven Aspekte des Probekaufs verstärkt werden können (vgl. Moser 1997). Involvement-Modelle, die sich durch das Schema „lernen – handeln – bewerten" charakterisieren lassen, gewinnen durch wenig unterscheidbare Produktalternativen und wieder passiver gewordene Rezipienten an Bedeutung (vgl. Burst 2002, S. 12).

Werbewirkungsforschung

Abbildung 3-1: Entwicklung der Werbewirkungsforschung (eigene Darstellung)

	1950	1970/80	heute
Zeit			
Theorien	stark		schwach
Konsumentenbild	passiv, involviert	aktiv, wenig(er) involviert	wieder passiver, kaum involviert
Modelle	Stufenmodelle (z. B. AIDA)	Dissonanz-Attributions-Modelle	Involvement-Modelle
Produktwahrnehmung/ -alternativen	gut differenziert	wenig differenziert	kaum noch differenziert
Handlungsschema	lernen – bewerten – handeln	bewerten – handeln – lernen	lernen – handeln – bewerten
Explorationsaufgaben empirischer Forschung	Beurteilung und Vorhersage der Werbewirkung		(Kreative) Werbeentwicklung

Der Beitrag qualitativer Forschung steigt analog zu dieser Evolution an (vgl. Abb. 3-1): Je mehr sich das Untersuchungsziel von der Beurteilung und Vorhersage der Werbewirkung hin zur Generierung von Ergebnissen zur (Weiter-)Entwicklung der Werbung wandelt, desto weicher werden die Dimensionen, die es zu erfassen gilt. Hier steht das tief gehende Verstehen des Konsumenten im Vordergrund. Nur mithilfe entsprechender Forschungsinstrumente können Phänomene exploriert – quasi hervorgeholt – werden, deren Existenz und Bedeutsamkeit bisher unbekannt war (vgl. z. B. Gutjahr 2005). Judith Wardle (2002, S. 2) drückt dies wie folgt aus: „It reveals those things we didn't know we didn't know"[1].

---

[1] Mit unbewussten Phänomenen innerhalb von Werbung und Werbeforschung beschäftigen sich u. a. die Inhaltstheorien der Motivation, die generell nach den treibenden Kräften hinter dem menschlichen Verhalten fragen und davon ausgehen, dass die grundlegenden Motive des Menschen stabil sind und nicht durch Werbung geschaffen werden können. D. h., Werbung kann bestenfalls Motive wecken. So bezieht sich beispielsweise der Motivforscher Ernest Dichter immer wieder auf unbewusste Motive, die den Konsumentscheidungen zugrunde liegen, und lässt sich dabei von der Triebtheorie Freuds inspirieren: „Konsumenten haben etwas gegen Dörrpflaumen, weil diese so runzelig aussehen und an das Alter denken lassen.

Jörg Maas

4 Methodische Besonderheiten der Werbewirkungsforschung

Qualitative Werbewirkungsforschung unterscheidet sich deutlich von anderen Untersuchungsfeldern, wie etwa (qualitativer) Produktforschung. Die Befragungssituation weist bestimmte Charakteristika auf, was Implikationen für das Involvement der Befragten und die Gütekriterien der Forschung hat. So ist sowohl bei der Erhebung als auch der Analyse entsprechender Daten zu berücksichtigen, dass sich Testpersonen häufig einen umfassenden Expertenstatus zuschreiben und glauben, sie müssten die Stimulusmaterialien hinsichtlich ihrer allgemeinen Wirksamkeit beurteilen – nach dem Motto „Gute Werbung hat so und so zu sein". Solche Haltungen sind vom Forscher behutsam dahingehend zu korrigieren, dass die eigene Überzeugung im Vordergrund steht und weniger die antizipierte Wirksamkeit im Werbumfeld oder bei den avisierten Zielgruppen. Zudem sind Werbewirkungsdaten insoweit schwierig zu erheben, als dass viele Konsumenten im Zeitalter der Informationsüberflutung signalisieren, sie lehnten Werbebeeinflussung ab und seien immun gegenüber Werbung. Man legt sich quasi einen Schutzpanzer zu, um nicht den Versprechungen von Anbietern und Werbeindustrie „auf den Leim zu gehen". Hier empfehlen sich beispielsweise projektive Fragen, die sich über Umwege den tatsächlichen Überzeugungen nähern, wie z. B.: „Was wären das denn für Menschen, die sich von dieser Werbung ansprechen ließen? Welchen Charakter hätten sie?"

In diesem Zusammenhang verweist Wardle (2002, S. 35) auf unterschiedliche Beziehungen diverser Altersgruppen und Geschlechter zu Werbung: „Young children tend to believe without criticism. Teenagers and young people have an intense love-hate relationship. Women tend to be overly sensitive to being patronised. Older people tend to think it is not aimed at them and so are difficult to reach." Auch dies können wichtige Anstöße für den Forscher sein, das Untersuchungsfeld und diesbezügliche Grundüberzeugungen der Testpersonen zu reflektieren, um die generierten Ergebnisse richtig einzuordnen. Sicherlich ist es gerade innerhalb der Kommunikationsforschung ein noch unbeackertes Feld, über psychologische Beeinflussungen von Befragungsergebnissen nachzusinnen (vgl. z. B. Felser 2007; Wardle 2002).

Männer rauchen Zigarren als Ersatz für das Daumenlutschen. Frauen verwenden lieber pflanzliche als tierische Fette, weil letztere ihnen Schuldgefühle wegen der Tötung von Tieren verursachen. Eine Frau nimmt das Backen eines Kuchens sehr ernst, weil sie darin eine symbolische Geburt durchmacht" (Felser 2007, S. 35).

5 Zielsetzungen quantitativer und qualitativer Ansätze innerhalb des Prozesses der Werbewirkungsforschung

Geht man von einer linearen Betrachtungsweise des Entstehungs- und Entwicklungsprozesses von Kommunikation von der ersten Idee bis zum fertigen Werbemittel aus (z. B. Print-Anzeige, TV- oder Hörfunkspot), ist qualitative Werbewirkungsforschung überwiegend im Pretesting-Bereich zu verorten, während quantitative Methoden vor allem im Stadium der Fertigstellung der Werbung einsteigen (sollten) und sich somit an der Schwelle vom Pre- zum Posttesting – Letzteres meist in Form von Werbetrackings – befinden. Diese Einordnung verdeutlicht noch einmal, warum in Zeiten, in denen man von passiv-manipulierbaren Rezipienten ausging, die auf alle Fälle am Ende des Beeinflussungsprozesses eine Aktion tätigen (das beworbene Produkt kaufen oder nicht kaufen – vgl. starke Theorien wie AIDA), der Fokus auf der Beurteilungs- und Vorhersagekraft der Werbung lag: Bewegt die Werbung zum Kauf oder nicht (vgl. Malyar/Spomer 2008)? Diese Fragen können quantitative Verfahren beantworten, die die fertige Kommunikation und ihre Wirkung fokussieren. Rückt hingegen der *mündige* Verbraucher in den Mittelpunkt, den man bedürfnisorientiert ansprechen möchte, ist das primäre Ziel, ihn zu verstehen, um ihn an der *Gestaltung* der Kommunikation beteiligen zu können. Sowohl ein vertiefendes Verstehen des Konsumenten als auch das Ausschöpfen seines kreativen Potenzials ist nur innerhalb qualitativer Forschungsinstrumente möglich.

Die zentrale Bedeutung qualitativer Verfahren kann damit auf zweierlei Ebenen beschrieben werden (vgl. u. a. Wardle 2002; Rennert/Beisswenger 2002; Hofsäss/Engel 2003), nämlich

- innerhalb der strategischen Entwicklungsphase (Erforschung von Consumer Insights, Erfassung von Inspirationen zum Markenbild, Generierung von Werbeideen) und

- deren kreativer (Weiter-)Entwicklung zum fertigen Material.

Abbildung 5-1 benennt die Ziele innerhalb der verschiedenen Phasen der Werbeentwicklung und ob quantitative und/oder qualitative Methoden zum Einsatz kommen.

Jörg Maas

Abbildung 5-1: Ziele und Methoden innerhalb des Prozesses der Werbewirkungsforschung (eigene Darstellung)

Zeit →

1. Strategische Entwicklungsphase

Ziele:
- Erforschung von Consumer Insights
- Inspirationen zum Markenbild
- Generierung von Werbeideen

Methodik:
- Kreativ-Workshops

2. Konzeptphase

Ziele:
- Überprüfung der *generierten Konzeptentwürfe* hinsichtlich der Werbewirkungsdimensionen*
- Auswahl favorisierter Vorschläge

Methodik:
- Qualitativer Werbekonzepttest (Gruppendiskussionen, Einzelininterviews)

3. Optimierungs- und Finalisierungsphase

Ziele:
- Überprüfung der *finalisierten Entwürfe* hinsichtlich der Werbewirkungsdimensionen*
- Überprüfung von Aufmerksamkeitsleistung und Durchsetzungsstärke

Methodik:
- Qualitativer und/oder quantitativer Werbepretest
- Zunehmend Ergänzung durch apparative Verfahren

4. Laufende Kampagne

Ziele:
- Beurteilung der Vorhersage der Werbewirkung
- Optimierung der Mediaplanung
- Kampagnenchecks
- Im Fokus stehen die quantitativ ausgerichteten Dimensionen Likeability, Markenbekanntheit u. -sympathie, Durchsetzungsfähigkeit, Kommunikation des Produktvorteils, Kaufsimulation im Wettbewerbsumfeld

Methodik:
- Quantitativer Werbeposttest (Tracking)
- Zunehmend Ergänzung durch apparative Verfahren

*Die **Werbewirkungsdimensionen** lauten:
1. Aktivierung und Awareness
2. Verständnis, Faszination und Glaubwürdigkeit
3. Interesse und Relevanz
4. Markenpassung

Auch Rennert/Beisswenger (2002, S. 47ff.) beschreiben am Beispiel der Entwicklung eines TV-Commercials einen mehrphasigen Trichterprozess, der sich durch ein Kontinuum von qualitativen zu quantitativen Methoden und den Grad der Fertigstellung des Stimulusmaterials von „rough" zu „finished" auszeichnet. **Je unfertiger die zu testende Werbung, desto qualitativer ist die Vorgehensweise**: So werden in einer ersten Phase Kreativworkshops eingesetzt, um Consumer Insights zu identifizieren und Werbeideen zu generieren, aus denen – meist mithilfe einer Werbeagentur – ein Set an Konzeptvorschlägen erarbeitet werden kann. Anschließend geht es darum, aus diesem Ideenpool „die Ansätze zu identifizieren, die weiterverfolgenswert sind. Hauptzielsetzung eines Werbekonzepttests in dieser Vorstufe ist im Wesentlichen die Überprüfung des Verständnisses, der Relevanz und der Attraktivität verschiedener Ideen bei der interessierenden Zielgruppe" (vgl. Rennert/Beisswenger 2002, S. 50). Qualitative Methoden der Wahl innerhalb der zweiten Phase sind Gruppendiskussionen oder qualitative Einzelinterviews (zur Frage Gruppendiskussion vs. Einzelinterview (→ *Beitrag „Gruppendiskussionsverfahren" von Renate Blank*). Geht es um den direkten Vergleich mehrerer Konzepte, so ist zu berücksichtigen, dass alle zu testenden Stimulusmaterialien den gleichen Grad der Fertigstellung aufweisen. Nach dem Werbekonzepttest können die favorisierten Entwürfe finalisiert und in den Werbepretest überführt werden, der zunächst in der Regel qualitativ in Form von Gruppendiskussionen stattfindet. Nun befinden sich nur noch einige wenige Vorlagen im Test, die im Rahmen der offenen Befragungssituation noch einmal abschließend optimiert werden können, z. B. bezüglich der Einzahlung der Bild- und Textelemente auf das Verständnis der Botschaft oder der Likeability. Hierbei ist auf monadische Testung bzw. Rotation der Testvorlagen zu achten, um Primacy-Recency-Effekten vorzubeugen. Der zweite Bestandteil der Finalisierungsphase ist dann der quantitative Werbepretest, der sich durch Standardisierung der Fragen und Exploration der Ausprägungen der Dimensionen auszeichnet.

Sowohl qualitative als auch quantitative Werbepretests können durch apparative Testverfahren ergänzt werden (vgl. u. a. Schmeißer et al. 2005, S. 49ff.; Felser 2007; Rennert/Beisswenger 2002), z. B. innerhalb von Print-Tests. Die Blickregistrierung (Eye-Tracking) trägt dazu bei, die Aufmerksamkeit für die Kommunikation zuverlässig zu visualisieren. Im Anschluss können innerhalb von (qualitativen) Einzelinterviews Erinnerungswerte, Likes und Dislikes sowie die Überzeugungsleistung der Anzeigenvorlagen abgefragt werden. Das Besondere dieser Ansätze ist, dass die Werbemittel nicht isoliert dargeboten werden, sondern innerhalb eines möglichst realistischen Umfelds (Zeitschrift, Werbeblock). Hier liegt die Annahme zugrunde, dass die Wirkung einer Werbung nur in einer weitgehend verdeckten Erhebungssituation sowie innerhalb eines typischen Umfelds im Zusammenspiel mit anderen Werbemitteln extern valide erfasst werden kann. Hinzu kommen mediaspezifische Faktoren (Medien, Platzierung, Konkurrenzwerbung), die bei der Untersuchung der Werbewirkung mit berücksichtigt werden können.

6 Zur qualitativen Exploration von Werbewirkungsdimensionen

Der skizzierte methodische Ablauf findet sich in der Praxis häufig wieder und zeichnet sich durch die unterschiedliche Schwerpunktsetzung qualitativer und quantitativer Werbeforschung aus. Die in Abbildung 5-1 benannten Werbewirkungsdimensionen finden sich – wenn auch teilweise unterschiedlich benannt – in den verschiedensten Forschungsansätzen exemplarisch ausgewählter, deutscher Marktforschungsinstitute wieder (vgl. z. B. Mumme/Wernecken 2002, S. 42ff.; Wintrich/Kilzer 2002, S. 36ff.; Rennert/Beiswenger 2002, S. 49ff.; Standard-Tool-Präsentation Advantage® des Marktforschungsinstituts GfK, Nürnberg; Standard-Tool-Präsentation Ad-Profiler® des Marktforschungsinstituts Psychonomics, Köln; Standard-Tool-Präsentation Ad-Insight® des Marktforschungsinstituts RSG Marketing Research, Düsseldorf). So kann man sagen: Es gibt nicht *das* einheitliche Modell der Werbewirkung, sondern im Fokus stehen zentrale Kategorien, die sich historisch bzw. erfahrungsbedingt herausgebildet haben. Diese Kategorien werden im Folgenden erläutert. Um diesen Beitrag möglichst praxisorientiert zu gestalten, geschieht dies anhand beispielhafter Operationalisierungsfragen der ja eher abstrakt gehaltenen Dimensionen, die – innerhalb einer methodisch sinnvollen Forschungskonzeption – aufeinander aufbauen sollten.

Dimension 1: Aufmerksamkeit und Aktivierung

In der ersten Analysephase geht es um die Messung der Durchsetzungskraft und Aufmerksamkeitsleistung eines Werbemittels in seinem natürlichen Umfeld (Zeitschrift, Werbeblock, Website). Es genügt nicht, dass die Werbung konzeptuell perfekt umgesetzt ist. Sie muss auch wahrgenommen und in der natürlichen Rezeptionssituation von den Konsumenten beachtet werden.

Hier kommen apparative Verfahren zum Zug (vgl. Maas/Schmeißer 2006): So ermöglichen beispielsweise *Eyetracking-Verfahren* unverfälschte, natürliche Blickregistrierungen. Denn sie erfassen zum einen alle Fixationen, d. h. alle Szenen des Werbemittels, auf denen das Auge lange genug ruht, um Informationen aufzunehmen. Darüber hinaus erfassen sie weitere Blickparameter wie Fixationslänge, Kontakthäufigkeit, Verweildauer, Scanpfade unter Bedingungen einer weitgehend natürlichen Rezeptionssituation (non-forced-exposure-Situation). Neben der Aufmerksamkeitsstärke lässt sich auch das Aktivierungspotenzial einer Werbung problemlos durch apparative Verfahren (passiv) messen. Hierbei wird die psycho-physiologische Aktivierung der Probanden mittels eines *Pulssensors* erfasst, der bequem als Fingermanschette am Mittelfinger getragen wird und keinerlei Aufmerksamkeitsleistung beansprucht.

Die im Dienste der – sich zunehmend etablierenden – Hirnforschung (vgl. z. B. Malyar/Spomer 2008) stehenden apparativen Verfahren zählen zu den Beobachtungsverfahren, an die sich klassisch-qualitative Explorationen anschließen sollten (vgl. die sich anschließenden Werbewirkungsdimensionen 2 bis 5): Erst die explorative Rekonfrontation der Versuchspersonen mit den beobachteten Blickverläufen und Aktivierungspotenzialen erlaubt ein vertiefendes Verständnis der tatsächlichen Wahrnehmungsprozesse.

Dimension 2: Spontanassoziationen und Erinnerungsleistung

Um Recall und darauf aufbauend spontane Assoziationen zu erfragen, genügt bereits eine kurze Konfrontation der Testpersonen mit dem Stimulusmaterial. Inwieweit bereits ein Werbekonzept bzw. die narrative Struktur eines Konzepts den Konsumenten dazu anregt, sich mit den Inhalten der Werbung näher auseinanderzusetzen, kommt in den folgenden qualitativ ausgerichteten Fragen zum Ausdruck:

- Woran erinnern Sie sich, was haben Sie gehört und gesehen?
- Welche Gefühle weckt die Anzeige/der Spot?

- Regt die Werbung spontan zum Nachdenken an?

Um die Emotionen der Rezipienten, die durch die Werbeinhalte ausgelöst werden, zu erfassen, wird das klassisch qualitative Verfahren des freien Assoziierens genutzt. Methodisch ist es wichtig, den Probanden im Assoziationsprozess nicht zu unterbrechen, um anschließend die genannten Begrifflichkeiten zu vertiefen.

Dimension 3: Faszination, Verständnis und Glaubwürdigkeit

War die Ideensammlung innerhalb der strategischen Entwicklungsphase der Werbung überhaupt nur mit qualitativen (Kreativ-)Techniken möglich, so sind auch innerhalb der Konzeptphase Verständnis, Faszination und Glaubwürdigkeit der erarbeiteten Konzeptvorschläge besonders gut vertiefend zu explorieren. Im Zentrum stehen hier Fragen wie:

- Wie erleben Sie die Atmosphäre innerhalb der gezeigten Konzepte?
- Wie erleben Sie das vorgestellte Angebot? Welche Botschaft soll vermittelt werden?
- Inwieweit ist diese glaubwürdig im Rahmen der bisher gelernten Produktleistung?

Insbesondere das Faszinationspotenzial einer Kommunikation kann in seiner Vielschichtigkeit mit qualitativen Befragungstechniken besser erfasst werden. Dies gilt sowohl für die Konzepttest- als auch die anschließende Werbepretestphase. Die innerhalb qualitativer Forschung generierte Bandbreite an Daten bezüglich Verständnis, Faszination und Glaubwürdigkeit der Werbung kann dann in standardisierte Fragestellungen überführt werden. So stellt die qualitative Vorarbeit sicher, dass das quantitative Instrument alle aus Zielgruppensicht relevanten Gesichtspunkte umfasst. Rennert/Beisswenger drücken dies wie folgt aus: „Es ist diese dynamische Methodenkombination, die es ermöglicht, sämtliche Facetten der Werbegestaltung zu erfassen und konkrete Optimierungsempfehlungen für die Gestaltung der Werbung abzuleiten" (vgl. Rennert/Beisswenger 2002, S. 51).

Die tatsächliche Durchsetzungsfähigkeit der Werbung, ihre Gefallenswerte über die verschiedenen Konzeptbestandteile hinweg und ihr Einzigartigkeitscharakter sind Dimensionen, die qualitativ zwar erspürt werden können, aber erst im Rahmen standardisierter Daten eine prognostische Qualität bekommen (vgl. Hofsäss/Engel 2003). Es ist jedoch davor zu warnen, Gefallenswerten eine zu hohe Bedeutung beizumessen: Likeability ist zwar wünschenswert, aber kein Prädiktor für die Effektivität einer Werbung. Werbung kann zwar gefallen, was aber nicht heißt, dass sie wirkliche Faszination generiert, als passend zur Marke empfunden wird oder gar ernsthaftes Kaufinteresse weckt. Zudem kann Kommunikation auch gut arbeiten, wenn oder gerade weil sie nicht gefällt (vgl. Wardle 2002, S. 91ff.).

Dimension 4: Interesse und Relevanz

Die Wirkungsdimensionen Interesse und Relevanz stehen letztendlich für ein konkretes Informationsbedürfnis und die Kaufbereitschaft der Zielgruppe bezüglich des beworbenen Angebots. Diesen kann man sich im Rahmen qualitativer Fragetechniken wie folgt annähern:

- Wenn Sie sich vorstellen, das Angebot würde tatsächlich umgesetzt werden, wie wäre das für Sie?
- Würden Sie das Angebot nutzen? Welchen Nutzen versprechen Sie sich?
- Wären Sie persönlich am Angebot interessiert? Was hat Ihr Interesse geweckt?
- Würden Sie sich über das Angebot informieren? Auf welche Art und Weise?

Das Erkenntnisinteresse ist hier das Verständnis der Beweggründe, warum ein Angebot ggf. genutzt würde oder nicht. Im (sich anschließenden) quantitativen Setting kann die Kaufbereitschaft verbindlicher – und damit auch mit höherem prognostischem Gehalt – erhoben werden („Welcher der genannten Anbieter wäre für Sie die erste Wahl?" Messung des Kaufinteresses auf einer mehrstufigen Skala von *interessiert mich überhaupt nicht* bis *interessiert mich sehr*).

Dimension 5: Markenpassung

Nicht das Gefallen der Werbung steht im Mittelpunkt der Untersuchung, sondern die Wirkung der Werbung auf die Marke. So bringt es dem Hersteller gar nichts, wenn das beworbene Angebot zwar bei der Zielgruppe ankommt, aber nicht mit seinem Namen verbunden wird. Entscheidend ist somit zu erfassen, inwieweit die Kommunikation echte Faszination für die beworbene Marke auszulösen vermag. Auch hier bleibt die bisher vertretene Argumentation bestehen, dass die Stärken qualitativer Erhebungsmethoden darin liegen, zunächst den zugehörigen Assoziationsraum aufspannen zu können, um dann innerhalb des quantitativen Settings Fragen zu Markensympathie und Markenpassung bezüglich ihrer Ausprägungen zu testen. Auch hier werden beispielhaft qualitative Fragestellungen aufgelistet:

- Welche Aussagen werden über den Absender gemacht? Welche Werte vermittelt XY durch diese Werbeidee?
- Wie nah oder fern ist das zu Ihrer bisherigen Vorstellung von XY? Passt es zum aktuellen Markenbild oder gibt es Brüche? Inwiefern passt es/passt es nicht?
- Haben Sie Neues über die Marke XY erfahren? Was?

Methodisch ist es entscheidend, die Markenwahrnehmung zunächst vor der Konfrontation mit den Kommunikationsvorlagen zu messen, um hinterher Veränderungen wahrnehmen zu können. Wichtig ist es ferner, die Differenzierung zum Wettbewerb zu erfassen, indem die zu testenden Konzepte (bzw. ein Teil davon) auch in Relation zu Konkurrenzangeboten exploriert werden.

7 Untersuchung der Wirkungszusammenhänge

Innerhalb der benannten unterschiedlichen Forschungsansätze stehen insbesondere die beiden Wirkungsdimensionen Faszination und Markenpassung im Fokus, womit deren zentrale Bedeutung für diverse Werbeforschungsansätze evident wird.

Doch nur über die **Analyse des Zusammenhangs** zwischen den einzelnen Bestandteilen eines Kommunikationskonzepts kann die Wirkungsstruktur eines Werbemittels transparent gemacht werden. Effiziente Werbung muss so ein positives Bild einer Marke oder eines Produkts schaffen. Diese Eindrücke müssen in einem Wirkungszusammenhang stehen. Mit dem Aufdecken des eigentlichen Wirkungsmechanismus ist gemeint, den Zusammenhang zwischen rationalen und emotionalen Prozessen zu untersuchen und nicht nur Akzeptanzwerte aufzudecken. Likes und Dislikes sind damit nur die Rohdaten für die Analyse der Werbewirkung auf die Marke. Diese Forderung hat sowohl Konsequenzen für die Datenerhebung als auch für deren Analyse: Da die Wahrnehmung der Werbung vorwiegend individuell stattfindet, sind zu ihrer Überprüfung Einzelexplorationen besser geeignet, während die Verarbeitung von Werbung auch sozial beeinflusst wird, was eine Überprüfung im Rahmen von Gruppendiskussionen nahe legen kann. Im Zentrum stehen die beiden Dimensionen:

1. Passt die Werbekommunikation zu dem, was die Konsumenten bereits über das Unternehmen wissen? Knüpft sie an das Markenbild an? Überzeugt sie durch funktionalen Nutzen?
2. Greift sie tief liegende Konsumentenwünsche auf und differiert dabei ausreichend vom Wettbewerb? Erzeugt sie Faszination? Erreicht sie emotionales Involvement?

Zur Aufdeckung emotionaler Wirkmechanismen sind kreative Methoden gefragt: Mit assoziativen und projektiven Fragetechniken können Spontanreaktionen erfasst und Rationalisierungsprozesse aufgebrochen werden (vgl. z. B. Felser 2007, S. 425ff.; Wardle 2002, S. 62ff.). Entsprechend wird unreflektierte Werbewirksamkeit aufgedeckt. Zudem steht auch die Transparentmachung der Wirkungsstruktur eines Werbemittels im Zentrum der Ergebnisdarstellung: So bilden assoziative Netzwerke (→ Beitrag *„Kognitionspsychologie" von Marina Klusendick*) die Interaktion zwischen rationalen und emotionalen Prozessen ab, sodass der Forscher eine tief gehende Diagnose bezüglich der Effizienz eines Kommunikationskonzepts erstellen kann (und sollte). Eine solche Diagnose der Wirkungszusammenhänge können nur qualitative Forschungsansätze leisten, denn nur sie zeichnen sich durch den Zugang aus, den Verbraucher vertiefend verstehen zu können. Sich anschließende standardisierte Untersuchungen wenden sich der Ermittlung der Wirkung des Werbemittelkontakts auf alle Bereiche der Markenwahrnehmung (gemessen am Markenstatus) zu.

Qualitative Werbewirkungsforschung besitzt aufgrund ihres diagnostischen Charakters eine große Bedeutung bezüglich der Ableitung von Handlungsempfehlungen für das Marketing. Sie sollte dem hohen Anspruch des Aufzeigens psychologischer Wirkungszusammenhänge zwischen den Konzeptbestandteilen genügen und dementsprechend aufbereitete Ergebnisse liefern. Im Rahmen von Kreativ- und Konzepttestphasen sind qualitative Untersuchungen innerhalb eines solchen Bedeutungszusammenhangs vollends ausreichend. Mit ihrer Hilfe können Ideen entwickelt und favorisierte Konzepte zur Weiterentwicklung herausgefiltert werden. Geht es um das Pretesting von Werbekonzepten, liefert die Diagnose von Wirkungszusammenhängen wertvolle Hinweise zur weiteren Optimierung bzw. Eingrenzung derjenigen Ansätze, die in den quantitativen Test kommen. Ganz zentral ist der qualitative Input über Verbraucherwirklichkeiten, die sich gerade durch emotionales Verständnis auszeichnen. So kann ein standardisiertes Instrument entwickelt werden, das sich nah an der Alltagswirklichkeit der Konsumenten befindet.

8 Fazit

Eine werbliche Botschaft hat echte Wirkungschancen, oder auch: Werbung wirkt. Dies gilt inzwischen als ein Faktum, das nicht mehr bezweifelt werden kann. Angesichts immer knapperer Budgets erhält jedoch die differenzierte Analyse der besagten Wirkungsvoraussetzungen einen immer höheren Stellenwert: Werbungtreibende erwarten von Agenturen und Vermarktern den Nachweis dafür, dass sich ihre Investitionen in Werbung auszahlen. Hier setzt die Werbewirkungsforschung an.

Es ist der qualitativen Werbewirkungsforschung zu wünschen, dass ihre diagnostischen Qualitäten von Auftraggeberseite als unverzichtbarer Bestandteil eines umfassend verstandenen Untersuchungsansatzes gesehen werden. Qualitative Ansätze positionieren sich gemäß der Untersuchungszielsetzung (Entwicklungs-, Konzept- oder Pretests) als eigenständig gültige oder komplementäre Methodik. Geht man vom gegenwärtigen Bedarf an Werbewirkungsforschung aus und rechnet diesen im Zeitalter der neuen Medien und Digitalisierung hoch, ergeben sich für die qualitative Werbewirkungsforschung noch erhebliche Wachstumspotenziale.

Literaturverzeichnis

Burst, Michael (2002): Werbewirkungsforschung: Theorien, Methoden, Anwendungen. Unterföhring.

Felser, Georg (2007): Werbe- und Konsumentenpsychologie. 3. Auflage. Stuttgart.

Gutjahr, Gert (2005): Konsum nach Drehbuch: Neue psychodynamische Ansätze in der qualitativen Marktforschung. In: Research & Results, 5, S. 42–44.

Hofsäss, Michael / Engel, Dirk (2003): Praxishandbuch Mediaplanung. Berlin.

Knöbel, Rolf (1998–2002): Kommunikationspolitik I – Grundlagen und Direktmarketing. In: Studienbrief 8 „Marketing Referent" der AFW Wirtschaftsakademie Bad Harzburg GmbH.

Kroeber-Riel, Werner / Weinberg, Peter / Gröppel-Klein, Andrea (2008): Konsumentenverhalten. 9. Auflage. München.

Maas, Jörg / Schmeißer, Daniel Reza (2006): Qualitative Kommunikationsforschung und rezeptionsorientierte Verfahren: Unvereinbare Gegensätze oder fruchtbare Komplementarität? In: Planung & Analyse, 5, S. 42–45.

Malyar, Oslan / Spomer, Waldemar (2008): Die Aktivierung des Konsumenten – Aktuelle Erkenntnisse der Werbewirkungsforschung. Norderstedt.

Moser, Klaus (1997): Modelle der Werbewirkung. In: Jahrbuch der Absatz- und Verbraucherforschung, 3, S. 318–322.

Mumme, Hans / Wernecken, Jens (2002): Der Weg ist das Ziel: Pretests als Wegweiser. In: Planung & Analyse, 3, S. 42–45.

Niepmann, Carsten (1999): Wirkungsmodelle der Werbung. Hamburg.

Rennert, Stefanie / Beisswenger, Claudia (2002): Einsatz von Werbepretest-Verfahren im kreativen Forschungsprozess. In: Planung & Analyse, 3, S. 36–40.

Schmeißer, Daniel R. / Behrendt, Catharina / Singer, Björn (2005): Werbewirkung messen und optimieren. Wegweiser und Methoden am Beispiel von Print-Anzeigen. In: Planung & Analyse, 6, S. 49–56.

Standard-Tool-Präsentation Advantage® des Marktforschungsinstituts GfK. Nürnberg.

Standard-Tool-Präsentation Ad-Insight® des Marktforschungsinstituts RSG Marketing Research. Düsseldorf.

Standard-Tool-Präsentation Ad-Profiler® des Marktforschungsinstituts psychonomics. Köln.

Wardle, Judith (2002): Developing Advertising with Qualitative Market Research. In: Ereaut, Gill / Imms, Mike / Callingham, Martin (Hrsg): Qualitative Market Research: Principle and Practice. Band 6. London, Thousand Oaks, New Delhi.

Wintrich, Thorsten / Kilzer, Franz (2002): Markenbildung und Werbewirkung. In: Planung & Analyse, 3, S. 36–40.

Maryse Mappes, Manfred Zerzer

Zielgruppe Kinder
Verstehen der kindlichen Wahrnehmungs- und Denkstrukturen

1 Einführung 539
2 Entwicklungsphasen der Zielgruppe 540
    2.1 Sensomotorisches Stadium (0-2 Jahre) 541
    2.2 Präoperationales Stadium (2-7 Jahre) 541
    2.3 Konkretoperationales Stadium (7-11 Jahre) 542
    2.4 Formaloperationales Stadium (11-16 Jahre) 543
3 Auswirkungen auf die Praxis 543
    3.1 Die Untersuchungssituation 544
    3.2 Die Rolle des Moderators/Interviewers 544
4 Die wichtigsten Erhebungsverfahren 545
    4.1 Die Beobachtung 546
    4.2 Einzel- oder Paar-Interviews 546
    4.3 Psychologische Gruppenveranstaltungen 547
    4.4 Einzelne Techniken und ihre Anwendung 548
    4.5 Vermeidbare Fehlerquellen 549
5 Fazit 550

1 Einführung

Jugendliche sind angeblich schwierig, Kinder dagegen herrlich unkompliziert. Mit manchmal banalen Gedankengängen oder Erklärungen verblüffen die Kids und Teens immer wieder die Erwachsenenwelt. So simpel, wie sie ihre Umwelt wahrnehmen oder ihre Lösungen zur Herstellung des Weltfriedens sind, so kompliziert ist es, ihre Sicht der Dinge vorauszusehen. Um die Zielgruppe wirklich zu verstehen, genügt es nicht, einfach ein paar Eltern zu befragen. Die Erziehung zur frühen Selbstständigkeit der Kinder, die immer größer werdende Kaufkraft der Kids und Teens, die sich frühzeitig ausprägende Markenaffinität und die nachgewiesene Beeinflussung des elterlichen (Kauf-)Verhaltens durch Kinder und Jugendliche machen diese Zielgruppe für Unternehmen so attraktiv und wichtig. Und der Wissensdurst seitens der Wirtschaft ist groß. Generell lassen sich alle Aufgabenstellungen, die für Erwachsene mittels qualitativer Forschung gelöst werden können, auch auf Kinder und Jugendliche übertragen. Die häufigsten Fragestellungen in diesem Bereich beziehen sich jedoch wohl auf die folgenden fünf Themenbereiche:

- **Lebenswelt-/Sozialforschung** zur momentanen Lebenssituation (persönliche Interessen/Freizeitaktivitäten, Wünsche und Ängste), zu Lebenszielen und gesellschaftspolitischen Meinungen und Einstellungen
- **Kaufverhaltensforschung** zu Kaufkriterien (Motive/Hemmschwellen), zur Einflussnahme durch andere Personen etc.
- **Produktforschung** zu Produktaussehen, Geschmack und Konsistenz, Handling, Verwendungssituationen und -häufigkeit etc.
- **Kommunikations- und Werbeforschung** zu Verpackungen, Promotions, Beigaben, Lizenzen, Werbung etc.
- **Medienforschung** zum Umgang mit/zur Wahrnehmung von Fernsehsendungen, Radiosendungen, Hörspielen, Printmedien (Bücher, Zeitschriften, Comics, Zeitungen), Internet etc.

Steht die Aufgabenstellung fest, ist zu klären, wer über den Untersuchungsgegenstand am besten Auskunft geben kann. Sollten ausschließlich die Kinder und Jugendlichen selbst, ausschließlich ihre Bezugspersonen (Eltern, Lehrer etc.) oder beide Gruppen unabhängig voneinander zu Rate gezogen werden? Letztgenannte Alternative ist nie verkehrt, aber unter Zeit- und Kostenaspekten nicht immer sinnvoll. Eine Entscheidung muss daher von Fall zu Fall getroffen werden.

Maryse Mappes, Manfred Zerzer

Im Vorfeld sollten in jedem Fall zwei Aspekte abgeklärt werden:

- **Wer trifft die Entscheidung für oder gegen den Konsum eines Produkts, einer Dienstleistung oder eines Mediums bzw. wer nimmt den größten Einfluss darauf?** Dieser Personenkreis sollte auf alle Fälle in die Befragung eingeschlossen werden. Ob dies die Kids und Teens oder die Eltern sind, ist vielfach von der Produktkategorie abhängig: Handelt es sich um Produkte, die zu Hause konsumiert werden (wie z. B. Tiefkühlpizza) oder an Orten, an denen sie von anderen gesehen und entsprechend bewertet werden können (wie z. B. Sportschuhe, Rucksäcke, aber auch Süßigkeiten)? Während im ersten Fall das Markenbewusstsein und somit die Einflussnahme der Kinder auf die Markenwahl eher gering sein wird, ist sie im zweiten Fall aufgrund des Einflusses durch die Peer Group höher einzustufen. Vergessen werden sollte außerdem nicht, dass Kinder von ihren Eltern beispielsweise beim Kauf von langlebigen Gebrauchsgütern (z. B. der Hi-Fi-Anlage oder dem PC) gerne als „Experten" zu Rate gezogen werden, aber auch auf die Wahl des Urlaubsziels häufig Einfluss nehmen (Dammler et al. 2000, S. 19f., 99).

- **Welche Art von Information wird benötigt?** Ist es für die Aufgabenstellung wichtig, Zeiträume (wie lange?) oder quantitative Mengen (wie viel? wie oft?) korrekt einzuschätzen, sollte immer eine Befragung der Eltern ins Auge gefasst werden, da Erwachsene diesbezüglich validere Angaben machen können. Vorausgesetzt, Eltern sind über das Verhalten ihrer Kinder entsprechend informiert bzw. können dieses beobachten. Dies ist anzunehmen, wenn beispielsweise das Spar- oder Ausgabeverhalten der Kinder oder das Konsumverhalten von zu Hause verwendeten Produkten (Zerealien, Nuss-Nugat-Cremes etc.) von Interesse ist. Auch können die Eltern sich an den Einfluss der Kinder auf ihre Kaufentscheidungen häufig besser erinnern und diesen besser einschätzen als die Kinder. Stehen dagegen Gefühle, Meinungen und Einstellungen, Wahrnehmungen oder das persönliche Urteil der Kinder und Jugendlichen im Mittelpunkt der Untersuchung, ist es unabdingbar, diese selbst zu befragen (vgl. McNeal 1992, S. 223ff.).

2 Entwicklungsphasen der Zielgruppe

Kinder und Jugendliche sind keine kleinen Erwachsenen, sie entwickeln sich noch. Will man diesem Umstand Rechnung tragen, muss man sich stets den Entwicklungsstand vergegenwärtigen. Dies hat dann ganz unterschiedliche Folgen für das methodische Vorgehen. Im Kern kann die Zielgruppe der Heranwachsenden aus forscherischer

Sicht grob in folgende drei Gruppen[1] unterteilt werden: Kinder vor der Einschulung (i. d. R. unter 6 Jahren), Schulkinder (6 bis ca. 12 Jahre) und Heranwachsende (von ca. 13 bis 16 Jahren). Ab einem Alter von 16 Jahren können die meisten Heranwachsenden wie Erwachsene behandelt werden. Im Folgenden sollen nun die vier Stadien der kognitiven Entwicklung nach Piaget kurz erläutert werden (vgl. Piaget 1969, 1983; Piaget/Inhelder 1973, 1977). Wie Montada (Oerter/Montada 2002, S. 441f.) ausführt, ist dieses Modell zwar nicht frei von berechtigter Kritik[2], dennoch gibt es uns, verglichen mit den sozialen Lerntheorien, den ethnologischen Ansätzen oder gar dem psychoanalytischen Gedankengut, eine anschaulichere Beschreibung der Entwicklung des Denkens von Kindern und Jugendlichen (vgl. Schmidt-Denter 1996, S. 237ff.).

2.1 Sensomotorisches Stadium (0-2 Jahre)

Das sensomotorische Stadium ist in der Marktforschung kaum von Interesse, da hier das Kind vorrangig die eigene körperliche Koordination erlernt. Ferner muss das Kleinkind erst das Verständnis entwickeln, dass Objekte, auch wenn diese nicht mehr zu sehen sind, weiterhin existieren.

2.2 Präoperationales Stadium (2-7 Jahre)

Kinder im präoperationalen Stadium können der qualitativen Marktforschung nur eingeschränkt Informationen bieten. Zwar entwickelt sich das Denken der Kinder innerhalb dieses Stadiums deutlich, es ist jedoch anfangs eindeutigen Einschränkungen unterworfen:

- Animistisches Weltbild: Natur und Gegenstände besitzen einen Willen (z. B. „Wolken bewegen sich und sind deshalb lebendig.")
- Intuitives Denken: Kausalitäten und Gesetzmäßigkeiten werden nicht erfasst (z. B. „Der Donner macht, dass es regnet.")
- Egozentrismus und Unfähigkeit der Perspektivenübernahme (z. B. „Weil ich Schlitten fahren will, wollen das die anderen Kinder auch.")
- Eingeschränkte Fähigkeit zur Klassenbildung (z. B. Bilden von Untergruppen)

---

1 Eine Unterteilung rein nach dem Alter ist immer der Gefahr ausgesetzt, dass diese aufgrund von bestimmten Einflussfaktoren (Erziehung, Schulform etc.) unbrauchbar ist. Nachfolgende Alterseinteilungen dürfen deshalb nur als Anhaltspunkt verstanden werden.
2 Empfehlenswert ist zu einer dezidierten Auseinandersetzung die Lektüre folgender Literatur: Aebli 1980 und 1981 sowie Lorenco/Machado 1996.

- Anschauliches Denken (Realismus): Zentrieren auf nur ein Merkmal bestimmt die gesamte Objektwahrnehmung (z. B. sind zwei unterschiedlich große Tonkugeln identisch, nur weil sie die gleiche Farbe haben)
- Moralischer Realismus: Von Handlungskonsequenzen wird auf falsche moralische Absichten geschlossen (z. B. wenn ein Kind unabsichtlich fünf Tassen zerbricht, ist es böser, als wenn es absichtlich nur eine Tasse zerbricht)

Das Phänomen des Egozentrismus ist in dieser Entwicklungsphase am deutlichsten ausgeprägt. Es wird in den nachfolgenden Stadien immer schwächer und ist somit generell auch bei älteren Untersuchungsgruppen zu berücksichtigen.

Bedeutung für die Praxis: Eine verbalgeprägte Befragung der Kinder dieser Altersgruppe ist zwar möglich, die Ergebnisse sind aber nur auf einfachstem Niveau nutzbar. Das Kind ist nicht in der Lage, mögliche Absichten (z. B. eine Werbebotschaft) zu erschließen. Deshalb stellt die Beobachtung der Kinder in ihrem natürlichen (Spiel-)Verhalten die aussagekräftigste Untersuchungsmethode dieser Altersgruppe dar. Erkenntnisse können hier über das Beobachten von Alltagssituationen und dem Umgang mit Produkten gewonnen werden.

2.3 Konkretoperationales Stadium (7-11 Jahre)

Das Denken und Urteilen der Kinder ist in dieser Phase auf konkrete Objekte bezogen. Mit der Fähigkeit der Klassifikation können Objekte gleichzeitig nach unterschiedlichen Kriterien wie Aussehen, Größe, Anzahl, Eigenschaften oder subjektiver Wahrnehmung benannt oder unterschieden werden. Dies ist allerdings nur auf bestimmte Objekte bezogen möglich, zu Abstraktionen (z. B. „Würde dir der Riegel besser schmecken, wenn mehr Nüsse drin wären?") sind die Kinder noch nicht in der Lage.

Bedeutung für die Praxis: Will man von einem Kind wissen, welche von zwei möglichen Angebotsvarianten attraktiver ist, so genügt es nicht, diese (abstrakt) zu beschreiben, sondern man muss diese dem Kind physisch zeigen. Die Kinder können am besten auf konkretes Stimulusmaterial reagieren. Deshalb sollte viel mit Produktmustern, Abbildungen etc. gearbeitet werden und Fragen durch Bildmaterial oder Ähnliches veranschaulicht werden.

In dieser Altersspanne haben Kinder auch gelernt, sich nachvollziehbar mitzuteilen. Da besagter Egozentrismus in dieser Entwicklungsphase aber noch existent ist, kann gefragt werden, warum den Kindern ein bestimmtes Angebot gefällt, aber nicht, ob oder warum die eigene Mutter dieses Angebot kaufen würde. Hierzu sollte man die Mutter selbst befragen.

2.4 Formaloperationales Stadium (11-16 Jahre)

In diesem Entwicklungsstadium sind die Heranwachsenden in der Lage, mit abstrakten Konzepten und Hypothesen bzw. Annahmen umzugehen. Mit zunehmendem Alter fällt es immer leichter, Schlussfolgerungen und Abstraktionen vorzunehmen. Dabei kann das Abstraktionsvermögen bei Gleichaltrigen extrem unterschiedlich ausgeprägt und z. B. abhängig von der besuchten Schulform sein. Außerdem ist bekannt, dass Mädchen in ihrer Entwicklung den Jungen gegenüber häufig einen zeitlichen Vorsprung besitzen.

Bedeutung für die Praxis: Nicht jede Modifikation muss den Jugendlichen gezeigt werden, um verlässlich beurteilt zu werden. Auch können nach und nach die Zusammenhänge zwischen zwei Eigenschaften erfasst und Präferenzen abgewogen werden (z. B. günstiger Preis vs. Qualität). „Was wäre, wenn ..."-Fragen können mit zunehmendem Alter immer besser beantwortet werden.

3 Auswirkungen auf die Praxis

Aufgrund der Entwicklungsphasen wurden bereits einige Ableitungen für die praktische Arbeit gezogen. Darüber hinaus gilt es, weiteren, eher altersunabhängigen Aspekten Rechnung zu tragen, damit die Kids und Teens nicht versuchen, sozial erwünscht oder aus Scham kaum zu antworten, sondern frei ihre Sicht der Dinge äußern. Bevor man sich der Zielgruppe der Kinder und Jugendlichen das erste Mal gegenübersieht, sollte man sich der folgenden Aspekte gegenwärtig sein:

- Es besteht die Notwendigkeit, die Eltern/Bezugspersonen ausreichend über Inhalt und Ablauf der Befragung zu informieren (schriftliche Einverständniserklärung). Eventuell sind die Bedenken der Eltern größer als die Ängste der Kinder.

- Die Kooperationsbereitschaft der Kinder ist hoch, wenn die Befragung interessant aufbereitet ist und die Kinder/Jugendlichen ernst genommen werden.

- Unabhängig vom Alter existieren deutliche sprachliche Unterschiede in Wortschatzumfang und Sprachfertigkeiten der Kinder und Jugendlichen je nach Geschlecht und Lebensumfeld (Milieu, Schulform etc.).

- Kinder und Jugendliche lassen sich noch sehr stark beeinflussen, was im Allgemeinen als Ich-Schwäche bezeichnet wird. Sie orientieren sich häufig an den Urteilen Gleichaltriger oder Erwachsener.

Maryse Mappes, Manfred Zerzer

3.1 Die Untersuchungssituation

Zuerst muss ein vertrauensvoller bzw. vertrauter Situationskontext erzeugt werden. Dies muss selbstverständlich altersbezogen geschehen und kann hier nur allgemein angesprochen werden. Die Anwesenheit fremder Kinder, das Fehlen von Freunden, ein fremder Interviewer, eine unbekannte Lokalität und eine ungewohnte Befragungssituation können die Menge der Untersuchungsergebnisse fundamental beeinträchtigen oder gar in ihrem Wahrheitsgehalt verfälschen.

Um dem entgegenzuwirken, haben sich folgende Punkte in der praktischen Durchführung bewährt:

- Beginn der Untersuchung mit vertrauten Prozeduren: Begrüßen, Bereitstellung von Getränken und Knabbereien
- Altersgerechte „Spiele" und Prozeduren zum Kennenlernen der anderen Kinder
- Mitbringen persönlicher Gegenstände zur Untersuchung, z. B. des Lieblingsspielzeugs, um den Kindern etwas zum Festhalten (Sicherheit) zu geben
- Ruhige Untersuchungsumgebung[3], spielerischer Charakter der Untersuchung
- Genaue Erläuterung, was auf die Kinder zukommt und was erwartet wird
- Klären, dass es kein „richtig oder falsch" gibt und Antworten nicht perfekt sein müssen; die Befragungssituation darf für das Kind keine „Prüfungssituation" sein
- Ermutigen des Kindes/der Gruppe durch allgemeines Lob
- Auf Ermüdungserscheinungen wie Herummalern, Gähnen etc. umgehend reagieren und mit etwas Neuem beginnen oder ggf. eine Pause einlegen

3.2 Die Rolle des Moderators/Interviewers

Der Moderator oder Interviewer wird in der Regel (deutlich) älter sein als die Befragungszielgruppe. Somit besteht ein natürliches hierarchisches Generationenverhältnis. Um dadurch Ergebnisverzerrungen oder -einschränkungen zu vermeiden, sollten folgende Punkte berücksichtigt werden:

- Nach Möglichkeit junge oder jung wirkende Moderatoren/Interviewer einsetzen oder Personen, die persönliche Erfahrungen mit der Zielgruppe haben

---

[3] Anstelle eines kindgerecht gestalteten Teststudioraums kommt beispielsweise auch ein eingerichtetes Wohnzimmer für die Untersuchung in Frage. So führen Judy und Edward Bartkowiak von Kids Brands in Großbritannien Kindermarktforschung häufig in ihrem eigenen Wohnzimmer durch.

Zielgruppe Kinder

- Empathische Auseinandersetzung mit den Kindern und Jugendlichen
- Direkter Augenkontakt und persönliche Ansprache mit dem Vornamen
- Keine plumpe Nachahmung der Sprache der Kids und Teens, da dadurch die eigene Glaubwürdigkeit verloren geht
- Kinder als gleichberechtigte Arbeitspartner behandeln und nicht als „Schüler, die es abzufragen gilt"; Kinder/Jugendliche als „Wissensexperten" sehen

4 Die wichtigsten Erhebungsverfahren

Die Erhebungsverfahren, die in der qualitativen Kinder- und Jugendmarktforschung zum Einsatz kommen, entsprechen im Allgemeinen denen der Erwachsenenforschung. Aus diesem Grund wird nicht mehr auf allgemein gültige Stärken und Schwächen der Methoden eingegangen. Vielmehr wird das Augenmerk auf die für den Einsatz bei Kindern und Jugendlichen notwendigen Anpassungen und Besonderheiten gelegt.

Für alle Methoden ist wichtig, dass sie hinsichtlich der generellen Fragestellung und der einzelnen Frageformulierungen dem Entwicklungsstand der Befragungszielgruppe angepasst werden. Je eingeschränkter die Sprachfähigkeit und je größer die Schüchternheit oder Unsicherheit des Kindes, desto begrenzter ist der Marktforscher in seiner Methodenwahl: Bei Kindergartenkindern ist i. d. R. nur eine Beobachtung oder eine Befragung des Kindes in Anwesenheit der Mutter oder Erzieherin sinnvoll, ältere Kinder können dagegen auch allein, zusammen mit einem Freund oder in der Gruppe befragt werden.

Egal welche Methode zum Einsatz kommt, es empfiehlt sich, einen Themenleitfaden zu benutzen, der sehr flexibel gehandhabt werden kann, d. h., der keine strikte Fragereihenfolge vorgibt, sondern lediglich eine Hilfestellung bzw. Gedächtnisstütze für den Interviewer darstellt. Denn Kinder sollten zum Erzählen animiert werden, ihr natürlicher Redefluss sollte – wenn möglich – nicht gestört und nur unterbrochen werden, wenn sie zu sehr vom Thema abschweifen. Auch sollten die verschiedenen, abzuhandelnden Themen sinnvoll miteinander verknüpft werden, damit Kinder keine zu großen, nicht nachvollziehbaren „Gedankensprünge" machen müssen.

Maryse Mappes, Manfred Zerzer

4.1 Die Beobachtung

Wie bei Erwachsenen sollte auch das Verhalten der Kinder und Jugendlichen während der Beobachtungsphase nicht beeinflusst werden. Der Vorteil insbesondere bei kleineren Kindern im Vergleich zu Erwachsenen ist, dass sie sich ihrer Situation als Versuchsperson nicht so bewusst sind und sich, wenn nur kurz, Gedanken über den Untersuchungszweck machen. Nachteilig ist dagegen, dass sie sich noch nicht so schnell an eine fremde Umgebung gewöhnen können. Ferner kann auch die Anwesenheit einer fremden, nicht vertrauten Person beim Kind Ängste oder zumindest Verunsicherung auslösen. Zum Wohlbefinden des Kindes kann die Anwesenheit der Mutter beitragen. Diese ist jedoch nur sinnvoll, wenn sie keinen Einfluss auf das Verhalten des Kindes ausübt, es sei denn, die Mutter-Kind-Interaktion ist Untersuchungsgegenstand. Viel wichtiger als bei Erwachsenen ist es demnach, Störquellen auszuschließen und eine Atmosphäre der Vertrautheit zu erzeugen. Daher empfiehlt es sich, den bereits unter Kapitel 3.1 und 3.2 aufgezählten Punkten bezüglich der Ausgestaltung des Testraums sowie der Rolle des Forschers Beachtung zu schenken.

Neben der Beobachtung von reinen Verhaltensweisen kann es sehr aufschlussreich sein, Kinder und Jugendliche in der Interaktion mit anderen zu beobachten. Aus Gesprächen mit anderen können weitere Erkenntnisse gewonnen werden. Werden in einem Raum mehrere Kinder gleichzeitig beobachtet, ist es hilfreich, wenn sich die Kinder bereits untereinander kennen, da fremde Kinder die gleiche Wirkung haben können wie ein unbekannter Erwachsener. Und auch wenn dies nicht der Fall ist, wird die Situation evtl. durch die Kennenlernphase der Kinder beeinträchtigt. Wie auch in der Erwachsenenforschung ist es notwendig, das Kind oder den Jugendlichen soweit möglich nach der Beobachtungsphase zu seinem Verhalten persönlich zu befragen, um sicherzustellen, dass die Beobachtungen richtig interpretiert werden.

4.2 Einzel- oder Paar-Interviews

Eine Befragung von Vorschulkindern erfolgt i. d. R. in Anwesenheit der Mutter, da diese in diesem Alter die wichtigste Bezugsperson darstellt und durch ihre bloße Anwesenheit Unsicherheiten abbauen kann. Handelt es sich um ein besonders schüchternes, unsicheres Kind, kann die Mutter als „Co-Moderator" eingesetzt werden. In diesem Fall werden die Fragen im Gespräch zwischen Mutter und Kind geklärt, der Interviewer wird zum Zuhörer. Wichtig dabei ist, dass der Interviewer die Mutter so instruiert, dass sie ihr Kind nicht beeinflusst.

Sind die Kinder schon älter, werden meistens sogenannte Friendship-Pair-Interviews durchgeführt, d. h. zwei befreundete Kinder zusammen befragt. Dabei muss es sich beim Untersuchungsgegenstand um ein Thema handeln, über das sich die beiden

Kinder auch im Alltag unterhalten würden (wie z. B. Süßigkeiten, Kinder-/Jugendzeitschriften, Filme). Da die beiden Freunde oder Freundinnen i. d. R. die gleichen Quotierungsmerkmale erfüllen müssen, können hier im Vorfeld Schwierigkeiten bei der Rekrutierung auftreten. Vorteil dieser Befragungsform ist, dass die Situation für die Kinder angenehmer ist. Sie sind dem Interviewer zahlenmäßig überlegen, was ihr Selbstbewusstsein stärkt. Des Weiteren stimulieren sich die Kinder gegenseitig beim Beantworten der Fragen, beeinflussen sich aber auch gegenseitig: So wird beispielsweise ein Kind, das eine völlig andere Meinung als das andere hat, dies sehr wahrscheinlich nicht zugeben, um den Freund/die Freundin nicht zu kränken. Wenn die Kinder nicht mehr so schüchtern sind und sich alleine relativ sicher fühlen, können Einzelinterviews durchgeführt werden.

4.3 Psychologische Gruppenveranstaltungen

Innerhalb jeder Gruppenveranstaltung mit Kindern und Jugendlichen sollte auf ein möglichst homogenes Entwicklungsniveau Wert gelegt werden. Zu große Entwicklungsunterschiede innerhalb einer Untersuchungsgruppe wirken sich schnell störend aus (Unter- oder Überforderung). Aus diesem Grund sollten stets nur zwei Geburtenjahrgänge in einer Gruppe zusammengefasst werden (z. B. 8/9 Jahre; 13/14 Jahre). Dies ist auch deshalb ratsam, weil sich Kinder und Jugendliche stets an Älteren orientieren und sich folglich gegenüber Jüngeren bewusst abgrenzen möchten. Bei einer zu großen Altersspanne könnte dies innerhalb einer Gruppe zu einer „Gruppenspaltung" führen. Aus ähnlichen Gründen empfehlen sich eine Trennung der beiden Geschlechter und eine Berücksichtigung der besuchten Schulform.

Gruppenveranstaltungen können bereits mit 6- bis 7-Jährigen durchgeführt werden. Zwar besitzen Kinder in diesem Alter noch keine ausgeprägten Diskussionsfähigkeiten, doch sind sie meistens aus der Grundschule oder sogar bereits aus dem Kindergarten sogenannte „Stuhlkreisgespräche" gewohnt, bei denen sich die Kinder gegenseitig beispielsweise von ihren Erlebnissen am Wochenende erzählen.[4] Je jünger die Kinder sind, desto kleiner sollte die Gruppengröße sein: Bis zu einem Alter von ca. 12 Jahren ist eine Anzahl von max. sechs Teilnehmern pro Gruppe zu empfehlen. Danach sollte die Gruppe nicht mehr als acht bis zehn Teilnehmer umfassen.

Bei einer Gruppenveranstaltung müssen sich die Kinder evtl. auch auf die anderen fremden Teilnehmer einstellen. Um den Kindern und Jugendlichen diese Situation zu erleichtern, ist es hilfreich, wie bei Friendship-Pair-Interviews zwei befreundete Kinder oder Jugendliche einzuladen. Möglich ist es auch, eine „reale" Gruppe (z. B. eine

---

[4] Eine von Friederike Heinzel 1996 durchgeführte bundesweite Befragung von 1.000 Klassenlehrerinnen einer zweiten Klasse ergab, dass in fast 90 % der Klassen Kreisgespräche stattfinden (Heinzel 2000, S. 122).

Clique oder einen Teil einer Klasse) zusammen zu befragen. Hier sei allerdings auf die Gefahr hingewiesen, dass innerhalb einer solchen Gruppe den Mitgliedern ihre Rollen bereits zugeordnet sind, sodass es für den Moderator noch schwieriger wird, Meinungsführer zu bremsen und „Mitschwimmer" aus der Reserve zu locken.

Insgesamt sind Kinder und Jugendliche wesentlich lebendiger und aktiver als Erwachsene. Besonders jüngere Kinder sind es noch nicht gewohnt, sich lange auf eine Sache zu konzentrieren, werden relativ schnell unruhig und fangen häufig an, mit ihrem Nachbarn zu tuscheln. Der Moderator muss hier sachte eingreifen, ohne wie ein Lehrer zu wirken. Jedem Kind oder Jugendlichen sollte genügend Zeit für seinen Beitrag gegeben werden. Bremst der Moderator ein ruhigeres Kind aus, um zum nächsten Thema zu kommen, wird sich dies auf die Auskunftsbereitschaft bzw. Diskussionsteilnahme des Kindes negativ auswirken. Es gilt also, zurückhaltendere Kinder immer wieder positiv zu verstärken, Beiträge zu liefern. Dies wird auch ab einem Alter von ca. 11/12 Jahren immer wichtiger, damit die ruhigeren Kinder mit den Meinungs- und Gruppenführern mithalten können.

Besonderer Beliebtheit in der Marktforschung mit Kindern und Jugendlichen erfreuen sich – wie auch bei Erwachsenen – Gruppendiskussionen[5] bzw. Focus Groups.

Neben Gruppendiskussionen können auch Kreativgruppen oder Psychodramen mit Kindern und Jugendlichen durchgeführt werden. Diese sollten bevorzugt werden, wenn es sich um die Klärung komplexer Zusammenhänge (z. B. die Ergründung von Motiven und Hemmschwellen bezogen auf den Konsum eines Produkts) oder emotionaler Aufladungen handelt, die eine intensivere und tiefere Auseinandersetzung mit dem Untersuchungsgegenstand erfordern. Workshops oder Psychodramen dauern daher länger als Gruppendiskussionen, müssen aber bedingt durch den größeren Zeitrahmen abwechslungsreicher und spielerischer gestaltet werden.[6]

4.4 Einzelne Techniken und ihre Anwendung

Bei den Kids und Teens spielen die nachfolgenden Techniken innerhalb der qualitativen Erhebungsverfahren eine besondere Rolle. So sind das Führen eines Tagebuchs, das Fotografieren der eigenen Umwelt oder das Befragen von Freunden Aufgaben, die die Kinder und Jugendlichen in der Regel gewissenhaft durchführen. Diese Techniken eignen sich somit hervorragend, um das soziale Lebensumfeld der Kinder zu beleuchten.

---

[5] Susanne Vogl setzt sich in einer experimentellen Untersuchung mit Kindern zwischen 6 und 15 Jahren mit den methodischen Besonderheiten von Gruppendiskussionen in diesem Altersbereich ausführlich auseinander (Vogl 2005).

[6] Eine ausführliche Betrachtung des Psychodramas mit Kindern und Jugendlichen findet sich bei Haimerl/Lebok/Leuschner 2003 und Haimerl/Lebok/Zerzer 2004.

Verschiedene expressive Techniken, wie Malen, Basteln, Geschichtenschreiben/
-erzählen, bieten sich an, um die Befragung abwechslungsreicher zu gestalten und den
Kindern gleichzeitig die Befragungssituation zu erleichtern, da auf bekannte Methoden aus deren Alltag zurückgegriffen wird. Hier können Erkenntnisse gewonnen
werden, die mittels reiner Befragung dem Forscher verborgen blieben. So zeigt das
Bild eines Kindes zu einer Marke, welche Visuals sich bereits in den Köpfen verankert
haben: Sind dies „nur" Gestaltungselemente der Packung, Propertys (wie Tony, der
Tiger von Kellogg's Frosties) oder bereits Bildwelten aus der Werbung? Auch die Art
und Weise, in der Produkteigenschaften dargestellt werden, können entscheidende
Hinweise auf die Markenwahrnehmung geben.[7]

Ähnlich wie die eben aufgezählten Techniken erlaubt das Rollenspiel, dass sich die
Kinder und Jugendlichen auf ihre natürliche Art und Weise ausdrücken. Reaktionen
und Urteile werden durch das Verhalten sichtbar bzw. direkt erfassbar. Sie müssen
somit nicht umständlich in Worte gefasst werden. Gerade beim Einsatz expressiver
Techniken ist der Entwicklungsstand zu berücksichtigen: Können bereits von jüngeren
Kindern konkretere Vorgehensweisen, wie beispielsweise assoziative Fantasiegeschichten oder eine Abwandlung des Schweinchen-Schwarzfuß-Tests[8] nachvollzogen
werden, so sind Symbolzuordnungen, Collagen und das Erstellen von Marken-/
Produktpersönlichkeiten deutlich abstrakter. Letztere sollten deshalb erst bei älteren
Kindern zum Einsatz kommen.

4.5 Vermeidbare Fehlerquellen

Am wichtigsten ist es, die eigene Wortwahl und die Frageformulierungen dem Alter
der Befragten anzupassen. Es sollten einfache und unmissverständliche Fragen gestellt
werden. Die Kinder und Jugendlichen dürfen weder unter- noch überfordert werden.
Aus diesem Grund ist es auch kontraproduktiv, wenn beispielsweise Jugendliche in
Wortwahl oder Wissensstand wie Kinder behandelt werden.

Auch wenn es gleichermaßen für die Untersuchung von Erwachsenen gilt, so sollte
noch bewusster bei der Befragung der Kids und Teens darauf geachtet werden, keine
offensichtliche Überraschung oder gar wertende Kommentare auf einzelne Antworten
oder Beiträge hin abzugeben. Auch dann nicht, wenn diese formal vollkommen falsch

---

[7] In einer von Konzept & Analyse 2004 durchgeführten Studie malten 9- und 10-Jährige Markenplaneten. Aus diesen ging hervor, dass „Mars" eher als „schneller Dickmacher", „duplo" dagegen als „kleine, leichte Näscherei" wahrgenommen wird (Lebok/Mappes/Zerzer 2004, S. 32).
[8] Der Schweinchen-Schwarzfuß-Test besteht aus einer Testmappe mit 18 Bildern, auf denen ein Schweinchen verschiedene Situationen erlebt. Das Kind soll diese Situationen interpretieren, indem es eine Geschichte dazu erzählt. Eine ausführliche Beschreibung dieses Tests findet sich in Corman 1995.

sind. Oftmals bekommen so die Befragten das Gefühl, etwas Falsches gesagt zu haben, und versuchen daraufhin stärker, erwünschte Antworten zu geben. Ebenso wichtig ist es, keine suggestiven Frageformulierungen zu verwenden, die eine bevorzugte Antwort nahelegen. Heranwachsende lassen sich noch schneller als Erwachsene beeinflussen und versuchen, die scheinbar „richtige" Antwort zu geben. Ab und zu läuft man auch Gefahr, eine Antwort der Kinder zu schnell zu akzeptieren[9]. Schnelle Schlussfolgerungen, aufgrund subjektiver Interpretationen oder indem man jedes Wort auf die Goldwaage legt, sollte man immer vermeiden. Um keine willkürlichen Antworten zu erhalten, ist es auch ratsam, nur über die Bereiche Fragen zu stellen, die für die Kinder und Jugendlichen auch wirklich relevant sind. So macht es keinen Sinn, die Motive der Eltern von den Kindern zu erfragen.

5 Fazit

Wie eingangs erwähnt, sind Kids und Teens eine anspruchsvolle Zielgruppe. Sie befinden sich mitten im Entwicklungsprozess: Sowohl ihre Persönlichkeit als auch ihre Sprach- und Denkfähigkeit sind noch nicht vollständig ausgebildet. Dies hat Auswirkungen auf das Untersuchungsdesign und die Methodenwahl. Zudem gilt: Je jünger die Kinder, desto eingeschränkter die Methodenauswahl und desto begrenzter die Fragestellungen, die sich beantworten lassen. Besonderes Augenmerk bei Kinder- und Jugendmarktforschung muss auf die Untersuchungsatmosphäre gerichtet werden: Es ist auf eine kindgerechte, angenehme Untersuchungsumgebung, einen empathischen Interviewer und einen abwechslungsreichen, kreativen und spielerischen Ablauf zu achten. Werden die Fähigkeiten der Kinder oder Jugendlichen richtig eingeschätzt und berücksichtigt, d. h. eine Überforderung ausgeschlossen sowie die entsprechenden Maßnahmen für einen vertrauensvollen Untersuchungskontext getroffen, wird sich der Marktforscher an der Kooperationsbereitschaft der Kids und Teens erfreuen. Dieses spezielle Eingehen auf die Zielgruppe und das notwendige individuell angepasste Vorgehen ist fast nur in der qualitativen Marktforschung möglich. Deshalb genießt diese für die Erforschung der Kids und Teens einen deutlich höheren Stellenwert als quantitative Vorgehensweisen.

---

[9] Manche nicht nachvollziehbaren Urteile von Kindern und Jugendlichen erfolgen aufgrund ganz einfacher Missverständnisse: Z. B. könnte ein Kind einen Schlitten weniger toll finden, weil es gerade regnet und es jetzt, just in diesem Moment, nicht Schlitten fahren könnte.

Literaturverzeichnis

Aebli, Hans (1980): Denken: das Ordnen des Tuns. Band 1. Stuttgart.

Aebli, Hans (1981): Denken: das Ordnen des Tuns. Band 2. Stuttgart.

Corman, Louis (1995): Der Schwarzfuß-Test: Beiträge zur Psychodiagnostik des Kindes. 3. Auflage. München, Basel.

Dammler, Axel / Barlovic, Ingo / Melzer-Lena, Brigitte (2000): Marketing für Kids und Teens: Wie Sie Kinder und Jugendliche als Zielgruppe richtig ansprechen. Landsberg, Lech.

Haimerl, Elmar / Lebok, Uwe / Leuschner, Detlef (2003): Rollenspiel und Psychodrama als Instrumente für die Marktforschung mit Kindern und Jugendlichen. In: Jahrbuch der Absatz- und Verbrauchsforschung, 1, S. 27–43.

Haimerl, Elmar / Lebok, Uwe / Zerzer, Manfred (2004): A New Approach to Market Research with Children: The Child Psychodrama as Diagnosis Tool for Marketing Strategies. In: Yearbook of Marketing and Consumer Research, 2, S. 22–39.

Heinzel, Friederike (2000): Kinder in Gruppendiskussionen und Kreisgesprächen. In: Heinzel, Friederike (Hrsg.): Methoden der Kindheitsforschung: Ein Überblick über Forschungszugänge zur kindlichen Perspektive. Weinheim, München, S. 117–130.

Lebok, Uwe / Mappes, Maryse / Zerzer, Manfred (2004): Schleckermäulchen: Dicke Kinder zwischen Lust und Frust: Mit dem Kinderpsychodrama Bedürfnisstrukturen junger Zielgruppen auf der Spur. In: Planung & Analyse, 6, S. 26–34.

Lorenco, Orlando / Machado, Armando (1996): In Defense of Piaget's Theory: A Reply to 10 common Criticisms. In: Psychological Review, 103, S. 143–164.

McNeal, James U. (1992): Kids as Customers: A Handbook of Marketing to Children. New York.

Oerter, Rolf / Montada, Leo (2002): Entwicklungspsychologie. 5. Auflage. Weinheim.

Piaget, Jean (1969): Das Erwachen der Intelligenz beim Kinde. Stuttgart.

Piaget, Jean (1983): Meine Theorie der geistigen Entwicklung. Frankfurt/Main.

Piaget, Jean / Inhelder, Bärbel (1973): Die Psychologie des Kindes. Freiburg.

Piaget, Jean / Inhelder, Bärbel (1977): Von der Logik des Kindes zur Logik des Heranwachsenden. Essay über die Ausformung der formalen operativen Strukturen. Freiburg.

Schmidt-Denter, Ulrich (1996): Soziale Entwicklung. Weinheim.

Vogl, Susanne (2005): Gruppendiskussionen mit Kindern: Methodische und methodologische Besonderheiten. In: ZA-Information, 57, S. 28–60.

Stephan Polomski

Zielgruppe Mitarbeiter
Unternehmenserfolg durch Motivation

1 Einführung 555
2 Perspektivwechsel 556
    2.1 Personalbezogene Marktforschung 556
    2.2 Personalmarketing 557
    2.3 Personalführung 558
3 Anwendungen 561
    3.1 Prämissen 561
    3.2 Workshop 563
    3.3 Gespräch 566
4 Fazit 571

1 Einführung

„In a justly ordered universe, where loss of equipoise would mean total destruction, individual responsibility must be absolut." James Allen (1904)

Qualitative personalbezogene Marktforschung ist ein Instrument, das bei unterschiedlichen Fragestellungen des Personal- und Unternehmensmanagements hilft, zielführende, valide Antworten für Mitarbeiter, Führungskräfte und Arbeitgeber im operativen wie im strategischen Bereich zu finden. Dabei ist die Zielperson der Forschung der Mitarbeiter. Der effiziente und effektive Einsatz des Instruments der personalbezogenen Marktforschung setzt beim Anwender ein interdisziplinäres, flexibles und vernetzendes Denken voraus, das sich die Prinzipien der Markt- und Sozialforschung, des Corporate Brandings und des Personalmarketings sowie der Personal- und Unternehmensführung zu eigen gemacht hat, um erfolgreich Mitarbeiter zu motivieren und damit Organisationen zu entwickeln.

Dieser Beitrag nähert sich dem Thema der qualitativen und dort insbesondere der personalbezogenen Marktforschung aus Sicht der Unternehmens- und Personalführung. Und obwohl in diesem Bereich auch von Marketing und Marke gesprochen wird, treffen wir doch gänzlich andere Vorannahmen für die qualitative personalbezogene Marktforschung, als dies üblicherweise im Rahmen der verbraucherbezogenen Marktforschung der Fall ist.

Der Unternehmenserfolg in dieser Sicht ergibt sich nicht durch die Akzeptanz beim Kunden, sondern durch die Motivation der Mitarbeiter, die eigenständig und freiwillig agieren. Eine der Voraussetzungen, diese Ziele zu erreichen, sind die Methoden qualitativer Forschung, die ein tiefes Verständnis der Wünsche und Bedürfnisse der Mitarbeiter ermöglichen und gleichzeitig ein Performance Management zulassen.

Die Zusammenhänge werden aus drei Perspektiven – der personalbezogenen Marktforschung, des Personalmarketings und der Personalführung – aufgezeigt, wobei die Grenzen fließend sind.

Stephan Polomski

2 Perspektivwechsel

2.1 Personalbezogene Marktforschung

Qualitative Forschung untersucht das Verhalten von Menschen als Teil gesellschaftlicher Systeme, zu denen als soziales System auch die Unternehmen gehören. Damit ist qualitative personalbezogene Marktforschung immer auch qualitative Sozialforschung. Das heißt, sie ist bestrebt, die Perspektive der Menschen in ihrem jeweiligen arbeitsbezogenen Kontext, ihre inneren Beweggründe, Einstellungen, Werte, Bedürfnisse, Emotionen und Motive zu ergründen, um zu Handlungsableitungen für die Unternehmens- und Personalführung zu gelangen. Qualitative personalbezogene Forschung dient somit dem Verstehen von Menschen am Arbeitsplatz und nicht dem Messen von Befindlichkeiten wie etwa der Mitarbeiterzufriedenheit. Letzteres ist Aufgabe der quantitativen Forschung. Ziel qualitativer personalbezogener Forschung ist es, Sinn – das Warum – und Sinnzusammenhänge aufzudecken. Damit setzt sie beim Menschen am Arbeitsplatz als Konstrukteur einer singulär subjektiven, sozialen Wirklichkeit an, die sie versucht zu rekonstruieren und eben zu verstehen. Dieses Verständnis von Menschen am Arbeitsplatz ist ein Generalschlüssel zum Unternehmenserfolg und zu Wohlstand in vielschichtigem Sinne. Gerade weil wir es bei einem Unternehmen mit einem sozialen System zu tun haben, das Menschen sozialisiert, schließt sich für uns eine Betrachtungsweise allein unter den Prämissen des ökonomischen Prinzips a priori aus. Der hier vertretene Führungsansatz ist darum bei allem ökonomischen Realismus und Pragmatismus zutiefst im Humanismus verwurzelt. Er liegt im reifen, zur Verantwortungsübernahme entwickelten, singulären Menschen, der langfristig zusammen mit dem Unternehmen als Existenzgrundlage wachsen und sich entwickeln möchte, der als beständig Lernender die Organisation als lernende prägt und auf eine Weise weiterentwickelt, durch die sich neben dem monetären auch der immaterielle Erfolg einer gemeinsam erreichten Leistung einstellt. Dadurch entstehen Lebensqualität, Freude, Sinnstiftung und damit auch die sogenannte, durchaus kritisch zu sehende, Mitarbeiterzufriedenheit.

Es geht also weniger um die Ökonomie eines sozialen Systems, sondern um seine Ökologie (Bateson 1994), deren Gleichgewicht eine grundlegende, wenn nicht **die** grundlegende Voraussetzung für das Funktionieren seiner Ökonomie ist. Unternehmens- und Personalführung und ihre personalbezogene Marktforschung auch im Zusammenhang mit einer Arbeitgebermarke sind also etwas grundsätzlich anderes als verbrauchsgüterbezogene Markenführung und ihre Marktforschung. Wir nehmen hiermit einen Perspektivwechsel für die Betrachtung einer Marktforschung vor, die mit dem Personalmarketing, der Unternehmens- und Personalführung sowie der Organisationsentwicklung zusammenhängt und daher personalbezogen ist.

2.2 Personalmarketing

Eines der klassischen Ziele der qualitativen Marktforschung für die Verbrauchermärkte ist es, durch konsequentes und professionelles Informationsmanagement Markenstärke zu fördern. Qualitative Marktforschung ist dabei ein Instrument, das hilft, „kontinuierlich an Marktanalysen und Marktbeobachtungen ausgerichtete, strategische Markenführung und die konsequente Ausrichtung an Verbraucherinteressen, -bedürfnissen und -wünschen" aufzubauen (Naderer 2005, S. 159). Im Gegensatz zu den Verbrauchermärkten können die Arbeitsmärkte grundsätzlich in externe, außerhalb des Unternehmens liegende, und interne Märkte unterteilt werden. Auf den externen wird vornehmlich Personalbeschaffung, auf den internen vornehmlich Personalbindung und -entwicklung betrieben.

Aus Sicht eines Marktforschung treibenden Arbeitgebers sind die externen Arbeitsmärkte für die Personalbeschaffung allein schon aus dem Grund mit den Verbrauchermärkten nicht direkt vergleichbar, weil der Geldfluss im Falle eines Arbeitsverhältnisses genau umgekehrt läuft als beim Kauf eines Produkts durch einen Verbraucher: Hier wird das Unternehmen zum Verbraucher der Leistung, die es vom Arbeitnehmer fordert und die es ihm bezahlt. Nach der oben aufgezeigten, verbraucherorientierten Ausrichtung der Marktforschung müsste es eigentlich der Arbeitnehmer als der tatsächlich Verkaufende (eben nicht in der Rolle des Verbrauchenden) sein, der sich nach den Arbeitgeberinteressen, -bedürfnissen und -wünschen zu erkundigen hätte, um sein eigenes Leistungsangebot so zu optimieren, dass er ein nachgefragter, hoch bezahlter Performer wird, der sich von Headhuntern umringt findet.

Es ist aber der Arbeitgeber, nicht der Arbeitnehmer, der Marktforschung betreibt. Die Koordinaten und die Motive für die qualitative Marktforschung eines Arbeitgebers sind mithin grundlegend andere. Nicht der Anbieter einer Leistung in Form des Mitarbeiters, sondern der Nachfrager, das Unternehmen als Verbraucher, ist es, welches die Marktforschung betreiben will, weil es auf dem externen Arbeitsmarkt für herausragende Performer attraktiv sein und auf dem internen Arbeitsmarkt diese Performer binden und das Ergebnis ihres Arbeitseinsatzes steigern möchte. Bei der oft recht undifferenziert als „intern" bezeichneten Marktforschung haben wir es immer auch mit einem externen Markt zu tun, den man für den Aufbau einer ganzheitlichen Arbeitgebermarke ebenso erforschen muss. Um den Begriff klar zu fassen, schlage ich vor, von personalbezogener Marktforschung zu sprechen. Für eine solche personalbezogene Marktforschung auf dem externen und internen Arbeitsmarkt sind es die strategischen Ziele einer Arbeitgebermarke, welche relevant auf die Gestaltung des Informationsmanagements einwirken und deren Erfüllung u. a. am Ausmaß der Zufriedenheit von Arbeitnehmern ablesbar sein kann.

Anders als ein zu kaufender Markenartikel im Verbrauchermarkt hat die Humanressource im Arbeitsmarkt allerdings ein Gefühlsleben und persönliche Ziele, und sie soll – über alle Frustrationen der täglichen Routine hinweg – zur Selbstmotivation gelangen, damit sie dem Geschäft, das sie mit dem Verkauf ihrer Arbeitskraft abgeschlossen hat, zielführend nachkommen kann. Um das zu befördern und um neue Potenziale für das Unternehmen einzukaufen, wird ein auf dem Arbeitsmarkt für die entsprechende Branche und Zielgruppe einzigartiges Arbeitsumfeld benötigt, mit anderen Worten: eine Arbeitergebermarke, zu der neue Humanressourcen streben und zu der alte Humanressourcen loyal sind, weil sie dort gute Erfahrungen erleben.

Betriebswirtschaftlich geht es also darum, die auf dem Arbeitsmarkt gekaufte, entwicklungsfähige Arbeitskraft als Ressource so einzusetzen, dass sie zur Kapitalisierung und Profitmaximierung aus eigenem Antrieb mit Bestleistungen engagiert beitragen will. Es geht um Motivation! Darum nochmals: Die Frage für einen Arbeitgeber, die hinter der qualitativen Markt- und Sozialforschung steht, lautet: Wie motiviere ich? Und nicht: Wie stelle ich zufrieden? Gute Führungskräfte fragen: Wie motiviert die Arbeitskraft sich selbst? Um das beantworten zu können, muss das Unternehmen, müssen seine Führungskräfte ihre Arbeitskräfte in ihrer singulär subjektiven Wirklichkeit verstehen. Dafür benötigen sie Kenntnis über die Instrumente qualitativer Sozialforschung, bei der es schwerpunktmäßig mehr um den Einzelfall geht, die intraindividuelle Analyse, und weniger um die Gruppe, die interindividuelle Analyse (Mayring 2000).

2.3 Personalführung

Im Sinne des ökonomischen Prinzips sind wichtigste Ziele der Unternehmensführung die Sicherung der Existenz sowie im Normalfall das organische, profitorientierte Wachstum durch die Entwicklung des Unternehmens. Mit dem hier vertretenen, am Humanismus orientierten Führungsansatz kommt man auf dieser Grundlage zu folgender Kausalkette: Eine Organisation wird sich entwickeln, wenn der Einzelne in ihr die Motivation und die Fähigkeit in sich trägt, sich zu entwickeln und damit zu verändern. Entwicklung wird unternehmensbezogen, fokussiert und engagiert erfolgen, wenn diese Bereitschaft und diese Fähigkeit des Einzelnen erkannt und im Konsens über die persönlichen Entwicklungs- und allgemeinen Unternehmensziele so gefördert werden, dass die Stärken des Einzelnen zur Geltung kommen. Grundlegende Basis für einen solchen Konsens ist gegeben, wenn Werte und Kultur einer Organisation generell damit harmonieren, wie das Individuum sich selbst als Mensch und soziales Wesen verfasst und wie es in seinen Stärken anerkannt wird. Das Individuum kann sich verfassen, wenn es Kontakt zu sich selbst hat, sich seiner Stärken bewusst ist – wenn es von sich selbst Kenntnis besitzt.

Erfolgreiche Personalführung wird darum hier ansetzen: beim Verständnis des einzelnen Mitarbeiters in seiner Einzigartigkeit, wenn sie die Organisation als einzigartige und damit einhergehend ein einzigartiges Arbeitsumfeld für den Aufbau einer guten Arbeitgebermarke entwickeln will. Wenn sie erreichen will, dass sich das Individuum seiner selbst bewusst wird als soziales Wesen, das im Zusammenhang der Ziele einer Organisation arbeitet, um zum Erfolg aller Interessengruppen und damit zu seinem eigenen beizutragen.

Je nach Entwicklungsgrad des Einzelnen und der Organisation bedarf der Personal- und Organisationsentwickler bestimmter Informationen, um die Aufgaben der Stärkenentwicklung von Mitarbeiter und Organisation, der Corporate Identity und der Unternehmenskultur, des Managementsystems und der strategischen Ausrichtung, des Diversity Managements und der sozialen Verantwortung, der Arbeitgebermarke, der Personalbeschaffung und -bindung, des persönlichen Coachings und Feedbacks sowie der Förderung des kundenbezogenen Engagements und der mit allem zusammenhängenden Mitarbeitermotivation erfolgreich zu erfüllen.

Idealiter sollen diese zu ermittelnden Informationen die Grundlage schaffen, die Selbstentwicklung des Einzelnen zu befördern, seinen selbstbestimmten Einsatzwillen und damit die Selbstverantwortung ergebnisorientiert zu steigern. Ein so entwickelter und selbst entwickelter Mitarbeiter wird einer Personalführung in nur noch geringem Maße bedürfen, weil er sich entlang verstandener Unternehmensziele und -strategien selbst so führt, dass er zu einem Mitunternehmer geworden ist, der seinen ideellen und vielleicht auch materiellen Anteil – den Share – am Ganzen bewusst trägt, also echter Anteilseigner – Shareholder – geworden ist. Ein solcher Mitarbeiter motiviert sich selbst, weil er seine Aufgabe kennt, verantwortungs- sowie pflichtbewusst und darin zufrieden mit sich selbst ist.

Die Frage nach der Mitarbeiterzufriedenheit (Semmer/Ivars 1995, S. 138ff.) wird von Personalverantwortlichen und Arbeitnehmern oftmals falsch gestellt: Mitarbeiterzufriedenheit ist eben gerade nicht die Voraussetzung für engagiertes, motiviertes und damit hoffentlich zielgerichtetes Arbeiten, sondern sein Ergebnis (Malik 2006). Das hat entscheidende Auswirkung auf die Anwendung von Mitarbeiterzufriedenheitsanalysen, Personalgesprächen und damit auf die Unternehmensführung und Informationsbeschaffung insgesamt. Vor der quantitativen Frage nach der Zufriedenheit a posteriori, die immer wieder als Kennzahl bemüht wird, muss in der Personal- und Unternehmensführung jedoch diejenige qualitative nach der Motivation a priori gestellt werden. Und diese wiederum wird sich nur einstellen, wenn der Einzelne einen Sinn in dem findet, was er tut (Malik 2006; Frankl 1972). Daher ist hier die Frage der qualitativen Forschung nach dem Warum besonders entscheidend für die Führung und Entwicklung von Unternehmen!

Um die für den Unternehmenserfolg mit ausschlaggebenden Ziele der Personal- und Organisationsentwicklung zu verwirklichen, wurden in den besten Schulen und Beratungsfirmen der Welt hochkarätige Methoden und Instrumente erfunden (vgl. Boyatzis/Kolb 1970; Buckingham/Clifton 2005; Dilts 2005; Gallup 2006; Goleman 2003; Hewitt Associates 2006; Schein 1990; Senge 2008; Whitmore 2009). Gerade der Mittelstand schreckt schon allein wegen der hohen Investition vor einer wie oben dargestellten systematischen Personal- und Organisationsentwicklung zurück, wohl wissend, dass sich nur durch die richtig ausgewählten und richtig geförderten Mitarbeiter Unternehmenserfolg einstellen wird.

Die qualitative Forschung erlaubt es dem Arbeitgeber, dem Mitarbeiter einen Weg aufzuzeigen, das Warum seiner Arbeit und deren Sinnhaftigkeit selbst zu finden und damit zu einem motivierten Dienst an der Aufgabe zu kommen. Denn dieser Dienst basiert letztendlich doch auf Freiwilligkeit, ob er nach Vorschrift exekutiert wird oder motivierte Höchstleistungen hervorbringt. Und die Einsatzbereitschaft für das Unternehmen und damit auch die Loyalität wird immer der freien Willensentscheidung des Einzelnen unterliegen, des Einzelnen, der im besten Falle ein reifes Individuum ist, das seine Rolle als verantwortungsbewusster und selbst motivierter Mitunternehmer trägt und im schlimmsten, aber einfachsten Falle einen Söldner darstellt, der mit materiellen Anreizen zu ködern ist.

Und genau hier, in der Personalauswahl und -entwicklung, liegt eine unternehmerische Grundsatzentscheidung, die erheblichen Einfluss auf Unternehmenskultur und Unternehmensführung nimmt: Im Falle des Söldners wird man in der Marktforschung versuchen, mehr über die für Söldner relevanten Anreize zu erfahren, im Falle des Mitunternehmers hat man es jedoch mit einem sehr komplexen, sehr heterogenen System zu tun, das – selbst wenn es segmentiert wird – bei zunehmender, eingeforderter Homogenität das Individuum aus den Augen verliert und dieses folglich nicht mehr wirklich in seinen spezifischen Notwendigkeiten im Sinne der unternehmerischen und der persönlichen Ziele fordern und fördern kann. Es geht also darum, im Rahmen einer Unternehmenskultur auch als Bestandteil einer Arbeitgebermarke so viel Freiraum zu schaffen, dass das gesamte kreative Potenzial des Mitarbeiters sich zielorientiert verwirklichen kann.

In der Tendenz eher für den Söldneransatz oder eher für den Mitunternehmeransatz liegt auch die Ausprägung der Personal- und Organisationsentwicklung begründet und damit der Einsatz und die Gestaltung eines konsequenten und professionellen Informationsmanagements im Sinne qualitativer Markt- und Sozialforschung: Man kann so weit gehen zu behaupten, dass qualitative Marktforschung besonders in einer humanistisch geprägten Mitunternehmerkultur einen entscheidenden Beitrag auf dem Weg zur erfolgreichen Organisationsentwicklung mit einer beispielsweise hohen Motivation und Mitarbeiterzufriedenheit leisten kann. Wie – das soll im Folgenden beantwortet werden.

Tatsächlich ist schon mit relativ geringem Aufwand eine fokussierte, ganzheitliche und wachstumsorientierte Unternehmensführung zusammen mit engagierten Mitarbeitern und Führungskräften umsetzbar – immer vorausgesetzt, man verfügt über die richtigen internen und externen personalbezogenen Informationen. Workshops und Gespräche sind Teil des internen personalbezogenen Informationsmanagements, weil sie auch ein Feedback an die Organisation sind, was zu tun ist, um ihre Stärken stärker zu machen, die Motivation zu steigern und damit Existenz und Wachstum zu sichern.

Zielgruppe Mitarbeiter

3 Anwendungen

3.1 Prämissen

Fixpunkt für die Genese von Informationen und den zielgerichteten, konstruktiven Dialog mit den Humanressourcen in einer heterogenen, pluralistischen, globalen, vielgesichtigen, widersprüchlichen Unternehmenswelt sind das Unternehmensleitbild, die Unternehmensstrategie und die Unternehmenswerte. Wenn diese Grundlage als kleinster gemeinsamer Nenner einmal steht, lassen sich Workshops sowie Entwicklungs- und Zielvereinbarungsgespräche führen.

Wer führt, und das sind Personalverantwortliche im engeren Sinne als auch Führungskräfte, sollte dies auch auf der Grundlage von gemeinsam definierten, unverbrüchlichen Werten und Bedeutungsinhalten (Lagace 2005) tun, um zumindest darüber ein Angebot zu machen, was den Sinn der Arbeit im Grunde ausmachen könnte. Um führen zu können, muss die Führungskraft die inneren Beweggründe der von ihr Geführten kennen und kann auf dieser singulären, am Einzelfall orientierten Analyse partnerschaftlich fordern und fördern.

Die Antworten, welche die Führungskraft durch Fragen und Beobachtungen erhält, werden ihr helfen, ein Arbeitsumfeld zu kreieren, das für jeden Einzelnen die richtigen Erfahrungs- und Entfaltungsmöglichkeiten bereithält, also wirklich unique ist. Sie werden ihr auch helfen, darüber eine einzigartige Arbeitgebermarke und Unternehmenskultur aufzubauen, in der leistungsbereite und verantwortungsbewusste Mitunternehmer sich entwickeln können. Dabei sind Workshop und Gespräch im Rahmen der Personalführung zwei mögliche Instrumente der qualitativen internen personalbezogenen Forschung, bei denen vier Prämissen gleichsam einzuhalten sind. Diese heben sich zum einen grundsätzlich von der quantitativen Forschung, zum anderen aber auch von verbraucherorientierten Workshops und Gesprächen ab. Es sind dies:

a) Sich auf einen langfristigen Prozess einlassen

Die Führungskraft oder der Personalentwickler kennt als Moderator oder Gesprächsleiter i. d. R. die Teilnehmer eines Workshops oder seinen Gesprächspartner, denn gerade aus der Kontinuität der Begleitung und Betreuung ergibt sich der Erfolg, insbesondere, wenn man langfristige Personalentwicklung betreibt oder an die Herausforderungen eines Change Managements denkt. Die mentale Ausrichtung des Moderators oder Gesprächsleiters, Teil eines langfristigen Prozesses sein zu wollen, verlangt eine andere Haltung als jene, die bei verbraucherorientierten Workshops oder Gesprächen ad hoc und kurzfristig gefordert ist. Je nach der Gruppendynamik und der emotionalen Realität des Einzelnen oder der Gruppe im Laufe dieses Prozesses fällt auch die systemische Rolle des Moderators oder Gesprächsleiters immer wieder anders aus und erfordert ein hohes Maß an Bewusstheit für diese Vorgänge. Das setzt auch seine Bereitschaft und Fähigkeit voraus, mit temporärer Ablehnung oder Erniedrigung umgehen zu können. Die sonst bei verbraucherorientierten Workshops und Gesprächen natürlich vorhandene Distanz entfällt automatisch.

b) Distanz aktiv aufgeben

Die Aufgabe von Distanz muss auch aktiv vom Moderator oder Gesprächsleiter betrieben werden. Er kann als Partner nicht vollkommen neutral bleiben, denn nur durch das wirkliche, aufgrund einer gemeinsam gemachten Prozesserfahrung resultierende Verstehen und Sich-Einsetzen, wird er als glaubwürdig, berechenbar und echt erkannt und überhaupt erst als Vertrauensperson akzeptiert werden. Hier wird ein extrem hohes Maß an Zurückhaltung und Integrität von der Führungskraft oder vom Personalentwickler gefordert, zumal beide gleichzeitig dem Unternehmen Ergebnisse und Durchsatz garantieren müssen und sich die Wahrnehmung der Person in ihrer Rolle situativ ins Gegenteil verkehren kann. Dabei Offenheit und Authentizität zu wahren ist eine Gratwanderung. Es ist auch klar, dass nur partnerschaftlich und wertorientiert Führende überhaupt einen solchen Raum des Vertrauens aufschließen können, weil sie sich in der Vergangenheit makellos verhalten haben. Dem Mitarbeiter muss die Gewissheit gegeben werden, dass sein Vertrauen und seine Selbstöffnung keine negativen Konsequenzen für ihn haben, sondern dass er in seinen Stärken seine erfolgreichen und motivierenden Aufgaben finden wird. Diese Herausforderung ist enorm und verlangt ein Höchstmaß an Selbstkontrolle und Selbstreflektion.

c) Die anderen aktiv durch Kommunikation einbinden

Es wird bei Workshops und Gesprächen durchaus der persönliche Rat oder die persönliche Stellungnahme vom Moderator oder Gesprächsleiter erwartet, dabei niemals bevormundend, sondern, wie oben dargestellt, als Wegweiser zu einem Sinn, den der Mitarbeiter nur selbst finden kann. Das Gegenüber zu erkennen, ihm den Weg freizuräumen, um ihn dann selbst laufen zu lassen, erfordert auch hier ein Höchstmaß an Empathie und Kommunikation. Nur so können Führungskräfte in der Rolle als Moderator oder Gesprächsleiter, ohne inhaltlich wirklich einzugreifen, den Teilnehmern eines Workshops oder eines Gesprächs ermöglichen, das Bestmögliche in sich und in einer Situation zum Ausdruck zu bringen. Die Führungskraft oder der Personalentwickler macht selbst kein direktes Sinn- oder Lösungsangebot, sondern unterstützt bei der Verwirklichung der von den Teilnehmern selbst entdeckten Sinnmöglichkeiten ihrer Mitarbeit hin zu völliger Eigenverantwortlichkeit. Jeder Mensch und jede Situation weist andere Sinnmöglichkeiten auf, die mit den Unternehmenszielen abgeglichen werden müssen. Darum ist Organisationsentwicklung nur über die Betrachtung des Einzelfalles und die intensive Kommunikation mit ihm möglich – auch in der Gruppe muss jeder Einzelne zu Wort kommen. Nur wenn der Einzelne aktiv Eigenverantwortung übernehmen kann und will, ist seine Einbindung in die Verwirk-

Zielgruppe Mitarbeiter

lichung der Unternehmensziele zu erreichen. Nur so gelingt es, die Mitarbeiter die Umsetzung der Unternehmensziele motiviert selbst und aktiv als Prozess gestalten zu lassen. Und genau hierin liegt die zutiefst menschliche Botschaft des hier vorgeschlagenen Führungsansatzes, den wir am Anfang postuliert haben und der sich u. a. an den im Konzentrationslager gefundenen Lehren der Logotherapie und Existenzanalyse von Viktor Frankl orientiert. Die ethische Verantwortung von allen, die führen, regiert hier souverän das ökonomische Prinzip, das nicht über, sondern unter das Wertesystem einer sozialen Ökologie gestellt wird, das die Interessen aller Beteiligten im Gleichgewicht zu halten versucht und damit für ein Höchstmaß an Freiraum und Motivation sorgt.

d) Erfolgskontrolle ebenfalls qualitativ durchführen

Die Erfolgskontrolle solcher Workshops und Gespräche liegt nur indirekt in erhöhten Umsatzzahlen oder größerer quantitativ gemessener Kunden- oder Mitarbeiterzufriedenheit. Tatsächlich zeigt sich der Erfolg direkt in der zu beobachtenden Verhaltensänderung und erhöhter Einsatzbereitschaft von Teilnehmern und Gesprächspartnern. In diesem Sinne ist auch die Erfolgskontrolle qualitativer personalbezogener Forschung und ihres Informationsmanagements wiederum qualitativ. Wo und wie wollte man dort mit Kennzahlen operieren? Auch den Erfolg gilt es zusammen mit den Mitarbeitern durchaus im Rahmen eines Management by Objectives zu besprechen. Und es wird sich immer wieder zeigen, dass es trotz definiertem Unternehmensleitbild oder einer Arbeitgebermarke kein Raster aus Kennzahlen gibt, in das sich Menschen pressen lassen. Die wirklichen Inhalte solcher Workshops und Gespräche liegen zwischen den Menschen in ihren Beziehungen und Gefühlen in einem vieldimensionalen Raum. Jeder benötigt daher eine singuläre Ansprache, um die gemeinsamen Ziele erfüllen zu können und zu wollen.

Die Vorteile, die sich aus einem solchen Führungsansatz ergeben, der sich die Methoden qualitativer Forschung zunutze macht, liegen auf der Hand: Der Einzelne findet zur Selbstmotivation und es entsteht langfristig ein Klima der Zustimmung und des Vertrauens. Im Einzelfall muss jeder abwägen, wie reif ein Mensch und eine Organisation sind und wie weit er gehen will, um die hier vorgestellten Möglichkeiten anzuwenden und dennoch Durchsatz zu erzeugen. Dass dies gelingen kann, soll anhand der nachfolgenden Beispiele gezeigt werden.

3.2 Workshop

Je nach Größe des Unternehmens wird man sich besonders intensiv mit der für den Erfolg des jeweiligen Kerngeschäfts kritischen Zielgruppe von Mitarbeitern beschäftigen, um gerade diesen ein attraktives und von motivierenden Erfahrungen geprägtes Arbeitsumfeld aufzubauen. Eine Segmentierung kann nach den unterschiedlichen

Stephan Polomski

Zielsetzungen variieren. Sie kann in einem kleinen, mittelständischen Betrieb die gesamte Belegschaft umfassen, bei multinationalen Konzernen mag sie fokussiert nach Abteilungen, Berufsgruppen oder Dependancen gehen, die darüber hinaus geographisch unterschieden werden können.

In einem solchen Workshop werden die für die Zielgruppe relevanten Erfolgsfaktoren für ihr Engagement am Arbeitsplatz und für den Arbeitgeber ermittelt. Aus diesen können sich anschließend die relevanten Subkriterien für eine spätere quantitative Messung von Mitarbeiterzufriedenheit entwickeln. Um allerdings Aufschluss über das individuelle Erleben am Arbeitsplatz, die Motivation und die Ursachen und Zufriedenheit oder Unzufriedenheit differenziert und zielführend zu erlangen, ziehen wir grundsätzlich das offene Gespräch einem skalierten Fragebogen vor.

Die Begriffe für einen erfolgreichen Arbeitgeber mögen vielleicht von Unternehmen zu Unternehmen wechseln, die Inhalte aber, die sich dahinter verbergen, werden in jeder Firma der Welt dieselben oder zumindest ähnliche sein. Wichtig ist hier, zu einem für die Gruppe wiedererkennbaren, ihr eigenes Idiom widerspiegelnden Gesamtergebnis und anschließend zu einem relevanten Ranking der Erfolgsfaktoren zu gelangen. Letzteres kann über Zahlenbewertung und/oder durch Diskussion erfolgen. Die sich daraus ergebenden Prioritäten sind zum einen als maßgebliche Einflussfaktoren für die Gestaltung und Führung der Arbeitgebermarke sowie zum anderen als Betrachtungsgegenstände der Markenstärke und der Mitarbeiterzufriedenheit zu verstehen.

Die folgenden beiden Beispiele aus der Praxis des Autors sollen zeigen, wie extrem unterschiedlich die Anforderungen an die Personal- und Unternehmensführung bei ähnlichen Aufgabenstellungen sein können und dass valide, maßgeschneiderte Lösungen nur mit qualitativen Methoden zu finden sind.

Anwendungsbeispiel 1: Unternehmenskonzeption im thailändischen Kulturkontext

Dieses Unternehmen ist ein stark in der thailändischen Kultur verwurzeltes, das eine hoch komplizierte Shareholderstruktur aufweist. Federführend ist ein hoch diversifizierter thailändischer Konzern mit Sitz in Bangkok. Im Jahr 2003 waren zwei große deutsche Energieerzeuger und ein schweizerischer Partner neben weiteren thailändischen Investoren involviert. Als privater Energieproduzent und -versorger beschäftigte das Unternehmen damals ungefähr 120 Personen.

Im Rahmen eines Change Managements wurden Workshops zur Definition von Unternehmensleitbild, -strategie und -werten nach der oben angeführten Methode abgehalten. Dabei wurden in der fast 40-köpfigen Teilnehmergruppe die Werte Vertrauen und Einheit besonders hoch gerankt. Diese waren dann auch Bestandteile des Wertesystems, das sich mit Professionalität und Arbeitshaltung um den Kernwert World Class bewegte. Die Werte Vertrauen und Einheit waren der Gruppe deshalb so wichtig, weil sich die Manager seit der Gründung der Firma in zwei feindliche Lager gespalten hatten: zum einen in die Verwaltung, die für sich eine eigene Firma bildete, die unter thailändischer Führung stand, zum anderen in die Mitarbeiter des Hauptkraftwerks, wo unter deutscher Führung Thais und wenige Deutsche durchaus harmonisch miteinander arbeiteten. Es ging dabei nicht, wie von der Konzernleitung angenommen, um einen Kulturkonflikt, sondern um Fragen der Unternehmensorganisation. Beide Lager wollten nichts mehr, als endlich in Ruhe konstruktiv miteinander zu arbeiten.

Harmonie und Gleichgewicht sind zentral für die asiatische Lebensanschauung. Sie müssen unbedingt für das Wohlsein einer Sozialgemeinschaft gewährleistet werden. Hier zeigten sich sehr deutlich der kulturelle Einfluss und die Wichtigkeit, den Bedürfnissen mit offenen, also qualitativen, Fragen zu begegnen. Das Ergebnis, welches dann bestimmend für die Corporate Identity und die weitere Zusammenarbeit aller Teilnehmer wurde, hätte für diesen Energieproduzenten niemals anders als über qualitative Methoden ermittelt werden können. Anderenfalls hätte man für diese Branche sicherlich von Schablonen wie Innovation, Hochtechnologie oder Zuverlässigkeit ausgehen müssen. Gerade dem Umstand, dass das Management seine Mitarbeiter qualitativ befragte, ist der Erfolg bei dieser Organisationsentwicklung zu verdanken.

Das spiegelte sich auch in der späteren Bestimmung und Bewertung der Erfolgsfaktoren wider, welche die Ausrichtung der Arbeitgebermarke zusammen mit der Mitarbeiterzufriedenheitsanalyse ausmachen sollten. Die wichtigsten waren im Sinne des Rankings gutes Management, Arbeitsplatzsicherheit, Karriereentwicklung, klare Organisationsstruktur, Gehalt, gute Beziehungen zu den Kollegen, soziale Absicherung und Boni sowie gute Büroausstattung. Die Faktoren Arbeitsplatzsicherheit, klare Organisationsstruktur und gute Beziehungen zu den Kollegen wurden bei einer späteren Befragung mit einem dann skalierten, quantitativen Fragebogen als gut bewertet. Die Führung hatte inzwischen mit dem Change Management durch Teambuilding – Workshops und Mitarbeitergespräche – und trotz der komplizierten Shareholderstruktur – für eine klare Aufbau- und Ablauforganisation gesorgt und konnte sich freuen, in dem Markt, in dem sie operierte, über ein Monopol zu verfügen und somit auch Arbeitsplatzsicherheit mühelos garantieren zu können.

Anwendungsbeispiel 2: Unternehmenskonzeption im deutsch-schwäbischen Kulturkontext

Ganz anders fielen die qualitativ ermittelten Ergebnisse für die Bildung einer Arbeitgebermarke und den darauf basierenden, skalierten und quantitativ ausgelegten Fragebogen zur Mitarbeiterzufriedenheit einer 25-köpfigen Kreativagentur aus. Bei der qualitativen Erforschung in einem Workshop kam folgendes Ranking der Erfolgsfaktoren zustande: Entfaltungsmöglichkeiten, Arbeitsklima, Gehalt, Kreativphilosophie,

Stephan Polomski

Führung, Karriereentwicklung, Weiterbildungsmöglichkeiten, Image der Firma, Arbeitsplatzsicherheit und Arbeitszeitmanagement.

Die Arbeitsplatzsicherheit stand bei den deutschen Kreativen also im Vergleich zu den thailändischen Ingenieuren und Marketern trotz der desolaten Situation auf dem deutschen Arbeitsmarkt im Jahr 2005 ganz hinten an. Interessant für die Anwendung qualitativer Methoden sind hier die Definitionen der Cluster wie z. B. der „Entfaltungsmöglichkeiten": Für die Kreativen werden diese durch interessante Projekte, ein schöpferisches Umfeld, Vielfältigkeit, Verantwortungsübertragung, Kundenkontakt, Freiräume, Selbstverwirklichung und Diversity Management erreicht. Diese Qualitäten in positiver Weise darstellen zu können, wäre für jeden Arbeitgeber der Welt eine Herausforderung, und so fiel denn auch die Bewertung dieses wichtigsten Erfolgfaktors über den quantitativen Fragenbogen entsprechend heterogen nach der jeweiligen Arbeitssituation des Einzelnen aus.

Und genau hier, in dieser unterschiedlichen situativen und individuellen Bezogenheit auf die unternehmerische Gesamtheit liegt die Chance für das Mitarbeitergespräch, um nicht nur Mitarbeiterzufriedenheit a posteriori zu „messen", sondern umgekehrt, wie eingangs gesagt, zunächst den Einzelnen in seiner subjektiven, sozialen Wirklichkeit im Unternehmen zu verstehen, um dann über Entwicklung und Konsens ggf. eine Einstellungsänderung zu erreichen, die sich auf das Verhalten auswirkt, welches wiederum andere Arbeitsergebnisse zeitigt, und die schließlich, im letzten Schritt, durch Selbstmotivation die Zufriedenheit über das Erreichte hervorbringt.

3.3 Gespräch

Das qualitative, offene Mitarbeitergespräch ohne Zwang und ohne Bevormundung auf der Basis einer freien Willensentscheidung ist grundsätzlich sinnvoll, da es den Einzelnen in seiner Einzigartigkeit in die Unternehmenskultur, die Arbeitgebermarke und die Unternehmensziele als motiviert Arbeitenden so integriert, dass er verantwortungsbewusst und zielorientiert seine Aufgaben im Sinne der Unternehmensstrategie und -kultur wahrnimmt. Eingangs wurde gefordert, der Mitarbeiter solle Kontakt zu sich selbst haben, Selbstkenntnis besitzen und sich möglichst selbst in seinen Stärken weiterentwickeln.

Das hier im Folgenden vorgestellte, qualitative Instrument für die Gesprächsführung ist themenzentriert und fokussiert in einer Matrix aus 16 Feldern auf vier Perspektiven, die vom Mitarbeiter gefüllt und nach Stärken, Schwächen, Chancen und Risiken (SWOT) bewertet werden. Auf der Vertikalen werden die vier u. a. von Hilb für die Mitarbeiterführung vorgestellten Perspektiven abgetragen: Fachkompetenz, Sozialkompetenz, Persönlichkeit und Führungskompetenz (Hilb 2009, S. 92; 2002, S. 214). Außer der eigenen Persönlichkeit, dem Charakter eines Menschen, kann jeder die

Zielgruppe Mitarbeiter

anderen drei Perspektiven über Einstellungsänderung und Lernen stärkenbezogen entwickeln. Die Persönlichkeit, die keiner wirklich ändern kann, hat jedoch erheblichen, direkten Einfluss auf die anderen drei leistungsbezogenen Perspektiven und indirekt auch auf die Unternehmenskultur. Diesen Einfluss vor allem stärkenbezogen bewusst zu machen und Resonanz zu erhalten, ist Hintergrund qualitativer Auseinandersetzung im Einzelgespräch. Auf diese Weise entstehen 16 thematische Felder, die während des Mitarbeitergesprächs vom Mitarbeiter selbst (!) ausgefüllt werden, und zwar im Sinne einer offenen, non-direktiven Exploration. Die Matrix funktioniert also wie ein offener Themenleitfaden, der dem Mitarbeiter gleichzeitig die Struktur und die Zusammenhänge dieser Perspektiven verdeutlicht, die, je nachdem, in Coaching oder Performance Management übergehen und damit zum Grundstein der Mitarbeiterentwicklung werden, die wiederum die Voraussetzung der Organisationsentwicklung abgibt. Entscheidend ist, dass der Mitarbeiter quasi ein Selbstgespräch führt bzw. die Gesprächsführung bestimmt und in seinen Worten sein Selbst am Arbeitsplatz innerhalb dieser Matrix beschreibt. Nur so sind gegenseitiges Verstehen und die Annahme dieses Selbst-Feedbacks zu erwarten und später ggf. eine Einstellungsänderung.

Durch die Bezüge der 16 Felder wird deutlich, dass Schwächen und Stärken wie auch Chancen und Risiken einander bedingen, also nicht eindimensional abwertend betrachtet werden können, sondern holistisch für die Rückkopplung aufgefasst werden sollten. Genau darin liegt die einzigartige Chance dieser Matrix, weil sie scheinbare Widersprüche integriert oder es dem Mitarbeiter überlässt, Selbstblockaden zu erkennen und sich überhaupt mit seinem Selbstkonzept konstruktiv auseinanderzusetzen. Hier hat der Einzelne die Möglichkeit, selbst und frei zu entscheiden, ob er annehmen kann, dass ein bestimmtes Verhalten, dem eine bestimmte Einstellung oder Vorannahme zugrunde liegt, möglicherweise nicht zu dem von ihm gewünschten Erfolg führt.

In einem zweiten Schritt, der in späteren Gesprächen stattfindet, werden gemeinsam Handlungsableitungen erarbeitet, die im Zusammenhang mit den persönlichen Zielen und denen des Unternehmens für die Zukunft stehen. Es geht eben nicht um eine private Therapie, sondern um ein Gespräch im Rahmen der eigenen Verortung im Unternehmen und zukünftiger Entwicklung dort, welche innerhalb eines gesetzten Freiraums das Stärkenpotenzial des Einzelnen voll ausschöpft. Diese Entwicklung ist aber nur durch die Selbstöffnung und die Selbstauseinandersetzung entlang der teilstrukturierten Matrix zu erreichen, weil nur so ein sich selbst bewusster Verantwortungsträger für das Unternehmen heranwachsen kann. Es ist völlig klar, dass der Mitarbeiter selbst bestimmt, wie weit er mit der Selbstöffnung gehen möchte.

Im Rahmen der Selbstauseinandersetzung sollte gerade Widersprüchliches, Unklares, Unangenehmes vom Befragten selbst kommentiert und ggf. aufgeklärt werden – das resultiert aus dem Prozess der Selbstöffnung – und nur hier, in diesem dann verletzbaren Raum, kann der Selbstkontakt, die Meinungsänderung zu eigenen Hypothesen, das selbstbestimmte Lernen und die Verhaltensänderung angeregt werden, die

Stephan Polomski

schließlich den Erfolg des Mitarbeitergesprächs ausmachen werden, da eine wahrgenommene Unzufriedenheit ihre Ursache im eigenen Denken oder in der eigenen Haltung findet und nicht in der äußeren Situation, die im Gegensatz zur eigenen Haltung nicht direkt verändert werden kann (vgl. Frankl 1972; Dilts 2005).

Ziel eines Gesprächs ist auch, Perspektiven aufzuzeigen, wie man mit sich selbst in einer konkreten Situation im Arbeitsalltag konstruktiv umgehen kann. Nicht selten können solche Gespräche zu einer Selbstbefreiung von als erdrückend wahrgenommenen Arbeitssituationen führen, die vielleicht schon in einer inneren Kündigung und damit im Ausbleiben des Arbeitseinsatzes über ein Mindestmaß hinaus gemündet sind. Generell sollte dabei ein möglichst konsequent positives Feedback eingehalten und verdeutlicht werden, dass man persönliche Muster zwar selbst managen, aber nicht verändern kann. Man kann lernen, mit ihnen konstruktiv zu leben.

Bei gutem Verlauf kommt das unermessliche Potenzial eines jeden Menschen, das ganz in seiner eigenen Verantwortung liegt, zutage. Solche Momente der Erkenntnis sind nur durch qualitative Methoden zu erreichen und ihr betriebswirtschaftlicher Effekt – wenn auch in Zahlen nicht messbar – ist doch unermesslich. Danach ist der Einzelne in die Lage versetzt, sich selbst zu führen und sich in Harmonie und Gleichgewicht mit der äußeren Situation zu setzen, zum Leistungsträger aus eigener Überzeugung zu werden und darüber auch ein zufriedener Mitarbeiter oder Mitunternehmer. Natürlich kann ein solcher Gesprächsprozess Monate dauern. Der Mitarbeiter bestimmt dabei selbst über die Terminsetzung und den Fortgang der Gespräche, die auf vollkommen freiwilliger und proaktiver Basis geführt werden. Dabei ist außerdem zu beachten, dass die Profilmatrix beim Mitarbeiter bleibt, also nicht in die Personalakte kommt. Ist die Profilmatrix erstellt, werden in einem zweiten Schritt Handlungsableitungen vom Mitarbeiter zusammen mit dem Interviewer entwickelt, die sich strategisch und taktisch in die lang- und kurzfristigen Ziele für seine berufliche Entwicklung integrieren. Dabei wird von ihm selbst geprüft, wie er diese erreichen kann. Erst ganz zum Schluss eines solchen Performance Coachings kann je nach Unternehmen ein Programm zum Management by Objectives oder Ähnliches einbezogen werden.

Zur Veranschaulichung werden zwei besonders erfolgreiche Beispiele aus der schon erwähnten Stuttgarter Kreativagentur vorgestellt. Sie werden mit der Erlaubnis der Betroffenen veröffentlicht.

Anwendungsbeispiel 1: Praktikant

Hier ging es um einen Praktikanten mit Vordiplom, der mit sich und seiner Arbeit für die Agentur zu Beginn des befristeten Arbeitsverhältnisses so haderte, dass der zuständige Department Manager Zweifel anmeldete, ob er überhaupt einsatzfähig und kooperativ sein würde.

Im Laufe der Gespräche, die anfangs außerhalb der Büroräume am Wochenende stattfanden, wurden dem Praktikanten Selbstblockaden klar, und als ehrgeiziger Mensch schaffte er es, in kurzer Zeit nicht nur äußerst zuverlässige Arbeit für seinen Department Manager zu leisten, sondern sich auch in die Unternehmenskultur als wertvoller Bestandteil zu integrieren. Darüber hinaus entwickelte er für sich seine beruflichen Ziele so, dass er an die Stelle von verschwommenen Wünschen klare Perspektiven, Ziele und die notwendigen Schritte dahin in schriftlicher Form festsetzte. Erste positive Resonanz erfuhr er daraus umgehend für die Vorbereitung seines sich anschließenden Auslandsstudiums. Sein Resümee nach fünf Monaten und fünf Gesprächen lautete, dass er nun wüsste, sich auf seine Stärke verlassen zu können – bemerkenswert ist hier der Singular der Formulierung – und dass er sich nicht mehr beständig zweifelnd mit sich selbst beschäftigen müsste, also Leichtigkeit im Handeln erlangte.

Abbildung 3-1: Anwendungsbeispiel Praktikant

Anwendungsbeispiel 2: Führungskraft

In diesem Fall handelte es sich um einen Department Manager, der in der Agentur als freier Mitarbeiter angefangen hatte und sich nach der später erfolgten Festanstellung zwar Führungsaufgaben wünschte, aber unsicher war, ob er diesen vorstehen könne. Für die Akquisition, die durchaus im Aufgabenbereich eines Department Managers liegt, hielt er sich völlig ungeeignet.

Stephan Polomski

In der Betrachtung der Matrix ergab sich für den Department Manager, dass seine hohe Sozialkompetenz ihn zwar zum anerkannten Partner seines Teams machte, gleichzeitig aber auch zu Durchsetzungsschwäche führen konnte, wenn es darum ging, definierte Ziele energisch auch gegen Widerstand zu verfolgen. Er lernte zunehmend, seine Konfliktscheu zu überwinden und durch ein bislang verborgenes Planungstalent in kritischen Fällen mit Durchsatz einzugreifen und ein straffes Followthrough zu gewährleisten. Zu seiner eigenen Überraschung stellte er bei Akquisitionsgelegenheiten fest, zu denen er trotz seiner Bedenken herangezogen wurde, dass er gerade mit seiner Stärke der Sozialkompetenz, aus der sich die oben aufgeführten Chancen ergaben, durchaus einen Beitrag zur Wertschöpfung in diesem Aufgabenbereich zu leisten imstande war – auch wenn Akquisition nicht zu seiner Lieblingsbeschäftigung wurde.

Abbildung 3-2: Anwendungsbeispiel Führungskraft

	Stärken	Schwächen	Chancen	Risiken
Fachkompetenz Senior Designer	Gestalterisch Analytiker	CAD-Ausarbeitung	Überzeugungskraft im Design Fachlich bezogene Sicherheit	Unglaubwürdig im CAD-Bereich
Fachkompetenz Dept. Manager	Kreatives Management	Verhandlungsstärke Konflikting Management Kompetenzen	Innovationskräftig Begeisterungsfähig	Verhandlungsschwäche
Soziale Kompetenz	Offenheit Gutmütigkeit Verständnisvoll Empathisch	Konfliktvermeidend Soft	Vertrauenswürdig Guter Buy-in	Durchsetzungsschwäche Ausnutzbar Angreifbar Harmoniebedürftig
Persönlichkeit Charakter	Gesunder Stolz Sensibel Langmütig Willensstark Humorvoll Ehrgeizig Gewissenhaft	Sensibel Ehrgeiz Ernsthaftigkeit (in den Augen der anderen)	Selbstsicherheit Akzeptanz	Blockade Eingeschnappt
Führungskompetenz	Zielorientiert Verantwortungsbewusst Planungsstärke	Fehlende Härte Know-How Fehlende Erfahrung Kontrolle	Überzeugungskraft	Durchsetzungsschwäche

Beide Fälle zeigen, dass es des unbedingten Einverständnisses der Mitarbeiter bedarf, sich erkennen und verändern zu wollen, um leistungsstärker zu werden und in diesem Gefühl und dieser neuen Selbstwahrnehmung – nachdem der Erfolg sich eingestellt hat – zu zufriedenen Mitunternehmern heranzuwachsen und ihren Beitrag zur Organisationsentwicklung zu leisten. Dass diese Menschen am Arbeitsplatz dorthin finden, dabei kann ihnen durch Personalverantwortliche oder Führungskräfte, die ihrerseits verstehen, geholfen werden – sich entwickeln, das müssen die Menschen selbst leisten, wie auch sich selbst zu verstehen.

Zielgruppe Mitarbeiter

Wie schwer das ist, zeigt der Umstand, dass es auch viele erfolglose Mitarbeitergespräche gibt. Dennoch darf man dort als Führungskraft wie auch als Mitarbeiter nicht stehen bleiben, zeigt diese Situation nur an, dass man entweder noch nicht den richtigen Zugang gefunden hat oder dass aber der Mitarbeiter respektive die Führungskraft fehl am Platze ist.

Die wirklichen Inhalte solcher Gespräche liegen zwischen den 16 Feldern der Matrix in jenem vieldimensionalen Raum, in dem sich Weisheit und Freiheit und Philosophie und Gelassenheit und Menschenliebe zu einem ökologischen System verbinden, das Ökonomie erst erfolgreich macht. Erfolgreiche Personal- und Unternehmensführung muss daher das Instrument der qualitativen personalbezogenen internen und externen Markt- und Sozialforschung richtig anwenden, um Motivation, Mitarbeiterzufriedenheit und Organisationsentwicklung erreichen zu können.

4 Fazit

Im Fokus eines Unternehmens stehen die Führungskräfte. Ihnen gereichen neben gesundem Menschenverstand, gereifter Menschenkenntnis, Integrationsfähigkeit, Härte und Empathie die Methoden der qualitativen personalbezogenen Markt- und Sozialforschung zu einem der wichtigsten Instrumente der Informationsgenese für die Beurteilung der Performance und für die Findung von Entscheidungen im Rahmen der Personal- und Organisationsentwicklung. Beurteilungen und Entscheidung sind sinnvoll, wenn sie für den Einzelnen auch jenseits von Kennzahlen stattfinden dürfen: Hier bieten die qualitativen Ergebnisse von Workshops und Gesprächen das Abbild einer Wahrheit mit vielen Gesichtern, die es zu integrieren, zu führen und zu entwickeln gilt. Oftmals ist diese vielgesichtige Wahrheit nichts anderes als ein Spiegelbild des eigenen Antlitzes der Führungskraft selbst, ihres Erfolges und ihres Führungsstils, der mit ausschlaggebend für die Motivation und Zufriedenheit der Mitarbeiter sein kann.

Die Motivation und Zufriedenheit der Mitarbeiter kann darum immer auch Maßstab für die Qualität eines Arbeitgebers und einer Führungskraft sein, die an vorderster Stelle die Organisation und die Arbeitgebermarke zu entwickeln hat, da gerade sie erheblichen Einfluss auf die Erfahrungswelt und damit das einzigartige Arbeitsumfeld der Mitarbeiter hat. Darum gilt es, dieser Führungskraft die Instrumente an die Hand zu geben, mit welchen sie selbst Rückkopplung und Resonanz aus ihrem Team erfahren kann, um sich selbst in ihrem Führungsverhalten zu entwickeln. Jeder hat die Wahl, Veränderung für sich selbst zu bewirken und damit auch die Organisation zu verändern, in der er arbeitet. Das gilt auch und besonders für Führungskräfte. Es gilt im Grunde genommen für unsere gesamte Gesellschaft.

Stephan Polomski

Wem es unter dem Druck des herbeizuführenden finanziellen Erfolgs gelingt, den Menschen gegenüber authentisch zu bleiben, der wird geachtet sein, dem wird man folgen. Wer darüber hinaus Selbstlosigkeit auf sich nimmt, wird in der Lage sein, eine Organisation zusammen mit den Menschen an ihren Arbeitsplätzen nachhaltig und erfolgreich zu verändern. Ein solches Verhalten verursacht keine Kosten. Es ist ein Ausdruck höchster unternehmerischer Freiheit, welche das ökonomische Prinzip dem Verständnis der Menschen am Arbeitsplatz und ihren ureigenen, humanen Bedürfnissen nach Resonanz und Wertschätzung dem Bewusstsein unterordnet, dass nur ein ausgeglichenes, humanes soziales System und seine soziale Ökologie jene Voraussetzungen schaffen, unter denen selbst motivierte, von Eigenverantwortung getragene Best- und Höchstleistungen mit spielerischer Freude entstehen.

Das Ergebnis einer so hervorgebrachten Leistung wurzelt in der Überzeugung, dass die Freiheit und der Wohlstand eines jeden Einzelnen in einer hart umkämpften Welt mit dem gesamten sozialökologischen und ökonomischen Umfeld in einem vom Einzelnen in Eigenverantwortung und vom System immer wieder neu auszubalancierenden Gleichgewicht steht. Somit ist das Ergebnis einer so entstandenen Leistung nicht nur ein finanzieller Mehrwert, sondern dieses Ergebnis drückt aus, sichert und beschützt wie selbstverständlich und frei aus Eigenverantwortung heraus alles das, was wir sind: unsere individuell-menschliche Kultur und unsere globale Zivilisation und unsere universelle Existenz.

Die Prinzipien und Methoden der qualitativen personalbezogenen Markt- und Sozialforschung bieten, richtig angewandt, dafür eine ausgezeichnete Entscheidungs- und Handlungsgrundlage.

Literaturverzeichnis

Allen, James (1904): As a Man Thinketh. New York.

Bateson, Gregory (1994): Ökologie des Geistes. Frankfurt/Main.

Boyatzis, Richard E. / Kolb, David A. (1970): Goal-Setting and Self Directed Behavior Change. In: Human Relations, 23(5), S. 439–457.

Buckingham, Marcus / Clifton, Donald O. (2005): Now, Discover Your Strengths. How to Develop Your Talents and Those of the People You Manage. London.

Dilts, Robert (2005): Professionelles Coaching mit NLP. Mit dem NLP-Werkzeugkasten geniale Lösungen ansteuern. Paderborn.

Frankl, Viktor (1972): Der Wille zum Sinn. Ausgewählte Vorträge über Logotherapie. Bern.

Gallup (2006): www.gallup.de/poll.htm. Zugriff: 12.09.2010.

Goleman, David (2003): Emotionale Führung. Berlin.

Hewitt Associates (2006): www.hewitt.com. Zugriff: 12.09.2010.

Hilb, Martin (2009): Integriertes Personal-Management. Ziele – Strategien – Instrumente. Neuwied Kriftel.

Hilb, Martin (2002): Transnationales Management der Human-Ressourcen. Das 4P-Modell der Glocalpreneuring. Neuwied Kriftel.

Lagace, Martha (2005): How to Put Meaning Back into Leading. In: Harvard Business School Working Knowledge. http://hbswk.hbs.edu/item/4563.html. Zugriff: 12.09.2010.

Malik, Fredmund (2006): Führen Leisten Leben. Wirksames Management für eine neue Zeit. München.

Mayring, Philipp (2000): Qualitative Inhaltsanalyse. In: Forum Qualitative Sozialforschung, 1(2), [28 Absätze]. www.qualitative-research.net/fqs-texte/2-00/2-00mayring-d.htm. Zugriff: 12.09.2010.

Naderer, Gabriele (2005): Markenbewertung. In: Gaiser, Brigitte / Linxweiler, Richard / Brucker, Vincent (Hrsg.): Praxisorientierte Markenführung. Neue Strategien, innovative Instrumente und aktuelle Fallstudien. Wiesbaden.

Schein, Edgar H. (1990): Career Anchors: Discovering Your Real Values. San Francisco.

Semmer, Norbert / Ivars, Udris (1995): Bedeutung und Wirkung von Arbeit. In: Schuler, Heinz (Hrsg.): Lehrbuch Organisationspsychologie. 2. korrigierte Auflage. Bern, S. 133–165.

Senge, Peter M. (2008): Die fünfte Disziplin. Kunst und Praxis der Lernenden Organisation. Stuttgart.

Whitmore, John (2009): Coaching for Performance. Growing Human Potential and Purpose. London, Napperville.

Pero Mićić

Zukunftsmanagement
Mythos und Wirklichkeit

1 Einführung 577
2 Differenzierung von Zukünften als methodische Basis 578
3 Anwendung qualitativer Methoden im Zukunftsmanagement 580
   3.1 Zukunftsradar: Information über mögliche Zukünfte erfassen 580
   3.2 Annahmenanalyse: die wahrscheinliche Zukunft verstehen 581
   3.3 Chancenentwicklung: die machbare Zukunft erfinden 582
   3.4 Visionsentwicklung: die gewünschte Zukunft bestimmen 583
   3.5 Überraschungsanalyse: der überraschenden Zukunft vorbeugen 584
   3.6 Strategieentwicklung: die zu schaffende Zukunft planen 586
4 Fazit 586

1 Einführung

Hinter den Horizont offensichtlicher Realitäten zu blicken ist die Herausforderung der Zukunftsforschung. In ihr spielen qualitative Forschungsmethoden eine zentrale Rolle. Der Schwerpunkt dieses Beitrags liegt auf der Beschreibung der unternehmerischen Zukunftsforschung, des Zukunftsmanagements, als Anwendungsfeld qualitativer Methoden.

Die Zukunftsforschung kann gar nicht anders als qualitativ sein. Zukunft ist im streng wissenschaftlichen Sinne weder messbar noch nachweisbar. Sie ist lediglich vorstellbar. Entgegen weit verbreiteten Vorurteilen versucht Zukunftsforschung auch nicht, Zukunft zu messen und zu „bestimmen". Ihr Ziel ist es, Einblicke in mögliche Zukünfte zu gewähren und sie zu verstehen. Sie verträgt sich somit nicht mit den Zielsetzungen und Ansprüchen quantitativen Forschens. Quantitative Methoden bedeuten häufig, dass man auf die Komplexität der Welt wie durch die Öffnung eines Strohhalms auf den Himmel schaut. Das Detail wird klar, aber das große, komplexe Bild bleibt verborgen. Der Zukunftsforscher ist nicht interessiert an exakten Teilausschnitten, er sucht vielmehr nach möglichst umfassenden Bildern möglicher Zukünfte.

Dabei sind Zukunftsforschung und Zukunftsmanagement nicht mit Prognostik gleichzusetzen. Seit mehr als 100 Jahren ahnen wir, dass Gesellschaften und Märkte nach den Prinzipien des unprognostizierbaren Chaos funktionieren (Poincaré 1908), und seit rund drei Jahrzehnten gibt es daran kaum noch Zweifel (vgl. Lorenz 1963; Gleick 1987; Gell-Mann 1994; Prigogine 1997; Holland 1998; Mandelbrot 2004). Die Unvorhersagbarkeit der Zukunft bedeutet aber nicht, dass sie nicht gestaltbar wäre. Im Gegenteil, die Zukunft ist umso gestaltbarer, je weniger voraussagbar sie ist. Dennoch erfreut sich die naive Vorstellung großer Beliebtheit, dass die Zukunftsforscher oder mit entsprechenden Methoden gerüstete Experten die Zukunft voraussagen könnten, als wäre die Welt eine Maschine (Laplace 1814). Den Zukunftsforscher, dessen Hauptaufgabe in der Erstellung von Prognosen liegt und dessen primäres Qualitätskriterium seine Trefferquote ist, gibt es in Wirklichkeit nicht (mehr). Warum werden dann trotzdem vielerorts Prognosen aufgestellt und Szenarien beschrieben? Weil jeder Mensch und jede Organisation seine wirtschaftliche Existenz auf die Richtigkeit seiner Zukunftsannahmen verwettet. Nicht nur Großunternehmen wie Boeing und Airbus verwetten Milliarden Euro und Hunderttausende Arbeitsplätze auf ihre unterschiedliche Einschätzung des Flugzeugmarkts der Zukunft. Keine Investition, keine Produktentwicklung, keine Einstellung und keine Entlassung ohne mehr oder minder bewussten Blick in die Zukunft. Im wirtschaftlichen Sinne leben und sterben Unternehmen mit der Qualität ihrer Zukunftsannahmen. Das Dilemma heißt: Wir können die Zukunft nicht voraussagen, aber wir versuchen es praktisch jeden Tag.

Unternehmerische Zukunftsforschung (in der Folge als „Zukunftsmanagement" bezeichnet) bietet Ansätze zur Lösung dieses Dilemmas an. Sie bildet die Brücke zwischen der Zukunftsforschung einerseits und dem strategischen Management andererseits und bezeichnet die Gesamtheit aller Systeme, Prozesse und Methoden zur Früherkennung zukünftiger Entwicklungen und Gestaltungsmöglichkeiten und ihrer Einbringung in die Strategie einer Organisation (Mićić 2006b). Dies sind ausgewählte Postulate des Zukunftsmanagements:

- Zukunftsmanagement ist der unternehmerische Umgang mit Prognosen und Szenarien, weniger die Erstellung derselben.

- Zukunftsmanagement ist das Management der gegenwärtigen Informationen, Gedanken, Ziele, Strategien, Hoffnungen und Befürchtungen über und für die Zukunft.

- Man kann seine Zukunft nicht nicht managen. Zukunftsmanagement ist weder delegierbar noch verzichtbar.

- Die Zukunft ist umso mehr gestaltbar, je weniger sie prognostizierbar ist. Und umgekehrt.

- Produktives Denken und fruchtbare Kommunikation über die Zukunft setzen voraus, dass die unterschiedlichen Arten und Sichtweisen der Zukünfte klar unterschieden werden.

2 Differenzierung von Zukünften als methodische Basis

Der grundlegende Schritt auf dem Weg zu einem besseren Verständnis der methodischen Möglichkeiten und Grenzen der unternehmerischen Zukunftsforschung besteht in der Differenzierung der unterschiedlichen Arten von Zukünften. In der Praxis scheitern unzählige Diskussionen, Projekte und ganze Unternehmen daran, dass unklar bleibt, über welche Art von Zukunft die jeweiligen Akteure sprechen. Um es mit Lacan zu sagen: Missverständnis ist die Regel, Verständnis die Ausnahme.

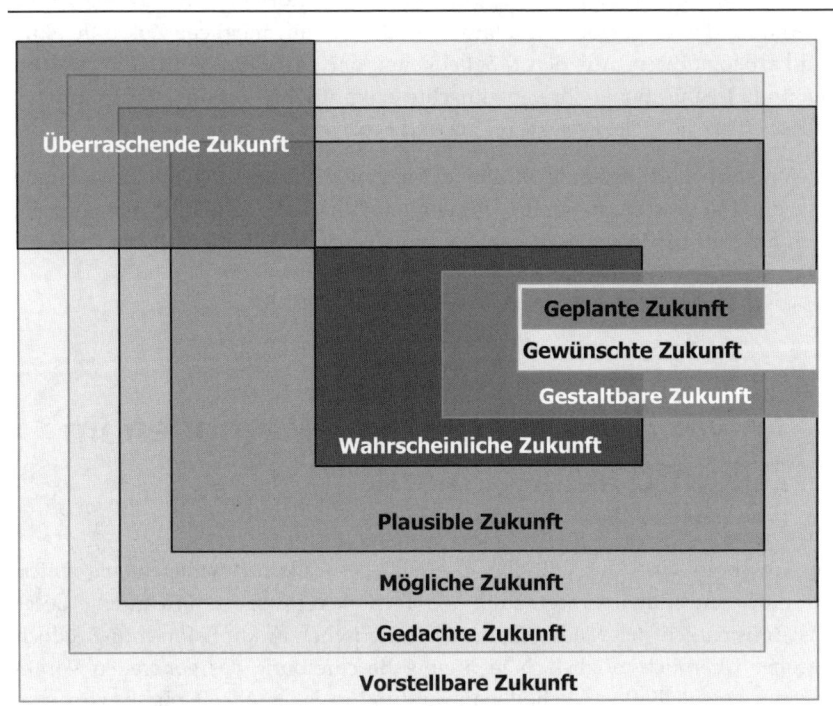

Abbildung 2-1: Versuch einer Strukturierung von Zukünften (Mićić 2007)

- Überraschende Zukunft
- Geplante Zukunft
- Gewünschte Zukunft
- Gestaltbare Zukunft
- Wahrscheinliche Zukunft
- Plausible Zukunft
- Mögliche Zukunft
- Gedachte Zukunft
- Vorstellbare Zukunft
- Unvorstellbare Zukunft

Passive Zukünfte: Die **unvorstellbare** Zukunft ist die für uns nicht erfassbare Komplementärmenge zur **vorstellbaren** Zukunft. Teilmenge der vorstellbaren Zukunft sind diejenigen Zukünfte, die zu einem bestimmten Zeitpunkt bereits gedacht sind. Die nach den bekannten physikalischen Gesetzen **möglichen** Zukünfte haben eine nicht definierbare Schnittmenge zur **gedachten** Zukunft. Ein ebenso nicht definierbarer Teil der möglichen Zukunft wurde noch nicht gedacht. Mit der **plausiblen** Zukunft als argumentativ nachvollziehbarer Zukunft und v. a. mit der durch subjektive Erwartungswahrscheinlichkeiten definierten **wahrscheinlichen** Zukunft beginnen die unternehmerisch greifbaren Zukünfte. Die **überraschende**, nicht erwartete Zukunft dokumentiert die Unmöglichkeit der vollständigen Antizipation der Zukunft (vgl. Mićić 2006a).

Aktive Zukünfte: Während sich die bisher beschriebenen passiven Zukünfte weitgehend dem individuellen Einfluss entziehen, sind Menschen und Organisationen die Schöpfer der aktiven Zukünfte. Die individuell **gestaltbare** Zukunft ist zu einem Teil deckungsgleich mit der **wahrscheinlichen** Zukunft, und das v. a. dort, wo eine Einflussnahme am wenigsten nötig ist. Für die Chancen der Zukunft interessanter ist die frühe Erkennung der Möglichkeiten, **plausible** oder gar nur mögliche Zukünfte aktiv gestaltend herbeizuführen. Aus den Möglichkeiten der **gestaltbaren** Zukunft wählen Menschen und Organisationen ihre **gewünschte** Zukunft, ihre Vision und formulieren diese schließlich als Teilziele, Projekte, Pläne und Prozesse.

Obschon eine solch grundlegende Differenzierung der Zukunft theoretisch anmuten mag, ist sie doch Voraussetzung dafür, dass unternehmerisches Zukunftsmanagement methodisch fundiert betrieben werden kann und v. a. zu praktisch nutzbaren Erkenntnissen führt.

3 Anwendung qualitativer Methoden im Zukunftsmanagement

In diesem Abschnitt wird das „Eltviller Modell" des Zukunftsmanagements (Mićić 2006b) mit darin anwendbaren Methoden und Techniken skizziert. Im Umfang dieses Beitrags ist hinsichtlich der Methodik unternehmerischer Zukunftsforschung jedoch nur ein grober Überblick möglich. Neben einer Beschreibung des generellen Vorgehens mit einer beispielhaften Methodenanwendung in jeder Arbeitsphase wird eine Checkliste ausgewählter qualitativer Methoden der unternehmerischen Zukunftsforschung genannt. Dabei wird deutlich, dass sich die Zukunftsforschung als Querschnittsdisziplin ihre meist qualitativen Methoden aus einer breiten Vielfalt von Gebieten eklektisch zusammengesucht hat.

3.1 Zukunftsradar: Information über mögliche Zukünfte erfassen

Jegliche Zukunftsanalyse basiert zunächst auf einer Erfassung und Interpretation vorwiegend externer Informationen, die Hinweise auf Chancen und Bedrohungen und nötige Strategien liefern sollen. Seit Aguilar (1967) und Ansoff (1975) gehört das „Scanning" des Umfelds zur Identifikation von Signalen zum Standardrepertoire der strategischen Früherkennung und der unternehmerischen Zukunftsforschung. Die Signale sind das Bindeglied zwischen Gegenwart und Zukunft und liefern gemäß dem Denkmodell der S-Kurve (Pengg 2003) die ersten Anzeichen für möglichen zukünftigen Wandel. Dem Scanning geht in der Regel eine Analyse und Strukturierung des Marktsystems zur Identifikation relevanter Beobachtungsfelder voraus.

Auswahl qualitativer Methoden und Techniken des Zukunftsradars[1]

Das System verstehen
- Strukturanalyse (Godet 1994; Geschka/Reibnitz 1981)
- Comprehensive Situation Mapping (Georgantzas/Acar 1995)
- kritische Erfolgsfaktoren (Rockart 1979)
- Umfeldkategorisierungen, z. B. STEEP mit „social, technological, economic, ecologic and political environmental spheres" (Cornish 2004)

Identifikation früher Signale zukünftiger Veränderungen
- Inhaltsanalyse (May 1996)
- Environmental Scanning (Coates 1986)
- Monitoring (Coyle 1997)
- Experteninterviews (extern und intern)
- Delphi-Methode (Helmer 1983)
- Ethnographie (Agar 1996)

3.2 Annahmenanalyse: die wahrscheinliche Zukunft verstehen

Das Handeln des einzelnen Menschen wie auch ganzer Konzerne und Regierungen beruht auf Annahmen über die Zukunft. Je besser die Annahmen die zukünftige Wirklichkeit vorwegnehmen, desto eher ist die Existenz gesichert und der Erfolg wahrscheinlich. Wie können wir unsere Zukunftsannahmen verbessern, ohne die Zukunft vorauszusagen? Diagnose statt Prognose heißt das Prinzip. Es gilt, die Zukunftsannahmen der betroffenen Akteure an die Oberfläche zu bringen (Dewar 2002), sie kritisch zu hinterfragen sowie Fakten und Signale zu identifizieren, die die Zukunftsannahmen entweder stützen oder infrage stellen.

Die „Delphi-Analyse" schafft in der betroffenen Entscheidergruppe mit dem sogenannten Annahmenpanorama (Mićić 2005) ein Bild der tatsächlich wirksamen Annahmen über zukünftige Entwicklungen. Dieses Annahmenpanorama kann einem breiten Kreis von Experten zur kritischen Prüfung und laufenden Kontrolle vorgelegt werden. So können entweder Erwartungswahrscheinlichkeiten oder angenommene Eintrittszeitpunkte von Projektionen und Szenarien diskutiert werden. Im Unterschied zum üblichen Experten-Delphi müssen jedoch zunächst die Akteure selbst die Erwartungswahrscheinlichkeit zukünftiger Entwicklungen einschätzen und untereinander

---

[1] Die Literatur-Referenzen in den Methoden-Checklisten können aufgrund der Vielzahl nicht vollständig gelistet werden. Bei Bedarf ist eine vollständige Literaturliste bei Office@Future ManagementGroup.com erhältlich.

austauschen. Dies führt zu einer beträchtlichen qualitativen Verbesserung der Zukunftsannahmen, ohne dass man der irrigen Versuchung folgt, die Zukunft noch besser vorhersagen zu wollen. Der Unterschied ist auf den ersten Blick marginal, aber in seiner praktischen Wirkung fundamental.

Auswahl qualitativer Methoden und Techniken der Annahmenanalyse

Entwicklung von Projektionen und Szenarien (selbst oder durch Dritte)
- Szenario-Methodik (Schwartz 1996; de Geus 1988; Godet 1994; Georgantzas/Acar 1995; van der Heijden 1996; von Reibnitz 1991; Gausemeier et al. 1995)
- Entscheidungsmodellierung/Conjoint Analysis (Armstrong 2001; Glenn/Gordon 2003)
- Morphologien (Glenn/Gordon 2003; Godet 1994)
- Cross Impact Analyse (Glenn/Gordon 2003)
- Trend Impact Analyse (Gordon 2003a)
- historische Analogien (Armstrong 2001)
- Precursor Analysis/Leading Indicators (May 1996)
- Gaming (Rausch/Catanzaro 2003)
- Agent Modeling (Gordon 2003; Godet 1994)
- Genius Forecasting (Glenn 2003)
- Inhaltsanalyse spekulativer Literatur (May 1996)

Einschätzung von Ewwartungswahrscheinlichkeiten
- Delphi (Helmer 1983)
- Roadmapping (May 1996)
- Multiple Perspective Concept (Linstone 2003)
- Judgmental Bootstrapping (Armstrong 2001)
- Causal Layered Analysis (Inayatullah 2003)
- S-Kurven-Analyse (Pengg 2003)
- Argumentenbilanz (Breiing/Knosala 1997)
- Annahmenpanorama (Mićić 2005)

3.3 Chancenentwicklung: die machbare Zukunft erfinden

Chancen im Sinne von sinnvollen strategischen und operativen Gestaltungsmöglichkeiten sind die inhaltliche Grundlage nicht nur der wirtschaftlichen Zukunft eines Unternehmens, sondern auch für die Entwicklung eines jeden Menschen. Während die Denkhaltung der Annahmenanalyse eher distanziert, analytisch und kritisch und damit gemäßigt positivistisch ist, erfordert die auf die frühe Identifikation und Erfindung von Zukunftsoptionen gerichtete Chancenentwicklung eine geradezu gegenteilige kreative und konstruktivistische Denkhaltung. Die Chancenentwicklung erfolgt u. a. in den drei in der Checkliste genannten Blickrichtungen. Chancen resultieren entweder direkt aus den als wahrscheinlich, unwahrscheinlich wie auch als eventuell angenommenen Zukunftsentwicklungen oder aus der Analyse und Simulation von Märkten oder Bedarfssituationen sowie aus traditionellen Kreativmethoden.

Eine der einfachsten und somit auch praktikabelsten Methoden ist die „Chancenmatrix", eine Vernetzung von mit Erwartungswahrscheinlichkeiten bezeichneten Zukunftsentwicklungen im Umfeld mit wesentlichen Gestaltungsfeldern innerhalb der Organisation (Produkte, Marketing, Kultur, Prozesse etc.). Die Denkfragen werden dann nach dem Muster „Welche Konsequenzen und Chancen bringt diese Zukunftsentwicklung für dieses Gestaltungsfeld?" gebildet. Auch hier zeigt sich, dass qualitative Methoden die wesentliche Grundlage einer systematischen Zukunftsarbeit sind.

Auswahl qualitativer Methoden und Techniken der Chancenentwicklung

Entwicklung von Chancen aus Zukunftsannahmen
- Futures Wheel/Mind Mapping (Glenn/Gordon 2003; Buzan 2006)
- Micro-macro-Matrix (Krystek/Müller-Stewens 1993)
- Trend Impact Analyse (Gordon 2003a)
- Chancenmatrix (Mićić 2005)

Entwicklung von Chancen durch Analyse und Simulation
- Structural Analysis (Godet 1994; Geschka/Reibnitz 1981)
- Comprehensive Situation Mapping (CSM) (Georgantzas/Acar 1995)
- Causal Layered Analysis (Inayatullah 2003)

Entwicklung von Chancen durch Kreativmethoden
- Morphologie (Glenn/Gordon 2003)
- Field Anomaly Relaxation (Coyle 2003; Rhyne 1981)
- Analogiemethoden (Biologieanalogien, Branchenanalogien etc.) (Mićić 2003)
- Empathiemethoden (Kelley 2001)
- Intuitionsmethoden (Glenn 2003)

3.4 Visionsentwicklung: die gewünschte Zukunft bestimmen

Die strategische Vision ist das konkrete Bild einer für die Akteure faszinierenden, gemeinsam erstrebten und realisierbaren Zukunft. Sie bildet im Idealfall die mentalvisuelle Vorlage für alles, was im Unternehmen geschieht, von strategischen Investitionen über die Personalstrategie bis hin zur Wahl der Software für die administrativen Prozesse. Dem herkömmlichen Verständnis der Zukunftsforschung ist das normative Element der Bestimmung einer gewünschten Zukunft im Sinne einer Vision eher fremd. Aus Sicht der unternehmerischen Zukunftsforschung ist die Visionsentwicklung hingegen ein unverzichtbares Element, denn erst die mit einer strategischen Vision gewonnene Richtungsklarheit schafft auch Klarheit über die Blickrichtung der Zukunftsarbeit sowie über Relevanz und Auswirkung wahrgenommener Signale. Die primäre Pflicht der Unternehmensführung ist es daher, die strategische Vision zu entwickeln und zu pflegen, natürlich im Dialog mit Mitarbeitern und externen Interessenträgern. Eine aus strategischer Sicht gute strategische Vision entsteht aus der Analyse einer Reihe alternativer Visionskandidaten, um die Vielfalt der Optionen zu berücksichtigen und im Resultat eine wirklich differenzierende, am Markt einzigartige strategische Vision zu entwickeln (vgl. Mićić 2003).

Auswahl qualitativer Methoden und Techniken der Visionsentwicklung

Entwicklung von Visionskandidaten
- Kreativmethoden der Chancenentwicklung (vgl. 3.3.)
- Beteiligteninterviews
- Morphologien (Glenn/Gordon 2003; Godet 1994)
- Field Anomaly Relaxation (Coyle 2003; Rhyne 1981)
- künstlerische Ansätze (Zeichnen etc.)

Beurteilung von Chancen und Visionskandidaten
- Delphi-Methode (Helmer 1983)
- Analytical Hierarchy Process (Saaty 1996)
- Nutzwertanalyse (May 1996)
- Multiple Perspective Concept (Linstone 2003)
- Strategic Conversation (van der Heijden 1996)

3.5 Überraschungsanalyse: der überraschenden Zukunft vorbeugen

Im Grunde ist in der Zukunft nur sicher, dass sie uns überraschen wird. Ein wesentliches Ziel der Zukunftsforschung besteht daher darin, von der Zukunft weniger überrascht zu werden. Ende der 1960er Jahre, mit dem Erfolg des Buches „The Year 2000" von Kahn und Weiner (1967), begannen die Zukunftsforscher, in Szenarien zu denken. Sie trugen damit der Tatsache Rechnung, dass in einem sich verlangsamenden Wachstum und in einer vom unprognostizierbaren Chaos regierten Welt exakte Prognosen immer häufiger fehlschlugen. Szenarien machten es leichter, sich auf alternative Zukünfte vorzubereiten und robuste Visionen und Strategien zu entwickeln, die nicht gleich mit den ersten falschen Zukunftsannahmen in sich zusammenbrechen. Die methodischen Ansätze der Szenario-Methodik reichen von den einfachen, sehr qualitativen und pragmatischen Ansätzen der amerikanischen Zukunftsforschung bis hin zu den mathematischen Ansätzen aus Frankreich (vgl. Godet 1994) und Deutschland (vgl. von Reibnitz 1991; Gausemeier et al. 1995).

Im Grunde sind in der Überraschungsanalyse zwei Ansätze nötig und ausreichend: einerseits die Umkehrung der Zukunftsannahmen („Was wäre, wenn wir falsch lägen"), andererseits die Beschreibung potenziell überraschender Ereignisse (Wild Cards). Doch erst die Analyse der potenziellen Auswirkungen und die daraus folgende Entwicklung von Präventiv- und Akutstrategien erfüllt den Zweck, Strategien und Entscheidungen zukunftsrobuster zu machen. Es liegt auf der Hand, dass qualitative Einschätzungen den Großteil des Umgangs mit der unsicheren Zukunft ausmachen. Quantitative Analysen können lediglich helfen, Details zu überprüfen.

Auswahl qualitativer Methoden u. Techniken der Überraschungsanalyse

Entwicklung von Szenarien überraschender Ereignisse (Wild Cards)
- historische Analogien (Armstrong 2001)
- Kreativmethoden (May 1996) und Intuitionsmethoden (Glenn 2003)
- Annahmenumkehrung (Mićić 2006b)

Entwicklung von Szenarien überraschender Entwicklungen
- Szenario-Methode (Schwartz 1996; de Geus 1988; van der Heijden 1996; Godet 1994; von Reibnitz 1991; Gausemeier et al. 1995)
- Cross Impact Analysis (Glenn/Gordon 2003)
- Simulationen (Rausch/Catanzaro 2003)
- Gaming (Rausch/Catanzaro 2003) und Rollenspiele (Armstrong 2001)
- Szenariowürfel (Mićić 2004)
- Annahmenpanorama (Mićić 2005)

Identifikation und Analyse der Auswirkungen
- Cross Impact Analysis (Glenn/Gordon 2003)
- Futures Wheel/Mind Mapping (Glenn/Gordon 2003; Buzan 2006)
- Strukturanalysen (Godet 1994; Geschka/Reibnitz 1981)
- Comprehensive Situation Mapping (CSM) (Georgantzas/Acar 1995)
- strategische Konversation (van der Heijden 1996)
- Delphi-Methode (Helmer 1983)

Entwicklung von Präventiv- und Akutstrategien
- vgl. Auswahl qualitativer Methoden unter 3.3

3.6 Strategieentwicklung: die zu schaffende Zukunft planen

Missionen, strategische Vision und Leitlinien werden in konkrete Projekte, Prozesse, Systeme und Ziele übersetzt und somit konkretisiert. Die Strategieentwicklung sei hier verstanden als Strategie im engsten Sinne, nämlich als Weg zum Ziel bzw. zur Vision. Im Grunde geht es um strategische Planung, die zu einem unternehmerischen Verständnis, nicht aber im klassischen Sinne zur Zukunftsforschung gehört. Unternehmensstrategien sind vom Charakter her qualitative Konstrukte. Sie müssen jedoch operationalisiert werden, um den Bedürfnissen praktischen Managements gerecht zu werden. Die Umsetzung von Strategien in Kennzahlen ist seit den 1920er Jahren bekannt (z. B. bei Dupont). Heute heißt dies „Balanced Scorecard" und umfasst neben Finanzkennzahlen weitere Perspektiven (Kunden, Mitarbeiter, Prozesse Umwelt etc.). Sie stellen die meist quantitativen Ziel- und Steuergrößen für das Tagesgeschäft bereit.

Auswahl qualitativer Methoden und Techniken der Visionsentwicklung

---

Ableitung von strategischen Zielen, Projekten, Prozessen und Systemen
- Backcasting (Cornish 2004)
- Roadmapping (May 1996)
- Wertschöpfungskette (Porter 1985)
- Strategy Map (Kaplan/Norton 2004)
- Balanced Scorecard (Kaplan/Norton 1996)
- Netzplantechniken
- Chancenpanorama (Mićić 2005)

Abgleich der Strategie mit den Zukunftsannahmen
- Annahmen-Strategie-Matrix (Mićić 2006b)

---

4 Fazit

Die methodische Basis für ein besseres und damit v. a. realistischeres Verständnis der unternehmerischen Zukunftsforschung (Zukunftsmanagement) ist das Verständnis für die verschiedenen Arten von Zukünften:

    a) die wahrscheinliche Zukunft
    b) die gestaltbare Zukunft
    c) die gewünschte Zukunft

d) die überraschende Zukunft
e) die geplante Zukunft

Wer in seiner Kommunikation über die Zukunft und in seinen Analysen von Zukünftigem diese Unterscheidung nicht vornimmt, wird nahezu unvermeidbar Missverständnisse erzeugen. Wer die oft kreativen und visionären Aussagen der Zukunfts- und Trendforscher als Prognosen wahrscheinlicher Zukünfte interpretiert, wird von ihnen regelmäßig enttäuscht sein. Wer sie hingegen als Hinweise auf mögliche und gestaltbare Zukunftsoptionen versteht, wird sie als wertvolle Kreativitätshilfe zu schätzen wissen.

Die Zukunft kann man nicht vorhersagen, aber man kann sie managen. Im Grunde hat man gar nicht die Möglichkeit, die Zukunft nicht zu managen. Man tut es täglich. Dabei geht es um in der Gegenwart existente qualitative Phänomene wie Überzeugungen, Annahmen, Hoffnungen, Befürchtungen und Ziele. Positivistische Erwartungen und damit quantitative Methoden müssen daher zurückgestellt und konstruktivistische Ansätze mit ihren qualitativen Methoden bevorzugt werden.

Literaturverzeichnis

Aguilar, Francis J. (1967): Scanning the Business Environment. New York.

Ansoff, Igor H. (1975): Managing Strategic Surprise by Response to Weak Signals. In: California Management Review, 18(2), S. 21–33.

Dewar, James A. (2002): Assumption based Planning. Cambridge.

Gausemeier, Jürgen / Fink, Alexander / Schlake, Oliver (1995): Szenario-Management: Planen und Führen mit Szenarien. München.

Gell-Mann, Murray (1994): The Quark and the Jaguar: Adventures in the Simple and Complex. New York.

Gleick, James (1987): Chaos: Making a New Science. New York.

Godet, Michel (1994): From Anticipation to Action. A Handbook of Strategic Prospective. Paris.

Holland, John H. (1998): Emergence: From Chaos to Order. New York.

Kahn, Herman / Weiner, Anthony J. (1967): The Year 2000: A Framework for Speculation on the next Thirty-Three Years. New York.

Laplace, Pierre-Simon (1814): Essai Philosophique sur les Probabilités. Paris.

Lorenz, Edward N. (1963): Deterministic Nonperiodic Flow. In: Journal of Atmospheric Sciences, 20, S. 130–141.

Mandelbrot, Benoit B. (2004): Fractals and Chaos. New York.

Mićić, Pero (2003): Der ZukunftsManager – Wie Sie Marktchancen vor Ihren Mitbewerbern erkennen und nutzen. Freiburg.

Mićić, Pero (2005): 30 Minuten für Zukunftsforschung und Zukunftsmanagement. Offenbach.

Mićić, Pero (2006a): Das ZukunftsRadar – Die wichtigsten Trends, Technologien und Themen der Zukunft. Offenbach.

Mićić, Pero (2006b): Phenomenology of Future Management in Top Management Teams. Leeds.

Mićić, Pero (2007): Die fünf Zukunftsbrillen – Chancen früher erkennen durch praktisches Zukunftsmanagement. Offenbach.

Pengg, Hermann (2003): Marktchancen erkennen: Erfolgreiche Marktprognosen mit Hilfe der S-Kurven-Methode. Bern.

Poincaré, Henri (1908): Science and Method. Paris.

Prigogine, Ilya (1997): End of Certainty. New York.

von Reibnitz, Ute Hélène (1991): Szenario-Technik: Instrumente für die unternehmerische und persönliche Erfolgsplanung. Wiesbaden.

Teil E:
Branchenspezifische
Anforderungen

Uta Spiegel

Die Automobilbranche
Mit dem Kunden im Fokus Produktinnovationen entwickeln

1 Einführung 593
2 Dem subjektiven Produkterlebnis qualitativ auf der Spur 595
3 Die Rolle des Marktforschers: Experten- und Konsumentensicht vereinen 596
4 Das Methoden-Portfolio: auf ein hochkomplexes Produkt zugeschnitten 597
5 Autofahrer ist nicht gleich Autofahrer: die Zielgruppen 601
6 Fazit 603

Die Automobilbranche

1 Einführung

Ob Carl Benz bei seiner ersten Fahrt mit dem „pferdelosen Wagen" gegen Ende des 19. Jahrhunderts ahnte, wie dynamisch sich sein Patent Nummer 37435 entwickeln würde? Wurden vom ersten Massen-Automobil gerade einmal 1.200 Stück produziert, so sind in Deutschland mittlerweile über 45 Millionen Pkw zugelassen. Im Laufe von über 100 Jahren veränderte das Automobil konsequent und kontinuierlich den Alltag und die Lebensumstände des Menschen – positiv wie negativ.

Stets im Dienste der individuellen Mobilität ist das Automobil heute eines der attraktivsten und begehrenswertesten, wenn nicht gar das attraktivste und begehrenswerteste High-Involvement-Produkt. Es ist teuer, wird für längere Zeit angeschafft und der Käufer identifiziert sich in hohem Maße damit. Rein pragmatisch gesehen ist das Auto natürlich in erster Linie ein Gebrauchsgegenstand, der uns auf relativ bequeme Art und Weise von A nach B bringt. Doch ungeachtet der praktischen Vorzüge leistet es weit mehr als den reinen Transport, denn neben den ästhetischen und funktionalen Eigenschaften hat es ein weiteres, wesentlich reizvolleres Merkmal: Es besitzt Symbolcharakter. Das Auto ist Symbol für Status und Prestige, Freiheit und Unabhängigkeit, Modernität und Fortschritt – und eignet sich hervorragend zum Ausdruck der eigenen Persönlichkeit. Es ist Projektionsfläche eigener Wünsche, Träume und Ideale. So überrascht es nicht, dass die Automobilwerbung generell kaum auf den objektiven Nutzen der Produkte setzt, sondern vorrangig den psychologischen Nutzen für den Konsumenten argumentiert. Während zum Beispiel BMW den Fahrern Freude verspricht, ist es bei Audi der Vorsprung (durch Technik), den man mit dem Erwerb eines Modells gleich mitkauft.

So herrscht am Markt ein harter Wettbewerb um die Gunst des Kunden. Denn der Automobilmarkt ist bereits sehr weit entwickelt und einem schnellen Veränderungsprozess ausgesetzt. Eine Differenzierung über konkrete Produktmerkmale wird immer schwieriger, da sich die Fahrzeuge aus technisch-funktionaler Sicht immer ähnlicher werden. Eine Positionierung am Markt, die sich vom Wettbewerb unterscheidet, funktioniert für die Automobilhersteller also kaum mehr über objektiv-funktionale Eigenschaften oder stilistische Merkmale, sondern in erster Linie über die immateriellen Werte, die mit dem Produkt transportiert werden. Das Markenmanagement spielt im Hinblick auf Differenzierung und Alleinstellung eine entscheidende Rolle, es liefert dem Kunden die notwendigen Orientierungshilfen (vgl. Spiegel/Spiegel 2001, S. 73 ff.).

Die mit der Marke kommunizierten Werte stimmen bei einer kundenorientierten Produktentwicklung idealerweise mit den automobilen Wünschen, Bedürfnissen und Werthaltungen der Kunden überein. Nach diesen wird eine große Fülle an vermeintlich bedürfnisadäquaten Fahrzeugkonzepten und auch -segmenten entwickelt. Grundsätzlich erfolgt die Segmentierung des Pkw-Marktes nach Karosserietypen und Größenklassen. Typische Beispiele sind ein Stufenheck, Kombi oder Cabriolet in der

Uta Spiegel

Kleinwagen- oder Kompaktklasse. Im Zuge der fortschreitenden Unterteilung des Marktes entstehen neue Segmente: So gibt es beispielsweise für pragmatische Familien, die Wert auf ein ausreichendes Raumangebot legen, den MPV (Multi Purpose Vehicle) in jeder Größenordnung; freizeit- und lifestyle-orientierte Städter dürfen ihr gehobenes Fahrgefühl in einem – nicht selten allradgetriebenen – SUV (Sports Utility Vehicle) genießen, und für die Kombination aus beiden Kundentypen (lifestyle-orientierte und kinderreiche Städter-Familien, die noch dazu einen größeren Geldbeutel besitzen) steht dann ein Crossover aus MPV und SUV zur Verfügung. Diese Entwicklung der Fahrzeugsegmente schreitet stetig fort. Gab es Ende der 1980er Jahre nur etwa neun Fahrzeugsegmente, so hat sich die Anzahl bis zum heutigen Tag mehr als vervierfacht (vgl. auch Büchelhofer 2005, S. 527).

In diesem Zusammenhang kommt auch in der Automobilindustrie der allgegenwärtige gesellschaftliche Trend zur Individualisierung zum Tragen. Die Wortschöpfung „Egonomics" aus den Begriffen „Ego" und „Economics" steht für das Bedürfnis des Konsumenten nach einem hohen Maß an Individualität und auf ihn zugeschnittene Produkte, um seiner „einzigartigen" Persönlichkeit Ausdruck zu verleihen und sich vom Mainstream abzuheben. Die Automobilhersteller reagieren darauf, indem sie versuchen, die interindividuell unterschiedlichen Anforderungen und Bedürfnisse der Kunden bei der Konzeption eines Fahrzeugs, beim Design und auch beim Service umzusetzen. Das Konzept heißt „Mass Customization", die kundenindividuelle Massenproduktion. Dabei geht es darum, sich so weit wie möglich auf den Kunden einzustellen und bedürfnisadäquate Lösungen anzubieten, ohne die Effizienz der Massenproduktion aus den Augen zu verlieren (vgl. auch Piller/Stotko 2003, S. 51–70). So gibt es den Smart in unzähligen Designvariationen, der Opel Meriva verfügt über schier grenzenlose Variabilität im Innenraum, die bunte Zubehör- und Accessoirepalette von Lifestyle-Fahrzeugen wie dem Mini oder dem Audi A1 lässt keine Wünsche offen – die Liste ließe sich weiter fortsetzen. Diese Art der Produktpolitik setzt natürlich voraus, die Antwort auf die Frage „Welche Individualisierungsbedürfnisse besitzen die Kunden?" zu kennen.

Ein weiterer Innovationstreiber in der Automobilentwicklung ist die immer stärker werdende Integration elektronischer Features, mit der sich ungeahnte Möglichkeiten auftun. Unter Komfort- und Sicherheitsaspekten wird dem Fahrer eine Reihe von elektronischen Helfern an die Seite gestellt: automatische Distanzregelung, visuelle Einparkhilfe, Bremsassistent, Spurerkennung, adaptives Kurvenlicht etc. Zahlreiche solcher Fahrerassistenzsysteme sollen das Autofahren komfortabler und sicherer machen. Doch wird es auch vom Kunden tatsächlich so erlebt, oder hat er womöglich den Eindruck, nicht mehr das Sagen im eigenen Auto zu haben, und fühlt sich zum Instrument einer undurchschaubaren Steuertechnik degradiert (vgl. Bubb 2003, S. 25ff.)?

Natürlich wird der Automobilmarkt – wie viele andere Wirtschaftszweige auch – durch die Globalisierung geprägt. Im Zuge der hochkomplexen und weltweit vernetzten Märkte und der sich ausweitenden Absatzchancen stehen zunehmend weitgehend unbekannte Zielgruppen der sogenannten Emerging Markets im Fokus des automobilen Interesses. Das explosionsartige wirtschaftliche Wachstum der sog. BRIC-Staaten (Brasilien, Russland, Indien und China) ist verheißungsvolle Chance und harte Herausforderung zugleich. China ist auf dem Weg, größter Automobilmarkt der Welt zu werden, der russische Automobilmarkt ist mit dem politischen und ökonomischen Wandel des Landes stark aufstrebend, und Indien wird es in Kürze unter die Top 5 der wichtigsten Automobilmärkte schaffen. In diesen Märkten wartet großer automobiler Bedarf, gespeist allerdings von fremden, (noch) unbekannten Bedürfnissen. Hier treffen Hersteller aus hoch entwickelten Industrienationen auf Schwellenländer. Der potenzielle Kunde in dem aufstrebenden Markt ist häufig noch ein nahezu unbeschriebenes Blatt, dessen Wünsche und Werte es kennen zu lernen gilt und dessen Konsumverhalten vor dem Hintergrund der kulturellen Gegebenheiten verstanden werden muss.

Zu guter letzt boomt vor dem Hintergrund der Diskussion um die CO_2-Emissionen derzeit das Thema der Elektro-Mobilität. So hat der „Entwicklungsplan Elektromobilität" der Bundesregierung zum Ziel, bis zum Jahr 2020 etwa 1 Millionen Elektrofahrzeuge auf Deutschlands Straßen zu bringen. Wie jedoch wird sich das Mobilitätsverhalten bei deutlich geringeren Reichweiten der Fahrzeuge anpassen? Wie wird man die enormen Ladezeiten der Akkus in die persönliche Weg- und Zeitplanung integrieren? Und welches sind die Treiber für die Kaufentscheidung für ein E-Fahrzeug, das deutlich teurer ist als ein vergleichbares Fahrzeug mit Verbrennungsmotor?

Die geschilderten Rahmenbedingungen der Automobilbranche machen deutlich, dass die (Primär-)Marktforschung im Automobilbereich die größte Relevanz im Rahmen der Konsumentenforschung besitzt. Untersuchungsgegenstände dort sind in erster Linie das Konzept, das Produkt und die Marke. Sprechen wir also hier von qualitativer Automobilmarktforschung, so meinen wir Forschung für den Kunden und potenziellen Kunden.

2 Dem subjektiven Produkterlebnis qualitativ auf der Spur

Die Automobilmarktforschung ist an sich sehr quantitativ orientiert. Aufgrund des extremen Erfolgsdrucks und der immensen Folgekosten von Fehlentscheidungen spielt die Belastbarkeit der Ergebnisse von Marktforschungsstudien eine entscheidende Rolle. Um diesen hohen Grad an Absicherung der Befunde zu gewährleisten, wird den Studien eine möglichst große, genau definierte Stichprobe zugrunde gelegt und eine Verallgemeinerbarkeit der Aussagen auf die Grundgesamtheit der Zielgruppe angestrebt. Hinzu kommt die aus der obligatorischen Forderung nach Schnelligkeit und internationaler Vergleichbarkeit resultierende Notwendigkeit einer voll standardisierten Erhebung.

Ungeachtet dieser starken Verankerung der quantitativen Forschung in der Automobilindustrie besitzt die qualitative Marktforschung ihren angestammten und berechtigten Platz in jeder einzelnen Phase des automobilen Produktentwicklungsprozesses. Denn das sich aktuell wandelnde bzw. diversifizierende Konsumverhalten macht den Einsatz qualitativer Methoden unentbehrlich, um einen Einblick in die sich verändernden Motive und Bedürfnisse der Kunden zu erhalten und die Subjektivität des Produkterlebnisses einzufangen. „Nicht die objektive Beschaffenheit eines Produkts ist die Realität in der Marktpsychologie, sondern einzig die Verbrauchervorstellung und das Verbrauchererlebnis" (vgl. Spiegel/Nowak 1952, S. 966). Was Bernt Spiegel (der Begründer der Marktpsychologie) und Horst Nowak schon damals so treffend formulierten, gilt heute mehr denn je: Welches ist der persönliche Benefit und psychologische Nutzen, den ein Autofahrer mit seinem Fahrzeug verbindet? Welches Selbstbild projiziert er auf das Fahrzeug? Für die Hersteller geht es darum, die Interpretation des Produktes im Kopf des Konsumenten zu antizipieren und dort Alleinstellung zu erreichen. Dazu ist es notwendig, dem Konsumenten auf der psychologisch-emotionalen Ebene zu begegnen und seine (zum Teil gut versteckten) Bedürfnisse aufzuspüren. Nur über die subjektive Produktwelt in den Köpfen der Kunden lassen sich Märkte in ihrer Ganzheit erkunden und Trends für die nahe Zukunft ableiten.

Und genau an dieser Stelle kommt die qualitative Marktforschung wirksam zum Einsatz. Sie dient in der Regel der Vorbereitung quantitativer Ergebnisse insbesondere in frühen Phasen der Produktentwicklung. Ihr kommt weniger die Rolle eines Kontrollinstruments zu, sondern die der Exploration, der Optimierung und der zukunftsgerichteten Prognose.

3 Die Rolle des Marktforschers: Experten- und Konsumentensicht vereinen

Aufgrund der hohen und spezifischen Anforderungen der Automobilindustrie gibt es eine Reihe von Marktforschungsinstituten, die sich schwerpunktmäßig auf diese Branche spezialisiert haben. Qualitative Forscher im automobilen Bereich sind in zweifacher Weise gefordert, ihre Fähigkeiten unter Beweis zu stellen. So werden ihnen aufgrund der Komplexität und Techniklastigkeit des Produkts neben der Methodenkompetenz auch technisches Know-how sowie fundierte Kenntnisse über die Automobilbranche abverlangt. Denn auf der Auftraggeberseite finden sich nicht selten Menschen aus Produktentwicklungsabteilungen, die eine umfassende Detailkenntnis über Funktionsweisen und Spezifikationen des jeweiligen Fahrzeugs haben. Um ein auf ihre

Bedürfnisse zugeschnittenes Studiendesign entwickeln zu können, ist es hilfreich, „ihre Sprache zu sprechen". Eine solide Produktkenntnis trägt erheblich zur Glaubwürdigkeit der qualitativen Forscher bei, denn oftmals herrscht beim Auftraggeber die berechtigte Skepsis: „Wie will ein Institut konsumenten-psychologisch relevante Ableitungen treffen, die eine Markteinführung erleichtern, wenn es nicht einmal die Funktionsweise des Untersuchungsgegenstandes versteht?" Erst durch eine sinnvolle Verknüpfung von Produkt- und Methodenwissen gewinnt die Studie an Validität und besitzt ein entsprechendes argumentatives Gewicht im Hinblick auf getroffene Ableitungen und Interpretationen. Die Instituts-Marktforscher werden damit zu Beratern der Fachabteilungen, die relevante Handlungsempfehlungen geben sollen. Aber führt im qualitativen Studienprozess ein Zuviel an Produktkenntnis, somit ein Zuviel an Verständnis der Funktionsweise nicht genau zu der Voreingenommenheit und Betriebsblindheit, die möglicherweise in der Entwicklungsabteilung herrscht und weshalb überhaupt eine empirische Studie mit „laienhaften" Kunden auf den Weg gebracht wurde?

Diese Frage weist auf ein grundsätzliches Dilemma hin. Der qualitativ auf dem Automobilmarkt Forschende muss in der Lage sein, zwei nahezu unvereinbare Sichtweisen auf den Untersuchungsgegenstand in sich zu vereinen: nämlich ein hohes Maß an produktspezifischem Wissen und Fachkenntnis auf der einen Seite und eine größtmögliche Neutralität gegenüber dem Untersuchungsgegenstand und Konsumentennähe auf der anderen Seite. Will er ein Studiendesign entwickeln, das brauchbare Ergebnisse liefert, so muss er die Konsumentensicht antizipieren und Produktspezifika, mit denen der Konsument gar nicht in Berührung kommt, ausblenden können. Beide Sichtweisen sollten idealerweise im gesamten Studienablauf in Balance sein. Dabei ist die Selbstreflexion des Instituts-Marktforschers entscheidend: kritisch und konstruktiv die eigene Rolle hinterfragen, bewusst mit der eigenen Subjektivität umgehen und sich über die Vorannahmen, die man getroffen hat, im Klaren sein.

4 Das Methoden-Portfolio: auf ein hochkomplexes Produkt zugeschnitten

Bevor ein Automobil begehrenswert in den Showrooms steht, muss ein ausgesprochen komplexer Entwicklungsprozess durchlaufen werden. Die Fahrzeugproduktion ist sowohl zeitlich als auch finanziell extrem aufwendig. Die Entwicklung eines neuen Modells dauert bei deutschen Automobilherstellern vom ersten Konzept bis zur Markteinführung im Durchschnitt fünf bis sieben Jahre und kostet mehrere Hundert Millionen Euro. Der Wettlauf der deutschen Automobilhersteller – insbesondere gegen japanische Wettbewerber – um immer kürzere Produktentwicklungszyklen ist in vollem Gange.

Insbesondere in frühen Phasen des Produktentwicklungsprozesses kommen qualitative Forschungsmethoden zum Einsatz. Hier dient die qualitative Forschung einer kundenintegrierten Produktentwicklung: Kunden werden in Entwicklungsprozesse mit eingebunden und sind „Innovationspartner" der Automobilhersteller. Der Grundgedanke ist plausibel und einfach: Kunden können ganz pragmatische Impulse für die Produktentwicklung geben, da bei ihnen stets die Nutzenerwartung an ein Produkt im Fokus des Interesses steht. Das Wissen, das Kunden in einen Innovationsprozess mit einbringen ist konkretes Nutzungswissen. Die Automobilhersteller erkennen, dass ein aktives Einbeziehen von Kunden in den Produktentwicklungsprozess zu einem gewinnbringenden Wissenstransfer führen kann. Denn schließlich entwickeln diejenigen mit, die das Produkt später kaufen sollen.

Abhängig von der jeweiligen Fragestellung kommen Befragungs- und Beobachtungsverfahren zum Einsatz. Es reicht von qualitativen Interviews, Gruppendiskussionen über Kreativ- und Innovationsworkshops sowie Delphi-Befragungen bis zu Handhabungstests am und im Fahrzeug. Wir orientieren uns bei der Darstellung der Methoden an den frühen Phasen des oben genannten Produktentwicklungsprozesses, die grob aus folgenden Phasen bestehen:

- Generieren von Ideen
- Konzept- und Strategie-Entwicklung
- Test und Optimierung

Die Phase der **Ideengenerierung** findet zumeist in Gruppensituationen in Form mehrtägiger Workshops statt, um den Wissenstransfer zwischen Kunden und Entwicklungsabteilung zu erhöhen. Eine beliebte Methode hier ist der **Lead User-Workshop**. Lead User-Workshops haben zum Ziel, sogenannte Breakthrough-Innovationen zu entwickeln. Hier wird das kreative Potenzial ausgewählter Personen durch die Nutzung gruppendynamischer Effekte zu Tage gefördert. Ein Lead User-Workshop ist auf Minimum von einem Tag bis zweieinhalb Tage angelegt. Neben den Lead Usern nehmen Vertreter der Entwicklungsabteilungen teil. Da bei einer solchen Veranstaltung im Durchschnitt 15 Personen und mehr zusammenkommen, werden auch zwei erfahrene Moderatoren benötigt. Deren Aufgabe ist es zum einen, zwischen den Beiträgen der Kunden und Unternehmensvertreter zu vermitteln, zum anderen, methodische Unterstützung bei der Anregung und Strukturierung der Beiträge der Teilnehmenden zu geben.

Echte Lead User zu identifizieren, ist extrem aufwändig. Denn ihre Merkmale sind ambitioniert definiert: Sie zeichnen sich aus durch Unzufriedenheit mit dem bisherigen Marktangebot, sie haben ein hohes Problemverständnis bezüglich des Themas und ziehen einen hohen eigenen Nutzen aus den Innovationen. Außerdem entwickeln sie eigenständig Produktverbesserungen. Lead User haben also eine hohe intrinsische Motivation, sich aktiv mit den Produktfeatures auseinanderzusetzen und selbst Optimierungen vorzunehmen.

Die Rekrutierung der Teilnehmer eines solchen Workshops folgt daher auch ihren eigenen Regeln. Ein sogenanntes Pyramiding, bei dem der Schneeballeffekt ausgenutzt wird, ist durchaus erlaubt. Den Ausgangspunkt bildet hier die Kontaktaufnahme zu einer Person, bei der man davon ausgeht, dass sie bereits einiges zum Untersuchungsgegenstand beitragen kann. Diese Person wird gebeten, eine Empfehlung einer Person zu geben, die hinsichtlich der gewünschten Charakteristika noch besser qualifiziert ist. Dieser Prozess wird dann in mehreren Schleifen wiederholt, bis man sich einem Lead User nähert, der dann durch ein entsprechendes Screening identifiziert wird.

Im Zuge des Kollaborationsgedankens von Web 2.0 spielt auch das Thema Co-Creation und **Communities** (= virtuelle Gemeinschaften) eine wichtige Rolle bei der Ideengenerierung. Communities sind Gruppen, die durch das gemeinsame Interesse an einem Themenfeld miteinander verbunden sind und auf Basis des gegenseitigen Vertrauens Ideen und Erfahrungen austauschen und so gemeinsam lernen. In der Automobilindustrie werden vermehrt Communities zur aktiven Kundenintegration etabliert. Dabei werden Innovationsaufgaben an diese virtuelle Gemeinschaft gerichtet, deren Mitglieder dann gemeinsam an Lösungen für die Aufgabe arbeiten.

Um an den Konsumentenbedürfnissen nicht „vorbeizuentwickeln", geht man bei der **Konzept- und Strategieentwicklung** mehr und mehr dazu über, ausgewählte Personen aus der definierten Zielgruppe des Produktes zur Erfassung der Bedürfnislage in die Forschung mit einzubeziehen.

Innovations-Workshops können hier durch ihren integrativen Ansatz Erkenntnisse liefern, die den Automobilherstellern den entscheidenden Vorsprung bezüglich Kundenakzeptanz bescheren können. Der Fokus der Methode liegt auf dem innovativ-kreativen Schaffen vor dem Erfahrungshintergrund der Kunden – und nicht der Entwickler! Das erklärte Ziel dabei ist, zu einem möglichst frühen Zeitpunkt (und dadurch noch relativ kostengünstig) entscheidende Hinweise für Innovationen oder Richtungsänderungen bei der Produktentwicklung zu erhalten. Die Workshop-Ergebnisse dienen im Produktentwicklungsprozess zunächst der Ausarbeitung erster Konzepte, dann deren Optimierung bis hin zur Absicherung bestehender Entwürfe.

Als maßgeblich für das Gelingen solcher Innovations-Workshops erweist sich hier auch die Auswahl der geeigneten Teilnehmer. Es ist nicht selten der Fall, dass trotz des Einsatzes geeigneter Methoden häufig enttäuschende Ergebnisse resultieren. Das Untersuchungsobjekt Auto ist nun mal ein sehr technisches und komplexes Produkt. Und gerade bei diesem Ansatz stößt man angesichts des sehr frühen (und damit unreifen) Entwicklungsstadiums und der hohen Anforderungen rasch an die Leistungsgrenzen der Workshop-Teilnehmer. Um dieses Problem zu umgehen, werden zu solchen Workshops je nach Problemkomplexität Teilnehmer mit besonderen Eignungen eingeladen, wie beispielsweise „Heavy User" oder „Early Adopter". Heavy User zeichnen sich durch Intensivnutzung von bestimmten Fahrzeug-Features aus und besitzen diesbezüglich einen reichen Erfahrungsschatz. Sie sind z. B. dann zu befragen, wenn es darum geht, bei einem bereits vorhandenen Navigationssystem neue Features auf Basis der erlebten Stärken und Schwächen aufzuspüren. Die Early Adopter bilden diejenige Kundengruppe, die als erste eine neue Technologie kauft und einsetzt; diese Kunden befinden sich somit stets auf dem aktuellsten Stand. Daher sind sie bezüglich ihrer Bedürfnisse den herkömmlichen Kunden oft um einige Jahre voraus und eignen sich gut für Trendprognosen aus Kundensicht sowie für die Potenzialeinschätzung geplanter Produkte.

Durch die Einbeziehung solcher spezifischer Kundengruppen in die Konzeptentwicklung können praktikable Ideen schnell generiert und die Akzeptanzchancen auf dem Markt beurteilt werden. Zudem können Entwicklungszeiten und damit -kosten reduziert werden. Gleichzeitig findet ein wertvoller Wissenstransfer von der Kundenseite zur Forschungs- und Entwicklungsabteilung statt.

Im Hinblick auf die **Strategieentwicklung** eignen sich für eine erste qualitative Zielgruppenbeschreibung **ethnografische Interviews** ganz hervorragend: Gemäß dem allgemeinen Trend ist auch die Marktforschung auf dem Automobilmarkt immer mehr darum bemüht, den Konsumenten nicht isoliert für sich zu betrachten, sondern ihn in seinem sinnstiftenden Kontext und als Teil eines ihn umgebenden Systems zu behandeln. Im Forschungsmittelpunkt der ethnographischen Interviews stehen demnach sogenannte kontextuale Erkenntnisse, welche die ermittelten Meinungen zum individuellen Nutzungskontext und zu den jeweiligen gesellschaftlich-kulturellen Eigenheiten in Beziehung setzen (vgl. Stagl 1995). Daraus können erste Ansatzpunkt für das Marketing abgeleitet werden.

Zu diesem Zweck besucht ein Moderator-Kameramann-Team die Autofahrer in ihrem unmittelbaren Wohn- und Personenumfeld, beobachtet und filmt sie dort, befragt sie zu ihren Einstellungen. Ein wesentlicher Teil des Interviews findet am und im Fahrzeug statt. Je nach Bedarf wird zusätzlich die Methode des Shadowing eingesetzt: Man fährt gemeinsam zu Terminen, zum Einkaufen, holt die Kinder von der Schule ab u. Ä. Eine weitere Ergänzung stellen Konsumenten-Tagebücher (Driver's Diary) dar.

In der Phase **Test und Optimierung** werden häufig sogenannte **qualitative Car Clinics** eingesetzt. Der Begriff „Klinik" resultiert aus dem spezifischen Untersuchungsdesign. Denn anders als z. B. bei qualitativen Interviews, die meist im Studio oder beim Befragten zu Hause erfolgen, finden **statische Clinics** an einem herstellerneutralen Ort wie z. B. in einem Hotel oder in einer Messehalle statt. Die Befragten werden dorthin eingeladen, vor Ort mit dem Untersuchungsobjekt zusammengebracht und quasi „stationär behandelt". Untersucht werden meist Prototypen oder Vorserienfahrzeuge, in der Regel ergänzt um die jeweils bereits am Markt befindlichen Wettbewerbsmodelle.

Eine häufig eingesetzte qualitative Technik ist die **Methode des lauten Denkens**. Der Teilnehmer wird mit dem Konzeptfahrzeug konfrontiert, er testet den Innenraum und führt verschiedene typische Nutzungsszenarien durch. Während der gesamten Interaktion soll er seine Gedanken, Gefühle und Meinungen verbal äußern und wird dabei (teilweise auch per Kamera) beobachtet. Durch die Methode wird offen gelegt, wie der Teilnehmer das Konzept beurteilt, wie er damit umgeht und welche Überlegungen er bei der Benutzung anstellt. Das heißt, es findet ein unmittelbarer und zudem offener Abgleich mit seinen Erwartungen und Vorerfahrungen statt. Und dieser liefert wertvolle Hinweise für die Akzeptanzprüfung und Optimierung.

Eine Variation der statischen Clinic, die am stehenden Fahrzeug in einer Halle stattfindet, ist die **dynamische Clinic**. Hier werden Fahrzeuge bzw. ihre Features unter realitätsnahen Bedingungen während der Fahrt untersucht, um Ableitungen für die weitere Produktentwicklung treffen zu können. Während der Fahrt bzw. im „natürlichen" Umgang mit dem Fahrzeug erschließen sich unter qualitativen Gesichtspunkten für die Produktentwicklung (-optimierung) ganz wesentliche Aspekte des Lebens- und Verhaltensraums „Fahrzeug", die in einem statischen Ansatz (oder gar mit quantitativer Forschung) im Verborgenen blieben. Zentral hierbei ist die Verhaltensbeobachtung von Probanden durch Versuchsleiter oder entsprechendes technisches Equipment (vgl. auch Winner et al. 2003, S 2ff.). Als Autofahrer hat man sich in der Regel derart an die Nutzung des eigenen Fahrzeugs gewöhnt, dass einem beispielsweise Bedienprobleme gar nicht mehr auffallen. Die Fragestellungen der qualitativen Forschung beziehen sich daher häufig auf die Verwendungsmuster oder auf habitualisierte Handlungen im Fahrzeug, derer sich der Proband nicht bewusst ist und die sich daher einer Befragung entziehen. Zumeist werden bei solchen Clinics auch quantitative Ergebnisse generiert, die idealerweise mithilfe der qualitativen Ergebnisse vertiefend interpretiert werden können.

Wie in allen Studien, die sich mit Prototypen und Vorserienfahrzeugen befassen, bestehen hier hohe Anforderungen an die Geheimhaltung, indem die gesamte Durchführungs- wie auch die Analysephase strengsten Sicherheitsbestimmungen unterliegt.

5 Autofahrer ist nicht gleich Autofahrer: die Zielgruppen

Qualitative Automobilmarktforschung ist im Wesentlichen Konsumentenforschung, den tatsächlichen oder potenziellen **Kunden** kommt die größte Bedeutung zu. Die Kernzielgruppe qualitativer Studien bilden in der Regel Neuwagenfahrer, die bereits ein Fahrzeug des zu untersuchenden Segments (Kleinwagen-, Kompaktwagen-, untere/obere Mittelklasse, Oberklasse) oder ein nah an diesem Segment positioniertes Fahrzeug besitzen (potenzielle Auf-/Um-/Absteiger).

Angesichts der hohen und oftmals vielfältigen Screeningkriterien gestaltet sich die Rekrutierung im Automobilbereich sehr komplex. Die Hürden, die die Feldorganisation bei ihrer Rekrutierungsarbeit zu meistern hat, werden immerhin teilweise dadurch gemildert, dass eine relativ große Aufgeschlossenheit der Bevölkerung gegenüber dem Befragungsgegenstand „Automobil" besteht. Studien rund um das Thema Auto erfreuen sich einer breiten Akzeptanz, da sie nicht nur die Neugier des technisch interessierten Autofahrers befriedigen, sondern ihm und seiner „Laien-Expertise" auch schmeicheln.

Bezüglich der soziodemographischen Merkmale wird der Kunde bzw. Autofahrer immer differenzierter beschrieben. Seit einigen Jahren richtet sich das Augenmerk im Automobilbereich immer gezielter auf die Anforderungen und Erwartungen bestimmter Teilgruppen, wie Frauen, Kinder bzw. Jugendlicher und Senioren (gerne als Silver Market oder Best Ager bezeichnet). Diese Gruppen bringen – nicht zuletzt infolge ihrer wachsenden Autonomie – ganz neue, spezifische Bedürfnisse an die Fahrzeuge mit und verfügen zudem auch noch über eine steigende Kaufkraft oder zumindest Entscheidungsmacht.

Im Rahmen unserer hochentwickelten Märkte reichen jedoch rein soziodemographische Merkmale nicht mehr aus, das Verhalten von Konsumenten zu erklären. Eine Zielgruppe zu verstehen bedeutet nicht, sie möglichst präzise hinsichtlich ihrer gemeinsamen demographischen Merkmale zu beschreiben, sondern vielmehr ihre grundsätzlichen Einstellungen und Werte zu kennen. Denn besonders diese haben einen Einfluss auf das individuelle Kaufverhalten. Daher werden im Rahmen des Zielgruppenmanagements auch immer stärker psychosoziale Faktoren berücksichtigt, um das Konsumentenverhalten zu erklären. In solchen Typologien werden Zielgruppen anhand ihres Lebensstils, ihrer Werthaltungen und ihres sozialen Status' beschrieben. Dies schlägt sich beispielsweise in der sogenannten Milieuforschung nieder, welche die Gesellschaft in unterschiedliche Gruppen (Milieus) unterteilt (vgl. auch die kritische Diskussion der Lifestyle-Typologien bei Koschnick 2006, S 43ff.). Diese Milieus fassen Personengruppen zusammen, deren Mitglieder sich in Alltagseinstellungen und Werthaltungen zu Arbeit, Familie, Freizeit, Geld und Konsum ähneln. Es ist nahe liegend, dass unterschiedliche Milieu-Vertreter ganz unterschiedliche automobile Wünsche besitzen. Und gerade im Automobilbereich, wo das Produkt an sich ein großes Identifikationspotenzial bietet, ist es sinnvoll, die grundlegenden Einstellungen und Bedürfnisse der Autofahrer in die Waagschale zu legen, sowohl bei der Produktplanung als auch bei der strategischen Markenführung.

Obwohl, wie eingangs erwähnt, die Automobilmarktforschung in erster Linie eine Konsumentenforschung ist, kommt einer zweiten Zielgruppe eine besondere Bedeutung zu, nämlich den **Experten**. Aufgrund der dargestellten Marktbedingungen steigt der Bedarf an zuverlässigen Prognosen und hilfreichen Trendanalysen: Welche elektronischen Ausstattungsfeatures werden in Zukunft die wichtigste Rolle spielen? Welche Antriebsarten werden in zehn Jahren am meisten gefragt sein? Bei der Beantwortung solcher und ähnlicher Fragestellungen stößt der „Normalautofahrer" rasch an seine Kompetenzgrenzen. Stattdessen werden Fachleute aus den betreffenden Wissensgebieten zu Rate gezogen und im Rahmen von Experteninterviews befragt. Dieser Ansatz ist nicht nur ökonomischer, sondern im Hinblick auf die Ergebnisse auch deutlich elaborierter. (Eine Alternative zur freien Exploration stellt die bei Experteninterviews gerne eingesetzte Delphi-Methode dar, die eine stärkere Strukturierung mit sich bringt.) Die Experten stammen sowohl unmittelbar aus dem Automobilfach als auch aus verwandten Fachrichtungen. Durch die Bewertung zukünftiger Trends und technischer Entwicklungen liefern die Experten eine wichtige Informationsgrundlage für die Entscheidung, was heute zu tun oder zu lassen ist.

6 Fazit

Die permanente Weiterentwicklung des Automobils und insbesondere das Thema der Elektromobilität wird in Zukunft vermehrt qualitative Forschung erfordern. Denn die Innovationen im Automobilmarkt bringen auch eine Veränderung der Psychologie des Autofahrens mit sich, die es zu beobachten und zu beschreiben gilt.

Von einem wesentlichen automobilen Trend des 21. Jahrhunderts, der Integration der Informationselektronik ins Fahrzeug, lässt sich beispielhaft ableiten, welche Rolle der qualitativen Forschung zukommen kann: Die stetig anwachsende Komplexität des Fahrzeugs, das technisch Machbare an Innovationen im Fahrzeug, allen voran die elektronischen Einrichtungen, die den Autofahrer unterstützen und informieren sollen, bringen immer wieder die Frage des erlebten Nutzens und der Sinnhaftigkeit für den Konsumenten auf den Tisch.

Denn entscheidend für den Erfolg einer jeden technischen Innovation am Markt ist letztlich immer ihre Anpassung an Nutzungsformen der Konsumenten bzw. ihre Fähigkeit, eine neue Kultur der Nutzung hervorzurufen. So wird auch der Mensch als Autofahrer eine immer größere Rolle bei der Entwicklung technischer Innovationen spielen. Seinen Erfahrungshorizont dem des Produktentwicklers gegenüberzustellen, öffnet auf Entwicklungsseite häufig die Augen: Die Sichtweise auf das gleiche Produkt unterscheidet sich massiv von der eigenen. Eine Innovation im Automobil mag aus technischer Sicht noch so gut funktionieren, wenn sie konsumentenpsychologisch nicht funktioniert, wird sie kaum Durchsetzungskraft besitzen.

Literaturverzeichnis

Bubb, Heiner (2003): Fahrerassistenz – primär ein Beitrag zum Komfort oder für die Sicherheit? In: VDI-Berichte Nr. 1768: Der Fahrer im 21. Jahrhundert. Anforderungen, Anwendungen, Aspekte für Mensch-Maschine-Systeme. Düsseldorf, S. 25–44.

Büchelhofer, Robert (2005): Markenführung im Volkswagen-Konzern im Rahmen der Mehrmarkenstrategie. In: Meffert, Heribert / Burmann, Christoph / Koers, Martin (Hrsg.): Markenmanagement. Grundfragen der identitätsorientierten Markenführung. Wiesbaden, S. 525–541.

Herstatt, Cornelius / Verworn, Birgit (Hrsg.) (2007): Management der frühen Innovationsphasen. Grundlage – Methoden – Neue Ansätze. Wiesbaden.

Koschnick, Wolfgang J. (2006): Von der Poesie der schönen Namensgebung. Glanz und Elend von Lifestyle-Typologien. In: Koschnick, Wolfgang J. (Hrsg.): FOCUS-Jahrbuch 2006. Schwerpunkt: Lifestyle-Forschung. München, S. 43–96.

Piller, Frank T. / Stotko, Christof (Hrsg.) (2003): Mass Customization und Kundenintegration. Neue Wege zum innovativen Produkt. Düsseldorf.

Reichwald, Ralf / Meyer, Anton / Engelmann, Marc / Walcher, Dominik (2007): Der Kunde als Innovationspartner. Konsumenten integrieren, Flop-Raten reduzieren, Angebote verbessern. Wiesbaden.

Spiegel, Bernt / Nowak, Horst (1952): Image und Image-Analyse. In: Marketing Enzyklopädie. Band 1. Landsberg, S. 965–977.

Spiegel, Götz / Spiegel, Uta (2001): Der Markenimage-Spiegel – Ein Instrument zur Markenführung. In: Thexis, Fachzeitschrift für Marketing der Universität St. Gallen, S. 73–76.

Stagl, Justin (1995): Ethnologie. In: Flick, Uwe / von Kardorff, Ernst / Keupp, Heiner / von Rosenstiel, Lutz / Wolff, Stephan (Hrsg.): Handbuch Qualitative Sozialforschung. Grundlagen, Konzepte, Methoden und Anwendungen. Weinheim, S. 60–63.

Winner, Hermann / Barthenheier, Thomas / Fecher, Norbert / Luh, Steffen (2003): Fahrversuche mit Probanden zur Funktionsbewertung von aktuellen und zukünftigen Fahrerassistenzsystemen. In: Landau, Kurt / Winner, Hermann (Hrsg.): Fahrversuche mit Probanden, Nutzwert und Risiko. Darmstädter Kolloquium Mensch & Fahrzeug. Fortschrittsberichte, VDI Reihe 12, Nr. 557, Darmstadt, S. 1–25.

Werner Kaiser

Fast Moving Consumer Goods
Zwischen Artefakt und Consumer Insight

1 Einführung 607
2 Der Verbraucher und sein Kaufentscheidungsprozess bei FMCG 608
3 Die Anbieter von FMCG und ihre Akteure 609
4 Exkurs: Das Marktforschungsartefakt 610
5 Qualitative Marktforschung als Problemlöser 613
6 Verknüpfung qualitativer und quantitativer Marktforschungsansätze ... 614
7 Fazit 614

1 Einführung

Fast Moving Consumer Goods (FMCG) sind Schnelldreher im Handel, d. h., die Ware wechselt sehr schnell im Verkaufsregal (vgl. www.wikipedia.de). Zu den FMCG zählen v. a. die Konsumgüter des täglichen Bedarfs, insbesondere Nahrungsmittel und Getränke, aber auch Putz-, Wasch- und Reinigungsmittel sowie Produkte für die Körperpflege. Märkte, die gekennzeichnet sind durch eine extreme Wettbewerbsintensität, die sich sowohl in hohen Werbeaufwendungen als auch in Preisschlachten am Point of Sale (POS) zwischen globalen, regionalen und Handelsmarken manifestiert.

Auch marktforscherisch sind FMCG speziell. Erstens durch die Leichtigkeit, mit der Daten beschaffbar sind: Von frei zugänglichen Quellen wie Zeitungs- und Zeitschriftenarchiven, die heutzutage via Internet leicht anzapfbar sind, bis hin zu einer Vielzahl von Verlags- und Media-Untersuchungen wie Verbraucheranalyse (VA) oder Typologie der Wünsche (TdW) kann man sekundärstatistisch aus dem Vollen schöpfen. Zweitens gibt es eine Vielzahl an käuflichen Daten aus Haushaltspanels, in denen bis zu 20.000 Haushalte wöchentlich detailliert von ihren Einkäufen berichten, oder Handelspanels, in denen mit Scannerdaten artikelgenau auf EAN-Code-Ebene gearbeitet wird. Damit ist auch eine bislang nicht da gewesene Datengüte verbunden. Drittens ist auch bei Primärforschung das Marktforscherleben relativ kommod. Die Zielgruppen bzw. Grundgesamtheiten sind groß und leicht erreichbar, so leicht, dass man sie auf der Straße zum Interview „baggern" kann oder sie abends am Telefon befragen kann. Das macht die Marktforschung in dieser Branche so kostengünstig wie in keiner anderen. Also ein Marktforscher-Schlaraffenland, in dem Milch und Honig fließen?

Keineswegs! Die FMCG konfrontieren die Marktforschung auch mit besonderen Herausforderungen. Es handelt sich um eine Branche mit Flopraten von – je nach Quelle – 50 bis 80 %. Laut Erhebungen der GfK (Gesellschaft für Konsumgüterforschung) sind ein Jahr nach der Einführung 70 % aller neuen Produkte nicht mehr auf dem Markt (vgl. Twardawa 2006). Was läuft da falsch? Gewiss, viele Firmen testen wenig oder gar nicht. Manche Produkteinführung erfolgt trotz schlechter Marktforschungsergebnisse. Oder die Kalkulation gab den von der Marktforschung empfohlenen Preis nicht her, und dieser wurde zur Einführung kräftig erhöht. Dennoch, viele Neueinführungen scheitern, obwohl Marktforschung gemacht wurde und man sich an die Empfehlungen der Marktforscher gehalten hat. Und viele Werbespots, die die klassischen Werbetests mit Bravour bestanden haben, schaffen es nicht, sich im Markt Gehör zu verschaffen.

Sind also die Marktforscher und die Marktforschungsinstitute schlecht? Um diese Frage zu beantworten, tun wir einmal das, was jeder gute Marktforscher tun sollte: Schauen wir uns zuerst den Verbraucher an.

Werner Kaiser

2 Der Verbraucher und sein Kaufentscheidungsprozess bei FMCG

Wir betrachten also einmal einen Einkauf von FMCG. Das ist ganz einfach. Wir sind alle Käufer von FMCG. Also denken Sie an Ihren letzten Wochenendeinkauf. Sie haben vielleicht 50 verschiedene Artikel gekauft, und dafür 30 Minuten im Geschäft verbracht. Ziehen Sie nun die Wegezeiten, das Suchen nach einer bestimmten Produktgruppe oder einem bestimmten Artikel und die Wartezeit an der Kasse ab. Vergessen Sie auch nicht die Zeiten, in denen Sie Verfallsdaten geprüft oder im Obst-und-Gemüse-SB-Verkauf die schönsten Äpfel herausgesucht haben. Und nun dividieren Sie die verbleibende Zeit durch die Zahl der gekauften Artikel, und Sie haben die Zeit, die Sie durchschnittlich pro Kaufentscheidung gebraucht haben. Wie viel war es? Ja, nur wenige Sekunden.

Denken Sie dabei auch einmal an Ihren Einkaufszettel, unabhängig davon, ob Sie diesen wirklich schriftlich fixiert haben, oder ob er lediglich in Ihren Gedanken existierte. Da standen bestimmte Artikel bereits eindeutig mit Marke und genauer Artikelbezeichnung. Gab es also keinen Kaufentscheidungsprozess? Doch, nämlich beim Erstellen des Einkaufszettels, im Bruchteil einer Sekunde. Marktforscher, die sich mit Marktmodellierung befassen, nicken hier und bestätigen, dass in vielen Warengruppenmodellen der letzte Kauf den aktuellen Kauf zu mehr als 50 % determiniert.

Bei Aktionswarengruppen, die sich jede Woche in den Handzetteln und Anzeigen der Verbrauchermärkte befinden, ist es der Preis, der die kaufentscheidende Rolle spielt. Bereits die Tatsache, dass wir einem Produkt beim Einkauf auf einer Sonderplatzierung begegnen, lässt uns an ein besonderes Angebot glauben, und wir greifen spontan zu, ohne nachzudenken.

Wissenschaftlich gesagt sind also die meisten Kaufentscheidungen bei FMCG ritualisiert und habitualisiert. 70 bis 80 % der Kaufentscheidungen werden häufig blitzschnell und unbewusst getroffen (vgl. Häusel 2005), basierend auf guten und schlechten Erfahrungen, aufgrund von spontanen Eingebungen oder Empfehlungen von Bekannten, aufgrund von Verkaufsförderung am POS und manchmal sogar aufgrund von mehr oder weniger bewusst wahrgenommener Werbung. Und andere Kaufentscheidungen wiederum sind total irrational, weil wir gerade in einer besonderen Stimmung sind, aus Neugierde oder aus Frust.

Und das hat Folgen für die Marktforschung, v. a. für die qualitative. Denn mit einfachen Fragen kommt man i. d. R. nicht weit. „Das Beispiel einer Konsumentenbefragung im Supermarkt zeigt das Dilemma. Die Kunden geben ausschweifend Auskunft, warum sie sich für das Shampoo oder den Joghurt entschieden haben. [...] hätten sich die Befragten all diese Gedanken tatsächlich gemacht, wären sie wohl im Supermarkt verhungert" (vgl. Scheier/Held 2006, S. 16f.). Denn wir haben unbewusste Muster für diese Routineentscheidungen abgespeichert, um uns den Alltag zu erleichtern. Antworten auf diese für marketingstrategische Maßnahmen wichtigen Fragen kann nur die qualitative Marktforschung liefern.

3 Die Anbieter von FMCG und ihre Akteure

Um die spezifischen Herausforderungen des FMCG-Marktes zu verstehen, genügt es nicht nur, den Konsumenten verstehen zu wollen, sondern es gilt auch, die spezifischen **Eigenarten der FMCG-Anbieter** sowie der **Akteure** aufseiten der FMCG-Anbieter zu verstehen.

Die FMCG-Unternehmen haben i. d. R. breite und tiefe Sortimente mit regelmäßig vielen neuen Produkten und Range-Erweiterungen. Eine Differenzierung zwischen Produkten verschiedener Hersteller der gleichen Branche ist teilweise gering bis objektiv nicht vorhanden. Neueinführungen sind aufgrund der Notwendigkeit von Werbung und einer hohen Erstbevorratungsmenge für die FMCG-typische, breite Distribution mit hohen Kostenrisiken verbunden. Und immer besteht ein hoher Zeitdruck bei der Vorbereitung eines Produkt-Launchs.

Dies hat zur Folge, dass die Marktforschungsergebnisse einerseits schnell und preisgünstig sein sollen, andererseits aber auch valide und belastbar. Quantitative Methoden und Testmärkte scheiden aus Zeitgründen häufig von vornherein aus. Der betriebliche Marktforscher steckt in der Zwickmühle, mit einem preisgünstigen qualitativen Ansatz – im Zweifel wenigen Gruppendiskussionen – mit entsprechend geringer statistischer Sicherheit schnell und ohne entsprechende Quantifizierung eine millionenschwere Entscheidung absichern zu müssen.

Auch die anderen beteiligten Akteure auf Anbieterseite tragen nicht unbedingt zur Auflösung dieses Dilemmas bei. Da sind zum einen die Techniker, die Produktentwickler und die Produktion. Die leben sowieso in ihrer eigenen Welt: Da spielen technische Machbarkeit, Beschaffungsmöglichkeiten, Produktionstechnologien und Kosten die große Rolle. Der Verbraucher stört da nur. Dafür hat man ja das Marketing.

Also schauen wir uns einen typischen Produktmanager an. Jung, dynamisch, ehrgeizig, überdurchschnittlich gebildet, überdurchschnittlich bezahlt. Er beschäftigt sich 50+ Stunden pro Woche mit seinem Produkt, weiß alles darüber, was man wissen kann, und glaubt, dass der Verbraucher vieles davon auch kennt und man ihm den Rest möglichst schnell noch beibringen muss. Leider kennt er keinen typischen Verbraucher mehr. Denn seine Verwandten und Freunde sehen sein Produkt mit anderen Augen als normale Verbraucher, sei es freundlicher oder kritischer. Am liebsten spricht der Produktmanager mit seiner Werbeagentur. Die kennt nämlich auch keine Verbraucher. Man hat also sofort eine gemeinsame Arbeitsplattform. Dann werden Positionierungen erarbeitet, Benefits und Unique Selling Propositions erfunden, Verbraucherbedürfnisse erdacht, die der Verbraucher nicht lernen will, weil er – wie eingangs erläutert – sich nur Sekunden Zeit nimmt für eine Kaufentscheidung bei FMCG.

Wen wundert es da, dass Produktmanager Gruppendiskussionen lieben. Man kann hinter der verspiegelten Scheibe alles mitverfolgen und sich schon während der noch laufenden Diskussion eine fertige Meinung bilden. Dass die Marktforscher nach Durcharbeiten der Protokolle, mehrmaligem Ansehen wichtiger Stellen im Videoband und nach sorgfältiger Analyse der Interaktionen zwischen den Probanden zu differenzierteren, manchmal anderen Ergebnissen kommen, ist nicht selten.

4 Exkurs: Das Marktforschungsartefakt

Aufgrund der beschriebenen Eigenarten des FMCG-Marktes mag es nicht überraschen, dass ein hier überdurchschnittlich häufig anzutreffendes Phänomen das Auftreten von Marktforschungsartefakten ist. Vom Wortstamm her ist ein „Arte-Fakt" eine künstliche Tatsache, ein Kunstprodukt. Ein Marktforschungsartefakt ist also eine Erkenntnis, die nur dadurch entsteht, dass man Marktforschung macht.

Konkret: Ein Konsument, der ein bestimmtes Produkt jahrelang nach dem oben beschriebenen Verhaltensmuster gekauft hat, wird nun dazu von der Marktforschung befragt. Oder er wird zu einem neuen Ersatzprodukt dazu interviewt. Ein Einkaufsvorgang, der bislang weitgehend unbewusst abgelaufen ist, wird nun Schritt für Schritt marktforscherisch abgearbeitet und seziert. Der Konsument kommt auf eine im Vergleich zur realen Einkaufssituation höhere Stufe der Wahrnehmung und versucht seine vergangene unbewusste Entscheidung zu begründen, zu „post-rationalisieren".

Diese Artefaktbildung, die jeder Art von Marktforschung immanent ist, wird bei FMCG aufgrund des ritualisierten, habitualisierten und unbewussten Kaufentscheidungsprozesses zum echten Problem. Obgleich auch quantitative Marktforschung von diesem Phänomen betroffen ist, wird es gerade für die qualitative Marktforschung zum besonderen Dilemma. Denn die Gefahr der Artefaktbildung steigt mit zunehmender Beschäftigung mit dem Thema – wie es beispielsweise typisch ist für Konzepttests mit qualitativen Interviews oder Gruppendiskussionen. Die Stärke der qualitativen Marktforschung, sich intensiv und tief mit Marktforschungsfragen auseinanderzusetzen, wird im Bereich FMCG also gleichzeitig zu ihrer größten Schwäche.

Besonders kritisch zu diskutieren ist hier das Instrument Gruppendiskussion. Die Gruppendynamik zwingt die Teilnehmer geradezu, sich als rational denkende Konsumenten zu produzieren, die den Verlockungen der Werbung und des Marketings souverän widerstehen. Aber auch das zweistündige biographisch-narrative Interview, in dem der Konsument sich an die erste Verwendung des Produkts im Elternhaus vor Jahrzehnten erinnern soll, ist nicht frei von solchen Einflüssen.

Was sind die Alternativen? Auf qualitative Marktforschung verzichten und die Entscheidungen den Technikern und Produktmanagern überlassen? Das ist keine wirkliche Option. Nur quantitativ zu forschen stellt auch keine wirklich zielführende Alternative dar. Also weitermachen, aber mit der gebotenen Aufmerksamkeit nach dem alten Motto: „Gefahr erkannt, Gefahr (halb) gebannt." Vor allem gilt es, nicht in die klassischen Artefaktfallen zu laufen.

Eine der größten Fallen überhaupt liegt im Testmaterial. Zuallererst sei hier das beliebte Verbalkonzept genannt. Das ist für Produktmanagement und Agentur ideal. Zum einen kann man schreiben, wie man marketinglogisch denkt: Es stützt sich auf einen Consumer Insight, im Idealfall ein echtes Problem; es folgt der Benefit, der das Problem löst, und der Reason-why, der begründet, warum der Benefit so toll arbeitet. Diese Art von rein verbalem Testmaterial bereitet den Beteiligten relativ wenig Arbeit, ein schneller Einstieg in den Marktforschungsprozess ist möglich. Die Diskussion dieser so entwickelten Verbalkonzepte in Gruppen erlaubt darüber hinaus zeitnahe Ergebnisse für wenig Geld. Aber gerade, wenn der Konsument in der Gruppendiskussion mit einer weißen Pappe und einem darauf rational verbal erklärten Konzept konfrontiert wird, wird er auch entsprechend rational reagieren. Aber leider wird die Kaufentscheidung später nicht rational fallen. Um im Bereich FMCG zu validen Ergebnissen zu gelangen, bedarf es also nicht nur angemessener Erhebungssituationen und -methoden, sondern auch angemessenen Testmaterials.

Außerdem gibt es im Bereich FMCG selten richtige Innovationen mit richtigen Problemlösungen. In vielen Verbalkonzepten wird deshalb versucht, mit blumigen Formulierungen den fehlenden Neuheitsgrad oder den zweifelhaften Produktnutzen zu übertünchen. Da wird ein Konzept in der Gruppendiskussion manchmal emotionslos durchgewinkt dank seiner Selbstverständlichkeit, ein anderes als „Me Too" dekuvriert und gnadenlos abgeschossen, ein neues nur deswegen abgelehnt, weil es neu ist. Solche Ergebnisse sind häufig falsch. Viele Neueinführungen scheitern, weil sie langweilige Nachahmungen sind, andere werden Marktführer, weil sie ein „Me Too" mit der besseren Packungsgestaltung oder der intelligenteren Werbung sind.

Der qualitative Marktforscher muss also insbesondere bei FMCG-Tests auf adäquat gestaltetes, verbrauchernahes Testmaterial beharren. Nur so kommt er realen Verhaltensweisen näher und kann emotionale Kaufentscheidungsfaktoren aufspüren und bewerten. Man wird ihm häufig mit dem Argument begegnen, dass man bewusst ein Verbalkonzept testen will, um Einflüsse durch Packungsgestaltungen oder Werbeideen auszuschließen. Aber ist nicht der Einfluss von Worten auf einer nackten, weißen Pappe viel eindringlicher? Und gerade in qualitativer Marktforschung führt die (begründete) Ablehnung oder kontroverse Diskussion eines Marketing-Mix-Elements häufig weiter als gleichgültige Akzeptanz.

Eine ganz ähnliche Problematik zeigt sich bei Storyboard-Tests, einem Werbepretest von TV-Spots in einer Vorstufe zum fertig gedrehten Spot. Besonders artefaktgefährdet sind sie in Kombination mit einem Verbalkonzept. Da wird dem Verbraucher zuerst erzählt, was er sehen soll, damit er es im Storyboard auch wiedererkennt und v. a. den Sinn versteht. Aber der Konsument hat im wahren TV-Leben ja auch keinen Werbeerklärer (vgl. Lachmann 2003) neben sich auf der Couch sitzen. Auch ohne Verbalkonzept kann das rationale Abarbeiten von einzelnen Bildern oder Sequenzen im Storyboard die für die reale Wahrnehmungssituation typischen Stimmungen und Emotionen nicht abbilden. Interessanterweise bevorzugen manche Werbeagenturen, die Marktforschung grundsätzlich eher ablehnen, genau diesen Ansatz. Wenn also in der qualitativen Marktforschung noch nicht finalisierte Produkt- oder Werbekonzepte getestet werden, sollte man sich über das Ziel der Forschung klar sein und überlegen, ob es mit dem bereitgestellten Testmaterial erreichbar ist. Sicher kann man überprüfen, ob ein bestimmtes Setting zur Marke passt oder ein Produktvorteil erkannt wird, konkrete Treatments kann man jedoch nicht zuverlässig prüfen.

Eine weitere Falle ist der laxe Umgang mit den Tools. Im Gegensatz zu quantitativer Marktforschung, wo die hohen Fallzahlen automatisch mehr Zeit erfordern, bietet sich qualitative Marktforschung für „quick & dirty" geradezu an. Heute gebrieft, morgen zwei Gruppen, übermorgen das Ergebnis, das ist machbar. Nur die Qualität bleibt dann häufig auf der Strecke. Ein gutes Briefing und ein qualitativ angemessener Leitfaden brauchen ihre Zeit. Gute Institute und gute Moderatoren sind selten von heute auf morgen verfügbar. Und eine Analyse auf Basis des ersten Eindrucks ohne Durcharbeiten der Protokolle mit etwas Abstand und ggf. nochmaligem Abhören der Bänder ist auch manchmal falsch.

Nicht zuletzt resultieren Artefakte aus einem mangelhaften Analyseprozess: Vielfach wird vergessen, dass qualitative Marktforschung etwas völlig anderes ist als die Erhebung quantitativer Daten bei kleinen Fallzahlen. Da wird über den Selbstausfüller-Fragebogen und die Präferenzabstimmung in der Gruppendiskussion ein quantitatives Ergebnis produziert, das man schwarz auf weiß nach Hause tragen kann. Aber die qualitative Analyse muss viel sensibler sein. Nicht das Ergebnis zählt am Ende des Tages, sondern viel entscheidender ist der Weg dahin, sind die Begründungen für Mehrheits- und Minderheitsentscheidungen. Nasen zählen gehört nicht zu den Aufgaben qualitativer Analyse.

5 Qualitative Marktforschung als Problemlöser

Neben all den bislang diskutierten Problemen und Schwächen spielt qualitative Marktforschung aber eine Schlüsselrolle, wenn es um das Verständnis für den Konsumenten geht. Nur die qualitative Marktforschung kann die unbewussten Entscheidungsprozesse bei FMCG transparent machen und typische Verhaltensmuster identifizieren.

Psychologisches Einfühlungsvermögen, sensibles, offenes Fragen und angemessene Methoden können helfen, die Konsumenten besser und v. a. richtig zu verstehen. In behutsamen Einzelgesprächen führt der psychologisch geschulte Interviewer seinen Probanden durch den Alltag, erfühlt Stimmungen und Sehnsüchte und erfährt ganz nebenbei, welche Rolle die Produkte für den Konsumenten spielen. „[…] es eröffnet sich […] ein vertrauensvoller Raum, in dem die Menschen unzensiert alles zur Sprache bringen können, was sie bewegt und was ihnen zum jeweiligen Thema einfällt" (vgl. Grünewald 2006, S. 10).

Neben einem breiten Spektrum an qualitativen Befragungsmethoden, z. B. nichtdirektives, tiefenpsychologisches, indirektes Fragen (viele Unternehmen gewannen wertvolle Erkenntnisse durch den Einsatz von Techniken aus dem Psychodrama, z. B. Rollenspielen), stehen dem qualitativen Marktforscher auch Beobachtungsmethoden zur Verfügung, die es erlauben, nicht bewusst reflektierte Entscheidungsprozesse zu beschreiben, zu verstehen und zu erklären. Vor allem ethnologische Ansätze erweisen sich als besonders hilfreich. Wer seine Konsumenten zu Hause besucht, in ihren Vorratsschrank schauen oder bei der Produktverwendung zusehen darf, lernt unendlich viel über die Art und Weise, wie diese über das Produkt denken. Oder den Konsumenten einmal beim Einkaufen begleiten und ihm den Einkaufswagen schieben ist eine empfehlenswerte Übung, die nicht nur dem Marktforscher anzuraten ist.

Es geht am Ende immer darum, den Konsumenten reden zu lassen. Ihm nur so viel Reiz zu bieten, wie es braucht, um ihn am Thema zu halten, ohne ihn zu konditionieren. Denn die meisten geschlossenen Fragen oder alle Statementbatterien, die wir in der quantitativen Forschung gern und häufig benutzen, beinhalten in der Frage schon eine gewisse Konditionierung. Sie beschreiben Sichtweisen oder Probleme, die der Befragte vorher gar nicht gekannt haben muss. Auch der immer latent vorhandene Interviewereinfluss kommt zumindest bei den gut geschulten, hochqualifizierten Interviewern in der qualitativen Marktforschung kaum noch vor.

Zusätzlich haben viele große Unternehmen „Meet your Costumer"-Programme aufgelegt, in denen im Produktmanagement das Verständnis für den Verbraucher geweckt und eine neue Qualität des Marketings gefunden werden soll. Diese Programme beinhalten qualitative Elemente wie Workshops mit Konsumenten und ethnologische

Werner Kaiser

Tools. Letztlich geht es darum, mit besseren Mitarbeitern bessere Konzepte zu erarbeiten, weil man den Verbraucher besser versteht. Solche Konzepte scheitern seltener in der Marktforschung und minimieren damit fast automatisch Floprisiken.

Man muss nicht so weit gehen, hier eine neue Marktforschungsdisziplin mit eigener Stellenbeschreibung für den „Insight-Manager" zu kreieren. Aber der Weg ist richtig.

6 Verknüpfung qualitativer und quantitativer Marktforschungsansätze

In einem bekannten und großen Institut kann man heute immer noch erleben, dass qualitative und quantitative Marktforscher beim gleichen Projekt nur auf Druck des Kunden zusammenarbeiten. Dabei kann die Kombination aus beidem der Königsweg sein. Warum nicht die für die quantitative Stufe erforderliche Stichprobengröße kritisch prüfen, um mit der dadurch eventuell reduzierten Fallzahl zusätzliche Ressourcen für qualitative Marktforschung schaffen? Und man bekommt gleich ein ganzes Nutzenbündel dafür:

- Qualitative Forschung unterfüttert die quantitative Untersuchung mit einem viel besseren Verständnis, als es die reine Interpretation der Zahlen zulässt.

- Zu den qualitativen Insights addiert die quantitative Marktforschung ein entscheidungsrelevantes Zahlengerüst.

- In der Regel spart man Zeit, wenn man die Erhebung sowohl qualitativer als auch quantitativer Daten zu Beginn des Forschungsprozesses systematisch einplant. Gerade Zeit ist ein kostbares Gut für das FMCG-Product-Management.

7 Fazit

In einer Branche, in der „Fast Moving" nicht nur die Produkte kennzeichnet, sondern auch den gesamten Arbeitsstil, spielt qualitative Marktforschung eine große Rolle. Falsch eingesetzt als „Quick & Dirty"-Tool wird sie ihren Möglichkeiten nicht gerecht, kann sogar Entscheidungssicherheit vorgaukeln, wo sie nur Pseudo-Ergebnisse generiert hat. Richtig genutzt, um einerseits kontinuierlich das generelle Verbraucherverständnis zu erhöhen, um andererseits Entscheidungsmuster im konkreten Fall besser zu verstehen, kann sie dem Unternehmen nachhaltig Wettbewerbsvorteile verschaffen.

Literaturverzeichnis

Grünewald, Stephan (2006): Deutschland auf der Couch. Frankfurt, New York.

Häusel, Hans-Georg (2005): Brain Script. München.

Lachmann, Ulrich (2003): Wahrnehmung und Gestaltung von Werbung. Hamburg.

Scheier, Christian / Held, Dirk (2006): Wie Werbung wirkt. München.

Twardawa, Wolfgang (2006): Konsumlust statt Konsumfrust. Nürnberg.

Wikipedia: Stichwort: Fast Moving Consumer Goods. http://de.wikipedia.org/wiki/Fast_Moving_Consumer_Goods. Zugriff: 08.09.2010.

Florian Bauer, Verena Kanther

Die Dienstleistungsbranche
Nicht greifbare Prozesse verstehen

1 Einführung 619
2 Dienstleistungen als zentraler Forschungsgegenstand 620
    2.1 Entwicklung zur Dienstleistungsgesellschaft 620
    2.2 Charakteristische Merkmale einer Dienstleistung 621
3 Der Einsatz qualitativer Marktforschung im Dienstleistungsbereich 623
    3.1 Herausforderungen und typische Anwendungssituationen 623
    3.2 Empfehlungen aus der Marktforschungspraxis 626
4 Fazit 628

1 Einführung

Heute tritt jedes Unternehmen, zumindest in Teilen seiner Wertschöpfung, als Dienstleister und damit als potenzieller Kunde für (qualitative) Dienstleistungsmarktforschung auf. Dienstleistungen unterscheiden sich in zwei zentralen Aspekten von „klassischen" Produkten: Zum einen ist die Leistung immateriell, zum anderen ist der „Produktionsprozess" interaktiv. Beide Aspekte führen zu einer gesteigerten Forschungskomplexität. Hinzu kommt, dass Dienstleistungsunternehmen in viel stärkerem Maße eine umsetzungsnahe Marktforschung – im Sinne weitergehender Beratung und aktiver Unterstützung bei der anschließenden Implementierung – fordern. Vor diesem Hintergrund werden qualitative Studien im Dienstleistungsbereich immer wichtiger. Der vorliegende Beitrag zeigt typische Anwendungssituationen auf und gibt konkrete Empfehlungen aus der Marktforschungspraxis. Die folgende Abbildung gibt einen Überblick über die Gliederung dieses Beitrags.

Abbildung 1-1: Gliederung des Beitrags

DL als Forschungsgegenstand

Entwicklung zur DL-Gesellschaft
Jedes Unternehmen ist (immer auch) Dienstleister

Merkmale von DL
- Immaterielle Leistung
- Interaktiver Erbringungsprozess

Einsatz qualitativer Marktforschungstechniken

Herausforderungen für die DL-Marktforschung
Der immaterielle Charakter und der interaktive Prozess der Leistungserbringung führen zu bzw. fordern:
- Komplexe Forschungsinhalte
- Umsetzungsnahe Ergebnisse

Typische Anwendungsgebiete
- Notwendige Vorstudie (z.B. Preisforschung)
- Ergänzung von quantitativen Studien (z.B. DL-Qualität)
- Implementierung von Handlungsempfehlungen (z.B. Mystery Shopping)

Empfehlungen aus der Marktforschungspraxis
- Präzise Definition des Forschungsziels
- Auswahl relevanter Zielpersonen
- Problemorientierte Leitfadenentwicklung
- Kundenorientierte Auswertung

Florian Bauer, Verena Kanther

2 Dienstleistungen als zentraler Forschungsgegenstand

Dienstleistungen (DL) sind derzeit nicht nur der größte, sondern überdies auch der am schnellsten wachsende „Industriezweig" der deutschen Wirtschaft. Sie unterscheiden sich in zentralen Aspekten von „klassischen" Produkten.

2.1 Entwicklung zur Dienstleistungsgesellschaft

Die Entwicklung Deutschlands zur „Dienstleistungsgesellschaft" ist längst nicht mehr nur eine akademische Vision. Etwa drei von vier Erwerbstätigen sind heute in der DL-Wirtschaft beschäftigt. Das Gros der Firmenneugründungen der letzten Jahre ist im Zusammenhang mit DL entstanden. Und der tertiäre Sektor hat mit etwa 2/3 der Wertschöpfung, die jährlich in deutschen Unternehmen erwirtschaftet wird, den größten Anteil an der Volkswirtschaft. Zusätzlich wird die DL-Qualität auch in Branchen, in denen bisher das Produkt selbst deutlich dominierte (wie z. B. in der Automobilindustrie), immer stärker zum differenzierenden und damit entscheidenden Wettbewerbsfaktor (vgl. z. B. Opitz 2002, S. 12). So gesehen gilt frei nach Theodore Levitt: So etwas wie Dienstleistungsbranchen gibt es nicht. Es gibt lediglich Branchen, in denen die Dienstleistungskomponente stärker oder schwächer ausgeprägt ist als in anderen. Im Grunde ist also jeder ein Dienstleister (vgl. Levitt 1981). In diesem Sinne ist letztlich auch jedes Unternehmen ein potenzieller Kunde der DL-Marktforschung.

Dass die gefühlte Serviceorientierung deutscher Unternehmen dennoch oftmals hinter den Kundenwünschen zurückbleibt (Stichwort „Dienstleistungswüste"), mag nicht zuletzt aus der noch immer dominierenden Produkt- und Produktionsorientierung deutscher Unternehmen resultieren, die sich zu sehr auf direkt messbare und damit klar zu optimierende Produktmerkmale konzentrieren. Diese Perspektive wird gerne auch auf die Steuerung von DL-Qualität übertragen wie etwa bei der besonders aufmerksamen Analyse und Steuerung der Wartezeiten im Callcenter. Nicht zuletzt aufgrund ihrer einfachen Messbarkeit im ansonsten komplexen Kontext der DL-Qualität werden solche Kriterien vielfach überbewertet. Im Callcenter orientiert sich der Kunde beispielsweise vor allem daran, ob er die passende Antwort auf seine Frage bekommen hat. Das ist ihm wichtig. Dafür würde er oft auch längere Wartezeiten in Kauf nehmen.

2.2 Charakteristische Merkmale einer Dienstleistung

DL sind nicht gleich DL. Die Charakterisierung und Abgrenzung einer DL gegenüber klassischen Produkten kann deshalb immer nur tendenziell sein. Generell gilt aber sicherlich, dass sich DL und Sachleistungen umso stärker unterscheiden, je stärker der Faktor Mensch integriert ist:

Abbildung 2-1: Systematisierung von DL (vgl. Bieberstein 1995, S. 44, sowie Lehmann 1995, S. 26)

Leistung durch:	Leistung an:	
	Person des Kunden (*personenbezogene DL*)	**Objekt des Kunden** (*objektbezogene DL*)
Person des Anbieters (*personendominante DL*)	(1) Beratung, Gesundheit, Körperpflege, Erziehung, Unterricht u. ä.	(3) Reparatur, Wartung, Instandhaltung, Installation, Montage u. ä.
Objekt des Anbieters (*objektdominante DL*)	(2) Massenverkehrsmittel, Hotellerie, SB-Automaten u. ä.	(4) Wäscherei, Autowaschanlagen u. ä.

In der Regel werden verschiedene DL dieser Art kombiniert angeboten, Banken z. B. bieten: persönliche Beratung bei Kapitalanlagen (1), unpersönliche Ausgabe der Bankauszüge aus einem Bankautomaten (2) usw. Unabhängig von dieser Differenzierung zeichnen sich DL im Wesentlichen durch zwei Merkmale aus:

Erstens: DL sind immateriell, d. h., die Kernleistung ist für den Konsumenten nicht greifbar (intangible), nicht oder nur sehr eingeschränkt sichtbar (invisible) und nicht lager- oder transportfähig (perishable) (zur allgemeinen Definition und Abgrenzung von DL vgl. z. B. Bruhn 2006). Während die Qualität von Produkten vor dem Kauf relativ leicht objektiv überprüft und verglichen werden kann (hoher Anteil von Sucheigenschaften: „What you see is what you get"), ist die Qualität von DL erst nach dem Kauf, d. h. durch die Nutzung der DL durch den Kunden selbst persönlich erleb- und bewertbar (hoher Anteil von Erfahrungs- und/oder Vertrauenseigenschaften) (vgl. hierzu auch Becker 1998, S. 712).

Das wahrgenommene Risiko vor dem Kauf einer DL ist demzufolge vergleichsweise hoch. Im Entscheidungsprozess orientieren sich Kunden deshalb stärker an:

- den wahrnehmbaren Elementen des Leistungspotenzials eines Anbieters (Erscheinungsbild und Verhalten der Mitarbeiter, Gestaltung der Website u. Ä.)
- dem Preis der DL (Preis als Qualitätsindikator)
- externen Informationsquellen, insbesondere an Erfahrungen anderer (Bezugs-) Personen mit der DL (Word of Mouth)
- der Marke bzw. dem Leistungs- und Qualitätsimage des Anbieters sowie
- den bisherigen Erfahrungen mit dem Anbieter.

Zweitens: Der Prozess der DL-Erbringung ist interaktiv: DL entstehen im Moment ihres Konsums unter aktiver Beteiligung von Dienstleister und Kunden („uno-acto Prinzip"; Gross/Badura 1977). Dabei bedingen insbesondere personenbezogene DL ein hohes Maß an Interaktion zwischen Dienstleister und Kunden – vor, während und nach der Leistungserbringung. Nutzen und Qualität einer DL werden damit nicht nur durch das Leistungsergebnis selbst determiniert, sondern sind in hohem Maße auch davon abhängig, wie der Prozess der DL-Erbringung wahrgenommen wird. Die starke Interaktion zwischen Dienstleister und Kunden gibt der DL-Qualität eine spezielle Tonalität: Das Konsumerlebnis ist persönlicher und emotionaler. Dies gilt sicherlich umso mehr, je stärker Personen in den Erbringungsprozess involviert sind.

Die Qualität des Produktionsprozesses ist also zweifach personenabhängig – oft vom persönlich anwesenden Vertreter des Anbieters und immer vom aktuell erlebenden Kunden. Infolgedessen sind DL i. d. R. nur schwer zu standardisieren und in ihrer Qualität stark schwankend – jedenfalls deutlich stärker schwankend, als man dies in stärker produktorientierten Industriezweigen wie z. B. der Konsumgüterindustrie gewohnt ist. Hinzu kommt, dass auch die Erwartungen der Kunden an die DL sehr individuell sind, sich Anbieter also auch von Kundenseite einem hohen Flexibilitätsgrad ausgesetzt sehen (vgl. hierzu auch Becker 1998, S. 712).

Die Gleichzeitigkeit von Produktion und Konsum hat schließlich zur Folge, dass ein Kunde im Falle einer unzureichend oder fehlerhaft erbrachten DL sofort mit den daraus resultierenden Konsequenzen konfrontiert wird; im Gegensatz zur fehlerhaften Produktion eines Sachguts, das zunächst im Einflussbereich des Anbieters verbleibt und bei Qualitätskontrollen ausgesondert werden kann. Aus diesem Grund ist dem Beschwerdemanagement gerade im DL-Bereich besondere Bedeutung beizumessen (vgl. Borth 2004, S. 10).

Die Dienstleistungsbranche

3 Der Einsatz qualitativer Marktforschung im Dienstleistungsbereich

Die kennzeichnenden Merkmale einer DL (Immaterialität und Interaktivität) stellen besondere Anforderungen an die DL-Marktforschung. Diese sieht sich einerseits mit einem durchweg höheren Komplexitätsgrad konfrontiert, den es handhabbar zu machen gilt. Zum anderen wird gerade im DL-Bereich eine sehr umsetzungsnahe Marktforschung gefordert, die die Ergebnisse unmittelbar in operationalisierbare und priorisierte Handlungsempfehlungen übersetzt. Im DL-Bereich werden vor diesem Hintergrund Komplettlösungen, die eine tiefgreifende Analyse komplexer Fragestellungen ermöglichen und eine integrierte Verknüpfung von quantitativ und qualitativ erhobenen Daten zur strategischen Beratung der DL-Unternehmen bieten, immer wichtiger. Wie diese aussehen können, welche besondere Rolle die qualitative DL-Marktforschung dabei einnimmt und was bei ihrem Einsatz im Detail zu beachten ist, ist Gegenstand der folgenden Kapitel.

3.1 Herausforderungen und typische Anwendungssituationen

Entlang der Einsatzzeitpunkte im Projektverlauf lassen sich im DL-Bereich grundsätzlich drei typische Anwendungssituationen für qualitative Marktforschung identifizieren:

Erstens: Zunächst gibt es Fälle, in denen DL-Marktforschung unbedingt mit qualitativer Marktforschung beginnen sollte. Zwei typische Beispiele hierfür, die wir besonders hervorheben wollen, sind qualitative Vorstudien im Bereich der Entscheidungsprozess- und Preisforschung. In beiden Bereichen sieht sich der Marktforscher im DL-Bereich mit besonders komplexen Forschungsinhalten konfrontiert, die es in ihrer ganzen Tiefe zu verstehen gilt:

- Die **Entscheidungsprozessforschung**, die versucht, empirisch validierte Aussagen darüber abzuleiten, wann (z. B. eher zu Beginn als Trigger oder eher gegen Ende als ausschlaggebender Grund) welche Maßnahmen (z. B. ein Aktionspreis) am ehesten eine bestimmte Verhaltenskonsequenz (z. B. Kauf) nach sich ziehen, hat im DL-Bereich im Wesentlichen mit zwei zusätzlichen Komplexitätstreibern zu kämpfen: 1. Kunden durchlaufen bei DL komplexere Entscheidungsprozesse, da sie das vor dem Kauf wahrgenommene Risiko – bedingt durch die Immaterialität der Leistung – zu reduzieren suchen. 2. Aufgrund der Interaktivität der DL-Erbringung können – neben den Eigenschaften des DL-Ergebnisses selbst – stets auch die verschiedenen Aspekte des Produktionsprozesses verhaltensrelevant sein (z. B. das

Verhalten von Mitarbeitern des DL-Unternehmens), was die Komplexität des zu untersuchenden Maßnahmenkatalogs ebenfalls deutlich erhöht (vgl. Bauer 2004a).

- **Die Preis- und Angebotsforschung,** die nach der optimalen Preis- und Angebotsgestaltung sucht, sieht sich in erster Linie mit komplexeren Preis- und Angebotsstrukturen konfrontiert: Die sich v. a. aus der Interaktivität von DL ergebenden individuelleren Konfigurations- und Ausgestaltungsmöglichkeiten einer DL können und werden von Anbietern oft einzeln bepreist (vgl. Bauer/van Douwe 2005, S. 2). Ein nicht nur für Kunden unüberschaubares Menü an Preisoptionen ist die Folge. Bei einem Girokonto gibt es neben Preisen für die Kontoführung und die Verzinsung von Guthaben und Krediten noch Kreditkartengebühren. Und Mobilfunkanbieter bitten ihre Kunden für Aktivierung, Grundgebühr und zahlreiche Gesprächsarten getrennt zur Kasse. Die komplexen Preisstrukturen bieten für den Anbieter ein hohes Umsatzpotenzial, das es auszunutzen gilt (vgl. Bauer 2004b).

Quantitative Marktforschung vermag die intra-individuelle Auseinandersetzung von Befragten in dieser Komplexität und der damit notwendigen Differenziertheit nicht abzubilden. Die Folge ist, dass wesentliche Einzelurteile/Nuancen in der Aggregation verloren gehen und Marktverhältnisse sehr stark vereinfacht bzw. standardisiert dargestellt werden. Gerade in der DL-Marktforschung sollten deshalb nie aggregierte Werte interpretiert, sondern **individuelle Interpretationen aggregiert** werden; d. h., der Marktforscher muss erst die (preis-)psychologischen Prozesse des Einzelnen und seine individuellen Heurismen in der notwendigen Tiefe verstehen, bevor er analysieren kann, wie häufig sich einzelne Entscheidungstypen oder Entscheidungsprozesssegmente beobachten lassen. Zudem ermöglicht erst dieser Einblick die fundierte Auswahl einer angemessenen quantitativen Methode für die folgende Marktforschungsphase: Zeigen qualitative Vorstudien beispielsweise, dass die zu untersuchenden Entscheidungsprozesse wenig rational ablaufen und sich über einen längeren Zeitraum hinwegziehen, in dessen Verlauf sukzessiv relevante Informationen verarbeitet werden, eignet sich die häufig ad hoc favorisierte Conjoint-Analyse in keinem Fall als Methode für die nachfolgende quantitative Projektphase.

Zweitens: Des Weiteren gibt es Fälle, in denen qualitative Marktforschung im Anschluss an quantitative Erhebungen sinnvoll erscheint, um den quantitativ ermittelten Ergebnissen mehr Tiefe und Perspektive zu verleihen. „In diesem Sinne vermittelt qualitative Marktforschung Verständnis für erklärungsbedürftige und ‚interpretationsoffene' Zahlen" (Marlovits et al. 2004, S. 2). Oft braucht man im DL-Bereich qualitative Marktforschung, um zu verstehen, was genau die Befragten meinen, wenn sie bestimmte Aspekte negativ bewerten. Dies gilt v. a. für Studien im Bereich der **wahrgenommenen DL-Qualität,** die sich Fragen wie „Was ist eigentlich DL-Qualität aus Sicht der Kunden und Nicht-Kunden?", „Aus welchen Aspekten setzt sie sich zusammen?", „Wann wird sie über welche Kanäle wie erlebt?" und „Wie kann sie verbessert werden?" widmet. DL sind „People Work", „Produktfehler" sind zumeist Verhaltensfehler. Ansatzpunkte zur Verbesserung der DL-Qualität aus Kundensicht zeigen sich demzufolge v. a. beim Verhalten der am DL-Prozess beteiligten Mitarbeiter. Die im Rahmen von quantitativen Studien identifizierbaren Verbesserungspotenziale bleiben jedoch oft zu abstrakt. Qualitative Marktforschung kann hier insofern Abhilfe leisten, als sie im Detail zu durchleuchten vermag, was genau die Befragten bspw. unter „Engagement" oder „Freundlichkeit" oder „Kompetenz" der DL-Mitarbeiter verstehen, was sie in diesen Bereichen erwarten, womit genau sie besonders unzufrieden sind und was sie besonders zufrieden macht.

Drittens: Schließlich können qualitative Marktforschungstechniken auch dabei helfen, die Umsetzung von Marktforschungsergebnissen zu erleichtern. Die qualitativen Methoden dienen in diesem Fall nicht der Erhebung von Daten, sondern der Vermittlung von Erkenntnissen und Handlungsstrategien. So sieht sich der DL-Marktforscher häufig mit einer starken Nachfrage nach umsetzungsnaher Marktforschung konfrontiert: Während viele Auftraggeber beim Schritt von den Ergebnissen zur Umsetzung ihr „Hoheitsgebiet" sehen und deshalb nur Teile eines Projekts an Marktforscher als „Informationsbeschaffer" vergeben, zeigt sich im Bereich der DL-Marktforschung ein starker Trend dahin, gerade auch die Übersetzung der Ergebnisse in konkrete, betriebswirtschaftlich gangbare Maßnahmen einzufordern (vgl. Bauer/Lendrich 2001).

Der Marktforscher im DL-Bereich wird damit stärker auch zum **Berater**, dessen Aufgabe es ist, priorisierte Handlungsempfehlungen zu geben, die Nicht-Marktforscher nachvollziehen und akzeptieren können. Priorisiert nicht nur nach den Wünschen des Kunden, sondern auch nach den internen Anforderungen und Prozessen des Unternehmens, denn diese determinieren letztlich, ob ein Ergebnis auch umgesetzt werden kann. Dieser Trend geht im DL-Bereich oftmals sogar noch ein Stück weiter. Nämlich dann, wenn Marktforscher auch als **Trainer bzw. Coach** für die in den DL-Prozess involvierten Mitarbeiter eingesetzt werden. In diesem Fall ist es der Marktforscher selbst, der sich mit dafür verantwortlich zeichnet, dass die sich aus der Marktforschung ergebenden kritischen „weichen" Ergebnisse und Soft Skills von den Mitarbeitern verstanden, trainiert und später auch umgesetzt werden.

Qualitative Marktforschung hilft hier insoweit, als sie Techniken bietet, die die für die Mitarbeiter oft abstrakten Marktforschungsergebnisse realitätsnah „an den Mann bringen", z. B. im Rahmen von Mitarbeiter-Workshops. Getreu dem Motto „Raus aus den Köpfen der (potenziellen) Kunden, rein in die der dienstleistenden Mitarbeiter".

Besonders bewährt haben sich Mitarbeiter-Workshops z. B. bei der Implementierung von Handlungsempfehlungen, die im Rahmen von **Mystery-Shopping-Studien** gewonnen wurden: Hier erleichtern z. B. Rollenspiele den Austausch von „Best Practices" enorm. Das bei der reinen Ergebnispräsentation gerade im DL-Bereich häufig zu beobachtende Abdriften der Mitarbeiter in „Rechtfertigungen" kann so konstruktiv umgangen werden – insbesondere dann, wenn die verantwortlichen Führungskräfte im Workshop selbst nicht anwesend sind, sondern erst hinzukommen, wenn die gemeinsam erarbeiteten Verbesserungsvorschläge von den betroffenen Mitarbeitern selbst präsentiert werden. Darüber hinaus ermöglichen Gruppendiskussionen mit

Mitarbeitern verschiedener Hierarchieebenen die gemeinsame Entwicklung einheitlicher Richtlinien, Schulungsmaßnahmen etc. Dies steigert die Motivation der DL-Mitarbeiter an der Basis und sensibilisiert die darüberstehenden Hierarchieebenen für die Belange ihrer dienstleistenden Mitarbeiter.

3.2 Empfehlungen aus der Marktforschungspraxis

Ziel der qualitativen DL-Marktforschung ist es, das Konsumentenverhalten transparent zu machen, um die subjektive Psycho-Logik, die der Wahrnehmung von und dem Verhalten gegenüber DL zugrunde liegen, in der notwendigen Tiefe und Breite zu verstehen. Die qualitative DL-Marktforschung verlangt dazu eine grundsätzliche Offenheit des Forschers sowie der Methoden gegenüber Untersuchungspersonen und -situationen, um unerwartete, aber wesentliche Aspekte nicht durch zu strikte Vorgaben von vorneherein auszugrenzen (vgl. Hartmann/Steffens 2004, S. 1).

Die Erkenntnisse der qualitativen DL-Marktforschung basieren auf der Interaktion zwischen Forscher und Erforschtem. Die individuelle Persönlichkeitsstruktur des Forschers spielt damit zweifelsohne in die Interpretation der Befunde hinein, weshalb qualitative Forschung auch zwischen guten Forschern unterschiedliche Ergebnisse liefern kann (vgl. hierzu auch Frank/Schlund 2004, S. 18f.). Und dennoch: die Marktforschungspraxis zeigt immer wieder, dass eine intensive Vorbereitung qualitativer Studien die Prägnanz der Ergebnisse deutlich steigert, denn oft wird „offenes" mit „unsystematischem" Vorgehen verwechselt. Im Folgenden soll dabei nur auf die Punkte eingegangen werden, die besonders im DL-Bereich kritisch erscheinen:

Erstens: Insbesondere die Komplexität des Forschungsgegenstands DL macht zunächst eine **präzise Definition des Forschungsziels** notwendig. So muss vorab eindeutig festgelegt werden, was untersucht werden soll:

- Im Rahmen von Studien zur Entscheidungsprozessforschung etwa sollte nicht nur das Ergebnis der Handlung analysiert werden, sondern auch der Prozess der Entscheidung: Wie kommt es zu der Entscheidung für oder gegen die DL? Was sind die Auslöser? Welche Informationen holt der Befragte zuerst ein? Welche Informationen werden gar nicht eingeholt? Wo werden die Informationen beschafft? Wichtig ist auch zu verstehen, wer zu welchem Zeitpunkt in welchem Maße Einfluss auf die Entscheidung nimmt.

- Bei Studien zur DL-Qualität muss, bedingt durch die Interaktivität der DL, vorab klar definiert werden, ob die Qualität des DL-Ergebnisses und/oder des Prozesses der DL-Erbringung im Mittelpunkt der Analyse steht (Analyse von Ergebnis- vs. Prozessqualität) und ob die Kunden vor und/oder nach Inanspruchnahme der DL zur Qualität derselben befragt werden sollen (Analyse von erwarteter vs. erlebter DL-Qualität).

Die Dienstleistungsbranche

Zweitens: Darüber hinaus sollte die **Auswahl der relevanten Zielpersonen** intensiv reflektiert werden, auch wenn dafür viel Zeit investiert werden muss:

- Ganz generell gilt, dass Personen zu verschiedenen Zeitpunkten im Entscheidungsprozess befragt werden sollten, weil jeweils andere Dinge wichtig sind. Dazu gehört natürlich auch, die Personen zu befragen, die sich zwar für die DL interessiert haben, aber dann schlussendlich nicht gekauft haben. Denn gerade von den Nicht-Kunden kann man am meisten lernen.

- Anders als bei Studien zur Produktqualität, bei denen i. d. R. typische Produktnutzer befragt werden, erscheint es v. a. bei Studien zur DL-Qualität zudem sinnvoll, einen stärkeren Fokus auf die tiefgehende Analyse kritischer Ereignisse zu legen. So lassen sich Verbesserungsmaßnahmen im Produktionsprozess vor allem dann gut identifizieren, wenn man genau versteht, wer warum besonders zufrieden oder besonders unzufrieden war. Studien zur DL-Qualität ergeben regelmäßig, dass die Diskrepanz und vor allem Varianz zwischen erwarteter und erlebter DL-Qualität deutlich höher ist als die zwischen erwarteter und erlebter Produktqualität (vgl. Bauer/Schneider/Herrmann 2002, S. 12). Zudem sind diese Qualitätsschwankungen nicht auf zufällige „Produktionsfehler", sondern häufig auf systematische oder strukturelle Probleme im Prozess der Leistungserbringung zurückzuführen.

- Daneben muss – gerade bei Studien zur DL-Qualität – auch der Zeitpunkt der Befragung sorgfältig ausgewählt werden. Um auch die feinen Nuancen der erlebten DL-Qualität exakt erfassen zu können, sollten die Befragten möglichst kurz nach ihrem letzten Kontakt mit dem DL-Anbieter befragt werden. Eine Zeitverzögerung von wenigen Tagen ist hier optimal, was allerdings einen gut eingespielten, kontinuierlichen Datenstrom zwischen DL-Unternehmen und Marktforschungsinstitut voraussetzt (vgl. Mester/Schneider 2002, S. 3). Demgegenüber ist es für die Analyse der erwarteten DL-Qualität von elementarer Bedeutung, in welcher Phase des Entscheidungsprozesses sich die befragten Kunden bzw. Nicht-Kunden befinden (vgl. hierzu auch Fleck/Lendrich 2003, S. 2).

- Eine besonders relevante Befragungszielgruppe sind schließlich auch die Mitarbeiter des Dienstleisters – insbesondere jene mit direktem Kundenkontakt. Wie bereits dargestellt, sind sie eng mit der DL-Qualität verwoben. Mehr noch, sie sind oft inhärenter Bestandteil derselben. Insofern ist das Eigenbild, das durch eine Befragung der Mitarbeiter ermittelt werden kann, eine wertvolle Quelle an „In-Depth-Informationen" mit drei zusätzlichen Vorteilen: Die eigenen Mitarbeiter können nicht nur die DL-Qualität aus ihrer Sicht bewerten und so die Kundensicht ergänzen, sondern im gleichen Atemzug oft sehr konkrete, operativ leicht umzusetzende Verbesserungsvorschläge machen. Außerdem schafft die Beteiligung bei den Mitarbeitern, die ja von den Marktforschungsergebnissen insofern betroffen sein werden, als sie diese umsetzen müssen, auch die notwendige Akzeptanz für diese Maßnahmen (vgl. Schneider/Markart 2003, S. 5). Eine Gegenüberstellung von Eigen- und Fremdbild der erbrachten DL hilft, die Mitarbeiter ins Boot zu holen und sie für die aus Kundensicht besonders relevanten Qualitätsaspekte zu sensibilisieren.

Drittens: Eine weitere, häufig unterschätzte Möglichkeit, Ergebnisse qualitativer DL-Marktforschung zu präzisieren, stellt die **Entwicklung des Themenleitfadens** dar:

- Grundsätzlich sollte der Themenleitfaden offen gehalten werden, um die oftmals nicht bewussten, sehr komplexen und deshalb nur schwer erfassbaren Entscheidungsprozesse und individuellen Psycho-Logiken aufzudecken. Der Ablauf sollte dennoch grob umrissen sein, nicht zuletzt auch, um dem Forscher Orientierung zu geben.

- Die Reihenfolge der Fragen sollte sich an den Gedankengängen und der Erlebnishistorie des Befragten orientieren. Es sollten nicht Themen abgearbeitet, sondern individuelle Prozesse nachgezeichnet werden (vgl. Bauer 2004a). Die Erhebungssituation sollte dabei so weit wie möglich der psychologischen Realität des Befragten entsprechen, wenn er mit dem fraglichen Thema in Berührung kommt.

- Die zu bewertenden Leistungsdimensionen sind bei DL aufgrund der Immaterialität der Leistung und der mangelnden Standardisierbarkeit des Produktionsprozesses viel individueller, umfangreicher und stärker durch zwischenmenschliche Interaktionen geprägt. Gerade bei Untersuchungen zur Prozessqualität von DL zeigt sich aber immer wieder, dass Prozesse sehr stark aus Anbietersicht definiert werden (z. B. Überbetonung von Wartezeiten im Hotline-Prozess oder die Orientierung des Prozessdesigns an der internen Organisationsstruktur). Kernaufgabe des DL-Marktforschers ist es deshalb, sicherzustellen, dass nicht nur Faktisches erhoben wird, sondern auch das „Servicelächeln", das man am Telefon „hören" kann.

4 Fazit

DL sind derzeit nicht nur der größte, sondern überdies auch der am schnellsten wachsende „Industriezweig" der deutschen Wirtschaft. Im Grunde ist heute jedes Unternehmen (immer auch) DL. Und damit ein potenzieller Kunde für qualitative DL-Marktforschung.

Die Immaterialität der DL und die Interaktivität des Erbringungsprozesses stellen den DL-Marktforscher im Wesentlichen vor zwei Herausforderungen: die Forschungsinhalte sind komplexer und die Ergebnisaufbereitung sowie -vermittlung aufwendiger, da der Marktforscher im DL-Bereich zunehmend als Berater und Trainer wahrgenommen wird, der die Marktforschungsergebnisse nicht nur in operationalisierbare Handlungsempfehlungen übersetzt, sondern auch für deren Umsetzung bei den DL-Mitarbeitern sorgt.

Qualitative Marktforschung kann hier wesentlich Vorschub leisten: Insbesondere hilft sie dabei, die individuellen Psycho-Logiken von Kunden und Nicht-Kunden in aller Komplexität zu verstehen. Darüber hinaus bietet sie Techniken, die Implementierung von Handlungsempfehlungen erleichtern, z. B. im Rahmen von Workshops mit Mitarbeitern verschiedener Hierarchieebenen. Die grundsätzliche Offenheit des Marktforschers und der eingesetzten Methoden, die im Rahmen qualitativer Studien notwendig ist, um wesentliche Aspekte nicht durch zu strikte Vorgaben von vorneherein auszuschließen, sollte dabei keinesfalls mit einem „unsystematischen" Vorgehen verwechselt werden. So zeigt die Marktforschungspraxis immer wieder, dass eine intensive Vorbereitung qualitativer Studien die Prägnanz der Ergebnisse deutlich erhöht. Notwendig erscheinen dabei insbesondere die präzise Definition des Forschungsziels, eine zielgerichtete Auswahl relevanter Zielpersonen sowie die problemorientierte Entwicklung des einzusetzenden Themenleitfadens.

Literaturverzeichnis

Bauer, Florian (2004a): Grow or go! – Überlegungen zur Marktforschung im CRM-Zeitalter. In: Planung & Analyse, 5, S. 23–29.

Bauer, Florian (2004b): Der „gefühlte" Preis: Vom Einfluss der Preisstrukturen auf Kaufentscheidungen. In: Wirtschaftspsychologie aktuell, 2, S. 31–35.

Bauer, Florian / van Douwe, Ulrich (2005): Preisstudien in der Praxis. In: Feedback, hrsg. von Vocatus, 1, S. 1–3.

Bauer, Florian / Lendrich, Mark (2001): Umsetzungsorientierte Marktforschung – Die Zusammenführung zweier Welten. In: Feedback, hrsg. von Vocatus, 3, S. 1–6.

Bauer, Florian / Schneider, Peter / Herrmann, Tobias (2002): Kundenbindung durch Servicequalität: Analysieren, verstehen und verbessern. In: Planung & Analyse, 4, S. 12–18.

Becker, Jochen (1998): Marketing-Konzeption. Grundlagen des strategischen und operativen Marketing-Managements. 6. Auflage. München.

Bieberstein, Ingo (1995): Dienstleistungs-Marketing. Ludwigshafen.

Borth, Björn-Olaf (2004): Beschwerdezufriedenheit und Kundenloyalität im Dienstleistungsbereich. Kausalanalysen unter Berücksichtigung moderierender Effekte. Wiesbaden.

Bruhn, Manfred (2006): Qualitätsmanagement für Dienstleistungen. Grundlagen, Konzepte, Methoden. Berlin.

Fleck, Irmela / Lendrich, Mark (2003): Entscheidungsprozesse von Verbrauchern. In: Feedback, hrsg. von Vocatus, 3, S. 1–3.

Frank, Dirk / Schlund, Wulf (2004): Was ist das Ziel qualitativer Marktforschung? In: Planung & Analyse, 3, S. 18–22.

Gross, Peter / Badura, Bernhard (1977): Sozialpolitik und soziale Dienste: Entwurf einer Theorie personenbezogener Dienstleistungen. In: von Ferber, Christian / Kaufmann, Franz-Xaver (Hrsg.): Soziologie und Sozialpolitik. Sonderheft 19 der Kölner Zeitschrift für Soziologie und Sozialpsychologie. Köln-Opladen, S. 361–385.

Hartmann, Adriane / Steffens, Aurelie (2004): Qualitative Marktforschung: Überblick und Anbieterverzeichnis. In: Research Papers on Marketing and Retailing der Universität Hamburg, Nr. 015.

Lehmann, Axel (1995): Dienstleistungsmanagement. Strategien und Ansatzpunkte zur Schaffung von Service-Qualität. Stuttgart.

Levitt, Theodore (1981): Marketing Intangible Products and Product Intangibles. In: Harvard Business Review, 59(3), S. 94–102.

Marlovits, Andreas M. / Kühn, Thomas / Mruck, Katja (2004): Wissenschaft und Praxis im Austausch – Zum aktuellen Stand qualitativer Markt-, Medien- und Marktforschung. In: Forum Qualitative Sozialforschung, 5(2), Art. 23, [17 Absätze], www.qualitative-research.net/fqs-texte/2-04/2-04hrsg-d.htm. Zugriff: 15.08.2010.

Mester, Folko / Schneider, Heiko R. (2002): Kundenbefragung: Am Ende zählt nur der Kunde. In: Feedback, hrsg. von Vocatus, 3, S. 3–4.

Opitz, Marc (2002): Implikationen der Kundenorientierung für die systematische Entwicklung von Dienstleistungen. In: Bullinger, Hans-Jörg / Scheer, August-Wilhelm / Zahn, Erich (Hrsg.): Vom Kunden zur Dienstleistung. Fallstudien zur kundenorientierten Dienstleistungsentwicklung in deutschen Unternehmen. Stuttgart, S. 12–17.

Schneider, Peter / Markart, Verena (2003): Kontaktpunkte mit den Kunden. In: Feedback, hrsg. von Vocatus, 4, S. 4–5.

Jutta Rietschel

Der Handel
Kundenforschung und Shopper Insights

1 Einführung 633
2 Der Weg von der quantitativen Absatz- zur qualitativen Kundenforschung 634
3 Inhalte und Ziele qualitativer Marktforschung im Handel 635
    3.1 Handelsmarketing und Handelsmarktforschung 636
    3.2 Trade Marketing und Trade-Marketing-Forschung 637
    3.3 Category Management und Category Management Forschung 637
4 Qualitative Methoden für die Marktforschung im Handel 638
    4.1 Qualitative Forschungsmethoden in der Vor- und Nach-Kaufphase 639
    4.2 Besonderheiten bei der Erforschung der Kaufphase im engeren Sinne 639
    4.3 Adaption qualitativer Forschungsmethoden für den POS 640
    4.4 Grenzen der qualitativen Forschung am POS 642
5 Fazit 642

Der Handel

1 Einführung

Was zeichnet die Marktforschung im Handel aus? Wie lässt sich Handelsmarktforschung definieren? Wer braucht Marktforschung im oder für den Handel? Wo liegen die Unterschiede zwischen Handelsforschung und Handelsmarktforschung? Diese definitorischen Fragen sollten zunächst geklärt werden, bevor man sich mit qualitativer Marktforschung im Handel auseinandersetzt.

Die **Handelsforschung** bezieht sich auf alle Elemente der Handelsbetriebslehre. Die **Handelsmarktforschung** hingegen befasst sich mit den Fragen des Handelsmarketings und seinen Instrumenten und lässt andere Forschungsfragen des Handels, z. B. zu den Themen Controlling, Personalentwicklung, Beschaffungsmärkte und Globalisierung, außer Acht. Da die qualitative Marktforschung grundsätzlich eine Domäne des Marketings darstellt, werden im Folgenden vor allen Dingen Marketing-Fragestellungen behandelt.

Der Begriff Handelsmarktforschung wird für unterschiedliche Marktforschungsbereiche verwendet, da das Makrosystem Handel die gesamte Versorgungskette beinhaltet: So umfasst das System zum Ersten die Industrie als Hersteller der Waren, dann die Handelsunternehmen selbst als Absatzmittler und den Käufer oder Konsumenten als letztes Glied der Kette (vgl. Barth 1999, dort v. a. Kapitel 1, 2, 4; Meffert/Bruhn 1997). Handel wird dabei im funktionalen Sinne als „Austausch von Waren zwischen Wirtschaftseinheiten" verstanden und weniger im institutionellen Sinn als Unternehmensform (vgl. Theis 2007). Sehr häufig wird daher der Begriff Handelsmarktforschung sowohl für Handelsunternehmen als auch für die herstellende Industrie verwendet. Da aber die Ausgangslage für die Marktforschung in beiden Bereichen unterschiedlich ist, sollte eine Differenzierung vorgenommen werden:

Abbildung 1-1: Funktionale Definition Handel

Hersteller (Industrie) ⟶ Handelsunternehmen ⟶ Kunde/Shopper

Marketing: handelsgerichtetes Trade Marketing | kundengerichtetes Handelsmarketing
Marktforschung: Trade-Marketing-Forschung | Handelsmarktforschung

Marktforschung im Handel

Im **Handelsunternehmen** sind Handelsmarketing und die **Handelsmarktforschung** (im engeren Sinne) angesiedelt. Der Forschungsfokus liegt auf den aktuellen und potenziellen Kunden des Handelsunternehmens und seiner Situation im Gesamtmarkt (vgl. Theis 2008).

Davon muss die dem Trade Marketing der **Industrieunternehmen** zugeordnete **Trade-Marketing-Forschung** unterschieden werden. Trade Marketing richtet sich an das Handelsunternehmen (und dessen Kunden) und stellt in den Industrieunternehmen die Schnittstelle zwischen Produktmarketing und Vertrieb dar. Die Fragen des Trade Marketings befassen sich zwar auch mit den Produkten und Marken, allerdings unter dem besonderen Aspekt der Vermarktung bei Vertriebskanälen bzw. Handelsunternehmen (zur Abgrenzung vgl. auch Theis 2008).

Als Überbegriff für alle Formen der Marktforschung in diesem Makrosystem, d. h. Marktforschung in, für und mit den Handelsunternehmen, soll im Folgenden der Begriff „Marktforschung im Handel" verwendet werden. Der Handel mit Konsumgütern steht dabei im Fokus, da hierauf der größte Teil der Marktforschungsstudien entfällt. Für diese Marktforschung besitzt der Kunde die höchste Relevanz. Synonym für den Begriff Kunde wird oft auch der Begriff Shopper verwendet. Unter Shopper versteht man dabei meist den Kunden am Point of Sale (POS), d. h. die Käufer oder Nicht-Käufer von Waren. Der Kunde stellt den „Forschungsgegenstand" der Marktforschung im Handel dar, die so im Wesentlichen eine verhaltensorientierte Kundenforschung ist (vgl. Foscht/Swoboda 2007, S. 3–16; vgl. auch Kotler/Bliemel 1999, S. 307–352).

2 Der Weg von der quantitativen Absatz- zur qualitativen Kundenforschung

Die Marktforschung im Handel arbeitete lange Zeit v. a. mit Sekundäranalysen oder quantitativ mit strukturierten Erhebungen, mit Data Mining aus vorliegenden Scanner-Abverkaufsdaten, Verbundkaufanalysen, Analysen aus Haushaltspanels, Standortanalysen, Laufstudien, strukturierten Kundenzufriedenheitsanalysen, Aufenthalts- und Reaktionszeiten am POS, Markttests (vgl. Theis 2008; Baum 2002, S. 62–95). Qualitative Marktforschung im Handel wurde in der Vergangenheit selten und wenn, dann v. a. im Vorfeld der Konzeption von Marketingmaßnahmen betrieben. In den Handelsunternehmen wurde sie oft als zu teuer und überflüssig abgelehnt: „So hält sich insbesondere der Einzelhandel häufig zugute, dass er infolge seiner unmittelbaren Nähe zum Konsumenten in ausreichendem Maße Informationen über das Verbraucherverhalten besitze und sich daher teure Marktforschungsaktivitäten sparen könne" (vgl. Theis 2008, S. 37).

Jedoch genügt in Zeiten gesättigter Märkte und eines überbordenden Angebots an Waren und Geschäften, in Zeiten sparender, auf Konsum verzichtender und verunsicherter Kunden die quantitative und retrospektive Marktforschung allein nicht mehr, um das relevante Wissen für sichere Marketingentscheidungen bereitzustellen. Handelsunternehmen und Industrie sind heute gezwungen, ihre Marketingstrategien an die sich ständig ändernden Rahmenbedingungen des Marktes anzupassen. Kundenorientierte Konzepte und Maßnahmen gelten dabei als Mittel der Wahl, um sich auf dem schwierigen Markt zu behaupten. Ergebnisverbesserungen können nur durch die optimale Befriedigung der Kundenwünsche erzielt werden.

Damit kommen auch auf die Kundenforschung im Handel neue Anforderungen zu. Marketingstrategien können ihre Ziele nur dann erreichen, wenn sie auf dem fundierten Wissen über die Wünsche und Bedürfnisse des Kunden und die Motivation seines Kaufverhaltens basieren (vgl. Underhill 1999). Dieses Wissen kann nur die qualitative Marktforschung im Handel bereitstellen. Immer mehr macht sich bei den Handels- und Industrieunternehmen die Erkenntnis breit, dass v. a. die Kombination von quantitativem Data Mining und qualitativer Marktforschung große Chancen bietet. Abverkaufsdaten geben Auskunft über das **Wie** und die qualitative Marktforschung über das **Warum** des Kaufverhaltens (vgl. Rietschel/Satter 2004). Letztere kann die entsprechenden Erklärungen für das beobachtete Verhalten liefern und erlaubt eine für alle nachvollziehbare Interpretation, auch für die oft noch an „harten Fakten" orientierten Empfänger von Marktforschungsergebnissen, z. B. im Vertrieb. Der Erfolg des wachstumsstarken britischen Einzelhändlers TESCO z. B. ist maßgeblich auf die kundenorientierte Ausrichtung des Sortiments und der Serviceleistungen zurückzuführen, zu denen auch die qualitative Erforschung der Kundenwünsche beitrug (vgl. Fend/Fiala 1999).

3 Inhalte und Ziele qualitativer Marktforschung im Handel

Aufgrund des Zusammenspiels der verschiedenen Marktteilnehmer im Handelssystem gibt es im Wesentlichen drei verschiedene Auftraggeber für die qualitative Marktforschung:

- das Marketing und das Customer Relationship Management des Handels
- das Trade Marketing der Markenhersteller und
- das Category Management in der Schnittstelle zwischen Handel und Hersteller.

Im Folgenden werden die Schwerpunkte und die Relevanz qualitativer Marktforschung in diesen Bereichen näher beschrieben.

Jutta Rietschel

3.1 Handelsmarketing und Handelsmarktforschung

„Unter dem Begriff Handelsmarketing versteht man die Planung, Realisation und Kontrolle aller auf die aktuellen und potenziellen Märkte ausgerichteten Aktivitäten institutioneller Handelsunternehmungen, wobei die Unternehmensziele durch eine dauerhafte Befriedigung der Kundenbedürfnisse und aktive Gestaltung der Märkte verwirklicht werden sollen" (vgl. Theis 2007, S. 97). Das Handelsmarketing trifft dabei v. a. Entscheidungen über Maßnahmen, die das Kaufverhalten der aktuellen und potenziellen Kunden im Sinne des Handelsunternehmens beeinflussen sollen, und konzipiert die geeigneten Marketinginstrumente. Die Strategien werden an die Kundenwünsche und -bedürfnisse angepasst, um diese zu gewinnen und zu binden.

Das Handelsmarketing muss zudem neue, sinnvolle Maßnahmen entwickeln, mit denen es adäquat auf verschiedene Kundentypen reagieren kann (vgl. Meyer/Fend 1998). Solche Kundensegmente oder -typen werden meist im Rahmen von Customer-Relationship-Management-Projekten (CRM) definiert und gepflegt, um eine langfristige Kundenbindung an das Unternehmen zu erreichen (vgl. Hippner/Wilde 2006).

Da es keine allgemeingültige Konsum- und Kauflogik mehr gibt, ist eine zielgruppenorientierte, kundenspezifische Kommunikation und Filialgestaltung für das Handelsunternehmen überlebensnotwendig. So kann es den erforderlichen Mehrwert im Verdrängungswettbewerb bieten und sich eindeutig profilieren.

Die Marktforschung im Handelsunternehmen beschäftigt sich auch mit der Entwicklung und Vermarktung von Eigenmarken, den sogenannten Private Labels. In manchen Warengruppen haben diese Handelsmarken hohe Marktanteilen erreicht. Die Marktforschungsfragen für Handelsmarken sind im Wesentlichen die des Produktmarketings der Industrie und sollen deshalb hier nicht weiter ausgeführt werden.

Die Aufgabe der qualitativen Handelsmarktforschung besteht zum einen darin, die relevanten Analysen und Informationen über die Gesamtheit der Kunden und Nichtkunden, die einzelnen Zielgruppen, über ihr Entscheidungs- und Kaufverhalten im Vertriebskanal sowie über das Unternehmensimage bereitzustellen. Zum anderen muss sie die relevanten Kundensegmente mit ihren spezifischen Wünschen und Bedürfnissen definieren und psychographisch beschreiben, damit im CRM adäquate, zielgruppenspezifische Maßnahmen entwickelt werden können.

3.2 Trade Marketing und Trade-Marketing-Forschung

Das Trade Marketing im Industrieunternehmen hat die Aufgabe, den Absatz des Sortiments bei den einzelnen Handelsunternehmen im Sinne der Herstellerziele zu steuern und dabei die Bedürfnisse des Handelskunden zu berücksichtigen (vgl. Bruhn/Homburg 2001, S. 724; Theis 2007; Kotler/Bliemel 1999).

Neben der klassischen Produktwerbung für den Handelskunden gehört dazu auch das Marketing am Point of Sale (im Folgenden als POS bezeichnet): Dabei werden für jeden Handelspartner eigens Marketingstrategien für die Marke am POS entwickelt.

Da je nach Warengruppe bis zu 70 % der Kaufentscheidungen am POS fallen, kommt dort der Kommunikation besondere Bedeutung zu. Die Kunden planen zwar im Vorfeld des Einkaufs sehr häufig, in einer Warengruppe (z. B. Duschbad) einzukaufen, entscheiden sich aber erst im Markt für das konkrete Produkt (vgl. POPAI-Studie 2003). Durch geeignetes, auf den Kunden zugeschnittenes POS-Marketing kann diese Tatsache zum Vorteil der eigenen Marke genutzt werden.

Die qualitative Marktforschung im Trade Marketing liefert dabei die Erkenntnisse über das Kaufverhalten der Kunden im relevanten Warensortiment beim einzelnen Handelskunden, v. a. über die Wahrnehmung der Kunden am POS und über ihre Motivation beim Kauf. Denn es geht v. a. um die aufmerksamkeitsstarke und Kaufimpuls gebende Gestaltung der Marketingmaßnahmen am POS. Ihnen kommt dort angesichts der herrschenden Informationsflut immer größere Bedeutung zu.

3.3 Category Management und Category Management Forschung

Durch die enormen technologischen Innovationen am POS seit den 1980er Jahren, beginnend mit der Einführung der Scannerkassen bis zur Erhebung kundenbezogener Kaufdaten aus Kartensystemen, verfügen die Handelsunternehmen über eine Vielzahl von originären Kundendaten. Die Kooperation zwischen Handelsunternehmen und Industrie bot sich an, um diese Daten im gemeinsamen Interesse und zum Ziele verbesserter Kundenorientierung zu nutzen. Dies war die Geburtsstunde der ECR-Strategien (Efficient Consumer Response), welche die Zusammenarbeit von Handels- und Industrieunternehmen optimieren und so gestalten sollen, dass für den gemeinsamen Kunden der größtmögliche Vorteil erreicht wird (vgl. von der Heydt 1999).

Auf der Nachfragerseite, der „Demand Side", dieser ECR-Strategien entstand eine neue Profession – das Category Management (vgl. Treis/Holzkämper 1998; ECR Europe 2005). Den kooperativen Prozess zwischen Händler und Hersteller bezeichnet man

Jutta Rietschel

als Category Management. Warengruppen oder Produktkategorien werden dabei so geführt und gesteuert, dass sie dem Konsumenten die bestmögliche Orientierung am POS geben (vgl. von der Heydt 1999).

In der Regel arbeitet ein Handelsunternehmen in jeder Warengruppe mit einem ausgesuchten Industriepartner zusammen, dem Category Captain. Auswahlkriterien für einen Category Captain sind Verbraucherkenntnis, Methodik und Instrumente der Marktforschung sowie Objektivität und eine vertrauensvolle Beziehung. Auch im Category Management stehen die zu lösenden Aufgaben ganz im Zeichen der Kundenorientierung. Durch die optimale Gestaltung von Sortimenten und Regal-Layouts soll das Einkaufen im Geschäft erleichtert und attraktiver gemacht werden. Das Category Management benötigt dafür wieder fundiertes Wissen über die Wünsche und Bedürfnisse der Kunden beim Einkauf in einem Sortiment sowie über Wahrnehmung, Kaufverhalten und Entscheidungsprozesse in diesem Umfeld. Im Category-Management-Prozess ist qualitatives Marktforschungswissen v. a. im Vorfeld der Entwicklung von optimalen Sortimenten (Efficient Assortment) und optimalen Layouts oder Platzierungen im Regal (Efficient Placement) wesentlich. Gerade hier sind die bedingungslose Kundenorientierung und somit der Input der qualitativen Marktforschung maßgeblich für den Erfolg eines Projekts. Dies führt zur viel beschworenen „Win-Win-Win-Situation", d. h., die Orientierung am Kunden bei der Gestaltung eines Sortiments stellt sowohl für Industrie und Handel als auch für den Kunden selbst einen Gewinn dar (vgl. Großweischede 2003).

4 Qualitative Methoden für die Marktforschung im Handel

Nahezu alle Fragen, mit denen sich die qualitative Marktforschung im Handel befasst, kreisen um die Themen Kundenbeziehung und Kaufverhalten. Das heißt, man möchte v. a. die psychischen Prozesse verstehen, die dem Kaufverhalten zugrunde liegen. Der Prozess kann in drei Kaufphasen eingeteilt werden, für die jeweils spezifische Fragestellungen und Methoden der qualitativen Forschung relevant sind (vgl. Foscht/Swoboda 2004; Kotler/Bliemel 1999):

- Die **Vor-Kaufphase** ist gekennzeichnet durch das Wahrnehmen eines Bedürfnisses durch den Konsumenten, seiner Informationssuche und die Auswahl von Einkaufsalternativen. Diese Phase ist v. a. für das Handelsunternehmen relevant, um dem Kunden hier das richtige Angebot zu machen. Image des Unternehmens, Kommunikation, Sortiment und Serviceleistungen entscheiden über die Aufnahme ins „Relevant Set" der Einkaufsstätte.

- Die **Kaufphase im engeren Sinne** umfasst Orientierung, Kaufentscheidung und Abwicklung des Kaufs am POS. Hier agiert der Kunde als Shopper. An diesen Informationen haben alle Auftraggeber im Bereich Handel großes Interesse. Hier wird über Erfolg oder Misserfolg von Produkten und Marketingkonzepten entschieden.

- Am Ende steht die **Nach-Kaufphase** mit Konsum oder Anwendung eines Produkts. Besonders das Industrieunternehmen als Hersteller des Produkts benötigt das Wissen über die Zufriedenheit mit einem Kauf und über die Wahrscheinlichkeit des Wiederkaufs.

4.1 Qualitative Forschungsmethoden in der Vor- und Nach-Kaufphase

Fragen der Vor- und Nach-Kaufphase wie Image, Mediennutzung, Informations- und Entscheidungsverhalten, das Verstehen der Motive und Bedürfnisse der Verbraucher in der Vor-Kaufphase oder die Zufriedenheit mit dem Kauf in der Nach-Kaufphase können mit qualitativen Forschungsmethoden untersucht werden. Auch wenn es um Fragen der Kundensegmentierung und -beschreibung oder der Konzeption und Gestaltung von Kommunikation und Marketingmaßnahmen geht, kann auf diese Methoden zurückgegriffen werden. Je nach inhaltlichem Schwerpunkt kommen dabei verschiedene Formen der Exploration und Gruppendiskussionen zum Einsatz, z. B. kreative Verfahren, bildunterstütztes Vorgehen, Verfahren zur psychographischen Beschreibung, qualitative Segmentierungsansätze oder Tagebücher und qualitative Verhaltensbeobachtungen in home (vgl. auch Kepper 1994).

4.2 Besonderheiten bei der Erforschung der Kaufphase im engeren Sinne

Wenn die Analyse des konkreten Kaufverhaltens am POS, also der Kaufphase im engeren Sinne, ansteht, müssen im Gegensatz zur Vor- und Nach-Kaufphase die bestehenden qualitativen Methoden an die Forschungssituation angepasst werden.

Kaufverhalten muss dort erfasst werden, wo es geschieht – in der authentischen Situation am POS. Diese bietet der qualitativen Forschung zwar den unschlagbaren Vorteil, die korrekte Zielgruppe in der entsprechenden psychischen Befindlichkeit und im richtigen Kontext zu erreichen. Die spezifische Situation am POS muss aber auch unbedingt bei der Wahl der Forschungsmethode berücksichtigt werden. Dafür gibt es verschiedene Gründe:

Jutta Rietschel

- Die Aufmerksamkeitsschwelle am POS liegt sehr hoch und variiert in Abhängigkeit von der Kaufabsicht. Die Komplexität des Sortiments und die Informationsüberflutung durch Plakate, Rabatt-Anzeiger und Zweitplatzierungen erfordern vom Kunden eine Fokussierung der Aufmerksamkeit auf für ihn relevante Bereiche. Beim Einkauf werden bestimmte Wahrnehmungsmuster und Erklärungsschemata (Heuristiken) wirksam, die dem Kunden diese Vielfalt erträglich machen, d. h., eine Kaufentscheidung wird sich niemals auf alle möglichen Angebote und Optionen am POS stützen, sondern nur die tatsächlich „wahrgenommenen" in Betracht ziehen (vgl. Rietschel/Naderer 2008).

- Zudem müssen in Abhängigkeit von der Kaufplanung und vom konkreten Produkt auch verschiedene Kaufarten differenziert werden – der extensive, der limitierte, der habituierte und der impulsive Kauf –, die mit unterschiedlichen Graden von Bewusstheit einhergehen (vgl. Kroeber-Riel/Weinberg 1999, S. 358–403).

- Das Kaufverhalten selbst ist also nur bedingt bewusstseinsfähig und kann deshalb kaum hypothetisch oder nachträglich in einer anderen Situation erhoben werden. Oft werden Gründe für Kaufentscheidungen schon kurz nach dem Kauf nicht mehr korrekt erinnert oder nur rationalisiert wiedergegeben (vgl. Zaltman 2003, S. 47–71; für impulsives Kaufverhalten vgl. auch Baun 2003; Konrad 2010).

- Auch das persönliche Engagement oder die psychische Beteiligung, d. h. das Involvement, spielt für das Kaufverhalten am POS eine wesentliche Rolle (vgl. Trommsdorf 1995).

4.3 Adaption qualitativer Forschungsmethoden für den POS

Bei der Erforschung des Kaufverhaltens am POS spielen also das relevante Sortiment, die Kaufplanung sowie unterschiedliches Involvement und die mangelnde Bewusstseinsfähigkeit eine Rolle. Bei der Methodenwahl für die Forschung am POS gilt die Präferenz den Beobachtungsmethoden, die als „Königsweg der Verhaltensforschung" gelten (vgl. Naderer 1994, S. 36; Schröder 2007, S. 155–170). Nur die Beobachtung erlaubt es, unbewusste, unreflektierte Verhaltensweisen, wie sie am POS z. B. im habituierten oder impulsiven Kaufverhalten zu sehen sind, zu erfassen. Für den POS gibt es neben den quantitativen Beobachtungsmethoden, wie z. B. der strukturierten Beobachtung anhand von Protokollen, der Blickaufzeichnung beim Kauf und den Laufstudien mit Wärmebildkameras auch qualitative, nichtstrukturierte Beobachtungsmethoden, wie z. B. das verdeckteShadowing, die inhaltsanalytisch ausgewertete Videobeobachtung oder das offene, begleitete Einkaufen. (Zu qualitativen Beobachtungsmethoden vgl. Kepper 1994, S. 107–119 und → *Beitrag „Qualitative Beobachtungsverfahren" von Karsten Müller, Julia David und Tammo Straatmann*).

Der Handel

All diese Beobachtungsmethoden, ob quantitativ oder qualitativ, liefern eine Beschreibung des beobachtbaren Verhaltens, während die zugrunde liegende Motivation unbekannt bleibt. Die Interpretation der erhobenen Daten erfolgt im Nachhinein durch geschulte Experten. Dies stellt den entscheidenden Nachteil aller Beobachtungsmethoden dar. Zur besseren, weil unmittelbaren, Interpretation des Kaufverhaltens am POS leistet die Kombination von Beobachtungs- und Befragungsmethoden einen relevanten Beitrag. Dabei liefern die Kunden selbst die Erklärung für ihr beobachtetes Verhalten. „Although observing consumers can lead to important insight, we should use this approach in conjunction with one that accounts for the consumer's interpretation of his own behavior" (vgl. Zaltman 2003, S. 131).

Für dieses Vorgehen gibt es folgende Möglichkeiten:

- Teilnehmende, offene Beobachtung (Accompanied Shopping), zum Teil mit „lautem Denken". Kunden werden beim Einkauf im Geschäft von einem Marktforscher begleitet, der die verbalisierten Inhalte der Wahrnehmung und Entscheidung aufzeichnet („Methode des lauten Denkens"). Die Inhalte können nach dem Einkauf noch in einer Exploration vertieft und verstanden werden. Der Vorteil liegt in der direkten, unmittelbaren Erfassung von Motiven für ein bestimmtes Verhalten. Problematisch können die Beeinflussung des Kaufverhaltens durch den Marktforscher selbst (reaktive Methode) und die eingeschränkte Fähigkeit des Kunden bei der Verbalisierung seiner Gedanken sein.

- Entsprechend gibt es auch die Selbstbeobachtungen des Kunden, wobei er seinen Gang durchs Geschäft per Video aufzeichnet und dabei über das berichtet, was ihn bewegt. Immer häufiger werden statt Video auch Methoden der Blickregistrierung durch eine entsprechende Brille (wearable eye tracker) eingesetzt.

- Explorationen unmittelbar nach vorhergehender verdeckter Beobachtung (Shadowing) stellen dagegen ein nicht reaktives Verfahren dar. Hier wird die Beobachtung des Kunden dazu genutzt, ihm seine Verhaltensabläufe kurz darauf bewusst und der vertiefenden Exploration zugänglich zu machen. Der Vorteil des Vorgehens liegt darin, dass das Verhalten in der Beobachtung unbeeinflusst erhoben wird, es besteht allerdings die Gefahr der nachgeschobenen Rationalisierungen. Trotzdem stellt die Methode ein praktikables Vorgehen für die qualitative Forschung am POS dar (vgl. Rietschel/Naderer 2008).

Es gibt zwar auch Methoden, mit denen man sich im Nachhinein bestimmten Elementen des Kaufverhaltens am POS annähern kann (virtuelle Shoppingtouren, bildgestützte, tiefenpsychologische Explorationen mit der Methode des Consumer Profiling oder narrative Interviews), dennoch ist das Kaufverhalten eine Abfolge von Orientierungs-, Such-, Vergleichs- und Entscheidungsprozessen, die nur am POS selbst vollständig erfasst werden können.

Jutta Rietschel

4.4 Grenzen der qualitativen Forschung am POS

Die Restriktionen der qualitativen Forschung am POS sind meist situativer und organisatorischer Art: Neue, innovative Ansätze für Platzierungen, Regalstrukturen oder Sortimentskonzepte sind am POS nur sehr aufwendig zu untersuchen, da große Umbauten in den Märkten erforderlich sind, die den Ablauf stören. Hier bietet die virtuelle Kaufverhaltensforschung Alternativen, indem sie die Kaufsituation am Computer so realistisch wie möglich nachempfindet (vgl. Gadeib 2005). Qualitative Forschung am POS ist nicht uneingeschränkt möglich. Marktleiter und Mitarbeiter vor Ort befürchten Störungen im Tagesgeschäft, die „Belästigung der Kunden" und den zusätzlichen Organisationsaufwand, der auf sie zukommt. Qualitative Studien am POS sollten deshalb in einem engen zeitlichen Rahmen stattfinden und sich in Absprache mit dem Marktteam möglichst reibungslos in den täglichen Ablauf einfügen, d. h. keine langen Befragungen, sondern straffes Timing und zügige Durchführung. Marktforschung am POS kann deshalb nur die zentralen Fragen des Kaufverhaltens im engeren Sinne zum Gegenstand haben und nicht mit Untersuchungsfragen aufgebläht werden, die genauso gut im Studio zu beantworten sind. Aufgrund der Bedingungen am POS sind tiefer liegende emotionale Motive kaum erfassbar und eine ausgiebige Exploration unmöglich. Es gibt Forschungsansätze, mit denen versucht wird, dieses Manko auszugleichen (vgl. Kapitel 4.3).

5 Fazit

Lange Zeit genügten der Marktforschung im Handel die Analyse der anfallenden Abverkaufsdaten und strukturierte Erhebungen, um Marketingentscheidungen vorzubereiten und zu überprüfen. Im Zuge der gravierenden Veränderungen im Markt und der Einführung neuer Aufgabengebiete wurde auch die Marktforschung im Handel mit neuen Gegebenheiten konfrontiert: Für das Marketing der Handelsunternehmen, das Trade Marketing der Industrie und das Category Management stehen nun der Kunde mit seinen Wünschen und Bedürfnissen sowie sein konkretes Kaufverhalten im Zentrum. An ihm werden die Gestaltung von Sortimenten, Layouts und Ladengeschäften sowie die Marketingmaßnahmen und die Kommunikation am POS ausgerichtet.

Diese Fokussierung auf den Kunden erfordert die umfassende Kenntnis seines Planungs-, Entscheidungs- und Kaufverhaltens, welche die bis dato vorrangig durchgeführten quantitativen Analysen nicht bieten können. Die qualitative Marktforschung stellt das fundierte Wissen über das Kaufverhalten bereit, das Marketing und Category Management zur Entscheidung und Evaluation ihrer Maßnahmen so dringend brauchen. Die qualitative Marktforschung im Handel greift dabei zum Teil auf etablierte Forschungsmethoden zurück, die v. a. in der Vor- und Nach-Kaufphase eingesetzt werden. In der Kaufphase selbst, am POS, befindet sich der Kunde in einer sehr komplexen, nur teilweise bewusstseinsfähigen Wahrnehmungs- und Entscheidungssituation. Um diese zu verstehen und die relevanten Entscheidungsgrundlagen für das Marketing am POS bereitzustellen, muss die qualitative Marktforschung eigene Methoden entwickeln und ihre qualitative Methoden an die spezifischen Bedingungen am POS adaptieren oder verschiedene Methoden miteinander kombinieren.

Die Marktforschung im Handel kann auf qualitative Ansätze nicht verzichten. Zusammen mit bestehenden quantitativen Ansätzen und dem Data Mining ermöglicht die qualitative Marktforschung den umfassenden Shopper Insight am POS.

Literaturverzeichnis

Barth, Klaus (1999): Betriebswirtschaftslehre des Handels. 4. Auflage. Wiesbaden.

Baum, Frank (2002): Handelsmarketing. Herne/Berlin.

Baun, Dorothea (2003): Impulsives Kaufverhalten am Point of Sale. Wiesbaden.

Bruhn, Manfred / Homburg, Christian (Hrsg.) (2001): Gabler Marketing Lexikon. Wiesbaden.

ECR Europe (2005): The Case for ECR: A Review and Outlook for Continuous ECR Adoption in Western Europe. www.ECR-all.org. Zugriff: 29.09.2010.

Fend, Lars / Fiala, Brigitte (1999): TESCO – Efficient Consumer Response beginnt beim Verbraucher! In: Meyer, Anton / Fend, Lars / Specht, Mark (Hrsg.) (1999): Kundenorientierung im Handel. Frankfurt/Main, S. 121–145.

Foscht, Thomas / Swoboda, Bernhard (2007): Käuferverhalten: Grundlagen – Perspektiven – Anwendungen. Wiesbaden.

Gadeib, Andrea (2005): Virtuelle Testmärkte. In: Research & Results, 4, S. 16–18.

Großweischede, Markus (2003): Warengruppenmanagement sichert nachhaltige Wettbewerbsvorteile. www.absatzwirtschaft-online.de. Zugriff: 29.09.2010.

von der Heydt, Andreas (Hrsg.) (1999): Handbuch Efficient Consumer Response – Konzepte, Erfahrungen, Herausforderungen. München.

Hippner, Hajo / Wilde, Klaus D. (2006): Grundlagen des CRM. Konzepte und Gestaltung. Wiesbaden.

Kepper, Gabriela (1994): Qualitative Marktforschung – Methoden, Einsatzmöglichkeiten und Beurteilungskriterien. Wiesbaden.

Konrad, Jörg (2010): Eilige Käufer wollen schnelle Verführung. In: Lebensmittelzeitung, 3, S. 43.

Kotler, Philip / Bliemel, Friedhelm (1999): Marketing-Management. 9. Auflage. Stuttgart.

Kroeber-Riel, Werner / Weinberg, Peter (1999): Konsumentenverhalten. 7. Auflage. München.

Meffert, Heribert / Bruhn, Manfred (1997): Dienstleistungsmarketing. 2. Auflage. Wiesbaden.

Meyer, Anton / Fend, Lars (1998): Tiefgreifende Veränderungsprozesse in Handelsunternehmen. In: Trommsdorf, Volker (Hrsg.): Handelsforschung 1998/99. Innovation im Handel. Wiesbaden, S. 317–340.

Naderer, Gabriele (1994): Wenn Konsumenten sprachlos sind. In Planung & Analyse, 5, S. 36–37.

POPAI-Studie 2003: www.popai.de. Zugriff: 29.09.2010.

Rietschel, Jutta / Satter, Frank (2004): CRM – Management der Käuferwanderung. In: Planung & Analyse, 5, S. 35–39.

Rietschel, Jutta / Naderer, Gabriele (2008): Die Kaufentscheidung am Point of Sale. In: Planung & Analyse, 2, S. 22–26.

Schröder, Hendrik / Möller, Nina / Zimmermann, Gregor (2007): Die Analyse des Such- und Entscheidungsverhaltens von Kunden im stationären Einzelhandel – ein Vergleich ausgewählter Beobachtungsmethoden. In: Ahlert, Dieter / Olbrich, Rainer / Schröder, Hendrik (Hrsg.): Shopper Research – Kundenverhalten im Handel. Frankfurt/Main.

Theis, Hans-Joachim (2007): Handbuch Handels-Marketing. Band 1: Erfolgreiche Strategien und Instrumente im Handelsmarketing. Frankfurt/Main.

Theis, Hans-Joachim (2008): Handbuch Handels-Marketing. Band 3: Erfolgreiche Instrumente der Handelsmarktforschung. Frankfurt/Main.

Treis, Bartho / Holzkämper, Olaf (1998): Strategische Überlegungen des Handels zum Category Management – Das Aktivitätenportfolio. In: Trommsdorf, Volker (Hrsg.): Handelsforschung 1998/99. Innovation im Handel. Wiesbaden, S. 267–289.

Trommsdorf, Volker (1995): Involvement. In: Tietz, Bruno (Hrsg.): Handwörterbuch des Marketing. Stuttgart, S. 1067–1078.

Underhill, Paco (1999): Why we buy – the Science of Shopping. New York.

Zaltman, Gerald (2003): How Customers Think. Boston.

Anja Schweitzer, Michael Siewert

Der Pharmamarkt
Forschen in Extremen

1 Einführung 647
2 Stellenwert qualitativer Methoden im Pharmamarkt 647
3 Besonderheiten der qualitativen Pharmamarktforschung 650
    3.1 Datenschutz 650
    3.2 Stichprobe 650
    3.3 Erhebung 651
    3.4 Analyse und Interpretation 652
4 Fazit 653

1 Einführung

Wohl kaum einem Wirtschaftszweig wurde in den letzten Jahren mehr Aufmerksamkeit zuteil als der Pharmabranche. Dafür waren v. a. drei Punkte verantwortlich.

Zum Einen führt die Alterung der Bevölkerung zu einem erhöhten Bedarf an Gesundheitsleistungen. Durch einen weiteren demographischen Prozess, nämlich den gleichzeitigen Bevölkerungsrückgang, entstehen finanzielle und organisatorische Anpassungsnotwendigkeiten, die Gesundheitsreformen und ein erweitertes Pharmamarketing nach sich ziehen.

Diese wiederum führen zweitens zu konstanten kleinteiligen Änderungen im Gesundheitsmarkt, die sowohl bei Patienten (vgl. IGES 2009) als auch bei den anderen Stakeholdern nachhaltige Verunsicherungen, Frustrationen und unberechenbare Verhaltensänderungen nach sich ziehen.

Des Weiteren ist ein erhöhtes Gesundheitsbewusstsein in der Bevölkerung zu beobachten. Dieses führt zum Beispiel zu einer wachsenden Skepsis gegenüber Medikamenten. Viele wenden sich „natürlicheren" alternativen Behandlungsansätzen wie z. B. der Homöopathie zu.

Trotz entstehender Absatzchancen resultiert aus diesen Entwicklungen für die Pharmabranche ein stark steigender Wettbewerbsdruck. Das Verstehen von Zielgruppen, das Aufzeigen von Erleben und Verhalten auch unter Einbezug von Zusammenhängen und Hintergründen wird daher immer wichtiger, um diesem Druck standhalten zu können und das Marketing optimal auszurichten. Ein solches Erkenntnisinteresse führt klassischerweise zu qualitativer Forschung. Als Anwender qualitativer Forschung sieht man sich im Pharmabereich jedoch mehrfach mit „Extremen" konfrontiert, die das Forschen herausfordernd und spannend machen. Die Gründe für diese extremen Arbeitsbedingungen, die oft auch Grund dafür sind, die qualitative Forschung der quantitativen vorzuziehen, sollen in diesem Beitrag aufgezeigt werden.

2 Stellenwert qualitativer Methoden im Pharmamarkt

Der Pharmamarkt zeichnet sich durch einige Besonderheiten aus, die ihn von anderen Branchen deutlich unterscheiden. Eine dieser zentralen Eigenheiten ist die Involviertheit mehrerer Parteien in die Auswahl von Präparaten, insbesondere, wenn diese verschreibungspflichtig sind. Es gibt nicht, wie in anderen Branchen, den Hersteller auf der einen und den entscheidenden Konsumenten auf der anderen Seite. Vielmehr gibt es in der Pharmabranche den Hersteller, den Arzt (der entscheidet, aber das Präparat weder nutzt noch zahlt), die Krankenversicherung (die das Medikament zahlt bzw. zahlen soll),den Patienten (der nicht oder nur wenig zahlt, das Präparat nur begrenzt beurteilen kann, es aber nutzt) und die Politik (die möchte, dass das deutsche Gesundheitswesen irgendwie 'funktioniert'). Nicht nur das entstehende Parteiennetz, auch die unterschiedlichen Rollen der Parteien führen zu teils übereinstimmenden, teils aber auch zu gegensätzlichen Interessen und damit Konflikten. Bei verschreibungsfreien Präparaten ist dies in vergleichsweise abgeschwächter Form der Fall.

Eine weitere Besonderheit der Pharmamarktforschung ist, dass sie sich mit Krankheit, Siechtum und Tod und den damit verbundenen menschlichen Urängsten auseinandersetzt. Dies bewirkt oftmals ein Extremerleben und -verhalten bei den Betroffenen. Auch das schlichte Halb- und Unwissen über die Gebrechen und Krankheiten führen dazu, dass Erleben und Verhalten häufig besonders emotional und irrational geprägt sind. Diese irrationalen Prägungen sind vielfach so zugespitzt, dass die Forscher sich weniger mit medizinischen Fakten als vielmehr mit Mythen und Märchen, Aberglauben und Legendenbildungen auseinandersetzen müssen. Beispielsweise interpretieren manche Betroffene einen Lippenherpesausbruch noch immer als eine für jedermann sichtbare göttliche Geißelung eines (promiskuitiven) Fehlverhaltens.

Da standardisierte Verfahren die Komplexität, Irrationalität und auch den Sinngehalt solcher Daten nur wenig erfass- und beeinflussbar machen, besteht für das Pharmamarketing ein erhöhter Bedarf an qualitativer Forschung. Vor diesem Hintergrund ist es bemerkenswert, dass der Stellenwert qualitativer Forschung in der Pharmaindustrie hinter dem anderer Branchen zurückbleibt. Dies ist auf verschiedene Umstände zurückzuführen:

- Viele Entscheidungsträger auf Industrieseite kamen ursprünglich fast ausschließlich aus naturwissenschaftlich-medizinischen Studienrichtungen. Dies hatte zur Folge, dass viele ihren Fokus auf medizinische und/oder statistische Fakten legten. Gefördert wurde diese Tendenz durch den Umstand, dass andere Teilnehmer des Gesundheitsmarktes wie Ärzte (vgl. Giacomini/Cook 2000), Apotheker oder Krankenversicherungsmanager, bestrebt sind, ihre Entscheidungen als ausschließlich wissenschaftlich-rational darzustellen und mindestens ebenso bedeutsame emotionale Faktoren einer Verordnung herunterzuspielen bzw. gänzlich zu verbergen. Erst in den letzten Jahren sind auf dieser Ebene vermehrt Wirtschafts- und Kulturwissenschaftler tätig. Da der Herausarbeitung nicht nur rationaler, sondern auch emotionaler Motivbereiche nun eine größere Rolle beigemessen wird, gewinnt qualitative Forschung im Pharmabereich immer mehr an Bedeutung.

- Lange Zeit existierte zwischen den Herstellern in der Pharmabranche nur ein relativ eingeschränkter Wettbewerb. Der Absatz der Präparate gestaltete sich in Deutschland verhältnismäßig problemlos, ein jährliches Wachstum im zweistelligen Bereich war eher die Regel denn die Ausnahme. Die relative Sicherheit, mit der

Produkte am Markt erfolgreich positioniert und gehalten werden konnten, ließ qualitative, begründende Analysen oft als unnötig erscheinen. Recht gute Umsätze und damit fehlender ökonomischer Druck ließen keine Notwendigkeit aufkommen, vertiefte Einsichten in Patienten- oder Arztverhalten erlangen zu müssen.

Diese beiden Umstände führten zu einer recht einfachen Sichtweise der Mechanismen im Pharmamarketing. Man stellte sich einen souverän entscheidenden Arzt vor, der durch das wissenschaftliche Gespräch mit dem Außendienst von den medizinischen Vorteilen eines Präparats überzeugt wird und dieses dann den Patienten verschreibt. Bei verschreibungsfreien Präparaten galten diese Vorstellungen verstärkt auch für Apotheker.

Grundlegende Veränderungen im Pharmamarkt haben jedoch dazu geführt, dass qualitative Pharmamarktforschung heute stärker nachgefragt wird als früher. Dies ist auf die bereits geschilderten demographischen Veränderungen, die Gesundheitsreformen, aber auch auf die stetig zunehmende Präparatezahl sowie den immer stärker werdenden Kosten- und Wettbewerbsdruck aufseiten der Pharmakonzerne zurückzuführen. Dies setzte tief greifende Umdenkprozesse in Gang, die bis heute andauern. Nicht mehr nur preisliche Argumente und/oder pharmakologische Wirksamkeit bestimmten die Marketingüberlegungen. Zunehmend wurde man auch auf weitere Aspekte aufmerksam:

- Ärzte und/oder Apotheker bestimmen nicht allein die Auswahl des Präparats. Stattdessen beeinflussen das Verhalten und Erleben jeweils von Patienten, Krankenversicherungen, Ärzten und Apothekern in einem interdependenten Einflusssystem die Verordnung. Dabei versucht jede Partei, ihre eigenen Interessen durchzusetzen. Dieser Umstand resultierte zwar nicht ausschließlich aus den Gesundheitsreformen, wurde durch sie aber doch eindeutig verstärkt. In diesem Rahmen gerieten insbesondere Kooperationen zwischen Pharmaherstellern und Gesetzlichen Krankenversicherungen immer stärker ins Zentrum der Aufmerksamkeit.

- Die Entscheidungen im Gesundheitssystem sind oft wenig rational, sondern vielmehr eine Gemengelage aus emotionalen und rationalen Faktoren. Diese werden beeinflusst vom charakteristischen Erleben und Verhalten im Umgang mit bestimmten Erkrankungen, Präparaten, situationsbedingten Umständen und (persönlichen) Beziehungen.

- Jenseits der (oft eher allgemein gehaltenen) pharmakologischen Wirksamkeit spielt zunehmend auch die Relation von Behandlungskosten und Outcome eine zentrale Rolle. Wer ein „teures" Präparat auf den Markt bringt, muss/will seinen Wert auch „beweisen", um akzeptiert zu werden. Oder man sieht (beispielsweise in kleinen Märkten) einen Sinn in der Schaffung von patientenoptimalen Behandlungsstrukturen, da durch sie der Einsatz von Präparaten erst möglich wird.

Das damit einhergehende Interesse, oft noch unbekannte Haltungen der Beteiligten eruieren und deren Verbindungen zueinander verstehen zu wollen, führte zwangsläufig zu einem steigenden Interesse an qualitativer Forschung. Zwar muss vielfach noch Überzeugungsarbeit für den Einsatz qualitativer, insbesondere psychodynamisch ausgerichteter Forschung geleistet werden. Doch nach ersten Erfahrungen mit Methode und Ergebnissen bringt man ihr auf Auftraggeberseite großes Vertrauen entgegen und implementiert die Ergebnisse meist konsequent in die weitere Marketingarbeit.

3 Besonderheiten der qualitativen Pharmamarktforschung

3.1 Datenschutz

Es ist aufgrund der festgestellten Besonderheiten der Marktforschung in der Pharmabranche keine Überraschung, dass hier – im Gegensatz zur Marktforschung in anderen Branchen – besondere Richtlinien gelten. Nach dem Bundesdatenschutzgesetz und dem Sozialgesetzbuch sind Angaben zur Gesundheit einer Person als besonders schützenswert anzusehen. Dieser Umstand wird auch in den Marktforschungsverbänden aufgegriffen. Die gemeinsam von Berufsverband Deutscher Markt- und Sozialforscher (BVM e. V.) und Arbeitskreis Deutscher Markt- und Sozialforschungsinstitute (ADM e. V.) herausgegebene „Richtlinie zu Besonderheiten der pharmazeutischen Marktforschung" formuliert dies wie folgt: „Eine Besonderheit der pharmazeutischen Marktforschung besteht in der Gewinnung von Adressen zu befragender Personen über behandelnde Ärzte. Dieses Verfahren ist unumgänglich, wenn das Forschungsziel die Befragung von Personen mit bestimmten Krankheitsbildern oder Beschwerden und daraus resultierenden Therapien erforderlich macht und wenn dieser Personenkreis – gemessen an seinem Gesamtanteil an der Gesamtbevölkerung – so klein ist, dass er sich über Bevölkerungsstichproben (at random oder nach Quote) mit vertretbarem Aufwand nicht rekrutieren lässt" (vgl. ADM/BVM 1996, S. 1).

3.2 Stichprobe

Auch in Bezug auf die Grundgesamtheiten gibt es viele Besonderheiten. Während bei Indikationen wie Schmerz, Bluthochdruck oder Diabetes Inzidenzen bei Patienten und damit auch bei Ärzten durchaus recht groß sind, gibt es zahlreiche Indikationen, die eine verhältnismäßig geringe Inzidenz aufweisen, wie z. B. das hereditäre Angioödem (Erkrankung des Komplementsystems, die zu einer episodischen Weichteilschwellung führt) oder Herzrhythmusstörungen, die den Einsatz von Herzschrittmachern notwendig machen. Die mitunter sehr geringen Inzidenzen machen die Rekrutierung schwierig und aufwendig. Qualitative Stichprobengrößen, wie sie in anderen Branchen üblich sind, können in der qualitativen Pharmamarktforschung oft nicht realisiert werden. Daher muss mit kleineren Stichproben und entsprechend angepassten Untersuchungsdesigns gearbeitet werden. Dies schlägt sich konkret dahingehend nieder, dass qualitative Interviews in einigen Fällen nicht nur aus verfahrenstechnischen Überlegungen, sondern auch aus Rekrutierungsgründen heraus den Vorzug gegenüber Gruppendiskussionen erhalten.

3.3 Erhebung

Die Art der Fragestellungen wie auch die Anwendung des qualitativen Instrumentariums gestaltet sich letztlich wie in anderen Branchen auch. Als tendenzielle Einschränkung kann jedoch gesehen werden, dass aufgrund der vielfach sensiblen Untersuchungsthemen häufiger auf das qualitative Interview als auf Gruppenerhebungen zurückgegriffen wird. In Gruppendiskussionen treten Motivlagen und Barrieren zugespitzt zutage. Dies kann zu unangenehmen Effekten führen, die eine sachgerechte Erhebung deutlich erschweren. Beispielsweise neigen viele Diabetiker dazu, ihre Krankheit zu verdrängen, was sich in Gruppendiskussionen über „Verbrüderungstendenzen" noch verstärken kann. Schwer chronisch Erkrankte durchleben zuweilen die Hoffnungslosigkeit ihrer Erkrankung so stark, dass im Extremfall ein kollektiver „Zusammenbruch" erfolgen kann.

Viele Fragestellungen verlangen dem Moderator zudem methodisches und menschliches Geschick ab. Dies ist allzu offensichtlich, wenn man sich die Konfrontation des Forschers mit menschlichem Leid vor Augen führt, v. a. bei Patienten. Indikationen wie HIV, Parkinson oder Multiple Sklerose können Gespräche mit Betroffenen durchaus zu einer gemeinsamen emotionalen Belastung für Betroffene und Forscher werden lassen. In Fachkreisen ist ebenfalls erhöhtes Fingerspitzengefühl gefragt. Oft besteht beispielsweise bei Ärzten zusätzlich ein sehr einseitiges Selbstbild, das je nach Indikation in der Erhebung nur sehr schwer aufgebrochen werden kann. In diesem Selbstbild sehen sich Ärzte als „Götter in Weiß", die Therapieansätze und Patientenbehandlung streng rationalisierend-wissenschaftlich wählen und durchführen. Der Forscher versucht, dieses Selbstbild vom rational handelnden Arzt vor sich selbst, aber auch vor anderen möglichst aufrechtzuerhalten. Auf der anderen Seite spielen jedoch die vom Selbstbild abweichenden emotionalen Faktoren bei der Therapieentscheidung eine Rolle, die sich an behandlerischen Besonderheiten in der jeweiligen Indikation orientieren und aus der Arzt-Patienten-Beziehung herrühren. Nur zu verständlich wird dies, wenn man sich einmal einen Hausarzt vor Augen führt, der bei einem seiner langjährigen Patienten Alzheimer diagnostiziert. Dies hat oft zur Folge, dass er zwar persönlich betroffen ist, dies jedoch überspielen möchte, weil dies nicht zu seinem ärztlichen Selbstbild passt. Solche Umstände machen eine Ermittlung in Marktforschungsstudien sehr aufwendig und erfordern ein taktisches (Frage-)Verständnis. Insbesondere bei Meinungsführern und Experten kann ein verfestigtes Selbstbild den Schwierigkeitsgrad der Erhebung stark erhöhen.

Schließlich sind Pharmamarktforscher sehr häufig auf diesen Bereich spezialisiert. Während es in vielen anderen Branchen durchaus angezeigt ist, Interviewer nur wenig mit dem Untersuchungsgegenstand vertraut zu machen, um einen möglichst unbefangenen Blick auf Erleben und Verhalten der Gesprächspartner zu bekommen, ist dies in der Pharmabranche nur sehr eingeschränkt möglich. Ohne oft alltagsfernes medizinisches Hintergrundwissen können insbesondere die zu befragenden Wissenschaftler und Akademiker nicht verstanden werden, oder Gespräche würden sich so sehr in die Länge ziehen, dass das eigentliche Thema der Untersuchung nur unzureichend behandelt werden kann. Dies verlangt dem qualitativen Pharmamarktforscher die Fähigkeit ab, sich in komplexe medizinische Sachverhalte einarbeiten zu können. Ein solches Vorgehen birgt aber auch Risiken. Mit spezialisiertem Hintergrundwissen entsteht eine Neigung, wichtige Bereiche des Untersuchungsthemas nicht ausreichend zu hinterfragen, da man nicht mehr unvoreingenommen ist. Zudem besteht die Gefahr, veränderte Marktbedingungen innerhalb der Branche aufgrund eigener Involviertheit zu übersehen.

3.4 Analyse und Interpretation

Die unmittelbare Nähe zu Krankheiten, Präparaten und Medizintechnik in der Kombination mit Mythen- und Legendenbildungen stellt neben hohen Anforderungen in der Erhebungsphase auch besondere Anforderungen an die Analysefähigkeiten des Forschers. Denn der Sinngehalt dieser „Geschichten", ihre Verknüpfung mit Erleben und Verhalten der Beteiligten wie auch ihr Einfluss auf die Verordnung eines Präparats sind oft nicht ohne Weiteres ersichtlich. Sie müssen sowohl in der Erhebung als auch in der Analyse aufwendig erarbeitet werden.

Auch die bereits beschriebenen Interdependenzen zwischen den beteiligten Parteien sowie Veränderungen im Gesundheitsmarkt, insbesondere durch die Gesundheitspolitik, machen eine Analyse anspruchsvoll. Dies resultiert nicht zuletzt aus der tief sitzenden Orientierungslosigkeit der Patienten und der tendenziellen Überforderung der Ärzte, wie unsere Untersuchungen regelmäßig zeigen (vgl. psychonomics AG 2003 bis 2008; IGES Institut 2009). Beide Gruppen sind konstant verunsichert, verlieren den Überblick über gültige Gesetze und Regeln und sind oft auf der Suche nach einem neuen, an die Veränderungen angepassten Rollenverständnis. Patienten z. B. engagieren sich immer aktiver in der Therapieentscheidung und sind oft gleichzeitig verunsichert ob der neuen Verantwortung für sich selbst. Diesem veränderten Rollenverständnis der Patienten müssen sich auch Ärzte anpassen. Ein durch die Gesundheitsreformen stark zunehmendes Kostencontrolling, erhöhter Bürokratieaufwand, eine unübersichtliche Arzneienvielfalt und (versuchte) Einflussnahmen der Beteiligten des Gesundheitswesens irritieren zudem viele Ärzte und auch Apotheker in ihren Entscheidungen. Nicht zuletzt macht es das immer breitere und überfordernde Medienangebot im Gesundheitsbereich Ärzten, Apothekern und erst recht den Patienten schwer, sich zu orientieren. Oft kann eine intensive Auseinandersetzung mit Präparaten selbst unter Ärzten nicht mehr erfolgen. Vor diesem Hintergrund formen sich Interdependenzen und gleichzeitige Verunsicherung zu einer hochemotionalen Gemengelage, die zu durchschauen die Anforderungen an die untersuchenden Forscher nochmals extremisieren.

Qualitative Pharmaforschung im internationalen Bereich wird in analytischer Hinsicht zu einer komplexen, spannenden Systemforschung. Ein kulturell bedingtes unterschiedliches Erleben und Verhalten im Umgang mit Produkten ist zwar auch in anderen Branchen zu beobachten. Doch in der Pharmabranche wird man während der Durchführung nicht nur mit anderen kulturellen Verhaltensweisen konfrontiert. Jedes Land weist besondere Rahmenbedingungen durch individuelle Gesundheitssysteme und -gesetze auf, die sich ebenfalls auf Erleben und Verhalten im Umgang mit Präparaten auswirken (können). Gerade die heuristisch-erklärende qualitative Forschung, die versucht, solche Erlebens- und Verhaltensgefüge überhaupt erst einmal aufzuzeigen, sieht sich hier einem hohen analytischen Mehraufwand ausgesetzt, liefert aber auch einen großen Mehrwert und Erkenntnisgewinn.

4 Fazit

Der Pharmamarkt ist für die qualitative Marktforschung in vielerlei Hinsicht ein besonderer Markt. Die Involviertheit mehrerer Parteien, die Konfrontation mit Krankheit und Tod und auch der hohe akademische Anteil in den Zielgruppen potenzieren, neben anderen Umständen, aus organisatorischer wie auch aus fachlicher Sicht die Anforderungen im Vergleich zu anderen Branchen und machen die qualitative Pharmamarktforschung zu einem Forschen in Extremen.

Im Datenschutz sind besondere Vorschriften zu beachten. Grundgesamtheiten sind oft sehr klein und Stichproben damit schwierig zu rekrutieren. In den Bereichen Datenerhebung und -analyse führen die Besonderheiten der Pharmaforschung und ihrer Umgebungsvariablen zu einer erhöhten Komplexität. Dieses Forschen in Extremen führt letztlich dazu, dass vielfach eine Spezialisierung von Marktforschern, Abteilungen und/oder Unternehmen auf die Pharmaforschung stattfindet.

Die in der qualitativen Marktforschung erhobenen emotionalen, oft unbewussten Einflussfaktoren auf Verordnungen wie auch die konsequente Anwendung und Ergebnisumsetzung solcher Erkenntnisse können somit ermöglichen, Behandlungserfolge zu optimieren. Denn sie geben nicht nur Impulse für das Marketing, sondern helfen auch, behandlerische Barrieren zu erkennen und abzubauen.

Literaturverzeichnis

Arbeitskreis Deutscher Markt- und Sozialforschungsinstitute (ADM e. V.) / Berufsverband Deutscher Markt- und Sozialforscher (BVM e. V.) (1996): Richtlinie zu Besonderheiten der pharmazeutischen Marktforschung. www.bvm.org/user/dokumente/kodex-R03D.pdf. Zugriff: 08.09.2010.

IGES Institut GmbH (2009): IGES Kompass Gesundheit. Berlin.

psychonomics AG (2003, 2004, 2005, 2006, 2007, 2008): Health Care Monitoring. Köln.

Teil F:
Internationale qualitative
Marktforschung

Richard Gehling

Theoretische Forschungsperspektive: global vs. lokal

1 Einführung 659
2 Anforderungen an internationale qualitative Marktforschung 659
3 Zum Selbstverständnis qualitativer Marktforscher 660
4 Zum Gegenstandsverständnis internationaler qualitativer Forschung ... 661
5 Forschungsdesign: global vs. lokal 662
    5.1 Stichprobe und Rekrutierung 663
    5.2 Methoden 663
    5.3 Techniken 664
    5.4 Analyse 665
6 Fazit 667

1 Einführung

Die Annahme, dass durch die internationale Verbreitung einiger weniger westlicher Konsummuster eine globale, uniforme Konsumgesellschaft entstehen wird, hat sich nicht bestätigt. Die von Professor Levitt 1983 aufgestellte These, dass das im Zuge der Globalisierung entstehende „homogenous Global Village" über einen völlig standardisierten Marketing-Mix zu bedienen sei, gilt längst als überholt (Levitt zitiert in Keagan 1998, S. 7). Robert Rugimbana und Sonny Nwankwo halten es für realistischer, von „numerous Global Villages" auszugehen, die sich durch Offenheit gegenüber internationalen Entwicklungen auszeichnen, gleichzeitig aber kulturelle Eigenständigkeit und Differenz betonen (Rugimbana/Nwankwo 2003, S. 1). Aus dem Nebeneinander und der Gleichzeitigkeit von nationalen Traditionen und internationalen Werten ergibt sich die Notwendigkeit globaler wie auch lokaler Marketingstrategien. Häufig werden in diesem Zusammenhang die Begriffe „Glocalisation" oder „Global Localisation" benutzt, hinter denen sich eine Geschäftsstrategie verbirgt, die die Vorteile der Massenproduktion mit den lokalen Bedürfnissen einzelner Märkte verknüpft. Dabei werden globale Produktplattformen und/oder Produktideen an die lokalen Bedürfnisse der einzelnen Märkte angepasst. Erfolgreiches internationales Marketing zeichnet sich somit durch die Fähigkeit aus, gleichzeitig auf die Gemeinsamkeiten und Unterschiede der Weltmärkte zu reagieren.

2 Anforderungen an internationale qualitative Marktforschung

Für die internationale qualitative Marktforschung lässt sich vor diesem Hintergrund ein zweistufiges Anforderungsprofil definieren. Zum einen geht es darum, die durch die beschleunigte Globalisierung entstehenden länderübergreifenden Gemeinsamkeiten im Verbraucherverhalten zu identifizieren. Es gilt, bestehende Synergien und motivationale Ähnlichkeiten hinsichtlich Bedürfnissen und Verhalten aufzudecken und diese Erkenntnisse dem Marketing für die Entwicklung eines internationalen Marketing-Mix zur Verfügung zu stellen, damit unnötige Adaptionen vermieden werden können. Zum anderen geht es darum, kulturspezifische Unterschiede und Besonderheiten aufzuzeigen, d. h., es geht um die Vermittlung kultureller Differenz, die für Marketingplanung und Strategie konstruktiv genutzt werden kann, um gegebenenfalls notwendige lokale Anpassungsmaßnahmen einzuleiten. Die Hauptaufgabe für die internationale qualitative Marktforschung besteht somit darin, Informationen – oder auch „Consumer Insights" – für das internationale Marketing-Management zu

Richard Gehling

liefern, die die Bildung von Marketingzielen erleichtern und strategisches Handeln auf den jeweiligen Märkten verbessern. Norbert J. Heigl spricht in diesem Zusammenhang von der Verstärkung „strategischer Intelligenz" international ausgerichteter Unternehmen (vgl. Heigl 2004, S. 26). Der entscheidende Unterschied zwischen nationaler und internationaler qualitativer Marktforschung liegt dabei in der Komplexität des Verstehens. Es geht darum, den sozialen, religiösen und kulturellen Kontext von Verbraucherverhalten zu verstehen, um daraus Handlungsempfehlungen für das Marketing auf allen drei Ebenen abzuleiten: lokal, regional und global.

Aus der Komplexität internationaler qualitativer Forschungsprojekte ergibt sich ein entsprechend komplexes Anspruchsprofil an den Forscher. Neben hoher organisatorischer Kompetenz ist Interesse, Offenheit und Neugierde für kulturelle Vielfalt unabdingbare Voraussetzung. Hohe kulturelle Sensibilität ist vor allem dann von Bedeutung, wenn der qualitative Forscher mit ethnozentrischen Einstellungen in Unternehmen konfrontiert wird und diese infrage zu stellen hat. Hier übernimmt der Forscher die Rolle eines Botschafters kultureller Empathie, dessen Aufgabe es ist, dem Unternehmen unterschiedliche kulturelle Dynamiken zu erklären. Er erkennt, was Verbraucher in den verschiedenen Kulturen berührt und von wirklicher Bedeutung ist. Nur so kann es gelingen, internationale Marketingstrategien zu entwickeln, die sich auf relevante Verbraucherbedürfnisse beziehen. Das trifft zwar prinzipiell auf alle qualitativen Studien zu, ist aber im internationalen Kontext umso bedeutsamer, wenn man sich die desaströsen Konsequenzen ignorierter oder falsch verstandener Verbraucherbedürfnisse vor Augen führt.

3 Zum Selbstverständnis qualitativer Marktforscher

Eine forschungstheoretische Grundannahme besagt, dass Gegenstandsverständnis und Selbstverständnis im Forschungsprozess unauflösbar zusammenhängen. Überträgt man diese Einsicht auf den Kontext internationaler qualitativer Marktforschung, wird erklärbar, warum gerade die Durchführung eines internationalen Forschungsprojekts ein ausgesprochen anspruchsvolles Vorhaben ist und nicht immer frei von Irritationen bleiben kann. Die Herausforderung liegt darin, die internationale Perspektivenvielfalt im Selbstverständnis der beteiligten Forscher zu integrieren und einen „qualitativen Imperialismus" (vgl. Cooper 2000, S. 269) zu vermeiden.

Die Wahrscheinlichkeit einer konsistenten und verlässlichen Projektdurchführung ist größer, wenn die beteiligten Forscher einige grundlegende Annahmen und Konstrukte teilen. In einem internationalen Projekt mit Beteiligung europäischer und nordamerikanischer Forscher kann man beispielsweise davon ausgehen, dass das Forscherteam

Theoretische Forschungsperspektive: global vs. lokal

bestimmte Konventionen und Traditionen des Marketings kennt, aber auch Ausbildungsverfahren in qualitativer Methodik teilt. Allerdings gibt es auch hier deutliche Unterschiede bei der Durchführung der Feldarbeit und vor allem der Dateninterpretation. Qualitative Forschung in Europa ist in der Tendenz offener angelegt. Mithilfe weniger, dafür aber länger dauernder Gruppendiskussionen und der Anwendung vieler projektiver Techniken ist das erklärte Ziel eine Tiefeninterpretation des Datenmaterials. Qualitative Forschung in Frankreich repräsentiert sicherlich idealtypisch dieses Selbstverständnis. Forscher aus Großbritannien sind hingegen stärker von den US-amerikanischen Traditionen geprägt, die sich durch einen stärkeren Pragmatismus auszeichnen. Gruppendiskussionen sind in diesen Ländern häufig stärker strukturiert und durch eine direkte Fragetechnik und Dateninterpretation gekennzeichnet. Natürlich gibt es aber in allen Ländern eine Varianz. Nimmt man diese Differenzen im Selbstverständnis qualitativer Forscher zum Ausgangspunkt und addiert weitere nicht westliche Länder und Kulturen dazu, wird leicht vorstellbar, dass sich der Unterschied und die Bandbreite hinsichtlich akzeptierter Methoden und Analyseverfahren zusätzlich vergrößert und sich damit auch der Schwierigkeitsgrad der internationalen Datenanalyse und Interpretation proportional erhöht.

4 Zum Gegenstandsverständnis internationaler qualitativer Forschung

Bill Schlackman, einem der Gründungsväter qualitativer Forschung in Großbritannien, wird die Behauptung zugeschrieben, dass es nicht möglich ist, internationale qualitative Forschung durchzuführen, da die Gültigkeit der Interpretation in hohem Maße von einem tiefen Verständnis der Sprache und der kulturellen Normen abhängig ist (vgl. Gwilliam et al. 2004, S. 1). Man kann seine Argumentation ignorieren und darauf verweisen, dass die Praxis eine ganz andere Sprache spricht. Allerdings scheint es lohnenswert, das angesprochene Problem, nämlich die Voraussetzungen und Grenzen des interkulturellen Verstehens, näher zu betrachten. Der Anthropologe Geert Hofstede definiert Kultur als „die kollektive Programmierung des Geistes, die die Mitglieder einer Gruppe oder Kategorien von Menschen von einer anderen unterscheidet" (vgl. Hofstede/Hofstede 2006, S. 4). Kultur ist somit das bewusste und unbewusste Lernen von Werten, Ideen, Einstellungen und Symbolen innerhalb bestimmter Gruppen, die sich voneinander unterscheiden und so Grenzen definieren.

Das Verstehen dieser kulturellen Differenzen und Gemeinsamkeiten steht im Zentrum internationaler qualitativer Marktforschung, vor allem wenn man sich noch einmal die Formulierung von Marieke de Mooij vor Augen führt: „Markets are people, not products" (de Mooiji 1998, S. 3). So griffig die Formel „think globally, act locally" auch sein mag, sie kann über das Phänomen der kulturellen Differenz und damit verbundenen Verunsicherungen nicht hinwegtäuschen. Das größte Problem internationaler Zusammenarbeit ist die Haltung der beteiligten Forscher gegenüber dem Unbekannten und Fremden. Immer wieder beweist sich, dass Arroganz und die überlegene Geste von „Ich mache es richtig" und „Ihr macht es falsch" ein Garant für Missverständnis und Ärger ist. Gefordert ist eine nicht wertende Haltung und die Fähigkeit des Zuhörens, des Beobachtens und Staunens über die Vielfalt kultureller Differenz.

5 Forschungsdesign: global vs. lokal

Zunächst sei daran erinnert, dass es sich bei qualitativer Forschung ganz allgemein um ein interpretatives, d. h. nicht standardisiertes Verfahren handelt. An die Stelle der exakten Überprüfung von Validität, Repräsentativität und Reliabilität tritt ein bewusst flexibel gehaltenes System von Kriterien, das der geringen Standardisierbarkeit der Forschungsaktivitäten und -instrumente Rechnung trägt. So gehört beispielsweise die „Nachvollziehbarkeit" der Dateninterpretation zu den wohl wichtigsten Gütekriterien der qualitativen Forschung.

Nichtsdestotrotz sieht sich die internationale qualitative Marktforschung immer wieder mit Anforderungen an die Standardisierung der Forschungsmethoden und der eingesetzten Forschungstechniken konfrontiert. Dabei gründet sich diese Forderung weniger auf den Anspruch einer vermeintlichen Repräsentativität, sondern vielmehr auf den Wunsch, dass bei der Datenfülle und -komplexität internationaler Studien die länderübergreifende Vergleichbarkeit der Ergebnisse weiterhin gewährleistet sein sollte. Parallel dazu wird die Erwartung an die Flexibilität eines prozessorientierten Vorgehens formuliert, die lokale Besonderheit berücksichtigt und das Risiko einer Demotivierung des lokalen Forschers und der Verbraucher minimiert.

Angesprochen ist somit die Balance von Kontrolle und Offenheit bei der Anlage und Durchführung einer internationalen qualitativen Studie. Die Gefahr einer zu starken methodischen Standardisierung besteht darin, am Verbraucher vorbeizuforschen und als Ergebnis nur den kleinsten gemeinsamen Nenner präsentieren zu können, dessen Marketingrelevanz fraglich erscheint. Methodische Offenheit und Flexibilität im Forschungsdesign haben zum Ziel, dass am Ende einer internationalen qualitativen Studie die Ergebnisse nach dem Prinzip der größten gemeinsamen Vielfalt dargestellt werden können, aus denen sich erfolgversprechende Marketingstrategien ableiten lassen.

Für ein flexibles, prozessorientiertes und qualitatives Forschungsvorgehen auf internationaler Ebene lassen sich letztlich keine festen, verbindlichen Regeln definieren. Es gibt keine eindeutige und optimale Route, die sich klar abgrenzen ließe. Man mag die

Theoretische Forschungsperspektive: global vs. lokal

Metapher eines Kunstwerks bemühen, das in seiner Art einzigartig ist und immer wieder neu erschaffen werden muss. Allerdings profitiert der kreative Prozess einer internationalen qualitativen Studie ganz eindeutig von der Erfahrung der beteiligten Forscher. Die folgenden Hinweise zu Stichprobe und Rekrutierung, Methodik, Techniken und Analyse sollten somit primär als eine Erfahrungsverdichtung, nicht aber als Regelwerk für internationale qualitative Forschungsprojekte verstanden werden.

5.1 Stichprobe und Rekrutierung

Zweifelsohne ist es von zentraler Bedeutung sicherzustellen, dass auch tatsächlich mit denjenigen Verbrauchern gesprochen wird, die in einer Stichprobendefinition mit dem Unternehmen als Zielgruppe der Untersuchung identifiziert wurden. Das muss im Einzelfall allerdings nicht heißen, dass die Stichproben für die beteiligten Länder identisch ausfallen. So kann beispielsweise die Klassifizierung „Jugendliche" in einem Markt die Altersspanne von 14 bis 19 Jahren umfassen, während es in einem anderen Markt sinnvoller erscheint, die Altersspanne für dieses Segment auf 14 bis 24 auszudehnen. Wie man diese Verbraucher dann rekrutiert, ist eine ganz andere Frage, und es zeigt sich, dass jedes Land hier eigene Wege geht und gehen sollte. So ist es beispielsweise üblich, dass in den USA und den Niederlanden häufig per Telefon rekrutiert wird, während man in England und Deutschland gerne mit einem Netzwerk freiberuflicher Rekrutierer oder aber professionellen „Recruiting Agencies" kooperiert.

5.2 Methoden

Die Gruppendiskussion oder auch sogenannte „Focus Group" ist neben dem qualitativen Interview sicherlich die am häufigsten eingesetzte Methode in internationalen qualitativen Forschungsprojekten. Man kann daher mit einiger Berechtigung behaupten, dass „group discussions travel well all over the world" (vgl. Wardle 2002, S. 127). Allerdings ist auch hier von einer zu starken Standardisierung abzuraten, denn vor allem in Kulturen mit stärkerer kollektivistischer Ausrichtung, wie beispielsweise China oder Japan, ist die Vorstellung, sich mit Fremden an einem unbekannten Ort zum Meinungsaustausch zu treffen, eher einschüchternd als motivierend. In Saudi-Arabien ist es Frauen darüber hinaus sogar verboten, an Gruppendiskussionen teilzunehmen. In all diesen Fällen gilt es, ein methodisches Vorgehen zu entwickeln, das sich den jeweiligen kulturellen Bedingungen anpasst, ohne dabei allerdings Zielgruppe und Fragestellung der Untersuchung aus dem Auge zu verlieren. Das kann im Einzelfall bedeuten, dass man anstelle von Gruppendiskussionen Einzelinterviews durchführt, Freundschaftspaare gemeinsam zur Diskussion einlädt oder Minigruppen oder Triaden bildet. Darüber hinaus spielt die unterschiedliche Länge von Gruppendiskussionen in den einzelnen Ländern bei der Zeit- und Budgetplanung eine nicht unwichtige Rolle. So werden beispielsweise ein- bis eineinhalbstündige Diskussionen in den USA und Australien als völlig ausreichend angesehen, während man in Italien, Brasilien oder Frankreich gut beraten ist, das Doppelte an Zeit zu kalkulieren.

Das internationale qualitative Methodenspektrum ist natürlich nicht auf Gruppendiskussionen und qualitative Interviews begrenzt. So sind beispielsweise ethnographische Methoden und kreative Workshops in vielen Ländern fester Bestandteil des lokalen Methodenportfolios. Hinter diesem erweiterten Methodenrepertoire verbirgt sich die hermeneutische Hoffnung, durch intensivierte „Consumer Closeness" zu den relevanten Verbraucherbedürfnissen vordringen zu können. Es scheint empfehlenswert, die Erfahrungstiefe der lokalen Forscher mit diesen Ansätzen genau auszuloten, bevor man ein Forschungsdesign vorschlägt, das zwar theoretisch durch hohe Raffinesse beeindruckt, in der Praxis aber schnell an Glanz und Glaubwürdigkeit verliert.

5.3 Techniken

Projektive und assoziative Techniken sind bei internationalen qualitativen Marktforschungsstudien von großer Bedeutung, denn es zeigt sich, dass das zugrunde liegende Prinzip der Selbstoffenbarung kulturübergreifend – wenn auch aus unterschiedlichen Gründen – funktioniert. In westlichen, stärker individualisierten Kulturen beziehen sich die projektiven Techniken auf die Konstrukte der „Unterdrückung" und dem „Unbewussten" und man erhofft sich mit ihrer Hilfe Zugang zu unbewusster Schuld, privaten Wünschen und Sehnsüchten. In östlichen, stärker kollektivistischen Kulturen werden individuelle Gefühle häufig geleugnet und hinter der Maske der sozialen Ordnung, des Respekts und der öffentlichen Verpflichtung verborgen. Das Versprechen projektiver Techniken besteht hier darin, hinter die „Maske" des Konformismus blicken zu können. Darüber hinaus wirken sich projektive und assoziative Techniken positiv auf die Gruppendynamik aus, denn die Lockerung der Selbstzensur stimuliert Fantasie, Originalität und Mitteilungsbedürfnis der Verbraucher.

Ein nicht unwesentlicher weiterer Vorteil mancher projektiver und assoziativer Techniken ist die Möglichkeit, mit ihrer Hilfe eine Basis für Standardisierung und Vergleich im Kontext internationaler Studien zu schaffen. Für den Verbraucher stellen sie eine klare und systematische Aufgabe dar, die es zu bewältigen gilt, und damit wird indirekt der Einfluss und die Variabilität des lokalen Forschers reduziert. Gleichzeitig lassen sich die Ergebnisse dieser Übungen direkt von Land zu Land vergleichen.

Um sicherzustellen, dass die angemessenen Techniken auch zum Einsatz kommen, schlägt Peter Cooper vor, die jeweiligen Techniken hinsichtlich ihrer Relevanz zum Forschungsgegenstand zu überprüfen (vgl. Cooper 2000, S. 272). Darüber hinaus sollte sichergestellt werden, dass sie kulturübergreifend arbeiten und schließlich sowohl

Theoretische Forschungsperspektive: global vs. lokal

vom Moderator als auch Verbraucher einfach verstanden und angewandt werden können. Techniken, die sich in dieser Hinsicht auf internationaler Ebene bewährt haben, sind beispielsweise Collagen, Analogien, Bild- und Satzergänzungen sowie Personalisierungen und Traumreisen. Letztlich muss in jedem Einzelfall mit den beteiligten Ländern geprüft werden, welche qualitative „Tool Box" den lokalen Moderatoren zur Verfügung steht. Denn die Annahme, dass ein bestimmtes Vorgehen oder eine bestimmte Technik auch anderswo funktionieren, nur weil sie im eigenen Land fest etabliert sind, ist ein sicherer Garant für Missverständnisse und Komplikationen.

5.4 Analyse

Es ist eine hermeneutische Grundeinsicht, dass man ohne Vorverständnis nichts versteht. Für die Analyse internationaler qualitativer Forschungsprojekte gilt dieser Grundsatz im Besonderen, denn angesprochen ist der Einfluss des kulturellen Kontextes auf das Verstehen der lokalen qualitativen Daten. Für die internationale Analyse gilt es sicherzustellen, dass die lokale Interpretation richtig gelesen wird und nach dem spezifischen kulturellen Kontext gewichtet wird. Geert Hofstedes Theorie kultureller Differenz bietet hier einen wertvollen Orientierungsrahmen. Er identifizierte fünf Dimensionen, die Einfluss auf das Gewicht der länderspezifischen Dateninterpretation nehmen können (vgl. Hofstede/Hofstede 2006 und www.geert-hofstede.com).

Individualismus/Kollektivismus: Angesprochen ist hier die Frage, inwieweit Ich- oder Wir-Bewusstsein das gesellschaftliche und kulturelle Leben dominiert. Individualismus bezeichnet Gesellschaften, in denen die Beziehungen zwischen den Individuen gelockerter erscheinen. Der Kollektivismus hingegen zeichnet Gesellschaften aus, in denen Menschen von Geburt an in starke, geschlossene Wir-Gruppen integriert sind. So mag die Analyse in stärker kollektivistischen Kulturen, wie z. B. in manchen asiatischen Märkten, stärker von einer Gruppenmeinung beeinflusst sein, während in westlichen Kulturen eine größere Bandbreite individueller Standpunkte in die Interpretation einfließt.

Machtdistanz: Hier gilt es zu verstehen, wie der Einzelne mit den unterschiedlichen Machtverhältnissen in der jeweiligen Kultur umgeht. Machtdistanz definiert sich als Ausmaß, in welchem die einzelnen Gesellschaftsmitglieder erwarten und akzeptieren, dass Macht innerhalb der Gesellschaft ungleich verteilt ist. Im internationalen Ländervergleich zeichnen sich beispielsweise asiatische und afrikanische Kulturen durch eine große Machtdistanz aus, wohingegen für Nordeuropa und den angelsächsischen Raum eine kleinere Machtdistanz charakteristisch ist. So kann beispielsweise die Position des Forschers in der Institutshierarchie in Japan einen größeren Einfluss auf die Analyse der qualitativen Daten haben als die eigentliche Überzeugungskraft der Argumente.

Unsichertheitsvermeidung: Mit dieser Dimension ist der Grad angesprochen, in dem die Mitglieder einer Kultur sich durch ungewisse oder unbekannte Situationen bedroht fühlen. Angelsächsische, afrikanische und nordeuropäische Länder zeigen in dieser Hinsicht eine sehr geringe Ausprägung. Hingegen zeigen romanische und mediterrane Länder sowie Japan eine hohe Tendenz zur Unsicherheitsvermeidung. In diesen Kulturen kann die Vorgabe klarer Analysestrukturen Sicherheit und Orientierung geben. So wird gewährleistet, dass keine Erkenntnisse verloren gehen.

Weiblichkeit/Männlichkeit: Die wohl umstrittenste Dimension von Hofstede sollte weniger wörtlich, sondern vielmehr metaphorisch verstanden werden. Die Aufmerksamkeit richtet sich hier auf die Frage, ob die jeweilige Kultur stärker von femininen oder maskulinen Werten geprägt ist. Skandinavische und südamerikanische Länder gelten beispielsweise eher als „feminin" geprägt, während der angelsächsische Raum sowie Japan im internationalen Vergleich stärker „maskulin" wahrgenommen werden. Für die Analyse qualitativer Daten sollte man beispielsweise berücksichtigen, dass eine ausgesprochen selbstbewusste und ambivalenzfreie amerikanische Dateninterpretation möglicherweise eher den kulturellen Stil repräsentiert und nicht die Bedeutsamkeit der Untersuchungsergebnisse.

Langzeitorientierung/Kurzzeitorientierung: Diese von Hofstede als letzte hinzugefügte Dimension unterscheidet Kulturen hinsichtlich ihres „Zeithorizonts" bzw. „Planungshorizonts". Eine langfristige Orientierung ist durch Ausdauer, Sparsamkeit, aber auch durch Offenheit für Wandel charakterisiert. Eigenschaften wie Standhaftigkeit, Stabilität und Respekt vor Tradition definieren eine kurzfristige Orientierung. So zeichnen sich beispielsweise viele ostasiatische Länder durch eine langfristige Orientierung aus, wohingegen die westliche Welt kurzfristig orientiert zu sein scheint.

Die fünf von Hofstede identifizierten Dimensionen sollte man als praktisches und handhabbares „Tool" begreifen, mit dem sich kulturelle Unterschiede und Gemeinsamkeiten aufspüren und für die internationale qualitative Datenanalyse nutzbar machen lassen. Dabei sollte man sich der Tatsache bewusst sein, dass die fünf Kulturdimensionen gesellschaftspolitische Neuerungen nicht berücksichtigen. Ganz allgemein stellt sich die Frage, ob fünf Dimensionen überhaupt ausreichen, um eine Kultur umfassend beschreiben zu können, da die Gefahr der Stereotypisierung und zu starker Vereinfachung nicht ausgeschlossen werden kann.

Entscheidend für den Erfolg der internationalen Datenanalyse ist letztlich der offene und flexible Umgang mit diesen und weiteren theoretischen Dimensionen. Sie schaffen die Voraussetzung für eine stärkere Sensibilisierung hinsichtlich der kulturellen Einflüsse auf die lokale Dateninterpretation und ermöglichen es, die internationale Analyse entsprechend zu gewichten.

6 Fazit

In einer beschleunigten globalen Kultur formulieren international ausgerichtete Unternehmen die Erwartung, dass die Aktualisierung der „strategischen Unternehmensintelligenz" durch internationale qualitative Marktforschung mit entsprechendem Tempo vonstatten gehen sollte. Vorgegebene Zeitrahmen für internationale Studien unterscheiden sich kaum noch von den Bedingungen nationaler Studien. So zieht die Forderung nach Schnelligkeit und Effizienz immer größere Standardisierung in der Anlage und Durchführung internationaler qualitativer Studien nach sich. Damit verbindet sich leider nicht immer der gehoffte Erkenntnisgewinn, und das Ergebnis des kleinsten gemeinsamen Nenners ist für alle beteiligten Parteien häufig enttäuschend. Barker et al. sprechen in diesem Zusammenhang von „McDonaldization of consumer insight" (vgl. Barker et al. 2005, S. 296) und verweisen damit auf die Konsequenzen der Industrialisierung und Kommerzialisierung internationaler qualitativer Forschung.

Die Herausforderung liegt darin, eine Balance zu finden zwischen dem Erwartungsdruck des internationalen Marketings und dem Ethos und der Philosophie qualitativer Forschung. Es gilt zu verdeutlichen, dass gerade in Zeiten beschleunigter Globalisierung ein detailreiches und genaues Verstehen von Verbraucherbedürfnissen den entscheidenden Wettbewerbsvorteil für international ausgerichtete Unternehmen darstellen kann. In diesem Zusammenhang mag es hilfreich erscheinen, sich noch einmal die Erkenntnis vor Augen zu führen, dass nicht nur Menschen, sondern auch Märkte einzigartig sind. Die Akzeptanz dieser „Reality of Differences" ist die Grundvoraussetzung für die erfolgreiche Durchführung internationaler qualitativer Forschungsprojekte.

Literaturverzeichnis

Barker, Andy / Nancarrow, Clive / Vir, Jason (2005): Rizer's McDonaldization and Applied Qualitative Market Research. In: Qualitative Market Research: An International Journal, 8(3), S. 296–311.

Cooper, Peter (2000): International Qualitative Research. In: Marks, Laura: Qualitative Research in Context. Henley-on-Thames, S. 253–279.

Gwilliam, Jane / Lovett, Peter / Smith, Sian (2004): Achieve the Impossible. Library of the Association for Qualitative Research (AQR). www.aqr.org.uk. Zugriff: 18.08.2010.

Heigl, Norbert J. (2004): Schnellkurs Marktforschung. Würzburg.

Hofstede, Geert / Hofstede, Gert J. (2006): Lokales Denken. Globales Handeln. München.

Keegan, Warren J. (1998): Global Marketing Management. Upper Saddle River.

Marks, Laura (2000): Qualitative Research in Context. Henley-on-Thames.

de Mooiji, Marieke (1998): Global Marketing and Advertising: Understanding Cultural Paradoxes. London.

Rugimbana, Robert / Nwankwo, Sonny (2003): Cross Cultural Marketing. London.

Wardle, Judith (2002): Developing Advertising with Qualitative Market Research. In: Ereaut, Gill / Imms, Mike / Callingham, Martin (Hrsg.): Qualitative Market Research: Principle and Practice. Band 6. London, Thousand Oaks, New Delhi.

Webpage von Geert Hofstede: www.geert-hofstede.com. Zugriff: 18.08.10.

Alexandra Miller

Praktische Durchführung: zentral vs. dezentral

1 Einführung 671
2 Die Organisation von internationalen qualitativen Studien 671
    2.1 Hauptmerkmale zentraler Organisation 671
    2.2 Hauptmerkmale dezentraler Organisation 672
    2.3 Entscheidungsdeterminanten für zentrale oder dezentrale Organisation 673
        2.3.1 Die Struktur des auftraggebenden Unternehmens 673
        2.3.2 Methodische Aspekte 674
        2.3.3 Praxisorientierte Anforderungen 674
3 Vor- und Nachteile zentraler und dezentraler Durchführung in einzelnen Phasen des Untersuchungsprozesses 675
    3.1 Das Briefing 675
    3.2 Das Angebot 676
    3.3 Rekrutierungsleitfaden (Screener) 677
    3.4 Diskussionsleitfaden 677
    3.5 Die Erhebung 679
    3.6 Analyse und Ergebnisbericht 680
4 Fazit 682

1 Einführung

Nachdem im vorhergehenden Kapitel grundlegende Aspekte internationaler qualitativer Marktforschung dargestellt und erläutert wurden, soll dieses Kapitel praxisorientierte Leitlinien und Handlungsempfehlungen vermitteln, die bei der Durchführung internationaler qualitativer Marktforschungsstudien hilfreich sein können. Wie im vorigen Kapitel beschrieben, stellt sich bei der Durchführung von qualitativen Mehrländerstudien die Frage, in welchem Ausmaß die Berücksichtigung lokaler Märkte dem Untersuchungsgegenstand und -ziel zuträglich ist.

2 Die Organisation von internationalen qualitativen Studien

Eine strikte Differenzierung nach rein zentraler oder rein dezentraler Durchführung einer Mehrländerstudie erweist sich i. d. R. als wenig praxistauglich. Vielmehr findet man in der Realität häufig Zwischenformen beider Ansätze in der Organisation und den Prozessen eines internationalen qualitativen Projekts vor, d. h., die jeweilige Gewichtung nach zentraler oder dezentraler Durchführung bezieht sich auf einzelne Phasen des Untersuchungsprozesses. Im Folgenden werden beide Varianten kurz beschrieben und einander gegenübergestellt.

2.1 Hauptmerkmale zentraler Organisation

Pieter Paul Verheggen (2001) vergleicht die zentrale Koordination internationaler Projekte auf treffende Weise mit dem Leiten und Dirigieren eines Orchesters. Ein Lead Country, das in gewisser Weise wie ein „zwischengeschalteter Kunde" (Gwilliam et al. 2004, S. 1) agiert, koordiniert den gesamten Untersuchungsablauf und trifft in Absprache mit dem Auftraggeber Entscheidungen über sämtliche Determinanten der einzelnen Projektphasen. Diese Determinanten umfassen Methode und Studiendesign und erstrecken sich über Kernpunkte der Durchführung wie Rekrutierungs- und Diskussionsleitfaden bis zur Analysestruktur. Idealerweise ist der Projektleiter des Lead Country bei der Feldarbeit in den beauftragten Ländern vor Ort anwesend, um den Ablauf der Studie zu überwachen und inhaltliche Fragen beantworten zu können.

Analyse und Ergebnisbericht können entweder von dem beauftragten Land durchgeführt und erstellt werden oder von den verantwortlichen Marktforschern des

Alexandra Miller

auftraggebenden Landes. Die Einflussnahme der lokalen durchführenden Institute ist in Bezug auf Veränderungen der Rahmenbedingungen in allen Prozessen des Untersuchungsablaufs eher gering. Neben der internationalen Koordination der Untersuchung obliegt der zentralen Marktforschungseinheit auch die Budgetverantwortung für die Studie (vgl. Westerheide 2003, S. 151). In der Praxis trifft man eher auf die zentral gesteuerte Durchführungsform, wenn sich die Untersuchung auf weitgehend homogene Märkte erstreckt oder wenn länderübergreifende Einsichten in Konsumentenverhalten und Markenbeurteilung im Fokus der Untersuchung stehen.

2.2 Hauptmerkmale dezentraler Organisation

Im Gegensatz zur zentralen Durchführung einer internationalen Studie ist bei dezentraler Durchführung der Einfluss aller an einer Untersuchung beteiligten Länder in allen Phasen des Untersuchungsablaufs maximal. Teilweise werden die Institute der einzelnen Länder direkt vom Kunden beauftragt. Die Beauftragung kann jedoch auch durch ein Institut erfolgen, das in erster Linie als Kontakt bzw. Schnittstelle zwischen Kunde und durchführenden Ländern fungiert und Eckdaten sowie Ziele der Marktforschungsuntersuchung weiterleitet, jedoch nicht in den Projektprozess eingreift. Die zentrale Einheit auf Kunden- oder Institutsseite übernimmt vorwiegend „administrative Aufgaben, hauptsächlich in Form einer nachträglichen Aufbereitung und Zusammenstellung der den Ländermärkten entstammenden Marktforschungsergebnisse" (Westerheide 2003, S. 161).

Hinsichtlich der einzelnen Phasen des Studienablaufs (Entscheidung über die Methode, genaue Zielgruppendefinition, Diskussionsleitfaden, Aufbereitung und Analyse der Ergebnisse) arbeiten die Marktforscher in den einzelnen Ländern autonom.

Bei sehr heterogenen Märkten kann sich diese Vorgehensweise als hilfreich erweisen, um die Expertise und Erfahrung lokaler Ansprechpartner mit einzubeziehen. Kulturelle, marktspezifische und sprachliche Nuancen werden so in höchstem Maße berücksichtigt. Ratsam wäre dies bei einer qualitativen Studie, welche in Ländern mit sehr konträren oder inkongruenten kulturellen Eigenheiten und Marktsituationen, die eine Vergleichbarkeit erschweren, durchgeführt wird. Ein Beispiel hierfür wäre eine Grundlagenstudie zu einer Produktneuentwicklung im asiatischen, europäischen und nordamerikanischen Raum, bei der die Länder zusätzlich zu kulturell divergierenden Einstellungen und Werten stark hinsichtlich der Produktverwendung voneinander abweichen. Voraussetzung für eine dezentrale Organisation sind die Ressourcen auf Kunden- bzw. Auftraggeberseite sowie ausreichende Erfahrung in der Zusammenarbeit mit mehreren Teams aus unterschiedlichen Ländern.

2.3 Entscheidungsdeterminanten für zentrale oder dezentrale Organisation

Viele qualitative Marktforscher, die Erfahrung mit der zentralen Steuerung von internationalen Projekten haben, berichten von der Herausforderung, bei der Suche nach Gemeinsamkeiten verschiedener Märkte gleichzeitig deren Unterschiede und kulturelle Besonderheiten zu berücksichtigen. Während einige qualitative Marktforscher wie beispielsweise Bill Schlackman (vgl. Gwilliam et al. 2004, S. 1) gar an der Möglichkeit der Durchführung internationaler qualitativer Studien zweifeln, kritisiert die englische qualitative Forscherin Linda Caller (vgl. Wardle 2002, S. 128) die übertriebene Faszination der Suche nach kulturellen Unterschieden, die kulturübergreifende Gemeinsamkeiten übersehen lässt. Gerade bei der Markenwahrnehmung zeigen sich ihrer Meinung nach oft globale Übereinstimmungen. Bei dezentral durchgeführten internationalen Projekten hingegen können fehlende inhaltliche und strukturelle Leitlinien die Vergleichbarkeit, aber auch die detaillierte Herausarbeitung von Unterschieden erschweren.

Es gibt keine allgemeingültige Regel, nach der man vorgehen kann, um die Frage nach zentraler oder dezentraler Organisation einer internationalen qualitativen Studie zu beantworten. Die Entscheidung für eine komplette Zentralisation oder Dezentralisation ist in der Praxis aufgrund der jeweiligen Vor- und Nachteile beider Varianten eher unvorteilhaft: Die vollkommene Zentralisation kann eine „kurzsichtige Betrachtungsweise lokaler Gegebenheiten" zur Folge haben, während eine komplett dezentrale Vorgehensweise in „Koordinationsverlust und einer geringeren Berücksichtigung der für eine Vergleichbarkeit relevanten Aspekte" münden kann (Lee Adler zitiert in Wich 1989, S. 171). Eine Kombination aus sowohl zentraler als auch dezentraler Vorgehensweise kann hier eine Lösung darstellen, um marktkontextabhängige Faktoren bei gleichzeitiger Strukturierung zu berücksichtigen. Determinanten für eine stärker zentral oder dezentral gewichtete Durchführung internationaler Projekte sind v. a.

- die Struktur des auftraggebenden Unternehmens
- methodische Aspekte
- praxisorientierte Anforderungen.

2.3.1 Die Struktur des auftraggebenden Unternehmens

Laut Wich (1989, S. 168) wird in vielen einschlägigen Untersuchungen die Vermutung bestätigt, „zwischen einer international standardisierten Marketing- bzw. Forschungskonzeption und einer zentralisierten Organisationsstruktur bestehe ein direkter Zusammenhang": Die Organisation des durchführenden Instituts spiegelt meist diejenige des Auftraggeberunternehmens wider. Dennoch lohnt es sich, vor dem Hintergrund einer internationalen qualitativen Studie und deren Zielsetzung zu diskutieren, ob dies wirklich immer der richtige Weg ist. Vielmehr erscheint es ratsam, auf Basis wissenschaftstheoretischer Überlegungen zu entscheiden, ob eine eher dezentral oder eher zentral koordinierte Studie dem Untersuchungsprozess und dem Untersuchungsergebnis in optimaler Weise dienlich ist.

2.3.2 Methodische Aspekte

Methodische Aspekte, wie Gruppendiskussionen vs. qualitative Interviews, Anzahl der Befragten pro Gruppe, Dauer, Zielgruppenkriterien und nicht zuletzt die Kombination aus diesen Faktoren, sollten in die Überlegung „zentral oder dezentral?" mit einfließen. Während in einigen westeuropäischen Ländern drei- bis vierstündige Gruppendiskussionen oder Workshops eine gängige Methode sind, trifft man z. B. im amerikanischen Raum Gruppen mit dieser Dauer eher selten an. Dafür wird dort oft eine größere Teilnehmerzahl pro Gruppe bevorzugt. Bei methodischen Fragestellungen und deren Auswirkungen auf das Untersuchungsergebnis sollte in jedem Fall der Forscher des lokal durchführenden Marktes zurate gezogen werden. Bei homogenen oder vergleichbaren Märkten, die hinsichtlich soziokultureller Strukturen, aber auch in Bezug auf bestimmte Merkmale einer Marke oder eines Produkts und deren Verwendung große Ähnlichkeiten zueinander aufweisen – z. B. Norwegen und Schweden vs. Spanien und Portugal –, ist eine zentrale Koordination der Marktforschungsstudie empfehlenswert. Spezielle methodische Varianten wie etwa ethnographische Interviews oder Moderationstechniken bedürfen der Interpretation durch einen mit der lokalen Mentalität, Kultur und Sprache vertrauten Moderator.

2.3.3 Praxisorientierte Anforderungen

In Anbetracht zeitlicher und, damit zusammenhängend, monetärer Ressourcen erweist sich eine zentrale Koordination i. d. R. von Vorteil, da der Koordinator der Studie als Hauptansprechpartner sowohl auf der Kundenseite als auch aufseiten der beteiligten Länder agiert und so Informationen bündeln kann. Der Auftraggeber einer internationalen qualitativen Untersuchung sollte sich bei der Wahl des durchführenden bzw. koordinierenden Instituts folgende Fragen stellen (vgl. auch Wich 1989, S. 178):

1. Welche Erfahrung hat das Institut oder das durchführende Land mit den spezifischen Marketingproblemen?
2. Wie viel Erfahrung hat das Institut mit internationalen Projekten?
3. Wie viel Erfahrung hat das Institut mit den an der Untersuchung teilnehmenden Ländern? Hat das Institut Partner in diesen Ländern?

4. Ist das Institut selbst Teil eines internationalen Netzwerks?
5. Gibt es über Länder hinweg vergleichbare Standards, Techniken oder Produkte?

Wie die Ausführungen zur zentralen vs. dezentralen Organisation und Durchführung von internationalen Studien gezeigt haben, sind die zu berücksichtigenden Entscheidungsgrundlagen vielschichtig und äußerst komplex. Vor allzu pauschalen Empfehlungen für die eine oder andere Vorgehensweise ist zu warnen. Die genannten Fragen sind daher eher zur Sensibilisierung geeignet, denn als Basis für pragmatische Entscheidungen.

3 Vor- und Nachteile zentraler und dezentraler Durchführung in einzelnen Phasen des Untersuchungsprozesses

Wie bereits erwähnt, findet man in der Praxis häufig einen graduellen Verlauf zentraler und dezentraler Durchführung innerhalb der einzelnen Stufen eines internationalen qualitativen Projekts, d. h., jede der beiden Formen kann in einzelnen Projektphasen dominieren. Im Kontext der einzelnen Phasen sollen die Vor- und Nachteile zentraler und dezentraler Durchführung nachfolgend diskutiert werden.

3.1 Das Briefing

Wie bei allen Marktforschungsstudien ist die Qualität des Briefings maßgeblich für die Qualität einer Studie. Das Briefing bietet dem Marktforscher die Möglichkeit, sich einen detaillierten Einblick in das Untersuchungsthema, die Besonderheiten des Marktes, des Produkts und der Zielgruppe zu verschaffen, die der Zielsetzung der Untersuchung dienlich sind. Man muss hier unterscheiden zwischen dem Briefing, das vor Beginn einer Studie in der Angebotsphase stattfindet, und einem detaillierten weiteren Briefing, welches i. d. R. bei Auftragserteilung erfolgt.

Ein erstes Briefing, mit dem ein auftraggebendes Unternehmen vor Beginn einer Studie an ein Institut herantritt, liefert zunächst wichtige Basisinformationen für die Ausarbeitung des Studiendesigns und enthält üblicherweise wichtige Rahmendaten über Hintergrund und Zielsetzung der qualitativen Untersuchung, Zielgruppeninformationen, Länder, Budget und Timing. Auf der Grundlage dieser Informationen wird ein Angebot erstellt. In einem zweiten Briefing, das i. d. R. erst bei Auftragserteilung stattfindet, werden dann inhaltliche Details für die Erhebung vermittelt und diskutiert, die für eine maßgeschneiderte Erarbeitung von Screener und Diskussionsleitfaden nötig sind.

Bei dezentraler Durchführung mit direktem Kommunikationsweg zwischen Kunden und Marktforscher werden eventuelle „Filter", wie sie durch eine dritte Partei entstehen können, vermieden. Gerade bei einer Mehrländerstudie stehen einer solchen Vorgehensweise jedoch ein erhöhter Zeit- und Kostenaufwand gegenüber, da jedes Land einzeln kontaktiert und gebrieft werden muss. Dieser Aufwand entfällt bei zentral organisierten Briefinggesprächen v. a. dann, wenn man die Möglichkeit hat, Termine zu bündeln und mehrere Länder gleichzeitig zu instruieren (allerdings müssen eventuell unterschiedliche Zeitzonen berücksichtigt werden). Dies geschieht i. d. R. telefonisch. Ein gemeinsamer Termin mit mehreren oder allen beteiligten Ländern stellt sicher, dass alle Länder den gleichen Informationsstand hinsichtlich des Hintergrunds und der Zielsetzung der Studie erhalten. Außerdem ermöglicht der „Gruppeneffekt" unterschiedliche Fragen im Kontext mit allen Teilnehmern zu beantworten und zu diskutieren oder Erfahrungen beispielsweise mit unterschiedlichen qualitativen Techniken auszutauschen.

Es ist empfehlenswert, zusätzlich zum mündlichen Briefing ein schriftliches Dokument auszuarbeiten, in dem die wichtigsten Eckpunkte festgehalten werden. Zeitnah vor dem telefonischen Termin bietet das schriftliche Briefing eine wertvolle Diskussionsplattform und erlaubt eine gezielte Vorbereitung aller beteiligten Marktforscher. Potenzielle Fragen können frühzeitig berücksichtigt und Missverständnisse geklärt werden.

3.2 Das Angebot

Bereits in der Angebotsphase eines internationalen qualitativen Projekts stellt sich die Frage, inwiefern eine zentrale Koordination der Untersuchung oder eine lokale Ausrichtung dem Untersuchungsziel zuträglich ist. Da im Angebot durch das Studiendesign der Grundstein für methodische Inhalte der Studie gelegt wird, bedeutet ein dezentrales Procedere mehr Freiraum für länderindividuelle Gestaltungsmöglichkeiten und somit maximale Berücksichtigung lokaler Gegebenheiten des Marktes. Demgegenüber steht die bei Mehrländerstudien gewünschte Erforschung möglicher Gemeinsamkeiten und der Vergleich der Ergebnisse der Studie, aber auch die Möglichkeit, das Leistungsspektrum der einzelnen Länder zu vergleichen und in Relation zu anfallenden Kosten zu betrachten. Wichtig bei einer zentralen Bündelung von Angeboten sind klare Definitionen über gegenseitige Leistungserwartungen, um vergleichbare Qualitätsstandards zu definieren.

3.3 Rekrutierungsleitfaden (Screener)

Der Screener oder Rekrutierungsleitfaden liefert bei nationalen wie internationalen Studien eine entscheidende Basis für die Analyse der Studienergebnisse, da hier die wichtigsten Merkmale der Zielgruppe festgelegt werden. Diese determinieren in hohem Maß die Möglichkeit zur freien Äußerung der Teilnehmer und somit notwendige Bedingungen für die Analyse der Ergebnisse.

Eine dezentrale Durchführung erlaubt eine hohe Berücksichtigung lokaler Feinheiten der Zielgruppenmerkmale, die bei einer zentral koordinierten Studie durch die zugunsten der Vergleichbarkeit vorgenommene Notwendigkeit der „Vereinheitlichung" von Merkmalen oft nicht vollständig abgedeckt werden. Beispielhaft für marktspezifische Nuancen ist die Definition von Berufsfeldern, die aufgrund der unterschiedlichen Ausbildung in den jeweiligen Ländern variieren kann. Medizinischen Berufen kann je nach Nationalität eine eher generalistische oder spezielle Ausbildung zugrunde liegen. Auch das Merkmal „Schulausbildung" kann stark differieren und einen Einfluss auf die Sozialisation der Betreffenden haben. Als Beispiel seien die unterschiedlichen Schulsysteme in den USA und Deutschland genannt. Ein weiteres Beispiel sind unterschiedliche Lebenszyklen, die vor dem Hintergrund unterschiedlicher kultureller Einflüsse stark variieren können. So findet die Familiengründung in vielen westeuropäischen Ländern häufig zu einem wesentlich späteren Zeitpunkt statt als im südamerikanischen Raum.

Das im Zusammenhang mit zentral koordinierten Studien oft genannte Problem der Kompatibilität von Methode und Zielgruppe über mehrere Länder hinweg wird bei einer dezentralen Vorgehensweise abgeschwächt. Häufig wird bei zentral gesteuerten Projekten aus Gründen der besseren Vergleichbarkeit und Interpretation von Untersuchungsergebnissen eine über alle oder mehrere Länder hinweg gültige Methode vorgegeben. Je nach kulturellen Gegebenheiten kann es sich aber als schwierig erweisen, Personen mit unterschiedlichen Merkmalen in einer Gruppe zusammenzubringen (beispielsweise Männer und Frauen in einer Gruppe in den Vereinigten Arabischen Emiraten oder ältere und jüngere Erwachsene in China). Die freie Meinungsäußerung der Teilnehmer kann in solchen Fällen nicht gewährleistet werden. Die lokalen Marktforschungsinstitute sollten in jedem Fall bei der Festlegung des Screeners zurate gezogen werden, um eine bestmögliche Qualität durch Anpassung der Rekrutierungskriterien und Methodik zu gewährleisten.

3.4 Diskussionsleitfaden

Bei der Erstellung eines qualitativen Diskussionsleitfadens steht zwar in erster Linie die Vermittlung der Kernziele der Untersuchung im Vordergrund und nicht der genaue Wortlaut, dennoch ist bei der Übersetzung darauf zu achten, dass Inhalte und Moderator-Anweisungen in adäquater Weise vermittelt werden. Bei zentraler Koordination entwirft üblicherweise das Lead Country den Diskussionsleitfaden und lässt diesen ins Englische (oder eine andere Sprache, die von der Mehrheit der beteiligten Länder gesprochen wird) übersetzen. In einem weiteren Schritt übersetzen die Länder den Leitfaden wiederum – sofern nötig – in die jeweilige Landessprache. Um etwaige durch Übersetzungen entstandene Fehlinterpretationen zu vermeiden, sind sogenannte „Backtranslations" bei der Qualitätssicherung hilfreich. Die Version, die in die lokale Sprache des durchführenden Landes übersetzt wurde, wird hierbei in die Originalsprache „rückübersetzt", in der das Dokument an die Länder gesendet wurde, ohne dass der Übersetzer das Original gesehen hat. Das Briefing ermöglicht eine zusätzliche Klärung von Details. Die Rückübersetzung des Diskussionsleitfadens ist sowohl bei zentraler als auch bei dezentraler Durchführung ratsam. Der Vorteil eines zentral angelegten Diskussionsleitfadens ermöglicht Konsistenz über die einzelnen Länder hinweg und somit eine bessere Vergleichbarkeit der Ergebnisse. Flexibilität ist jedoch aufgrund kultureller Unterschiede und davon abhängigen gruppendynamischen Effekten empfehlenswert.

Der Einsatz von **qualitativen Techniken** in Gruppenszenarien oder Interviews erfordert nicht nur im Hinblick auf die Analyse Einfühlungsvermögen in die jeweilige kulturspezifische Mentalität und Kenntnis verschiedener Symboliken. Auch die Angemessenheit der unterschiedlichen Techniken kann in Anbetracht kultureller Gegebenheiten sehr stark variieren. In Kulturen, in denen soziale Konventionen und Status von großer Bedeutung sind, bereiten Techniken, die einen kreativ-spielerischen oder fantasievollen Umgang mit Untersuchungsinhalten fordern, erwachsenen Teilnehmern eher Schwierigkeiten. Die Ermunterung, Gedanken in Bildern nachzuzeichnen oder Rollenspiele durchzuführen, wird hier sicherlich peinliche Berührtheit verursachen oder im ungünstigen Fall die Weigerung der Befragten, die ihnen gestellten Aufgaben zu erfüllen. Bei zentraler Durchführung sollte sich das koordinierende Forschungsteam intensiv mit den beteiligten Ländern über den Einsatz möglicher passender Techniken austauschen und bei der Interpretation der Ergebnisse auf wichtige Hintergrundinformationen wie die interkulturelle Bedeutung von Begriffen und Farben achten. Grünen Farbtönen wird in der westlichen Welt eine beruhigende Wirkung zugeschrieben, während sie in asiatischen Ländern Krankheit und Gefahren ausdrücken können (vgl. Höber 1990, S. 9). Bei dezentraler Durchführung sind diese Punkte weniger kritisch zu betrachten, da der lokale Moderator die Adäquatheit solcher Techniken und die Bedeutung der Ergebnisse bei deren Einsatz sicherlich gut beurteilen kann. Dennoch ist auch hier eine zusätzliche Erläuterung bestimmter kultureller Symbole und Begriffe hilfreich für ein besseres Verständnis der Ergebnisse bei Collagen oder projektiven Techniken.

3.5 Die Erhebung

Für den Koordinator eines zentral organisierten Projekts ist das Hintergrundwissen über den Moderator, der als „Sprachrohr" seines Marktes fungiert, ein essenzielles Kriterium. Da persönliche Kontakte oder Erfahrungswerte nicht immer oder nur in begrenztem Maße vorliegen, muss der hauptverantwortliche Forscher ausreichend Möglichkeiten haben, sich bereits vor Untersuchungsbeginn ein Bild von den Erfahrungen seines Counterparts in den jeweiligen Ländern zu machen. Ein detaillierter Lebenslauf mit Hinweisen auf Produktbereiche, Zielgruppen- und Methodenerfahrung sowie Kompetenzen im Bereich qualitativer Techniken und institutsspezifischer Produkte kann wichtige Anhaltspunkte liefern und bildet die Basis für folgende Diskussionen.

Das Monitoring einer Studie dient der Qualitätssicherung. Im Idealfall ist bei einer zentral koordinierten Studie ein Projektleiter aus dem Lead Country vor Ort, um sich Gruppendiskussionen oder Interviews anzuschauen und sich zu vergewissern, dass die Zielgruppenkriterien den Anforderungen genügen und die Untersuchungsziele im Fokus des Moderators sind. Aus Kosten- oder Zeitgründen ist dies jedoch nicht immer möglich. Wann immer sich jedoch die Gelegenheit bietet, sollte man diese nutzen, um sich direkt vor Ort in persönlichen Briefings und Debriefings mit den Moderatoren auszutauschen. Kurze persönliche oder telefonische Debriefings mit den Moderatoren im Anschluss an die Gruppen oder Interviews tragen dazu bei, ein erstes Gespür für die Ergebnisse zu bekommen und sicherzustellen, dass die Kernziele der Untersuchung im Fokus bleiben. So kann bereits in einem frühen Stadium festgestellt werden, ob der Diskussionsverlauf zielführend ist, d. h., ob beispielsweise bestimmte qualitative Techniken oder der Diskussionsleitfaden inhaltlich oder in Bezug auf zeitliche Einteilung der Themenpunkte angepasst werden müssen, um zu den erwünschten Einsichten zu gelangen.

Mittlerweile gibt es einige Alternativen, die es dem Projektleiter erlauben, Studien in anderen Ländern oder Städten beizuwohnen, ohne vor Ort anwesend zu sein. Per Video- oder Webübertragung kann die Durchführung im Feld „live" mitverfolgt werden. Bei dem Einsatz solcher Techniken sollte jedoch abgewogen werden, inwiefern diese in Bezug auf Kosten und Timings tatsächlich ökonomischer sind, da eine Betrachtung hinter dem Spiegel wichtige Details der Gesprächsdynamik erkennen lässt, die bei einer Übertragung verloren gehen können. Ist es weder möglich, der Feldarbeit einer qualitativen Studie vor Ort noch live per Video- oder Webübertragung beizuwohnen, sollte sich der Projektleiter zumindest per Telefon oder E-Mail einen Zwischenstand des Verlaufs der Feldarbeit und der Ergebnisse einholen, um etwaige Anpassungen vorzunehmen. Die Arbeit und der Austausch mit den anderen Researchern im Team gibt allen ein gutes Gefühl dafür, inwiefern Diskrepanzen mit dem Untersuchungsziel vorliegen oder nicht.

Alexandra Miller

Bei einer lokal wie zentral gesteuerten qualitativen Studie sollten bereits im Vorfeld externe Bedingungen wie Details zum Durchführungsort, geographische Lage, Ausstattung des Studios bzw. Durchführungsraums usw. geklärt werden. Während sich der Researcher bei dezentraler Durchführung an den lokal üblichen Gegebenheiten orientieren kann, erfordert die zentrale Durchführung eine Festlegung auf bestimmte Standards. So sollte frühzeitig geklärt werden, ob es Gruppenräume mit Zuschauermöglichkeit gibt, Geräte für die Aufzeichnung von Gruppen und Interviews, Catering für Teilnehmer und Kunden usw. und wie sich diese Details auf die Kosten auswirken. Die Möglichkeit einer Viewing Facility ist nicht in jedem Land automatisch in den Kosten für die Durchführung von Gruppen oder Interviews inbegriffen. Aufgrund infrastruktureller Gegebenheiten finden qualitative Studien in manchen Ländern nicht in Studios statt, sondern in anderen Räumlichkeiten, wie z. B. in Privathäusern oder Hotels.

Im Zusammenhang mit der Beobachtung einer Studie stellt sich i. d. R. die Frage nach der Notwendigkeit für eine Simultanübersetzung. Bei der Wahl des Dolmetschers ist besondere Sorgfalt geboten, da dieser so genau wie möglich die Inhalte einer Diskussion zwischen Teilnehmern und Moderator transportieren muss. Nicht nur ein sorgfältiges Briefing über die wichtigsten Rahmendaten der Untersuchung, sondern auch die vorherige Erfahrung eines Übersetzers mit der speziellen Dynamik einer Gruppendiskussion sind maßgebliche Bestandteile der Qualität der Übersetzungsleistung.

Ein weiteres formales Detail, das im Verlauf der zentralen Organisation einer Studie offengelegt werden sollte, ist die Übersetzung des Stimulusmaterials in die jeweilige Landessprache. Diese sollte von einem professionellen Übersetzer oder – bei Werbematerial – von der jeweiligen lokalen Agentur vorgenommen werden, um Inhalte adäquat wiederzugeben und die Betonung bestimmter Schwerpunkte der Kommunikationsinhalte im intendierten Sinn zu vermitteln.

3.6 Analyse und Ergebnisbericht

Nicht nur die Analysemethode, sondern auch die strukturellen Anforderungen an die Berichtslegung können von Land zu Land, aber auch innerhalb eines Landes sehr stark variieren. Verglichen mit der zentralen Durchführung lässt eine dezentral durchgeführte Studie eine individuellere Gestaltung in Bezug auf die Analyseform sowie die formale und inhaltliche Ausarbeitung zu.

Bei zentraler Koordination eines Mehrländerprojekts ist es unabdingbar, sich über die Vorstellungen und Definitionen der Berichtslegung ein klares, gemeinsames Bild zu verschaffen. Z. B. muss klar umrissen sein, was sich der Projektleiter des koordinierenden Landes unter einer Topline Summary, einer Management Summary und einem vollständigen Ergebnisbericht vorstellt. Sollen Zitate enthalten sein? Wird ein Word-

Praktische Durchführung: zentral vs. dezentral

Dokument präferiert, oder soll ein Power-Point-Format mit Grafiken erstellt werden, um die Ergebnisse später in ein Präsentationslayout integrieren zu können? Diese Fragen sollten bereits in der Angebotsphase geklärt sein. Die dezentrale Vorgehensweise erlaubt dem Moderator, das Material unter Verwendung ihm geeignet erscheinender Hilfsmittel zu analysieren und den Ansatz zu wählen, der aus seiner Sicht dazu beiträgt, die Ergebnisse optimal herauszuarbeiten. Als Grundlage für die Analyse können unterschiedliche Hilfsmittel verwendet werden, deren Einsatz auch bei zentraler Steuerung dem Moderator des durchführenden Landes obliegen sollte. Während einige Moderatoren das Sichten des Bild- und/oder Tonmaterials, der Gruppen oder Interviews, bevorzugen, arbeiten andere mit Transkripten oder Protokollen. Hier sollte der analysierende Forscher entscheiden dürfen. Das Ziel, den besten Weg zu finden, um eine hohe Qualität der Auswertung leisten zu können, sollte im Mittelpunkt stehen.

Internationale Vergleichbarkeit kann durch die Festlegung auf eine inhaltliche Gliederung und strukturelle Vorgabe des Layouts erleichtert werden. Bei zentraler Durchführung internationaler Projekte ist die Analysestruktur bzw. das Analysis Grid ein gängiges Hilfsmittel, um formale, aber auch inhaltliche Details festzulegen. Die Anwendung eines solchen Dokuments wird oft mit dem Vorwurf der Schaffung eines „Korsetts" kritisiert, das wenig Spielraum für markt- und kulturspezifische Facetten lässt. Die Lösung liegt hier in einem Kompromiss, der die flexible Handhabung solcher Analysis Grids ermöglicht. Kernpunkte, die sich in allen Reports wiederfinden müssen, werden festgelegt, dennoch sollte individueller Freiraum für die Strukturierung von Unterpunkten und Analysealternativen zugelassen werden. Empfehlenswert ist es, in den Untersuchungsbericht einen separaten Teil zum marktspezifischen Kontext für jedes Land zu integrieren, sodass Ergebnisse besser im Zusammenhang landestypischer Gegebenheiten interpretiert werden können.

Idealerweise treffen sich bei zentral gesteuerten Projekten die Moderatoren der einzelnen Länder am Ende der Durchführung bei einem Analyseworkshop, um die Ergebnisse gemeinsam im Team zu diskutieren und Schlussfolgerungen und Empfehlungen auszuarbeiten. Workshops haben sich immer wieder als ideale Plattform für die Ergebnisdiskussion erwiesen, um Hintergrundwissen und somit ein tieferes Verständnis über die jeweilige Marktsituation zu erhalten und kulturelle Gemeinsamkeiten und Unterschiede herausarbeiten zu können. Der inhaltliche Vorteil einer Gruppenanalyse besteht außerdem in der Bereicherung, die durch die Interpretation der Ergebnisse aus verschiedenen Blickwinkeln entsteht. Normalerweise legt jeder qualitative Forscher der Ergebnisanalyse diejenige Auswertungsmethode zugrunde, die aus seiner Sicht am besten geeignet ist, um zu dem Untersuchungsziel zu gelangen. Eine Kombination unterschiedlicher analytischer Ansätze kann zu tieferen und reichhaltigeren Erkenntnissen führen, da sich die einzelnen Sichtweisen ideal ergänzen können. Das Risiko einer subjektiven Interpretation der Ergebnisse wird somit minimiert. Aus diesem Grund empfiehlt es sich, den Rahmen für die inhaltliche Analysemethode flexibel zu handhaben und Raum für Individualität zu ermöglichen. Dem erheblichen Vorteil intensiver gemeinschaftlicher Analyse stehen allerdings die Kosten, welche bei internationalen Analyseworkshops durch eventuell weite Anreisen verursacht werden, entgegen. Dies lässt viele Auftraggeber zurückschrecken. Dem ist entgegenzuhalten, dass die kritische Überprüfung der Ergebnisse im internationalen Team die Validität erheblich verbessert, weil nationale Kontexteffekte der beteiligten Länder konsequenter in die Analyse einfließen. Wenn ein persönlicher Workshop aufgrund mangelnder zeitlicher und materieller Ressourcen nicht möglich ist, sollten alternative Diskussionsmöglichkeiten wie beispielsweise Web-Konferenzen in Betracht gezogen werden.

4 Fazit

Internationale qualitative Marktforschung ist ein Kompromiss zwischen der Tiefe, mit der man in einen Markt eintaucht, und der Verallgemeinerung kultureller Normen auf der Suche nach Vergleichbarkeit (vgl. Gwilliam et al. 2004, S. 1). Dieser Kompromiss ist jedoch nötig, um Vor- und Nachteile auszubalancieren, die aus einer komplett zentral oder dezentral gelagerten multinationalen qualitativen Studie entstehen können.

Branthwaite (1995, S. 91) bezeichnet die Zusammenarbeit der einzelnen an einem internationalen qualitativen Projekt beteiligten Institute als „trade-off involving the two-way transfer of skills". Auf der Seite des zentral koordinierenden Instituts sind seiner Meinung nach Marketingkenntnisse, Erfahrungen mit qualitativen Methoden und Techniken, Standardisierungs- und Koordinationserfahrung sowie die Würdigung und Kenntnis der Kundenbedürfnisse und -ziele notwendig. Die lokal durchführenden Institute oder Forscher sollten eine tief gehende Expertise der zu erforschenden Marke und damit zusammenhängenden Produktkategorie aufweisen, mit den kulturellen Gegebenheiten vertraut sein, Erfahrung mit der Durchführung qualitativer Projekte haben und eine generelle Kenntnis und Vertrautheit mit dem lokalen Markt besitzen. Das Zusammenspiel dieser Fähigkeiten und Fertigkeiten auf beiden Seiten ermöglicht eine solide Basis für den Erfolg eines internationalen qualitativen Projekts.

Literaturverzeichnis

Branthwaite, Alan (1995): Standardization through creative expression, projective techniques in international market research. In: Canadian Journal of Marketing Research, 14, S. 87–93.

Gwilliam, Jane / Lovett, Peter / Smith, Sian (2004): Achieve the impossible. Library of the Association for Qualitative Research (AQR). www.aqr.org.uk. Zugriff: 18.08.2010.

Höber, Martina (1990): Nationale Unterschiede als Problem internationaler Marktforschung. Köln.

Verheggen, Pieter Paul (2001): International work can be like conducting an orchestra. In: Library of the Association for Qualitative Research (AQR). www.aqr.org.uk. Zugriff: 18.08.2010.

Wardle, Judith (2002): Developing Advertising with Qualitative Market Research. In: Ereaut, Gill / Imms, Mike / Callingham, Martin (Hrsg): Qualitative Market Research: Principle and Practice. Band 6. London, Thousand Oaks, New Delhi.

Westerheide, Jens (2003): Die Internationalisierung der Institutsmarktforschung. Motive, Determinanten, Entwicklungsmuster und Entscheidungstatbestände aus der Perspektive eines internationalen strategischen Marketing. Bremen (Dissertation).

Wich, Donald J. (1989): Die Vergleichbarkeit von Befragungen im Rahmen der internationalen Konsumentenforschung. Hamburg.

Stichwortverzeichnis

Nachfolgend werden die Stichworte den Artikeln dieses Buches, in denen sie behandelt werden – abgekürzt dargestellt durch die Namen ihrer Autoren –, zugeordnet. Mehrere Artikel desselben Autors werden gemäß ihrer Reihenfolge im Buch mit (a) und (b) gekennzeichnet.

A

Akademische Forschung → *Balzer, Balzer/Naderer, Kleining, Kreikenbom/Stapelfeld, Mey/Mruck, Naderer (a)*
Alltag/Alltagsbezug/Alltagsdaten → *Kleining, Kühn/Koschel, Lönneker, Mathews/Kaltenbach*
Analyse → *Balzer/Naderer, Blank, Gehling, Holzhauer/Naderer, Kaiser, Kleining, Kühn/Koschel, Liebel, Lönneker, Mey/Mruck, Miller, Müller et al, Naderer (a), Naderer (b), Puchta/Rüsing, Schweitzer/Siewert, Woesler de Panafieu*
Angebot → **Briefing**
Angewandte Forschung → *Balzer, Balzer/Naderer, Holzhauer/Naderer, Kleining, Kreikenbom/Stapelfeld, Mey/Mruck*
Apparative Methoden → *Maas, Müller et al.*
Archetypen → *Gutjahr, Kirchmair*
Artefakt → *Kaiser*
Assoziative Verfahren → *Gehling, Gutjahr, Kirchmair, Klusendick, Liebel, Maas, Mappes/Zerzer*
Ausbildung → *Balzer/Naderer*
Auskunftsfähigkeit → *Müller et al.*
Auswahl, bewusste vs. willkürliche → *Schreier*
Auswertung → **Analyse**
Authentizität → *Mathews/Kaltenbach, Mey/Mruck, Polomski*
Automobilforschung → *Liebel, Spiegel*

B

Bedeutung/Bedeutungshof/Bedeutungssystem → *Puchta/Rüsing, Woesler de Panafieu*
Behaviorismus → *Kirchmair, Kleining, Klusendick, Müller et al.*
Beobachtung/Beobachtungsverfahren → *Gnambs/Batinic, Hahn, Kaiser, Kleining, Kühn/Koschel, Mappes/Zerzer, Mathews/Kaltenbach, Müller et al., Rietschel, Schlicksupp et al., Spiegel*
Berater → *Balzer/Naderer, Bauer/Kanther*
Berichtslegung → *Kleining, Miller*
Bewusste Auswahl → **Auswahl, bewusste**
Biographieforschung → *Kühn/Koschel, Mey/Mruck*
Biotik, voll-, quasi-, nicht-biotisch → *Müller et al.*
Brain-Script → **Script**
Brainstorming → *Kirchmair, Schlicksupp et al.*
Briefing → *Miller*

C

Car Clinics → *Spiegel*
Category Management → *Rietschel*
Chicago School → *Kleining, Mathews/Kaltenbach, Müller et al.*
Codierung → *Naderer (b), Klusendick*
Computergestützte Analyse → *Naderer (b)*

D

Datenschutz → *Müller et al., Schweitzer/Siewert*
Deduktion → *Kleining*
Delphi-Methode → *Kirchmair, Mićić, Pflaum*
Denotation → *Woesler de Panafieu*
Diagnose → *Maas, Mićić*
Dialektik → *Kleining*
Dialogprinzip → *Kleining, Mey/Mruck*
Dienstleistungsforschung → *Bauer/Kanther*
Diskursanalyse → *Naderer (b), Puchta/Rüsing*
Dokumentation → *Blank, Mey/Mruck, Naderer (b)*
Dokumentenanalyse → *Gnambs/Batinic, Woesler de Panafieu*

E

Einstellung/Einstellungsforschung → *Klusendick, Kreikenbom/Stapelfeld, Müller et al., Polomski*
Einzelhandel → **Handel**
Einzelinterview → **Interview, qualitatives**
E-Mail Befragung → *Gnambs/Batinic*
Empathie → *Mappes/Zerzer, Mićić, Polomski*
Emotionsforschung → *Klusendick*
Entdecken → *Balzer, Kleining*
Entscheidungsprozesse → *Klusendick*
Erklären → *Kleining*
Ethik → *Naderer (a)*
Ethnographie → *Kaiser, Kleining, Mathews/Kaltenbach, Müller et al., Spiegel*
Ethnologie → **Ethnographie**
Experiment → *Gutjahr/Naderer, Hahn, Kleining, Müller et al.*
Experten/Experteninterview → *Mey/Mruck, Pflaum, Spiegel*
Explikation → *Naderer (b)*
explizite Prozesse → **Prozesse, explizite**

685

Exploration → *Klusendick, Liebel, Mappes/Zerzer, Mey/Mruck, Müller et al., Rietschel, Woesler de Panafieu*
expressive Verfahren → *Mappes/Zerzer*
Eyetracking → *Müller et al.*

F

Fallauswahl → *Schreier*
Fast Moving Consumer Goods → *Kaiser, Lönneker*
Focus Group → **Gruppendiskussion**
Forschungsprozess → *Balzer/Naderer, Holzhauer/Naderer, Kleining, Mey/Mruck*
Frageformen → *Mey/Mruck*
Frankfurter Schule → *Balzer, Blank*
Fremdbild → *Holzhauer/Naderer*
Friendship-Pair-Interview → *Mappes/Zerzer*

G

Ganzheitspsychologie → *Lönneker*
Gedächtnisforschung → *Klusendick*
Gesellschaft → *Balzer, Hahn, Kühn/Koschel*
Geschichte → *Balzer, Kleining, Kreikenbom/Stapelfeld*
Gesprächsführung → *Mey/Mruck*
Gesprächsleitfaden → **Leitfaden**
Gestalt → *Lönneker*
Gestaltpsychologie → *Kleining*
Globalisierung → *Gehling, Hahn*
Grounded Theory → *Kleining, Kühn/Koschel*
Gruppendiskussion → *Balzer/Naderer, Blank, Gehling, Gnambs/Batinic, Holzhauer/Naderer, Kaiser, Kleining, Kreikenbom/Stapelfeld, Kühn/Koschel, Lönneker, Maas, Mappes/Zerzer, Miller, Naderer (a), Pflaum, Puchta/Rüsing*
Gütekriterien → *Gehling, Kirchmair, Kleining, Mey/Mruck, Naderer (a)*

H

Handel/Handelsmarktforschung → *Pflaum, Rietschel*
Handlungseinheiten → *Lönneker*
Hermeneutik → *Kleining, Kühn/Koschel, Naderer (b), Woesler de Panafieu*
Heterogenität → *Blank*
Heuristik → *Kleining, Mey/Mruck*
Homogenität → *Blank*
Humanismus → *Polomski*
Hypothesenmatrix → *Schlicksupp et al.*

I

Ideengenerierung → *Pflaum, Schlicksupp et al.*
Implizite Prozesse → **Prozesse, implizite**
Imageforschung → *Kleining, Lönneker*

Indirekte Befragungsmethoden → *Gutjahr, Kaiser, Kirchmair, Naderer (b)*
Induktion → *Kleining*
Informationsverarbeitung → *Klusendick*
Inhaltsanalyse, qualitative → **qualitative Inhaltsanalyse**
Innovation/Innovationsforschung → *Pflaum, Schlicksupp et al.*
Interaktionismus, symbolischer → *Kleining, Kühn/Koschel*
Internationale Forschung → *Gehling, Lönneker, Miller, Schweitzer/Siewert*
Internet-Forschung → *Hahn, Gnambs/Batinic*
Interview, qualitatives → *Gehling, Gnambs/Batinic, Kaiser, Kleining, Kreikenbom/Stapelfeld, Kühn/Koschel, Maas, Mappes/Zerzer, Mathews/Kaltenbach, Mey/Mruck, Miller, Müller et al., Naderer (a), Pflaum, Polomski, Schweitzer/Siewert, Spiegel*
Intuition → *Gutjahr/Naderer*
Introspektion → *Kleining, Müller et al.*

J

Jugendliche → *Mappes/Zerzer*

K

Kaufverhalten → *Kaiser, Rietschel*
Kinder → *Mappes/Zerzer, Mey/Mruck*
Kognitive Prozesse → **Prozesse, kognitive**
Kognition → *Klusendick*
Kognitionspsychologie → *Kirchmair, Klusendick, Liebel*
Körpersprache → *Naderer (b)*
Kommerzielle Forschung → **angewandte Forschung**
Kommunalforschung → *Pflaum*
Kommunikationsforschung → *Kreikenbom/Stapelfeld*
Kommunikativität → *Mey/Mruck, Naderer (a), Naderer (b), Polomski, Puchta/Rüsing*
Konnotation → *Woesler de Panafieu*
Konsistenz → *Kleining*
Konstituierende Merkmale → *Naderer (a)*
Kontext/Kontextualität/Kontextualisierung → *Balzer, Gehling, Hahn, Kühn/Koschel, Mathews/Kaltenbach, Mey/Mruck, Müller et al., Naderer (a), Naderer (b), Woesler de Panafieu*
Konversationsanalyse → *Naderer (b), Puchta/Rüsing,*
Kreative Verfahren → *Kirchmair, Mićić, Schlicksupp et al.*
Kreativität → *Mappes/Zerzer, Schlicksupp et al.*
Kreativworkshop → **Workshop**
Kultur → *Gehling, Hahn, Kleining, Mathews/Kaltenbach, Miller, Woesler de Panafieu*

L

Laddering → *Klusendick, Liebel*
Längsschnittanalyse → *Liebel, Naderer (b)*
Lautes Denken, Methode des → *Rietschel, Spiegel*
Lebenswelten → *Kühn/Koschel, Mathews/Kaltenbach, Müller et al.*
Leitfaden → *Bauer/Kanther, Blank, Mey/Mruck, Miller*
Linguistik → *Puchta/Rüsing, Woesler de Panafieu*

M

Marke/Markenforschung → *Gutjahr, Liebel, Lönneker, Maas, Polomski, Woesler de Panafieu*
Means-End-Chain-Modell → *Liebel*
Mentale Prozesse → **Prozesse, mentale**
Metamorphose → *Lönneker*
Methodenstreit → *Balzer, Kleining*
Milieus → *Kühn/Koschel*
Mitarbeiterbefragung → *Bauer/Kanther, Polomski*
Mitarbeiter-Gespräch → *Polomski*
Moderationstechniken → *Blank*
Moderator/Moderation → *Blank, Kreikenbom/Stapelfeld, Mey/Mruck, Schweitzer/Siewert*
Morphologie → *Lönneker*
Morphologischer Kasten → *Schlicksupp et al.*
Motivation → *Polomski*
Motivforschung → *Balzer, Gutjahr, Kirchmair, Kleining, Klusendick, Liebel, Lönneker*
Mystery Shopping → *Bauer/Kanther, Müller et al., Rietschel*
Mythenforschung → *Gutjahr*

N

Neurophysiologie/Neurowissenschaften → *Gutjahr, Klusendick*
Non-direkte Exploration → **indirekte Befragungsmethoden**
Non-verbale Daten → *Naderer (b)*

O

Offenheit → *Gehling, Hahn, Kleining, Mathews/Kaltenbach, Mey/Mruck, Naderer (a), Naderer (b), Polomski*
Organisationsentwicklung → *Polomski*

P

Parteienforschung → *Kreikenbom/Stapelfeld*
Personalentwicklung → *Polomski*
Phänomenologie → *Kühn/Koschel, Lönneker*
Pharmamarktforschung → *Schweitzer/Siewert*
Politikforschung → *Kreikenbom/Stapelfeld*
POS-Forschung → *Kaiser, Rietschel*
Pragmatik → *Puchta/Rüsing, Woesler de Panafieu*
Preisforschung → *Bauer/Kanther*

Problemlösung → *Klusendick, Schlicksupp et al.*
Prognose → *Maas, Mićić*
Projektive Verfahren → *Gehling, Kirchmair, Kleining, Klusendick, Liebel, Maas, Miller*
Prozesse,
  mentale → *Gutjahr, Klusendick*
  kognitive → *Klusendick, Müller et al.*
  implizite → *Gutjahr, Gutjahr/Naderer, Klusendick*
  explizite → *Gutjahr, Gutjahr/Naderer, Klusendick*
Prozesshaftigkeit → *Hahn*
Psychoanalyse → *Liebel, Lönneker*
Psychodrama → *Kirchmair, Mappes/Zerzer*
Psychodynamik → *Gutjahr*

Q

Qualitative Inhaltsanalyse → *Naderer (b)*
Querschnittanalyse → *Naderer (b)*
Quote → *Schreier*

R

Reaktives Verfahren → *Mathews/Kaltenbach*
Reflexivität → *Naderer (a), Naderer (b)*
Rekonstruktion (von Sinn) → *Kühn/Koschel, Naderer (a), Naderer (b), Polomski*
Reliabilität → *Gütekriterien*
Repräsentativität → *Mey/Mruck, Naderer (a), Schreier*
Rollenverhalten → *Blank*

S

Sample → **Stichprobe**
Schemata → *Klusendick, Liebel*
Scherenanalyse → *Lönneker*
Screening → *Schreier*
Script (Brain-Script) → *Gutjahr, Klusendick*
Selbstbild → *Holzhauer/Naderer*
Semantik → *Puchta/Rüsing*
Semiologie/Semiotik → *Puchta/Rüsing, Woesler de Panafieu*
Shadowing → *Kühn/Koschel, Müller et al.*
Soziale Erwünschtheit → *Kreikenbom/Stapelfeld, Mappes/Zerzer, Müller et al.*
Soziologie → *Kühn/Koschel*
Sprache → *Mathews/Kaltenbach, Puchta/Rüsing, Woesler de Panafieu*
Stadtmarketing → *Pflaum*
Stichprobe/Stichprobenziehung → *Blank, Bauer/Kanther, Kleining, Kreikenbom/Stapelfeld, Kühn/Koschel, Lönneker, Miller, Naderer (a), Schreier, Schweitzer/Siewert*
SWOT-Analyse → *Pflaum*
Symbolischer Interaktionismus → **Interaktionismus, symbolischer**
Syntax → *Puchta/Rüsing*
Szenario-Techniken → *Mićić*
Szientismus → *Kleining*

T

Tagebuch → *Mappes/Zerzer, Mathews/Kaltenbach*
Teilnehmende Beobachtung → **Beobachtung**
Textanalyse → *Kleining*
Themenleitfaden → **Leitfaden**
Theoretical Sampling → *Schreier*
Theoriedefizit → *Balzer, Balzer/Naderer, Blank, Kleining, Naderer (a)*
Tiefeninterview → *Gutjahr, Kirchmair, Klusendick, Mey/Mruck*
Tiefenpsychologie → *Gutjahr, Kirchmair, Lönneker*
Tilmag-Methode → *Schlicksupp et al.*
Transkription → *Blank, Mey/Mruck, Naderer (b)*
Triangulation → *Kleining*
Typisierung → *Naderer (b)*

U

Unbewusst/Unterbewusst → *Gutjahr, Lönneker, Müller et al.*
Untersuchungsgegenstand → *Kleining, Müller et al.*
Usability-Forschung → *Hahn, Müller et al.*

V

Validität → **Gütekriterien**
Variation → *Kleining*
Verallgemeinerbarkeit → *Schreier*
Verfassungsmarketing → *Lönneker*
Verstehen → *Kleining, Kühn/Koschel, Polomski, Woesler de Panafieu*
Videobeobachtung → *Mathews/Kaltenbach, Müller et al., Rietschel*

W

Wahrnehmung → *Klusendick, Müller et al.*
Werbung → *Kaiser, Maas, Woesler de Panafieu*
Werbewirkungsforschung → *Maas*

Workshop → *Blank, Hahn, Mappes/Zerzer, Polomski, Spiegel*
Werte → *Kühn/Koschel, Liebel*
Wiener Kreis → *Kleining*
Willkürliche Auswahl → **Auswahl, willkürliche**
Würzburger Schule → *Kleining*
Wahlforschung → *Kreikenbom/Stapelfeld, Pflaum*
Wirkungseinheiten → *Lönneker*
Weiterbildung → *Balzer/Naderer*

Z

Zukunftsforschung/Zukunftsmanagement → *Mićić*

Personenregister

A

Adorno, Theodor W. 55, 218
Ajzen, Icek 476-477
Al-Saggaf, Yeslam 388-389, 391
Arbeitsgruppe Bielefelder Soziologen 133
Arbeitskreis Deutscher Markt- und Sozialforschungsinstitute e. V. (ADM) 56, 387, 397, 650
Arbeitskreis Qualitative Markt- und Sozialforschung (AKQua) 10, 15-16, 24
Arnold, Marc 498-490
Atteslander, Peter 315-316, 320
Austin, John L. 166-167

B

Bales, Robert F. 326, 336
Balzer, Eva 15
Bampton, Roberta 276, 388-390
Barthes, Roland 165-166, 180
Barton, Allen H. 54
Bauer, Florian 624-625, 627-628
Beck, Ulrich 141
Becker, Jochen 266, 621-622
Berelson, Bernard 207
Bergler, Georg 45, 54, 56, 200, 203
Bergler, Reinhold 46
Berth, Rolf 49, 51
Berufsverband Deutscher Markt- und Sozialforscher e. V. (BVM) 5, 21-22, 27, 235, 333-334, 422, 495, 650
Bischof, Norbert 74
Blumer, Herbert 132
Boas, Franz 151-152
Boehm, Gottfried 407
Borth, Björn-Olaf 622
Bortz, Jürgen 331, 396-397
Bourdieu, Pierre 133
Braunschweig, Ernst 46,50
Bruhn, Manfred 621, 633, 637
Bühler, Charlotte 45, 57, 219, 234
Bühler, Karl 45, 57, 234
Bungard, Walter 325, 331, 337
Bureau of Applied Social Research 202, 291

C

Cattell, Raymond B. 317
Catterall, Miriam 48, 292-293
Chomsky, Noam 165-167, 175
Cohn, Ruth 298, 302
Cooper, Peter 660, 664
Corbin, Juliet 247
Cowton, Christopher J. 276, 388-390

D

Damasio, Antonio R. 76
Dammer, Ingo 38, 100, 407
Dammler, Axel 540
Denzin, Norman 203, 231, 265, 292
Deppe, Michael 76
Descartes, René 208
Devereux, Georges 283
Diaz-Bone, Rainer 134, 142, 509
Dichter, Ernest 57-58, 71, 73, 95, 309, 348-349, 358-359, 525
Dilthey, Wilhelm 52, 86-87, 131, 201, 216, 223
Döring, Nicola 331, 396-397, 399
Drew, Paul 170-171
Durkheim, Emile 131

E

Eco, Umberto 179, 183
Ehrenfels, Christian von 86
Engels, Friedrich 53, 219
Erdogan, Gülten 395
Erikson, Erik H. 138
Esser, Hartmut 477
European Society for Opinion and Marketing Research (ESOMAR) 5, 212-213, 235, 332, 334

F

Feller, Fritz M. 71, 73
Felser, Georg 349, 372, 522, 526, 529, 533
Fishbein, Martin 476-477
Fisseni, Hermann-Josef 316
Fitzek, Herbert 88
Flick, Uwe 29, 32, 37, 203, 218, 231, 262-263, 315-316, 320, 322-323, 388, 397, 409
Frank, Dirk 626
Freud, Sigmund 71-73, 76, 79, 86-88, 348, 476
Fromm, Erich 71, 348

G

Gadamer, Hans-Georg 407
Gardner, Burleigh B. 57
Garfinkel, Harold 171
Girtler, Roland 261
Gladbach, Martina 78
Glaser, Barney 34, 132, 203, 218-219, 233, 247, 409, 415
Gläser, Jochen 264, 271-273, 278-288, 408, 410, 416
Goethe, Johann Wolfgang 86, 89
Goffman, Erving 152

689

Gordon, Wendy 296
Gordon, William J. J. 362, 441
Greimas, Algirdas J. 180, 183, 189
Greenwald, Anthony G. 372, 374
Grüne, Heinz G. 99-100
Grünewald, Stephan 97, 135, 613
Guilford, Joy P. 440
Gutjahr, Gert 43, 45, 200, 369-370, 375, 377, 413, 525
Gutman, Jonathan 477-479,481-483, 488-489

H

Hartmann, Adriane 626
Hartmann, Martin 131, 141, 143
Häusel, Hans-Georg 608
Heidegger, Martin 87
Heider, Fritz 476
Heinze, Thomas 376
Helfferich, Cornelia 31, 278-279
Hellmann, Kai-Uwe 130, 136
Heritage, John C. 171
Hermanns, Harry 277, 421
Herring, Susan C. 396
Herzog, Herta 57, 202, 219
Hofstede, Geert 661, 665-666
Holzschuher, Ludwig von 71, 73
Hopf, Christel 272, 277-278
Horkheimer, Max 199
Hull, Clark 476
Husserl, Edmund 87

I

Imdahl, Ines 97-98
Institut für Sozialforschung 59, 203, 291
Institut für Wirtschaftsbeobachtung der deutschen Fertigware (IfW) 44-45

J

Jahoda, Marie 53, 132, 219, 408
Jakobson, Roman 183, 192
Jefferson, Gail 167
Jung, Carl G. 72-76, 79-80, 348, 375

K

Kaase, Max 494, 502
Kapferer, Clodwig 43, 45, 57
Karopka, Hans-Joachim 98
Kelle, Udo 246, 249
Kendall, Patricia L. 213, 263, 271
Kepper, Gabriela 30-31, 33, 61, 249, 252, 321, 347, 407-408, 639-640
Kenning, Peter 371, 380
Ketelsen-Sontag, Hannelore 46, 57
Kleber, Eduard W. 324
Kleining, Gerhard 19, 43, 45, 48, 52, 54, 204, 210, 216-217, 222, 224-225, 230, 234, 261

Kluge, Susann 246, 249
Koschel, Kay-Volker 130, 136-137
Kracauer, Siegfried 207
Kritzmöller, Monika 9, 50, 130, 141
Kroeber-Riel, Werner 116, 318, 640
Krueger, Richard A. 172
Kühn, Thomas 9, 129-130, 136-137, 139, 152, 348, 624

L

Lacan, Jacques 180, 578
Lachmann, Ulrich 46, 612
Lamnek, Siegfried 19, 29, 31, 34, 36-37, 60, 134, 203, 216-217, 295-296, 299, 304-305, 309, 408-410, 417
Langmaid, Roy 296
Laudel, Grit 264, 271-273, 278-279, 408, 410, 416
Lazarsfeld, Paul F. 45, 53-54, 56-57, 132, 199-200, 202-203, 219, 291, 408
Levi-Strauss, Claude 180
Levitt, Theodore 620, 659
Lewin, Karl 291
Liebel, Franz 113
Lincoln, Yvonna S. 203, 292
Lönneker, Jens 97-100
Lucius-Hoene, Gabriele 261

M

Mach, Ernst 209, 216, 218, 229
Malinowski, Bronislaw 151-153, 219
Mangold, Werner 291
Mann, Chris 390
Mappes, Maryse 549
Mariampolski, Hy 152-153
Marlovits, Andreas M. 624
Maslow, Abraham H. 476
Mast, Fred W. 371-372
Mayring, Philipp 36-37, 60, 203, 216, 315, 321, 326, 407-408, 418-419, 423, 558
McNeal, James U. 540
McQuarrie, Edward F. 187
Mead, George H. 132
Mead, Margret 151
Meffert, Heribert 454, 633
Melchers, Christoph 43, 96
Merton, Robert K. 200, 202, 213, 263, 271
Meuser, Michael 264
Mey, Günter 36-37, 57, 259, 262-265, 274, 282, 412
Mićić, Pero 578-581, 584
Montada, Leo 541
Morgan, David L. 172
Morris, Charles W. 165
Moser, Klaus 524
Mruck, Katja 36, 57, 259, 412, 602
Münsterberg, Hugo 200
Myers, Greg 172, 174-175

N

Naderer, Gabriele 392, 394, 557, 640
Nagel, Ulrike 264
Niepmann, Carsten 523-524
Noelle-Neumann, Elisabeth 49, 55

O

Oerter, Rolf 541
Oevermann, Ulrich 60, 185, 408, 423
Osborn, Alex 362, 440

P

Packard, Vance 58, 71, 203
Peirce, Charles Sanders 180, 183
Piaget, Jean 219, 541
Pollock, Friedrich 134, 203, 291, 296, 300, 494
Pomerantz, Anita 170-171
Popper, Karl R. 202, 494
Potter, Jonathan 167, 172, 174-175
Puchta, Claudia 171-175, 301, 425

Q

Quinn Patton, Michael 35, 245-246, 248, 252

R

Raab, Gerhard 352
Reichertz, Jo 417, 422
Reid, Donna J. 388, 390
Reid. Freiser J. M. 388, 390
Rezabek, Roger 388, 392, 394
Rietschel, Jutta 635, 640-641
Rogers, Carl 263, 298, 300, 348, 476
Rosenstiel, Lutz von 359
Rosenthal, Robert 413
Roth, Gerhard 73-74

S

Sacks, Harvey 167
Salber, Wilhelm 85-91, 94-96, 100-101, 108
Salcher, Ernst F. 29, 33, 315, 318-319, 321, 323, 331, 334, 356, 414
Salfinger, Brigitte 394-395
Sander, Friedrich 86
Sapir, Edward 151, 153
Saussure, Ferdinand de 165, 180-181
Scarabis, Martin 374
Schlackman, Bill 661, 673
Schegloff, Emanuel 167
Scheier, Christian 374
Schlund, Wulf 626
Schmeißer, Daniel R. 529
Schmidtchen, Gerhard 49-50
Schmidt-Denter, Ulrich 541
Schreier, Margit 24, 246, 249, 255
Schorn, Ariane 262-263

Schub von Bossiazky, Gerhard 29, 353
Schulze, Gerhard 134
Schütz, Alfred 132
Schütze, Fritz 261-262, 274
Sebeok, Thomas 181, 193
Simmel, Georg 131, 202
Sommer, Rudolf 43, 49
Spiegel, Bernt 43, 45, 56, 318-319, 596
Spiegel, Uta 593
Steinmetz, Peter 323
Steffens, Aurelie 626
Stewart, Fiona 390
Strauss, Anselm 34, 132, 203, 218-219, 224, 233, 247, 407, 409
Szymkowiak, Frank 38, 100, 407

T

Thomas, William I. 53, 219
Trimmel, Michael 476
Trommsdorf, Volker 640

U

Urlings, Friedrich 88

V

Vershofen, Wilhelm 44-45, 54
Vester, Michael 134

W

Wardle, Judith 523, 525-527, 531, 533, 663, 673
Warner, W. Lloyd 57, 199
Watson, John B. 315, 349
Weber, Max 131-132, 201, 223
Weis, Hans-Christian 323
Westerheide, Jens 672
Wetherell, Margaret 167
Whorf, Benjamin 153
Whyte, William F. 219
Williamson, Kirsty 388-389, 391
Witt, Harald 45, 48, 228
Witzel, Andreas 135, 139, 262-264
Wolff, Stephan 171-173, 301
Wundt, Wilhelm 53, 86, 230

Z

Zaltman, Gerald 371-372
Zeisel, Hans 53, 132, 219, 408
Zerzer, Manfred 548-549
Znaniecki, Florian 53, 219

Mehr wissen – weiter kommen
↗

Im Marketingmanagement gibt es erkennbare Unsicherheiten im Umgang mit qualitativen Methoden der Marktforschung und in der Bewertung der entsprechenden Ergebnisse. Es empfiehlt sich daher, die verfügbaren und etablierten Methodologien und Methoden der qualitativen empirischen Sozialforschung systematisch an die Marketingwissenschaft und die Marktforschungspraxis heranzuführen.

In „Qualitative Marktforschung" decken ca. 80 Autorinnen und Autoren eine breite Palette an methodologischen und methodischen Fragen der qualitativen Markt- und Marketingforschung ab. Sie geben Einblick in die theoretischen Wurzeln qualitativer Marktforschung, die grundlegende Methodologie, differente Forschungsstrategien sowie Herausforderungen in der Datenerhebung, Datenanalyse und Dateninterpretation. Anhand von Beispielen wird die Leistungsfähigkeit und Vielfältigkeit der Anwendungsmöglichkeiten der qualitativen Methodik bei der Analyse von Fragestellungen aus der Konsumforschung und dem Marketingmanagement demonstriert.
In der 2. Auflage wurden aktuelle Entwicklungen integriert.

Renate Buber lehrt und forscht am Institut für Handel und Marketing der Wirtschaftsuniversität Wien.
Hartmut H. Holzmüller ist Inhaber des Lehrstuhls für Marketing an der Universität Dortmund.

Renate Buber /
Hartmut H. Holzmüller (Hrsg.)
Qualitative Marktforschung
Konzepte – Methoden – Analysen
2., überarbeitete Auflage 2009
XXI, 1152 S.
Geb. EUR 67,95
ISBN 978-3-8349-0976-3

Änderungen vorbehalten. Stand: April 2011
Erhältlich im Buchhandel oder beim Verlag
Gabler Verlag . Abraham-Lincoln-Str. 46 . 65189 Wiesbaden . www.gabler.de

Mehr wissen – weiter kommen

Das „Handbuch Marktforschung" vermittelt den „State of the Art" der quantitativen und qualitativen Marktforschung. In über 40 Beiträgen geben namhafte Wissenschaftler und Praktiker einen detaillierten Einblick in methodische und umsetzungsorientierte Fragen der Marktforschung. Neben Grundlagen und dem Prozess der Marktforschung werden insbesondere quantitative Verfahren der Datenanalyse vorgestellt (Regressionsanalyse, Kausalanalyse, Varianzanalyse und Conjoint-Analyse aus dem Bereich der Dependenzanalyse sowie Beiträge zur Clusteranalyse, Faktorenanalyse und zur mehrdimensionalen Skalierung aus dem Bereich der Interdependenzanalyse). Bei der Anwendung von Marktforschungsmethoden auf bestimmte praktische Probleme finden sich unter anderem Beiträge zur Messung von Kundenzufriedenheit und Kundenbindung, zur Bestimmung von Preisbereitschaften und zur Wettbewerbsanalyse. Bekannte Unternehmen, wie die Deutsche Bank, Audi und Henkel stellen ihre spezifische Herangehensweise an bestimmte Marktforschungsfragestellungen in ihrem Haus vor.

Das „Handbuch Marktforschung" ist die vollständig überarbeitete 3. Auflage von „Marktforschung". Zahlreiche Beiträge zu neueren Marktforschungsmethoden (Finite Mixture-Modellen, der wahlbasierten Conjoint-Analyse und zu Multilevel-Modellen), zu statistischen Grundlagen der Marktforschung, zu Besonderheiten internationaler Marktforschungsprojekte und zu experimenteller Marktforschung wurden aufgenommen.

Andreas Herrmann /
Christian Homburg /
Martin Klarmann (Hrsg.)
Handbuch Marktforschung
Methoden – Anwendungen –
Praxisbeispiele
3., vollständig überarbeitete
und erweiterte Auflage 2007
XVIII, 1206 S.
Geb., EUR 119,95
ISBN 978-3-8349-0342-6

SUCHEN IST WOANDERS.

Wählen Sie aus dem umfassenden und aktuellen Fachprogramm und sparen Sie dabei wertvolle Zeit.

Sie suchen eine Lösung für ein fachliches Problem? Warum im Labyrinth der 1000 Möglichkeiten herumirren? Profitieren Sie von der geballten Kompetenz des führenden Wirtschaftsverlages und sparen Sie Zeit! Leseproben und Autoreninformationen erleichtern Ihnen die richtige Entscheidung. Bestellen Sie direkt und ohne Umwege bei uns. Willkommen bei **gabler.de**

www.gabler.de   Kompetenz in Sachen Wirtschaft   **GABLER**